中共东乡区委员会
东乡区人民政府 主办

2022 东乡年鉴

《东乡年鉴》编纂委员会 编

（总第8卷）

方志出版社
Publishing House of Local Records

图书在版编目（CIP）数据

东乡年鉴. 2022 /《东乡年鉴》编纂委员会编. —北京：方志出版社，2022.11
ISBN 978-7-5144-5455-0

Ⅰ. ①东… Ⅱ. ①东… Ⅲ. ①区（城市）—抚州—2022—年鉴 Ⅳ. ①Z525.64

中国版本图书馆 CIP 数据核字（2022）第 252615 号

责任编辑：李志瑜
责任校对：刘玉霞
责任印制：梅中英
出 版 者：方志出版社
地　　址：北京市朝阳区潘家园东里 9 号（国家方志馆 4 层）
邮　　编：100021
网　　址：http://www.zgfzcb.cn
发　　行：方志出版社图书营销中心（010-67110500）
印　　刷：赣州新博印刷有限公司
开　　本：889 毫米×1194 毫米　1/16
印　　张：20.75
字　　数：639 千字
版　　次：2022 年 11 月第 1 版
印　　次：2022 年 11 月第 1 次印刷
定　　价：168.00元

《东乡年鉴（2022）》编纂委员会

顾　　问： 彭敏群

主任委员： 李建泉

副主任委员： 郑　军　　李　娜　　李　蛟

成员单位：

区委办公室	区政府办公室	区委组织部
区委宣传部	经济开发区	区财政局
区发展改革委	区文广新旅局	区统计局
区工信委	金峰街道	孝岗镇
小璜镇	圩上桥镇	马圩镇
詹圩镇	杨桥殿镇	王桥镇
黎圩镇	珀玕乡	邓家乡
虎圩乡	瑶圩乡	甘坑林场
红光垦殖场	红星垦殖场	

《东乡年鉴（2022）》编辑人员

主　　编： 乐晓琴

副 主 编： 付施蓓　　饶裕民

编　　辑： 周样生　　周　威　　章　晟　　雷　弯　　李　丹　　马素芬

编辑说明

一、《东乡年鉴》是系统记述东乡区自然、政治、经济、文化、社会和生态文明建设等方面情况的年度资料性文献。其编纂以马克思列宁主义、毛泽东思想、邓小平理论、“三个代表”重要思想、科学发展观、习近平新时代中国特色社会主义思想为指导，坚持辩证唯物主义和历史唯物主义的立场、观点和方法，逐年全面、真实地记录东乡经济建设和社会发展的基本情况，为存史、资政、育人服务。

二、《东乡年鉴（2022）》是东乡本级地方综合年鉴，由东乡区人民政府组织、《东乡年鉴》编纂委员会编，稿件由各乡镇（街道、场），经济开发区，区委各部门，区直各单位，各人民团体，中央、省、市驻区各单位及有关企业提供。

三、《东乡年鉴（2022）》收录范围以东乡区现有行政区划为界，记述时间以2021年1月1日至2021年12月31日为限。同时，为完整反映某件事物的全貌，在特载和个别条目中略有突破。内容分为综合情况、动态信息和辅助资料三大部分。

四、《东乡年鉴（2022）》内容层次设置是为了方便分类编辑和读者阅读，并不反映严格的科学分类体系，机关、企事业单位等排序和层次并不表示其地位和规模。部分条目因内容需要比对，时间有所上溯。

五、《东乡年鉴（2022）》采用记述体，数字用法、标点符号用法分别采用国家标准《出版物上数字用法》（GB/T 15835—2011）、《标点符号用法》（GB/T 15834—2011）。计量单位采用国家技术监督局1993年12月发布的《量和单位》系列国家标准。考虑到社会使用习惯，计量单位亩仍保留。

六、《东乡年鉴（2022）》所列数据，除统计部门正式公布外，均由各有关部门和行业提供，并经供稿单位审核。由于统计口径不同等原因，在个别数据与统计部门数据不尽一致时，以统计部门数据为准。

东乡区行政区划图

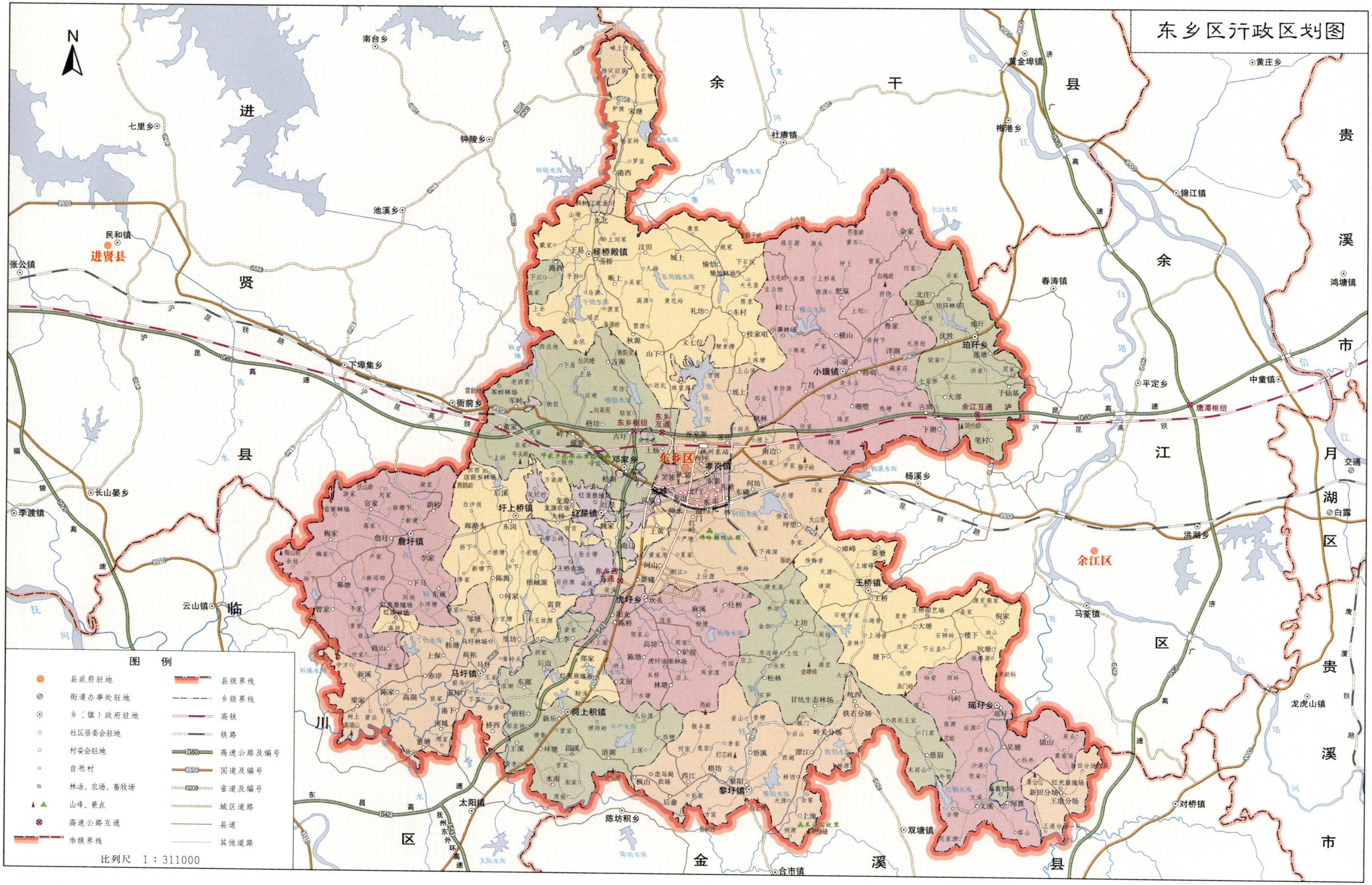

审图号：赣 S（2023）20 号

二〇二三年三月

东乡区中心城区图

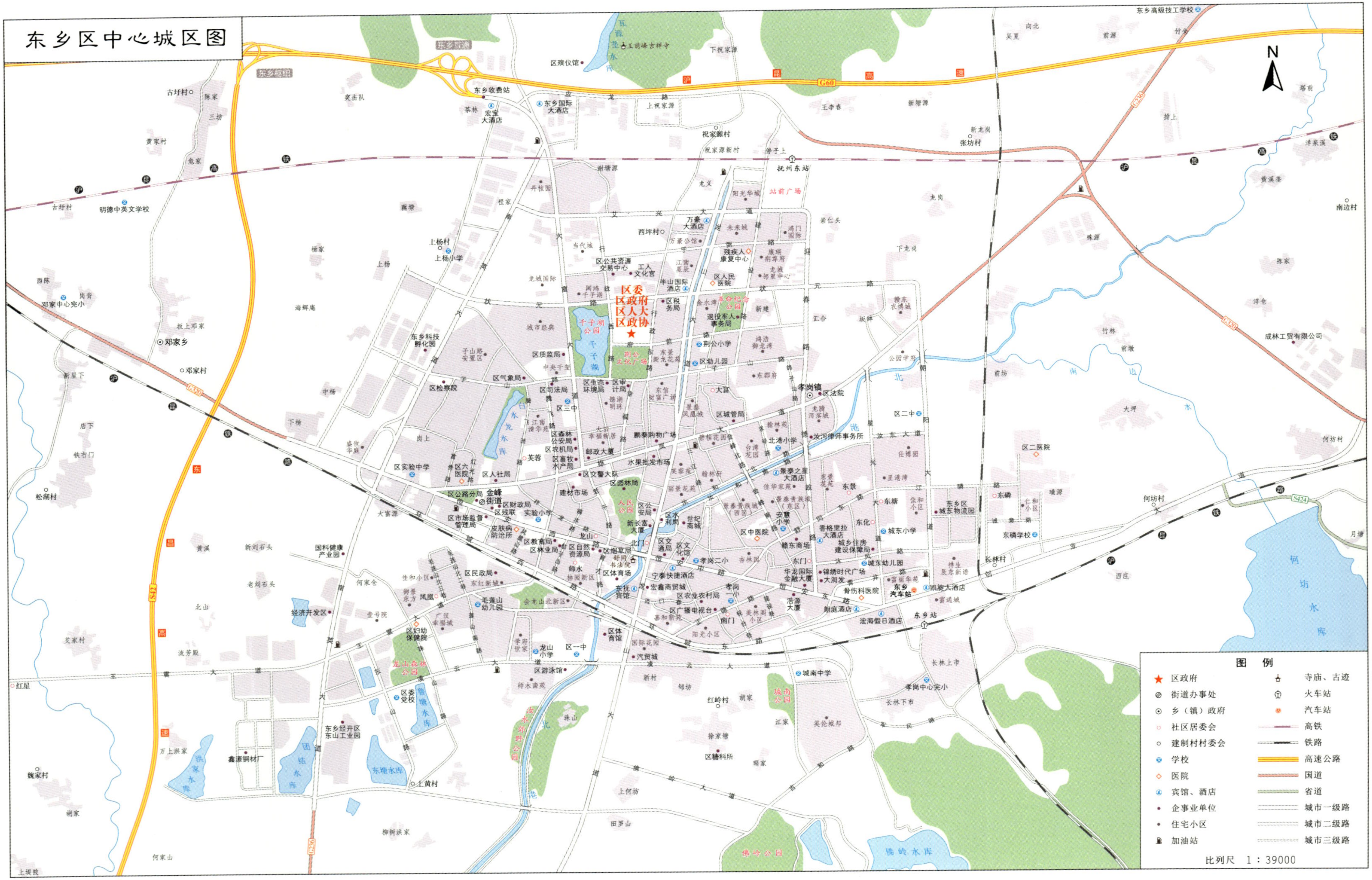

二〇二三年三月

“光荣在党 50 年”纪念章颁发仪式（饶方其 2021 年摄）

VR 体验学党史（饶方其 2021 年摄）

传承红色基因　争做时代新人（饶方其 2021 年摄）

跟九旬老党员学党史（饶方其 2021 年摄）

亲子同绘百米长卷 共庆建党 100 周年（饶方其 2021 年摄）

诵读红色经典 学习百年党史（饶方其 2021 年摄）

宣讲团成员在圩上桥镇槎塘村与群众面对面宣讲（饶方其 2021 年摄）

庆祝中国共产党成立 100 周年大合唱（饶方其 2021 年摄）

3 月，第一届人大五次会议召开（饶方其 2021 年摄）

3 月，第一届人大五次会议召开（饶方其 2021 年摄）

3月，政协一届五次会议召开（饶方其 2021 年摄）

3月，政协一届五次会议召开（饶方其 2021 年摄）

中国共产党抚州市东乡区第二次代表大会开幕式（饶方其 2021 年摄）

中国共产党抚州市东乡区第二次代表大会直属机关工委第一代表团（饶方其 2021 年摄）

东乡中欧班列首发仪式举行（饶方其 2021 年摄）

开发区 50 亿元项目开工仪式举行（经开区供图 2021 年摄）

工业一角——赤道湾（经开区供图 2021 年摄）

风力发电（何江华 2021 年摄）

雅中—江西 ± 800 千伏特高压直流输电工程（饶方其 2021 年摄）

虎圩乡下邹村智慧蔬菜基地

（饶方其 2021 年摄）

小璜镇机械插秧春耕生产

（饶方其 2021 年摄）

高标准农田建设（何江华 2021 年摄）

瑶圩乡采摘杨梅（饶方其 2021 年摄）

瑶圩乡黄栀子（饶方其 2021 年摄）

小璜镇采摘葡萄（饶方其 2021 年摄）

圩上桥镇红美人采摘（饶方其 2021 年摄）

邓家乡酿酒现场（饶方其 2021 年摄）

三中新时代文明实践活动（饶方其 2021 年摄）

经典红色诵读（区图书馆供图 2021 年摄）

创建全省法治文化示范基地——东乡区法治进校园暨预防青少年违法犯罪“模拟法庭”宣教活动（饶方其 2021 年摄）

庆祝中华人民共和国建国 72 周年（饶方其 2021 年摄）

纪念第十四个“6·9”国际档案日，“档案话百年”主题宣传活动（区档案馆供图 2021 年摄）

全民阅读——新华书店捐书活动（区图书馆供图 2021 年摄）

甘坑生态林场干职工趣味运动会（饶方其 2021 年摄）

圩上桥镇做米糖——众人合力拉米糖（饶方其 2021 年摄）

城市一景（何江华 2021 年摄）

红光垦殖场首届吴伯宗状元文化交流活动现场——罗汉灯表演（红光垦殖场供图 2021 年摄）

人民公园好人文化长廊（饶方其 2021 年摄）

红光垦殖场首届吴伯宗状元文化交流活动现场——状元戏（红光垦殖场供图 2021 年摄）

邓家乡花果山周家村（饶方其 2021 年摄）

东乡区文化片区（何江华 2021 年摄）

东乡区佛岭国际公园（国家 AAAA 级旅游景区）（饶方其 2021 年摄）

花果山春色怡人景如画
扶贫基地生产忙
（何江华 2021 年摄）

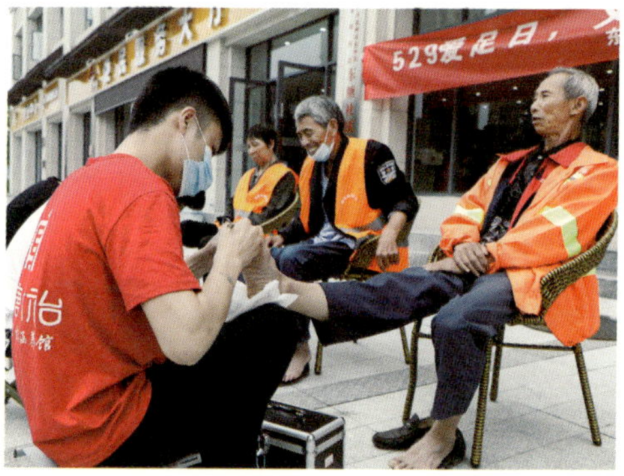

为环卫工人义务足疗
（饶方其 2021 年摄）

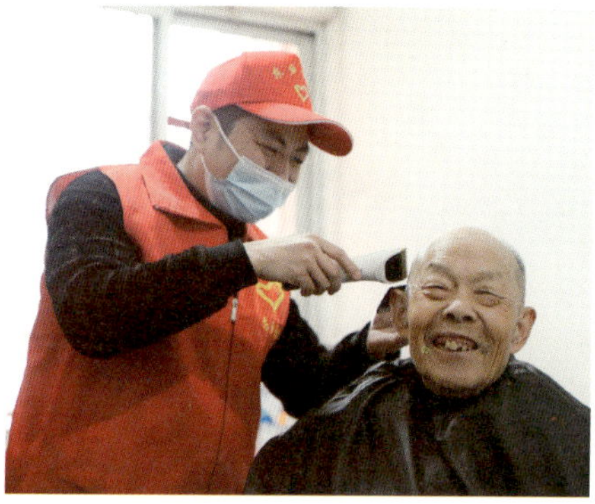

学雷锋志愿服务进社区
（饶方其 2021 年摄）

东糖城市驿站（饶方其 2021 年摄）

火车站志愿服务（饶方其 2021 年摄）

千子湖一景（何江华 2021 年摄）

创建全区青少年消防教育基地——
学生参观消防器材（饶方其 2021 年摄）

第一幼儿园铁骑进校园（饶方其 2021 年摄）

庆元宵（饶方其 2021 年摄）

婚姻登记颁证大厅（区审批局供图 2021 年摄）

詹圩镇派出所一村一辅警（饶方其 2021 年摄）

孝岗小学双减活动（饶方其 2021 年摄）

目　录

特　载

专　记

大事记

概　览

中国共产党东乡区委员会

东乡区人民代表大会

东乡区人民政府

政协东乡区委员会

纪检监察

群众团体

军　事

法　治

农业·农村

工业·信息

园区经济

交通运输

商贸服务

财政税收

金融·保险

经济管理与监督

城乡建设与管理

环境保护

教育·体育

文化·旅游

新闻媒体

科技・卫生

民 政

乡镇·街道·场

组织机构负责人

机构改革

附 录

索 引

DONGXIANG YEARBOOK 2022

特　载

勇立潮头　争作示范
奋力谱写全面建设社会主义
现代化国家的东乡新篇章

——在中国共产党抚州市东乡区第二次代表大会上的报告

区委书记　彭敏群

（2021 年 8 月 30 日）

这次党代会，是在“两个百年”交汇、“两个大局”交织的历史节点，在东乡全面进入“十四五”发展、开启全面建设社会主义现代化国家新征程的关键时期，召开的一次承前启后、继往开来的大会。会议的主要任务是：坚持以习近平新时代中国特色社会主义思想为指导，全面贯彻党的十九大和十九届二中、三中、四中、五中全会精神，深入贯彻落实习近平总书记“七一”重要讲话精神，总结回顾中国共产党东乡县第十四次代表大会以来的工作，研究部署今后五年全区经济社会发展的总体思路、奋斗目标和工作举措，选举中共抚州市东乡区第二届委员会和纪律检查委员会，团结带领全区各级党组织和广大党员干部群众，弘扬伟大建党精神，奋进新征程，建功新时代，加快推进东乡高质量跨越式发展，确保“十四五”规划和第二个百年奋斗目标开好局、起好步，奋力谱写全面建设社会主义现代化国家的东乡新篇章。

一、回顾砥砺前行的光辉历程，栉风沐雨、春华秋实

“十三五”时期是东乡发展历程中极不平凡的五年。五年来，在上级党委的正确领导下，区委紧扣“全市带头作示范、全省奋力勇争先”的要求，以撤县设区为契机，统筹稳增长、促改革、调结构、惠民生、防风险，特别是有效应对新冠肺炎疫情的严重冲击，“十三五”规划的主要目标和任务总体实现，脱贫攻坚取得决定性胜利，与全国全省全市同步全面建成小康社会。

五年来，我们一心一意谋发展，综合实力显著增强。地区生产总值年均增长 6.9%，人均 GDP 年均增长 7.9%，财政收入年均增长 4.7%，城镇、农村居民人均可支配收入年均分别增长 7.5%、7.7%，2020 年完成规模以上工业主营业务收入 255 亿元，工业税收 10.85 亿元，全区规模以上工业企业 135 家。综合经济实力全市领先，达到全省中上游水平。连续五年在全市县域经济

高质量发展考评中获第1名，连续六年在全省高质量发展考评中获二类县（区）优秀等次，获得全国“六五”普法先进县、第一批国家级农村职业教育和成人教育示范县、第四次全国经济普查先进集体、国家知识产权强县工程示范县、全国小康用电示范县、全国群众体育先进县、全国义务教育发展基本均衡县、国家卫生城市、全国节水型社会建设达标县（区）和全省农村人居环境先进县（区）、第三批省级创新型县（区）建设试点、2016—2018年度工业崛起年度贡献奖、2018—2020年全省绿色金融先进县（区）等荣誉。

五年来，我们一往无前促改革，发展活力充分迸发。累计推进790项改革举措，承接国家级、省级改革试点任务26项，形成了农村人居环境“1+N”长效管护机制、“畜禽智能洁养贷”等生态产品价值实现典型案例、惠企政策兑现“一门式”服务等“放管服”改革、经开区体制机制改革等一大批可推广、可复制的“东乡经验”，连续三年获评全省改革工作先进县（区），连续四年获评全市改革工作先进县（区）。创新水平稳步提升，全区国家高新技术企业69家，各类科研机构78家，其中，省级以上研发平台、创新载体分别达19家、8家。2020年全社会研发经费支出占GDP比重约1.65%，综合科技创新水平指数为75.1，全省县域科技创新能力综合评价排名第十四位，全市排名第一。

五年来，我们一张蓝图抓建管，城乡面貌大为改观。城市建设全面提质，完成城市“双修”、综合管廊等专项规划编制，海绵城市、地下空间综合利用纳入全市专项规划编制。按照“四精”[1]要求，深入实施城市功能与品质提升三年行动，累计投资83亿元推进140个项目建设。承载几代人夙愿的井山水库全面开工建设，320国道改线、雄岚大道改造提升、北港河河道综合治理等一批重大基础设施项目顺利竣工，政务服务中心、东乡大剧院等成为市民新的网红打卡地。秀美乡村风景如画，全面完成马圩、小璜等4个集镇改造提升，完成980个新农村点建设和“三高两线”[2]沿线房屋立面改造；一类县改厕90%目标如期实现，农村无害化厕所普及率达93%；城乡环卫一体化项目获全省唯一的“全国民生示范工程奖”。

五年来，我们一如既往优生态，环境质量日益改善。深入践行“两山”[3]理念，持续巩固生态文明建设成果，获评全国APEC低碳示范城镇和全省生态文明建设示范区。生态环境质量持续优化，$PM_{2.5}$年平均值低于国家控制标准，城市空气质量优良天数比例达98.9%以上，主要河流断面和城镇饮用水水源地水质稳定达到地表水Ⅲ类及以上标准。严守生态红线、永久基本农田、城镇开发边界三条管控线，深入开展山水林田湖草生态保护，全区域实施封山育林，天然林保护管理面积合格率达95%。全面推行林长制，构建“一长三员”[4]森林资源源头管理体系，新增人工造林3.2万亩。积极探索生态产品价值实现机制试点，在矿山生态治理、水域综合开发、生态权益抵押贷款等方面先行先试，2020年完成“两权”[5]抵押贷款13.6亿元，走出了一条“资源变资产、资产变资本”的生态产品价值实现新路。

五年来，我们一腔真情惠民生，幸福指数不断提升。坚持财力向民生倾斜，累计民生支出达180亿元，占财政总支出的76%以上。深入推进城乡环卫、公交、医疗、教育、养老、供水、粪污综合治理一体化，有序有力推动城乡融合发展。农村绝对贫困问题得到历史性解决，城镇贫困群众生活实现根本好转，“十三五”期间6个省级贫困村全部退出。重点人群就业创业切实加强，社会养老服务体系基本形成，社会保障体系更加健全。坚持优先发展教育事业，2016年以来新建改建城区学校17所，对所有农村学校进行升级改造，东乡机电中专升级为东乡高级技工学校，实现了大专院校从无到有的历史性突破。加快建设健康东乡，投入7亿元实施区人民医院和区妇幼保健院新院建设，乡镇卫生院、村卫生健康服务所条件明显改善，成功组建惠民医疗健康集团。积极推进平安东乡建设和市域社会治理现代化试点，纵深推进扫黑除恶专项斗争和政法队伍教育整顿，初步建成“城市大脑”，社会大局持续和谐稳定。认真落实安全生产责任，强化安全隐患排查治理，全区安全生产形势稳定向好。坚决打赢新冠肺炎疫情防控人民战争、总体战、阻击战，常态化疫情防控持续深入有效。

五年来，我们一以贯之强党建，政治生态持续优化。坚持把抓好党建作为最大政绩，扎实开展“两学一做”学习教育、“不忘初心、牢记使命”主题教育和党史学习教育，圆满完成乡镇领导班子和村（社区）“两委”换届。深入推进“连心、强基、模范”三大工程，扎实开展“四进四联四帮”活动，巩固拓展基层党建“三化”[6]建设，传统领域和“两新”组织[7]等领域基层党建工作全面加强。坚持党管宣传、党管意识形态、党管媒体，区融媒体中心在全省考核排名中多次位列第一。深入推进全国新时代文明实践中心试点，“点单、派单、接单、评单”新时代文明实践志愿平台运行长期位居全省33个试点县（区）前两名。认真履行全面从严治党政治责任，持之以恒纠治“四风”[8]，保持惩治腐败高压态势，认真做好上级巡视巡察反馈意见整改落实，高质量完成区委巡察全覆盖，风清气正的政治生态进一步巩固。人大监督有力有效，政协工作有声有色，统一战线巩固壮大，人武、群团、老干部、双拥、关心下一代等工作取得新进展。

艰难方显勇毅，磨砺始得玉成。五年的工作卓有成效，五年的成绩来之不易，这是上级党委正确领导的结果，是历届县（区）委接续奋斗的结果，是人大、政府、政协、纪委监委、法检和各人民团体同舟共济的结果，是广大党员干部群众凝心聚力、攻坚克难的结果。在此，我谨代表中共抚州市东乡区第一届委员会，向所有为东乡改革、发展、稳定作出贡献的同志们、朋友们，表示衷心的感谢并致以崇高的敬意！

五年踔厉奋发，经验弥足珍贵。五年的发展成就，为我们继续前进奠定了坚实基础；五年的丰富实践，为我们开创未来积累了宝贵经验。我们深深体会到，办好东乡的事情，必须始终把党的全面领导作为坚强保证。只有坚持党对一切工作的领导，深入学习新思想、积极践行新理念，才能锚定坐标不偏航，汇聚战胜一切困难挑战的强大合力。必须始终把“两个维护”作为根本遵循。只有在思想上政治上行动上同以习近平同志为核心的党中央保持高度一致，准确把握“国之大者”，做到中央有要求、东乡见行动，才能确保各项工作始终沿着正确方向前进。必须始终把高质量发展作为第一要务。只有科学把握新发展阶段，完整、准确、全面贯彻新发展理念，努力构建新发展格局，才能推动全区经济社会高质量跨越式发展。必须始终把深化改革作为动力源泉。只有保持敢为天下先的精神，以改革的毅力和创新的勇气，清除思想观念障碍，冲破利益固化藩篱，才能充分激发全社会的创新创造活力。必须始终把维护团结作为工作基础。只有像爱护自己的眼睛一样爱护团结，像珍视自己的生命一样珍视团结，才能持续催生凝聚力、战斗力、创造力。必须始终把争先创优作为不懈追求。只有牢固树立走在前列、勇争第一的意识，注重敢作敢为、善始善终，才能干出勇立潮头的新气势，干出改革发展的新境界。必须始终把人民至上作为价值取向。只有恪守以人民为中心的发展思想，最大限度巩固富民成果、增进民生福祉、维护社会稳定，才能不断增强人民群众的获得感、幸福感、安全感。

成绩增添信心，问题需要警醒。当前，我区经济总量不大、结构不优、质量不高，三大主导产业还不够强；科技创新、职业教育和人才的支撑作用还不够明显，传统产业转型阵痛仍在继续，金融风险隐患不容忽视；影响发展的体制机制障碍尚未根本消除，改革落地需要进一步加大力度；园区实力有待提升，亩均效益不高，功能配套、产城互动、体制机制仍需进一步完善；资源环境约束加剧，污染治理和生态修复任务依然艰巨；优质公共服务供给不足，交通等基础设施建设相对滞后；城镇化进程任重道远，以城带乡、城乡统筹亟须进一步加快进度；安全发展压力较大，社会治理还有不少薄弱环节，影响公共安全的风险点仍然较多，维护公平正义、创新社会治理、保障人民安居乐业的任务依然艰巨；“门难进、脸难看、事难办”现象仍然存在，干部中还不同程度地存在缺乏担当、脱离群众、本领恐慌的问题；群众身边腐败问题仍在悄然滋生，“四风”问题隐形变异，重点部门和关键环节权力运行监督制约制度不够健全等。我们一定要重视问题、直面矛盾，切实提高民主决策、科学决策、依法决策的能力和水平，用改革的精神、攻坚的意识、发展的举措加以解决。

二、擘画未来可期的美好蓝图，登高望远、乘风破浪

今后五年是东乡向着全面建设社会主义现代化国家第二个百年奋斗目标迈进的首个五年，是我区大有可为的战略机遇期、干事创业的发展黄金期、不进则退的转型关键期，我们必须把握东乡所处的历史方位，以全局的视野、战略的高度，审视未来的发展形势。

纵观大势，新时代东乡面临难得的历史机遇。洞察大势，方能顺势而为。未来五年，世界百年未有之大变局加速演进，贸易摩擦、全球疫情、世界经济恢复等存在不确定性，但我国在危机转化中发展的新优势正在重塑，“双循环”活力日益增强。特别是今年以来，党中央印发了《关于新时代推动中部地区高质量发展的意见》，对新时代推动中部地区高质量发展作出了顶层设计，省委、市委、区委分别结合各自发展实际，提出了具体实施意见和分工方案，必将为全区高质量发展带

来重大历史机遇。机会稍纵即逝，抓住了就是机遇，抓不住就是挑战，我们必须本着对历史负责、对事业负责、对人民负责的态度，抢抓机遇、乘势而上，用发展统一思想、用发展凝聚力量、用发展破解难题，在构建新发展格局中展现更大作为。

审视自身，新时代东乡积蓄巨大的发展潜力。东乡区位优势明显，推动中部地区高质量发展、长江经济带、海西经济区、鄱阳湖生态经济区、江西内陆开放型经济试验区等重大国家战略叠加，特别是省委十四届十三次全会和市委四届十一次全会召开后，融入大南昌都市圈、创建国家级经开区、打造高铁新城等重大利好不断释放，昌抚市域铁路、东临环城高速等项目加快推进，为我区补齐基础设施短板、加快改革创新、扩大对外开放、厚植发展优势，实现高质量跨越式发展积蓄了强大后劲。更为重要的是，经过“十三五”的发展，我区在风险考验和发展历练中积累了丰富经验，锻造了坚强有力的领导班子和干部队伍，为推动东乡改革创新发展提供了重要保障。

锚定目标，新时代东乡呼唤过硬的责任担当。发展无坦途，奋斗无止境。当前的东乡，已经进入高质量发展的攻坚期、转型创新的加速期、能级提升的突破期、民生改善的普惠期，不仅要完成好工业创新发展三年倍增的目标任务，还要保持好“全市发展排头兵”的领先优势；不仅要实现县域经济“量”的合理增长，还要推动综合实力“质”的稳步提升；不仅要全力以赴创建全国文明城市，还要加快推进乡村振兴战略。今后五年，我们面临的发展任务更艰巨、要求更全面。路虽远行则将至，事虽难做则必成。我们要继续发扬攻坚克难的精神和务实高效的作风，维护风清气正的政治生态和勠力同心的干事氛围，用激情、担当、实干开创东乡经济社会高质量发展的新局面。

未来五年，全区经济社会发展的指导思想是：高举习近平新时代中国特色社会主义思想伟大旗帜，深入贯彻习近平总书记“七一”重要讲话精神和视察江西重要讲话精神，坚持稳中求进工作总基调，把握新发展阶段，贯彻新发展理念，构建新发展格局，以推动高质量发展为主题，以深化供给侧结构性改革为主线，以改革创新为第一动力，以满足人民日益增长的美好生活需要为根本目的，致力打造“全国城乡融合发展试验区、大南昌都市圈高质量发展示范区、全市改革创新引领区、沪昆高铁新城样板区”，聚焦打好“工业倍增强攻战、项目建设大会战、乡村振兴阵地战、生态治理突围战、民生保障持久战、重大风险歼灭战”，勇立潮头，争作示范，奋力谱写全面建设社会主义现代化国家的东乡新篇章。

未来五年，全区经济社会发展的奋斗目标是：

——经济发展高质量。绿色发展导向更加鲜明，主导产业加快发展壮大，东乡经开区能级大幅提升，产业基础高级化、产业链供应链创新链现代化水平加快提升，经济结构、产业结构、能源结构优化升级，综合实力和可支配财力迈上新台阶，主要经济指标、营商环境在全省保持中上游水平。到 2025 年，实现地区生产总值 270 亿元，年均增长 8%左右。

——城乡建设高品质。城乡空间发展格局全面优化，城市建成区面积达到 35 平方千米，常住人口城镇化率达到 70%以上，加快实现基本公共服务均等化，社会文明程度不断提升。乡村振兴全面推进，粮食安全全面保障，实现管理精细化、全域一体化，城乡发展内涵、品质和协调性明显增强，跻身省内一流，成功创建全国文明城市，让东乡成为“闻者向往、来者依恋、居者自豪”之地。

——生态环境高颜值。国土空间保护开发格局得到优化，生态系统治理水平不断提升，蓝天碧水净土保卫战成果巩固拓展。山水林田湖草一体化保护和修复成效明显，大气、水体、土地、森林质量继续提高，生态环境质量位居全省前列，城市空气质量优良天数比例持续提升。生态产品价值实现机制试点纵深推进，在打通“两山”转化通道、探索生态产品多元化转化机制和实现碳达峰、碳中和方面形成更多“东乡经验”。生态支撑力和承载力显著增强，使天更蓝、山更青、水更绿的美丽图景成为东乡人民过上更加幸福美好生活的生动写照。

——社会治理高效能。习近平法治思想深入人心，法治东乡、平安东乡建设纵深推进，社会主义核心价值观融入社会发展各方面。打造“数字东乡”“智慧城市”，全周期呵护城市安全，用聪明的“城市大脑”实施智慧治理，让智能感知就在身边、安全网络覆盖城市全域、风险隐患远离市民。重大突发公共事件应急能力和防灾减灾抗灾救灾能力显著增强，防范化解重大风险和安全发展体制机制不断完善，社会治理体系和治理能力现代化建设水平全面提升，让每一个生活在东乡的人都能感受到城市的关怀和社会的安全。

——民生福祉高水平。以共同富裕为导向，

不断巩固拓展脱贫攻坚成果。实现更加充分更高质量就业，居民人均可支配收入年均增长与经济增长基本同步，收入倍差持续缩小。教育、医疗、养老、托育、住房、食品安全等社会事业全面发展，多层次社会保障体系更加健全，在实现“幼有善育、学有优教、劳有丰酬、病有良医、老有颐养、住有宜居、弱有众扶”上展现东乡品质、感受东乡温度。

三、保持久久为功的战略定力，落实落地、见行见效

“十四五”时期是东乡实现加快发展、高质量发展的重要窗口期，必须紧紧抓住这关键五年，以“立大志、吃大苦”的决心毅力，全面贯彻新发展理念，积极抢抓发展机遇期，强化全要素融合发展，努力走出一条符合东乡实际的现代化发展之路。未来五年，我们要集中精力，着重抓好以下八项工作。

（一）坚定不移推进产业转型升级，构筑高质量发展新高地

以更快的速度促进工业做大做强。以实施工业创新发展三年倍增行动为抓手，全面补短板、强弱项、扬优势，推进产业基础高级化、产业链现代化，确保到2023年，实现规模以上工业主营业务收入、工业税收、规模以上工业企业个数翻番目标。力争到2025年，工业发展水平达到全省前列，规模以上工业主营业务收入达到700亿元，税收收入达到25亿元、力争30亿元，本土上市企业达到3家以上。坚持集聚发展、创新发展和绿色发展方向，建链、延链、补链、强链，重点培育三大主导产业集群，力争到2025年，新材料新能源产业规模突破300亿元、电子信息产业全产业链实现180亿元、生物医药规模以上工业主营业务收入达到80亿元。新材料新能源产业要做优做强，以永冠新材料、爱索轻合金、雨帆生物能源等一批重点企业为依托，推动化工材料、金属材料向生物智能材料、新能源材料等领域拓展深化。生物医药产业要提质增效，实施中药传承创新、原料药绿色发展、高性能医疗器械创新等工程，带动生物技术、康复器具、高端医疗器械、中医药等产业蓬勃发展。电子信息产业要提级扩能，重点聚焦电子元器件、移动智能终端、新一代人工智能等领域，整合荣华人工智能产业园、中基恒光产业园等资源，依托台德智慧科技、联坤智能、鑫泰宏声、紫晶存储等“头部”企业逐步形成全产业链生态布局。充分运用新技术、新业态、新模式，支持机电、纺织、化工等传统产业向高端化、绿色化、智能化转型。抢抓全球数字经济发展机遇，深入实施数字经济“一号工程”，加快先进制造业、数字经济等战略性新兴产业扩规模、上档次，推动现代物流、文化创意等生产性服务业向专业化和价值链高端延伸，现代金融、电子商务等生活性服务业向高品质和多样化升级，构筑产业发展新优势。

以更大的力度推动园区扩容提质。以争创国家级经开区为目标，充分发挥园区经济发展主战场、主阵地的作用，进一步明确发展方向、功能定位、主责主业，增强园区综合实力。进一步提升园区承载力。深入实施工业用地全生命周期管理，持续加大闲置低效地块盘活力度，为更多高质量项目腾出发展空间。坚持园区基础设施建设适度超前，同步改善园区生活配套服务，加快推进水、电、路和污水处理设施建设，完善创业、培训、融资、产品展览展示等公共服务功能，推动“两区”基础设施和公共服务设施有机衔接，实现一体化布局和联动发展。进一步提升园区吸引力。发挥产业引导基金作用，不断扩大基金规模，引入社会资本和优秀管理团队，打造政府、产业、资本三方互动平台，服务推动产业契合度高、科技含量足、成长潜力大的优质项目加快落地转化。高水平建设、运营和管理科技孵化园、国科科技产业园、荣华人工智能产业园、中基恒光产业园等“2＋4＋N”主题产业园，大力推进集群式项目“满园扩园”行动，打造实力雄厚、特色鲜明、产业领先的综合体，全面提升发展能级和水平。进一步提升园区竞争力。巩固深化经开区体制机制改革，加大“开发区＋主题产业园”“一支队伍管执法”“管委会＋平台公司”改革力度，推动人事薪酬制度和机构编制管理改革全面落地。实施“园区吹哨、部门报到”工作机制，制定园区审批服务执法权限清单，建立健全科技创新、投融资、担保、市政等平台，建设“智慧园区”和“低成本园区”，打造服务高效、产业集聚、绿色集约的现代化工业示范园区。

以更实的举措强化科技创新引领。利用好省级创新型县（市、区）建设试点优势，下好科技创新先手棋，为高质量发展插上腾飞翅膀。大力实施创新驱动发展战略，深入推进研发强能、“揭榜”提能、高企增能、平台聚能、人才促能五大行动，强化创新主体培育，完善创业孵化链条，打造一批“专精特新”中小企业，力争到2025

年，全社会研发经费支出占GDP比重达到2.5%左右，新增10个省级以上科技创新平台，培育高新技术企业50家、科技型中小企业100家。强化协同创新攻关，大力引进国内外知名高校、科研院所，统筹推进产学研创新资源共享和科研力量优化配置，支持区内区外企业组建创新联合体，突破一批“卡脖子”核心技术、推出一批高端产品、建立一批行业标准，带动产业技术水平实现整体提升。强化体制机制创新，构建全链条创新创业服务体系，完善科技成果评价机制，健全容错机制，厚植宽容失败、鼓励创新的土壤。强化人才智力支撑，大力实施人才强区战略，实行更加积极、开放、有效的人才政策，争取设立更多的院士工作站、“海智计划”工作站，持续深化“三请三回”[9]“双返双创”[10]活动，着力打造全省一流的人才会聚之地、事业发展之地、价值实现之地，让海内外人才在东乡创业有机遇、发展有平台、事业有成就、生活有质量。

（二）多管齐下拓宽扩大内需渠道，打造高质量发展新引擎

牢牢稳住项目建设“压舱石”。牢固树立“项目为王、项目为上、项目为要”理念，聚焦民生配套、市政工程、农业农村、生态环保、公共卫生、“新基建”等领域，分批实施总投资不低于500亿元的重点项目建设。尤其要突出续建和新开工项目，紧盯路威铝合金锻造轮毂、永冠新材料基地、爱索轻质合金、广东金光高科高端电解铜箔、城区支路及老旧住宅小区雨污水分流改造、井山水库、城乡供水一体化等省市重点项目，倒排时序、精准调度、专班推进，确保完成年度投资任务，真正实现投资量、实物量、工作量“三量提升”。特别是对重大产业项目，坚持储备项目抓跟进、意向项目抓签约、签约项目抓开工、在建项目抓提速，形成“谋划一批、储备一批、开工一批、建设一批、达效一批”的滚动发展、压茬推进格局。千方百计在招大引强上求突破，建立健全“专业化尽调、科学化评审、精准化谈判、多元化融资、常态化调度、精细化服务、高效化响应、公平化履约、规范化保障、严格化考核”十项工作机制，聚焦主导产业、高端制造、数字经济、现代商贸物流等领域，拓宽招商渠道，强化招商激励，推行专业招商、精准招商、团队招商、以商招商和平台招商，努力让大项目顶天立地、好项目铺天盖地。健全鼓励企业扩大再生产的支持政策，对企业新增投资和新建企业给予奖励，充分调动存量优势企业加快发展的积极性、创造性。全力以赴在项目推进上求突破，高起点谋划、高标准建设重大项目库，紧盯新建、在建、续建项目持续攻坚，科学调度，强力推进，力促项目建设提速增效、提质增量。集中精力在项目达效上求突破，坚持“以亩产论英雄”，推动包联帮扶常态化、服务保障精细化、督促指导经常化，全面提升项目的核准落户率、开工竣工率和投产达效率。

加速打造新兴消费“主引擎”。始终坚持扩大内需战略基点，利用国际国内两个市场两种资源特别是长三角、珠三角、大南昌都市圈巨大市场，形成需求牵引供给、供给创造需求的更高水平动态平衡。强化流通促动，围绕打造大南昌都市圈商贸物流集散地，支持现代商贸物流发展，继续推进赤湾东方智慧公路港物流园、欣盛铁路集装箱综合物流园建设，大力发展冷链物流、智慧物流、共享物流、应急物流，打造集物流园区、配送中心、末端网点等为一体的多点支撑现代物流网络体系，畅通区域经济内循环。加快建立区乡村电子商务体系和快递物流配送体系，贯通生产、分配、流通、消费各环节，实现乡村电子商务服务网点覆盖率达100%、网络零售额占全区社会消费品零售总额逐年提升。强化消费带动，以满足居民个性化、差异化、高品质消费需求为目标，大力促进传统实物消费提档升级，加快发展旅游、健康、养老、教育等消费新模式新业态，打造一批叫得响的特色街区和夜经济品牌。完善“互联网+消费”生态体系，加快发展“流量经济”“网红经济”“宅经济”等新业态，引领消费潮流风向标。强化投资拉动，紧盯“两新一重”[11]精准谋划，发挥政府投资撬动作用，鼓励、支持和引导民间资本参与，加快补齐基础设施等领域短板，不断增加投资规模，形成市场主导的投资内生增长机制。

（三）一以贯之加大改革开放力度，焕发高质量发展新活力

在重点改革上再深化。事业发展无止境，深化改革无穷期，革故鼎新是植入东乡人血脉的重要基因。要保持改革定力，以改革破除深层次体制机制障碍，释放经济社会中蕴藏的巨大潜力。凡是外地的成功做法，都要主动学习实践；凡是政策法规没有明令禁止的，都可以大胆创新试行；凡是上级政策和规定有一定弹性幅度的，都要放到最宽推动。建设高标准市场体系，深化土地、

劳动力、资本等要素市场化配置改革，全面落实市场准入负面清单制度，加快社会信用体系建设，加强知识产权保护，形成高效规范、公平竞争的统一市场，确保投资有效益、企业有钱赚、安全有保障。打造一流营商环境，深化“放管服”改革，深化“一网通办”“最多跑一次”“一次不跑”改革，提高“不见面”办事服务水平，推进涉企审批减环节、减材料、减时限，全面提升政务服务效能；积极构建亲清政商关系，搭建政企沟通平台，健全政商交往正负面清单，引导各级领导和干部强化服务企业及项目建设的“店小二”意识，大力营造亲商、重商、安商的浓厚氛围，真正把东乡打造成为投资洼地、兴业沃土。稳妥推进生态文明体制、科技体制、农业农村、社会民生等其他领域改革。

在双向开放上再提升。坚持以开放促改革、促发展，不断拓展对外开放的领域、空间和层次。让开放更有高度，抢抓江西内陆开放型经济试验区建设机遇，主动融入共建“一带一路”、长江经济带、长江中游城市群、长三角一体化、粤港澳大湾区、大南昌都市圈建设，探索更多可复制、可推广的制度创新成果。让开放更有广度，树立“市外即域外、区外即开放”的思想，充分运用国际国内两个市场两种资源，有序推动我区优势产能立足本省、面向全国、走向世界，全面提升对外合作水平。让开放更有力度，利用好广交会、华交会、进博会等平台，全方位、多角度开展城市宣传推介和综合营销，承接先进制造业转移，大力吸引国内外先进企业、“5020”项目[12]、高端要素在东乡落地生根。让开放更有温度，着眼于提升城市功能品质，主动向上争政策、争试点、争项目，创造性地谋划一批符合新发展理念和高质量发展要求的重大项目，打造一批高端商务载体、生活社区，举办一批全国性、全省性体育文化活动，更好促进区域交流合作。

（四）持之以恒提升城市功能品质，彰显高质量发展新形象

聚合外智内力提高建管水平。按照“全域统筹、多规合一”思路，优化国土空间配置，统筹抓好重要功能区块、重点片区开发布局，高标准高质量编制好国土空间总体规划、详细规划和环保、交通、水利、国土、海绵城市等专项规划编制。坚决查处违规行为，切实维护规划的权威性、严肃性，确保“一张蓝图”绘到底。实施市政公用设施提档升级工程，提质改造城区、园区市政设施，强力治脏治堵治乱治污，加快推进老旧小区改造，既有住宅加装电梯和井山嘉园、东糖佳苑等安置房建设。着力构建“大城管”工作格局，解决路面反复开挖、多杆林立等城建顽症，全面提升城市“洁化、序化、绿化、美化、亮化”水平，推动城市管理精细化水平向纵深发展。

着眼内畅外通优化交通网络。以大交通拉开大框架，实施城区“断头路”清零行动，推进艾兴大道东延伸、朝阳大道北延伸等市政道路建设，分步完成城区主干道“白改黑”工程，贯通城市“血脉”，疏通城市“经络”，让群众出行更加舒适便捷高效。整合公共区域车位资源，探索智能停车收费模式，让人民群众拥有更多获得感、幸福感、安全感。加快推进彭泽—东乡—余干高速公路、东临环城高速公路、拓建梨南高速复线、龙虎山至临川金山寺旅游公路等重大工程建设，推动抚州东站由四等站升级为三等站，构建大通透、多层级综合交通网络。

突出内外兼修提升城市品质。树立全周期管理理念，依托“城市大脑”工程，加强物联网、云计算、大数据、人工智能在城市管理中的应用，推进城市管理和运行“一网统管”，不断提升智慧城市管理水平。完善网格化管理体制机制，强化交通运行、环境监测、基础设施维护等城市运行数据资源的滚动采集、实时录入、动态分析，找出群众关注的热点难点问题，为城市管理提供数据支撑。全面巩固提升国家卫生城市和省级文明城市创建成果，以创建全国文明城市为抓手，积极倡导文明健康的生活方式，拓展文明城市创建志愿服务队伍，积极培育宣传“孝满东乡”“最美东乡人”等先进典型，引导市民当好文明风尚传播者、文明行动示范者、文明服务志愿者、文明城市守护者。

（五）聚精会神实施乡村振兴战略，缔造高质量发展新样板

聚焦农业提质增效。牢牢守住粮食安全底线，坚决遏制耕地“非农化”、防止耕地“非粮化”，到2025年，确保48万亩永久基本农田数量不减少，力争亩均粮食综合产能提高120斤。粮食综合生产能力达35万吨以上；全区累计建设完成20万亩高标准农田，占基本农田比例70%以上；全面禁止农村抛荒撂荒，落实水稻种植面积75.9万亩，牢牢把“饭碗”端在自己手上。实施“两特一游”[13]工程，加快发展中药材、生态水果、绿色蔬菜等特色种植业，推动“三品一标”农产品进

入“赣鄱正品”“赣抚农品”农产品认证品牌名单。发展乡村休闲旅游，构建“一乡一特”、形成“一村一品”。巩固生猪产能恢复成果，推动生猪产业持续健康发展。深入推进农业供给侧结构性改革，以特色高效农业为目标，以发展科技农业、绿色农业、品牌农业、质量农业为着力点，加快建设蓝莓、猕猴桃、脐橙、花果芋现代农业产业园。建立健全区、乡、村三级网络化冷链仓储物流体系，补齐农产品冷链物流短板。

聚力乡村宜居宜业。加强乡镇公共服务和基础设施的规划建设，全面完成集镇改造提升，不断完善农村义务教育、医疗卫生、社会保险、劳动就业、文化体育等基本公共服务。深化农村“厕所革命”和粪污综合治理一体化，推动农村无害化卫生厕所全面普及。纵深推进农村人居环境整治，持续完善农村人居环境“1＋N”长效管护模式，构建“整洁美丽、和谐宜居”农村生态环境。实施农村供水保障工程，加快推进电网基础设施建设，着力打造具有东乡特色的新时代“五美”[14]乡村。

聚智农民富裕富足。推进巩固拓展脱贫攻坚成果同乡村振兴有效衔接，保持主要帮扶政策总体稳定，全面推行返贫预警监测机制和防贫保险，继续做好产业帮扶、就业帮扶、电商扶贫工作，继续向重点村选派第一书记和工作队，确保不出现规模性返贫。鼓励新型经营主体与农民建立紧密利益联结机制，大力发展农业产业化联合体，通过资源入股、订单农业、土地返包、基地务工等形式，带动农民从现代农业发展中增收致富。深化农村集体产权制度、农村承包地“三权分置”、农村宅基地等改革，增加农民财产性收入。促进村级集体经济发展，力争“十四五”时期打造一批年经营性收入超过100万元、200万元的经济强村。加强农村精神文明建设，健全乡村公共文化服务体系，将“法律明白人”融入新时代文明实践中心建设，推进农村移风易俗，丰富农民精神文化生活。

（六）竭尽全力改善生态环境质量，拓展高质量发展新路子

坚决打赢生态环境治理攻坚战。坚持保护优先和自然修复为主，巩固拓展蓝天碧水净土保卫战成果，深入实施河（湖）长制、林长制、路长制，确保每条流域、每片山林、每条道路有人管、受保护，筑牢生态安全屏障。突出抓好大气污染防治，坚持科学治污、精准治污、依法治污，加强精细化管理和过程管控，用非常之举、行非常之力、下非常之功，切实解决人民群众的“心肺之患”，确保东乡空气常新。一体推进山水林田湖草系统治理，扎实推动“三线一单”[15]精准落地，高质量开展国土绿化行动，快速实施矿山生态修复工程，确保东乡青山常在。统筹水环境治理、水生态保护、水资源利用，深入推进河流湖库特别是北港河水域提升改造，做好农村改厕与生活污水治理、畜禽养殖废弃物资源化利用的有效衔接，推进厕所粪污无害化处理和资源化利用，积极防治农业面源污染，确保东乡绿水长流。

加快实施碳达峰、碳中和行动。坚持把碳达峰、碳中和纳入生态文明建设整体布局，精准制订方案，科学有序推进，确保如期实现降碳减排目标。试点开展林业碳汇交易，建立林业碳汇权益资产备案登记制度和交易管理办法，为林业权益资产交易提供资产“身份证”，规范林业碳汇交易程序。精心谋划并积极推进全区碳达峰、碳中和相关工作，掌握能源、工业、建筑、交通、农业、林业、公众生活和科技“7＋1”领域基本情况，系统精准推进重点领域绿色低碳转型，倒逼形成以绿色为底色的经济发展方式和产业结构。全面落实能耗双控约束目标，深入排查和整治“两高”项目，加快推进工业园区集中供气供热项目建设，完成燃煤锅炉淘汰改造。全面推行绿色低碳生活，广泛开展节约型机关、绿色家庭、绿色学校、绿色社区等绿色创建活动。

持续深化生态产品价值实现机制试点。立足生态资源优势，不断拓宽“两山”双向转换通道，在确权登记基础上，积极挖掘生态产权所蕴含的金融功能和属性，加强与金融机构创新生态资产融资合作机制，探索农村耕地使用权、农村土地承包经营权、水域养殖权、农村集体资产所有权等抵押融资模式，助推生态资源价值变现。加强对生态资产的清查和摸底，在科学核算评估的基础上，建立生态资产和生态产品市场交易机制，推动生态权益交易。持续抓好“两权”抵押贷款创新试点、畜禽智能洁养贷、矿山生态治理、水库生态渔业与综合利用、土地清理盘活等工作举措，进一步解放思想、创新思路，争取形成更多特色亮点。

（七）千方百计增进人民群众福祉，共享高质量发展新成果

做实做优基本公共服务。办好人民满意的教育，实施学前教育提升计划，力争到2025年，幼儿园公办率达到60%以上，普惠率达到90%以上；加快城乡义务教育一体化发展，建立义务教育资源均衡配置机制，加快推进城区中小学建设，

全面化解大班额、大校额；推进职业教育持续发展，支持东乡高级技工学校创建技师学院，加快抚州文理学院项目建设进度。深入实施“健康东乡”战略，深化医药卫生体制改革，鼓励各级各类医院与先进医疗机构合作共建，推进优质医疗资源下沉。织密公共卫生防护网，落实落细常态化疫情防控措施，加快推进东乡区疾病预防控制中心和集中医学留观中心工程建设，切实提升应对突发公共卫生事件能力。开展丰富多彩的群众性体育健身活动，引导群众通过体育锻炼强身健体。推动养老托幼方便贴心，增强“全生命周期”服务意识，聚焦“一老一小”重点群体，加快建设一批养老服务设施，推进城市社区日间照料站点全覆盖，以及小区适老化改造、托幼试点建设，推行“医康养”一体化、托幼一体化服务，抓好“三孩”生育政策及配套支持措施落实，促进人口长期均衡发展。推动就业增收持续向好，实施更加积极的就业政策，突出抓好高校毕业生、退役军人、农民工等群体就业创业，不断扩大就业规模、提升就业质量，促进城乡居民收入较快增长。推动住房供应平稳有序，坚持房子是用来住的，不是用来炒的定位，强化房地产项目全过程监管，稳步增加保障性租赁住房供给，最大限度满足不同层次群体的住房需求。

筑稳筑牢社会保障基石。坚持量力而行、尽力而为，不断增加民生支出，推动基本养老、医疗、工伤、失业等保险应保尽保，做好困难职工、困难家庭、低收入人群的参保帮扶，切实织牢民生保障网。着力抓好低保、特困、残疾、优抚等群体救助政策落实，加快实现城乡社会救助均等化，让人民群众感受到党的关怀和温暖。坚持和完善共建共治共享的社会治理制度，持续推进社会治理体系和治理能力现代化。坚持和发展新时代“枫桥经验”，畅通和规范群众诉求表达、利益协调、权益保障通道，落实领导干部接访包案制度。加强社会治安防控体系建设，常态化开展扫黑除恶专项斗争，深化政法队伍教育整顿，依法惩治各类违法犯罪活动，保持社会长期和谐稳定。适应新时代法治建设新要求，切实抓好“八五”普法宣传，把法治理念贯穿经济发展的各个领域，加强法律实施监督，坚持严格执法、公正司法，高标准建设法治东乡。

（八）旗帜鲜明坚持党的全面领导，领航高质量发展新征程

把稳政治方向之舵。坚持不懈用习近平新时代中国特色社会主义思想武装头脑、指导实践、推动工作，自觉加强党性锤炼，铸就对党绝对忠诚的政治品格，不断增强“四个意识”、坚定“四个自信”、做到“两个维护”。巩固深化“不忘初心、牢记使命”主题教育和党史学习教育成果，特别是要把深入学习贯彻习近平总书记“七一”重要讲话精神和视察江西重要讲话精神作为当前和今后一个时期的重要政治任务，大力弘扬伟大建党精神，传承红色基因，汲取前进力量。严格落实意识形态工作责任制，牢牢掌握意识形态工作的主动权，讲好东乡故事、传播东乡声音，用美好发展愿景鼓舞人心，切实把“十四五”各项目标任务、思路举措转化为广大干部群众的共同意志和自觉追求。

筑牢基层党建之基。全面加强基层组织建设，持续整顿软弱涣散基层组织，使基层组织成为团结带领群众开创幸福美好新生活的坚强战斗堡垒。加强对党员的教育、管理和监督，引导广大党员增强党员意识、发挥先锋模范作用，在各条战线当标杆、做表率。树牢注重实绩的用人导向，落实新时代好干部标准，突出实干实绩，加快探索干部选拔任用新机制，在疫情防控、工业发展、招商引资、项目建设、乡村振兴等基层一线考察识别干部，着力打造一支谋事有想法、干事有担当的干部队伍。

绷紧纪律规矩之弦。严守党的政治纪律和政治规矩，坚决贯彻落实全面从严治党决策部署，切实履行管党治党政治责任，纵深推进党风廉政建设。认真贯彻落实《中共中央关于加强对“一把手”和领导班子监督的意见》，全面落实政治谈话制度，切实强化对权力运行的制约和监督。用好监督执纪“四种形态”，深化“四色”定级措施，抓早抓小、防微杜渐。充分发挥巡察利剑作用，不断提升政治监督质效。坚持举一反三，以案促改、以案促建、以案促治，统筹做好查办案件“后半篇文章”，持续营造风清气正的政治生态。

凝聚团结奋进之力。坚持和完善人民代表大会制度，支持区人大常委会及乡镇人大依法履职。坚持和完善中国共产党领导的多党合作和政治协商制度，支持区政协履行政治协商、民主监督、参政议政职能。加强同各民主党派、工商联和无党派人士的合作共事，不断巩固和壮大爱国统一战线。扎实做好新时代党管武装和“双拥”工作，深入推进军地融合发展。支持法检两院依法独立行使审判权和检察权。做好老干部、民族、宗教、外事侨务

和对台工作。加强和改进党对工会、共青团、妇联、关工委等群团工作的领导，密切联系和发动群众，找准最大公约数、画出最大同心圆。

四、争作勇立潮头的时代楷模，守正创新、担当实干

新起点、新征程、新使命，我们不能有任何迟疑、不能有任何摇摆、不能有任何懈怠，尤其是各级领导干部，务必保持争先创优的激情、传承改革创新的精神、发扬真抓实干的作风，把全部的精力集中在落实工作、推动发展上。

永葆争先创优的进取精神。紧扣“全市带头作示范，全省奋力勇争先”的要求，大力弘扬勇争第一的优良传统，持续增强“功成不必在我、功成必定有我”的担当意识，努力在发展速度上勇争先、在项目建设上创佳绩、在服务群众上尽全力，形成比学赶超、见贤思齐、奋勇争先、勇攀高峰的生动局面。注重提高工作标准和工作格局，跳出东乡看东乡，自觉在全省乃至全国的大坐标系中找定位、找参照、找比较，敢于同最好的比，与最强的赛，向最高处攀，绝不能停留于“一般化”、满足于“还可以”、止步于“中上游”。

淬炼改革创新的鲜明品格。增强创新意识，大力倡导敢闯敢试、敢为人先的精神，尤其是在遇到矛盾和问题的时候，更要善于用创新的理念、创新的思路、创新的办法，去破解难题、化解矛盾、开拓局面。要从因循守旧、安于现状当中解放出来，从小改即缓、小富即安的落后意识中解放出来，从小局至上、各行其是的部门利益中解放出来，打破已有惯性思维，舍得放弃既得局部利益，使思想更解放，视野更开阔，增添跨越发展新活力。要牢固树立正确的政绩观和科学的发展观，既要保持“一棒接着一棒跑、一任接着一任干、一张蓝图绘到底”的发展定力，又要善于开拓性谋划、创造性落实，在革故鼎新中塑造高质量发展新优势。

锻造担当实干的过硬作风。增强学习意识，对上级决策部署、方针政策第一时间学懂弄通，对本领域、本行业的业务知识及时学深悟透，对新知识、新事物都广泛涉猎，做到各种问题问不倒、各类业务都熟练，牢牢把握工作主动权。增强实干意识，把心思用到干事业上，把功夫下到办实事上，把精力放到抓落实上，着力破解制约发展的重点难点问题。严格落实中央八项规定及其实施细则精神，深挖细查“四风”问题隐形变异，坚决防止反弹回潮。力戒形式主义，改进督查检查，持续精文减会，切实为基层松绑减负，使广大党员干部有更多的时间投入到抓落实中去。完善党内问责机制，对不敢担当、作风漂浮、推诿扯皮的坚决予以问责，达到“问责一个、警醒一片”的震慑效果。

道阻且长、行则将至，行而不辍、未来可期。各位代表、同志们，伟大的时代赋予我们光荣使命，崇高的事业召唤我们开拓奋进。站在新的历史起点上，让我们更加紧密地团结在以习近平同志为核心的党中央周围，在省委、市委的坚强领导下，团结带领全区党员和广大干部群众，勇立潮头、争作示范，为奋力谱写全面建设社会主义现代化国家的东乡新篇章而不懈奋斗！

名词解释

[1]“四精”：精准规划、精致建设、精细管理、精美呈现。

[2]“三高两线”：“三高”是指沪昆高速、东昌高速、沪昆高铁；“两线”是指东临公路、320国道。

[3]“两山”：绿水青山就是金山银山。

[4]“一长三员”：林长、监管员、护林员、信息员。

[5]“两权”抵押试点：农村承包土地（指耕地）的经营权和农民住房财产权抵押贷款试点工作。

[6]“三化”：基层党建标准化、规范化、信息化。

[7]“两新”组织：新经济组织和新社会组织。

[8]“四风”：形式主义、官僚主义、享乐主义和奢靡之风。

[9]“三请三回”：请乡友回家乡、请校友回母校、请战友回驻地。

[10]“双返双创”：抚商返乡创业、才子返乡创新。

[11]“两新一重”：新型基础设施、新型城镇化和重大工程。

[12]“5020”项目：“50”项目是指国家级开发区新引进投资总额50亿元（外资项目2亿美元）的产业项目（不含集群项目）；“20”项目指省级开发区新引进投资额超20亿元（外资项目1亿美元）的产业项目（含集群项目）。

[13]“两特一游”：特色种植业、特种养殖业、休闲农业与乡村旅游。

[14]“五美”：产业兴旺之美、自然生态之美、文明淳朴之美、共建共享之美、和谐有序之美。

[15]“三线一单”：生态保护红线、环境质量底线、资源利用上线，制定生态环境准入清单。

政府工作报告

——在东乡区第一届人民代表大会第五次会议上

区长 彭敏群

（2021 年 3 月 23 日）

一、2020 年工作及“十三五”时期发展回顾

2020 年极不平凡，极为不易，挑战前所未有，奋斗历经艰辛，成效好于预期。一年来，在市委、市政府和区委的坚强领导下，全区上下坚持以习近平新时代中国特色社会主义思想为指导，紧扣“全市带头作示范、全省奋力勇争先”的目标，统筹疫情防控和经济社会发展，扎实做好“六稳”工作，全面落实“六保”任务，“十三五”顺利收官，脱贫攻坚目标如期完成，全面建成小康社会取得决定性胜利。全年实现地区生产总值 185.9 亿元，增长 4.0%；完成财政收入 27.7 亿元，增长 2.6%；一般公共预算收入 17.8 亿元，增长 4.5%；固定资产投资总额增长 8.2%；规模以上工业增加值增长 4.7%；社会消费品零售总额 66.1 亿元，增长 3.5%；城镇居民人均可支配收入 40335 元，增长 6.3%；农村居民人均可支配收入 20293 元，增长 7.7%，主要经济指标增速高于全省、全市平均水平，在大战大考中交出了亮丽答卷。获评 2018—2020 周期国家卫生城市、全国节水型社会建设达标县（区）、全省高质量发展先进县（区）、全省第一批美丽宜居示范县（区）、全省改革工作先进县（区）、第三批省级创新型县（市、区）建设试点、全省农村人居环境先进县（区）、2018—2020 年全省绿色金融先进县（区）、全市高质量发展考核评价综合优秀县（区）一等奖等含金量高的荣誉。

一年来，主要做了以下工作。

（一）慎终如始抓实疫情防控。作为全省最早出现输入性新冠肺炎确诊病例的县（区），我们坚持人民至上、生命至上，及时启动重大突发公共卫生事件Ⅰ级响应，在全市率先建立联防联控工作机制，筑牢交通要道、农村、社区“三道防线”，采取“四防一精准”等最严格管控措施，全领域布控，全链条摸排，全流程管理，不到半个月初步遏制疫情蔓延势头，不到一个半月全部治愈 5 例确诊病例，实现了确诊患者零死亡、回归社会零风险和医务人员零感染。疫情防控形势平稳向好后，我们进一步落实落细常态化疫情防控措施，织牢织密“外防输入”隔离网、“内防反弹”管控网、公共卫生防护网，坚决守住疫情不反弹底线。

（二）一鼓作气打好“三大攻坚战”。坚决打赢脱贫攻坚战。大力扶持光伏、七天果辰、瓜蒌、润溪渔业四大扶贫产业，实施中小规模产业扶贫项目 118 个，建成产业扶贫基地 66 个，基本解决“两不愁三保障”问题，全力消除返贫致贫风险，现行标准下 2636 户 6061 人全部脱贫，顺利通过省级脱贫攻坚成效专项调查。同步推进城镇脱贫解困工作，1336 户 2331 人城镇贫困群众如期脱贫。纵深推进污染防治攻坚战。深入实施“八大标志性战役、30 个专项行动”，基本完成各级环保督察反馈问题整改。深入推进“四尘三烟三气”等专项整治行动，城市 $PM_{2.5}$ 平均浓度 18 微克/立方米，同比下降 25 个百分点，空气优良天数占比 98.9%，达到国家空气质量二级标准；主要河流断面和城镇饮用水水源地水质稳定达到地表水Ⅲ类及以上标准，水质优良达标率为 100%；轻中度污染耕地安全利用实施比例为 100%。持续开展化解重大风险攻坚战。吸引社会资本参与基础设施建设，多措并举减轻财政支付压力，扎实做好金融、政府债务、房地产等重点领域风险防范化解工作。切实加大银行不良贷款清收力度，积极追缴政府性融资担保平台代偿资金。化解地方政府存量隐性债务 3.94 亿元，政府债务风险等级为绿色等级。

（三）精准发力助推实体经济。复工复产高效推进。因时调整防控措施，有序推进企业复产、项目复建。出台中小微企业扶持政策“20条”，确保“企业复工率、全员上岗率、产能恢复率”“三率”提升，为1272家中小微企业发放贷款33.7亿元；制定支持重点项目复工措施“10条”，确保“机械台班量、工人数量、实物工作量”“三量”到位。项目建设提速升级。深入开展“项目建设提速年”活动，实行常态化、科学化调度机制，强力推动总投资约187亿元的68个城区重点项目建设，全年完成投资37.3亿元，一批基础设施、生态治理、社会事业等重点项目竣工并投入使用。招商引资成效斐然。制定“飞地经济”政策，推行“招商引资优惠政策一单清”做法，紧盯“5020”项目招大引强，聚焦三大主导产业开展延链、补链、壮链，全年新签约亿元以上项目24个，实际进资53.7亿元，其中，永冠科技新材料生产基地、江西荣华人工智能制造产业园成功申报为全省“5020”项目。外贸出口勇创佳绩。鼓励自营出口生产企业和外资企业增资扩建，永冠科技全年出口总额达1.2亿美元，增长67%，成为抚州市出口额最大的生产型企业。全年完成外贸出口总额2.89亿美元，增长29%；实际利用外资4560万美元，完成年度计划111.2%。消费活力全面释放。科学研判疫情防控形势，逐步推进餐饮、住宿、商贸、娱乐等服务业复商复市。推行机关事业干部职工“二季度两天半”弹性作息制度，鼓励广大干部带头消费，拉动内需；发放电子消费券640万元，累计带动消费3000万元；全省唯一的京东江西扶贫馆落户东乡，完成产品线上销售1.27亿元；成功举办抚州市首届电商直播网购节，实现交易额5600万元。全年限额以上消费品零售总额7.2亿元，增长8.9%，高于全市3.1个百分点。

（四）质效并举构建产业体系。现代工业转型升级。深入实施科技型企业培育三年行动，新增国家高新技术企业21家，总数达69家。持续引导企业加大科技研发投入，R&D经费支出预计占GDP比重1.65%，综合科技创新水平指数为75.1，在全省县域科技创新能力综合评价中排名第十四位，全市排名第一。推行数字化智能化改造，工业技改投资增长32.2%，新增规模以上工业企业25家。组建各类科研机构78家，科技型中小企业注册入库58家，科伦药业、博大化工被评为全省工业“小巨人”企业，永冠科技、亿友药业被认定为省级企业技术中心，回音必东亚制药被评为全省两化融合示范企业和全省管理创新示范企业。全面落实产业链链长制，建立11个重点产业链链长制工作推进体系。强力清理园区“僵尸”企业及低效闲置土地，共征收和清理企业39家，腾出工业用地2600余亩。加速打造“2＋4＋N”主题产业平台，产城融合、集约紧凑、要素齐备的产业发展单元初见雏形。深入开展“降成本、优环境”专项行动，全面落实惠企纾困政策，新增减税降费1.76亿元。全年完成工业税收10.85亿元，规模以上工业企业税收入库10.1亿元，占92.7%，纳税过千万元工业企业13家。现代农业提质增效。全面禁止抛荒撂荒，落实水稻种植面积74万亩，粮食生产实现“十一连丰”。强力推进3.05万亩高标准农田建设，被评为2019年度全省高标准农田建设激励评价先进单位。坚持“两特一游”主攻方向，新增蔬菜产业种植面积7.8万亩；引进浙江蓝美公司作为蓝莓产业第三方经营主体，在14个乡镇（场）落实蓝莓种植面积6000余亩。稳步恢复生猪产能，引进深圳金新农投资20亿元兴建百万头现代化生猪产业园，加快推动中育牧业等生猪龙头企业技改扩建，生猪存栏53.1万头、出栏41.9万头，能繁母猪存栏6.91万头，生猪产能基本恢复到正常年份水平。现代服务业扬优成势。全年服务业增加值增长3.7%，占GDP比重43.3%。电子商务、金融存贷、房产销售、现代物流、休闲旅游发展势头强劲。商品房销售备案6391套，增长55%。欣盛铁路集装箱物流园、赤湾东方智慧公路港正式投入运营。东乡大剧院累计演出24场；新增规模以上文化企业4家，规模以上文化企业收入13.3亿元；王桥清湖景区成功申报省4A级乡村旅游示范点，佛岭游客服务中心及4个精品景点基本建成。全年接待游客80余万人次，完成旅游收入2.9亿元，其中花果山景区玫瑰特色小镇年接待游客首次突破10万人次。

（五）蹄疾步稳深化全面改革。东乡经开区被列为深化经开区体制机制改革第一批省级试点示范项目单位，人事薪酬制度、“一支队伍管执法”、“管委会＋平台公司”、“开发区＋主题产业园”四项改革初见成效。扎实推进全省相对集中行政许可权改革试点，挂牌成立东乡区行政审批局，应进必进行政许可事项达100%；开展政务服务向基层延伸试点工作，“一窗式”政务服务平台和自助服务终端延伸至乡镇（街道、场），155个村（社区）便民服务代办点实现全覆盖。在全省率先启动惠企政策兑现“一门式”服务，兑现惠企奖励资金5.5亿元，该经验做法得到省政府主要领导的充分肯定。搭建电子金融保证平台，全面推进农民工工资和履约保函电子化。积极探索生态产品价值实现机制试点，生态产品类贷款余额达32.5亿元；自然资源生态产品经营及价值实现案例入选全省生态价值实现典型案例，“畜禽智能洁养贷”改革措施入选国家生态文明建设推广清单。加快推进国有企业市场化改革，东乡城投集团和东乡工创投集团实力进一步增强。全面完成城乡公交一体化改革，33条城乡公交线路全部投入运营。城乡供水一体化改革全面启动，铺设农村供水管网870千米。稳步推进城乡教育一体化改革，实施69所乡村小规模学校撤并工作。财税金融、农业农村、社会信用等重点领域改革稳步推进、有力有效。

（六）统筹兼顾促进城乡融合。精心打造品质城市。按照“四精”要求，深入实施城市功能与品质提升三年行动，全力推进总投资35亿元的52个项目建设，全年完成投资26.2亿元。雄岚大道提升改造、文教路、佛岭路、状元路东西延伸等8个市政道路项目基本完工，革命纪念公园、人民公园提升改造等项目建成并投入使用，行政文化休闲片区灯光秀成为城市又一网红打卡地。强力推进“两违”处置和棚改工作，累计完成“两违”处置3224户，城区拆违拆临约8.3万平方米；提前完成900户棚户区改造任务，高标准建成东润华城安置小区。持续开展“全民洗城”行动，常态化开展占道经营、乱停乱放、违规广告等专项整治，举全区之力一次性成功创建国家卫生城市。加快建设美丽乡村。全面完成马圩、小璜等4个集镇改造提升，加快推进南北港和马圩万亩圩堤除险加固、井山水库等重大项目建设；投入6.7亿元实施农村粪污综合治理一体化项目，完成一类县改厕90%目标，农村无害化厕所普及率达93%。按照“三年扫一遍”工作要求，建成216个新农村建设村点，132个行政村完成经营性资产折股量化。持续完善农村人居环境“1+N”长效管护模式，顺利通过国家对农村生活垃圾治理考核验收。

（七）不忘初心提升民生福祉。守住民生保障底线。坚持财力向重点民生领域倾斜，完成民生支出48.3亿元，占一般公共预算支出87.2%，增长4%。全面完成51件民生实事。新增城镇就业人数3985人，转移农村劳动力6674人，城镇登记失业率控制在1.78%左右。推进药品集中带量采购，中选药品价格平均降幅67.3%，医保经办服务在全国医保系统行风测评活动中排名全省第一。不断健全和完善社会保障体系，基本医疗保险、基本养老保险分别覆盖41.6万人、26.3万人，适度提高临时救助、城乡低保、优抚抚恤等保障标准，发放各类社会保障资金3.7亿元。大力繁荣社会事业。基础教育、职业教育、继续教育稳步提质。高考、中考捷报频传；东乡机电中专升级为高级技工学校，实现了大专院校从无到有的历史性突破；教师培训工作获评为江西省2020年“国培计划”项目示范县（区）。取缔关停50所无证民办幼儿园，认定43所普惠性幼儿园。城南、城北学校基本建成，实验中学、东乡一中、东乡四中改扩建等项目加快推进。全国紧密型县域医疗卫生共同体试点工作扎实推进，成功组建惠民医疗健康集团，促进优质医疗资源下沉。慢性病防治不断巩固，成功创建省级慢性病综合防控示范区。区人民医院、第二人民医院、疾控中心核酸检测实验室和发热门诊相继建成，疫情应对能力大幅提升。区妇幼保健院主体工程竣工。开展乡镇敬老院“公建民营”改革试点，城乡线上线下居家养老服务发展迅速。加强社会治理创新。推动平安东乡建设和市域社会治理现代化试点，探索推广“智慧党建+三社联动”社区治理模式。打造全省首个正式运行的县域“城市大脑”。安全生产事故起数和死亡人数实现“双下降”。扎实开展信访积案化解工作，信访形势持续向好。全面推广“尊崇工作法”，退役军人服务保障体系不断健全，“双拥”共建成效显著。大力推进农村“法律明白人”培养工程，全面建成区、乡、村三级综治中心。扎实开展第七次全国人口普查，圆满完成人口普查任务。深入推进全国新时代文明实践试点，新时代文明实践志愿服务运行平台稳居全省33个试点县（区）前两名、全市第1名。纵深推进扫黑除恶专项斗争，严格落实

“六清”“六建”要求，社会大局保持和谐稳定。

（八）持之以恒加强政府建设。政治建设全面巩固。深入组织政治理论学习，持续巩固拓展“不忘初心、牢记使命”主题教育成果。大力开展“五型”政府建设，深入实施忠诚思想教育活动，引导和督促政府系统干部不断增强“四个意识”、坚定“四个自信”、做到“两个维护”。法治建设不断加强。全面开展法治政府示范创建，坚持区政府常务会议会前学法制度，加强规范性文件审查、备案、清理工作，严格重大决策、重大合同合法性审查，推进行政执法“三项制度”改革，确保执法规范文明公正。自觉接受人大法律监督、政协民主监督以及社会舆论监督，认真办理人大代表建议 72 件、政协委员提案 73 件，办复率 100%。作风建设持续深化。大力营造亲清新型政商关系，开展“最受欢迎办事窗口”“最难办事窗口”评比等活动，圩上桥镇被评为全省首批“五型”政府示范乡镇。严格落实全面从严治党主体责任，大力整治“怕、慢、假、庸、散”等作风顽疾，扎实开展“好人主义之害”解放思想大讨论活动。积极推动“网络问政”常态化办理，解决群众反映强烈问题 143 件，办结率 100%。在政府系统全面推行“蓝、黄、橙、红”四色监督工作法，干部作风明显改善。

同时，国防动员和后备力量建设、征兵、军地融合、统计调查、审计、防震减灾、消防安全、人民防空、市场监管、民族宗教、涉台事务、外事侨务、新闻出版、广播电视、地方志、工会、档案、科协、残联、青少年、妇女儿童、邮政、通信、物价、老龄、气象、烟草、外联、接待、红十字会、社会慈善等工作稳步推进并取得新成绩。

2020 年是“十三五”规划收官之年。回顾五年来的发展历程，我们栉风沐雨、披荆斩棘，高质量发展的基础更加扎实。这是转型升级稳增长的五年。地区生产总值突破 180 亿元大关，增长 1.4 倍，年均增长 6.9%；人均 GDP 达 4.1 万元，增长 1.5 倍，年均增长 7.9%；财政收入总量增长 1.3 倍，年均增长 4.7%；社会消费品零售总额增长 1.2 倍，年均增长 2.8%。三次产业结构比由 15.1∶59.5∶25.4 调整为 14.3∶42.4∶43.3。三大主导产业对工业贡献率由 25.2% 提升到 61.7%。这是先行先试强改革的五年。我们以坚如磐石的定力，深入推进绿色殡葬、农村人居环境“1+N”长效管护、“放管服”、智慧医疗等数十项改革，连续三年评为全省改革工作先进县（区），连续四年评为全市改革工作先进县（区）。这是提质增效促融合的五年。纵深推进新型城镇化、城乡一体化建设，城乡公共服务差距不断缩小。大力实施城市功能与品质提升三年行动，获评江西省第五届文明城市，成功创建国家卫生城市，城市品位大幅提升，城市魅力有效彰显。乡村振兴取得重大成果，深入开展农村环境综合整治和秀美乡村建设，完成 980 个新农村建设村点和“三高两线”沿线房屋立面改造。城乡环卫一体化项目获全省唯一的全国民生示范工程奖。这是凝心聚力优生态的五年。全面完成生态文明治理“九大工程”，深入推进山水林田湖草生态保护修复试点，生态环境持续向好，获评全省生态文明建设示范县（区）。逐步推进生态产品价值实现机制试点，水权改革试点通过国家验收，率先在全市推行领导干部自然资源资产离任审计试点，走出了一条生态优先、绿色发展的新路。这是共建共治惠民生的五年。坚持财政资金优先向基本民生倾斜，累计用于民生支出达 180 亿元，占财政总支出 76%以上，“五险一金”保障覆盖面不断扩大，6 个省级贫困村高质量摘帽，农村和城镇建档立卡贫困群众全面脱贫，人民群众的获得感、幸福感、安全感和满意度进一步提升。

各位代表，历尽天华成此景，人间万事出艰辛。这些成绩的取得，得益于以习近平同志为核心的党中央的坚强领导，得益于习近平新时代中国特色社会主义思想的科学指引，得益于省委、省政府和市委、市政府的亲切关怀和大力支持，是区委团结带领全区广大干部群众奋力拼搏、砥砺前行的结果。在此，我代表区人民政府，向全区人民，向各民主党派、人民团体和社会各界人士，向中央和省市驻区单位、驻区部队、广大民兵预备役人员、武警官兵、公安民警、消防指战员，致以崇高敬意！向所有关心、支持、帮助和参与东乡经济社会发展的同志们、朋友们，表示衷心感谢！

五年来的发展历程昭示我们，做好东乡工作，必须始终把牢政治方向，学懂弄通做实习近平新时代中国特色社会主义思想，切实增强“四个意识”、坚定“四个自信”、做到“两个维护”，始终在思想上政治上行动上同以习近平同志为核心的党中央保持高度一致，全力推动党中央大政方针在东乡落地生根、开花结果。必须始终保持战略定力，坚持一张蓝图绘到底，用新发展理念指导发展，用生态文明建设统领发展，努力走出一条经济发展与生态文明相辅相成、相得益彰的高质量发展之路。必须始终恪守为民理念，把人民对美好生活的向往作为我们的奋斗目标，坚持发展为了人民、发展依靠人民、发展成果由人民共享，让东乡发展更有“温度”，让民生福祉更有“质感”。必须始终传承改革精神，以敢于啃硬骨头、敢于涉险滩的勇气开拓创新，将全面深化改革进行到底，推动思想再解放、改革再深化，全力破除思想和体制上的障碍，为加快经济社会发展清路开道。必须始终弘扬实干作风，大力发扬孺子牛、拓荒牛、老黄牛精神，用汗水浇灌收获，以实干笃定前行，加快推动换道超车、高质量跨越式发展。必须始终坚守清廉本色，深入推进党风廉政建设和反腐败斗争，持续营造风清气正的良好政治生态，真正做到干部清正、政府清廉、政治清明。

成绩增添信心，问题需要警醒。当前，我区经济基础仍然不强，面临做大总量和提升质量的双重压力；三大主导产业发展层次、集聚水平不高，缺少龙头企业引领带动；园区功能和基础配套设施不够完善，承载能力较弱；乡村振兴任重道远，群众主体意识不强，村级集体经济还很薄弱；教育、医疗、养老、育幼、住房等民生事业离群众期望还有不小差距，特别是在疫情防控中，公共卫生、社会治理、应急管理等方面暴露出不少薄弱环节；少数干部职工担当精神、服务意识、创新能力还不够强。我们将直面问题，攻坚突破，全力解决，不负重托。

二、“十四五”时期发展的主要考虑

根据《中共东乡区委关于制定全区国民经济和社会发展第十四个五年规划和二〇三五年远景目标的建议》，区人民政府编制了《抚州市东乡区国民经济和社会发展第十四个五年规划和二〇三五年远景目标纲要（草案）》（以下简称《纲要》），提交大会审查。

（一）关于发展环境的判断

经过“十三五”发展，全区主要经济指标持续平稳较快增长，实现了量的突破、质的提升，生态、文化、人才等优势持续巩固，政策、改革、开放等红利正在叠加释放，撤县设区的深度变革成效和高铁经济带辐射效益不断增强，以及以数字经济为引领的绿色产业体系加速构建，为东乡发展打下了坚实基础，创造了有利条件。同时，东乡发展也面临着不少困难和挑战。国际环境日趋复杂，不稳定性不确定性因素明显增加，国内发展还存在一些体制机制问题，自身发展不足仍然是我区当前的主要矛盾。综合研判，“十四五”时期，东乡面临的发展机遇大于挑战，仍处于蓄势聚能、提质增量、实现高质量跨越式发展的重要战略机遇期。我们要锚定现代化建设目标不放松，保持战略定力，发挥自身优势，善于在危机中育先机，于变局中开新局，努力开创东乡经济社会高质量跨越式发展新局面。

（二）关于发展目标的考虑

根据区委规划建议，《纲要》细化明确了我区2035年远景目标和“十四五”时期发展目标。展望2035年，东乡将与全国同步基本实现社会主义现代化，重点要努力建成工业强区、人才强区、生态强区、文化强区、教育强区。立足2035年远景目标，确保开好局、起好步，“十四五”时期全区经济社会发展的主要目标是：经济综合实力实现新跨越，产业优化升级跃上新台阶，城乡统筹发展取得新突破，民生福祉改善达到新水平，社会文明程度实现新提高，生态文明建设取得新进展，社会治理能力实现新提升，通过五年努力，把东乡建设成为全国城乡融合发展试验区、大南昌都市圈高质量发展示范区、全市改革创新引领区、沪昆高铁新城样板区。

（三）关于发展重点任务的考虑

根据区委规划建议，《纲要》细化明确了“十四五”时期发展的9个方面重点任务，即推动改革创新、实施工业强区战略、扩大内需和双向开放战略、区域发展战略、乡村振兴战略、推进绿色发展、加快文化建设、夯实民生基础、坚持党的领导，总体上涵盖了我区全面建设社会主义现代化各领域的发展思路和重点任务。围绕这些重点任务，《纲要》细化明确了重实干、强执行、抓落实的具体措施。

各位代表，《纲要》经大会审查通过后，将成为我区“十四五”时期发展的任务书、路线图、时间表、优先序。只要我们咬定目标不放松，撸起袖子加油干，凝心聚力，攻坚克难，就一定能够把宏伟蓝图变成美好现实！

三、2021年工作安排

2021年是开启全面建设社会主义现代化国家新征程、实施“十四五”规划的第一年，也是中国共产党成立100周年，做好今年各项工作具有特殊重大意义。今年政府工作的总体要求是：以习近平新时代中国特色社会主义思想为指导，全面贯彻党的十九大和十九届二中、三中、四中、五中全会以及中央经济工作会议精神，深入落实习近平总书记视察江西重要讲话精神，聚焦“全市带头作示范、全省奋力勇争先”的目标定位，坚持稳中求进工作总基调，立足新发展阶段、贯彻新发展理念、构建新发展格局，以推动高质量发展为主题，坚定不移实施工业强区主战略，奋力把东乡建设成为全国城乡融合发展试验区、大南昌都市圈高质量发展示范区、全市改革创新引领区、沪昆高铁新城样板区，确保“十四五”开好局，以优异成绩庆祝中国共产党成立100周年。

主要预期目标是：完成地区生产总值200亿元，增长8.5%，力争9%；财政总收入31.28亿元，增长12.86%；一般公共预算收入18.1亿元，增长1.5%；社会消费品零售总额72亿元，增长9%；固定资产投资总额增长8.5%，力争9%；规模以上工业增加值增长9.5%，力争10%；出口总额实现19.9亿元，增长7%；实际利用外资实现5000万美元，增长6%；城镇居民人均可支配收入44118元，增长8%；农村居民人均可支配收入22188元，增长8.5%。居民消费价格总水平涨幅3%左右，城镇调查失业率5.5%左右，节能减排完成上级下达任务。

重点做好七个方面工作：

（一）增强科技创新这个第一动力，引领产业转型升级。深入实施创新驱动发展战略，以创建省级创新型县（市、区）建设试点为契机，加快推进以科技创新为核心的全面创新，以更高质量创新引领产业转型发展。

突出企业创新主体地位。实施规模以上企业研发投入攻坚行动，引导企业把政策红利转化为创新实力，加快科研成果转化、运用，带动产业创新、产品创新、业态创新、制度创新、管理创新，力争R&D经费支出占GDP比重达1.8%。健全科技资源共享机制，支持龙头企业与省内外高校、科研院所共建科研基础设施和产业创新联盟，确保全年新增国家高新技术企业25家，科技型中小企业68家，开发新产品20个。加大创新产品采购和使用、科技成果技术转移、创新产品市场拓展和产业化激励等政策扶持力度，支持智力要素和技术要素更多参与创新收益分配。实施重大技术攻关“揭榜挂帅”行动，推动创新链、产业链、人才链、政策链、资金链深度融合。

加快科技创新平台建设。积极推动院士工作站、技术创新中心、工程研究中心、企业技术中心等研发平台建设，争创一批国家级和省级研发中心、科技企业孵化器、众创空间。依托“互联网+”、大数据、区块链、物联网等新技术新模式，力争实施1项省级重大科技计划，新建1个省级以上创新平台。以股份制、理事会、会员制等形式，全力构建“东乡科技服务平台”，推动区域内大型科学仪器设备、科技服务整合共享。加快中科智汇、国家农机装备创新中心南方研发基地等重大科技创新和运用平台建设步伐。

完善科技创新资源要素。安排1亿元科技创新发展资金，重点支持一批市场前景好、科技含量高、纳税能力强的科技型企业加快成长。研究出台在全省更具竞争力的人才政策，建立外聘专家智库，坚持“柔性引才”与“刚性引进”同步推进、“借外脑”与“强本土”同频共振；持续深化“三请三回”活动，加快引进1～2个与三大主导产业高度契合的省级科技创新团队；继续实施优秀企业家培训计划，全力支持东乡籍学子返乡创新创业，着力将东乡打造成为全省一流的人才会聚之地、事业发展之地、价值实现之地。

（二）把握扩大内需这个战略基点，推动经济平稳增长。深入实施扩大内需战略，贯通生产、分配、流通、消费各环节，加快实现更高水平供需动态平衡，为稳定经济增长提供更强支撑。

筑牢投资“压舱石”。聚焦“两新一重”政策导向，抢抓中央预算内投资新增3.65万亿元专项债券机遇，认真谋划和储备一批重大基础设施、产业升级、民生改善项目，力争更多项目挤进国家、省、市“笼子”。强力推进“项目六大会战”，加快实施总投资151.42亿元的65个重点项目，年度投资完成25亿元以上。稳步推进水系连通、城市公交枢纽等38个新建项目；加快完成城中村改造一期、井山嘉苑等27个续建项目；科学谋划东山湿地公园、人民医院内科大楼等17个拟建项目；扎实推进祥生佛岭国际特色小镇、雅中—江西特高压工程（东乡段）等11个督建项目。建立健全常态化、科学化重点项目调度机制和管理办法，精简审批程序，优化服务流程，坚决避免“项目等审批”问题。进一步用好地方政府专项债券，支持在建工程后续融资；积极引导社会资本参与项目建设，推动东乡城投集团、工创投集团与地方政府信用分离，运用市场化手段解决“项目等资金”问题。做好项目建设用地保障，统筹新增和存量项目建设用地，切实解决“项目等土地”问题。

提升消费“主动力”。积极顺应消费结构升级趋势，着力创新消费业态和模式，加快培育新的消费增长点。加速商贸消费升级。深入实施促进商贸消费升级三年行动，围绕旅养、文养、医养及热敏灸中医药服务等主题，培育大健康产业，大力发展养生养老新业态。充分利用体育馆、游泳馆、东乡大剧院等文体设施，精心策划和承办一批全国性、全省性赛事。稳定大宗商品消费。用好新一轮汽车下乡和以旧换新政策，鼓励引导新能源汽车消费；加快丰源国际汽车城项目建设，培育发展高档汽车销售市场。适时出台扶持措施，对居民淘汰旧家电家具、购买绿色智能家电及环保家具给予补贴，提振家电家具消费。推动城市消费提升。培育和引进一批商贸龙头企业和高端商业综合体，加快引进品牌化连锁化便利店、餐饮店，力争引进社会资本兴建1家五星级酒店；坚持“房住不炒”的定位，稳住市场供需，促进房地产市场平稳健康发展。创新线上线下经营模式，鼓励和支持直播电商、社交电商，加快发展“流量经济”“网红经济”“宅经济”等新业态，刺激“夜间经济”消费升级。促进农村消费扩大。加快与第三方平台建立战略合作关系，支持企业“触网转型”。开展网络直播和跨境电子商务业务，引导农产品末端销售网络改造升级，力争乡村电子商务服务网点覆盖率达100%、网络零售额占全区社会消费品零售总额20%以上。

畅通商贸“循环链”。加快构建现代流通体系，积极促进内外需、进出口协调发展。完善交通基础设施。做好彭泽—东乡—余干高速、梨温高速（东乡段）“四改八”、鹰潭龙虎山—东乡红光—临川金山寺旅游公路等项目前期工作。积极创建省级城乡交通运输一体化示范县（区），启动建设东临环城高速公路，推动抚州东站由四等站升级为三等站。全面完成60千米县乡道升级改造。构建现代物流体系。致力把东乡打造成为大南昌都市圈的商贸物流集散地，大力发展冷链物流、智慧物流、共享物流、应急物流，培育一批具有竞争力的商贸流通企业。继续推进赤湾东方智慧公路港物流网、欣盛铁路集装箱综合物流园建设，大力推进城乡冷链物流骨干网建设，打造集物流园区、配送中心、末端网点等于一体的多点支撑现代物流网络体系。

（三）夯实实体经济这个关键基础，健全现代产业体系。坚持把发展县域经济着力点放在做强做优做活实体经济上，加快推进产业基础高级化、产业链条现代化，着力构建竞争力更强、附加值更高、安全性更可靠的现代产业体系。

进一步做强现代工业。聚焦工业经济“三年倍增”目标不放松，坚决把大抓工业、抓大工业放在经济工作首要位置，坚定不移实施“工业强区”主战略，力争全年完成规模以上工业主营业务收入320亿元，增长26%；工业税收13.8亿元，增长27%；新增规模以上工业企业30家，增长20%。提升产业发展能级。大力实施领航企业培育工程，按照五个梯队筛选20家优质企业重点培育，新增纳税千万元以上企业5家。大力实施优质企业倍增计划，鼓励优质企业兼并重组、技改扩建，力争打造省级“小巨人”企业2家、“专精特新”企业10家。建立企业梯次成长机制，优选15家左右优质企业予以重点扶持。深入实施企业上市“映山红”行动，加快推进施美药业、江西台德、荣成机械上市步伐，力争实现本土企业上市零突破。持续落实产业链链长制，聚焦新材料新能源、生物医药、电子信息等重点产业链，促进产业高端补链、终端延链、整体强链。加快产业数字化赋能。深入开展数字经济发展攻坚行动，推动数字经济与工业经济深度融合，加快培育壮大VR、物联网、大数据和云计算、人工智能等新兴产业，全年新引进不少于6家数字经济企业。加快推进索辰科技、农信互联、台德电子、联创电子等数字化产业项目，抓好路威轮毂、永冠科技、书源科技等产业数字化项目，培育一批数字化车间、智能工厂，打造2家工业4.0标杆企业。深入推动中小企业“上云上平台”，着力打造10家“上云”示范标杆企业，力争20%规模以上企业实现深度“上云”。深入开展“两化融合”示范企业培育计划，打造2家“两化融合”示范企业，并实现2家企业“两化融合”管理体系贯标。完善园区平台功能。全力做好创建国家级经济开发区各项基础性工作。深入推进集群式项目“满园扩园”和开发区“两型三化”管理提标提档行动，持续推进园区与乡镇（场）合力发展“飞地经济”。做实“开发区＋主题产业园”运营模式，加快建设“2＋4＋N”主题产业平台，基本建成中基恒光、荣华人工智能两大产业园，建成标准厂房不低于100万平方米。常态化清理“僵尸企业”及低效闲置土地，腾出工业用地2500亩，确保新增工业用地按照“标准地”制度供地不低于60％。持续完善园区基础设施，着力补齐“九通一平”短板。提档升级产城融合，加快建设园区学校、医院、酒店、商超及体育休闲等公共设施，致力打造园区综合服务体。

进一步做优现代农业。落实最严格的耕地保护制度，坚决遏制耕地“非农化”，防止“非粮化”，确保粮食播种面积达77万亩、产量达3.25亿千克。开展田长制管护试点，建成4万亩高标准农田。围绕“打造全省蓝莓产业特色区”的目标定位，新增蓝莓种植面积1万亩，加快建成集品种研发、种苗繁育、冷链加工、物流销售于一体的蓝莓全链条服务平台。积极扶持农民专业合作社，大力发展“订单农业”，重点发展中药材、生态水果、绿色蔬菜、高产油茶等特色种植业，新增设施蔬菜3700亩、中药材8000亩、高产油茶2万亩。启动创建国家农村产业融合发展示范区，培育和发展一批“庭院经济”示范点、省级田园综合体、省级休闲农业精品园区和特色小镇。大力发展农业农村数字经济，构建5G智慧农业试验区，夯实现代农业发展机械化和信息化供给基础。严格落实非洲猪瘟防控措施，加快建成深圳金新农、中育牧业、盛祺农业等生猪产业项目，确保生猪出栏、存栏和能繁母猪存栏分别达85万头、56万头、7.6万头。继续开展国家级渔业健康养殖示范县（区）创建活动，推动区域水产绿色健康养殖标准化、科学化、规范化。以建设全国区域性绿色有机农产品生产供应基地为目标，深入实施绿色生态农业“十大行动”，新增“三品一标”农产品12个以上，确保农产品质量安全检测合格率保持在98％以上。实施现代种业提升工程，强化种质资源保护和利用，力争将东乡花猪、东乡绿壳蛋鸡等稀有种源纳入省、市种子库。实施高素质农民教育培训计划，积极培育新型职业农民，不断强化农业科技创新支撑。

进一步做活现代服务业。积极推进生态与文化融合发展，培育一批具有东乡特色的文化旅游品牌。加大古村落、古建筑保护力度，重点推进黎圩、瑶圩、红光古建筑保护和修复工程，支持红光新田创建中国历史文化名村。支持佛岭国际公园、花果山生态园、杨桥润邦生态园申报国家级、省级旅游景点，加快打造一批休闲农业、体验农业、乡村民宿、养生养老等新业态景区，构建“全域旅游、全景东乡”，让产区变景区、产品变礼品、农房变客房。不断激活金融市场活力，力争新引进1家以上股份制商业银行；依托政府性融资担保平台，持续优化信贷结构。发挥银河家园等特色养老服务中心引领作用，鼓励社会资本参与养老产业，支持建设集老年公寓、康复护理、疗养医院为一体的医养综合体。

（四）恪守城乡融合这个内在要求，提高协调发展水平。坚持推进以人为核心的新型城镇化，加快建设特色优势彰显、全域协调联动的城乡融合发展新格局。

聚力城市更新，提升功能品质。统筹抓好重要功能区块、重点片区开发布局，全面完成交通、水利、国土、海绵城市等专项规划编制。实施城市更新行动，投资22.35亿元实施城市功能与品质提升三年行动项目38个；加快城市“双修”步伐，推进城区支路及部分老旧住宅小区雨污水分流改造工程、城区水系连通工程，新建5个生态停车场、1个小游园、50个新能源充电桩。启动10个老旧小区和城南农贸市场改造提升，完成2个老旧小区改造。持续完善城市交通网络，有序推进艾兴大道东延伸、朝阳大道北延伸等8条市政道路建设；大力提升大富大道、雄岚大道等城区入口、交通要道市容市貌和人文风貌，展示良好城市形象。大力开展爱国卫生运动，持续巩固创建国家卫生城市成果，全力推动全国文明城市创建工作。树立全周期管理理念，依托“城市大脑”工程，推进城市管理和运行“一网统管”。全面开展“城市体检”，统筹安排通信、给排水、燃气、消防、强弱电等管线建设，下大力气解决路面反复开挖等顽症。

聚焦乡村振兴，促进宜居宜业。巩固拓展脱贫攻坚成果同乡村振兴有效衔接，健全完善返贫预警监测和个性化帮扶、产业增收、就业稳岗、扶贫项目运营管护等机制，为农村群众增收致富打牢基础。大力推进小城镇建设，重点打造一批中心镇，带动农村经济社会发展。统筹县域城镇和村庄规划建设，加快编制“多规合一”村庄规划，加强农村建房管控，引导房屋风格相对统一，塑造协调有序的村庄风貌。加快补齐农村水利、道路等基础设施短板，推进107座小型病险水库除险加固，新改建农村公路112千米，改造危桥5座。全面完成畜禽粪污综合治理整区推进、小璜农业面源污染、井山水库等农业基础设施项目。优化农村环境“1＋N”长效管护模式，加快推进农村人居环境整治、农村水系综合整治，全面完成50个省级村点和51个市县自然村点整治建设，打造1个全域美丽乡村、13个美丽村庄、2124个美丽庭院，提升2条以上美丽宜居示范带。加快规模化农村供水工程建设，快速推进城乡供水一体化项目，确保2021年集中供水覆盖率达80%。加强和创新乡村治理，纵深推进农村基层党组织、村民自治、新时代文明新风、法治乡村建设，全面提升农村精神风貌。

（五）激发改革创新这个不竭源泉，释放市场主体活力。坚持以更大的力度和更快的速度推动改革、扩大开放，激活内部要素，吸引外部资源，不断培育壮大发展新动能，为高质量发展拓展空间、增添后劲。

勇闯改革“深水区”。深入推进“放管服”改革。深化相对集中行政许可权改革，实行“一枚印章管审批”；继续拓展“赣服通”服务事项，确保高频事项实现“掌上办”；全面推广网上中介超市，实行“一网选中介”；启动建设“普惠金融服务中心”，为企业融资担保提供更大便利、更优成本。加强政务服务事项清单化管理，推动全区所有备案类服务网上办；深入推进“证照分离”改革，加快解决“准入不准营”问题；完善惠企政策兑现“一门式”服务，持续巩固政务服务“好差评”制度，推动形成正向激励的良性循环，着力打造全省县级政务服务的标杆。大力推广不见面开标和远程异地评标，推动招投标全过程电子化。全面完成事业单位改革。按照“优化协调高效、稳步扎实推进”的原则，积极稳妥推进事业单位改革，确保政事分开、事企分开、管办分离。持续推进财税体制机制改革。全面实施预算绩效管理，打破财政资金固化格局，做到“花钱必问效、无效必问责”；理顺县乡财政分配关系，引导乡镇拓展财政收入渠道，加大乡镇财政收入绩效和招商引资考核力度，改变过去区级财政大包大揽模式。深化巩固经开区体制机制改革。推动人事薪酬制度和机构编制管理改革全面落地，制定园区审批服务执法权限清单，加快形成机构精简、职能综合、结构合理、运行高效的管理体制。建立健全重大招商项目投资科学论证和规范决策机制。优化产业发展引导基金使用方式，探索以直接股权投资方式支持重大产业项目建设，支持东乡工创投集团做大做强，力争将其打造成AA级市场主体。加速推进生态产品价值实现机制改革。抓好“畜禽智能洁养贷”、国有农用土地抵押贷等绿色金融试点，统筹推进生态产品认证试点、河权到户试点。积极探索碳汇交易与林下经济发展模式，深化国家储备林权抵押贷款机制，加大森林赎买工作力度，进一步打通“资源变资产、资产变资金”转换通道。建立健全自然资源开发与保护补偿机制，推动自然资源多元化、市场化运作。稳妥推进农村体制机制改革。深化户籍制度改革，加快农业转移人口市民化，推进基本公共服务覆盖所有城镇常住人口。稳妥推进农村宅基地制度改革，有序推进集体经营性建设用地入市，积极探索农村“三资”盘活路径，不断壮大村级集体经济。

打造开放“升级版”。积极“引进来”，坚持把招商引资作为“一号工程”，积极抢抓江西内陆开放型经济试验区建设契机，主动参与共建“一带一路”，全面融入长江经济带、大南昌都市圈、海西经济区、鄱阳湖生态经济区等区域发展格局，进一步调整招商策略，拓展招商平台，创新招商模式，大力引进一批“5020”项目及高科技项目，全年新引进1000万美元以上外资投资项目不少于3个，亿元以上项目不少于40个，其中，新经济新业态项目不少于10个，“5020”项目不少于3个。加快“走出去”。紧扣内外销产品“同线同质同标”工程，扩大新材料新能源、电子信息等自营出口以及高附加值产品出口。组织参加并借助广交会、华交会、进博会等平台，千方百计拓展市场、稳定出口。支持永冠科技等龙头企业积极拓展线上外贸业务，发展外贸新业态，培育外贸竞争新优势。

优化发展“软环境”。深入开展影响发展环境突出问题“六大专项”整治活动，建立健全优化营商环境考核评价指标体系；加快推进社会信用体系建设，建立东乡区公共信息信用平台，开展诚信建设示范试点工作。严格落实领导干部联系帮扶企业制度，持续推进“两宣一帮”活动，真心实意为企业解难题、办实事。持续巩固“降成本、优环境”专项行动，力争为企业减税降费2亿元。加大金融服务实体经济力度，不断创新融资模式，扩大融资规模，为实体经济和产业发展注入更多源头活水。着力构建亲清新型政商关系，推动党员干部同企业家交往既真诚坦荡、靠前服务，又清白纯洁、守住底线。

（六）践行民生为要这个根本理念，提升群众幸福指数。坚持以人民为中心的发展思想，把有限的财力更多用于办好民生实事，不断满足人民群众对美好生活的向往。

提高民生保障水平。针对群众“急难愁盼”问题，重点办好51件民生实事。落实稳就业政策，突出高校毕业生、返乡农民工、退役军人等重点群体就业帮扶，全年实现新增城镇就业6200人，新增转移农村劳动力7800人。出台退役军人优待办法，加大军人军属及退役军人的关爱帮扶力度，进一步加强国防后备力量建设，积极创建全省“双拥”模范城市。持续根治农民工欠薪问题。深入开展全民参保和职业健康保护行动，健全重大疾病医疗保险和救助制度。完善基本养老、基本医疗保险筹资和待遇调整机制，提高城乡低保、抚恤补助、社会救助、残疾人补贴等标准。推进以社会保障卡为载体的居民服务“一卡通”应用。夯实公办养老院兜底功能，发展社区嵌入式养老院，推广“党建＋农村养老服务”。

完善公共服务体系。稳妥推进“县管校聘”、教育督导、教育评价等综合改革。全面建成城北、城南学校并实现秋季招生，启动教育发展研究中心、东乡八小建设，推进城西、城北、井山等一批普惠性公办幼儿园建设。启动农村寄宿制学校建设和农村学校品质提升工程，持续撤并小规模教学点。引进社会资本举办高职院校，创办抚州文理学院。继续加大东乡高级技工学校建设力度，争创技师学院。推进紧密型县域医共体建设，持续深化医药卫生体制改革，健全完善惠民医疗健康集团管理机制。大力实施医保支付方式改革，提高医保基金使用效益。支持重点学科和特色专科建设，全面提升中医药服务能力。全面建成区妇幼保健院，加快区中医院改造提升、新疾控中心、第二人民医院医养结合中心建设。大力推进文化强区建设，进一步优化城乡文化资源配置，创新实施文化惠民工程，组织庆祝中国共产党成立100周年等系列主题活动，不断提升公共文化服务水平。完善公共体育设施设备，加大社会足球场和公共体育运动场所建设力度，深入开展全民健身运动。

维护良好生态环境。深入推进长江经济带“共抓大保护”攻坚行动，严厉打击非法采砂、捕捞、捕猎、伐木、排污等行为。大力实施空气环境、水环境、土壤环境等质量提升工程，确保空气环境质量稳定在全省30名左右，水质优良达标率、污染地块安全利用率均稳定在100%。制订二氧化碳排放达峰行动计划，协调推进减污降碳，大力发展森林康养、森林驿站、森林步道，管护好生态公益林、天然保护林，建设1～2个森林公园。认真落实领导干部生态文明建设责任制和离任审计制，坚决落实最严格的生态环境保护制度、最严厉的违法处罚机制、最严肃的追责问责措施。深化绿色示范创建，全面推广“绿宝”碳普惠机制，打造节约型机关、绿色家庭、绿色学校、绿色社区和绿色出行等“生态杯”绿色创建品牌，激励市民自觉参与节能减碳。深入开展“厉行勤俭节约、反对餐饮浪费”活动，加快推行绿色包装、绿色配送、绿色回收，加强包装物和废弃电器电子产品回收、资源化利用、无害化处理。

（七）坚持安全稳定这个基本底线，展示社会治理能力。面对艰巨繁重的改革发展稳定任务，坚持统筹发展和安全，有效防范化解各类风险挑战，推动实现高质量发展和高水平安全的良性互动。

一以贯之抓好疫情防控。健全重大疫情防控和公共卫生应急管理体系，压实属地、部门、单位、个人“四方责任”，坚决防止疫情反弹。强化人物同防、共治共防举措，完善入境人员全流程闭环管理机制，加强入境冷链食品、物品和高风险非冷链集装箱货物检疫检测，严防境外疫情输入。严格规范管理隔离场所，严防医疗机构交叉感染，加强农贸市场、商场超市、娱乐场所和交通要道等重点场所管控。有序推进新冠疫苗应急接种和大规模人群接种。提高监测预警灵敏度和可靠性，不断完善联防联控、群防群控长效机制，织牢织密疫情防控网络。

多管齐下化解金融风险。加强经济安全风险预警、防控机制和能力建设，加强金融风险防控，提升金融监管能力，深入开展互联网金融风险专项整治，严厉打击各类非法金融活动。妥善推动融资平台整合调整，全力化解政府隐性债务存量，积极稳妥处置金融机构不良贷款，坚决守住不发生区域性重大金融风险底线。分类施策防控房地产市场风险，清理整改不规范投资项目，切实防止资本无序扩张。

千方百计保持社会稳定。常态化开展影响社会稳定矛盾问题排查，持续巩固“信访包案”制度，确保“小事不出村、大事不出乡”。高质量抓好村（社区）“两委”换届选举工作。深入推进安全生产专项整治三年行动，坚决遏制重特大安全事故发生。抓好食品药品和产品商品安全，有序开展“双安双创”活动。扎实做好防灾减灾救灾工作，提升“互联网＋应急管理”能力建设，加快推进气象现代化。不断完善“城市大脑”功能，加快推动与智慧城管、智慧医疗、智慧教育、智慧园区、智慧环保等领域融合运用，提升社会治理数字化水平。推进扫黑除恶长效常治，持续深化政法队伍教育整顿，强化综治中心深度运用，坚决维护社会大局安全稳定。

各位代表！新的一年，面对建设社会主义现代化国家的远景目标和人民群众对美好生活的更高要求，我们将牢记使命、担当尽责，全力打造人民满意政府。更加注重依法行政。加强法治政府建设，规范执法行为，提升执法水平。严格执行“三重一大”决策程序，健全科学、民主、依法决策机制。坚持依法监督，健全法治监督体系，自觉接受人大及其常委会的法律监督，主动接受政协的民主监督，高度重视司法、舆论、社会监督，让权力在阳光下运行。更加注重为民执政。大力弘扬“马上就办、主动服务”工作作风，积极回应群众关切，有效化解百姓身边的操心事、揪心事、烦心事。牢固树立“过紧日子”的思想，强化预算刚性执行和绩效管理，三公经费同比下降15％。更加注重实干兴政。大力弘扬求真务实的工作作风，坚决反对形式主义、官僚主义，让实干成为政府系统干部的政治底色。继续为基层减负，精简文件、精简会议、精简督查，严控重复交叉的应景式会议、文件和检查考核事项，把干部从繁杂的事务中解脱出来。更加注重从严治政。坚决扛起全面从严治党主体责任，深入开展党史学习教育，全面完成上级巡视反馈意见整改工作任务，大力整治“怕、慢、假、庸、散”等作风顽疾。坚定不移推进政府系统党风廉政建设，盯紧政府采购、工程建设、土地出让、项目审批等重点领域和重点岗位，强化监管，规范用权，始终保持反腐高压态势。

同志们，伟大目标呼唤团结奋斗，光荣使命召唤开拓前行。让我们更加紧密地团结在以习近平同志为核心的党中央周围，在区委的坚强领导下，倍道兼程，驭势而进，争创一流，勇立潮头，以高质量发展的丰硕成果，确保“十四五”开好局，拉开全面建设社会主义现代化国家“东乡篇章”的精彩大幕，向伟大的中国共产党成立100周年献上一份厚礼！

政府工作报告

——在抚州市东乡区第二届人民代表大会第一次会议上

区人民政府代区长 李建泉

（2021 年 10 月 15 日）

一、团结拼搏、砥砺前行，用奋斗交出行稳致远成绩单

“十三五”时期，是东乡发展进程中极不平凡的五年。五年来，在市委、市政府和区委的坚强领导下，全区上下深入贯彻习近平新时代中国特色社会主义思想，牢固树立新发展理念，紧扣“全市带头作示范、全省奋力勇争先”的目标定位，统筹推进疫情防控和经济社会发展，圆满完成“十三五”规划主要目标和总体任务，全面打赢脱贫攻坚战，与全国全省全市同步建成小康社会，开创了东乡经济社会高质量跨越式发展新局面。

五年来，我们心无旁骛谋发展，综合实力明显增强。国内生产总值由 133.6 亿元提高到 185.9 亿元，增长 40%；财政总收入由 22.07 亿元提高到 27.7 亿元，增长 26%，连续十一年稳居全市第一；城乡居民人均纯收入分别由 27237 元、13391 元提高到 40335 元、20293 元，分别增长 48%、52%；社会消费品零售总额从 57.7 亿元提高到 66.1 亿元，增长 15%；城镇化率由 49.8%提高到 61.6%；连续五年在全市县域经济高质量发展大巡察中获第 1 名，连续六年在全省高质量发展考评中获二类县（区）优秀等次，获得全国“六五”普法先进县、第一批国家级农村职业教育和成人教育示范县、第三次全国农业普查先进集体、第四次全国经济普查先进集体、国家知识产权强县工程示范县、全国小康用电示范县、全国群众体育先进县、全国义务教育发展基本均衡县、国家卫生城市、全国节水型社会建设达标县、全国 APEC 低碳示范城镇等国家级荣誉。这一组组数据、一项项荣誉，既是赶超的鲜明注脚，又是跨越的厚实底蕴；体现了辉煌的发展成就，也饱含了艰辛的不懈追求。

五年来，我们千方百计扩投资，项目建设稳步推进。牢固树立“项目为王、项目为上、项目为要”的发展理念，围绕补短板、强弱项、惠民生的重点投资导向，建立健全项目储备库，累计投入 169.3 亿元，大力实施 107 个重点项目，其中，城区路网改造提升、北港河综合治理、行政休闲文化片区等一批事关基础设施、生态治理、社会事业的重点项目相继建成使用。探索飞地经济[1]模式，推行招商引资优惠政策一单清，聚焦主导产业延链、补链、强链，引进亿元以上项目 116 个，实际投资 300 亿元，成功申报全省“5020”项目[2] 4 个，项目注册率、进资率、投产率均位居全市前列。

五年来，我们持续不断调结构，产业动能更加强劲。坚定不移抓产业、优结构，加速新旧动能转换，三次产业结构比由 15.1∶59.5∶25.4 优化为 14.3∶42.4∶43.3。深入实施工业强区主战略，扎实推进“2＋4＋N”产业平台[3]建设、骨干企业培植、经开区体制机制改革、闲置土地清理、降成本优环境等专项行动，工业转型升级红利不断释放，规模以上工业主营业务收入 255 亿元，年均增长 12.25%，工业税收连续两年突破 10 亿元大关，基本形成了以新材料新能源、生物医药、电子信息为主导的“3＋X”产业体系，获评 2016—2018 年度全省加快工业发展加速工业崛起先进单位。建成高标准农田 10.8 万亩，水稻种植面积稳定在 74 万亩以上，粮食生产实现“十一连丰”；培育了猕猴桃、蓝莓等特色产业，获评全省休闲农业示范县（区）、全省农村产业融合发展试点县（区）。电子商务、现代金融、现代物流、休闲旅游发展势头强劲，银行存贷款余额分别达到 241 亿元、247.31 亿元，较 2015 年分别增长 86.13%、150.57%，获 2018—2020 年全省绿色金融先进县（区）；佛岭国际

公园成功创建国家4A级景区，打造了花果山生态园、王桥清湖寺、润邦现代农业等国家3A级景区。2020年末，第三产业增加值达80.5亿元，年均增长18.9%，连续两年获全省现代服务业聚集县（区）。

五年来，我们统筹推进促融合，城乡品质显著提高。坚持规划先行，海绵城市、地下空间、教育布点、公交专项综合利用纳入全市专项规划编制；实施城市功能与品质提升三年行动，投入83亿元，统筹推进城市道路、学校、医院、公园新建改建和农贸市场、污水管网改造提升等140个重点项目，城区品质进一步提升，获评全省第五届文明城市，一次性成功创建国家卫生城市。全面完成小璜等4个集镇改造提升和980个新农村点建设，成功入选全省首批美丽宜居试点县（区）；132个行政村完成经营性资产折股量化，村级集体经济收入均突破5万元；实施“厕所革命”，推进粪污一体化，农村无害化厕所普及率达93%，完成一类县（区）改厕目标；健全农村人居环境“1+N”长效管护[4]模式，城乡环卫一体化项目获全省唯一的全国民生示范工程奖，顺利通过国家对农村生活垃圾治理考核验收，被评为全省农村人居环境先进县（区）；完成县乡村道、旅游公路改造507千米，危桥改造30座；全面完成城乡公交一体化改革，获评全省“四好农村路”[5]示范县。

五年来，我们持之以恒优生态，环境质量日益提升。坚持开发与保护并重、建设与治理并举，严守生态红线、永久基本农田、城镇开发边界三条管控线，初步完成生态保护红线79.56平方千米，全域永久基本农田划定48.06万亩；聚焦实施“八大标志性战役、30个专项行动”[6]，扎实整改各级环保督察反馈问题；实施生态文明“九大工程”[7]，深入推进山水林田湖草生态保护修复试点，主要河流省考断面水质、城市饮用水水源地水质稳定在地表水Ⅲ类标准，工业生产、城市生活污水排放保持在一级A标准；轻中度污染耕地安全利用实施比例为100%；PM_{10}、$PM_{2.5}$[8]年均值低于国家控制标准，空气质量达到国家二级标准；健全“一长三员”[9]森林资源源头管理体系，新增人工造林3.2万亩。实行领导干部自然资源资产离任审计等试点，水权改革试点顺利通过国家验收；积极探索矿产生态治理、水域综合开发、生态权益抵押贷款、畜禽智能洁养贷等领域的生态产品价值转换路径，形成一批可推广、可复制的“东乡经验”，跻身全省生态文明建设示范区。

五年来，我们蹄疾步稳抓改革，发展活力有效释放。始终坚持问题导向，纵深推进“放管服”[10]改革，获批全省第三批相对集中行政许可权改革试点县（区）；实施养老服务体系建设发展三年行动计划，完成乡镇敬老院“公建民营”改革，城乡居家养老服务体系不断健全；绿色殡葬、智慧医疗、乡镇综合执法等数十项改革卓有成效，连续三年被评为全省改革工作先进县（区）。实施创新驱动“5511”工程[11]，推动科技成果与实体经济深度融合，引导企业加大科研投入，126家规模以上企业与科研院所签订科技合作协议，新增国家高新技术企业21家、省级以上各类创新研发平台27家。2020年，R&D[12]占GDP比重达1.65%，综合科技创新水平指数为75.1，万人有效发明专利拥有量3.88个，被列为省级创新型建设试点县（区），在县域科技创新能力综合评价中列全省第十四名、全市第1。

五年来，我们全心全意惠民生，幸福指数不断攀升。坚持把财力优先向民生领域倾斜，累计民生支出达199.07亿元，占财政总支出87.04%。聚焦“两不愁三保障”，实施九大扶贫工程[13]，2636户农村贫困人口、1336户城镇贫困人口全部脱贫，6个“十三五”省级贫困村全部退出。社会保障体系不断健全，新增城镇就业人数2.76万人，转移农村劳动力3.62万人；基本医疗、养老保险分别覆盖41.3万人、24.9万人，逐年梯度提高临时救助、城乡低保、优抚抚恤等社会保障标准；基础教育、职业教育、继续教育稳步提质，8人荣录清华、北大；投入14亿元，新建改建17所城区学校和6所农村学校，基本解决义务教育阶段“大班额”问题；“一乡一园”标准化建设全面完成，认定43所普惠性幼儿园；东乡机电中专升级为高级技工学校，实现了大专院校从无到有的历史性突破；教师培训工作获评为江西省2020年“国培计划”示范县（区）。加快健康东乡建设，组建惠民医疗健康集团，新人民医院建成使用，是全省首家实行诊间结算、住院一站式结算等智能服务的县级医院，成功创建省级慢性病综合防控示范区，被列为全国紧密型县域医疗卫生共同体建设试点县（区）。退役军人事务运行体系逐步完善，优抚政策全面落实。坚持“外防输入、内防反弹”的防控策略，新冠肺炎疫情防控有序、有力、有效，各年龄段疫苗接种工作走在全市前列。围绕市域社会治理现代化，建成全省首个正式运行的县域“城市大脑”；推进农村“法律明白人”培养工程，全面建成区、乡、村三级综治中心；探索推广“智慧党建十三社联动”社区治理模式。深入开展安全生产九大专项整治行动，安全生产形势向好。纵深推进扫黑除恶专项斗争和政法队伍教育整顿，健全初信初访化解机制，社会大局保持和谐稳定。扎实开展第七次全国人口普查，圆满完成人口普查任务。同时，征兵、国防动员和后备力量建设、军地融合、防震减灾、人民防空、市场监管、民族宗教、涉台事务、外事侨务、新闻出版、广播影视、统计调查、审计、地方志、工会、档案、科协、残联、青少年、妇女儿童、邮政、通信、老龄、气象、水文、保密、烟草、粮食、供销、机关事务、红十字会、社会慈善等工作稳步推进并取得新成绩。

五年来，我们一以贯之转作风，政府形象持续好转。深入推进“五型”政府建设，扎实开展“两学一做”学习教育、“不忘初心、牢记使命”主题教育和党史学习教育，引导政府系统干部把准政治方向，政府治理水平不断提高，行政效能明显提质，连续两年被评为全省“五型”政府先进集体。全面开展法治政府示范创建，推进行政执法“三项制度”改革[14]；建立政府法律顾问制度，严格重大决策、重大合同合法性审查；认真执行区人大及其常委会的决议和决定，依法接受人大、政协和社会监督，人大代表建议、政协委员提案办理满意率和基本满意率达100%。认真落实全面从严治党主体责任，严格贯彻落实中央八项规定精神，全面推行“蓝、黄、橙、红”四色监督工作法，大力整治“怕、慢、假、庸、散”等作风顽疾和各项违纪行为，政府系统作风得到持续改善。

各位代表！2021年是“十四五”开局起步之年。今年以来，面对错综复杂的经济形势和疫情考验，全区上下拼搏实干，奋发有为，扎实做好“六稳”[15]工作，全面落实“六保”[16]任务，统筹疫情防控和经济社会发展。前三季度，完成财政总收入29.79亿元，列全市第一；预计完成国内生产总值154亿元，增长11.1%；固定资产投资增长10%；工业增加值增长16%；社会消费品零售额54.9亿元，增长30%；城乡居民人均纯收入分别达到31863元、18547元，分别增长10%、14%，主要经济指标处于合理区间，总体呈现经济社会稳健发展、城乡环境持续优化、群众生活安居乐业、社会大局和谐稳定的良好态势。

各位代表！唯其艰难，才更显勇毅；唯其磨砺，方始得玉成。这五年的拼搏历程，生动诠释了东乡“十三五”期间的发展轨迹，这五年的奋斗足迹，浓重镌刻了全区各级干部砥砺前行的务实缩影。这些成绩的取得，得益于习近平新时代中国特色社会主义思想的科学指引，得益于省委、省政府和市委、市政府的亲切关怀和大力支持，是区委团结带领全区广大干部群众奋力拼搏、久久为功的结果。在此，我代表区人民政府，向全区人民，向各民主党派、人民团体和社会各界人士，向中央和省市驻区单位、驻区部队、广大民兵预备役人员、武警官兵、公安民警、消防指战员，致以崇高敬意！向所有关心、支持、帮助和参与东乡经济社会发展的同志们、朋友们，表示衷心感谢！

各位代表！五年的奋斗经验弥足珍贵。五年来的发展历程昭示我们，做好东乡工作，必须始终把牢政治方向，以习近平新时代中国特色社会主义思想为指引，沿着正确的政治方向前进，确保中央、省、市大政方针在东乡落地生根、开花结果。必须始终保持发展定力，科学把握新发展阶段，完整、准确、全面贯彻新发展理念，一张蓝图绘到底，一任接着一任干，走出一条经济发展与生态文明相辅相成、相得益彰的高质量发展之路。必须始终恪守为民理念，坚持以人民为中心，站稳人民立场，走好群众路线，只有把“发展为了人民、发展依靠人民、发展成果由人民共享”贯穿于各项工作全过程，民生福祉才会更有“质感”。必须始终传承改革精神，大力弘扬敢为天下先的东乡改革风骨，更加注重创新引领、改革攻坚、开放升级，全力破除思想和体制上的障碍，为加快经济社会发展清路开道。必须始终弘扬实干作风，牢固树立“争先创优、勇争一流”的实干精神，用汗水浇灌收获，以实干笃定前行，把美好的蓝图变成现实。必须始终坚守清廉本色，不忘初心、牢记使命，持续营造风清气正的良好政治生态，真正做到干部清正、政府清廉、政治清明。

各位代表！困难伴随发展而行。在肯定成绩的同时，我们也清醒地看到，“十三五”期间，东乡经济社会发展仍面临不少困难和问题，主要是：县域经济基础仍然不强，做大总量和提升质量的双重压力较大；主导产业发展层次和集聚水平还不高，缺少龙头企业引领带动；创新驱动仍有待加强，人才服务体系不够健全，缺乏科技创新人才；园区功能和基础配套设施仍需进一步完善，体制机制改革还有薄弱环节；乡村振兴任重道远，村级集体经济还不够强；教育、医疗、养老、环保等社会民生事业发展不均衡，离人民群众对美好生活的向往还有一定差距；少数干部思想不解放，缺乏自信，担当不够，工作主动性、服务意识不强。对于存在的问题，我们必须正视，本着对党和人民高度负责的态度，用心、用情、用力全面攻坚突破，让经济更好更快发展，让群众感受真切的变化，决不辜负人民群众对新一届政府班子的殷切期望。

二、科学谋划、乘势而上，奋力开启现代化建设新征程

各位代表，踏上新征程，奋斗正当时。站在“两个百年”历史交汇的关键节点，全省县域经济呈现出“狭路相逢勇者胜、无限风光在险峰”的竞争态势。当前，面对推动中部地区高质量发展、长江经济带、海西经济区、鄱阳湖生态经济区、江西内陆开放型经济实验区等重大国家战略叠加，融入大南昌都市圈、创建国家级开发区、打造高铁新城等重大利好不断释放，东乡将迎来大有可为的战略机遇期、厚积薄发的转型升级期和爬坡过坎的赶超关键期，我们必须自觉将各项工作放置于全省去定位、放眼于全国去考量，向好的学，向强的比，向高的攀。

各位代表，一切机遇，只有在实干中才能抓住；一切要求，只有在实干中才能贯彻；一切目标，只有在实干中才能创造。前不久闭幕的东乡区第二次党代会，擘画了我区未来五年的发展蓝图，向全区发出了“勇立潮头、争作示范”的动员令。在区委的坚强领导下，全区上下锐意进取的斗志更加昂扬，克难奋进的步伐更加坚定，我们要时刻保持清醒头脑，始终树立一流格局、对准一流标杆、营造一流环境，在千帆竞发、百舸争流的新时代，创造出无愧历史、不负人民的新业绩！

未来五年政府工作的指导思想是：高举习近平新时代中国特色社会主义思想伟大旗帜，深入贯彻习近平总书记“七一”重要讲话精神和视察江西重要讲话精神，坚持稳中求进工作总基调，把握新发展阶段，完整、准确、全面贯彻新发展理念，构建新发展格局，以推动高质量发展为主题，以深化供给侧结构性改革为主线，以改革创新为第一动力，以满足人民日益增长的美好生活需要为根本目的，认真贯彻市党代会提出“打好一个强攻战、实现五个新跨越”[17]的工作要求，致力把东乡打造为“全国城乡融合发展试验区、大南昌都市圈高质量发展示范区、全市改革创新引领区、沪昆高铁新城样板区”，聚焦打好“工业倍增强攻战、项目建设大会战、乡村振兴阵地战、生态治理突围战、民生保障持久战、重大风险歼灭战”，勇立潮头，争作示范，奋力谱写全面建设社会主义现代化国家的东乡新篇章。

未来五年主要发展目标是：到2025年，力争生产总值达到270亿元，年均增长8%；财政总收入达到45亿元，年均增长10.18%；固定资产投资年均增长8%；社会消费品零售总额达到100亿元，年均增长8%；出口总额达到5.8亿美元，年均增长10%；实际利用外资达到0.73亿美元，年均增长10%；城镇居民人均可支配收入达到59642元，年均增长8.1%；农村人均可支配收入达到31139元，年均增长8.6%。

围绕上述思路和目标，需要我们重点做好以下工作：

（一）坚持不懈决战园区，打造工业增长极

1. 紧扣延链条，促产业集群发展。按照“三年决战五百亿、五年突破七百亿”的总目标，实施创新型产业培育工程，坚定不移推动新材料新能源、生物医药、电子信息三大主导产业在空间上集聚、业态上集群。坚持把新材料新能源作为首位产业，全面建成永冠新材料、长裕硬质合金、爱索轻合金等项目，延伸发展生物智能材料，力争到2025年，新材料新能源产业规模突破300亿元。生物医药产业围绕中医药、诊断试剂、精准检测、医疗器械、生物技术、康复器具等领域，引进一批产、学、研领域的关联企业，力争到2025年，生物医药规模以上企业工业营业收入达到80亿元；电子信息产业依托台德智慧科技、联坤智能、紫晶存储等骨干企业，重点引进移动智能终端、电子元器件、芯片制造等领域的链条企业，推动形成“单件”到“整机”的全产业链，力争到2025年，电子信息产业全产业链实现180亿元。实施数字经济“一号工程”，加快培育壮大VR、物联网、云计算、人工智能等新兴产业，培育数字经济制造业，力争到2025年，实现全区战略性新兴产业增加值占工业增加值比重的30%以上。加快推进纺织、机电、化工等传统产业向智能制造方向转型升级；强力推进陶瓷产业有序退出，加快淘汰落后产能。

2. 突出抓培育，促企业集聚壮大。对接全市

"五十百千万"工程[18]，实施百亿企业梯次培育计划，每年优选 15 家企业重点扶持，力争到 2025 年培育 2 家百亿元企业、3 家 50 亿元企业；实施"专精特新""小巨人"企业[19]培育计划，每年至少新增 2 家省级"小巨人"企业、10 家"专精特新"企业，逐步形成主业突出、实力强劲、特色鲜明的优质工业经济梯队，每年新增规模以上工业企业 25 家。加快信息技术与实体经济深度融合，深入推进"企业上云"计划，确保规模以上企业上云率达到 100%；支持路威轮毂、永冠科技、台德智慧科技等企业建设数字车间，争创省级"两化"[20]深度融合企业和智能制造企业；大力发展绿色制造业，提倡使用绿色技术，支持科伦药业、回音必创建绿色车间，争创省级"绿色工厂"；围绕打造省级军地融合创新示范基地，每年培育 1～2 家省级军地融合企业；支持亿友药业、科诺生物等企业打造全省瞪羚企业[21]；鼓励优质企业兼并重组、股改上市，支持台德智慧科技、施美药业主板上市，实现上市企业零的突破，同步助推更多企业在各类股权交易中心挂牌融资。

3. 立足强功能，促平台集成提级。紧扣 2023 年成功创建国家级经开区这一目标，高水平建设运营管理"2+4+N"主题产业园，同步借助社会资本，每年再新建标准厂房 50 万平方米，实现企业"拎包入住"。加快"新九通一平"[22]建设，完善公共交通、教育医疗等配套设施，打造集公共信息、研发设计、检测检修、技术转移、融资服务、物流配送等功能为一体的综合服务平台；开展"两型""三化"[23]园区管理提标提档行动，全面建成集产业运行分析、企业生产调度、公共设施管理、隐患治理排查、环保在线监测于一体的智慧园区平台。树立"亩产论英雄"导向，开展集群式项目满园扩园行动，完善工业企业效益综合评价机制，强化"两率一度"[24]考核，严格控制投资强度、投入产出率、科技含量等指标；推进园区"二次开发"，支持企业"零地扩容"，常态化清理闲置土地，确保园区亩均投资强度达 400 万元、税收达 20 万元。深化巩固经开区体制机制改革，加大"一支队伍管执法"改革力度，制定园区审批服务执法权限清单；依托"管委会+平台公司"，实施"园区吹哨、部门报到"工作机制，推动人事薪酬制度和机构编制管理改革全面落地。

（二）多管齐下扩大投资，夯实项目支撑力

1. 紧扣政策导向争项目。认真研究国家政策，掌握国家投资动向，突出"两新一重"[25]关键领域，重点围绕科技创新、交通设施、现代农业、生态环保、老旧小区改造等领域，健全"十四五"重点项目库编制，全面提升新型城镇化、5G 网络、物联网等新兴业态领域项目谋划能力和水平，争取将城市地下综合廊道、抚州东站提标升级等项目列入省大中型项目建设库；做好彭泽—东乡—余干高速、梨温高速（东乡段）"四改八"、鹰潭龙虎山—东乡红光—临川金山寺旅游公路等项目前期工作，确保常年储备项目 70 个以上，纳入市级储备库项目不少于 50 个；全面建成±800 千伏特高压输变电等重大基础设施，建设 110 千伏艾兴变电站和邓家变电站，迁改 110 千伏大富变电站。

2. 坚持招大引强聚项目。策应全省"三百工程"[26]，围绕三大主导产业，瞄准央企国企布局调整、外企民企投资意向、上市公司增资扩股，综合运用以商招商、代理招商、专业招商、股权招商等模式，全方位、多角度开展宣传推介，推动招商引资高端化、终端化、链条化，确保每年引进 2 家以上"5020"项目。健全招商储备项目库，每年谋划储备 3 个以上产业集群项目包，确保签约项目当年开工率、当年投产率分别达到 50%、30%以上。加强对外经贸合作，引进生产型出口企业，扶持重点出口企业，提高商品附加值和竞争力，推动实际利用外资和外贸出口总额稳定增长，力争每年利用外资增长 10%，到 2025 年，外贸出口总额达 5.8 亿美元。

3. 增强要素保障建项目。优化投资方式，拓宽融资渠道，发挥财政资金引导作用，健全以产业引导基金为主的财政支持体系，鼓励、支持和引导民间资本参与公共服务基础设施建设；积极争取地方专项债券等资金支持。按照"项目换土地、存量换增量"思路，积极向上申报土地开发整治、城乡建设用地增减挂钩、低丘缓坡等项目，每年完成土地开发 700 亩、"旱改水"800 亩，确保新增建设用地指标 1000 亩以上。健全项目推进机制，定进度、定职责、定人员，倒排工期，挂图作战，对项目建设涉及的征地拆迁、规划审批、预算审核、招标投标、环评及施工建设等环节，实行常态化调度、精细化督查和标准化考核。

（三）坚定不移改革开放，激活发展动力源

1. 深层次推进改革。深化"放管服"改革，依托"赣服通"平台，持续上线高频优质服务事项，进一步减事项、减层级、减材料、减环节、减时间，跑出“应办尽办、说办就办、一次办结、办就办好”的东乡服务新速度，不断扩大“无证办”“一链办”事项的覆盖面。持续开展降成本优环境专项行动，全面对接落实减负政策，坚决破除市场准入、经营运行、招投标等领域的隐性壁垒，支持民营经济健康发展，构建亲清新型政商关系，努力打造政策最优、成本最低、服务最好、办事最快的“四最”营商环境。深化财税体制改革，强化综合治税，优化财政支出结构，探索建立更具激励性的乡镇财政体制。继续深化户籍、商事、城乡执法、农村集体产权、农村宅基地、农垦等领域改革；开展经营性资产折股量化，健全农村综合产权交易机制；充分释放养老服务、教育文化、医疗卫生、住房保障、社会组织管理、新型警务管理、绿色殡葬、生态文明、科技等公共服务领域的改革动能，让人民群众有更多的改革获得感、发展共享感。

2. 多举措助力创新。扎实开展全社会研发投入攻坚行动，设立2000万元科技创新基金，搭建科技服务平台，推动大型科学仪器设备、科技服务整合共享，加快提升企业科技创新转化率，力争R&D占GDP比重达2.5%左右。深入推进研发强能、“揭榜”提能、高企增能、平台聚能、人才促能五大行动，按照“科研在沿海、总部在东乡”理念，大力发展总部经济，健全柔性人才培育、引进、服务和评价体系，支持企业设立院士工作站、“海智计划”工作站等研发机构，到2025年新增10家省级以上科技创新平台，培育高新技术企业50家、科技型中小企业100家；利用好国家知识产权强县工程示范县优势，依托国家级知识产权代理服务机构，打造知识产权创造、保护、运用平台，培育一批国家知识产权示范企业，加速推动形成总部回迁、项目回移、资金回流、技术回馈和人才回归的良好局面。

3. 全方位扩大开放。抢抓江西内陆开放型经济试验区建设机遇，融入共建“一带一路”、长江经济带、长江中游城市群、长三角一体化、粤港澳大湾区建设。紧扣全省“一圈引领、两轴驱动、三区协同”[27]的区域发展新格局，主动融入大南昌都市圈，加快推动空间规划、城镇体系、产业发展、交通物流、公共服务等领域的一体化进程；将东乡纳入昌抚城际铁路建设规划；依托深圳赤湾东方，建设智慧公路港物流园；支持欣盛物流开通中欧（亚）班列；鼓励发展冷链、智慧等多式联运物流，打造省级零担分拨中心，构建集物流园、配送中心、末端网点等为一体的现代物流体系。紧密对接市中心城区，全面融入市区总体发展布局，参与昌抚合作示范区建设，全面建成东临环城高速公路，规划建设詹圩至临川云山快速通道；加强与市中心城区的产业协作配套，全面提升产城融合水平。

（四）竭尽全力扩容提质，提高城乡融合度

1. 规划空间布局，推动城乡互融。高质量编制国土空间总体规划，加快数字东乡地理空间框架建设，系统衔接综合交通、电力建设、水系治理、绿廊绿道、海绵城市等各类规划，实现控制性详细规划修编全覆盖，形成城乡融合、区域一体、多规合一的规划体系，绘制全域国土空间开发保护利用“一张图”。深化城市空间更新专题研究，抓好高铁新城、城南佛岭等重要功能区块、重点片区的城市设计。在城区，按照“北优南拓、东融西联、片区组团、联动开发”理念，以城北片区为核心，策应全省高铁经济带发展规划，优先配套服务高铁经济的公共设施，聚焦发展总部经济、现代金融、高端商务、文化创意等产业经济，实现产城融合；依托佛岭景区，拓展城市南部空间，加速推动城东融入主城区，紧密连接城西片区。在农村，围绕乡村振兴战略规划，按照因地制宜、宜聚则聚、宜散则散理念，维系小城镇宜居尺度，结合改造、保护和新建，更新完善镇村规划体系，实现规划全覆盖；做强中心村、特色村，适时推进村组合并。

2. 完善基础设施，推动城乡互补。紧扣城市功能与品质提升行动，改造城区主干道，推进艾兴大道东延伸、朝阳大道北延伸、沪昆普铁上跨下穿等工程，优化城区支路网，畅通城区内部路网；推动建设智慧交通，建成城市公共交通枢纽中心，新建一批社会停车场，逐步解决城区停车难题；打造智慧停车系统，完善城区交通信号灯控制系统，提升城市微循环能力；推进道路交叉口渠化建设，提升南英大道等城市道路沿线和沪昆高速、东临环城高速出入口等城市门户枢纽景观品质；利用城市空地，均衡布局绿地公园，建成城南、城北，大富、孝岗等公园，每年新建一批小游园+停车场；实施水系连通工程，规划建设幸福水库、东山湿地公园，统筹城市污水处理和黑臭水体治理，实施老旧小区雨污水分流改造，提升生活污水截污纳管能力；推进赣东农贸市场、城南棚改片区、城中村改造；规划建设应急救援中心、城北消防站、全民健身中心、社会足球场等公共设施；加快推进物联网、工业互联网等通信网络基础设施建设，5G 网络应用覆盖率达 100%。深入实施乡村振兴，紧扣全省美丽乡镇建设五年行动，扎实开展“一深化三提升”[28]，支持纳入示范类的虎圩、邓家、詹圩等乡镇优先创建；培育壮大村级集体经济，每年新增 10 个以上美丽经济示范村；加大古村落、古建筑保护力度，重点推进黎圩、瑶圩、红光古建筑保护和修复工程，支持红光新田创建中国历史文化名村，推动“美丽乡愁”向“美丽经济”转换，力争“十四五”时期打造一批年经营性收入超过 100 万元、200 万元的经济强村。强化国省道对中心集镇、产业基地、旅游景区的辐射，快速推进 S208、S424 改（扩）建工程；围绕创建全国“四好农村路示范县”，实施城乡交通一体化，分年度实施县道升级改造、乡道双车道拓宽、建制村优选通达路线拓宽、旅游公路改造工程，到 2025 年改造农村公路不少于 200 千米、危桥 50 座。推进城乡供水一体化，新建城东 10 万吨自来水厂，改造和新建 5 座乡镇自来水厂，稳步提高城乡供水主管网覆盖率和农村自来水安装入户率；开展城乡教育一体化，加强乡村小规模学校资源整合和乡镇寄宿制学校建设。

3. 发展多元经济，推动城乡互联。按照“提升功能、优化形态、丰富业态”思路，发展高端商业综合体，培育特色商圈、主题街区，规划布局电子商务、数字服务、智慧仓储、冷链物流等现代服务业，推动生产性服务业向高品质、多样化升级；引进社会资本，建设智慧文商旅夜市街，兴建五星级酒店；盘活用好体育馆、游泳馆、大剧院等文体设施，精心策划承办一批全国性、全省性文体赛事；加快发展“流量经济”“网红经济”“宅经济”等新业态，引领消费升级，让城市商气更活、人气更旺。创建佛岭国际公园国家 5A 级景区，推介舒同博物馆、红星王震公园、黎圩王安石故里、珀玕烈士陵园、瑶圩红十军指挥部、邓家花果山生态园、甘坑金峰岭、王桥清湖寺、红光吴伯宗状元府等景区，创建一批旅游新景点，规划精品旅游路线，构建“全域旅游、全景东乡”。推动发展绿色农业、品牌农业、规模农业、工厂农业、智慧农业，实施藏粮于地战略，全面禁止农村抛荒撂荒，巩固国家商品粮食基地县优势，到 2025 年，累计建设完成 20 万亩高标准农田，占基本农田比例 70%以上；实施“两特一深一游”[29]工程，发展以生猪、中药材、蓝莓、油茶等为重点的特色养殖业和种植业，推进生猪无害化养殖，延伸生猪产业链，发展深加工和冷链配送；重点开发蓝莓 1 号特色产品，建成花青素健康保健生产基地；支持建设枳壳基地，打造全省最大的单一品种种植基地；促进蔬菜、花卉苗木等传统产业提质增效。开展农业产业招商，引入社会资本，打造现代田园综合体，鼓励发展农业新经济新业态，挖掘休闲观光、民宿度假、养生养老等功能，推动农业全环节升级、全链条升值，争创国家级休闲农业示范县。发展多种形式适度规模经营，重点推进劳斯克大健康食品、万亩猕猴桃等农业项目达产达标，尽快实现营业收入过 10 亿元的现代农业龙头企业“零突破”，到 2025 年，新增省市级农业龙头企业 30 家、农业合作社 50 家、家庭农场 120 家。实施绿色生态农业“十大行动”[30]，确保农产品质量安全检测合格率保持在 98%以上，创建全国区域性绿色有机农产品生产供应基地。实施现代种业提升工程，强化东乡花猪、东乡绿壳蛋鸡、王桥花果芋、詹圩红薯等稀有种源保护、利用和开发。推动“三品一标”[31]农产品进入“赣鄱正品”“赣抚农品”农产品认证品牌名单。鼓励商贸流通企业下沉供应链，推进电子商务贯通农村生产、分配、流通、消费各环节，健全农产品冷链仓储物流体系，引导优质服务向农村延伸，进一步释放农村消费潜力。

（五）持之以恒保护环境，打好绿色生态牌

1. 筑牢生态保护屏障。牢固树立“共抓大保护、不搞大开发”理念，严守生态保护红线、环境质量底线、资源利用上线和生态环境准入清单，加强山水林田湖草生态系统保护，切实增强生态系统整体性和稳定性。持续打好污染防治攻坚战，全面完成各类环保督察反馈问题整改；实施“四尘三气三烟”[32]整治，严格“减煤、降尘、禁烧、控烟”管控措施，严禁秸秆露天焚烧，推动秸秆资源化利用，确保空气质量持续向好。实施北港河水质提升工程，实行全流域在线监测；探索水库综合管理和生态发展模式；有效衔接农村改厕与生活污水治理，实施乡镇污水支管网建设工程，加强村级污水无害化处理，提高污水收集率；持续治理农业面源污染，严防劣 V 类水出现；强化城乡集中饮用水水源地保护，确保水质达标率稳定在 100%。围绕创建全国“无废城市”，全面推行垃圾分类，建成餐厨垃圾无害化处理场和建筑垃圾消纳场。加强土壤污染风险监测和管控，健全污染地块名录及开发利用负面清单，实施废弃矿山生态修复治理。严格落实领导干部自然资源

资产离任审计、生态环境损害赔偿和责任终身追究等制度，不断提升生态治理水平。

2. 探索生态价值路径。拓宽“两山”[33]转换通道，健全林地“三权分置”机制，加大森林赎买力度，做大做强国家储备林项目，发展绿色银行、湿地银行。积极推进生态产权融资，持续抓好“两权”抵押贷款、畜禽智能洁养贷等工作，深入挖掘农村土地、水域、矿山等生态产权所蕴含的金融功能；探索 GEP 核算[34]试点，建立生态资产和生态产品市场交易机制，推动生态权益交易，助推生态资源价值变现；同步加强生态产品融资风险管控，确保资金投向发展急需、真正产生收益的项目，有效实现保值、增值、盈利，为生态产品价值实现可持续“赋能增值”。

3. 构建生态低碳体系。围绕创建省级碳达峰试点城市，找准能源、工业、建筑、交通、农业、林业、公众生活和科技“7＋1”领域切入点，规划实施一批零碳排放、碳汇领域重大项目；推动雨帆燃料乙醇达产达标，推广应用光伏、风电和生物能源，支持分布式发电，健全能源循环产业链；鼓励工业企业发展装配式建筑，加快循环型农业建设，推广生态养殖模式；建设一批森林驿站、森林浴场，发展森林康养产业，形成绿色经济产业链。试点开展林业碳汇交易，建立林业碳汇权益资产备案登记制度，实行市场交易管理；全面推广“绿宝”碳普惠，推行绿色低碳生活，广泛开展节约型机关、绿色家庭、绿色学校、绿色社区等绿色创建活动，引导公共机构和居民生活等领域节能，争创 1～2 个省级低碳试点镇，让绿色低碳、简约适度、文明健康成为新时尚。

（六）矢志不渝增进福祉，画好民生同心圆

1. 让民生幸福更有温度。巩固拓展脱贫攻坚成果同乡村振兴有效衔接，健全完善返贫预警监测机制，坚决防止规模性返贫。围绕创建全省教育强区，规划建设教体事业发展中心，启动建设抚州文理学院，提升高级技工学校办学水平，推动职业教育融合发展；新建东乡八小，实施中小学改造工程，着力解决义务教育“大校额”问题，确保义务教育巩固率保持 100％；实施高考综合改革，推动高中教育提质，确保高中阶段教育入学率达 95％以上；加快建成城西、城北等幼儿园，改扩建乡镇幼儿园，提升住宅小区幼儿园配套能力，力争到 2025 年，公办幼儿园占比达 60％以上，有效解决学前教育“一位难求”。开展托幼试点，为群众提供托幼一体化服务，推动落实“三孩”生育政策，促进人口长期均衡发展。鼓励创业带动就业，精准服务高校毕业生、退役军人、农民工等重点群体。

2. 让群众生活更有质量。坚持以城市 15 分钟生活圈为半径，构建养老、医疗、教育、商业、交通、文体等民生幸福圈，让群众享受到更优质的公共服务。深入实施“健康东乡”战略，全面推广医共体，改造提升新中医院，完成妇幼保健院新址搬迁，新建改造一批一级甲等中心卫生院，推动医疗资源下沉，提升医疗保障能力，为群众提供全方位、全周期卫生健康服务；健全重大疫情防控救治机制，新建疾控中心、集中医学留观点、乡镇卫生院隔离病区；完善养老服务设施，鼓励社会资本打造连锁型、特色型养老机构，推进城市社区日间照料站点建设，建成区第二人民医院康养中心，带动养老服务延伸到村居，提供日托等精细化服务，实现城乡居家养老全覆盖。加强食品药品安全工作，确保人民群众“舌尖上的安全”。保持房地产市场稳定健康发展，稳步增加保障性住房供给，改善不同层次群体居住条件。

3. 让社会治理更有秩序。全面巩固提升国家卫生城市和省级文明城市创建成果，以创建全国文明城市为抓手，按照“一网统管”原则，坚持运用科技为城市治理赋能，依托“党建＋城市大脑”平台，健全“智慧城管”运行机制，推广智慧门前三包，在沿街商铺管理、小区治理、消防安全等领域推出一批新应用场景，适时向乡镇、村组逐步延伸，引导市民当好文明风尚传播者、文明行动示范者、文明服务志愿者、文明城市守护者，不断提升城市的感知力、共享力，增强城市治理的主动性、精准性。深化“平安东乡”建设，大力推进智能安防小区、数字化智慧社区建设，落实网格化治理，实现大事全网联动、小事一格解决。精准打击各类违法犯罪行为，持续提升公众安全感。坚持和发展新时代“枫桥经验”，推广“一村一辅警”模式；完善信访矛盾纠纷排查化解机制，推动信访问题在法治轨道上解决。强化农民工工资保障，及时化解劳动关系领域矛盾。健全公共安全体系，推进安全生产专项整治三年行动，提升防灾减灾救灾能力。全面实施“八五”普法，深化“法律明白人”品牌创建，健全法律援助体系，增强全民法治意识和法治素养。实施军地融合发展战略，扎实做好国防动员和后备力量建设、国防教育、国家安全、人民防空和优抚安置等工作，争创全省“双拥”模范城市。

三、凝心聚力，赓续奋斗，迈出政府建设新步伐

各位代表！面对时代呼唤，发展重任，人民厚望，站在新的历史起点上，我们将在区委的坚强领导下，致力于推进政府治理体系和治理能力现代化，努力建设“五型”政府，始终与人民想在一起、干在一起、融在一起。

我们将以政治为引领，铸牢忠诚之魂。旗帜鲜明讲政治，不断提高政治判断力、政治领悟力、政治执行力，牢固树立“四个意识”，坚定“四个自信”，践行“两个维护”，将对党的忠诚铸入灵魂、融入血脉，把讲政治体现到工作中、落实到行动上，确保政府工作沿着正确的政治方向不断前进。

我们将以改革为主轴，善谋创新之策。坚持用新思想、新理念谋划工作，自觉用党的创新理论武装头脑，注重学习先进理念，打破思维定式，冲破利益藩篱，突破狭隘视野，养成研究问题、研究政策的习惯，以思想观念的“开放”，引领行动的“突围”，助推发展的“跨越”，推动政府工作争先进位、出新出彩。

我们将以实干为特质，强化担当之责。坚持以实干看作风，凭实绩论英雄，完善督查督办机制，推进权责制度化、流程标准化、运行高效化；用好正向激励和容错纠错机制，激励干部拿出敢亮剑、破难题的魄力，坚定不移谋改革、甩开膀子干事业，让干在实处成为政府工作的鲜明特质。

我们将以人民为中心，秉承服务之本。坚持变管理思维为服务思维，健全“互联网＋政府服务”体系，推进政府系统部门创新服务理念、改进服务方式、优化服务机制；认真践行马上就办、主动服务理念，推行“一线工作法”，让干部从文山会海、层层汇报中解脱出来，沉到工作的最前沿；聚焦小切口改善大民生，对群众关心的问题，全渠道、全时段、全方位响应，做到办事有效率、诉求有回应、服务有温度，用干部的辛勤指数换取群众的幸福指数，以政府的工作效率提升企业的经济效益。

我们将以清廉为底色，锻造过硬之能。坚持依法行政，严格执行人大及其常委会的决议决定，认真办理人大代表建议、政协提案；坚持全面从严治党，扎实推进政府系统党风廉政建设，严格遵守中央八项规定，持续反对“四风”；加强重点领域、重大资金、重要岗位监管，强化审计监督，严惩各类违规违纪违法行为，营造风清气正的政治生态，树立为民务实清廉的政府形象。

各位代表，回首过往，东乡已经创造辉煌；展望未来，东乡必将续写华章。我们已经踏上奋进“十四五”的新征程，让我们更加紧密团结在以习近平同志为核心的党中央周围，在省委、省政府，市委、市政府和区委的坚强领导下，只争朝夕，不负韶华，奋力谱写全面建设社会主义现代化国家的东乡新篇章！

名词解释

[1] 飞地经济：是指两个相互独立、经济发展存在落差的行政地区打破原有行政区划限制，通过跨空间的行政管理和经济开发，实现两地资源互补、经济协调发展的一种区域经济合作模式。

[2]“5020”项目：“20”项目是指省级开发区新引进投资额超20亿元（外资项目1亿元美元）的产业项目（含集群项目）；“50”项目是指国家级开发区新引进投资总额50亿元（外资项目2亿元美元）的产业项目（不含集群项目）。

[3]“2＋4＋N”主题产业平台：“2”是指科技孵化园、国科健康产业园；“4”是指台德音频智能制造产业园、中基恒光（抚州）产业园、PPP新材料创新产业园（华赣环保产业园）、电子信息产业园；“N”是指永冠新材料生产基地、雨帆生物燃料乙醇等其他企业自主建设的产业园。

[4]“1＋N”长效管护：“1”是指政府原先已购买城乡环卫一体化这项固定外包服务的基础上，根据各村实际，因村制宜选择公厕管理、绿化管养、路灯维护、生活污水处理设施管维、体育健身器材维护等其他“N”项村庄管护服务。

[5]“四好农村路”：“四好”是指“建好、管好、护好、运营好”。

[6]“八大标志性战役、30个专项行动”：八大标志性战役：蓝天保卫攻坚战、碧水保卫攻坚战、净土保卫攻坚战、自然生态保护攻坚战、工业污染防治攻坚战、农业农村污染防治攻坚战、长江经济带“共抓大保护”攻坚战、鄱阳湖生态环境专项整治攻坚战。30个专项行动：城市扬尘治理专项行动、城市餐饮油烟治理专项行动、工业废气治理专项行动、柴油货车污染治理专项行动、农作物秸秆综合利用与禁烧专项行动、城市烟花鞭炮禁放专项行动、县级以下地表水和地下水型饮用水水源地环境保护专项行动、消灭Ⅴ类及劣Ⅴ类水专项行动、

城市黑臭水体整治专项行动、城镇生活污水处理专项行动、入河排污口整治专项行动、城镇生活垃圾处理专项行动、农用地污染防治专项行动、建设用地污染防治专项行动、危险废物处置专项行动、自然保护区整治专项行动、矿山开发整治专项行动、湿地保护专项行动、野生动物保护专项行动、开发区环保基础设施建设专项行动、化工园区整治专项行动、工业企业达标排放专项行动、淘汰落后产能专项行动、散乱污企业整治专项行动、畜禽养殖污染治理专项行动、水产养殖污染治理专项行动、农药化肥污染治理专项行动、农村生活垃圾和污水处理专项行动。

[7] 生态文明九大工程：是指农村环境卫生综合治理工程、北港河河道治理工程、城乡环卫一体化处理工程、畜禽养殖污染治理工程、水库收回治理工程、污水处理厂项目建设工程、乡镇污水处理厂建设工程、农业面源污染防治工程、动物无害化处理工程。

[8] $PM_{2.5}$：是指环境空气中空气动力学当量直径小于等于2.5微米的颗粒物。它能较长时间悬浮于空气中，其在空气中含量浓度越高，就代表空气污染越严重。

[9]“一长三员”：是指林长＋护林员＋监管员＋执法人员。

[10]“放管服”：是指简政放权、放管结合、优化服务的简称。

[11]“5511”工程：是指围绕我省优势战略性新兴产业，重点新建50个国家级创新平台和载体，新增50个国家级创新人才和团队，实施100项重大科技专项，新增1000家高新技术企业。

[12] R&D：是指研究与开发，通常采用R&D活动的规模和强度指标反映国家与地区的科技实力和核心竞争力。

[13] 九大扶贫工程：产业扶贫、就业扶贫、生态补偿扶贫、危房改造扶贫、贫困村村庄整治扶贫、基础设施建设扶贫、社会保障扶贫、教育扶贫、健康扶贫。

[14]“三项制度”改革：是指行政执法公示制度、行政执法全过程记录制度、重大执法决定法制审核制度。

[15]“六稳”：是指稳就业、稳金融、稳外贸、稳外资、稳投资、稳预期。

[16]“六保”：是指保居民就业、保基本民生、保市场主体、保粮食能源安全、保产业链供应链稳定、保基层运转。

[17]“打好一个强攻战、实现五个新跨越”：是指工业创新发展强攻战，乡村振兴实现新跨越、城市建设实现新跨越、生态文明实现新跨越、体制机制创新实现新跨越、民生福祉实现新跨越。

[18]“五十百千万”工程：是指以五家百亿元企业为引领、以十家50亿元企业为带动、以百家亿元企业为中坚、以千家规模以上企业为重点、以万家中小微企业为基石。

[19]“小巨人”企业：是指坚持专业化发展战略，持续专注行业细分领域、细分市场地位突出，质量品牌优、创新能力强、管理科学规范，实力业绩过硬，具有良好发展前景和成长潜力的企业。

[20]“两化”：是指信息化和工业化高层次的深度结合，以信息化带动工业化、以工业化促进信息化，走新型工业化道路。

[21] 瞪羚企业：是指创业后跨过死亡谷以科技创新或商业模式创新为支撑进入高成长期的中小企业。

[22]“新九通一平”：是指信息通、市场通、法规通、配套通、物流通、资金通、人才通、技术通、服务通和双创平台。

[23]“两型”“三化”：“两型”是指环境友好型、资源节约型；“三化”是指智慧化、绿色化、服务化。

[24]“两率一度”：是指开展投入产出率、资源能源利用率、开发度。

[25]“两新一重”：是指新型基础设施、新型城镇化和重大工程。

[26]“三百工程”：是指实施百户优强企业、百个知名品牌、百名优秀企业家培育工程。

[27]“一圈引领、两轴驱动、三区协同”：是指融合一体的大南昌都市圈为引领，以沪昆、京九高铁经济带为驱动轴，以赣南等原中央苏区振兴发展、赣东北开放合作、赣西转型升级为三大协同发展区，形成层次清晰、各显优势、融合互动、高质量发展新格局。

[28]“一深化三提升”：是指深化环境综合整治、全面提升镇区功能、全面提升镇区品质和全面提升管理水平。

[29]“两特一深一游”：是指发展特色生态种植、特色生态养殖、农产品深加工、乡村休闲旅游。

[30] 绿色生态农业“十大行动”：是指绿色生态产业标准化建设行动、“三品一标”农产品推进行动、绿色生态品牌建设行动、化肥零增长行动、农药零增长行动、养殖污染防治行动、农田残膜污染治理行动、耕地重金属污染修复行动、秸秆综合利用行动、农业资源保护行动。

[31]“三品一标”：“三品”是指农产品无公害认证、绿色食品认证、有机食品认证；“一标”是指农产品地理标志。

[32]“四尘三气三烟”：“四尘”是指建筑工地扬尘、道路扬尘、运输扬尘、堆场扬尘；“三气”是指机动车尾气、工业废气、燃煤锅炉烟气；“三烟”是指餐饮油烟、烧烤油烟、垃圾焚烧浓烟。

[33]“两山”：是指绿水青山就是金山银山。

[34] GEP核算：是指一定区域的生态系统为人类提供的最终产品与服务的经济价值总和，包括生态物质产品价值、生态调节服务价值与生态文化服务价值。

专 记

东乡区党史学习教育纪略

2021 年是中国共产党成立 100 周年，是“两个 100 年”奋斗目标历史交汇的关键节点，党中央统一部署全党集中开展党史学习教育，这是巩固发展“不忘初心、牢记使命”主题教育成果的重大举措，是党中央从战略和全局高度作出的重大决策。东乡区委坚持把开展党史学习教育作为当前和今后一个时期的重要政治任务，按照中央和省委、市委统一部署，紧扣“学党史、悟思想、办实事、开新局”总要求，加强谋划、主动作为，高质量高标准严要求推动党史学习教育走深走实。

中央党史学习教育简报刊发东乡区给流动党员寄红色包裹的《动态信息》；省委宣传部主要领导在省委党史学教办指导督导组《督导周报》第 3 期签批肯定，要求“对东乡等地的好做法以工作提示的方式及简报的方式传递到各级学教办”；省委党史学教办第 33 期、46 期、49 期、62 期、69 期、72 期、96 期、109 期、111 期、131 期、133 期、143 期共 12 期简报刊登东乡区的特色做法。

坚持精心谋划，制定好“设计图”

制定印发《关于在全区开展党史学习教育的实施方案》《关于进一步推动全区党史学习教育走深走实的实施意见》，立足实际，从组织领导、学习内容、进度安排、学习方式、舆论引导、指导督导 6 个方面作出具体安排，形成“1+9+N”总体工作思路。“1”就是对照中央、省委、市委工作方案制定的全区总体工作安排；“9”就是个人自学、专题学习、专题培训、专题宣讲、弘扬东乡红色文化、“我为群众办实事”实践活动、专题组织生活会和民主生活会、“党史八进”系列活动、宣传报道 9 个方面重点工作；“N”就是围绕总体安排和 9 个方面重点工作细化形成的一系列具体工作项目，各项具体工作项目确保落点到“办实事、开新局”上，确保项目目标化、目标节点化、节点责任化。

坚持合力推动，明确好“职责图”

坚持把党史学习教育纳入区委重要工作内容，先后召开区委常委会会议、全区党史学习教育动员大会、区委党史学习教育领导小组会议、全区党史学习教育座谈会等，全面部署推进全区党史学习教育工作。成立由区委主要领导任组长的区委党史学习教育领导小组，统筹协调全区党史学习教育。领导小组办公室设在区委宣传部，抽调 10 余名政治素质高、业务能力强的干部组建工作协调组、指导督导组、实践活动组、材料简报组和宣传报道组 5 个工作组，向全区 16 个乡镇（街道、场）、32 个区直单位及 105 个下属党支部派出 8 个区委巡回指导组。在区委示范带动下，全区 16 个乡镇（街道、场）、区直各单位均已落实党史学习教育领导机构，切实履行主体责任，为党史学习教育提供强有力的组织保障。建立区委党史学教办联席会议制度，及时掌握中央、省委、市委对学习教育最新部署要求，协调解决党史学习教育开展过程中遇到的困难和问题，同时对议定事项进行跟踪督办。建立健全请示报告制度，主动加强与上级党史学教办沟通衔接。

坚持守正创新，运用好“学习图”

突出“五个八”抓学习。采取领导干部带头学、指定书目规范学、知识竞赛促进学、红色资源教育学、文化活动融入学、开展宣讲引领学、媒体宣传推动学、为民办事实践学8种方式，开展进企业、进机关、进社区、进校园、进农村、进网络、进军营、进新时代文明实践中心八进宣讲，以主题党日、专题党课、组织生活会、考察学习、工作例会、交流研讨、新时代文明实践活动、爱国主义教育8种形式，挖掘脱贫攻坚先进代表、致富带头人、党史专家、老军人、本土人才、优秀党员、模范教师、企业代表八类人才，聚焦策划一批活动、推出一批节目、挖掘一批资源、培育一批人才、锻造一批干部、结交一批朋友、选树一批典型、办好一批实事八个成效，推动党史学习教育走深走实。

突出“三结合”抓学习。把党史学习教育与理论武装结合起来，作为各级党委（党组）理论学习中心组学习、党校干部教育、读书班等方面的重要内容。组建区委党史学习教育区委宣讲团、百人宣讲团，围绕学习贯彻习近平总书记在党史学习教育动员大会上的讲话精神、“七一”重要讲话精神和十九届六中全会等重点内容开展各类宣讲500余场，覆盖干部群众4万余人次。针对流动党员联系难、组织难、开展活动难的问题，采取“线上+线下”双重模式，让流动党员能及时学、跟进学。把党史学习教育与新时代文明实践结合起来，策划推出“我爱您亲爱的党”“家国情怀故事汇”等12项形式多样的新时代文明实践系列活动。区作家协会、书法家协会、摄影家协会、戏曲家协会、舞蹈家协会等协会，开展政策宣讲、送戏下乡、电影放映、文艺演出等文明实践活动600余场，受益人数达6万余人次。把党史学习教育与培育时代新人结合起来，通过区委常委及各地各单位负责人深入中小学校上思政课；思政老师集体备课，打造党史学习教育精品思政课，开设公开课以点带面辐射至各个班级，真正抓住青少年这个重点群体，营造浓厚的党史学习教育氛围，教育引导青少年知史爱党，知史爱国。全区各学校师生开展红色教育300余场，覆盖2.8万余人次。

突出“两课堂”抓学习。抓实“线下”课堂。全区征订《论中国共产党历史》等4本指定学习书目35286本，《两个决议》1514本，《中国共产党100周年江西简史》等图书1834本。设立王震纪念馆、舒同博物馆、小璜俞远烈士墓、珀玕祝荫隆革命烈士纪念亭、瑶圩万石塘古村红军楼5处党史学习教育基地，引导党员干部群众追寻红色印记、体悟革命艰辛。抓实“线上”课堂，利用“学习强国”学习平台、江西干部网络学院、共产党员网、“两微一端”、LED屏等载体，丰富学习内容，扩大党史学习教育覆盖面，倡导党员干部每天至少学习1小时。

坚持学史力行，落实好“实践图”

在调查研究上做细功。积极开展“千名党员进万家，我为群众办实事”活动，通过大走访、大调研，全区两轮收集任务清单2383条，完成2383条。运用微信工作群、微信公众号、政务网站、客户端、《问政东乡》等信息网络平台，收集舆情信息1300余条，及时转交相关部门办理，办结率90%以上。

在服务群众上出实招。统筹把握全区经济社会发展“大关切”和人民群众生产生活“小需求”，聚焦群众反映强烈的住房改善、出行提升、教育医疗保障、生态环境等问题。实施老旧小区改造、道路建设、城区学校建设、农村教学点优化、区第二人民医院老年康养中心、新中医院改造提升、新妇幼保健院建设、科学治污治水等工程，切实提升人民群众的幸福感、获得感。深化政务改革，整合惠企便企22项服务功能，实现政策申报“进一扇门、到一个窗、办所有事”。面向新开办企业免费送一套公章，实现企业新办刻章零成本，561家企业享受到改革的红利。

在跟进推动上见成效。聚焦工业发展提质效。把党史学习教育成效转化为推动东乡经济社会发展的工作实效，出台推进工业创新发展三年倍增行动措施20条。高效推进工业创新发展三年倍增行动，大力实施“五十百千万”工程，优选16家重点企业培优育强，完成48家企业技改扩建，5家企业纳入市智能制造标杆企业培育计划，全年规模以上工业企业达到141家，完成规模以上工业主营业务收入332亿元，申报“5020”项目2个、拟申报2个。破解企业用工难题，建立全区外出务工人员信息库，精准推送岗位到人。聚焦身边要事提质效。各地各单位以党史学习教育为契机，聚焦群众在医疗、住房等“急难愁盼”问题。区卫健系统设置21个接种点，累计完成接种近31万人次，疫苗61万余剂次；区住房保障中心推出“快修、快办”事项14项，解决保障房小区群众反映强烈的漏水、渗水、污水管网堵塞等问题。聚焦文明实践提质效。充分利用省级点单系统，优化管理与服务流程，全区志愿服务供需对接闭环总数累计7万余次，稳居全省前两名、全市第1。全力推进19个城市驿站标准化网格点建设与“城市大脑”有机融合，实现志愿服务“处处可为、人人可为”。聚焦社会治理提质效。针对群众反响强烈的涉赌治安热点问题，区公安局开展专项清查整治行动，清查宾馆酒店56次、娱乐场所12次、棋牌室9次、茶吧咖啡厅8次，整顿宾馆1家，查处涉赌、涉黄行政案件2起，行政处罚9人，起到强大震慑作用，净化全区治安环境。聚焦巡视整改提质效。对标对表上级巡视整改工作要求，做到真认账、真反思、真负责、真整改。对已整改的问题持续发力，促巩固提升；对正在整改的问题加快推进，抓落实深化。注重举一反三、以点带面全面整改，确保整改成效禁得起实践、群众、历史检验。

坚持宣传联动，营造好“声势图”

强化新闻宣传。充分挖掘全区党史学习教育的特色亮点，总结典型经验，已印发简报58期，推出简报增刊30期，宣传发生在东乡的红色故事。开设党史学习教育专题专栏，深入宣传党的光辉历程、伟大贡献和全区党史学习教育的进展成效、典型经验，“东乡做法”被中央、省、市各大媒体宣传推介。2021年，东乡区新闻上稿22391篇，其中，中央媒体平台上稿1337篇、省级媒体平台上稿851篇、“两微一端一抖”和电视台刊发稿件20203篇。《江西抚州市东乡为民办实事：“任务清单”变“销号清单”》《江西东乡“厕所革命”提升农村生活品质》在党史学习教育全国总平台刊登；东乡区采取多种形式，多点发力，不折不扣推动党史学习教育走深走实、“千名党员进万家，我为群众办实事”实践活动情况被人民网、新华网报道；《江西日报》《抚州日报》多次头条刊发东乡区党史学习教育经验做法。

强化社会宣传。广泛利用宣传栏、横幅、电子显示屏、户外广告、微视频、短视频、手机App开屏广告等载体，做好党史学习教育标语、主题海报、庆祝活动标识、习近平总书记系列重要讲话以及十九届六中全会精神等方面宣传工作，形成全社会共同参与的强大声势。东乡区共悬挂横幅2828条，设立宣传栏330处，张贴宣传海报5340份，设置电子屏365个，实现东乡区乡村三级社会宣传阵地全覆盖。

东乡区庆祝中国共产党成立100周年系列活动纪略

2021年是中国共产党成立100周年，为展现中国共产党百年风华，激发东乡区人民的爱党爱国热情，围绕庆祝中国共产党成立100周年，紧扣“奋斗百年路 启航新征程”主题，全区开展系列庆祝活动，着力展示东乡区经济发展、文化繁荣、社会进步的大好形势，丰富和活跃群众精神文化生活，推动经济社会又好又快发展。

规定动作做到位。区委宣传部下发《关于组织观看“奋斗百年路 启航新征程”长影乐团大型视听交响音乐会的通知》《关于组织观看电影〈半条棉被〉和〈秀美人生〉的通知》《关于组织观看电影〈三湾改编〉的通知》等文件，在全区广泛组织观看音乐会、电影活动。5月在东乡大剧院开展“永远跟党走”广场舞大赛暨东乡区庆祝中国共产党成立100周年文化志愿者活动，全区24支队伍代表同台演绎，以“舞”会友，为群众呈上一场精美的文化盛宴，经过比拼，师水公园舞动队脱颖而出，代表东乡区参加省市展演。开展抚州市“百名读者讲百年党史”暨“读红色书籍讲红色故事”东乡区初赛，选出优胜选手参加全市比赛并获得成人组二等奖。6月10日、6月22日举办东乡区庆祝中国共产党成立100周年“颂歌献给党”合唱大赛初赛和决赛，活动得到全区各乡镇（街道、场）、区直各单位的积极响应，充分展示全区党员干部群众的良好精神风貌，鼓起迈进新征程、奋进新时代的精气神。

自选动作有特色。4月23日区图书馆开展世界阅读日经典红色诵读活动、东乡籍作家书籍捐赠仪式等全民阅读活动，区戏曲家协会开展“百年党史，唱响经典”戏曲进校园活动。4月至6月区图书馆在区行政中心大楼、幸福城小区、区特殊教育学校、区看守所等地开展红色数字图书展及送图书活动；4月、5月区文广新旅局联合东乡大剧院通过集赞送票的方式，开展《国家京剧院名家名剧名段》、盱河高腔《牡丹亭》专场惠民演出。区文联下发《关于举办全区“党的光辉照我心”主题征文活动的通知》，征集到作品63篇，共评选出优秀作品16篇，推荐参加全市庆祝中国共产党成立100周年诗歌大赛，获奖优秀诗歌6篇。5月28日、7月9日东乡区教体系统举行“学党史、诵经典、铸师魂”诵读红色家书预赛、决赛活动。6月区教体局、区城管局、东乡一中等单位组织拍摄“唱支山歌给党听”快闪活动，用群众喜闻乐见的艺术形式，奏响庆祝中国共产党成立100周年的“交响合唱”。

重大节日有安排。2月7日区图书馆联合区书法家协会开展写春联送祝福活动，以“集中书写+分散赠送”相结合的形式创作春联，为广大读者送上红红火火的新春祝福。区书法家、“非遗”中心、文艺爱好者完成空中大拜年、文艺表演及东乡区“非遗”视频录制并于2月12日在“东乡发布”微信公众平台进行网上文艺展播。2月26日区图书馆举办元宵节猜灯谜活动。3月5日学雷锋日组织文艺志愿者在大富社区开展图书进社区、文艺演出进社区活动。6月9日端午前夕，区图书馆、区文化馆邀请城区中小学生在图书馆二楼儿童活动室开展庆祝“品味端午·传承文明”活动。6月29日在舒同书法院举办“风展红旗如画”庆祝中国共产党成立100周年书法作品邀请展，展出作品71件，其中，来自全国的舒体书法作品33件、本区作品38件。6月30日举办喜迎中国共产党百年华诞诗歌音乐晚会。7月1日区农业农村局、区文联、区摄影家协会联合举办庆祝中国共产党成立100周年“秀美东乡”摄影展，展出作品60件。通过热情讴歌党、讴歌祖国、讴歌英雄、讴歌人民，让爱党爱国爱社会主义的时代主旋律响彻东乡大地。

大事记

2021 年

1 月

19 日，东乡区公安局召开“瑞雪行动”动员部署会。截至 2 月 24 日，共破获“盗抢骗”案件 59 起，刑事拘留 37 人、治安拘留 15 人；破获“黄赌毒”刑事案件 8 起，刑事拘留 14 人，行政案件 34 起，行政拘留 149 人，“涉枪涉爆”案件刑事拘留 4 人，治安拘留 11 人，缴获枪支 38 把、子弹 233 颗。另有部分案件及嫌疑人处于调查处理阶段。

2 月

1 日，东乡区人民法院建成并启用抚州首家“24 小时法院”，为当事人提供诉讼引导、诉状生成、自助立案、文书送达等全天候全流程服务，将一站式司法服务延伸到 8 小时外。

7 日，东乡区图书馆联合东乡区书法家协会开展“翰墨迎春　情暖读者”写春联送祝福活动，以“集中书写＋分散赠送”相结合的形式创作春联，为广大读者送上新春祝福。

19 日，中共东乡区纪委一届五次全会召开。

3 月

22 日，政协抚州市东乡区第一届委员会第五次会议开幕。

23 日，抚州市东乡区第一届人民代表大会第五次会议开幕。

24 日，政协抚州市东乡区第一届委员会第五次会议完成各项议程并闭幕。

25 日，抚州市东乡区第一届人民代表大会第五次会议完成各项议程并闭幕。

4 月

15 日，召开东乡区见义勇为先进个人表彰大会。区委、区政府领导为黄伙文、黄奕晨、李建东、顾爱民 4 位见义勇为先进个人颁发荣誉证书和奖金。

16 日，东乡花果芋、东乡葛粉、东乡花猪肉、东乡华绿绿壳蛋被评为全国名特优新农产品。

27 日，江西省东乡润泉供水有限公司工程施工部部长乐和青获全国五一劳动奖章。

5 月

22 日，东乡区人民政府与新世讯电子 & 台劲电子荣华产业园项目签约仪式举行。

28 日，东乡区人民政府与中国铁建东乡区高铁新城综合开发项目战略合作框架协议签约仪式举行。

6 月

2 日，省政协委员、社会和法制委员会副主任杨小华，省残疾人联合会党组书记、理事长何剑锋，市政协副主席郑友清等在红星社区综合养老服务中心、区社会福利中心、东糖社区综合养老服务中心等地开展“社区居家养老服务体系建设与城市养老服务高质量发展”专题调研。

4 日，东乡区“光荣在党 50 年”纪念章颁发仪式举行，区委、区政府主要领导为罗福安、黄岱龙等老党员颁发“光荣在党 50

年”纪念章并赠送鲜花。

9日，东乡区投资50亿元以上重大招商引资工业项目开工仪式举行。

10日，东乡区第七次全国人口普查公报发布，公布2020年11月1日零时全区人口的情况。

12日，人民公园举办太极拳（械）大型表演展示活动。来自东乡区太极拳协会300多名太极拳爱好者依次表演了22个集体项目。

28日，东乡区“七一”表彰大会在千人会场召开，140位优秀共产党员、优秀党务工作者和先进基层党组织负责人受到表彰。

29日，全区首个小区党支部揭牌仪式在金峰街道汝河社区台湾花园小区举行。

7月

1日，庆祝中国共产党成立100周年大会在北京天安门广场举行，区四套班子在家领导集中收听收看大会盛况。

14日，“东乡区人民医院介入导管室”开始试运行。当日，在江西省人民医院盛国太教授的技术支持下，东乡区人民医院内三科主任医师杨辉建介入团队顺利完成5台心脏介入手术（冠状动脉造影术）。

24日，智能农机装备高峰论坛暨国家农机装备创新中心江西研发基地启动仪式在东乡区举行。

8月

5日，东乡区召开领导干部会议，宣读江西省委、抚州市委关于东乡区党政正职调整的决定。

6日，由江西省中小企业发展促进中心、抚州市工业和信息化局主办的第六届“创客中国”江西省中小企业创新创业大赛（抚州赛区）在东乡区开赛。全市各县区的29家企业参加，涵盖智能制造、生物医药、先进制造、农产品加工等多个领域。

10日，中共东乡区委一届二十四次全体（扩大）会议召开。

26日，全区第五期驻村帮扶工作总结暨第六期驻村第一书记和工作队选派工作动员会议在区行政中心召开，宣布关于通报表扬全区第五期驻村帮扶工作先进单位和先进个人的决定。

30—31日，中国共产党抚州市东乡区第二次代表大会在区行政中心千人会场召开。

9月

1日，东乡区关工委利用腾讯平台开展“99公益募捐”助学活动。截至9月12日，全区6000多名爱心人士累计捐款30.68万余元。

10日，东乡区庆祝第37个教师节表彰大会召开。

22日，东乡区棚户区改造（南门片区）“百日攻坚”行动动员大会召开。

30日，全国第八个烈士纪念日，东乡区在革命纪念公园举行公祭活动。

10月

14日上午，中国人民政治协商会议抚州市东乡区第二届委员会第一次会议开幕。

15日上午，抚州市东乡区第二届人民代表大会第一次会议在区行政中心千人会场开幕。

16日，中国人民政治协商会议抚州市东乡区第二届委员会第一次会议完成各项议程，在区行政中心千人会场闭幕。

17日，抚州市东乡区第二届人民代表大会第一次会议圆满完成各项议程，在区行政中心千人会场闭幕。

同日，东乡区全力打好工业强攻战暨工业创新发展表彰大会召开。

27日，东乡区重点打造的“5020”项目之——抚州市路威轮毂制造有限公司自主研发的第一条生产线进入设备安装调试阶段。该项目由宁波路威轮毂制造有限公司投资兴建，总投资60亿元，占地面积200亩。宁波路威轮毂制造有限公司是一家专业生产航空级材料6061系列锻造铝合金轮毂、卡客车轮毂的新型企业。项目分三期建设，全面建成后，有全自动生产线10条，年产锻造轮毂1600万只，主营业务可实现144亿元以上。

11月

1日，井山水库建设移民搬迁房屋征收集中签约仪式在甘坑林场松源村举行。井山水库工程项目总投资约5.67亿元，坝址以上控制流域面积26.7平方千米，是集灌溉、供水等综合效益于一体的中型水利枢纽工程。水库建成后，可新增灌溉耕地面积1.09万亩，同时为东乡城区供水提供安全保证。

22日，东乡区举行生物医

药产业知识产权联盟揭牌仪式。联盟由江西科伦药业有限公司等企业发起筹备。

23日，东乡区驻深圳招才引智工作站在深圳市江西东乡商会驻地举行揭牌仪式。30余名东乡籍在粤专家学者、业界精英、乡贤乡友参加揭牌仪式。

26日，东乡区“万企兴万村”行动启动会议召开。

12月

6日，江西省委宣传部公布全省微信公众号排行榜。在105个县区评比中，东乡再夺江西省第1。

7日，全市惠企政策兑现代办工作现场推进会暨政务服务工作座谈会及全省政务服务工作现场交流会的现场观摩先后在东乡区召开，介绍东乡区实行惠企政策“一窗受理、分流转办、统一反馈”的运作模式。

10日，东乡区金峰街道东糖社区、金峰街道幸福社区、金峰街道西门社区三个社区被江西省民政厅评为2020—2021年度全省“绿色社区　美丽家园”创建活动示范社区。

10日，东乡区在金峰街道东糖社区佳和小区和孝岗镇河山村举行全民核酸检测演练活动。

16日，东乡区首列中欧班列（东乡—沃尔西诺）从江西欣盛物流基地发车驶出。

16日，东乡区3家企业产品入选首届江西省“赣出精品”。分别是：江西亿友药业有限公司生产的亿友牌盐酸溴己新、江西施美药业股份有限公司生产的施美力健牌苯磺酸左氨氯地平片、江西荣成机械制造有限公司生产的荣创牌乘用车转向器系统。

18日，东乡区2016—2021年度十大改革典型案例表彰暨2022年改革创新工作布置会召开。经过改革办初选、专业评审、网络投票、深改委会议表决，最终，惠企政策兑现“一门式”服务改革、城乡环卫一体化改革、经开区体制机制改革、留守儿童“校中建家”模式改革、新时代文明实践中心改革、“畜禽智能洁养贷”改革、居家和社区养老服务改革、自然资源生态产品经营及价值实现改革、创新“四色”监督改革、推进市域社会治理改革当选十大典型案例。

26日，南昌市东乡商会年会暨东乡区“三请三回”招商推介会在南昌召开。多位东乡籍在昌领导、乡贤应邀出席会议。

28日，CCTV 13新闻频道特别节目《冬奥来了》聚焦东乡中小学开展丰富冬奥活动。东乡区中小学开展各类冬奥主题活动推广冬奥知识，普及冬奥文化，传递奥运精神，用自己的方式为北京冬奥会助力加油。

DONGXIANG YEARBOOK 2022

概 览

人口发展状况

按行政区划分，东乡区常住人口 378947 人，自然增长率 2.19‰，男女性别比 106.9，基本与全市持平。城镇人口 237158 人，乡村人口 141789 人，城镇化率 62.58%，高出全市 4.6 个百分点。0～14 岁人口 84068 人，占比 22.18%；60 周岁以上人口 69562 人，占比 18.36%；65 周岁以上人口 51238 人，占比 13.52%。

按普查机构划分，东乡区常住人口 363953 人，自然增长率 2.38‰，男女性别比 106.68，均高出全市平均水平。城镇人口 234141 人，乡村人口 129812 人，城镇化率 64.33%，高出全市 6.4 个百分点。0～14 岁人口 81682 人，占比 22.44%；60 周岁以上人口 66141 人，占比 18.17%；65 周岁以上人口 47852 人，占比 13.15%。

历史简况

【政区沿革】 东乡位于江西省东部、抚州市北部，素有赣东门户之称。明朝中叶，全国各地不断爆发农民起义。江西境内临川之东乡时有叛乱发生。明宣德七年（1432 年），抚州太守王升眼见东乡百姓有脱逃赋税、抗拒官府的暴乱，于是向朝廷申请在长林设立县治，规划完成并拟定县名为“长兴”，但此时又碰上饥荒，暂停工程建设，建县之事不了了之。明弘治末年（1505 年），东乡出现叛乱，蔓延到相邻县境内，余干县平民赵显赴朝廷建言在东乡设县的好处，同时，东乡的一些人士也向巡抚林俊提出同样的请求，林俊亲自到长林考察，非常认可，却因丁忧离任，建县之议再次无果。明正德三年（1508 年），江西各地农民起义军暴乱猖獗，九江道有姚源的农民起义军，南昌道有华林的农民起义军，湖东道就是东乡的农民起义军，前两个道的太守请求发兵围剿，而驻守东乡道的官员基本上只是招安劝抚，只图眼前的平安，不作长远的打算。官府用招安的幌子引诱农民起义军，农民起义军假受招安迷惑官府，祸乱一时没完没了。正德六年（1511 年），临川县徐仰四、艾茹七领头的东乡农民起义军达万余众，对抗官兵，临川县知县龙诰督兵围剿，大败。正德七年（1512 年），分守少参徐蕃、分巡佥事高宾计议武力剿灭，恰好朝廷大军到江西围剿九江和南昌的农民起义军，因为之前没有申请，东乡不在用兵范围，徐蕃就向都宪陈金建议，将征调攻打姚源、华林的土司兵、汉兵先行平定东乡，然后乘其胜利之势去对付其他两处的农民起义军，上级采用了他们的建议。五月，都宪陈金调来两广目兵，会同官兵进行围剿。东乡之乱基本平定之后，陈金上疏朝廷申报战功，并请求在东乡设置县级区划，以防止农民起义军重起。是年八月，析出临川东部的大片土地，并由金溪、进贤、余干、安仁（今余江区）分别划出小部分土地合成新县。因辖地主要是临川东部之乡，故县名定为“东乡”，县治初设于长林。因南面的长林山过于逼近，不宜建城防守，正德八年（1513 年）四月，将县治移到北面三里外的孝岗，相沿至今。

东乡建县之前，其临川、金溪之地，隶属抚州府，进贤之地隶属南昌府，余干和余江之地隶属饶州府。建县之后至民国2年（1913年），隶属抚州府。民国3年（1914年），隶属豫章道。民国15年（1926年），直隶江西省。民国21年（1932年），隶属第七行政区，区治南城。1949年5月5日，中国人民解放军解放东乡，建立县人民政府，属赣东北区贵溪专区，同年9月改属上饶专区。1968年又改隶抚州地区。2000年，抚州撤地设市，属抚州市。

2017年3月6日东乡撤县设区，更名为东乡区，成为抚州市第2个建制区。2018年4月18日，岗上积镇、红亮垦殖场整体划入东临新区管辖。

区以下行政区划，各朝多有不同。建县之始，有临川县的长寿、移风、遵化、安宁、延寿、崇德6个乡168里和金溪县延福乡18里，饶州府安仁县（今余江区）云锦乡7里和余干县习泰乡5里又3甲及南昌府进贤县崇信乡12里，共10个乡210里又3甲，一直到清末民初，东乡保持10个乡设置。

1984年6月，撤销人民公社，建置乡政权。全县设孝岗镇和长林、杨桥（同年10月改名杨桥殿）、愉怡、珀玕、小璜、邓家、詹圩、店前、王桥、虎圩、马圩、瑶圩、东源（10月改名岗上积）、黎圩、虎形山15个乡（镇）。

其时，原各垦殖场只保留为单纯的经济实体，不再列入行政建制之内，其地域归属为：红光垦殖场归瑶圩乡、红亮垦殖场归岗上积乡、红旗垦殖场归詹圩乡、虎形山垦殖场归虎形山乡，红星垦殖场至次年归入圩上桥镇。

1985年4月23日，撤销小璜乡、马圩乡，建置小璜镇、马圩镇和圩上桥镇（辖红星垦殖场区域）。至此，全县行政区划为4个镇13个乡。乡镇共辖164个村民委员会，下设1382个村民小组。1989年3月，孝岗镇始设市场街、新街、解放街、胜利街、生产街5个居委会。

1996年3月，詹圩乡改为詹圩镇，岗上积乡改为岗上积镇。是年，全县村委会调整为154个，村民小组调整为1629个。

2001年4月，杨桥殿乡改为杨桥殿镇，王桥乡改为王桥镇，黎圩乡改为黎圩镇。同年11月，调整乡镇区划：长林乡并入孝岗镇，店前乡并入圩上桥镇，虎形山乡并入黎圩镇，愉怡乡并入杨桥殿镇。至此，全县共设9个镇4个乡及2个垦殖场1个林场。县城孝岗镇下设市场、新街、解放、胜利、生产、师水6个街道居委会。

2002年7月至2003年9月，全县乡镇（场）共撤并18个村委会，新建1个村委会。其中，孝岗镇撤销湖岭并入南边，撤销东门、南门、北门、大田、姜家5个村委会和6个街道居委会，设置龙山、凤凰、师水、芙蓉、东门、北门、南门、大富、东景9个社区居委会。小璜镇撤销庙泉、库下新建横山。杨桥殿镇撤销杏花塘并入宋塘，撤销石坑并入愉怡。黎圩镇撤销桥西并入上池。圩上桥镇撤销徐坊并入油路头，撤销艾家并入魏家。虎圩乡撤销仕桥并入麻溪。邓家乡撤销伍坊并入军岭。瑶圩乡撤销南源并入瑶圩。甘坑林场撤销社令关并入松林。红亮垦殖场撤销蛟溪并入郑家。

2018年1月8日，经江西省民政厅批复，抚州市东乡区增设金峰街道办事处，管辖东铜、东景、东化、芙蓉等12个居委会。5月30日，东乡区金峰街道正式揭牌授印。

2021年，东乡区下辖8个镇、4个乡、1条街道、2个垦殖场、1个生态林场、1个省级经济开发区。总面积1196平方千米，其中，城区面积28.33平方千米，林地面积6.02万公顷，森林覆盖率46.1%，城区绿地率46.72%。

【历史述要】 历史上，东乡是个传统农业县，由于水利设施落后、土地贫瘠，民间一直流传着“东乡样样无，只有萝卜芋头薯”。新中国成立后，随着灌溉工程的建成，红壤得到逐步改造改良，农业技术普遍推广，农业、林业、养殖业得到全面发展。粮食作物主要有水稻、大麦、小麦、红薯等，甘蔗、油菜、棉花、花生等成为东乡传统的经济作物。东乡是江西省商品粮生产基地县之一。生猪产业是东乡最主要的畜牧业，东乡是全省商品猪生产基地和全国瘦肉型猪出口基地。

在民国以前，东乡的工业只有煎红糖、挖煤、烧砖瓦、织土布等少量的手工业和家庭作坊。民国35年（1946年），一些小规模简单机器生产的私营工厂开始逐步出现。新中国成立后，交通要地和矿藏开发吸引一批又一批外来的复员军人、技术人员和知识青年落户东乡，组成工业起步的生力军。经过20世纪50年代和70年代两次工业发展，全县先后建成采掘、电力、化工、机械、建材、食品等工业门类120个企业。中央、省、地驻县国有企业14个，县属国有企业25个、集体企业81个，其中东乡磷肥厂、东乡铜矿、红星企业集团等在全市乃至全省声名鹊起。中共十一届三中全会以后，全县工业进入历史最好发展时期，特别是进入21世纪，以招商引资为抓手，以项目建设为平台，一大批外来客商到东乡投资办厂。逐步形成“医药化工、机电冶金、轻工纺织”三大主导产业，工业布局由原来“一带五园”调整为“一区三园六板块”，即经济开发区，东辉工业园、东升工业园、东腾工业园，东山工业板块、南山工业板块、渊山岗工业板块、浅水湾工业板块、红亮工业板块、珀玕东腾工业板块。多次荣获江西省工业崛起年度贡献奖、工业发展先进县等荣誉，是抚州的工业强县，有“工业走廊”之称。

明清时期，县城之间来往依靠仅2米多宽的石板驿道，乡村之间来往依靠阡陌交错的田间小路和山间小路。近现代，东乡通衢要地优势逐渐赢得率先发展的机遇。1932年修建“南张公路”（南昌到浮梁县的张公庙）南昌至东乡段；1936年浙赣铁路（玉山至南昌段）修通；20世纪80年代初，320国道东乡段修通，之后多次改造、提升。2002年沪昆高速公路东乡段建成通车，2003年建成东临一级公路；1994年浙赣铁路改建复线，2005年进行电气化改造。东乡交通区位优势日渐显现，如今，境内形成以沪昆电气化铁路、杭长高铁、沪昆高速、320国道、东临一级公路为主干，以乡村公路为经脉的交通运输网络。

明清时期，县内几无科学技术事业；民国31年（1942年），始设县农业技术推广所；新中国成立后，全县先后设立县农科所、糖科所等8个科学研究机构，编印过《东乡科技》《情况反映》等刊物，撰写科技论文80余篇。2015年专利申请量414件，授权量367件，万人专利授权量8.20件，排在全省第14位，排在抚州市第1位。2016年专利申请量568件，授权量206件。2017年专利申请量755件，比上年度增长33%；授权量545件，比上年度增长165%；实施省级知识产权项目1项，获扶持资金20万元。

明代渔歌、茶歌、山歌流行乡里，清代的元宵花灯、八月神戏颇盛。民国时期，老百姓喜欢在茶馆听专业说书人讲述《三国演义》《水浒传》等故事。新中国成立后，随着文化机构日臻完善，设立文化馆、文化站、总工会等，美术摄影、戏曲歌舞、球类棋类，看露天电影等文娱活动丰富多彩。改革开放后，随着人民对精神文化需求的日益提高，群众文化活动蓬勃开展，书法美术、音乐舞蹈百花齐放，罗汉灯、花灯、蝴蝶灯等民间艺术重放光彩，太极拳、腰鼓队等活动异彩纷呈。为配合建县500周年及首届中国东乡书法文化节，组织编写《品质东乡》县歌，评选出樟树、茶花为县树、县花。具有文化纪念意义的标志性建筑物有改扩建的舒同博物馆、荆公文化广场县庆宝鼎等。2011年成功申报“中国楹联文化县”。2012年获批“中国书法之乡”，举办东乡历史上规模宏大的首届东乡书法文化节暨县庆500周年系列活动，包括社会各界人士和五湖四海乡贤5000多人参加的主题大会，以及由央视撒贝宁主持，李玉刚、孙楠、孙悦、伍思凯等歌手参演的文艺晚会。2017年10月28日，抚州市第五届运动会在东乡隆重开幕。

明清时期，民间有拳术、挤棍、划龙船等自发性体育活动；民国时期，增加足球、乒乓球、单杠、双杆等体育项目。新中国成立后，在“发展体育运动，增强人民体质”的号召下，全县体育事业不断发展，各行各业、幼儿体育、老年体育日益活跃。2014年之前，共选派487人次参加全国、省、市级比赛22次，获金牌182枚、银牌110枚、铜牌60枚，培养出国家级健将运动员1名，国家一级运动员10名，国家二级运动员30余名。2012年，建成东乡历史上首个现代化的新体育馆，可容纳观众5300多人，为全市县级之最，全省少有。2015年，投资350万元在县体育中心南侧，建成东乡县羽毛球馆，馆内设置8块羽毛球场地，占地面积近3330平方米，建筑面积1500平方米。主体建筑长42米、宽32米，共1344平方米，高度9米。2014年11月6日经县发展改革委批复立项，投资2500余万元兴建室内游泳馆，主体高度16米，室内观众席1519个，内设标准游泳池和热身池。2016年12月，总投资约1600万元老干部活动中心在区体育场建成。大楼占地3万余平方米，建筑面积约6980平方米，楼高8层。大楼内设乒乓球、象棋、围棋、麻将、扑克、桌球、健身房等活动室，电子琴、电脑、绘画室、器乐练习、多媒体等教学场地，视频会议、阅览、展览、舞蹈及中心工作人员、老年大学、关工委、老协等办公场所。

东乡自古为人文昌盛之地。境内出土的西周铜鼎证明，这里早在3000多年前就与中华民族摇篮黄河流域有着密切的联系。历史的长河，留下不少可供后人追缅的名人胜迹，历代不少文人墨客的芳迹至今可寻。据清同治《东乡县志》载，西汉长沙王吴芮与车王曾横戈跃马，逐鹿吴岭。北宋的政治家、文学家王安石祖辈在北宋初年置宅于黎圩上池瑶田，王安石曾两次游金峰岭，写下《金峰晚坐有怀》《皇佑庚寅自临川如钱塘过宿此嘉佑戊辰自番阳归临川再宿金峰》，抒发忧国忧民的壮烈情怀和变法不果的感慨情思。境内还有明代开科状元吴伯宗、晚明临川“四大才子”之首艾南英、清代西江派著名诗人吴嵩梁，民国初年的农艺家艾延年，当代舒体字创始人、杰出书法家舒同，中国工程院院士艾兴等名人。有历史记载的明清进士87人（其中4名武进士）、举人184人。明清时期，有县学1所、书院5所（其中汝东书院为今东乡一中原址）。新中国成立后，教育事业飞速发展，至2016年全县有普通中学23所，在校学生22112人；职业高中1所，在校学生3154人；特殊教育学校1所，在校学生68人；小学176所，在校小学生38071人；幼儿园84所，在校幼儿10758人。全县基本普及九年义务教育，基本扫除青壮年文盲的“双基”目标初步实现。

明正德年间，农民反压迫、反剥削的斗争风起云涌。建县之后，东乡仍时有农民军抗官活动。明正德八年（1513年）农民军密谋暴动失败被杀300余人。正德十四年（1519年），农民军乘虚攻打府县，击毙前来进剿的金溪典史以及300余名官兵。清咸丰年间，太平军四入东乡，农民随之而去者达1万多人。光绪年间，北路的愉怡、文七位等村48族农民1000余人，三次攻打县署，捣毁户粮房，后人称之为“北路抗粮”。民国元年（1912年），东路小璜、东鲁等村300余人，围困县署，声讨把“征三免七”篡改成“征七免三”的催收粮赋，后人称之为“东路闹漕”。民国25年（1936年），小璜辛墩、下湖、九房等村农民5000余人，捣毁当地土地登记局，抗缴收取航空测量费，后人称之为“打丈田费”。十月革命一声炮响，给中国送来马克思列宁主义。舒同等人分别于1922年、1924年、1926年成立东乡第一个进步组织“金兰同学社”、第一个进步刊物《师水声》编辑部和第一个中共东乡县支部，在东乡播下革命火种。第二次国内革命战争时期，珀玕弄里艾家成立首个县临时苏维埃政府，1931—1932年，邵式平、方志纯等先后在下湖、赦家碑、柏树底等地开展革命运动和军事活动，他们的革命故事和红色歌谣仍激励着人们奋发进取、励志图新。

自然环境

【位置面积】 东乡地处北纬28°2′～28°30′、东经116°20′～116°51′，属东八时区。区境东邻余江，西界进贤、临川，南连金溪，北接余干。孝岗镇处于区境中部，西北距省会南昌公路里程100千米，西南距抚州市公路里程41千米，东乡区总面积1270平方千米（含岗上积镇和红亮垦殖场）。

【地势地貌】 东乡地处赣东丘陵与鄱阳湖平原过渡地带，整个地势由东北向西南缓慢倾斜，自北而南平原与高、中丘呈低—高—低—高相间分布，构成自东向西南敞开的一大盆地。区境常态地貌类型以丘陵为主，高丘面积1.52万公顷，占总面积的11.97%；中丘3.38万公顷，占26.61%；低丘1.58万公顷，占12.44%。岗地、平原和水面6.22万公顷，占48.98%。最高处为金峰岭，海拔498.8米；最低为杨桥殿乡圳上万家最低田畈，海拔15米。

【山脉】 境内山脉属武夷山余脉，大部分为北东—南西走向，少数为北—南或北西—南东走向。东北部山脉主峰有古圣峰、大裤岭、对形峰、朱家山。北部山脉主峰有雄岚峰、仙岚峰。西北部山脉主峰有香炉观。西部山脉主峰有伏山岭。东部山脉主峰有大山里、积烟岭、任同岭。南部山脉主峰有桃花岭、长林山、猴伏尖、西笔架尖、东笔架尖、鸦水岭、银峰尖、馒头岭。东南部山脉位于区境东南部，主峰有渐岭、花草尖、金峰岭、北金峰、甘坑东峰、甘坑西峰、白云峰、狮子岭、起源岭、明珠峰、虎形山、柳树岭、北柳树岭、马鞭山、中虎形山、吉岭、庙门岭、石建岭、吴岭。

【河流水系】 境内无大的河流经过，只有9条河港分别注入抚河、信江、鄱阳湖三大水系。

抚河水系。北港为东乡河第一大支流，又称汝河，位于区境中部，源出愉怡乡眉毛峰南麓，主河道境内长31千米，流域面积549.3平方千米，河道最大洪水流量1100立方米每秒，大旱常断流，下游段河状弯曲，泥沙淤积，常受洪涝灾害影响。此港自北向南折向西南，与南港汇合成东乡河，经临川境注入抚河。南港为东乡河第二大支流，位于区境西南边缘，源出金溪，主河道长27.5千米，流域面积589平方千米，其中境内200.3平方千米。河道洪水流量1300立方米每秒，大旱常断流。暴雨期下游段洪水常淹没大片农田，此港自东向西折向西北，与北港合成东乡河，经临川境注入抚河。

信江水系。瑶河又名青田港，位于区境东南，源出金溪。境内河长13.5千米，流域面积93平方千米，洪水季节常受洪涝灾害影响，此水至瑶圩街公路桥下进入余江区境，注入信江支流白塔河。王桥港分南、北两支流，控制流域面积85.5平方千米。北支为主流，又名花山港，河长8千米，流域面积60.5平方千米。南支为倪家港，河长6.2千米，流域面积25平方千米，此港经上南山进入余江区境注入信江支流白塔河。小璜港位于区境东北，河长22千米，流域面积102.5平方千米，此港入余江县信江支流白塔河。珀玕港又名玉湾港，位于区境东北，主河道长7千米，流域面积52平方千米，洪水流量120立方米每秒，旱季常断流，此港入余江县信江支流白塔河。

鄱阳湖水系。润溪港又名大沙港，位于区境北部，河长21千米，境内流域面积116.2平方千米，此港注入润溪湖。五坊港位于邓家乡境，为区境西北边缘一条小支流，河长4千米，流域面积26平方千米，河道洪水流量75立方米每秒，枯水季节常断流。此港入秧塘水库后再注入鄱阳湖。跳石港位于区境西部，长约6千米，流域面积18.5平方千米，河道洪水流量60立方米每秒，枯水季节常断流，主港至下跳石村入进贤下埠集港，再注入鄱阳湖。

【土地资源】 境内土壤有2个土类，5个亚类，23个土属，82个土种。土类分山地土壤和农业土壤，山地土壤分红壤和红壤性土2个亚类，此类红壤面积达9.13万公顷，占土地总面积的71.89%，多分布在珀玕、小璜、邓家、虎墟、马墟一带的低丘岗地。农业土壤主要是水稻土，面积3.6万公顷，占土地总面积的28.35%。

【矿产资源】 境内矿产资源丰富，品种繁多，已发现各类矿产10余种。主要金属矿藏有金、银、铜、铅锌、稀土；非金属矿藏有煤、矿泉水、重晶石、硫铁矿石、瓷石、蛇纹岩、建筑用石料、稀土等，各类矿床、矿（化）点126处。经勘查探明储量的有中型铜矿1处，小型铜矿1处，小型金、银矿各2处。金属矿产多分布在区境的南部，以金、银、铜、铅锌为特色，非金属矿产多分布在区境的中北部，以煤、高岭土为特色，中部的火山岩盆地则蕴藏着优质的建筑用石材矿产。资源潜力较大的有铜、铅锌、金、银、高岭土、建筑用石料等。

【水资源】 地表水资源。区内水资源十分丰富，年平均降水总量21.72亿立方米。全区多年平均降水量1710.7毫米，在保证率50%的平水年，年径流10.55亿立方米；在保证率75%的枯水年，年径流8.77亿立方米；在保证率95%的特枯年，年径流6.68亿立方米。区境地表水常年的年径流量10.84亿立方米，平均每人占有地表水2826立方米，平均每亩耕地占有地表水2498.5立方米。

地下水资源。东乡地下水日径流量12.88万立方米，年径流总量4700万立方米。境内碳酸岩裂隙溶洞水富水程度中等，其他地层地下水无富集的水文地质条件，大部分地区地下水贫乏，少量地下水仅可供居民生活用水。东乡地下水富水性分三区：一区位于孝岗及马圩冲积平原及山间盆地，地下水日产5.8万立方米，地下水年径流量2117万立方米。区内含水层厚度小，变化大，富水性不均，一般富水性差，局部中等富水，地下水埋藏浅，水质较好，可作村镇及小型企业用水源地。二区位于小璜盆地，属覆盖性岩溶区，地下水日产0.7万立方米，地下水年径流量258万立方米。区内地下水丰富，埋藏浅，水质好，东乡铜矿已开发利用，该矿在小璜镇黄花岗建立的供水站日产水0.5万立方米，地下水年径流量183万立方米，为矿区提供生产生活用水。三区位于南、北部变质岩、花岗岩及碎屑岩地区，多组成高、低丘陵及低岗地形，区内日产水6.37万立方米，地下水年径流量2325万立方米，富水性差，水质较好，仅可供居民生活用水，大旱之年村井干枯，生活用水常难保证。

【植物资源】 天然用材树种主要有马尾松、苦槠、甜槠、青冈栎、栲树、枫香、枫杨、木荷、麻栎、小叶栎、樟树、冬青、酸枣、毛竹等，多分布在区境南北高、中丘林区。香樟、椿树、侧柏、龙柏、圆柏、柳杉、苦楝、乌桕等树种，多为零星散生。

木本经济树种有壳斗科苦槠、甜槠、毛栗、板栗、白栎、栓皮栎、青冈、小叶青冈、大叶青冈、薜荔、野木瓜等，分布于东南部中、高丘林区。

食用野果树种有山楂、山莓、茅莓、猕猴桃、悬钩子、乌饭、野梨、野葡萄，分布在南、北高、中丘林区。

牲畜野生饲料以禾本科居多，共计62种；其次为豆科，共计16种，莎草科9种、百合科4种；还有鸭舌草科、百部科、雨久花科、天南星科、浮萍科、海金科、黑白科等。

纤维植物南、北高、中丘林区分布木本科棕科，有芫花、金茅、牛筋草、狼尾草、芒、芦苇及草本科灯芯草、龙须草等，还散生大量小山竹、杂竹。

观赏植物有生长在山野路旁的野菊、金鸡菊、金缕梅、玉簪、百合花、木槿花、芙蓉花、桂花、兰花、梅花等。杜鹃花（映山红），高、中丘满山遍野皆是。山茶花，以石坑源生长较多。

中草药植物区境分布天然中草药130种，属60科。南及东南高、中丘有杜仲、半边莲、灯芯草、黄栀子、红花、辛夷、七叶一枝花、野菊花、何首乌、五加皮。北部中、低丘区有南山楂、虎杖、龙胆、蛇舌草、枸杞、桃仁、银花、土当归。中部岗地平原有牛膝、女贞子、黄精、桂皮、射干、仙茅、肿节风、辛夷花。西南河网平原区有白术、使君子、香附子、苦参、麦冬、益母草、车前草。

薪炭植物有壳斗科及灌木丛分布于南、北高、中丘的有胡枝子、乌饭树、短尾越橘、三叶赤楠等。低丘缺柴区有芒萁、蕨芒、营草等草本植物。

【野生稻】 1972年，在岗上积镇的走马岗林场、段溪、青湖、樟塘、会仙龄等地发现近30亩野生稻。它具有耐寒、耐淹、耐酸性能。分蘖力强，根系发达，宿根多年生，冬季枯黄，春暖苗发。全生育期216天左右，9月至11月陆续抽穗扬花，结实低，易脱落，谷粒长大，呈黄褐色。1978年至1981年，中国农业科学院及11个省市的农业专家到实地考察，鉴定为普通野生稻，对研究水稻作物起源演变及杂交育种具有一定价值。

【动物资源】 黄莺、黄雀、画眉等，南、北高、中丘林区居多。老鹰、乌鸦今稀少。啄木鸟、猫头鹰、布谷鸟，多栖于山林之中。麻雀、八哥、燕子，境内各地常见。斑鸠、喜鹊，各地时有所见。雉鸡（俗名“野鸡”）、竹鸡，多栖于山林之中。野水鸭，多栖于中型水库中。

旧志载，明代境内有野鹿、黄斑虎，今绝迹。金钱豹、狐、狼、刺猬、穿山甲、水獭、猪獾、狗獾、狐狗等，东南及西北偶见。野猪、豪猪、香狸、白面狸，主要活动于东南高、中丘林区，尤以野猪为多，常下山危害庄稼。獐、麂，虎形山一带和其他林区均有。野兔、松鼠，东南及西北林区常见。豺狗、黄鼠狼境内西南中、低丘区偶见。

石鸡（乌蛤蟆），多产于高、中丘水溪边，平原地带也时有所见。黄蛤（黄皮蛤蟆），产于高、中丘石缝中。青蛙、蟾蜍，境内各地均有，以青蛙居多。

境内水域天然鱼种主要有鲇鱼、草鱼、鲤鱼、鲫鱼、红鲫鱼、黄颡鱼、胡子鲇、乌鳢、白鱼、麦穗鱼、塘虱鱼、沙鱼、罗汉鱼、鳜鱼（桂鱼）、黄鳝、泥鳅、刺鳅、鳡鱼、鳊鱼等；还有蚌类、螺类、蟹虾类及甲鱼、龟等。

蛇以山区居多，平原地带也常见。主要有金环蛇、银环蛇、眼镜蛇（扇头风）、竹叶青、乌梢蛇、赤练蛇、笋壳斑、蝮蛇、泥蛇、水蛇、蜥蜴（四脚蛇）等。蜈蚣、壁虎、蜻蜓、赤眼蜂等，境内各地常见。

环境质量状况

【概况】 2021年，抚州市东乡区环境质量总体良好，城区环境空气质量达到《环境空气质量标准》（GB 3095—2016）中的二级，与上年相比，空气质量基本不变；城区集中式饮用水水源地水质达到《地表水环境质量标准》（GB 3838—2002）中Ⅱ～Ⅲ类，与上年相比，集中式饮用水水源地水质质量基本持平；主要河流县界断面水质达到《地表水环境质量标准》中Ⅱ～Ⅲ类，与上年相比，主要河流县界断面水质质量基本不变；城区区域环境噪声达到《声环境质量标准》（GB 3096—2008）中Ⅱ类，城区道路交通噪声等效声级均值为61.3分贝。

【环境空气质量】 城区设一个环境空气质量自动监测点，监测点位于抚州市东乡生态环境局大楼楼顶，监测项目为二氧化硫、二氧化氮、一氧化碳、臭氧、PM_{10}、$PM_{2.5}$。监测结果表明：城区环境空气质量达到《环境空气质量标准》（GB 3095—2012）中的二级，优良天数 364 天，优良天数比例 99.7%，细颗粒物（$PM_{2.5}$）年平均浓度 19 微克/立方米。

2021 年城区环境空气质量状况一览表

表 1

监测点位	平均浓度（微克/立方米）				CO 第 95 百分位数（毫克/立方米）	O_3—8h 第 90 百分位数（微克/立方米）	优（天）	良（天）	轻污染（天）	中污染（天）	重污染（天）	优良天数比例（%）
	SO_2	NO_2	PM_{10}	$PM_{2.5}$								
区环保大楼楼顶	8	20	48	19	1.2	83	172	192	1	0	0	99.7

【集中式饮用水水源地水质】 东乡城区集中式饮用水水源地为幸福水库，每季度监测一次，监测项目为 63 项（其中基本项目 24 项、补充项目 5 项、特定项目 33 项、叶绿素 a1 项），监测结果表明：集中式饮用水水源地水质达到《地表水环境质量标准》（GB 3838—2002）中Ⅱ～Ⅲ类，达标率 100%。

【地表水环境质量】 东乡区主要河流为瑶河和北港河，每月监测一次，监测点位为两河的县界断面（瑶圩桥断面和罗溪桥断面），监测项目 24 项。监测结果表明：瑶河县界断面（瑶圩桥断面）水质达到《地表水环境质量标准》（GB 3838—2002）中Ⅱ～Ⅲ类，达标率 100%；北港河县界断面（罗溪桥断面）水质达到《地表水环境质量标准》（GB 3838—2002）中Ⅲ类，达标率 100%。

【声环境质量】 东乡城区区域环境噪声等效声级均值为 55.9 分贝，达到《声环境质量标准》（GB 3096—2008）中Ⅱ类，城区道路交通噪声等效声级均值为 61.3 分贝。

国民经济社会发展状况

2021 年，东乡区深入贯彻落实习近平总书记视察江西重要讲话精神，聚焦“全市带头作示范、全省奋力勇争先”的目标定位，坚持稳中求进工作总基调，立足新发展阶段、贯彻新发展理念、构建新发展格局，以推动高质量发展为主题，坚定不移实施工业强区主战略，全区经济保持稳步恢复，发展质量进一步提高，“十四五”实现良好开局。

一、综合

2021 年，东乡实现生产总值（GDP）213.86 亿元，比 2020 年增长 8.4%。其中，第一产业增加值为 26.4 亿元，同 2020 年比增长 6.9%；第二产业增加值为 94.6 亿元，同 2020 年比增长 7.0%；第三产业增加值为 92.86 亿元，同 2020 年比增长 10.2%，占比由 2020 年 14.2∶43.7∶43.1 调整为 12.4∶44.2∶43.4，三次产业对 GDP 增长的贡献率分别为 11.8%、35.7%和 52.5%。人均生产总值 56070 元，比 2020 年增长 9.9%。

二、农业

2021 年，东乡区农业总产值 42.86 亿元，按可比价计算增长 8.3%。耕地面积 29533.33 公顷，粮食播种面积、产量分别达 55338.7 公顷、35.8 万吨，蔬菜及食用菌播种面积 4653.33 公顷，增长 2.9%；蔬菜总产量 11.38 万吨，增长 3.5%。油料作物总产量 0.78 万吨，增长 0.2%。园林水果总产量 1.15 万吨，增长 11.5%。

2021 年，东乡区粮食总产量 35.8 万吨，比 2020 年增长 2.29%

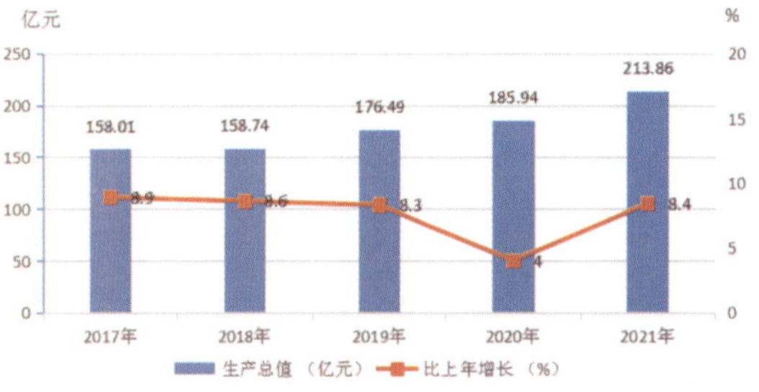

图 1　2017—2021 年东乡地区生产总值及其增长速度柱状图

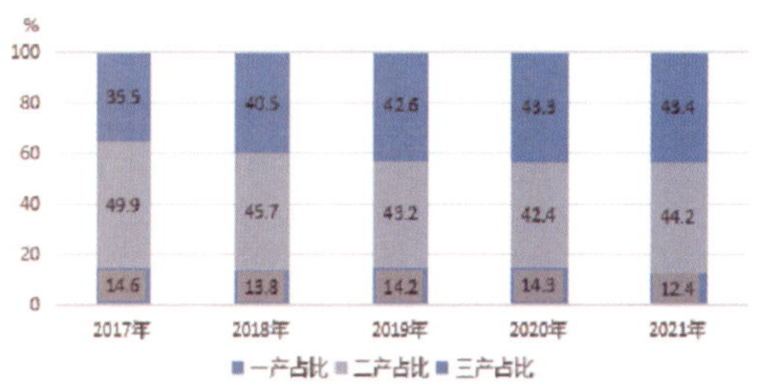

图 2　2017—2021 年三次产业增加值占生产总值比重示意图

（含东临新区）。肉类总产量 8 万吨，比 2020 年上涨 68.07%。2021 年生猪饲养量 139.33 万头，上涨 46.59%；2021 年生猪存栏 54.15 万头，增长 1.94%；生猪出栏 85.18 万头，上涨 103.15%（含东临新区岗上积镇和红亮垦殖场）。

现代农业扬优成势，东乡花果芋、东乡葛粉、东乡花猪肉、东乡绿壳蛋入选 2021 年第一批全国名特优新农产品名录。

三、工业和建筑业

2021 年，全部工业增加值 77.6 亿元，比 2020 年增长 8.0%，占 GDP 的比重为 36.3%。其中，规模以上工业企业 141 家，规模以上工业增加值增长 10.0%，规模以上工业主营业务收入 332.15 亿元，同 2020 年比增长 28.3%，工业税收（净入库数）15.5 亿元，增长 42.9%，工业用电（不含线损）8.3 亿千瓦时，增长 12.9%。

现代工业提档升级，大力实施工业创新发展三年倍增行动，明确首位产业新材料新能源、主导产业生物医药，设立 20 亿元产业引导基金，助推企业转型升级。

2021 年，东乡区有资质建筑业企业 18 家，实现总产值 17.5 亿元，增长 27.8%。其中，实现建筑工程产值 17.4 亿元，实现安装工程产值 40.2 万元，房屋建筑施工面积 63.9 万平方米。

四、固定资产投资和房地产

东乡区固定资产投资增长 8.1%。其中，工业投资增长 22.9%，民间投资增长 16.6%。新增项目 124 个，其中 5000 万元以上项目 71 个。

2021 年，房地产投资增长 16.8%，商品房销售面积 71.96 万平方米，同比增长 2.6%。

五、服务业

2021 年，服务业实现增加值 92.86 亿元，比 2020 年增长 10.2%。其中，规模以上服务业企业营业收入 34.67 亿元，比上年增长 0.67%。分行业看，信息传输、软件和信息技术服务业营业收入下降 89.58%，科学研究和技术服务业增长 0.45%，租赁和商务服务业增长 37.19%，文化、体育和娱乐增长 44.94%，居民服务、修理和其他服务业增长 17.61%。

东乡区社会消费品零售额完成 77.81 亿元，增长 17.7%，批发、零售、住宿、餐饮四行业增幅 28.6%、19.0%、25.3%、33.0%。社会消费品零售额实现 7.12 亿元，增长 28.3%。

现代服务业蓬勃发展，电子商务发展迅猛，东乡电商创业园获评江西省电子商务示范基地，为抚州市唯一获此荣誉的县（区）。

六、对外经济

2021 年，东乡区出口总额 28.92 亿元，增长 55.2%。实际利用外资 4568 万美元，增长 1%。引进投资 2000 万元以上项目 45 个，实际进资 62.9 亿元，同 2020 年比增幅 12.76%。

外贸出口稳中提质，积极打造跨境电子商务综合试验区，组织永冠科技等企业参加第四届中国国际进口博览会。

七、财政金融

2021 年，财政总收入 33.07 亿元，比 2020 年增长 19.33%；一般公共预算收入 18.01 亿元，增长 1.0%。其中，税收 12.83 亿元，同 2020 年比增长 8.64%。

2021 年，金融机构存款余额 270.74 亿元，比年初增加 29.72 亿元；住户存款余额 206.08 亿元，比年初增加 25.16 亿元。金融机构贷款余额 282.76 亿元，比年初增加 35.45 亿元；住户贷款余额 149.74 亿元，比年初增加 10.09 亿元。

八、城乡居民收支

2021 年，城镇居民人均可支配收入 43566 元，比 2020 年增长 8.0%；农村居民人均可支配收入 22180 元，增长 9.3%。城镇居民人均消费支出 23926 元，增长 8.8%；农村居民人均消费支出 16272 元，增长 16.7%。

九、科教文卫

区事业单位拥有各类专业技术人员 5664 人。其中，高级职称 812 人、中级职称 2148 人、初级职称 2704 人。

2021 年，东乡区有各级各类学校 113 所，在校学生 66791 人，专任教师 5643 人。普通中学 21

图3 2017—2021 年规模以上工业增加值增速折线图

所，在校学生18069人，教职工2416人；职业高中1所，在校学生171人，教职工21人；小学91所，在校学生35242人，教职工2116人；幼儿园102所，在园幼儿13236人，教职工1122人；特殊教育学校1所，特殊教育学生73人，教职工19人。

2021年，东乡区有公共图书馆1个、文化馆1个、文化站15个、博物馆1个、电视台及传真电台1座，有线电视入户率61%，电视人口覆盖率97%。

东乡区有各级医疗机构254个，总床位数2293张，每千常住人口床位5.97张；医护人员2265名，每千常住人口有执业医师（执业助理）2.0人，每千常住人口有注册护士2.9人。

严格落实“双减”政策，中考、高考捷报频传。职业教育稳步提升，抚州市东乡区技工学校升格为东乡高级技工学校。成功组建惠民医疗健康集团，相继建成区妇幼保健院、疾控中心核酸检测实验室，改造提升公办医院发热门诊。

十、人口

2021年，东乡区户籍总人口为481352人，比2020年减少1144人。其中，城镇人口272171人，乡村人口209181人。2021年出生人口3922人，其中，男婴2182人、女婴1740人。死亡人口2477人，其中，男性1366人、女性1111人。

2021年东乡区人口变动情况　按行政区划分，全区常住人口378947人，自然增长率2.19‰，男女人口比例106.9，基本与全市持平。城镇人口237158人、乡村人口141789人，城镇化率62.58%，高于全市4.6个百分点。0～14岁人口84068人，占比22.18%；60周岁以上人口69562人，占比18.36%；65周岁以上人口51238人，占比13.52%。

按普查机构划分，全区常住人口363953人，自然增长率2.38‰，男女人口比例106.68，均高于全市平均水平。城镇人口234141人、乡村人口129812人，城镇化率64.33%，高于全市6.4个百分点。0～14岁人口81682人，占比22.44%，60周岁以上人口66141人，占比18.17%；65周岁以上人口47852人，占比13.15%。

2021年末户籍人口数及其构成一览表
（包含岗上积镇和红亮垦殖场）

表2

指　标	年末数(人)	比重(%)	指　标	年末数(人)	比重(%)
年末总人口	481352	100	女性	227060	47.17
其中：城镇	272171	56.54	其中：0～17岁	115128	23.92
乡村	209181	43.46	18～59岁	288071	59.85
其中：男性	254292	52.83	60岁及以上	78153	16.23

DONGXIANG YEARBOOK 2022

中国共产党东乡区委员会

综　述

2021 年，东乡区委第 9 次获全省高质量发展考评二类县（市、区）优秀等次，获评全国基层中医药工作先进单位、江西省国安工作先进单位（市、区）、江西省全面深化改革工作先进单位、江西省工业高质量发展先进县（市、区）、江西省人居环境整治工作先进县等荣誉，被水利部确定为第三批节水型社会建设达标县，顺利实现“十四五”良好开局。

弘扬伟大建党精神，加强党的政治建设。以深入开展党史学习教育为抓手，围绕汲取百年党史伟力这一主题主线，不断提高政治判断力、政治领悟力、政治执行力。切实强化思想理论武装。党的十九届六中全会和省第十五次党代会、市第五次党代会闭幕后，均在第一时间通过组织召开区委常委（扩大）会议、全区领导干部会等多种形式对会议精神进行传达学习，推动会议精神在东乡落地落细落实。高度重视理论武装，坚持把学习习近平总书记重要讲话精神等党的创新理论纳入区委常委会会议和区委理论学习中心组集体学习重点内容，2021 年开展区委理论学习中心组集体学习 14 次，其中研讨交流 11 次。抓牢干部教育培训，举办 8 期“周末课堂”和 9 期主体班次，举办两期浙江大学—东乡区干部素质提升培训班和两期江西财大—东乡区党政正职能力提升班，累计培训 5000 余人次。扎实开展党史学习教育。市委第三巡回指导组评价为“守正创新、丰富载体、开创新局”，干部群众随机测评总体评价“好”的比例 99.87%，经验做法得到省委领导签批肯定。依托“东乡组工微平台”微信公众号，推出“东乡红色故事”等学习专栏，传播力在全省 100 个县（市、区）中排名前 10 位。组建百人宣讲团，累计开展宣讲 740 余场，覆盖干部群众 5 万余人次。深入开展“我为群众办实事”实践活动，聚焦群众“急难愁盼”问题，科学制定任务清单 2077 条，组织各类实践活动 300 余场。

构建现代产业体系，做大区域经济体量。按照市委“打好一个强攻战、实现五个新跨越”的工作部署，坚定不移实施工业强区主战略，协调推进现代农业和现代服务业转型升级。进一步做强工业。高效推进工业创新发展三年倍增行动，大力实施“五十百千万”工程，优选 16 家重点企业培优育强，完成 48 家企业技改扩建，5 家企业纳入市智能制造标杆企业培育计划。新增规模以上工业企业 22 家，总数 141 家；完成规模以上工业主营业务收入 332 亿元，增长 28.3%；工业税收 15.5 亿元，增长 42.6%；规模以上工业增加值增长 10%；20 家企业纳税超过千万元，位列全市县（区）第 1，顺利实现三年倍增首年目标。明确新能源新材料首位产业、生物医药主导产业定位，延伸有色金属精深加工产业链。快速推进中基恒光产业园、荣华人工智能产业园等主题产业园平台建设，建成标准厂房 50 万平方米。引进发那特年产 400 万台汽车涡轮增压器零部件生产制造、金光高科年产 11.2 万吨锂电池材料及 5 万吨高端电解铜箔“5020”项目及劳斯克大健康食品、台宏电子等一批重大项目。进一步做优农业。稳步调整农业产业结构，新增中药材、设施蔬菜、蓝莓种植面积约2万亩，新增“三品一标”农产品22个、市级以上龙头企业10家、农民专业合作社22家。持续推进生猪复产增养，生猪存出栏分别达54.2万头、85.2万头，能繁母猪6.9万头，稳居全省前列。东乡花果芋、东乡葛粉、东乡花猪肉、东乡绿壳蛋入选2021年第一批全国名特优新农产品名录，获评国家级水产健康养殖和生态养殖示范区。进一步做活现代服务业。全区电子商务交易总额达31.76亿元，增长32%，区电商创业园获评省电子商务示范基地。金融形势持续好转，各类金融机构存贷款余额分别达到270.07亿元、282.76亿元，均列抚州市第1。文旅消费日益活跃，获江西省“百县百日”文旅消费季直播带货大赛全省第3。2021年，规模以上文化企业总产值16.15亿元，居全市第1。台德智慧科技获省文化企业20强。现代物流业发展迅速，正式开通全市首家中欧班列，欣盛物流内陆无水港、赤湾东方公路港2家企业均被评为省级重点商贸物流园区。

践行全民共享理念，加速城乡融合进程。坚持以人民为中心的发展思想，一体推进城乡融合发展。着力提升城市功能品质。重点推进总投资22.35亿元的38个城市功能与品质提升项目，完成城区支路及老旧住宅小区雨污分流一期改造工程。积极开展垃圾分类试点，新增停车位2080个，完成棚户区改造260户，9个老旧小区改造全面竣工，惠及城镇居民941户。深入实施乡村振兴战略。切实保障粮食安全，落实粮食种植面积5.53万公顷，粮食生产实现“十三连丰”。巩固拓展脱贫攻坚成果，严格落实“四个不摘”工作要求，保持主要帮扶政策总体稳定，确保不发生规模性返贫。扎实推进美丽乡村建设，完成106个省、市、县三级村点村庄整治。完成小璜等4个集镇改造项目，农村“厕所革命”进入收官扫尾阶段。不断巩固城乡一体成果。持续巩固城乡环卫、公交、医疗、教育、养老、供水、粪污综合治理一体化成果，推动基本公共服务供给向农村延伸。

突出改革创新引领，激活发展内生动力。坚持把改革创新作为推进全区经济社会高质量发展的关键一招，加速培育发展新动能，激发深化改革活力。大力实施“放管服”改革，“最多跑一次”比例100%。创新设立惠企政策兑现窗口，累计兑现金额19.68亿元，政策兑现时限平均压缩15天。探索重点项目“模拟审批”、工业项目“拿地即开工”改革试点，审批流程更加简化。成功举办全区2016—2021年度十大改革典型案例评选及表彰活动，进一步擦亮东乡改革品牌。持续打造“四最”“四心”营商环境，搭建企业家“心港湾”恳谈厅、“政企畅谈早茶会”等政企沟通平台，全省营商环境评价第17名，全市营商环境第三方测评第1名。加快科技创新赋能。建成国家农机装备创新中心江西研发基地、中科（东乡）智汇工场、上海交大共建增材制造换热器技术研究中心等创新平台，推动更多科研成果转化。新增省级创新平台1家，新增授权发明专利63件，规模以上工业企业R&D经费支出2.93亿元，占GDP比重1.59%。促进更高层次开放。全力招大引强，新引进亿元以上项目20个，实际进资75.77亿元，增长107%；上报路威轮毂、发那特涡轮增压零部件等“5020”项目2个。深入开展重点项目“百日攻坚”和“百日提速”活动，实施总投资154亿元的71个城建重点项目和总投资334亿元的26个工业重点项目，超额完成年度投资计划。积极跑项争资，累计争取上级各类资金17.52亿元，债券资金13.96亿元，谋划储备重大项目达200个。加快培育跨境电商等外贸新业态新模式，组织永冠科技等企业参加第四届中国国际进口博览会。实际利用外资5100万美元，增长11.84%，外贸出口4.5亿美元，增长53.2%，其中永冠科技出口总额2.93亿美元，列抚州市第1。

加大环境保护力度，厚植生态文明底色。深入学习贯彻习近平生态文明思想，着力打造更高标准的美丽抚州“东乡样板”。提升生态环境质量。2021年，中心城区$PM_{2.5}$平均浓度19微克/立方米，空气质量优良天数比例99.6%，均达到国家二级标准。全区地表水瑶圩桥国考断面水质达到或优于Ⅲ类比例为100%、罗溪桥省考断面达到或优于Ⅲ类比例75%，无劣Ⅴ类水质断面。集中饮用水水源地水质达标率100%。加快低碳绿色转型。认真做好“绿宝”碳普惠工作，积极推进风电、光伏等可再生能源产业发展，严格执行能耗双控要求。完成废弃矿山生态修复33.18公顷，东乡区域实施封山育林，天然林保护管理合格率95.9%，完成造林绿化5413.33公顷，全省国有林场和种苗工作推进会在东乡区召开。拓展“两山”转换路径。积极推进“两权”抵押贷款试点，生态权益类贷款余额43.11亿元，任务完成数居全市第2，新增16.06亿元，居全市第1。加快推进林业碳汇交易，林权抵押面积3000公顷，贷款总额1.97亿元。

坚持人民至上原则，用心办好民生实事。坚持把人民群众对美好生活的向往作为奋斗目标，不断增强群众获得感、幸福感、安全感。用心用情办好民生实事。坚持财力向民生倾斜，全年用于“八大类”民生支出46.5亿元，占一般公共预算支出的83%。重点办好51件民生实事，实现城镇新增就业6203人、农村转移劳动力8210人。基本医疗保险、基本养老保险覆盖率分别为98.42%、100%；发放各类社会保障资金3.2亿元。尽力尽责推进民生事业。加快推进城北、城西、井山幼儿园建设，六中、七中投入使用，城区学校“大班额”化解率96%。职业教育稳步提升，高级技工学校升格为正处级单位。成功组建惠民医疗健康集团，建成区妇幼保健院、疾控中心核酸检测实验室。大力发展养老服务业，基本形成高档、普惠、基础养老多元化养老模式，成功承办全省养老服务现场推进会。从严从实维护社会和谐。坚决落实常态化疫情防控措施，有力有序推进疫苗接种清零行动，坚决守住不出现本土确诊病例的底线。全力化解政府隐性债务存量，妥善推动政府融资平台整合。深入推进安全生产专项整治三年行动，狠抓食品药品和产品商品安全，安全生产形势持续好转。扎实推进市域社会治理现代化试点，全面完成10个智能安防小区建设，常态化推进扫黑除恶专项斗争和政法队伍教育整顿，建立健全“信访包案”、初信初访等制度，社会大局保持和谐安全稳定。2021年度公众安全感满意度测评指数99.29%，位列江西省第26名、抚州市第1名。

推进全面从严治党，营造良好政治生态。深入贯彻新时代党的建设总要求和新时代党的组织路线，推进“三不”一体进程，推动全面从严治党向纵深发展。加强领导班子和干部队伍建设。成功召开区第二次党代会和区两会，选举产生新一届区四套班子和区纪委区监委领导班子，进一步营造和衷共济、众志成城的浓厚氛围。全面加强干部队伍建设，坚持“德才兼备、以德为先、人岗相适、任人唯贤”原则，认真贯彻新时代党的组织路线，突出政治标准，严格按照动议、民主推荐、考察、讨论决定的方式执行干部选任程序，认真执行干部选拔任用预审制度，做到事前报批、事中沟通、事后报告。在讨论干部任免时，做到酝酿不充分的不上会、考察不充分的不上会、有信访反映尚未核实或正在核实的不上会。高质量完成乡镇领导班子换届工作，立足盘活全区干部资源，统筹量化结构性干部配备指标和空缺职数，采取重点岗位人选摸底、组建专班集中调研、“两轮”推荐、多方听取意见“四管齐下”的方式，反复比选、统筹谋划换届人事安排“总盘子”，切实选出好干部、配出好班子。换届后，乡镇配备领导班子成员150名，平均年龄35.9岁。其中，35岁以下79名，占比52.2%；第一学历为大学及以上90人，占比60%；配备35岁以下乡镇党政正职10名，占比41.6%；第一学历为大学及以上乡镇党政正职12名，占比50%。认真贯彻落实中央《2019—2023年全国党政领导班子建设规划纲要》和省委、市委《实施意见》，围绕高质量跨越式发展需要，着力优化干部队伍知识结构、专业结构等，科学配置干部资源。全年，提拔干部115人次，进一步使用干部70人次。其中，提拔35岁以下优秀年轻干部68名，占比59.1%；30岁以下24名；提拔全日制大学以上学历干部62名，占比53.9%；提拔党外干部4名；东乡区科级干部所学专业与岗位匹配度达61.4%；在疫情防控、乡村振兴、产业发展、信访调解等急难险重任务一线选提拔干部80名，占比69.5%。特别是在事业单位机构改革人事调整中，坚持知事识人、依事择人的工作导向，完成从单位撤并的“物理反应”到职能整合、人员融合的“化学反应”的转变。落实党建工作主体责任。抓牢基层党建，拨付“三化”建设和阵地资源整合补助资金1680万元。开展“党建引领·小区治理”行动，形成“邻里会商”等特色经验做法。大力发展村集体经济，132个村全部实现集体经济收入过10万元，100万元以上2个。坚持党管人才原则，引进各类高素质高层次人才138人，开设人才服务“一站通办”专窗，建成高层次人才产业园、成立高层次人才联谊会，落户中国科协“海智计划”工作基地。扎实做好党管武装工作，不断加大“双拥”工作力度，妥善安置16名转业士官。认真落实意识形态工作责任制，挂牌成立区委网络安全和信息化中心，举办2021年“文明赣鄱行动”示范活动走进东乡区新时代文明实践所活动。持续推进正风肃纪反腐。东乡区纪检监察机关共处置问题线索615件次，立案196件，结案196件，给予党纪政务处分190人。深刻汲取肖毅等案教训，扎实开展“八扬八治”深化作风建设活动，一体推进“三不”机制。统筹推进中央巡视、省委巡视“回头看”，中央环保督察，省纪委省监委《纪检监察建议书》，中央纪委国家监委纪检监察建议和涉粮问题专项巡视巡察监督检查等各类整改工作，全方位推动“挖矿”企业、“两高”项目排查治理整顿工作。

在肯定成绩的同时，区委也清醒地认识到经济社会发展和干部队伍建设还存在三方面的不足：经济发展还有差距，总量不大、人均不高、结构不优、创新能力不足、竞争力不强的问题依然很突出；民生保障还有短板，尤其是在教育、医疗、养老、就业等领域还存在不少薄弱环节，离群众的期盼还有不小差距；干部能力还有不足，干部政治站位不够高、经济思维不够广、进取劲头不够足、担当魄力不够大、创新举措不够多、落实效率不够快、危机意识不够强、工作作风不够实。下一步，区委将坚持以问题为导向，精准施策、综合施策，强力推动整改提升，不断加快经济社会高质量跨越式发展步伐。

区委重要会议

【中国共产党抚州市东乡区第二次代表大会】 8月30日，中国共产党抚州市东乡区第二次代表大会召开。会议的主要任务是坚持以习近平新时代中国特色社会主义思想为指导，全面贯彻落实党的十九大，十九届二中、三中、四中、五中全会精神，深入贯彻落实习近平总书记“七一”重要讲话精神，总结回顾中国共产党东乡县第十四次代表大会以来的工作，研究部署今后五年全区经济社会发展的总体思路、奋斗目标和工作举措，选举中共抚州市东乡区第二届委员会和纪律检查委员会，团结带领全区各级党组织和广大党员干部群众，弘扬伟大建党精神，奋进新征程，建功新时代，加快推进东乡高质量跨越式发展，确保“十四五”规划和第二个百年奋斗目标开好局、起好步，奋力谱写全面建设社会主义现代化国家的东乡新篇章。

【区委常委会会议】 1月15日，一届区委第94次常委会会议召开。会议研究有关人事事宜；学习习近平总书记重要讲话及有关文件精神；传达学习全省、全市村（社区）“两委”换届选举工作会议精神；传达学习《中共抚州市委办公室　抚州市人民政府办公室关于印发〈抚州市维护社会稳定领导责任制实施意见〉的通知》，并研究贯彻落实意见；听取区委常委、统战部部长吴忠鸿，区委常委、政法委书记王繁凡，区委常委、纪委书记、监委主任郑军围绕学习《习近平谈治国理政》第三卷谈心得体会；审议区委组织部报送的《关于成立中国共产党抚州市东乡城投集团有限公司委员会和中国共产党抚州市东乡城投集团有限公司纪律检查委员会等3个企业党委、纪委的意见》《关于设立中国共产党抚州市东乡区工业和信息化局等党组和撤销中国共产党抚州市东乡区工业和信息化局委员会等党委的意见》《关于区目标办调整及变更事项的请示》《东乡区村（社区）党组织和第十一届村（居）民委员会选举工作实施方案》《区领导换届工作联系指导制度》《关于成立中国共产党抚州市东乡区金峰街道西门社区委员会等4个社区党组织的意见》《2020年度区委常委班子民主生活会方案》；审议区人大常委会党组报送的《关于召开抚州市东乡区第一届人民代表大会第五次会议有关事项的请示》；审议区政协党组报送的《关于政协抚州市东乡区第一届委员会第五次会议有关事项的请示》；审议区委办公室报送的《东乡区2021年春节前后区四套班子重大集体活动初步安排》《关于在全区开展影响发展环境突出问题专项整治的实施方案》；审议区委宣传部报送的《关于成立东乡区新时代文明实践中心和东乡区新时代文明实践志愿服务总队组织机构的通知》；审议区委统战部报送的《关于第四届“孝满东乡”评选表彰工作的请示》；审议区政府党组报送的《投资兴办环保可降解新材料生产基地建设项目合同书》《共建中科（东乡）智汇工场项目合作协议》《农信互联江西区域总部项目投资合作协议》《投资兴办“江西文理职业技术大学（暂用名）”系列项目协议书》《东乡吉电中万100MW农业光伏发电项目投资合同书》《关于安排东乡区高质量班班通建设专项资金的请示》《关于东乡经开区科技产业园PPP项目实施方案的请示》《关于支持工业园区企业基础设施建设的请示》《关于恒旺农用管道等3家企业征收补偿协议的请示》《关于区工创投委托东乡一中、实验中学等3所学校申请信用贷款的情况汇报》《关于区工创投向北京银行申请贷款的情况汇报》《抚州市东临环城高速公路（东乡段）征地拆迁工作方案》《东乡区农村粪污综合治理一体化PPP项目实施方案》《关于亚泰保险经纪有限责任公司车辆保险销售奖励扶持协议书》《关于2020年财政收支结算情况的汇报》。

1月22日，一届区委第95次常委会会议召开。会议研究有关纪律检查案件及有关人事事宜；学习领导干部报告个人有关事项规定有关文件精神；传达学习中央政法工作会议和省委政法工作会议精神；审议区政府党组报送的《关于要求核定东润华城安置房销售价格的请示》《关于东乡区建筑安装工程公司棚改土地置换的请示》《抚州市东乡区教师优待工作实施意见》《关于进一步健全全区义务教育教师工资待遇落实保障长效机制的意见》。

2月8日，一届区委第96次常委会会议召开。会议学习2021年中央一号文件精神；传达学习全市县域经济高质量发展大巡察总结会议精神；审议区委办公室报送的《区委常委班子2020年度民主生活会对照检查材料》《区委常委班子2019年“不忘初心、牢记使命”主题教育专题民主生活会、脱贫攻坚专项巡视“回头看”整改专题民主生活会整改措施落实情况报告》；审议区纪委监委报送的《区委常委班子2020年度民主生活会征求意见情况梳理》；审议区委组织部报送的《关于增补政协东乡区第一届委员会委员的报告》《2020年度东乡区高质量发展综合绩效考核评价工作方案》《2020年东乡区从优秀村（社区）干部中公开选聘乡镇（街道、场）事业编制人员拟选聘人选》；审议区委发展村级集体经济领导小组报送的《关于东乡区村级集体经济产业发展基金分配使用方案的请示》；审议区政府党组报送的《关于做好2021年全区重点项目建设工作的通知》；审议区影响发展环境突出问题专项整治领导小组报送的有关文件。

2月18日，一届区委第97次常委会会议召开。会议传达学习省纪委十四届六次全会、市纪委四届六次全会精神；审议区纪委报送的《关于召开区纪委一届五次全会的请示》。

2月19日，一届区委第98次常委会会议召开。会议审议区委组织部报送的《东乡区拟推荐全国全省“两优一先”对象名单》。

2月22日，一届区委第99次常委会会议召开。会议研究有关人事事宜；审议区委编办报送的《东乡区深化事业单位改革试点实施方案》。

2月24日，一届区委第100次常委会会议召开。会议研究区纪委监委报送的有关案件。

3月4日，一届区委第101次常委会会议召开。会议研究有关人事事宜；学习习近平、赵乐际同志在第十九届中央纪律检查委员会第五次全体会议上的讲话和报告；传达学习中央和省委、市委农村工作有关会议精神；审议区委组织部报送的《关于补选东乡区第一届人民代表大会代表的请示》《关于补选东乡区第一届人民代表大会常务委员会委员的请示》。

3月19日，一届区委第102次常委会会议召开。会议学习习近平总书记在十九届中央政治局第二十七次集体学习时的重要讲话精神及《中共抚州市委办公室关于做好学习贯彻全国两会精神的通知》；传达学习习近平总书记在全国脱贫攻坚总结表彰大会上的重要讲话精神，中共中央办公厅和中央巡视工作领导小组办公室巡视巡察有关文件精神，中共中央关于开展全国政法队伍教育整顿工作有关文件及全市政法队伍教育整顿动员部署会议精神，全省、全市党史学习教育动员会议精神，全省、全市宣传部部长会议精神，全省、全市“扫黄打非”会议精神，全市开发区改革和创新发展现场推进大会精神；传达学习全省、全市统战部部长会议精神，并研究贯彻落实意见；开展警示教育；通报2019年度领导班子考核有关情况；审议区委办公室报送的《关于成立中央巡视江西省反馈意见区委整改工作领导小组的通知》《关于成立省委巡视“回头看”反馈意见整改工作领导小组的通知》；审议区政府党组报送的《区政府工作报告》《关于抚州市东乡区2020年国民经济和社会发展计划执行情况与2021年国民经济和社会发展计划草案的报告》《抚州市东乡区国民经济和社会发展第十四个五年规划和二〇三五年远景目标纲要（草案）》《关于要求解决国有粮食改制企业目前面临遗留问题的请示》《关于东乡区2020年预算执行情况及2021年预算草案的报告》《关于2021年政府财政收支预算（草案）编制情况的说明》

《关于调整企业奖励扶持政策的请示》《东乡城投集团有限公司申请融资租赁的情况汇报》《东乡城投集团有限公司开展重点项目（一期）招商工作的情况汇报》《东乡区饿了么灵活用工服务平台项目合作协议书》《东乡区抚穗灵活用工服务平台项目合作协议书》《投资兴办劳斯克大健康食品生产建设项目合同书》《投资兴办5G精密部件制造及年产1000台（套）数控设备生产项目合同书》《抚州市东乡区贯彻落实省生态环境保护督察“回头看”反馈意见整改方案》《关于区工创投集团公司2021年度融资贷款计划的情况汇报》《关于区工创投向上饶银行申请项目贷款的情况汇报》《江西荣华人工智能产业园产业引导资金扶持协议》《关于江西一路油业有限公司企业征收补偿协议的请示》《关于江西泰林电器能源科技有限公司企业征收补偿协议的请示》《东乡区人民政府与洛阳智能农业装备研究院有限公司联合建设“国家农机装备创新中心江西研发基地”合作协议》。

4月9日，一届区委第103次常委会会议召开。会议书面学习中央第四生态环境保护督察组督察江西省动员会会议精神及市委主要领导讲话精神；学习习近平总书记在十九届中央政治局第二十八次集体学习时的重要讲话精神以及中共中央办公厅关于进一步解决形式主义问题为基层减负有关文件精神；听取全区政法队伍教育整顿开展情况汇报及中央巡视江西省反馈意见、省委巡视“回头看”反馈意见整改工作进展情况汇报；审议区委政法委报送的《东乡区政法队伍教育整顿查纠整改环节实施方案》；审议区委统战部报送的《中共东乡区委统战部2021年工作要点》《中共东乡区委2021年度政党协商计划》；审议区委组织部报送的《关于成立东乡区县乡领导班子换届工作领导小组的通知》《关于组织开展换届风气巡回督查和换届选举督导的实施方案》。

4月18日，一届区委第104次常委会会议召开。会议研究有关人事事宜。

4月19日，一届区委第105次常委会会议召开。会议书面学习全市党史学习教育工作推进会会议精神；学习中共中央关于加强对“一把手”和领导班子监督有关文件及中共中央办公厅关于网络意识形态有关文件精神；研究有关人事事宜；传达学习全省公务员工作推进会会议精神；传达学习全市村级集体经济发展暨红色名村建设现场推进会会议精神，并研究贯彻落实意见；审议区委组织部报送的《东乡区关于认真做好乡（镇）领导班子换届工作的通知》《东乡区区管领导干部政治素质考察办法（试行）》《东乡区2020年度基层党建工作总结》《东乡区2021年党建工作要点》；审议区委编办报送的《关于核定事业单位领导职数的请示》。

4月27日，一届区委第106次常委会会议召开。会议讨论市纪委关于陈文同志违纪案的处理意见。

4月30日，一届区委第107次常委会会议召开。会议传达学习《中共抚州市委组织部关于印发2起违反换届纪律典型案例的通知》；听取区委副书记李群彪，区委常委、常务副区长颜萍，区委常委、统战部部长吴忠鸿围绕学习典型案例警示教育材料汇编谈心得体会；学习《中国共产党统一战线工作条例》；审议区委办公室报送的中办回访调研整改工作有关文件；听取省纪委省监委纪检监察建议书整改工作有关文件的情况汇报；审议区委办公室报送的整治形式主义为基层减负有关文件及《东乡区2021年督查检查考核工作计划》；审议区委宣传部报送的《中共东乡区委宣传部2021年意识形态和宣传思想文化工作要点》；听取区委党史学习教育近期工作开展情况汇报；审议区人大常委会党组报送的《抚州市东乡区人民代表大会常务委员会2021年监督工作计划》；传达学习《中共江西省委关于全面提高全省党校（行政学院）办学水平的意见》，并审议《党校办学质量评估迎检工作实施方案》；审议区政府党组报送的《东乡区南北港、青田港河道疏浚工程项目移交协议书》《股东合作协议书》《关于入股安庆回音必制药股份有限公司事宜的情况汇报》《2021年度促进东乡经开区改革和创新发展工作要点》《东乡区人民政府关于促进建筑业转型升级高质量发展若干政策措施》《投资兴办东乡区城乡村三级物流网络体系建设和冷库项目合同书》《东乡区总部经济项目招商引资合作协议书》《关于东乡区灵活就业互联网数字产业园合作协议的补充协议》《抚州市东乡区计划生育协会改革方案》《江西台智电子科技有限公司企业征收补偿协议》《关于全面推进乡村振兴加快农业农村现代化的实施意见》。

5月11日，一届区委第108

次常委会会议召开。会议传达中央对省政协副主席肖毅涉嫌严重违纪违法进行纪律审查和监察调查的决定。

5月17日，一届区委第109次常委会会议召开。会议研究区纪委区监委报送的有关案件。

6月4日，一届区委第110次常委会会议召开。会议研究区纪委区监委报送的有关案件。

6月11日，一届区委第111次常委会（扩大）会议召开。会议学习省纪委机关、省委组织部、省监委转发的《关于朱英福案所涉4名领导干部跑官要官、买官卖官典型案例的通报》和机要密码相关文件精神；传达学习市委乡镇换届工作布置会精神；传达学习全省、全市庆祝中国共产党成立100周年安保工作动员部署视频会议精神，并研究贯彻落实意见。

6月18日，一届区委第112次常委会会议召开。会议研究区纪委区监委报送的有关案件；听取区委常委、宣传部部长李建平围绕学习典型案例警示教育材料汇编谈心得体会；传达学习全市党史学习教育座谈会精神并研究贯彻落实意见；审议区委宣传部报送的《东乡区庆祝中国共产党成立100周年活动总体方案》；听取东乡区庆祝中国共产党成立100周年网络安全保障工作情况汇报；学习《中共中央办公厅　国务院办公厅印发〈关于夯实筑牢农村基层党组织战斗堡垒防范和整治“村霸”问题的意见〉的通知》《中华人民共和国退役军人保障法》及违建别墅清查整治工作相关文件精神；传达学习全国乡村振兴系统建设和工作推进电视电话会议精神、全市巩固拓展脱贫攻坚成果有效衔接乡村振兴工作推进会议精神，并研究贯彻落实意见；传达学习全省、全市县乡两级人大换届选举工作会议精神；听取区人大常委会党组报送的《关于抚州市东乡区县乡两级人民代表大会代表名额分配的情况汇报》；审议区人大常委会党组报送的《关于做好全区县乡两级人民代表大会换届选举工作的实施意见》《关于设立东乡区选举委员会的决定》；听取一届区委第九轮、第十轮巡察整改落实及问题线索办理情况汇报，一届区委第十轮巡察及落实信访工作责任专项巡察情况汇报；学习习近平总书记关于安全生产重要论述；听取全区安全生产工作情况汇报及关于东乡区农村粪污综合治理一体化PPP项目投标联合体组建方案的情况汇报；审议区政府党组报送的《东乡区中心城区城中村改造工作方案》《关于东乡区废弃矿山生态修复治理工作有关事宜的请示》《江西培林实业发展有限公司东乡分公司等5宗闲置土地的处置方案》《投资兴办东方驿站甩挂物流园项目补充协议》《投资兴办年产1500万个零部件硅橡胶产品生产项目合同书》《投资兴办年产2000台纸浆自动化设备生产项目合同书》《投资兴办智能物联网总部经济项目合同书》《投资兴办年产400万台汽车涡轮增压器零部件生产制造项目合同书》《关于对江西施美药业股份有限公司主要股东在上市股份交易中所缴纳的税收给予奖励的合作协议书》《关于支持永久新能源电动车产业园二期项目建设的补充协议》《〈关于投资兴办国科健康生物医药科技产业园项目合同书〉及〈关于投资兴办国科健康生物医药科技产业园项目合同书的补充协议〉涉及调整变更事项协议书》《投资兴办年产11.2万吨锂电池材料及5万吨高端电解铜箔生产建设项目合同书》；听取区政府党组关于东乡经开区与江西省信用融资担保集团股份有限公司、江西省金控融资租赁股份有限公司开展合作的情况汇报及关于进一步推动抚州市东乡区工业与科技创新投资集团有限公司市场化转型的情况汇报；审议区政府党组报送的《抚州市东乡区工业与科技创新投资集团有限公司“三重一大”决策制度实施办法》《渊山岗工业园道路及管网提升工程PPP项目实施方案》。

7月2日，一届区委第113次常委会会议召开。会议学习习近平总书记在“七一勋章”颁授仪式和庆祝中国共产党成立100周年大会上的重要讲话精神；听取区委常委、政法委书记王繁凡，区委常委、纪委书记、监委主任郑军，区委常委、组织部部长周小剑围绕学习典型案例警示教育材料汇编谈心得体会；学习全省系统整治电信网络诈骗违法犯罪工作现场推进会、全省智能安防小区建设现场推进会和全市防范治理电信网络诈骗违法犯罪工作暨智能安防小区建设推进会会议精神，研究贯彻落实意见；审议区委组织部报送的《东乡区开展“党建引领、小区治理”行动工作方案》《东乡区“党建引领、小区治理”行动领导小组组成人员名单》《东乡区领导“党建引领、小区治理”行动联系点制度》《东乡区“党建引领、小区治理”行动联席会议制度》《东乡区区直机关（单位）“党建引领、小区治理”行动挂点包片试点小区制度》《东乡区“党建引领、小区治理”行动专班工作组组建方案》；审议区委统战部报送的《第五届“孝满东乡”评选活动实施方案》；审议区政府党组报送的《投资兴办年产80万套头戴式智能耳机OEM工厂项目合同书》《关于〈江西台德主体上市及打造台德总部经济基地协议书〉的补充协议》《投资兴办年产1000万套包装制品生产线项目合同书》《投资兴办年产100万件智慧充电产品项目合同书》《东乡区创建全省双拥模范城的实施意见》；听取区政府党组关于“东乡区畜禽粪污资源化利用整区推进项目”两个处理中心建设事项的情况汇报和东乡城投集团公开发行公司债券的情况汇报。

7月14日，一届区委第114次常委会会议召开。会议审议区委政法委报送的《东乡区关于中央第八督导组督导第一批政法队伍教育整顿反馈意见整改工作方案》《关于省驻点指导组对抚州市政法队伍教育整顿反馈意见的整改方案》《东乡区政法系统“重点岗位、关键环节”监督管理办法（试行）》，研究有关人事事宜。

7月21日，一届区委第115次常委会会议召开。会议研究有关人事事宜，审议区委组织部报送的《关于召开中国共产党东乡区第二次代表大会的建议》《关于中国共产党东乡区第二次代表大会代表选举工作的建议》《关于成立中国共产党东乡区第二次代表大会筹备工作领导小组及工作机构的建议》。

7月31日，一届区委第116次常委会会议召开。会议研究有关人事事宜。

8月10日，一届区委第117次常委会会议召开。会议研究有关人事事宜；学习习近平总书记近期重要讲话精神，部分机关、单位微信泄密案例的通报，关于违建别墅问题清查整治专项行动相关通报，市委关于意识形态领域有关情况的通报，影响高质量发展典型问题的有关通报，《省委书记刘奇在江西省庆祝中国共产党成立100周年大会上的讲话》，省委十四届十三次全体（扩大）会议精神和市委四届十一次全体（扩大）会议精神；审议区委办公室报送的《关于召开区委一届二十四次全体（扩大）会议的通知》《区委常委会工作报告》，听取区委办公室报送的《全区上级反馈各类问题整改工作进展情况汇报》；审议区发展改革委党组报送的《东乡区贯彻落实〈关于江西在新时代推动中部地区高质量发展中加快崛起的实施意见〉重点任务分工方案》；审议区政府党组报送的《抚州市东乡区2021年民生实事工程安排方案》《抚州市东乡区建筑业委托招商合作协议》《投资兴办年产10万台医用冰箱冰柜生产项目合同书》；听取区政府党组报送的《抚州市东乡区城市投资开发有限公司关于“中基智能产业园”项目向工商银行东乡支行申请2.5亿元项目贷款审核确认的情况汇报》《东乡经开区关于江西东泰陶瓷有限公司企业征收补偿协议的情况汇报》。

8月17日，一届区委第118次常委会会议召开。会议审议区委组织部报送的《东乡区出席抚州市第五次党代会代表候选人初步人选建议名单》。

8月17日，一届区委第119次常委会会议召开。会议审议区委办公室报送的《关于区委书记、副书记和常委分工的通知》。

8月18日，一届区委第120次常委会会议召开。会议审议区委组织部报送的《关于提交区委常委会研究的东乡区委委员、候补委员换届候选人预备人选以及东乡区纪委委员换届候选人预备人选的报告》《关于提名部分区级领导干部到各选举单位参加区第二次党代会代表选举的建议》，审议《区领导挂点乡镇（街道、场）预安排表》。

8月24日，一届区委第121次常委会会议召开。会议研究有关人事事宜，学习习近平总书记近期讲话精神，中国共产党成立100周年庆祝活动相关报告，知识产权强国建设相关文件精神，推动现代化职业教育高质量发展的相关文件精神，省政府副省长、市委书记张鸿星赴东乡调研挂点重大项目时提出的指示精神，纪委相关案件通报，《中共中央办公厅　国务院办公厅印发〈关于进一步减轻义务教育阶段学生作业负担和校外培训负担的意见〉的通知》《中共中央办公厅　国务院办公厅印发〈关于推动城乡建设绿色发展的意见〉的通知》《张鸿星同志在市委党建工作领导小组会暨党史学习教育领导小组会议上的讲话》《市纪委关于3起群众身边腐败和作风典型问题的通报》《市纪委关于4起损害营商环境典型问题的通报》，审议区委组织部报送的《中国共产党抚州市东乡区第二次代表大会代表预备人选建议名单》《中国共产党抚州市东乡区第二次代表大会会议日程》《中国共产党抚州市东乡区第二次代表大会选举办法（草案）》《关于调整相关单位党组设置的建议》，审议区委统战部报送的《关于设立民革、民建、民进、农工党抚州市委会东乡区支部的请示》，听取区委宣传部关于全区意识形态领域情况通报。

8月25日，一届区委第122次常委会会议召开。会议学习《江西省档案局转发〈国家档案局关于认真学习贯彻习近平总书记重要批示的通知〉的通知》；审议区委办公室报送的《中国共产党抚州市东乡区第一届委员会工作报告》；审议区纪委区监委报送的《中国共产党抚州市东乡区第一届纪律检查委员会向区第二次党员代表大会的工作报告》；学习省第十五次党代会代表推荐和抚州市第五次党代会代表选举工作会议精神；审议区委组织部报送的《关于中国共产党抚州市东乡区第一届委员会党费收缴、使用和管理情况的报告》《中国共产党抚州市东乡区第二次代表大会代表名单》《中国共产党抚州市东乡区第二次代表大会主席团，秘书长，代表资格审查委员会和代表团召集人及正、副团长建议名单》《中国共产党抚州市东乡区第二次代表大会代表团的划分办法》《关于确定中国共产党抚州市东乡区第二次代表大会列席人员的原则及人员名单》；审议区政协党组报送的《2021年度区政协协商工作计划》《东乡区政协常委会2021年工作要点》；审议区政府党组报送的《关于要求实施水库存量资产PPP（TOT）项目的请示》《投资兴办鼎冠胶黏新材料项目合同书》《投资兴办高端服装全产业链产业园项目合同书》《投资兴办智能显示屏生产项目合同书》；听取区政府党组报送的区工创投集团关于江西荣成机械制造有限公司延期归还1.98亿元激石产业发展引导私募基金的情况汇报。

9月2日，二届区委第1次常委会会议召开。会议研究有关人事事宜，审议区委组织部报送的《东乡区第二届人大代表候选人初步名单》《东乡区第二届人大常委会主任、副主任候选人预备人选建议名单》《东乡区人民政府区长、副区长候选人预备人选建议名单》《政协东乡区第二届委员会主席、副主席候选人预备人选建议名单》《东乡区人民法院院长、东乡区人民检察院检察长候选人预备人选建议名单》。

9月4日，二届区委第2次常委会会议召开。会议研究有关人事事宜。

9月22日，第二届区委第3次常委会会议召开。会议学习习近平总书记近期讲话精神，《刘奇、易炼红同志在县（市、区）委书记座谈会上的讲话》《刘奇、易炼红同志在全省扩大开放推动经济高质量跨越式发展工作大会上的讲话》《刘奇、易炼红同志在第二轮中央生态环境保护督察问题整改动员部署会上的讲话》《关于进一步深化违规吃喝专项治理严防吃喝送礼歪风变异回潮的通知》《关于3起违规设立和使用“小金库”典型问题的通报》《关于4起违规吃喝典型问题的通报》《关于4起违反中央八项规定精神典型问题的通报》，省纪委关于领导干部司机违纪违法问题相关通报，中央民族工作会议精神及《江西省宗教事务条例》；学习全省、全市宣传工作会议精神，并研究贯彻落实意见；审议区委统战部报送的《中共东乡区委组织部　中共东乡区委统战部关于政协东乡区第二届委员会换届工作的实施方案》；审议区政协党组报送的《关于政协抚州市东乡区第二届委员会第一次会议有关事项的请示》；审议区人大常委会党组报送的《关于召开抚州市东乡区第二届人民代表大会第一次会议有关事项的请示》；学习全省粮食购销领域腐败问题专项整治动员会精神，并研究贯彻落实意见；审议区纪委区监委报送的《关于开展政治谈话加强对“一把手”和领导班子监督的实施方案》《关于严格十项制度锻造过硬作风的通知》；审议区委组织部报送的《第五届市人大代表推荐人选》《第五届市政协委员推荐人选》。

9月26日，第二届区委第4次常委会会议召开。会议研究有关人事事宜和区纪委区监委报送的有关案件；审议区政府党组报送的《抚州市东乡区构建现代环境治理体系的实施意见》；听取区政府党组报送的抚州市东乡城投集团有限公司关于江西华城建设有限公司股权还原事宜的情况汇报、抚州市东乡城投集团有限公司关于收购国家一级建筑工程施工总承包企业的情况汇报、区工创投集团关于近期融资计划的情况汇报。

9月29日，第二届区委第5次常委会会议召开。会议研究有关人事事宜；审议区委组织部报送的《东乡区第二届人大常委会组成人员建议名单》《东乡区第二届人大常委会副主任差额人选及东乡区人民政府副区长差额人选建议名单》《政协东乡区第二届委员会委员及常委会组成人员建议名单》；传达学习中国共产党抚州市第五次代表大会和中共抚州市委五届一次全体会议精神、中国共产党抚州市第四届纪律检查委员会工作报告及中共抚州市委五届一次全体会议精神。

10月12日，第二届区委第6次常委会会议召开。会议学习习近平总书记近期重要讲话精神、省纪委关于不信组织信骗子典型案例相关通报和《刘奇同志在全省开发区主要负责同志座谈会上的讲话》《刘奇、易炼红同志在全省工业强省推进大会上的讲话》《关于6起党员干部、公职人员酒驾醉驾典型问题的通报》《关于6起党员干部、公职人员赌博典型问题的通报》；传达学习全省基层党建信息化建设现场推进会会议精神；审议区委组织部报送的《关于调整区领导联系服务专家人才安排的通知》《区二届人大专委会委员人选名单》；审议区政协党组报送的《关于成立政协抚州市东乡区第二届委员会第一次会议临时党组的请示》；学习全市落实涉稳问题分类归口处理机制视频推进会会议精神，研究贯彻落实意见；学习第五次全省防止返贫监测和帮扶工作视频调度会会议精神，研究贯彻落实意见；审议区政府党组报送的《政府工作报告》《关于加快我区蓝莓产业持续健康发展的实施方案》。

10月22日，第二届区委第7次常委会会议召开。会议学习省纪委关于领导干部违规使用公用经费相关典型问题通报和《关于进一步加强新形势下常委会自身建设的意见》《关于开展领导干部公用经费问题自查自纠的监督工作提示》。

11月1日，第二届区委第8次常委会会议召开。会议学习《中共中央组织部关于领导干部及时报告个人事项的通知》；传达学习全市“两会”精神和全省高质量发展综合绩效考核评价先进单位表彰暨“项目大会战”推进会会议精神；学习习近平总书记近期重要讲话精神和《易炼红同志在省委常委会（扩大）会议上的讲话》《中华人民共和国安全生产法》《江西省乡村振兴促进条例》；传达学习全省党史学习教育工作推进会精神，并研究贯彻落实意见；审议区委组织部报送的《第一届东乡区突出贡献人才拟入选人员名单》《关于进一步做好排查整顿农村发展党员违规违纪问题工作的实施方案》；审议区委信访局报送的《东乡区信访工作责任制实施细则》；听取区政府党组报送的抚州市东乡城投集团有限公司关于境外发行美元公司债券的情况汇报；审议区政府党组报送的《东乡区政府投资建设重点项目管理办法（试行）》《关于进一步完善全区招商引资工作机制的意见（试行）》；研究有关人事事宜。

11月15日，第二届区委常委会（扩大）会议召开。会议学习党的十九届六中全会和全省、全市领导干部会议精神。

11月26日，第二届区委第10次常委会会议召开。会议研究区纪委区监委报送的有关案件；学习习近平总书记近期重要讲话、关于粮食和物资储备工作的重要论述精神以及《易炼红、叶建春同志在文化强省建设推进大会上的讲话》《关于3起违反中央八项规定精神典型问题的通报》《关于4起群众身边腐败和作风典型问题的通报》《关于查处6起环境违法案件的情况通报》《粮食流通管理条例》等文件精神；听取区委巡察办报送的《一届区委第十二轮巡察综合情况报告》，审议《二届区委巡察工作规划》；审议区委组织部报送的《东乡区基层党建信息化建设实施方案》《东乡区职级公务员管理实施办法（试行）》《东乡区公务员职级晋升工作实施细则（试行）》；学习全市村集体经济发展工作推进会议精神，并研究贯彻落实意见；学习全市信访调解工作电视电话会议精神，研究贯彻落实意见；学习全市扫黑除恶专项斗争常态化推进电视电话会议精神，并研究贯彻落实意见；学习全市扫黑除恶专项斗争总结表彰大会会议精神，研究贯彻落实意见；审议区政府党组报送的《东乡区整治婚姻领域攀比浪费高额礼金等歪风陋习实施方案》《东乡区深化医药卫生体制改革2021年重点工作任务》《投资兴办全自动新能源汽车显示模组总成线项目合同书》《东乡区智能安防小区建设三年规划（2021—2023）》《东乡区2021年度智能安防小区建设应用的实施方案》《2020年度推进乡镇（街道、场）、区直和中央、省、市驻区单位绩效管理工作方案》；听取区工创投集团关于向江西省金控融资租赁股份有限公司申请融资租赁的情况汇报；听取抚州市东乡城投集团有限公司关于发行小微企业增信集合债的情况汇报和关于东乡城投集团近期拟融资的情况汇报。

11月29日，第二届区委常委会（扩大）会议召开。会议传达学习省第十五次党代会、全市领导干部会议精神。

12月10日，第二届区委第12次常委会会议召开。会议审议区委组织部报送的《关于设立中国共产党抚州市东乡区妇女联合会等党组的意见》；审议区委统战部报送的《关于设立东乡区社会主义学院的请示》；学习全国宗教工作会议精神；研究有关人事事宜。

12月28日，第二届区委第13次常委会会议召开。会议研究党管武装和国防动员相关工作；学习习近平总书记近期重要讲话精神，关于做好党的十九届六中全会精神学习工作相关文件精神，部分机关、单位工作人员泄密案件的通报；传达学习全省领导干部“学习贯彻党的十九届六中全会精神，提高政治判断力、政治领悟力、政治执行力”专题研讨班精神、省委经济工作会议精神；学习中共江西省委《关于印发〈中共江西省第十五届委员会常务委员会工作规则〉的通知》，审议《中共东乡区第二届委员会常务委员会工作规则》；审议区政府党组报送的《关于〈投资兴办劳斯克大健康食品生产建设项目合同书〉的补充协议（审议稿）》《增资扩建大健康食品生产建设项目合同书（审议稿）》《关于〈投资兴办全自动新能源汽车显示模组总成线项目合同书〉的补充协议（审议稿）》《关于〈投资兴办年产11.2万吨锂电池材料及5万吨高端电解铜箔生产建设项目合同书〉涉及调整变更事项协议书（审议稿）》《关于申请购买东乡区妇幼保健院医疗设备的请示》；学习抚州市推荐提名江西省出席党的二十大代表候选人工作部署会议精神，研究贯彻落实意见；审议区委组织部报送的《2020年度全区高质量发展综合绩效考评先进单位和先进个人建议名单》《东乡区村级集体经济发展奖惩办法（试行）》；审议区统计局报送的《2021年度东乡区高质量发展综合绩效考核评价工作方案》；学习中宣部拓展新时代文明实践中心建设工作电视电话会议精神，并研究贯彻落实意见；学习江西省文化强省建设会议精神，并研究贯彻落实意见；听取区委宣传部报送的东乡区2021年意识形态工作汇报、关于区工创投集团与江西省金控资本管理有限公司共同成立金光高科专项投资基金的情况汇报；审议区政府党组报送的《关于再生资源铜加工企业奖励扶持政策的请示》《关于实施水库水资源利用、绿色生态及水面经营权转让的请示》《关于城市智慧停车场提升管理及经营权转让项目的请示》《东乡区开展美丽乡镇建设五年行动方案》《东乡区建立城市体检评估机制推进城市高质量发展实施方案》；研究区纪委区监委报送的有关案件；研究有关人事事宜。

区委重要决策

【实施“党建+社会救助”试点工作】 区委办公室、区政府办公室于2月8日印发《东乡区“党建+社会救助”试点工作实施方案》。实施方案要求充分发挥基层党组织战斗堡垒和党员先锋模范作用，组织广大党员投身社会救助，引导社会力量、动员广大群众积极参与社会救助，不断增强基层党组织政治功能和组织力，推动基层党组织建设与社会救助工作相互促进、相得益彰，着力构建城乡统筹、资源融合、分类施策的综合救助体系，实现精准救助、高效救助、温暖救助、智慧救助。

【实施“党建引领、小区治理”行动】 区委办公室7月8日印发《东乡区开展“党建引领、小区治理”行动工作方案》。方案要求深化“不忘初心、牢记使命”主题教育成果、深入开展党史学习教育、“我为群众办实事”实践活动，全面落实基层党建“三化”建设提质增效，准确把握城市基层党建规律和社区治理特点，统筹整合党建资源、行政资源和社会资源，探索推进社区物业党建联建，着力构建基层党组织领导下的联动服务机制，夯实党在城市的执政基础、推进城市治理体系和治理能力现代化，不断增强居民群众的获得感、幸福感、安全感。

【实施国资国企改革创新三年行动】 区委办公室、区政府办公室于7月19日印发《东乡区国资国企改革创新三年行动实施方案（2020—2022年）》。方案提出到2022年，区属国有企业资产总额力争突破270亿元，营业收入力争5.4亿元，净利润总额力争5400万元，东乡区国有经济布局结构更加优化，国有企业的活力、创新力、贡献力稳步提升，构建布局更加合理、机制更加完善、监管更加高效、实力更加壮大、贡献更加明显的国资国企新格局。

【严格十项制度锻造过硬作风】 区委办公室、区政府办公室于9月24日印发《关于严格十项制度锻造过硬作风的通知》。通知要求切实解决干部作风存在的突出问题，查处一批典型案件，健全一批长效机制，使全区干部思想认识进一步提高、工作作风进一步好转、实干意识进一步加强、工作热情进一步激发，为奋力谱写全面建设社会主义现代化国家的东乡新篇章提供坚强的纪律和作风保障。

【建立健全东乡区重点人员信访调解十项工作机制】 区委办公室、区政府办公室于11月12日印发一则关于信访调解工作的通知。通知要求按照“属地管理、分级负责，谁主管、谁负责，依法、及时、就地解决问题与教育疏导相结合”的工作原则，贯彻落实“政治引领、法治保障、德治教化、自治强基、智治支撑”现代化治理理念，不断探索新时代信访工作新思路新举措，推动化解“骨头案”“钉子案”，全力维护社会大局和谐稳定。

【实施基层党建信息化建设】 区委办公室于11月26日印发《东乡区基层党建信息化建设实施方案》。方案要求按照“一张网络联整体”的总体要求，以提升基层党组织组织力为重点，以业务应用创新为动力，以数据整合业务共享为抓手，以完善网络建设和安全防护为依托，深入推进全区基层党建信息化平台建设，实现基层党组织“六好”目标，为推动基层党建全面进步全面过硬提供坚强的政治和组织保障。

【整治婚姻领域攀比浪费高额礼金等歪风陋习】 区委办公室、区政府办公室于11月26日印发《东乡区整治婚姻领域攀比浪费高额礼金等歪风陋习实施方案》。方案要求大力倡导中华民族传统美德，用一年半左右时间，推进婚姻领域移风易俗，使铺张浪费、奢侈攀比、高额彩礼、大操大办等不良婚俗风气得到有效遏制，婚事新办、简办得到广泛认可推广，优良民俗家风得到传承发扬，文明、节俭、和谐的新时代婚俗新风得到发扬。

【建立健全东乡区重点工程推进工作机制】 区委办公室、区政府办公室于12月8日印发《关于建立健全东乡区重点工程推进工作机制的意见（试行）》。意见要求进一步建立健全工作机制，切实提升重点工程项目确立、保障、管理、实施等全过程服务效率，确保重点工程建设加速推进，有效提升城市品位、展示发展形象、彰显民生福祉。

【实施全区科研研发投入三年行动】 区委办公室、区政府办公室于6月7日印发《东乡区加大全区科研研发投入三年攻坚行动实施方案》。方案提出到2021年，全区研发经费投入占国内生产总值比重达1.8%；到2022年，全区研发经费投入占国内生产总值比重达2%；到2023年，全区研发经费投入占国内生产总值比重达2.3%。

【建立四套班子领导“党建引领、小区治理”行动联系点制度】 区委办公室于7月8日印发《东乡区四套班子领导“党建引领、小区治理”行动联系点制度》。制度要求各社区要厘清工作思路，明确发展规划，创新工作方式，督促各小区落实各项重点工作，帮助解决“党建引领、小区治理”行动中存在的突出问题，扎实有效地推进基层党建工作。

【加快蓝莓产业持续健康发展】 区委办公室、区政府办公室于10月14日印发《关于加快我区蓝莓产业持续健康发展的实施方案（暂行）》。方案要求按照“风险共担、利益共享”原则，村办公司蓝莓产业盈利后，实际经营的盈利村办公司留存利润总额的80%作为村集体收入，利润总额的20%由区蓝莓产业发展领导小组统筹分配；如果村办公司蓝莓产业出现亏损，由实际经营的亏损村办公司和属地乡镇（场）政府负担亏损总额的90%，亏损总额的10%由区蓝莓产业发展领导小组统筹解决。

【实施工业三年倍增行动】 区委、区政府于4月7日印发《东乡区工业三年倍增行动实施方案》。方案提出到2023年，全区规模以上工业营业收入、工业税收、规模以上工业企业数量较2020年实现倍增，分别突破500亿元、实现20亿元以上、达到200家以上。成功培育20家左右优强企业，其中，企业营业收入突破100亿元以上的1家、50亿元以上的3家。新材料新能源、电子信息、生物医药三大主导产业营业收入分别突破200亿元、150亿元和50亿元。

【实施开放型经济工作】 为全力推动全区开放型经济工作提质增效开好局、起好步，实现东乡区工业三年倍增行动目标奠定坚实基础，区委、区政府于2021年4月7日印发《2021年东乡区开放型经济工作实施意见》。意见提出：一是引进内资，新引进投资5000万元以上项目54个，完成实际进资60亿元，其中，亿元以上项目36个，5亿～10亿元项目6个，10亿～20亿元项目6个，20亿元以上项目4个（其中1个“20”单体项目，3个或3个以上总投资20亿元的同一产业链组合项目）；二是利用外资，实际利用境外资金5000万美元（其中现汇率达到15%以上），新设立及变更外资项目不少于4家；三是外贸出口，完成外贸出口20亿元人民币（其中生产企业出口总额达到50%以上），新引进或新培育年出口500万美元以上的生产企业2家，1000万美元以上的生产企业3家，实现外贸出口质量进一步提升。

【推进乡村振兴工作】 区委、区政府于4月30日印发《关于全面推进乡村振兴加快农业农村现代化的实施意见》。意见要求准确把握新发展阶段“三农”工作新形势、新内涵、新任务，以全面推进乡村振兴为抓手，以“全市带头作示范、全省奋力勇争先”为目标，以创建全国现代农业产业园、国家级水产健康养殖示范县（区）、城乡交通运输一体化示范县和畜禽粪污资源化利用和秸秆综合利用样板县为抓手，举全区之力推动农业农村优先发展。

【推进创建全国文明城市工作】 区委、区政府于9月25日印发《东乡区创建全国文明城市工作方案》。方案提出按照“一年打基础、两年上台阶、三年出形象”的要求，不断提升全区公共文明指数，力争下一轮创建全国文明城市首创首成，把东乡区建设成为城市功能完善、社会管理高效、生态环境良好、人民安居乐业的现代化城市，为实现东乡高质量跨越式发展营造良好的社会环境。

组织工作

【概况】 2021年，东乡区有党员18281名，其中农民党员8169名。党（工）委35个（城市街道社区党委13个、乡镇党委12个、国有企业党委5个、非公党委2个、事业单位党委2个、机关党委1个）。党总支29个（乡镇场总支1个、事业单位总支10个、机关总支12个、社区总支4个、国有企业总支1个、社会组织总支1个）。党支部531个（乡镇场所辖支部166个、事业单位支部149个、机关支部118个、国企所辖支部42个、非公所辖支部43个、社会组织支部13个）。

【干部教育培训】 东乡区委组织部瞄准干部培训需求，制定《东乡区2021年度干部教育培训工作实施方案》等，形成“周末课堂”常态培训＋“主体班次”强化培训＋“素质提升”高端培训的“三位一体”干部教育培训格局。全年通过独立或联合办班等形式，举办培训班19期，轮训干部3500余人次。探索校地合作办学工作经验，全年组织举办两期党政正职能力提升班，培训800余人次。同时，积极搭建一线培养锻炼平台，分批选派年轻干部到急难险重任务一线锤炼过硬本领，选派24名年轻干部在疫情防控一线接受考验。

【领导班子建设】 围绕服务全区工作大局，突出政治标准，树立重实干、重实绩的用人导向，着力锻造一支忠诚干净担当的高素质专业化干部队伍。2021年，区委调整5批次干部，其中提拔114人、进一步使用67人、交流79人。认真落实《2019—2023年抚州市党政领导班子建设实施办法》，大力优化年龄结构，改善知识、专业结构，完善干部队伍来源、经历结构，增强选配的针对性、科学性，全年提拔35岁以下优秀年轻干部64人，占提拔总数的56.1%；全日制本科以上学历55人，占提拔总数的50.1%。2021年，提拔女干部25名；推荐1名党外干部提任副县级、提拔4名正科级党外干部（其中提拔1名党外干部担任政府工作部门正职）、交流使用2名党外干部。

【乡镇领导班子换届】 按照“五好”的换届要求，围绕换届工作需要和乡镇领导班子建设实际，立足全区盘活干部资源，对照换届有关要求，统筹量化结构性干部配备指标，统筹使用空缺职级职数，采取重点岗位人选摸底、组建专班集中调研、“两轮”推荐、多方听取意见等“四管齐下”的方式，反复比选、统筹谋划换届人事安排“总盘子”，选出好干部、配出好班子，选派16名区直机关干部到农村基层一线培养锻炼。乡镇领导班子换届后，新一届乡镇领导班子成员平均年龄35.9岁，35岁以下79人，占比52.2%；第一学历为大学及以上的有90人，占比60%；配备35岁以下的乡（镇）党政正职10名，占比41.6%；第一学历为大学及以上乡镇党政正职共有12名，占比50%。选拔28名优秀

“五方面人员”进入乡镇领导班子，不断激励基层干部担当作为。

【人才工作】 东乡区人才工作获得全市各县（区）、市委人才工作领导小组成员单位以及驻外招才引智工作站人才工作量化考评县（区）组第2。2021年，柔性引进国务院政府特殊津贴专家傅万四等8个高端人才团队，引进国家级及博士人才12人，培养省级人才3名，推荐拟落地项目8家，培育入选省“双千计划”1人，永冠科技入选省瞪羚企业。设立全市首个国家级“海智计划”工作基地，组建高层次人才产业园，建成中科（东乡）智汇工场，国家农机装备创新中心江西研发基地、增材制造换热器技术研究中心等创新创业平台，对接中科院专家人才近20名。新增市级以上创新平台11家，建成高素质人才（团队）孵化基地，成功孵化喜马拉雅3D打印等7家高科技企业，设立首家驻深圳招才引智工作站，成立高层次人才联谊会。共组织实施国家省市级科技项目80余项，获得省级9项、市级项目26项，专利授权量947件。成立东乡区委人才发展服务中心，设立人才服务“一站通办”专窗，组建“四大专员”队伍，集中开展人才认定和人才政策兑现工作。举办东乡区首届突出贡献人才评选活动和工业创新发展表彰大会，评选突出贡献人才22名，发放奖金180万元，获批国家“专新特精”“小巨人”企业1家，打造企业家“心港湾”恳谈厅、政企“畅谈早茶会”。

【基层干部队伍建设】 以村（社区）“两委”换届选举为契机，选优配强村干部队伍。换届后村书记平均年龄46.8岁，比换届前下降3.2岁；大专以上文化程度85人，比换届前多19人；村书记致富能手87人，比换届前多50人。落实每个村（社区）“两委”班子中至少1名35岁以下且具有大专以上文化程度的成员和村民委员会中至少有1名女性成员的要求，实现“两升一降”，书记、主任“一肩挑”及相关的人员结构比例要求目标。写好换届选举“后半篇”文章，加强干部队伍学习教育。先后举办三期村、社区“两委”全体干部集中教育培训班，围绕基层党组织建设、乡村振兴、发展村集体经济、党风廉政建设等内容进行专题授课，提升综合素质和履职能力，700余人参训。组织村（社区）党组织书记前往浙江现场观摩学习先进经验，进一步帮助新一届村（社区）党组织书记明确基本职责任务，增强党务工作和组织群众、动员群众、服务群众能力，壮大村集体经济能力，提高村（社区）党组织书记治理能力和水平。

【老干部政治思想建设】 扎实开展离退休干部“示范党支部”创建活动，着力落实在职党建联络员制度，全区老干部党支部建设实现向适应新时代要求转变，区教育局、农业农村局、东乡一中等3个老干部党支部被评为全省首批离退休干部“示范党支部”。老干部服务中心举办庆祝中国共产党成立100周年“永远跟党走”有奖征文活动、“浓浓农商情　孝满中秋”党建共联活动、“九九重阳　久久康乐”主题联谊会，在活动队成立新时代文明实践小组35个，开展文明实践活动近百场；老年大学，春季开设专业17个、教学班30个，秋季开设专业20个、教学班35个，全年招收学员2020人次，举办党史学习教育系列讲座、庆祝中国共产党成立100周年表彰大会暨文艺会演。

【激发老干部发光发热】 围绕“党旗在基层一线高高飘扬——庆祝中国共产党成立100周年”主题，聚焦党中央的关注点、回应东乡高质量发展的关切点、契合老干部的兴奋点，精心设计“我为群众办实事”平台，在“银耀赣鄱”志愿服务品牌建设中打响东乡名片。依托区老干部宣讲团和区关工委“五老”报告团，开展主旋律宣讲126场，线上线下受众8869人次。区老年大学走出校门开展慰问义演活动11次。在“党建引领小区治理”行动中，本着“组织搭台，老干部捧场”的理念，3名老干部担任支部书记、34名担任支委，老干部占比较高，还有众多老干部志愿者参与其中。

（徐　璐　王　倩　梁思成　徐　伟）

编制管理

【概况】 区委编办持续健全完善党政机构职能体系，深化事业单位改革，着力推进重点领域体制机制创新，不断提升机构编制资源配置，努力为推动高质量跨越式发展提供体制机制和机构编制保障。

【深化事业单位改革】 区委按照江西省委、抚州市委统一部署，持续深化事业单位改革，印发《东乡区深化事业单位改革试点实施方案》，聚焦人才支撑、加强意识形态建设和大数据应用等关键要素，提升东乡抓党建、引人才、统数据、稳金融、保安全、创特色的全方位能力，为东乡发展健体赋能。按照“政事分开、事企分开、管办分离”的原则，对全区156个事业单位进行系统性、整体性重构，明确全区除功能区管理机构、学校医院及自然资源所、敬老院外，设置事业单位80个，其中，正科级13个、副科级26个、科级及以下41个。改革后，区级机构减少76个，精简比例48.72%。科级机构精简29个，精简比例42.65%；股级机构精简47个，精简比例为53.41%。重新核定涉改事业单位领导职数72名，与改革前相比减少领导职数53名（其中，正科级职数减少13名、副科级职数减少40名）。

【盘活机构编制资源】 盘活编制资源，重点改善民生。区委着力加强重点工作，为区疾控中心增加事业编制20个；为优化教育资源，市委编办《关于重新核定东乡区中小学教职工编制的通知》核增东乡中小学专项事业编制166个，对全区中小学教职工编制进行动态调整，进一步优化城乡中小学教师资源配置。通过大力清理规模过小、功能萎缩的22家事业单位，撤销4家作为事业单位设立的议事协调机构的办事机构，做到空编收回。涉改事业单位改革前核定事业编制1715个，改革后核定事业编制1458个（不含69个超编控制数），收回事业编制257个。

【优化配置机构编制】 调整优化机构设置。为加强党对“三农”工作的集中统一领导，区委对区扶贫工作机构进行调整设置，为合理配置教育资源、优化办学条件，成立区第六中学（城北学校）和区第七中学（城南学校）。规范内设机构管理，对区财政局、区农业农村局、区行政审批局等单位未按规定设置的内设机构进行调整。

【强化机构编制刚性约束】 深入贯彻落实《中国共产党机构编制工作条例》有关精神，切实加强《“三定”规定制定和实施办法》《机构编制监督检查工作办法》《机构编制报告制度实施办法（试行）》《机构编制管理评估办法（试行）》等文件的执行，通过严格规范行政编制的使用范围、严格规范领导职数设置、调整规范内设机构设置等手段严格规范机构编制管理，落实机构编制工作规章制度，不断做好新形势下机构编制违纪违规预防工作。

【第二次全区机构编制核查】 成立以区委组织部、区委编办、区人社局、区财政局为成员的联合核查工作小组，根据《第二次全区机构编制核查实施方案》文件要求，核查工作小组对全区机构编制、社保缴纳、财政预算数据进行全面核查。通过对比2014年核查结果及2018年机构改革以来统筹使用各类编制资源、跨部门统筹调配编制资源、党政机构和事业单位限额执行等情况进行综合分析，形成第二次全区机构编制核查报告。

（胡　云）

宣传工作

【概况】 2021年，东乡区委宣传工作围绕举旗帜、聚民心、育新人、兴文化、展形象的使命任务，着力壮大主流思想舆论，着力培育和弘扬社会主义核心价值观。2021年，事业单位机构改革，保留区新时代文明实践志愿服务中心，为区委宣传部所属的副科级全额拨款公益一类事业单位，编制数由原来的5个扩充到7个，领导职数设主任1名（副科级）、副主任2名（股级）。

【思想旗帜鲜明高扬】 区委以学习贯彻习近平新时代中国特色社会主义思想为首要政治任务，把学习贯彻习近平总书记视察江西重要讲话精神作为重中之重，进一步推动理论武装向纵深发展。通过印发《2021年全区党委（党组）理论学习中心组专题学习重点内容安排》，进一步提升各级中心组学习质量和水平。开展14次区委理论学习中心组学习，安排区委理论学习中心组成员围绕相关学习内容结合工作实际发言97人次。

【意识形态工作】 落实意识形态领域风险防控机制，领导小组成员单位定期通过全区防范化解意识形态领域重大风险联席会，及时研判全区意识形态领域有关情况，保证全区意识形态健康向上、思想舆论环境平稳良好的总体态势。区委坚持做到“五纳入”，把意识形态工作纳入党建工作责任制，纳入16个乡镇（街道、场）、区直单位目标管理考评体系和领导班子、领导干部年度考核，纳入执行党的宣传纪律和区委巡察的重要内容，与经济社会发展各项工作同部署、同检查、同推进。2021年，针对区委拟提拔或进一步使用考察人选、任职试用期满同志，组织部门拟推荐的全市、全区“两优一先”人选名单、2021年度“新时代赣鄱先锋”、2021年度“七一勋章”提名人选等干部的推荐、提拔或进一步使用，宣传部门均就意识形态工作落实情况作出结论性评价。认真抓好意识形态工作责任制年度考核、约谈等工作，多措并举压实压紧各级责任。

【文化建设提速增效】 坚持基本公共文化服务标准化、均等化，推动文化惠民项目与群众文化需求有效对接，提升公共文化服务水平。全年完成送戏下乡160场，农村电影放映2348场，购买文化设备30余套，开展自办文体活动92场，覆盖东乡区所有乡镇、村、社区。东乡大剧院上演剧目12场次，观演群众8000人次。区文化企业规模不断扩大，江西台德智慧科技有限公司2021年营业收入11.3亿元，获评2021年度江西省重点文化企业20强。新增江西东晟原绿家居建材有限公司、江西华美轩木业有限公司、江西花果山玫瑰特色小镇农业开发有限公司、抚州市东乡区荣顺贸易有限公司、江西美尔丝瓜络有限公司5家规模以上文化企业。东乡区规模以上文化企业18家，营业收入22.16亿元，同比增长51.6%，占全市规模以上文化企业营收22.41%，位列全市第1。区文化馆被评为“全国一级馆”，小戏《知恩图报》获“首届江西现代地方小戏大赛”暨“第三届华东六省一市现代地方小戏大赛”三等奖。

【入选全国第二批新时代文明实践中心建设试点县】 东乡区入选全国第二批新时代文明实践中心建设试点县、全省首批19个试点县之一。探索建立“12345”组织框架和工作体系，即“一把手”是第一责任人，城乡两个区域文明实践同频共振，区、乡、村三级宣传网络全覆盖，围绕大众平台、坚强阵地、精神家园、广阔舞台“四个定位”，推动科学理论、党的政策、主流价值、文化生活、移风易俗等“五项工作”落地见效。强化阵地整合，统筹整合各部门阵地资源，做到群众在哪里，文明实践就延伸到哪里。东乡区志愿服务队564支，注册志愿者6.8万余人，服务时长158万小时，各项指标均居全省前列。强化项目培育，深入推进志愿服务精准化、常态化、便利化、品牌化，开展文明实践活动8000余场，惠及群众50余万人次。承办全省、全市大型新时代文明实践活动6场。塑造十大示范标杆品牌，6个获评江西省示范性重点志愿服务扶持项目。强化供需对接，率全省之先建成新时代文明实践指挥调度中心，实现“两中心一平台”有效融合，建立起点单、派单、接单、评单双向工作流程，闭环点单数突破6.9万次。

【“身边好人”选树培育】 身边好人先进事迹在《江西日报》、江西文明网、《抚州日报》抚州头条、东乡发布等媒体报道。东乡区在江西好人网上发布好人次数44669次，上榜人数48057人。着力推动东乡区好人文化建设，积极开展道德模范和“中国好人”“江西好人”等推荐评议活动，引导全区市民争当好人、学习好人，2021年圩上桥镇村民李建东获评“中国好人”。

【文明单位创建】 开展第七届江西省文明城市、文明村镇、第十六届江西省文明单位、第二届江西省文明校园评选、复查、推荐工作。2021年评选出国家级文明单位1个、省级文明单位9个、市级文明单位58个、区级文明单位111个，评选出国家级文明村镇4个、省级文明村镇7个、市级文明村镇18个、区级文明村镇65个，评选出国家级文明校园1所、省级文明校园3所、市级文明校园4所、区级文明校园25所。

【文明城市创建】 印发《东乡区创建全国文明城市工作方案》，成立东乡区创建全国文明城市指挥部办公室，下设创建办。区创建办成立综合协调组、宣传报道组、督导检查组、资料申报组、问卷调查组、项目建管组6个日常工作小组。将城区划分为17个片区，由四套班子领导担任片区正副指挥长，实行网格化管理，相关职能部门、责任单位、社区联合开展共建活动。邀请第三方机构开展模拟测评，印发258份整改通知单，督促各相关部门限期整改，对创建办工作人员进行业务培训，提升抓创建工作水平，对创文资料进行审核收集共10期。

【环境卫生整治】 对城区道路进行改造，主次干道、支路街巷重要节点架空线路、杆线、网线等进行整治，修复人行道路、公园广场等路面破损和路灯损坏，不断扩大城区绿化范围和河道安全护栏管控范围，加强对城区内下水管道进行维护升级，对生活垃圾实行密闭收运管理，做好杀菌消毒工作。

开展市场经营秩序整治。严格实行“门前三包”制度，对影响市容市貌的户外广告和店牌店招设置进行全面整治。加大对城区内无证经营的“六小”行业整治力度，规范和完善经营店铺“两证”及制度上墙、消毒间或消毒设备配备的管理。开展城区交通秩序整治。对城区内车辆乱停乱放、违章停车、违章占道等交通乱象进行专项整治。对城区体育馆、街心花园、龙山宾馆等标志标线进行渠化，全面提高路面通行率。

（王　平　王晴艳）

统战工作

【概况】 2021年，东乡区委统战部先后迎接中央统战部、江西省委统战部调研考察宗教、民族工作，承办抚州市统战工作实践创新和宣传信息工作现场推进会，被评为2021年度全市统战工作高质量发展绩效考核先进单位。在省级媒体宣传信息上稿40余篇，1篇文章荣获抚州市统战理论政策研究创新成果奖、1项工作荣获抚州市统战工作实践创新成果奖。

【加强思想引导】 成功举办统战系统庆祝中国共产党成立100周年文艺会演、非公有制经济人士“走进圣地　践行复兴”井冈山理想信念教育培训班、宗教界人士党史学习教育宣讲报告会，组织区新联会会员企业举办演讲比赛等活动，教育引导统一战线成员听党话、感党恩、跟党走，不断增进与党同心同行、同心同德的思想自觉、政治自觉、行动自觉。在东乡全区上下采取多种形式深入学习宣传贯彻《中国共产党统一战线条例》（以下简称《条例》），推动《条例》精神落实落细。区委率先垂范，将《条例》精神纳入区委常委会和区委理论学习中心组专题学习内容和党校主体班教学内容，区委书记“学条例谈统战”体会文章还在《抚州日报》专栏刊登，邀请抚州市委统战部领导为全区统战系统作专题辅导报告，发放《条例》1000余册，各乡镇（街道、场）认真学习《条例》精神，实现区、乡、村三级干部和区统战成员学习《条例》精神全覆盖。

【党外人士队伍】 严格遵照有关换届文件精神及规定，严把比例关，严把人选关，做好人大、政协换届中党外人士的政治安排工作，党外人大代表76名，占比34.4%；党外人大常委会委员6名，占比35.3%；党外政协委员114名，占比60.6%；党外政协常委19名，占比65.5%，达到政治安排的比例要求。党外干部使用力度空前，有9名优秀党外干部得到提拔重用，特别是换届以来，有3名优秀党外干部提任正科实职，其中一名提任政府组成部门正科实职，取得历史性突破。为着眼下次换届储备党外后备干部，进一步摸清党外干部特别是后备干部的基数，11月，联合组织部对全区党外干部进行一次摸底调查，统计科级以上干部53名，优秀党外一般干部77名。

【民营经济统战】 大力推动构建亲清政商关系，谋划设立企业家“心港湾”恳谈厅、政企“畅谈早茶会”等政企沟通新平台，先后组织恳谈会7期，邀请企业家代表32名，收集问题诉求27条，现场回复4条，转办落实23条。做好非公企业维权服务工作，全年共受理企业诉求11件，办结率和满意率均达100%。持续优化营商环境，取得全省营商环境县级层面综合排名第17、全市营商环境第三方测评第1的好成绩。积极配合区委、区政府开展“三请三回”活动，全年参与举办“三请三回”座谈会2次，在外人才代表和在外优秀企业家130名参加座谈，为东乡区招商引资、招才引智起到牵线搭桥的作用；启动“万企兴万村”行动，落实13家民营企业与13个重点单位签订结对帮扶协议，指导深圳市东乡商会设立东乡农副产品展厅，助力东乡区乡村振兴。

【民族工作】 组织统战成员学习中央民族工作会议精神的信息被《江西新闻联播》采用。积极争取对口支援单位的资金、项目等方面扶持，助推民族村组振兴发展。组织医疗专家志愿服务队深入小璜畲族村，为少数民族群众送去“家门口的医疗服务”。在区内各学校举办以“铸牢中华民族共同体意识，深化民族团结进步教育”为主题的民族团结创建活动，参加抚州市庆祝中国共产党成立100周年“共唱赞歌、共献赞礼”征文比赛活动，其中获二等奖1人、三等奖2人。协调指导基层社区和有关部门，共同做好城市少数民族流动人口服务管理工作。

【宗教工作】 引导民族宗教界人士参与抗疫，对宗教团体、宗教场所实施“双暂停”措施，推进宗教场所赋码工作，完成

27处宗教场所统一信用代码赋码，完成率100%；组织参加全市宗教界人士庆祝中国共产党成立100周年书画作品评选活动，区委统战部获市宗教界“爱党爱国爱社会主义”庆祝中国共产党成立100周年书画作品展优秀组织奖。举办从事宗教工作人员培训班，进一步提升宗教政策法规的知晓率。

【侨务工作】 按照省委、市委统战部部署，妥善开展涉港专项与“侨资企业服务年”活动，摸排侨资企业9家。其中，正常运行3家，停止运转4家，资本变更为内资2家。参加第二十一届世界华人学生征文大赛，获奖15篇，获奖数量和质量在抚州市名列第1。

（乐俊驰）

区委办公室工作

【概况】 按照党办工作“五个坚持”的要求，立足中国共产党百年华诞的重大时刻和“两个100年”历史交汇的关键节点，在换届之年展现扎实肯干的工作作风、体现服务大局的责任担当、彰显加压奋进的干劲斗志，有力推动东乡区经济社会高质量发展。建成并获评国家节约型机关。

【加强文稿服务】 坚持以文辅政，充分发挥参谋助手作用，紧密围绕区委工作部署，不断解放思想、创新理念，为区委提供高质量文稿服务，努力做到参之有道，谋之有方，言之及时。全年起草各类讲话稿、汇报材料及文件200余篇。紧紧围绕区委、区政府中心工作，充分发挥信息主渠道作用，常态化做好党委信息报送工作，更好地为领导掌握情况、科学决策和指导工作提供信息服务，有效达成“第一手情况”“第一道研判”“第一时间报送”工作目标，全年省、市分别上稿18条、30条。

【强力执行决策】 坚持“身在兵位、胸为帅谋”，在推动区委各项中心工作中充分发挥牵头抓总作用。推动落实区委主要领导指示批示精神300余件次，规范高效承办各类会议活动225次。严格把关发文程序，不断提升发文质量，继续落实整治形式主义为基层减负“只减不增”的工作要求，对于一些可发可不发的文件一律不发，有效减少全年发文。当年，全区发文同比减少21.99%，其中重点精简类文件同比减少29.70%。规范文件办理流程，全年对各级来文特别是密级文件，实行专人负责，严格落实登记、办理、传阅、回收、归档等各项工作制度，实现安全高效的预期目标。全年共办理各级来文来电1751件，无一遗失、押误和失泄密事件发生。切实履行全区保密工作主体责任，不断推动党政领导干部保密工作责任制层层落实。全力保障机要密码通信，做好东乡区庆祝中国共产党成立100周年期间的密码通信服务保障工作。全年共传输办理明密电报2631件，保障涉密视频会议35次，实现“无事故、无差错、无错情”的工作目标。

【深化改革创新】 把全面深化改革工作作为激活经济社会高质量发展内生动力的重要手段，在全省率先开展“十大改革”典型案例评选活动，组织表彰全区2016—2021年度十大改革典型案例。《“党建+社会救助”提升了社会救助温度》等10余篇改革信息被央媒采用。新时代文明实践工作、党史学习教育创新做法受到省委领导肯定批示。2021年，全面深化改革工作综合考评排名江西省第14位，抚州市第1位，获评全省、全市改革工作先进单位。

【精准督查检查】 紧紧围绕习近平总书记视察江西重要讲话精神贯彻落实情况以及疫情防控工作、南门片区棚改、重点工程项目“百日攻坚”“百日提速”等区委中心工作、重大工作开展督查，严格落实区委各项决策部署，有效保障各项政策的落地生根。2021年梳理出区委常委会131个议定督查事项，呈报区委常委会落实情况专报10期。狠抓会风会纪不动摇，切实加强作风建设。对无故迟到、早退、安排他人替会、接听电话、摆弄手机、交头接耳、打瞌睡等会风会纪问题开展专项督查30余次，面向全区下发通报4期，点名通报38人次。

【坚持为民解忧】 坚持把解决信访案件作为信访调解工作的“民心工程”，主动回应群众所急、所需、所盼。2021年共受理三大平台反映件345件，其中，问政抚州220件、省委民声通道90件、人民网地方领导留言板35件，做到件件有回音、件件有着落，有效提升群众的获得感、幸福感、安全感。将疫情防控作为头等大事来抓，全力配合市、区疫情防控工作领导小组办公室做好疫情防控宣传及数据摸排、处理等工作，通过“两微一端”等渠道，大力宣传中央、省、市防控疫情的政策措施，加强正面引导，营造凝心聚力抗疫的良好氛围。始终保持攻坚克难的斗志和为民服务的意识，突出党建引领作用，把基层党组织建设作为推动乡村振兴的重要抓手，着力提升挂点村支部凝聚力、战斗力。积极争取上级资金50万元用于挂点帮扶村新农村建设，有效改善瑶上村人居环境。大力扶持村集体发展蓝莓种植、黄牛养殖等农业产业，蓝莓种植140亩，黄牛养殖集体收入每年5万元。

【全力服务企业】 紧扣工业创新发展三年倍增行动，坚持把招大引强作为推动产业转型升级的重要抓手，紧扣新能源新材料首位产业和生物医药主导产业，严格按照《东乡区工业三年倍增行动实施方案》要求，组织发动人人参与招商，积极发挥各自优势，充分利用领导、同事、朋友等一切招商资源获取项目信息，在全办上下形成人人招商、全面招商的浓厚气氛。当年，引进江西华琪科技有限公司投资兴建的饲料添加剂、医药中间体及液晶材料生产项目和江西蜂鸟供应链管理有限公司投资的“饿了么”灵活用工服务平台项目；引进的江西芯达新能源有限公司已建成投产。同时，深入企业进行“点穴式”服务，对挂点企业开展全天候、全过程的“店小二”和“保姆式”服务，了解企业经营状况，宣传惠企政策，制定服务清单，一项一项帮助企业解难题、找出路，得到客商的一致好评。

（郗丽娟　涂坚强　邱　红　张建琪　李子璐）

政策研究

【概况】 2021年，区委政研室从推动东乡高质量跨越式发展和改善民生出发，围绕产业转型升级、城乡融合发展、改革创新、乡村振兴、经济发展等重点课题开展调研，并促进调研成果转化运用。全年开展调研15次，牵头起草各类文稿材料180多篇70万字，其中2篇调研报告获得区委主要领导批示。

【调查研究】 紧扣“十四五”规划开局和区委、区政府中心工作开展，着重对东乡区经济社会发展中的热点、难点问题，领导批示交办的课题以及乡村振兴面临的各种问题进行调研、总结和提炼，不断提高决策建议的针对性和实效性，高质量完成一批调研课题，形成一批具有较大影响力的调研成果，其中《关于东乡区推进“腾笼换鸟”工作的实践与探索》《关于东乡巩固拓展脱贫攻坚成果同乡村振兴有效衔接的调研与思考》被《现代抚州》刊用。

【以文辅政】 区委政研室将文稿起草与调查研究紧密结合，及时把调研成果融入文稿起草中，把文稿起草作为“写事”“谋事”的过程，既突出思想性、原则性，又坚持针对性、可操作性，使起草的文稿更加实事求是、更能指导实践，严格控制文稿篇幅，注重文稿质量，确保务实管用。区委政研室先后参与区第四次党代会、区委务虚会等重大会议材料和《中共抚州市东乡区委关于“十四五”规划及二〇三五年远景目标的建议》等重大文件的撰写修改，单独或牵头起草各类文稿材料180多篇70余万字，所起草的材料文风朴实、格式规范、语言精练、表意准确，得到广泛认可。每次区委召开重大会议，区委政研室都会及时梳理参会代表的意见建议，形成简报印发给区四套班子领导，让会议讨论成果及时得到体现，转化为推动工作的强大动力。2021年区委政研室先后编发区委全会的意见建议简报3期，区第二次党代会的意见建议简报1期，与区委督察室协商，以文件的形式抓好各类意见建议的落实。

【刊物编辑】 因机关事业单位机构改革，区委政研室下属事业单位《品质东乡》编辑部于4月被撤销，相关职能转至区融媒体中心，2021年仅出版《品质东乡》刊物1期。

【坚持常态化学习制度】 实施区委办、区委政研室“育英工程”，年初制定《区委办、区委政研室2021年度学习计划》，坚持每月参加区委办、区委政研室联合党支部主题党日学习，每半月组织集体学习1次，持续开展专题党课、党员讲坛、“周末课堂”等，充分利用“学习强国”App、江西网络干部学院等线上学习平台和各类学习刊物等广泛开展自学，推动全室党员干部不断用党的最新理论武装头脑、指导实践、推动工作。据统计，全年举办政研室例会学习23次，参加主题党日11次，开展领导班子成员讲党课6次，撰写各类学习心得体会12篇。

（陈长才）

网络安全和信息化工作

【概况】 2021年，区委深化事业单位改革，将原区互联网信息办公室由区委宣传部所属副科级公益一类事业单位升格为区委宣传部所属正科级公益一类事业单位，设立区委网络安全和信息化中心，编制数由5个增加至12个，核定领导职数主任1名（正科级）、副主任2名（副科级），配备专门办公场所及设备。

【依法管网治网】 深入推进严厉打击境内外网上非法宗教活动专项行动。重点打击利用网络直播、网络视频、网络音频、公众账号、社区问答、论坛贴吧等网络平台实施非法宗教活动等违法违规行为。对属地网站进行巡查，共梳理5家问题网站，将违法违规线索移交区公安局，对3家网站作出警告处罚。组织各入驻部门按照时限要求，及时对网民在“问政东乡”平台的1800余个提问进行处理和回复，着力解疑释惑、疏导情绪，充分发挥新闻媒体化解社会矛盾的作用。

【网络安全自查】 组织开展全区网络安全自查工作，按照“谁主管谁负责、谁运行谁负责”和属地管理、行业管理的原则，开展网络安全自查工作，全面梳理本部门、直属单位以及本系统行业网络资产，对门户网站、电子邮件系统及其他核心业务系统的问题开展隐患排查。业务培训到位。采取“请进来、走出去”的方式，组织开展庆祝中国共产党成立100周年网络安全培训。深入学习习近平总书记网络强国的重要思想、《中华人民共和国网络安全法》等互联网法律法规及制度文件，邀请中央网信办安全中心江西分中心专家就网页篡改、DOSS攻击、勒索病毒等常见网络安全突发事件的处置方法等内容进行授课，提高全区网信战线的网络安全意识和专业技能，培训人员200余人。制定网络安全保障工作应急处置专项预案，组织人员参与模拟演练，建立起预警监测、预警分级、研判和发布、预警响应、预警解除全流程工作机制。

【网络安全宣传】 开展东乡区第八届“国家网络安全宣传周”活动，组织区公安局、区教体局、区工信局等12家单位在东乡区三中举办启动仪式，通过悬挂宣传标语、张贴宣传海报、设立宣传台、发放宣传资料、发送公益短信、云直播、云展览、知识竞赛、演讲比赛等形式宣传网络安全知识，活动共发放宣传资料1万余份、制作宣传展板16块。在“品质东乡”客户端开设专栏发布专项活动新闻稿件6条，营造网络安全良好氛围，提高公众的网络安全风险防范意识。

【讲好东乡故事】 开设“社会主义核心价值观”“习近平新时代中国特色社会主义思想专题”“东乡文明城市专栏”等22个专栏，上稿1520篇，阅读量522万人次，其中1月发布的《东乡区速破一起强奸致人死亡案》被评为正面热点。

（徐　静）

信访工作

【概况】 2021年全区信访人次较2019年下降34.4%。到区访较2019年下降40.5%，信访形势总体呈下降趋势。

【领导包案化解信访矛盾纠纷】 东乡区信访工作联席会议对2021年排查梳理的信访事项均落实领导包案、明确责任单位。区包案领导按照“四定五包”及“五个一”要求，深入基层了解案情，积极参与制定化解方案，主动做好信访群众思想疏导工作，督促责任单位及时处理信访事项，化解信访积案。区四套班子领导每月轮流到信访局视频接访室接待群众到访，群众要求见区领导并确实需要区领导协调的，根据领导分工及接访时间进行安排。区领导接访的批示件，直接与责任单位联系，按照信访接访区领导的要求调度相关责任单位到区信访局进行解答处理。

【化解信访积案和重复信访事项】 截至2021年末，国家局交办东乡区第一批信访积案93件，化解90件，化解率96.8%；第二批信访积案17件，已化解14件，化解率82.35%。区信访局对中央信访联席办集中交办的重复信访事项，逐案落实化解责任，重点问题由党政领导包案牵头解决。督促各责任单位要盯紧目标、挂图作战、倒排工期，确保完成目标任务。

【规范信访秩序】 按照省联席会议、省委政法委印发的《关于诉讼与信访分离工作办法》，对于涉法涉诉信访问题，不再登记交办，而是填写不予受理告知单，告知群众前往相应的政法部门，做到诉访分离。加强与交通事故与医疗事故调解中心沟通与协调，做好相关问题的疏导和教育工作。对于信访人员能及时依法接待，进一步规范东乡区的信访秩序。

【落实信访措施】 在重要敏感时期各地各单位制定有针对性的稳定工作方案，对各地社会稳定情况及省、市交办的信访积案完成情况进行通报。实行区、乡、村、组四级联动，落实五级责任制，形成一个体系有序的化解矛盾体系。

（饶　鸣）

史志档案工作

【概况】 截至2021年年底，建有1个国家综合档案馆、1个专业馆，200多个机关单位、企业档案室。各乡镇（场）、机关、企业档案室室藏档案约51.06万卷、62.41万件。地方党史、志书编纂和组织整理旧志工作有序开展，当年共有《岗上积镇志》《红光垦殖场志》《小璜镇孙家墩村志》3本村镇级志书问世。

【年鉴编纂】 出版《东乡年鉴（2021版）》，实现当年启动、当年出版的目标。全书41万余字，主要记载2020年度东乡区政治、经济、文化、社会等方面的基本面貌和发展情况，是各级党政机关和社会各界了解、研究东乡的重要资料。

【党史宣讲】 打造《寻找英雄：祝荫隆烈士生平事迹》现场教学课及《舒同的革命生涯及精神品质》《学习习近平总书记“七一”重要讲话精神》《党的十九届六中全会精神解读》等党史专题课，先后为区四套班子、区党政正职领导、区政协等机关单位、东乡区100名基层宣讲团成员及乡镇（场）、村（社区）、学校开展宣讲40余场次。在和笔村村宣讲被区电视台报道，在圩上桥镇搓塘村广场上与群众面对面宣讲被《抚州日报》报道。

【党史资源挖掘和利用】 围绕东乡党史一些长期困扰不清的问题，广搜博览，上下求证，谦虚向省内外党史专家学习请教，甚至通过他人查询俄罗斯档案馆资料，把在东乡牺牲的一位烈士（祝荫隆）的真实姓名、籍贯、早年经历等基本生平信息查证清楚，把赤色警卫师出师东乡的背景、意义论述清楚，把东乡是否成立过县委，是否成立过临时县苏维埃，舒同是否担任过中共东乡县委书记等重要史实厘清。2021年，大江网、东乡区委党史学习教育简报第52期分别报道《祝荫隆烈士真实身份基本确认》。

【同治《东乡县志》点校出版】 同治《东乡县志》（点校翻译本）由百花洲文艺出版社出版，该志由李士棻、王维新主修，胡业恒编纂。同治《东乡县志》成书于清同治八年（1869年），分为建置、疆域、赋役、水利、学校、庙坛、书院、风土、祥异、秩官、选举、名宦、人物、烈女、艺文共15卷，按照略远详近的原则，较为详尽地记述清代道光、咸丰时期发生在东乡县的重大历史事件。该书以同治八年《东乡县志》为底本，参考嘉靖版、嘉庆版《东乡县志》，以及明、清《抚州府志》，还有同治版临川、金溪、安仁、进贤等地方县志和相关文集，点校精严。在文字今译方面，秉承信达雅的原则，在直译的基础上，注重文辞的优美简洁，力求保持和文本风格的一致。在注释上，对书中晦涩的文辞及相关典故和专业术语，尽量做到“有疑而释，有难而释”，以满足研究和爱好者的需要。

【指导归集档案资料】 对区政府办公室、区政协办公室、红星垦殖场、虎圩乡等单位开展档案整理规范化指导工作。做好脱贫攻坚、疫情防控“两类档案”的指导，在全市范围内率先完成“两类档案”的归集工作，首次接收扫黑除恶专项斗争档案进馆。截至2021年末，区委党史和地方志研究室（档案馆）接收和保管东乡区各单位85个全宗的12个门类的档案，馆藏档案224842卷、69589件，纸质资料20030册。

【数字档案馆建设】 2021年，馆藏档案数字化率83%，查阅利用率较高的婚姻、改制职工、山林权等民生档案数字化率100%。依托档案查询利用平台和“赣服通”App“一网通办”功能，实现查阅利用档案“一次都不跑”。接待档案查阅利用者2600余人次，查阅档案4800余卷（件）次。

【“6·9”国际档案日宣传】 结合“6·9”国际档案日开展系列宣传活动，举行“档案话百年，东乡红色记忆”主题宣传图片展览，开办档案知识讲堂，吸引东乡社会各界人士到场参观，发放《中华人民共和国档案法》宣传手册、彩页等物料1000余份。活动相关情况报道被江西档案信息网采用。

（周　威）

党校工作

【概况】　2021年，东乡区委党校坚持党校姓党，围绕中心大局，聚焦主业主课，从严从实治校。举办8期周末课堂（6期副科级，2期正科级），累计培训14天1400余人次；举办9期主体班次，累计培训34天1800余人次。获抚州市三八红旗集体、东乡区先进基层党组织、东乡区三八红旗集体等荣誉。

【教学工作】　突出干部培训中的政治教育，将习近平新时代中国特色社会主义思想及党的十九届六中全会精神列入“周末课堂”及主体班次教学内容。推进“用学术讲政治”教学改革。组织骨干教师努力攻关习近平新时代中国特色社会主义思想教学培训精品专题，打造习近平新时代中国特色社会主义思想、学习习近平总书记关于“三农”工作的重要论述，扎实推进乡村振兴战略、学习习近平生态文明思想、推进生态文明建设3堂专题课，在“周末课堂”及主体班进行讲授，反响良好。组织精干力量、聘请党史专家通过整合东乡红色文化资源，精心打造东乡红色文化教育馆作为精彩现场，组织开展8次现场教学。选派多名教师参与党史学习教育宣讲，全年开展宣讲80余次。

【师资培训】　抓好师资队伍建设，选派教师参加各类培训，通过系统学习培训，不断提高教师的理论素养和能力水平。2021年，区委党校常务副校长参加“江西财大—东乡区党政正职能力素质提升班”暨乡村振兴主题培训班，选派1名教师参加省委党校第5期习近平新时代中国特色社会主义思想理论研修班，选派1名教师参加全省哲学社会科学教学科研骨干研修班。

【科研工作】　持续加大科研工作力度，组织教师参加全市党校系统理论研讨会，区委党校报送1篇文章获三等奖；向市委党校申报《共同富裕路上乡村振兴战略的对策与思考》《东乡区古村落保护及开发策略探究》两个年度课题完成结项。

（刘　霏）

东乡区人民代表大会

综 述

东乡区有省人大代表2名、市人大代表37名、区人大代表221名、乡镇人大代表906名，区二届人大常委会组成人员24名。2021年，面对错综复杂的发展形势和新时代地方人大工作新使命，坚持和完善人民代表大会制度的重要思想，认真落实习近平总书记视察江西重要讲话精神，坚持党的领导、人民当家作主和依法治国有机统一，主动担当作为，依法履职尽责，推动东乡人大工作取得新成效，为奋力谱写全面建设社会主义现代化国家的东乡新篇章作出积极贡献。

始终全面坚持党的领导。东乡区人大常委会始终从百年党史中汲取信仰力量，注重用党的奋斗历程和伟大经验把握方位、提高站位、精准定位，深刻理解和把握“两个确立”的决定性意义，不断提高政治判断力、政治领悟力、政治执行力，始终保持人大工作正确政治方向。持续深入学习贯彻习近平新时代中国特色社会主义思想，自觉运用习近平总书记关于坚持和完善人民代表大会制度重要思想指导实践，引导班子成员和人大干部增强“四个意识”、坚定“四个自信”、做到“两个维护”，不断增强政治判断力、政治领悟力、政治执行力，确保政治立场、政治观点、政治原则、政治路线、政治方针与党中央始终保持高度一致。

扎实开展党史学习教育。紧扣“学史明理、学史增信、学史崇德、学史力行”的目标要求，采取集体学习研讨、讲授专题党课、撰写学习体会等方式，深入学习贯彻习近平新时代中国特色社会主义思想，融会贯通习近平法治思想、习近平总书记关于坚持和完善人民代表大会制度的重要思想，跟进学习习近平总书记重要讲话和重要指示批示精神，系统学习“四史”，推动政治理论学习走深走实。突出学党史、悟思想、办实事、开新局，组织开展“我为群众办实事”实践活动，以“红动东乡·爱满全城”为主题点亮困难群众“微心愿”，推动实施民生实事10件，每一件都得到有效落实，尤其是组织实施的中央购物公园“党建引领小区治理”试点工作，推动解决电梯维修更换等一批难题，得到广大业主的好评。

顺利完成换届选举工作。在区委的坚强领导和统筹协调下，全面贯彻落实中央和省市关于县、乡两级人大换届选举工作的部署要求，严明换届选举纪律，严把人大代表的政治关、素质关、结构关、廉洁关，依法选举产生区人大代表221名、乡镇人大代表906名；顺利召开县、乡两级人民代表大会，依法选举和表决县、乡两级国家机关领导人员118名。同时，坚持党管干部原则与人大依法任免相统一，严格落实任前《中华人民共和国宪法》知识考试、《中华人民共和国宪法》宣誓等制度，依法任免干部43人次。

认真落实区委决策部署。重大事项及时议决，紧紧围绕事关区委重大决策部署、经济社会发展大局和人民群众切身利益的重大事项，依法作出决议决定20项。深化改革踔疾步稳，根据《江西省人民代表大会常务委员会关于加强国有资产管理情况监督的决定》，在广泛征求意见的基础上，审议通过《抚州市东乡区人民代表大会常务委员会关于加强国有资产管理情况监督的决定》，为稳步推进国有资产监督工作提供制度保障。服务大局担当有为，区人大常委会班子成员率先垂范、主动作为，积极参与挂点乡镇、招商引资、项目建设、疫苗接种、棚改征迁等中心工作。

突出代表主体，坚持不懈保障依法履职

2021年，区人大常委会始终高度重视代表工作，不断抓实落细平台建设、建议办理、服务保障等各项工作，人大代表主体作用得到充分发挥。

履职平台更加完善。根据全市“五星级”人大代表联络工作站创建工作推进会精神和区委主要领导的批示精神，制定印发《关于创建“五星级”人大代表联络工作站的实施方案（试行）》，对联络工作站的制度建设、台账管理、标示标牌等内容进行全面细化，先后组织召开2次推进会、2次专题督查，有力地推动联络工作站建管标准化、规范化。

建议办理更加高效。采取区政府分管领导领办、区人大常委会领导领衔督办、专工委跟踪催办等形式，及时交办区一届人大五次会议期间代表建议72件，尤其是对13件重点建议进行跟踪督办，提高建议办理的质量。成立督办组对2020—2021年150件代表建议办理情况进行实地核查、代表回访，对45个承办单位建议办理情况开展满意度测评。

服务保障更加有力。致力打造一支有质量、有热量、有分量、有能量的人大代表队伍，严格按照“勤学习、讲政治、善履职、严自律”的要求，加强代表履职培训，先后分期分批安排人大代表外出培训68人次，邀请专家为区二届人大代表开展履职能力和业务知识集中培训，为代表订阅《时代主人》《地方各级人大代表履职教程》等业务读本，提高代表履职的能力和水平；积极为代表依法履职创造条件和提供保障，引导人大代表积极参与产业扶贫、爱心助学、疫情防控、“百企帮百村”等公益活动，组织人大代表视察调研、执法检查、建议督办等监督工作，安排人大代表参加听证会、论证会、座谈会、新闻发布会等各类活动，增强代表履职的责任感和使命感。

注重固本培元，锲而不舍加强自身建设

2021年，区人大常委会坚持以党的政治建设为统领，全面加强自身建设，着力打造一支政治坚定、服务人民、尊崇法治、发扬民主、勤勉尽责的人大工作队伍。

强化思想政治引领。严肃党内政治生活，采取上专题党课、讲红色故事等形式，推动机关党支部“主题党日”活动常态化；严格落实“三会一课”制度，尤其是精心组织召开专题组织生活会和专题民主生活会，广泛开展批评与自我批评，进一步增强常委会领导班子的凝聚力、战斗力。坚持使命引领、注重问题导向，深入开展政治谈话，做到常委会班子成员、乡（镇、街道）人大主席、人大机关干部谈话全覆盖，推动全面从严治党政治责任有效落地。

强化机关廉政建设。抓实作风建设，扎实开展推诿扯皮、违规吃喝、打牌赌博等六大专项整治行动，严格执行中央八项规定精神及实施细则，深入贯彻区委关于严格十项制度锻造过硬作风的有关要求，迅速启动实施“八扬八治”深化作风建设活动，力戒形式主义、官僚主义，推动机关作风持续好转。抓实舆论引导，依托东乡人大信息网和人大微信公众号等宣传阵地，全面做好人大新闻宣传工作，牢牢把控人大工作舆论导向；组织编写《区一届人大常委会履职成果集》，充分展示区人大常委会组成人员和人大代表履职风采。

强化工作协同联动。加强对上联系，主动向市人大常委会请示报告工作，自觉接受监督指导，配合做好执法检查、专题调研等各项工作，积极向省市人大推介宣传东乡人大工作好做法、新成效，提高东乡人大工作的影响力。夯实基层基础，加强乡（镇、街道）人大工作业务指导，督促落实乡镇人大“一年两会”、代表联络工作站星级创建、民生实事项目代表票决等重点工作，乡（镇、街道）人大工作水平实现新提升。

重要会议

【区一届人大常委会第三十一次会议】 1月22日下午，区一届人大常委会第三十一次会议召开。会议应到常委会组成人员28人，实到24人，符合法定人数。会议听取2020年全区经济社会发展情况的报告，听取和审议区人民政府关于区第一届人大四次会议代表建议办理情况的报告，对各承办单位办理代表建议情况开展满意度测评；听取审议并表决通过区人大常委会代表资格审查委员会关于个别代表的代表资格审查报告。

【区一届人大常委会第三十二次会议】 2月25日上午，区一届人大常委会第三十二次会议召开。会议应到常委会组成人员27人，实到25人，符合法定人数。会议审议表决通过区人大常委会关于接受严爱平等6人辞去区第一届人民代表大会代表职务的决定；听取和审议区人大常委会任命的“一府一委两院”工作人员述职并开展满意度测评；表决通过有关人事任免事项，新任职人员在会上向宪法进行集中宣誓。

【区一届人大常委会第三十三次会议】 3月11日上午，区一届人大常委会第三十三次会议召开。会议应到常委会组成人员27人，实到21人，符合法定人数。会议作出关于召开区一届人大五次会议的决定，审议通过《抚州市东乡区第一届人民代表大会第五次会议议程（草案）》《抚州市东乡区第一届人民代表大会第五次会议主席团和秘书长名单（草案）》，决定提请抚州市东乡区第一届人民代表大会第五次会议表决；审议通过《抚州市东乡区人大常委会工作报告（草案）》，决定提请抚州市东乡区第一届人民代表大会第五次会议审议；审议通过《抚州市东乡区2020年国民经济和社会发展情况以及2021年国民经济和社会发展情况报告（草案）》《抚州市东乡区“十四五”规划和二〇三五年远景目标纲要（草案）》以及《抚州市东乡区2021年区财政预算（草案）》，决定提请抚州市东乡区第一届人民代表大会第五次会议审查；审议表决通过《抚州市东乡区人民代表大会常务委员会代表资格审查委员会关于个别代表的代表资格的审查报告》。

【抚州市东乡区第一届人民代表大会第五次会议开幕】 3月23—25日，抚州市东乡区第一届人民代表大会第五次会议在区行政中心千人会场隆重召开。带着45万东乡人民的重托，来自全区各行各业、各条战线的区人大代表，认真履行宪法和法律赋予的神圣职责，共商东乡发展大计，全力推动东乡高质量跨越式发展。大会应到代表190人，实到182人，符合法定人数。大会提请审查抚州市东乡区国民经济和社会发展第十四个五年规划和二〇三五年远景目标纲要（草案）、提请审查抚州市东乡区2020年国民经济和社会发展计划执行情况与2021年国民经济和社会发展计划草案的报告、提请审查抚州市东乡区2020年区财政预算执行情况和2021年区财政预算草案的报告。

【区一届人大常委会第三十四次会议】 4月20日下午，区一届人大常委会第三十四次会议召开。会议应到常委会组成人员29人，实到28人，符合法定人数。会议听取和审议东乡区2020年度生态环境质量和生态环境目标任务完成工作情况的报告；区人大常委会执法检查组关于东乡区贯彻实施《江西省爱国卫生条例》情况的执法检查报告；东乡区2020年度备案审查工作情况报告；提请审议区人大常委会2021年工作要点；补选抚州市第四届人民代表大会代表；表决通过区人大常委会关于接受乐红荣辞去东乡区第一届人民代表大会代表职务的决定。

【区一届人大常委会第三十五次会议】 5月31日上午，区一届人大常委会第三十五次会议召开。会议应到常委会组成人员29人，实到23人，符合法定人数。会议提请审议区人大常委会2021年监督工作计划；审议并表决通过区人大常委会《关于乡镇人民代表大会代表名额的决定》。

【区一届人大常委会第三十六次会议】 7月9日，区一届人大常委会第三十六次会议召开。会议应到常委会组成人员29人，实到27人，符合法定人数。会议听取和审议区人民政府关于城乡公交一体化工作情况的报告；听取和审议区人民政府关于退役军人服务保障工作情况的报告；听取和审议区人大常委会执法检查组关于东乡区贯彻实施《中华人民共和国固体废物污染环境防治法》的执法检查报告；审议通过关于设立抚州市东乡区选举委员会的决定；审议通过关于抚州市东乡区第二届人民代表大会代表名额分配的决定；表决通过人事任免事项，新任职人员向宪法进行宣誓。

【区一届人大常委会第三十七次会议】 8月16日下午，区一届人大常委会第三十七次会议召开。会议听取和审议区人民政府关于2021年上半年国民经济和社会发展计划执行情况的报告；区人大常委会关于设立抚州市东乡区各乡镇选举委员会和街道选举指导组的决定（草案）说明；表决关于设立抚州市东乡区各乡镇选举委员会和街道选举指导组的决定（草案）；听取和表决区人大常委会主任会议关于接受彭敏群辞去东乡区人民政府区长职务的议案。

【区一届人大常委会第三十八次会议】 2021年9月13日，区一届人大常委会第三十八次会议在区人大常委会会议室召开。会议应到常委会组成人员29人，实到26人，请假3人，符合法定人数。会议审议并表决通过区人民政府关于2020年区财政决算及2021年上半年预算执行情况的报告；听取和审议区人民政府关于2020年度区财政预算执行和其他财政收支的审计工作报告；听取和表决关于接受郑军辞去东乡区监察委员会主任职务的议案说明，提请黄初江代理抚州市东乡区监察委员会主任职务的决定（草案）；听取和表决关于接受杨露萍辞去东乡区人民检察院检察长职务的议案说明，提请揭玫代理抚州市东乡区人民检察院检察长职务的决定（草案）。

新任的抚州市东乡区监察委员会代理主任黄初江和新任的抚州市东乡区人民检察院代理检察长揭玫作任职发言。

【区一届人大常委会第三十九次会议】 2021年10月9日，区一届人大常委会第三十九次会议召开。会议应到常委会组成人员29人，实到25人，请假4人，符合法定人数。会上，听取和审议表决区人大常委会关于召开抚州市东乡区第二届人民代表大会第一次会议的决定（草案）；审议表决通过抚州市东乡区第二届人民代表大会第一次会议议程（草案），决定提请抚州市东乡区第二届人民代表大会第一次会议审议；审议表决通过抚州市东乡区第二届人民代表大会第一次会议主席团和秘书长名单（草案），决定提请抚州市东乡区第二届人民代表大会第一次会议审议；审议表决通过区人大常委会工作报告（草案），决定提请抚州市东乡区第二届人民代表大会第一次会议审议；审议表决通过区人民代表大会常务委员会代表资格审查委员会关于抚州市东乡区第二届人民代表大会代表资格的审查报告；表决人事任免事项及组织新任职人员宣誓。

【抚州市东乡区第二届人民代表大会第一次会议】 2021年10月15日上午，抚州市东乡区第二届人民代表大会第一次会议在区行政中心千人会场开幕。大会应到代表221人，实到219人，符合法定人数。

监督工作

【强化法律监督】 立法调研有序开展，先后围绕《江西省铁路安全管理条例（草案）》《抚州市农村村民住房建设管理条例（草案）》等立法项目，收集和报送修改意见建议15条，围绕“公共场所控制吸烟”“工业固体废物综合利用”提出立法建议2件。法律监督有效实施，先后深入检查固体废弃物污染环境防治法、爱国卫生工作条例等法律法规实施情况，“法律巡视”监督利剑作用得到有效发挥。备案审查有力推进，先后围绕涉及行政处罚、野生动物保护、计划生育等方面内容开展专项审查，提出1条废止建议并被采纳；依法审查“一府一委两院”规范性文件5件、乡（镇、街道）人大规范性文件80件，向市人大报备规范性文件4件，备案审查工作日趋常态化。

【强化经济监督】 围绕编制“十四五”规划，组织开展“十三五”规划纲要实施和“十四五”规划纲要编制情况专题调研，审查批准《抚州市东乡区国民经济和社会发展第十四个五年规划和二〇三五年远景目标纲要》，把区委推进东乡高质量跨越式发展、绘就新时代东乡改革发展新画卷的强大决心，转变为人民群众建设美好家园的共同意志。密切关注在常态化疫情防控形势下的经济走势，围绕计划执行、优化营商环境、工业三年倍增等工作情况开展调研视察，听取审议国有资产管理情况综合报告和国有企业资产管理情况专项报告，就财政预算调整、政府债务限额调整作出决议，加大区财政预算执行和其他财政收支审计查出问题整改督办力度，为做好“六稳”工作、落实“六保”任务献计出力。

【强化民生监督】 坚持“民有所呼、我有所应”，积极回应社会关切，重点围绕落实义务教育“双减”政策开展学生课后服务专题调研，听取审议城乡公交一体化、医疗保障、退役军人保障、水利工程建设与管理、公共文化事业发展和公共文化服务保障等专项工作报告，推动解决一批群众普遍关心的“急难愁盼”问题。坚持问题导向、目标导向、结果导向，听取审议环境状况和环境保护目标完成情况报告，专题调研生态资源审判情况，持续助推生态文明建设。致力维护社会公平正义，听取审议“七五”普法规划实施情况和"八五"普法工作安排情况报告并作出相关决议，组织视察法院多元解纷和诉讼服务体系建设、检察机关未成年人保护情况，进一步提高司法为民的成效。

【跟踪督办人大代表建议】 采取区政府分管领导领办、区人大常委会领导领衔督办、专工委跟踪催办等形式，及时交办区一届人大五次会议期间代表建议72件，尤其是对13件重点建议进行跟踪督办，提高建议办理质量。成立督办组对2020年、2021年两年150件代表建议办理情况进行实地核查、代表回访，对45个承办单位建议办理情况开展满意度测评，有效提高建议办理的办结率、办成率、满意度。

换届选举

东乡区县乡两级人大换届选举工作，2021年6月初至10月中旬，东乡区按照县、乡两级同步选举的原则，经过组织准备、选民登记、提名协商确定代表候选人、代表选举、召开人民代表大会五个阶段，完成县乡两级人大换届选举工作。

此次换届选举，登记选民359960人，占东乡区总人口的74.6%，参选人数298813人，参选率83%。采取无记名投票方式，依法选举产生抚州市东乡区第二届人民代表大会代表221名。其中，工人、农民及基层一般干部代表51名，占23%；干部代表95名，占43%；知识分子和专业技术人员代表22名，占10%；非公经济人士代表53人，占24%；民主党派代表6名，占3%。代表中，中共党员代表146名，占66%；非中共党员代表75名，占34%；妇女代表63名，占28.5%；少数民族代表2名，占1%。选举产生乡镇人大代表906名，其中非中共党员代表309名，占34%。

选举产生新一届国家机关领导人员。其中，区人大常务委员会主任1名、副主任6名、委员17名；区人民政府区长1名、副区长7名；区监委主任1名；区人民法院院长1名；区人民检察院检察长1名（须报经抚州市人民检察院检察长提请抚州市人民代表大会常务委员会批准）。同时选举产生东乡区出席抚州市第五届人民代表大会代表37名（含市委推荐8名，东乡区委推荐29名）。乡镇（场）选举产生新一届乡镇国家机关领导人员81名。其中，乡镇人大主席13名、副主席12名；乡镇人民政府乡镇长13名、副乡镇长43名。

选举与任免

抚州市东乡区第一届人民代表大会第五次会议，选举抚州市东乡区第一届人民代表大会常务委员会委员2人。抚州市东乡区第二届人民代表大会第一次会议，选举区人大常委会组成人员24人；选举区政府区长1人、副区长7人；选举区监委主任、法院院长、检察院检察长各1人；选举出席抚州市第五届人民代表大会代表37名；表决通过区人大各专门委员会组成人员15人次。

区人大常委会根据《东乡区人大常委会人事任免办法》《江西省实施宪法宣誓制度办法》及《关于对区人大选举和任命的人员进行任前宪法知识考试办法》，对"一府一委两院"提请任免的干部，严格落实任前了解、任前考法、任前表态以及向宪法宣誓等制度，切实增强拟任人员的法治观念和履职意识。全年，接受区长、监委主任、检察长辞职各1人次；决定政府代理区长、监委代理主任、检察院代理检察长各1人次；补选市人大代表1人次，依法任命干部42人次。其中，区人大机关干部任免7人次；区政府及其组成部门干部任免27人次；区监委干部任免4人次；区人民法院干部免职1人次；区人民检察院干部任免3人次。

2021年2月25日，抚州市东乡区第一届人民代表大会常务委员会第三十二次会议决定，任命高洁（女）为东乡区人大常委会监察和司法工作委员会主任，免去其东乡区人大常委会监察和司法工作委员会副主任职务；任命乐炎为东乡区人大常委会教科文卫工作委员会副主任；严爱平为东乡区人大常委会备案审查工作委员会副主任。

2021年7月9日，抚州市东乡区第一届人民代表大会常务委员会第三十六次会议决定，免去祝毅思（女）的抚州市东乡区人民政府副区长职务；任命乐大干为抚州市东乡区商务局局长；免去章和国的抚州市东乡区人民法院审判员职务；任命何媛红（女）为抚州市东乡区人民检察院检察委员会委员。

2021年8月16日，抚州市东乡区第一届人民代表大会常务委员会第三十七次会议决定，任命李建泉为抚州市东乡区人民政府副区长，代理抚州市东乡区人民政府区长职务；免去颜萍（女）的抚州市东乡区人民政府副区长职务，免去方学圆的抚州市东乡区人大常委会办公室副主任职务。

2021年9月13日，抚州市东乡区第一届人民代表大会常务委员会第三十八次会议决定，任命黄初江为抚州市东乡区监察委员会副主任，决定代理抚州市东乡区监察委员会主任职务；任命揭玫（女）为抚州市东乡区人民检察院副检察长、检察委员会委员、检察员，决定代理抚州市东乡区人民检察院检察长职务。

2021年10月9日，抚州市东乡区第一届人民代表大会常务委员会第三十九次会议决定，任命胡志刚为抚州市东乡区监察委员会副主任，免去何梦婕（女）的抚州市东乡区监察委员会副主任职务；任命乐辉为抚州市东乡区人民代表大会常务委员会选举任免联络工作委员会主任，免去朱小华的抚州市东乡区人民代表大会常务委员会农业和环保工作委员会主任职务。

2021年12月16日，抚州市东乡区第二届人民代表大会常务委员会第一次会议决定，任命冯志刚为抚州市东乡区发展和改革委员会主任；黄光明为抚州市东乡区教育体育局局长；王建华为抚州市东乡区科学技术局局长；李官祥为抚州市东乡区工业和信息化局局长；胡志珍（女）为抚州市东乡区民政局局长；黄文辉为抚州市东乡区司法局局长；朱建忠为抚州市东乡区财政局局长；危勇为抚州市东乡区人力资源和社会保障局局长；徐小平为抚州市东乡区住房和城乡建设局局长；何志伟为抚州市东乡区水利局局长；杨露露为抚州市东乡区农业农村局局长；乐大干为抚州市东乡区商务局局长；何丽莉（女）为抚州市东乡区文化广电新闻出版旅游局局长；陈爱龙为抚州市东乡区卫生健康委员会主任；宗剑明为抚州市东乡区退役军人事务局局长；王志斌为抚州市东乡区应急管理局局长；韩志鹏为抚州市东乡区审计局局长；王小祥为抚州市东乡区林业局局长；黄胜辉为抚州市东乡区市场监督管理局局长；乐才华为抚州市东乡区统计局局长；胡志和为抚州市东乡区城市管理局局长；邓俊辉为抚州市东乡区乡村振兴局局长；熊胜旺为抚州市东乡区医疗保障局局长，免去乐云根的抚州市东乡区监察委员会委员职务，免去胡立新的抚州市东乡区人民检察院副检察长职务。

人大代表议案和建议

2021年共召开两次区人民代表大会，分别是区一届人大五次会议和区二届人大一次会议。区一届人大五次会议期间，大会秘书处收到人大代表书面提出并转给区政府交办的建议共72件，涉及农林水类22件、财经类3件、城建城管类14件、教科文卫旅类7件、公路交通类23件、环保类2件、司法类1件，其中13件被列为重点建议由区人大常委会领导挂点督办。所有建议办复率100%。从办理结果来看，代表所提建议解决或基本解决的43件，占承办总数59.7%；正在解决或列入规划逐步解决的23件，占承办总数31.94%；因政策所限等客观原因暂时无法解决的建议6件，占承办总数8.33%。

区二届人大一次会议期间，大会秘书处收到人大代表书面提出并转给区政府交办的建议104件，其中，公路交通类37件、教科文卫旅类21件、农林水类21件、城建城管类12件、财经政策类10件、环保类3件。9件建议作为重点督办建议，由区人民政府领导领办，区人大常委会领导领衔督办。

2021年，区人大积极探索创新，改进督办方式，推动代表建议办理质量不断提高，坚持把代表意见建议办理工作作为常委会的一项重要工作来抓，采取听取专题汇报、召开协调会、组织代表调研视察、开展“回头看”等措施，重点予以推进，着力解决问题。开展人大代表建议办理满意度测评，增强人大督促代表建议办理工作的刚性约束力。通报表彰8件优秀代表建议和7个建议办理工作先进单位。

（陈燕平）

东乡区人民政府

综　述

2021年是“十四五”开局之年。一年中，在市委、市政府和区委的坚强领导下，在区人大、区政协的监督支持下，区政府坚持以习近平新时代中国特色社会主义思想为指导，深入贯彻习近平总书记视察江西重要讲话精神，全年地区生产总值增长8.4%；财政收入33.07亿元，增长19.33%；一般公共预算收入18.01亿元，增长1%；固定资产投资总额增长8.1%；规模以上工业增加值增长10%；社会消费品零售总额增长17.7%；城乡居民人均可支配收入分别增长8%、9.3%。荣获全国基层中医药工作先进单位、全国第三批节水型社会建设达标县（区）、国家级水产健康养殖和生态养殖示范县（区）、全省高质量发展综合绩效先进县（区）、全省工业高质量发展先进县（区）、全省改革先进县（区）、全省平安校园建设先进县（区）等称号。

坚持提质增效，产业升级明显加快。现代工业提档升级。大力实施工业创新发展三年倍增行动，明确首位产业新材料新能源、主导产业生物医药，设立20亿元产业引导基金，助推企业转型升级。纵深推进东乡经开区体制机制改革，推动工创投集团市场化转型，成功实现AA主体信用评级。加速推进“2+4+N”主题产业园建设，建成高标准厂房50万平方米，清理低效、闲置土地70公顷。组建六大服务专班，实行“园区吹哨、部门报到”、人才政策兑现“一窗代办”等服务联动机制，全力破解项目建设要素难题。持续开展“降成本优环境”活动，为1280家企业减税降费1.34亿元。优选20家重点企业培优育强，5家企业纳入市智能制造标杆企业培育计划，全年完成规模以上工业营业收入332.15亿元、增长28.3%，工业税收15.5亿元，列全市县（区）第1。现代农业扬优成势。粮食种植面积和总产量实现双增长，建成高标准农田2000公顷，新增中药材、设施蔬菜、蓝莓种植面积1333.33公顷，新增“两品一标”农产品22个。生猪存栏、出栏分别达54.2万头、85.2万头，超额完成生产任务。东乡花果芋、东乡葛粉、东乡花猪肉、东乡绿壳蛋入选2021年第一批全国名特优新农产品名录。现代服务业蓬勃发展。全年服务业增加值增长8%。电子商务发展迅猛，东乡电商创业园获评江西省电子商务示范基地，为全市唯一获此荣誉的县（区）。房地产价格保持平稳，均价控制在合理区间。金融形势持续向好，各类金融机构存贷款余额分别达到270.07亿元、282.76亿元，均列抚州市第1。文旅消费日益活跃，获江西省“百县百日”文旅消费季直播带货大赛全省第3，王桥清湖景区被评为省AAAA级乡村旅游点，丝瓜络工艺列入市级非物质文化遗产保护名录，4个行政村入选第二批省级传统村落，全年规模以上文化企业总产值16.15亿元，位居全市第1。

坚持精准发力，发展后劲不断增强。项目建设如火如荼。深入开展在建重点工程“百日攻坚”和新建重点工程“百日提速”活动，实施总投资153.97亿元的71个城建重点项目和总投资333.82亿元的26个工业重点项目，超额完成年度投资计划。全力以赴跑项争资，累计争取上级各类资金17.52亿元，债券资金13.96亿元，谋划储备重大项目200个。招大引强再创佳绩。组建“6+2+N”招商队伍，积极参加粤港澳大湾区等专题招商活动，全年新引进亿元以上项目20个，实际进资75.77亿元，增长107%；认定“5020”项目2个。广东金光高科、发那特科技等一批重大工业项目陆续开工建设。外贸出口稳中提质。积极打造跨境电子商务综合试验区，组织永冠科技等企业参加第四届中国国际进口博览会。欣盛物流内陆无水港建设取得实质性突破，中欧班列正式开通运营。全年完成实际利用外资5100万美元，增长11.84%；外贸出口28.9亿元，增长55.2%。

坚持统筹兼顾，城乡一体深度融合。城市功能日趋完善。重点推进总投资22.35亿元的38个城市功能与品质提升项目，完成城区支路及老旧住宅小区雨污分流一期改造工程；积极开展垃圾分类试点，新增停车位2080个，完成棚户区改造260户，9个老旧小区改造全面竣工，惠及城镇居民941户。乡村振兴更有活力。持续巩固城乡环卫、公交、医疗、教育、养老、供水、粪污综合治理一体化成果，推动基本公共服务供给向农村延伸。完成107座小(2)型水库、南北港和马圩万亩圩堤除险加固，启动实施井山水库、廖灌工程二期（东乡段）等重大水利项目。建成106个新农村建设点，完成小璜等4个集镇改造项目，农村“厕所革命”进入收官扫尾阶段。选优配强村级“两委”班子，深入开展农村宅基地和农村产权制度改革，所有建制村村级集体经济年经营性收入突破10万元。整合资源抓好新时代文明实践站阵地建设，推动“五治”融合发展。

坚持重点突破，改革创新纵深推进。重点改革持续深化。开展东乡区改革创新十大典型案例评选活动。基本完成农业水价、非居民用水价格改革。大力实施“放管服”改革，打造“赣服通”4.0版东乡分厅，上线的161个特色事项实现“掌上办”，认领的73个高频服务事项实现“跨省通办”“省内通办”“最多跑一次”比例达100%。积极探索重点项目“模拟审批”、工业项目“拿地即开工”改革。启动远程异地评标网络系统和不见面开标系统，打通公共资源交易全流程电子化堵点。全面完成事业单位改革试点工作，大力开展财政预算管理一体化、国有资产监管、财政评审等改革。创新要素加速集聚。建成中科（东乡）智汇工场，国家农机装备创新中心江西研发基地正式揭牌，新增省级创新平台1家；启动重大技术攻关“揭榜挂帅”行动，培育省级以上“专精特新”“小巨人”企业3家。深入推进企业数字化转型升级，10家企业完成深度“上云”。引进各类高素质高层次人才138人，帮助企业解决科研及生产技术问题80余个。新增授权发明专利63件，万人有效发明专利拥有量达5.29件，增长20.7%；规模以上工业企业R&D经费支出2.93亿元，占GDP比重的1.59%；新技术产业增加值占规模以上工业增加值比重的37.89%。

坚持治建并举，生态路径走深走实。生态治理更加有效。认真抓好258个上级各类环保督察反馈问题整改。聚焦实施污染防治“八大标志性战役、30个专项行动”，持续打好蓝天、碧水、净土保卫战，空气质量优良天数比例占99.6%，瑶河瑶圩桥断面和幸福水库水源地水质均稳定达标。生态修复有序推进。严守三条管控线，深入开展废弃矿山生态修复综合治理工程；健全完善“一长两员”森林资源源头管理体系，完成造林绿化5413.33公顷，全省国有林场和种苗工作推进会在东乡区召开。生态试点取得突破。积极推进“两权”抵押贷款试点，生态权益类新增贷款总额居全市第1；畜禽智能洁养贷创新模式在全国推广，成功组建绿色普惠金融服务中心；加快推进林业碳汇交易，林权抵押贷款总额达1.97亿元。

坚持共建共享，民生福祉持续增进。织密民生保障网。巩固拓展脱贫攻坚成果同乡村振兴有效衔接，同步推进城镇贫困人口脱贫解困。重点办好51件民生实事，实现城镇新增就业6203人、农村转移劳动力8210人。基本医疗保险、基本养老保险覆盖率分别达98.42%、100%；累计发放各类社会保障资金3.2亿元。延伸公共服务线。加快推进城北、城西、井山幼儿园建设，六中、七中投入使用，城区学校“大班额”化解率96%。严格落实“双减”政策，中考、高考捷报频传。职业教育稳步提升，抚州市东乡区技工学校升格为东乡高级技工学校。成功组建惠民医疗健康集团，相继建成区妇幼保健院、疾控中心核酸检测实验室，改造提升公办医院发热门诊。不断加大“双拥”工作力度，妥善安置转业士官。基本形成多元化需求养老模式，成功承办全省养老服务现场推进会。组织开展庆祝中国共产党成立100周年等系列主题活动，获评江西省民间文化艺术之乡，区文化馆被评为全国一级馆。拓展社会治理面。坚持人民至上、生命至上，有力有序推进疫苗接种工作，坚决守住不出现本土确诊病例的底线。加快建设东乡公共信用平台，社会信用体系基础得到夯实。深入开展“云剑”“断卡”等互联网金融风险专项整治行动，统筹抓好“缅北回流”人员管理，捣毁金融诈骗团伙11个、诈骗窝点13个，抓捕违法犯罪嫌疑人180人。全力化解政府隐性债务存量，妥善推动政府融资平台整合。深入推进安全生产专项整治三年行动，狠抓食品药品商品质量安全，安全生产形势持续稳定。扎实做好防灾减灾救灾工作，加快推进气象现代化，自然灾害综合风险普查工作被国务院普查办作为典型经验予以宣传推广。纵深推进市域社会治理现代化试点工作，深度运用“城市大脑”智慧平台、综治中心“全科网格”，社会智治水平全面提升。扎实推进扫黑除恶常治长效，持续深化政法队伍教育整顿，建立健全“信访包案”、初信初访等制度，社会大局保持和谐稳定，2021年度公众安全感测评满意度指数99.56%，列江西省第26、抚州市第1。

坚持固本培元，自身建设切实加强。政治建设全面巩固。坚持区政府党组集中学习政治理论制度，高标准开展党史学习教育。坚定捍卫“两个确立”，坚决做到“两个维护”，获评全省“五型”政府建设先进集体称号。法治建设不断加强。推动政府系统干部学法常态化、制度化，全面落实行政执法三项制度。主动接受监督，认真办理人大代表建议和政协委员提案。作风建设持续深化。强化审计监督，完成审计项目36个。坚持“过紧日子”常态化，“三公”经费同比下降23.32%；结合“我为群众办实事”活动，积极推动“网络问政”常态化办理。持续整治“怕、慢、假、庸、散”等作风顽疾，政府系统风清气正的政治生态不断巩固。

区政府常务会议和区长办公会议

1月7日，区政府2021年第1次常务会议召开。会议审议区商务局《投资兴办环保可降解新材料生产基地建设项目合同书》《共建中科（东乡）智汇工场项目合作协议》《农信互联江西区域总部项目投资合作协议》《投资兴办“江西文理职业技术大学（暂用名）”系列项目协议书》、区卫健委《东乡区农村粪污综合治理一体化PPP项目实施方案》、区城管局《关于东升工业园区污水处理厂PPP项目特许经营补充协议和污水处理服务补充协议》、区教体局《抚州市东乡区教师优待工作实施意见》《关于进一步健全全区义务教育教师工资待遇落实保障长效机制的意见》、区自然资源局《抚州市东临环城高速公路（东乡段）征地拆迁工作方案》、区财政局《关于亚泰保险经纪有限责任公司车辆保险销售奖励扶持协议书》《关于2020年财政收支结算情况的汇报》，研究东乡经开区《关于东乡经开区科技产业园PPP项目实施方案的请示》、区教体局《关于安排东乡区高质量班班通建设专项资金的请示》、区房管局《关于要求核定东润华城安置房销售价格的请示》、区住建局《关于东乡区建筑安装工程公司棚改土地置换的请示》、东乡经开区《关于支持工业园区企业基础设施建设的请示》《关于恒旺农用管道等3家企业征收补偿协议的请示》，听取区工创投《关于区工创投委托东乡一中、实验中学等3所学校申请信用贷款的情况汇报》《关于区工创投向北京银行申请贷款的情况汇报》。

2月9日，区政府2021年第2次常务会议召开。会议传达学习全国、全省、全市安全生产电视电话会议精神并研究贯彻落实意见，研究区委组织部《关于东乡区村级集体经济产业发展基金分配使用方案的请示》，审议区自然资源局《关于做好2021年全区重点项目建设工作的通知》、区工创投《江西荣华人工智能产业园产业引导资金扶持协议》。

3月4日，区政府2021年

第3次常务会议召开。会议审议区生态环境局《抚州市东乡区贯彻落实省生态环境保护督察“回头看”反馈意见整改方案》、区林业局《东乡区关于油茶产业高质量发展的实施方案》、区行政审批局《东乡区网上中介超市运行管理实施细则》、区商务局《东乡区饿了么灵活用工服务平台项目合作协议书》《东乡区抚穗灵活用工服务平台项目合作协议书》《投资兴办劳斯克大健康食品生产建设项目合同书》《阳光校园·智慧教育项目合作协议书》、区财政局《关于2021年政府财政收支预算（草案）编制情况的说明》，研究区房管局《关于落实城市棚户区改造（东乡区税务局、中国工商银行东乡支行）房屋置换的请示》、区发委《关于要求解决国有粮食改制企业目前面临遗留问题的请示》、东乡经开区《关于江西一路油业有限公司企业征收补偿协议的请示》，听取东乡城投集团有限公司申请融资租赁的情况汇报、区工创投向上饶银行申请项目贷款的情况汇报、2021年度融资贷款计划的情况汇报。

3月11日，区政府2021年第4次常务会议召开。会议审议区政府办《区政府工作报告（送审稿）》、区发展改革委《关于抚州市东乡区2020年国民经济和社会发展计划执行情况与2021年国民经济和社会发展计划（草案）》《关于抚州市东乡区国民经济和社会发展第十四个五年规划和二〇三五年远景目标纲要（草案）》、区财政局《关于东乡区2020年预算执行情况及2021年预算草案的报告》、东乡城投集团《抚州市东乡城投集团有限公司薪酬改革实施方案》、区农机局《东乡区人民政府与洛阳智能农业装备研究院有限公司联合建设“国家农机装备创新中心江西研发基地”合作协议》、区商务局《投资兴办5G精密部件制造及年产1000台（套）数控设备生产项目合同书》《阳光校园·智慧教育项目供应链金融支持构架协议》，研究区财政局《关于调整企业奖励扶持政策的请示》、东乡经开区《关于江西泰林电器能源科技有限公司企业征收补偿协议的请示》，听取东乡城投集团关于开展重点项目（一期）招商工作的情况汇报。

4月27日，区政府2021年第5次常务会议召开。会议审议区农业农村局《关于全面推进乡村振兴加快农业农村现代化的实施方案》《东乡区防止耕地“非粮化”稳定粮食生产的工作方案》、区财政局《东乡区2021年财源建设工作任务交办清单》《关于调整抚州市东乡区政府投资建设项目财政评审起评金额等有关事项的通知》、区民政局《东乡区深入推进居家和社区养老服务发展实施方案》《东乡区推进农村养老服务高质量发展实施方案》、区商务局《投资兴办东乡区城乡村三级物流网络体系建设和冷库项目合同书》《投资兴办荆公农副产品深加工项目合同书》《东乡区总部经济项目招商引资合作协议书》《关于东乡区灵活就业互联网数字产业园合作协议的补充协议》、区畜牧水产局《东乡花猪保种场建设工作方案》、区发展改革委《2021年促进东乡经开区改革和创新发展工作要点》《抚州市东乡区“项目大会战”（2021—2023年）实施方案》、区住建局《东乡区人民政府关于促进建筑业转型升级高质量发展若干政策措施（送审稿）》、区卫健委《抚州市东乡区计划生育协会改革方案》、区科技局《东乡区加大全区科研研发投入三年攻坚行动实施方案》、东乡经开区《江西台智电子科技有限公司企业征收补偿协议》，听取东乡城投集团公司关于《东乡区南北港、青田港河道疏浚工程项目移交协议书》《股东合作协议书》的情况汇报、东乡经开区关于抚州市东乡区工业与科技创新投资集团有限公司“三重一大”决策制度实施办法的情况汇报、关于东乡区工创投电子商务集团有限公司组建方案的情况汇报、关于进一步推动抚州市东乡区工业与科技创新投资集团公司市场化转型的情况汇报、区工创投集团关于入股安庆回音必制药股份有限公司事宜的情况汇报、区审计局东乡区经济发展环境审计查出问题整改进度情况汇报。

6月11日，区政府2021年第6次常务会议召开。会议审议区政府办《东乡区人民政府贯彻落实“三重一大”事项集体决策制度的实施意见（试行）》、区住建局《抚州市东乡区2021年城市体检工作实施方案（送审稿）》《东乡区中心城区城中村改造工作方案（送审稿）》、区自然资源局《关于东乡区开展废弃矿山生态修复治理工作有关事宜的请示》《江西培林实业发展有限公司东乡分公司等5宗闲置土地的处置方案》《关于对抚州祥生建设发展有限公司等6宗企业土地违约金进行处置的请示》、区城管局《授予特许经营权协议书》、区卫健委《东乡区疾病预防控制中心服务能力建设三年行动计划（2021—2023年）》、区财政局《抚州市东乡区国资国企改革创新三年行动实施方案（2020—2022年）》、区商务局《投资兴办东方驿站甩挂物流园项目补充协议》《投资兴办年产1500万个零部件硅橡胶产品生产项目合同书》《投资兴办年产2000台纸浆自动化设备生产项目合同书》《投资兴办智能物联网总部经济项目合同书》《投资兴办年产400万台汽车涡轮增压器零部件生产制造项目合同书》《关于对江西施美药业股份有限公司主要股东在上市股份交易中所缴纳的税收给予奖励的合作协议书》《关于支持永久新能源电动车产业园二期项目建设的补充协议》《〈关于投资兴办国科健康生物医药科技产业园项目合同书〉及〈关于投资兴办国科健康生物医药科技产业园项目合同书的补充协议〉涉及调整变更事项协议书》、东乡经开区《渊山岗工业园道路及管网提升工程PPP项目实施方案》，研究区住建局《关于撤销抚州市东乡区建筑设计院事业单位的请示》《关于撤销抚州市东乡区房地产综合开发公司事业单位的请示》、区自然资源局《关于东乡区开展废弃矿山生态修复治理工作有关事宜的请示》《关于对抚州祥生建设发展有限公司等6宗企业土地违约金进行处置的请示》、区水利局《关于支付2020年北港河治理工程可用性服务费的请示》、区畜牧水产局《撤销东乡区畜牧繁殖场事业单位实施方案的请示》、区农业农村局《撤销东乡区农业科学研究所等四个事业单位实施方案的请示》、区林业局《撤销东乡区林业科学研究所实施方案的请示》、区教体局《关于2021年春季公开选调教师安置工作的请示》《关于小璜中学在职教师、退休教师及遗属安置的请示》，听取东乡城投集团关于东乡区农村粪污综合治理一体化PPP项目投标联合体组建方案的情况汇报、东乡经开区关于与江西省信用融资担保集团股份有限公司和江西省金控融资租赁股份有限公司开展战略合作的情况汇报。

7月1日，区政府2021年第7次常务会议召开。会议审议区退役军人事务局《东乡区创建全省双拥模范城的实施意见》、区住建局《东乡区2021年农村危房改造实施方案（送审稿）》、区商务局《投资兴办年产11.2万吨锂电池材料及5万吨高端电解铜箔生产建设项目合同书》《投资兴办年产80万套头戴式智能耳机OEM工厂项目合同书》《关于〈江西台德主体上市及打造台德总部经济基地协议书〉的补充协议》《投资兴办年产1000万套包装制品生产线项目合同书》《投资兴办年产100万件智慧充电产品项目合同书》、区行政审批局《东乡区重点建设项目模拟审批实施意见》，听取东乡城投集团关于公开发行公司债券的情况汇报、区畜牧水产局关于“东乡区畜禽粪污资源化利用整区推进项目”两个处理中心建设事项的情况汇报。

7月28日，区政府2021年第8次常务会议召开。会议传达学习全市新冠疫苗7—8月接种工作第3次视频调度会议精神，研究贯彻落实意见、《中共江西省纪委〈关于我省2起影响高质量发展典型问题的通报〉》《中共抚州市委办公室　抚州市人民政府办公室转发〈关于进一步规范工业和城建项目用地建设管理的通知〉的通知》《抚州市人民政府办公室关于印发抚州市限额以下工程建设项目发包管理办法的通知》，审议区政府办《东乡区人民政府重大行政决策程序操作规程（试行）（送审稿）》、区司法局《抚州市东乡区人民政府内部层级监督制度》、区自然资源局《关于东乡区2019年、2020年卫片执法与历年例行督察“挂账”等问题整改工作方案的请示》、区财政局《东乡区2021民生实事工程安排方案》、区城管局《关于东乡区生活污水处理厂新建应急事故池的请示》、区住建局《东乡区建筑业委托招商合作协议》、区商务局《投资兴办年产10万台医用冰箱冰柜生产项目合同书》《投资兴办冠誉总部生产基地项目合同书》，听取东乡经开区关于江西东泰陶瓷有限公司企业征收补偿协议的情况汇报。

8月17日，区政府2021年第9次常务会议召开。会议研究区政府领导分工。

8月24日，区政府2021年第10次常务会议召开。会议研究区退役军人事务局《关于对2021年度程文等16名转业士官进行安置的请示》《关于明确祝应根等7名同志全额拨款事业身份的请示》、区教体局《关于2021年公开招聘中小学幼儿园教师等几类人员聘用的请示》、区水利局《撤销东乡区水利电力勘察设计室实施方案的请示》、区财政局《关于要求实施水库存量资产PPP（TOT）项目请示》，审议区商务局《投资兴办鼎冠胶黏新材料项目合同书》《投资兴办高端服装全产业链产业园项目合同书》《投资兴办智能显示屏生产项目合同书》、区财政局《江西浩盛丰矿产贸易有限公司税收奖励协议》，听取抚州市东乡区城市投资开发有限公司关于“中基智能产业园”项目向工商银行东乡支行申请2.5亿元项目贷款审核确认的情况汇报、区工创投集团关于江西荣成机械制造有限公司延期归还1.98亿元激石产业发展引导私募基金的情况汇报。

9月25日，区政府2021年第11次常务会议召开。会议审议区政府办《政府工作报告（送审稿）》、区生态环境局《抚州市东乡区构建现代环境治理体系的实施意见》、区现代农业示范园区管委会《关于加快我区蓝莓产业持续健康发展的实施方案》、区自然资源局《抚州市东乡区清理规范林权确权登记历史遗留问题试点工作实施方案》、区农业农村局《东乡区“大棚房”问题专项清理整治行动“回头看”专题报告》、金峰街道办《关于解决金峰街道便民服务中心场所的请示》、区乡村振兴局《东乡区2021年农村帮扶对象疾病医疗商业补充保险工作实施方案》、区财政局《关于将政府部门经营性数字资产划入城投集团的请示》，研究区乡村振兴局《关于要求拆除易地重装3590千瓦光伏扶贫电站的请示》，听取抚州市东乡城投集团有限公司关于公开处置部分经营性资产的情况汇报、关于江西华城建设有限公司股权还原事宜的情况汇报、关于收购国家一级建筑工程施工总承包企业的情况汇报、区工创投集团关于区工创投集团与回音必集团有限公司签订安庆回音必制药股份有限公司股份转让补充协议的情况汇报、关于近期融资计划的情况汇报、关于区工创投集团与江西省金控资本管理有限公司签订产业投资顾问合作协议的情况汇报。

10月24日，二届区政府第1次（2021第1次）常务会议召开。会议传达学习党中央、国务院和省委、省政府关于坚决遏制“两高”项目盲目发展和能耗双控工作的决策部署精神，研究贯彻落实意见、《江西省乡村振兴促进条例》，研究贯彻落实意见、全省防止返贫监测和帮扶工作第五次视频调度会议精神及全市巩固拓展脱贫成果工作领导小组会议精神，审议区重点工程服务中心《东乡区政府投资建设重点项目管理办法（试行）》、区水利局《抚州市东乡区井山水库移民搬迁安置人口登记核定办法》、区发展改革委《东乡区区级储备粮管理办法（送审稿）》、区商务局《关于进一步完善全区招商引资工作机制的意见（试行）》投资兴办年产7万吨高端锂离子电池材料建设项目合同书》《投资兴办南开大学医药科技成果产业化项目合同书》、区住建局《抚州市东乡区人民政府关于加快推进装配式建筑发展工作的实施方案（送审稿）》，听取抚州市东乡城投集团有限公司关于境外发行美元公司债券的情况汇报。

同日，二届区政府第1次（2021年第1次）办公会议召开。会议研究区城管局《关于进一步推广使用新型智能环保渣土车的请示》、区卫健委《关于东乡区康复中心改为发热门诊的请示》《关于采购新冠病毒核酸检测仪器的请示》，听取区工创投集团关于投资兴办蓝莓产业园种苗基地建设项目合同书的情况汇报。

11月17日，二届区政府第2次（2021年第2次）常务会议召开。会议传达学习习近平总书记关于粮食和物资储备工作的重要论述、《粮食流通管理条例》、《江西省消防安全责任制实施办法》，审议区民政局《东乡区整治婚姻领域攀比浪费高额礼金等歪风陋习实施方案（送审稿）》、区卫健委《东乡区深化医药卫生体制改革2021年重点工作任务（送审稿）》、区公安局情报大队《东乡区智能安防小区建设三年规划（2021—2023）（送审稿）》《东乡区2021年度智能安防小区建设应用的实施方案（送审稿）》、区商务局《投资兴办全自动新能源汽车显示模组总成线项目合同书》、区人社局《2020年度推进乡（镇、街道、场）、区直和中央、省、市驻区单位绩效管理工作方案（送审稿）》，研究区人社局《关于

2019年度“三支一扶”高校毕业生服务期满需落实安置单位及2021年新招募的“三支一扶”高校毕业生需落实服务单位的请示》《关于2021届农村订单定向医学毕业生和畜牧兽医定向培养生拟安置单位的请示》，听取区工创投集团关于向江西省金控融资租赁股份有限公司申请融资租赁的情况汇报、抚州市东乡城投集团有限公司关于发行小微企业增信集合债的情况汇报和关于东乡城投集团近期拟融资的情况汇报。

同日，二届区政府第2次（2021年第2次）办公会议召开。会议研究区水利局《关于落实井山水库配套工程施工单位的请示》《关于请求同意采购BOT模式建设北港河水质提升工程的请示》《关于明确东乡区农田水利工程维养主体的请示》、区自然资源局《关于东乡区废弃矿山生态修复治理工作有关事宜的请示》《关于办理东腾新村安置户不动产权证的请示》、区人社局《关于要求理顺李永东、封标龙、林静、李云宏、桂朝晖等5位同志人事关系请示》。

12月21日，二届区政府第3次（2021年第3次）常务会议召开。会议传达学习《中共江西省委办公厅　江西省人民政府办公厅印发〈关于进一步深化税收征管改革的实施方案〉的通知》文件精神、省委书记易炼红《关于抓工作落实的调研与思考》，审议区城管局《东乡区开展美丽乡镇建设五年行动方案》《关于城市智慧停车场提升管理及经营权转让项目的请示》、区住建局《东乡区建立城市体检评估机制推进城市高质量发展实施方案（送审稿）》、区住房保障中心《东乡区房地产领域重大风险化解处置工作方案》《兴民路建设项目集体土地上房屋征收补偿安置方案》《东糖佳苑市政道路建设项目集体土地上房屋征收补偿安置方案》《东糖佳苑市政道路建设项目国有土地上房屋征收补偿安置方案》、区财政局《2021年区政府一般公共预算和政府性基金预算调整方案（草案）》、区商务局《投资兴办丝瓜络生态工厂项目合同书》《增资扩建大健康食品生产建设项目合同书》《关于〈投资兴办劳斯克大健康食品生产建设项目合同书〉的补充协议》《关于〈投资兴办全自动新能源汽车显示模组总成线项目合同书〉的补充协议》《关于〈投资兴办年产11.2万吨锂电池材料及5万吨高端电解铜箔生产建设项目合同书〉涉及调整变更事项协议书》，研究区城管局《关于城市智慧停车场提升管理及经营权转让项目的请示》、区卫健委《关于申请购买东乡区妇幼保健院医疗设备的请示》、区财政局《关于2021年再生资源铜加工企业奖励扶持政策的请示》、区水利局《关于实施水库水资源利用、绿色生态及水面经营权转让的请示》，听取区工创投集团《关于工创投集团与江西省金控资本管理有限公司签订共同成立金光高科专项投资基金的情况汇报》《关于要求注入资产的情况汇报》。

同日，二届区政府第3次（2021年第3次）办公会议召开。会议研究区农业农村产业发展服务中心《关于区洗消烘一体中心财政补助事项的请示》、东乡经开区《关于对金泰医药等3家公司启动征收的请示》《关于按照合同约定拨付国科健康科技产业园第二批工业发展基金的请示》，听取区人社局《关于要求解决机关事业单位职工欠缴基本养老保险费用的请示》的情况汇报。

施政纪略

推进职业教育创新发展高地。为贯彻落实《教育部江西省人民政府关于整省推进职业教育综合改革提质创优的意见》及《抚州市推进职业教育创新发展高地建设实施方案》文件精神，10月22日，区政府印发《东乡区推进职业教育创新发展高地建设实施方案》。

“三重一大”事项集体决策制度。为贯彻落实“三重一大”事项集体决策制度，结合东乡区政府工作实际，7月21日，区政府印发《关于印发区政府贯彻落实“三重一大”事项集体决策制度实施意见（试行）》。

推进更高水平气象现代化。为深入贯彻落实习近平总书记对气象工作重要指示和视察江西重要讲话精神，依据《江西省人民政府关于推进更高水平气象现代化助力江西高质量跨越式发展的意见》，8月3日，区政府印发《东乡区推进更高水平气象现代化助力东乡高质量跨越式发展的实施意见》。

重大行政决策程序操作规程。为认真贯彻落实国务院《重大行政决策程序暂行条例》

和《江西省县级以上人民政府重大行政决策程序规定》《抚州市人民政府重大行政决策程序操作规程（试行）》，8月27日，区政府印发《东乡区人民政府重大行政决策程序操作规程（试行）》。

东乡区关于贯彻落实国务院督查工作条例的情况汇报

2月1日，《政府督查工作条例》正式实施，东乡区政府高度重视，及时传达学习该条例，并对贯彻落实好该条例进行相关工作部署。会后，通过组织开展形式多样的学习研讨活动，确保深入理解条文内容，准确掌握和执行各项规定，现对东乡区贯彻落实《政府督查工作条例》相关工作进行梳理，具体情况如下：

关于贯彻落实典型做法方面。坚持党的领导，牢固树立以人民为中心的督查理念。东乡区政府督查工作始终坚持和加强党的全面领导，围绕中心、服务大局，从政治和全局的高度把握形势、分析问题、谋划工作。牢固树立以人民为中心的督查理念，把增强人民群众的获得感、幸福感、安全感作为督查工作的着力点，用心用情用力解决人民群众的操心事、烦心事、揪心事。坚持问题导向，做到发现问题与推动解决并重。坚持突出重点督大事、精准督查促落实，对督查事项进行分类梳理，围绕党委、政府的中心工作、群众关注的热点问题、影响全区发展的痛点堵点难点问题等，深入一线，实行靶向督查、精准督查、“点穴式”督查，充分发挥以督促改的作用。同时聚焦经济社会发展主要目标任务和重点工作进展，加大调度推进力度，对工作不力、进度迟缓、成效不明显的及时督促整改，推动落地见效。坚持服务决策，发挥辅政建言作用。注重在深入基层实际中收集并真实准确反映群众心声，针对存在的问题提出优化政策、改进工作的意见建议，充分发挥督查辅政建言的重要作用。进一步延伸触角、拓宽渠道，用好基层联系点、“问政江西”“问政抚州”“互联网＋督查”等网络平台反馈政策落实效果评价，及时作出相关调整或完善相应举措，服务领导再决策。

关于完善配套制度，清理或修改相关文件情况。建立全员督查机制。健全完善区政府统一领导、区政府办公室统筹指导、督查室负责和各乡镇（街道、场）、部门协同联动的工作机制，形成督查合力，加快构建职责明晰、齐抓共管、务实高效的大督查工作格局，全面提高督查督办工作水平，有效推动政策落地、工作落实和问题解决。完善协同联动机制。区政府办督查室根据上级要求组织开展综合性督促检查活动，并按规定流程协调组织以区政府名义实施督查活动。工作中积极与上级督查部门、党委督查部门衔接配合，同时与区政府办公室相关条线常态沟通，统筹抓好工作落实，既防止督查缺位，又避免多头、重复督查，切实抓好各项工作督办落实。

关于加强和统筹规范督查情况。通过加强队伍建设，为督查工作提供人才保障。将政治过硬、业务精湛、作风严实的优秀干部充实到督查队伍中来，确保督查工作有组织承担、有人员负责、能够有效履行职责任务。同时加大督查干部培养力度，强化督查专业能力培训，提高干部人员的政治素质、业务能力和法律素养。通过统筹规范督查，为督查工作提供坚强保障。全面认真落实党中央、国务院关于统筹规范督查检查考核工作的决策部署和省、市、区工作要求，严格控制督查规模、范围、频次和时限，严禁重复督查、多头督查、越权督查，切实为基层减轻负担。同时坚持实事求是，真实客观反映情况，切实督促整改落实，做到真督实查、务求实效。

关于优化督查方式方法，创新开展工作情况。优化工作流程。严格立项、转办、承办、审核、报告等程序，对督查事项“拉单列表”，全程跟踪，滚动督办，督促承办单位限期办结、逐一销号，打造政务督查工作闭环。科学运用线索核查法、“四不两直”暗访工作法等督查方式，推动督查增效和基层减负并举；充分运用现代信息技术手段开展“互联网＋督查”，推动举一反三、由点及面整改落实。适时组织开展综合督查、专项督查、个案事件调查、决策部署日常督办及有关问题线索核查等。严格办结时限。树立言必信、行必果的施政新风，推行马上就办，做到令行禁止，不讲条件、不打折扣、不搞变通，已办结的报结果，正在办理的报进度，未办理的报原因。凡有明确办理时限的，须按时办结并反馈情况。未明确办理时限的一般性工作，原则上3日内报告安排部署，7日内报结果。对确需较长时间完成的工作，要在7日内报告安排部署、进展情况、时间节点和完成时限，并做好进展情况跟踪报道。注重督帮结合。坚持问题导向，做到发现问题与推动解决并重。紧盯决策部署落实不到位的堵点和企业群众的痛点，深入了解情况、找准问题症结、破除执行梗阻；实时跟进经济社会发展主要目标任务和重点工作进展，对进度慢、作风不实、成效不明显的及时督促整改、推动落地见效。既善于发现问题又着力推动解决，做到边督查、边协调、边解决问题。加大“督帮一体”工作力度，进一步完善协调联动机制，帮助基层解决需跨地区、跨部门协调的困难和问题。

关于强化程序意识，依法规范督查情况。通过制订《督查检查考核工作计划》，严格遵守确定督查事项、作出督查结论、核查整改情况、运用督查结论等程序规范。严格立项程序，未经东乡区人民政府批准事项禁止开展相关督查；立项完成后制定相应督查方案，明确督查内容、对象和范围，提前培训督查人员；督查工作结束后及时作出事实清楚、证据充分、客观公正的督查结论，督促督查对象按照要求进行整改；根据督查结论或整改核查结果，提出对督查对象依法依规进行表扬、激励、批评或追究责任的建议。依法保障督查对象对与自身有关督查结论的知悉权，以及对有异议的督查结论申请复核的权利。

高效率督查督办，抽调精锐人员充实督查力量，对2021年《政府工作报告》中确定的事项、政府常务会议研究的重要事项、“两区”重点建设项目、人大建议及政协提案以及区政府领导交办的工作开展督查，确保政府各项决策部署不走样，工作落实不打折。2021年，督办领导批示件等各项事宜610余件，印发《督查专报》92期；办理“问政江西”平台的群众反映问题事项56项，办结率100%；办理“问政抚州”平台的群众反映问题事项153项，办结率100%。自觉接受人大法律监督、政协民主监督以及社会舆论监督，认真办理人大代表建议72件、政协委员提案73件，办复率100%。

东乡区一届人大五次会议代表建议办理情况

【代表建议基本情况】 区一届人大五次会议期间，区人大代表围绕开局“十四五”、开启新征程，以高度负责的政治责任感，对全区经济社会发展以及区政府工作提出许多宝贵意见和建议。经审核交由区政府及各部门办理的代表建议共83件，其中，涉及农林水类22件、城建城管类14件、公路交通类23件、生态环境类2件、教科文卫旅类7件、财经人事类3件、司法类1件。从代表们提的建议内容来看，交通水利方面的问题依然是焦点，城乡建设、环境保护、产业发展、公共服务和民生教育等领域的建议明显增多，比较准确和客观地反映东乡区经济建设和社会发展中一些应予重视、亟须解决的问题。

【代表建议办理情况】 区政府将区人大代表的建议进行分类整理，根据工作职能将72件建议分别交由32个区直单位和8个有关乡镇具体承办并专门召开交办会。区政府主要领导对人大代表建议内容逐件阅批，对办理过程中遇到的重大事项亲自推动、重点环节亲自协调、落实情况亲自督促。各分管副区长也根据各自分工，经常调度推进分管部门承办的建议办理情况，亲自研究协调办理过程中遇到的重点难点问题，推动办理见实见效。区直有关单位对承办的建议都积极认领、照单全收，严格按照时间节点和任务分工，采取召开协调会、部门会商会、现场办公会等多种形式全力推动建议办理工作按时按质办结见效。所有代表建议均在规定时间内办结，并向代表本人答复，办复率为100%，代表“满意和基本满意率”达100%。

代表建议所提问题解决或基本解决的43件，占承办总数的59.7%。这些建议紧扣中心工作、贴近基层实际、反映群众需求，具有较强的针对性和可行性。区政府系统本着对代表所提建议高度负责的态度，积极采纳、及时解决，取得明显成效。如胡晓云等6名代表提出的第34号《关于新建圩上桥镇集镇（店前）幼儿园的建议》。经区教体局实地调研论证，圩上桥镇每年适龄幼儿约20人，部分幼儿选择前往圩上桥镇公办幼儿园（红星位置）就读，部分幼儿跟随家长在城区就读民办幼儿园，若在圩上桥集镇新建一所公办园一定程度上会造成新的校舍闲置浪费。鉴于圩上桥镇集镇居民需求，区教体局于2021年秋季学期在店前中小学内附设幼儿班，配备配齐教学设备及教师。

代表建议所提问题正在解决或列入规划逐步解决的有23件，占承办总数的34.7%。这部分建议涉及面广，有的情况较为复杂，完全解决有一个过程。有的须上级部门审批，承办部门已积极请示，正在等待回复。各承办单位制订工作计划，落实相关措施，创造条件争取尽快解决问题。如乐宏斌代表提出的第71号《关于东乡区工业园企业污水达标后排放及各乡镇灌溉用水安全的建议》。区生态环境局督促全区17家涉废水、4家涉废气排放的重点排污单位，全部完成废水、废气污染源自动监控设施安装；在工业园区及敏感区域安装18台阵列式空气自动监测仪，监测数据传输至环保专网，做到追根溯源，并根据企业排放标准和空气质量标准设置预警值。园区内涉水排放企业均纳入污水处理厂接管范围，污水处理厂处理达标后的废水二次利用东乡区绿化作业。区生态环境局将持续加大对东乡区水质监测力度，确保水环境安全。

代表建议所提问题因政策所限等客观原因暂时无法解决，需要向上级反映或留作参考的有4件，占总数的0.06%。这部分建议具有一定的合理性和前瞻性，因客观条件，或与现行政策规定、管理体制不完全相符，所提问题一时难以解决。对这些暂时难以解决的代表建议，承办单位向有关代表作认真细致的解释说明，基本得到代表的认可和理解。如陈议华代表提出的第37号《关于重建东乡火车站广场雕塑的建议》。按照《住建部　国家发展改革委关于进一步加强城市与建筑风貌管理的通知》等文件要求，城市雕塑等景观类建筑作为城市重要项目进行管理。代表所提重建东乡火车站广场雕塑为景观类建筑，按照政策规定，暂时不具备条件重建。

区人大常委会主任会议研究确定重点督办建议13件，区政府及各有关承办单位高度重视，每项重点建议明确一位副区长领衔办理，各承办单位主要负责人主持办理。在承办单位的共同努力下，取得一定的成效。

重点督办代表建议所提问题，解决或基本解决的有8件。侯云霞代表提出的第2号《关于要求修理农田灌溉河道水闸和清淤的建议》。建议提到的红星白家水闸设计问题导致洪涝灾害。针对这一问题，区水利局会同圩上桥镇实地进行调查，受洪涝灾害主要是由于河道季节性生长水葫芦导致河道淤积严重，遇雨季产生大量积水。区政府已安排财政资金18万元用于该河道清淤。从清淤情况来看，该河道在2021年主汛期时未发现内涝情况。鉴于清淤后的红星白家水闸运行良好，故暂不考虑更改水闸设计。

李晓成代表提出的第8号《关于落实好扩宽道路工程后续工作的建议》。建议提到小璜部分道路拓宽后续环境整治问题。区政府已安排专项资金用于各乡镇（街道、场）对辖区路域进行环境整治。其中拨付小璜镇资金34.06万元。

乐爱平代表提出的第13号《关于农村粪污一体化工程的建议》。建议提到项目实施中化粪桶填埋不科学、路面恢复不到位、影响村庄环境等问题。施工项目部通过加高井筒或者重新选点填埋等方式进行整改，排查出的253个浮筒和涉及的村庄陆域环境全部整改完成。同时，在每个乡镇（场）安排一名专业的项目负责人，每个片区安排一名分管副经理，负责对项目实施进行全过程监管，发现问题立行立改。

张银山代表提出的第14号《关于维修历史遗留的老旧水利设施的建议》。2020年8月，东乡区列入全省农业水价综合改革第二批整体推进县，主要任务是落实农田水利基础设施管护，保障良性运行。为做好该项工作，区政府与江西省水投工程咨询集团有限公司在2021年4月27日签订技术服务委托合同。完成全区所有水利设施调查登记及信息平台建立工作。区政府后续将整合各部门涉农资金及收缴的农业水费，对辖区内的老旧水利施舍将聘请第三方维养机构进行维修养护。

范媛代表提出的第31号《关于规范我区人才公寓管理的建议》。东乡区人才公寓设在中央购物公园小区1栋，有59套保障房，出租给符合条件的公职人员和企业高管共50套（公职人员44套、企业高管6套）。经区住房保障中心核查，中央购物公园无转租现象，对不符合入住条件的2套已办理清退工作。

艾员山代表提出的第40号《关于东乡区教体局应规范学校管理、坚决查处违规补课现象的建议》。区教体局制定印发《东乡区教育“三违”治理专项行动方案》，东乡区教育系统4000余名教职工公开签订《教育“三违”行为公开承诺书》，从制度层面进一步整治教育“三违”现象。成立以区教体局牵头，市监、文旅、公安等部门联合协办的专项检查组，对学校和教育培训机构开展专项检查，重点检查在职中小学教师推荐、诱导学生及组织学生违规补课、违规推销教辅材料等情况。向社会公布举报电话，一经发现上述情况，将严肃进行查处。

艾员山代表提出的第49号《关于科学设置公交线路、增设医院停靠点的建议》。城区3路、5路、6路、7路公交在区人民医院设置公交停靠点。中医院因位于老城区中心位置，路面狭窄，且设有疫苗接种点，设置公交停靠点易造成拥堵，区公交公司将停靠点设置在中医院周边范围。区公交公司经实地调研了解，经停人民医院、中医院、妇保院的公交车辆能满足当前群众乘车需求。

陈国华等4名代表提出的第63号《关于拓宽瑶圩至锁山村委会及马玲村委会公路的建议》。区交通运输局将该道路申报省交通运输厅“十四五”公路改造计划，项目初步设计路面宽6米、路基宽7米的四级双车道。

重点督办代表建议所提问题，正在解决或列入规划逐步解决的有5件。张冬华代表提出的第30号《关于加快推进天然气进企入户的建议》。经区住建局实地核查，除新建小区全部配套天然气管网外，东乡区城区范围内老旧小区完成的天然气管网覆盖约2320户，城区仍有老旧小区及私房1.6万户因道路狭窄和地下管线复杂难以满足铺设天然气管网开发要求。园区企业主要能源消耗以煤炭、油料及生物质为主，使用天然气成本高，大部分企业不考虑使用天然气。区住建局将结合城市总体规划，依托通气的新、老小区，采用低压管网逐步覆盖周边散户片区，力争在2025年实现城市燃气气化率达标。

李艳燕代表提出的第38号《关于在公安局至龙山宾馆路段建停车场的建议》。按照城市总体规划，区政府拟在龙山北路人民公园西侧建设约120个停车位的生态停车场。拟在龙山北路农商行巷内建设一个约60个停车位的立体停车场。

刘银龙代表提出的第20号《关于完善高标准农田建设附属设施的建议》。代表提到詹圩镇铁山村高标准农田改造按设计要求需建设一座桥，因施工方以经费不足为由未建设，严重影响农民生产生活。针对这一问题，区政府办召集区农业农村局、区交通运输局、詹圩镇在现场进行实地查勘，就维修计划安排进行会商，确定将该处纳入2022年农村公路维修改造计划中予以实施。

乐辉代表提出的第48号《关于要求解决王震大道（中山红绿灯）至圩上桥、詹圩、马圩公路红星山头段道路拥挤的建议》。王震（中山红绿灯）至圩上桥、詹圩、马圩公路红星山头段道路已按照三级公路标准完成建设。针对代表提出的建议，区交通运输局、自然资源局结合该路段实际情况进行可行性分析。考虑到改迁工程需要大量资金投入并且建设周期较长，该建议仍需进一步调研论证方可实施。

徐德文代表提出的第64号《关于詹圩镇梅家村徐坊组两条断头路建设的建议》，詹圩镇梅家村徐坊组至下埠集镇、詹圩镇梅家村徐坊组至临川云山两条“断头”线路属县际路网，实施该项目需要协调临川区，该建议落实还存在一定难度。区交通运输局正在就该事宜与临川区交通部门沟通衔接。

在区人大的关心、支持和监督下，各地各有关部门把人大代表建议办理作为一项政治任务，精心谋划安排，强化组织领导，细化工作措施，落实效率、办理质量较往年均有提高，解决广大人民群众一批着急事、烦心事、疑难事，受到人大代表的充分肯定。

做到三个“强化”。区政府将建议办理作为提升工作水平的重要抓手，从主要领导到分管领导，从政府办公室到承办部门，都层层加压用力，人人扛起责任，把办理工作抓实抓细、抓严抓准。强化组织推动。收到区人大承办代表建议后，区政府主要领导多次对建议办理工作进行强调，要求政府分管领导，对建议办理工作要及时进行督促协调，对重点难点建议要亲自协调落实；区政府分管领导对所有建议逐一审阅、参与研判，提出工作指导意见，安排分管单位负责人主动对接。强化承办落实。收到建议后，区政府办公室作为牵头部门，主动与人大选任联工委进行沟通，共同对建议内容进行逐一梳理，分析研判，明确承办部门、办理事项和具体要求。强化结果审核。区政府办对各承办单位的答复件逐一进行审核，对未严格按照要求进行办理的均退回重新办理，做到规范办理、规范答复。

落实三个“规范”。代表建议涉及范围广、承办部门多，唯有做到规范有序，方可促进办理工作高效开展。规范交接办理。下发工作提示单，对办理要求、方法、时限及面复表、答复格式等作明确规定，统一制式格式，统一工作标准。召开人大代表建议交办会议，将代表建议一次性转交承办单位、协办单位，对办理态度、办理措施做细化要求，通过规范交接保证规范办理。规范沟通协调。要求各承办单位加强与代表见面沟通，客观说明办理情况，在建议办理完毕后，以正式文件形式反馈给代表，报人大选任联工委和政府办公室备案。在具体办理过程中，各承办单位积极创新思路，改进方法，坚持做到办前有征询、办理有沟通、办后有反馈。对凡具备条件能够解决的问题，认真予以解决；暂时不能解决的，也认真答复，把情况原因解释清楚，把理由讲充分；对因客观条件限制或与政策有抵触的问题，及时说明情况，取得代表的理解与支持。规范督查督办。区政府办对建议办理进行全程督办，对工作进度慢的单位多次采取电话督办、催办。对办理不到位的，和承办单位主要负责人进行面谈，面对面进行督察调研，确保解决问题动真格，办理结果见实效。

实现三个“结合”。各承办单位把建议办理与落实上级决策部署、年度重点工作、民生实事结合起来，统筹安排，与落实上级决策部署相结合。代表的很多建议契合中央和省、市精神，区政府各部门都认真研究议案建议提案内容，充分借鉴吸收人大代表的思路意见，将建议办理作为落实上级精神的重要手段，不断推动工作深入开展。例如，徐建生等 14 名代表提出的“关于聚焦乡村振兴，大力发展东乡绿壳蛋鸡产业的建议”与建设现代农业产业要求紧密相连，区农业农村局将办理工作与实施“乡村振兴战略”相结合，制定绿色食品产业链，整合涉农资金，组织农产品展销，助推绿壳鸡蛋产业转型发展；侯云霞代表提出的“关于加大扶持中医药发展的建议”与全省加快中医药产业发展相呼应，区政府从政策层面出台《关于进一步加快中医药发展的意见》《东乡区推进中医药发展的实施意见》，明确相关扶持政策。在财政方面，区政府每年安排中医药事业发展经费 150 万元，用于中医药等各项事业发展。与推进年度重点工作相结合。建议中，很多关注城市、交通、物流等基础设施建设，更多地考虑如何突破发展短板，提高城市颜值，更好地为发展插上腾飞的“翅膀”。比如，万超代表提出的“关于建设东乡区三级物流网络体系的建议”，高度符合市委、市政府提出的完善商贸流通网络举措。区政府通过招商引资方式，引进相关企业共同打造区乡村三级物流网络体系和冷库项目。与解决群众关切问题相结合。代表来自社会各界，对群众的诉求了解最清楚、感受最直接，所提出的建议大都涉及人民群众最直接、最根本的利益。各承办单位都能恪守以人为本、执政为民的理念，积极化解困难矛盾，切实维护群众的合法权益。比如，付细娥代表提出的“关于开立公益性医养结合养老院建议”、陈志武代表提出的“关于规划建设现代化立体停车场的建议”、饶国平代表提出的“关于加强小街小巷车辆停放管理的建议”等，这些建议的办理，切实解决人民群众身边的难题，让群众得到实实在在的实惠。

总的来看，在区人大常委会的大力支持和监督下，在区政府系统各承办单位的通力协作下，区一届人大五次会议以来的代表建议办理工作取得一定的成效，解决一批群众关心的热点、难点问题。但与代表要求和群众期望相比，办理工作还存在一些问题和不足。比如，部分办理单位重答复轻落实、解决建议反映的问题治标不治本、建议事项纳入解决计划后推进缓慢；部分单位在办理过程中避实就虚，没有认真研究解决问题的具体措施和办法，回复内容空泛；部分单位与代表沟通不够，或沟通方式过于简单，未能全面了解代表的想法及意见，影响办理效果等。我们将着重围绕正在解决和列入年计划解决的建议，强化措施，抓好落实，确保真正办理到位。对部分办理周期长的建议，保持连续性，严格按原定计划抓好跟踪落实，直至问题完全解决。对目前难以解决的问题，制定分步落实方案，有计划、有步骤、有重点地逐一解决，使办理质量、效率和落实率得到进一步提高。

政协抚州市东乡区一届五次会议提案办理情况

【提案基本情况】 在政协抚州市东乡区一届五次会议上，区政协委员从全区经济发展、民生改善、社会稳定的大局出发，认真履行职责，积极建言献策，对政府工作提出许多宝贵的、有针对性的意见和建议，涉及全区经济社会发展各个方面。经区政协提案委员会审核，交由区政府各部门及有关乡镇办理的政协提案共73件，其中，涉及经济建设方面的有15件，涉及城市建设和管理方面的有21件，涉及文化旅游教育卫生体育的有23件，涉及社会法制、党群统战和民生方面的有14件。各位委员的提案反映广大干部群众的心声，事关全区社会经济发展大计，事关广大人民群众的根本利益，也是当前社会的难点、热点问题，都是政府工作过程中应该力争解决的问题，对推进东乡高质量发展具有十分重要的意义。

【提案办理情况】 区政府对区政协委员提案进行分类整理，根据工作职能将73件提案分别交由区政府各部门和有关乡镇承办并下发工作提示单。区政府主要领导对政协委员提案内容逐件阅批，对办理过程中遇到的重大事项亲自推动、重点环节亲自协调、落实情况亲自督促。各分管副区长也根据各自分工，经常调度推进分管部门承办的提案办理情况，亲自研究协调办理过程中遇到的重点难点问题，推动办理见实见效。区政府各部门和有关乡镇对承办的提案都积极认领、照单全收，严格按照时间节点和任务分工，采取召开协调会、部门会商会、现场办公会等多种形式全力推动提案办理工作按时按质办结见效。所有政协委员提案均在规定时间内办结，向委员本人答复，办复率为100%，代表“满意和基本满意率”达98%。

解决或基本解决的提案28件（A类），占总数的38.4%。这些提案紧扣中心工作，贴近基层实际，反映群众需求，具有较强的针对性和可行性。区政府本着对委员所提建议高度负责的态度，积极采纳，及时解决，取得了明显成效。如黄远平委员提出的“关于加强我区地下管网工程建设的提案”，区政府对提案中反映的“地下管网反复开挖”等问题，建立由城管、供水、供电、电信、移动、联通、天然气等部门组成的城区地下管线统一组织协调机制，统筹协调管理城区地下管线工程施工，加大对城区市政工程施工巡查执法力度，督促各施工单位严格按照有关安全文明施工标准，做到科学有序施工，进一步提高市民对城区开挖建设工程满意度。又如，段鑫委员提出的“关于加强共享单车有序停放”的提案，共享单车解决了城区居民出行“最后一公里”的问题，一定程度上缓解了城市交通拥堵问题，但也出现单车停放无序、占用人行道、堵塞公交站台、影响市容市貌等问题，给城市管理带来不少困扰。区城管部门积极应对，采取出台指导意见、设定投放上限、建立管理体系、实行考评制度、搭建监管平台、增建停车设施、增加运维人员、建立信用体系、加强执法监管、倡导文明出行等多项措施，切实提高共享单车行业管理水平。

正在解决或列入规划逐步解决的提案共26件（B类），占总数的35.6%。这部分提案涉及面广，有的情况较为复杂，完全解决有一个过程。有的须上级部门审批，承办部门已积极请示，正在等待回复。区政府各承办单位正在制订工作计划，落实相关措施，创造条件争取尽快解决问题。如李小明委员提出的“进一步加强和推进城区公办幼儿园建设的力度”的提案，区政府高度重视学前教育工作，公办学前教育资源不断得到扩充，城区现有公办幼儿园5所，当代城、壹号院、闽鸿星港湾3所配套幼儿园已经建成，力争2022年春投入使用，计划2022年新建城西、城北2所幼儿园，这些幼儿园建成后，将更好地满足东乡区适龄幼儿的入园需求。又如李诚委员提出的“打造医疗高地，推进东乡区公共卫生体系建设”的提案，区卫健委牢固树立大卫生、大健康理念，优化医疗资源配置，开展实施疫情防控救治能力3年行动计划，加快推进重大疫情救治基地、城市传染病救治网络建设，加强公共卫生突发事件防范能力和应急处置水平，提高重大疫情救治能力，不断提升医疗服务水平，满足人民群众近距离、高品质的就医需求。

因受到条件限制，暂时难以解决的C类提案19件，占立案总数的26.0%。这部分提案具有一定的合理性和前瞻性，但因客观条件，或与现行政策规定、管理体制不完全相符，所提问题一时难以解决。对这些暂时难以解决的提案，区政府各承办单位都向有关委员做认真细致的解释说明，基本得到委员的认可和理解。如辛全委员提出的“关于适当放宽儿童入读一年级年龄界限的建议”的提案，从政策执行情况看，根据《中华人民共和国义务教育法》有关规定，凡年满6周岁的儿童应当接受并完成义务教育。江西省各市县（区）按照每年8月31日前满6周岁的儿童入学接受义务教育。从儿童心理生理情况看，年满6周岁入学符合我国经济发展要求，符合儿童生长发育自然规律，是经过广大教育工作者实践研究论证后确定的，得到社会和绝大部分家长的认同、接受。该建议我们将积极做好向上的沟通。

【提案办理主要做法】 安排专人对区政协提案进行清点、梳理、分类，按政府工作分工分别将提案呈送区政府领导审批。提案办理工作由区长负总责，常务副区长及相关副区长按照分工具体抓，各承办单位主要负责人具体负责，确保办理过程中，各承办单位能够严格落实“主要领导负总责、分管领导具体抓、经办人认真办”的要求，做到定人、定责、定时。

各承办单位始终坚持提案办理工作制度化、规范化，在健全制度、规范程序、完备措施等方面重点发力。从提案的承接、登记、分类、批阅、交办、督促、审查、答复等各个环节，坚持严格的工作制度、工作程序和工作纪律，使办理工作实现制度化、程序化和规范化。

对于政协提案办理工作，各承办单位始终能够坚持积极同委员们进行沟通，细致了解委员们提出提案的目的和意图，认真答复后及时同委员们进行面对面征求意见，不断提高委员的满意率。

区政府加大对办理工作的督查力度。一方面定期催办，在整个办理过程中，政府办安排专人通过电话方式，对各承办单位进行多次催办，促使办理单位加快办理进度，协调落实办理措施；另一方面重点督促，对办理工作进度滞后的单位，政府办直接与其主要负责人联系，要求他们亲自过问，亲自安排部署，推动办理工作有效开展。通过督查督办，大多数承办单位基本能按照规定程序和时限要求进行办理，保证办理工作的质量和时效。

总的来看，虽然政协抚州市东乡区一届五次会议提案办理工作取得一定的成效，但从提案回复和委员反映的情况看，少数承办单位在办理工作中仍存在着一些问题和不足，与工作的要求和委员的期望还有一定的差距。主要表现在：部分承办单位重答复轻落实、解决建议反映的问题治标不治本、建议事项纳入解决计划后推进缓慢；部分单位在办理过程中避实就虚，没有认真研究解决问题的具体措施和办法，回复内容空泛；部分单位与委员沟通不够，或沟通方式过于简单，未能全面了解委员的想法及意见，影响办理效果等。我们将着重围绕正在解决和列入年计划解决的提案，强化措施，抓好落实，确保真正办理到位。对部分办理周期长的建议，保持连续性，严格按原定计划抓好跟踪落实，直至问题完全解决。对难以解决的问题，制定分步落实方案，有计划、有步骤、有重点地逐一解决，使办理质量、效率和落实率得到进一步提高。

区政府办公室工作

【概况】 2021年，东乡区政府办公室紧紧围绕区委、区政府中心工作，以“五型”政府建设为目标，以开展“我为群众办实事”活动为抓手，立足参谋助手、统筹协调、办文办会、督查督办、服务保障等五大职能，创新工作方法，完善工作机制，较好地完成各项工作任务。

【辅政建言】 发挥区府办以文辅政的作用，注重加强对重点热点问题的调查研究，想方设法为政府科学决策提供参考。

参与起草区“十四五”规划纲要等重要材料，为政府领导高质量撰写政府工作报告、经济运行等大型会议讲话材料200余篇；撰写调研文章20余篇，其中新华社《高管信息》杂志2021年第5期刊发东乡经开区《向“土地存量”要“发展质量”》的文章。强化政务信息报送工作，定期进行调度，印发《东乡区政府办政务信息工作考评办法》，加强对信息报送、审定、通报、评比等环节的管理，作为办公室文秘工作人员年终考核的重要依据。上报省、市政务信息326余条，其中，被市《每日要情》采用28条，被省《每日要情》采用3条，省厅采用转报国办33条。

【督查督办】 坚持以《政府工作报告》目标责任分解、区政府重要会议和文件及区长批示精神贯彻落实为重点，通过定期督查、专项督查、集中督查等形式，确保政府各项决策部署不走样，工作落实不打折，并将督查结果及时反馈给区政府主要领导，做到“事事有回音、件件有着落”。一年中，办理“问政江西”平台的群众反映问题事项62项，办结率为100%；办理“问政抚州”平台的群众反映问题事项153项，办结率为100%；督办领导批示件等各项事宜15件，印发《督查专报》10期。完成人大代表建议72件，政协委员提案73件，各代表和委员满意率达100%。

【队伍建设】 强化学习教育，注重实践历练，锻炼干部参与重大工作、统筹协调、随机应变、解决复杂问题的能力。同时，坚持正确的选人用人导向，严把选人用人各个关卡，积极争取组织关心，加大干部推荐力度，切实加快干部流动，提拔重用4人。为进一步充实办公室队伍，做好日常工作，从基层借用6名优秀年轻干部到办公室跟班学习，做好办公室文秘人员“传帮带”工作。

【“五型”政府建设】 开展“五型”政府建设，坚决整治“怕、慢、假、庸、散”等作风问题，加强干部职工的思想教育，严肃工作纪律，强化责任意识，力戒形式主义、官僚主义。充分发挥区“五型办”牵头作用，对照《关于进一步纵深推进“五型”政府建设实施意见》等一系列文件，进一步细化责任、明确分工，以改进工作作风、积极转变工作职能、努力提高行政效率为目标，力争连续三年蝉联全省“五型”政府建设先进集体。

（韩国涛）

人力资源和社会保障

【概况】 2021年，东乡区人力资源和社会保障局认真贯彻实施人才强区战略，着力加强人才队伍建设，统筹抓好各项人才工作，以促进城乡基本公共服务均等化为着力点，加大公共财政投入，加强人力资源和社会保障服务平台建设，健全服务网络，为区域经济社会和谐发展提供强有力的人才支持和社会保障体系。

【事业单位人事制度改革】 创新事业单位分业分类招聘办法和艰苦边远地区人才定向培养模式，稳步推进事业单位岗位设置管理工作。全面推行事业单位工作人员公开招聘制度，按照科学、公正、规范的选人用人机制，完善招聘程序，规范招聘方法。面向社会公开招考招聘270人，其中教师155人、医疗卫生54人、区直事业单位41人、高级技工教师20人。对6871名事业单位工作人员进行年度考核，进一步规范做好人才管理工作。

【落实疫情政策稳就业】 重视稳就业工作，多措并举做好新冠肺炎疫情防控期间政策落实工作，助力推动疫情防控与经济社会发展“两手抓、两不误”。对177家符合条件的企业发放稳岗返还补贴，发放71.67万元，惠及职工6492人，稳岗返还发放企业数量占上年度（2020年有237家企业参保）失业保险参保缴费企业数量的74.6%。

【人才培育和引进】 推动人才培育和引进工作，开辟人才引进绿色通道，引进东乡籍外地教师14人。加强“三支一扶”人员服务管理，形成以用人单位管理为主、行业主管部门为辅的管理模式，招募“三支一扶”高校毕业生22名，安置2019年服务期满的“三支一扶”高校毕业生18名。积极开展人才引进工作，制定2021年度人才引进方案，报市人社局审核，引进博士学位医疗专家1名。为吸引和留住人才，扎实做好江西亿友药业有限公司一名高级工程师“双高领军人才”上报工作，经省人社部门初步审核通过，待省人社部门评审。完成人才职称申报236人。其中，正高级8名、副高级93名、中级135名。

【实施民生工程】 实施民生民本保障工程，统筹城乡、区域协调发展，实现城乡就业状况逐步改善、就业创业环境逐步改善、社会保障能力逐步改善、劳动者权益保障逐步改善，提高人民群众幸福指数。东乡区实现城镇新增就业6203人，新增转移农村劳动力8210人，完成退休人员基本养老金调整工作，提高退休人员基本养老金水平2.62万人。企业离退休人员人均增资111.4元/月，机关事业单位退休人员人均增资159.2元/月，城乡居民养老保险基础养老金最低标准从每人每月110元调至130元〔对65周岁（含65周岁）至79周岁的参保人员基础养老金每人每月再增加不少于3元；对80周岁（含80周岁）的参保人员基础养老金每人每月再增加不少于6元〕。失地农民参加城镇职工、城乡居民基本养老保险9874人。

（饶卓芬）

人力资源市场

【概况】 东乡区人力资源市场由区就业创业服务中心管理。东乡区就业创业服务中心是区人力资源和社会保障局管理的副科级全额拨款事业单位。2021年，东乡区实现城镇新增就业6203人，新增转移农村劳动力8210人，省内新增转移3552人，“4050”就业困难人员新增就业602人。

【就业援助】 通过职业介绍、专场招聘、技能培训、重点帮扶等形式，加大对城镇失业人员、未就业的高校毕业生等就业困难人群就业援助力度；重点帮扶零就业家庭就业，组织各乡镇（街道）劳动保障所对零就业家庭进行排查摸底，建立就业援助台账，并实行动态管理，做到发现一户、解决一户、稳定一户。组织开展农村劳动力转移督查，与有关部门配合组成督查组，深入乡镇、工业园区对农村富余劳动力转移就业工作进行督查。开展岗位对接工作，帮助农村劳动者实现就地就近转移就业，各乡镇与工业园区多家企业开展用工对接。2021年，零就业家庭安置率达100%。

【职业招聘活动】 把职业招聘作为促进就业，对接企业用工需求的重要手段，举办“大学生专场招聘会”“2021年东乡区民营企业招聘会”“2021年东乡区工业园区企业现场招聘会”“2021年迎新春送温暖，稳岗留工送岗下乡”等招聘活动。把招聘信息从线下延伸到线上，在“东乡发布”微信公众平台、“东乡谷锦人才市场”“VR5G”“村头宝”等网络社交平台发布企业招工信息和劳动者求职信息，与东信传媒签订广告合作协议，大屏幕滚动播放招聘求职广告。发放宣传资料5000余份，联系招聘企业81家，召开招聘会28场41天，提供就业岗位7200个，为2.2万余人次提供招聘服务（含网络服务），达成就业意向3900余人。

【直播招聘】 确保新冠肺炎疫情防控期间招聘活动“不打烊”，帮助求职者实现就业，解决企业招工难题。通过联合区总工会等多个部门，借助东乡地宝平台，举办“2021年春风行动”“大学生网络直播带岗招聘会”活动，为求职者提供“非见面”式直播招聘会服务，帮助实现就地就近就业。“春风行动”直播浏览量达12万多人次，“大学生网络直播带岗招聘会”直播浏览量达13万多人次，参与的企业有150余家，数万名高校毕业生与企业进行咨询洽谈，1万余人与企业进行就业意向合同签署。

【就业培训】 加强农民工、城镇失业人员、新成长劳动力免费基本职业技能培训力度，区就业创业服务中心培训部门专门负责开展基本职业技能培训，与培训机构和企业对接，做好培训前计划制订、培训中督查管理、培训后跟踪服务等工作。实施有企业岗前培训、电商创业培训等多种形式的免费培训。加大对培训工作审核和监管力度，严格审核培训机构和培训师资的资质，对培训机构培训实行现场检查和远程监控，确保培训质量。东乡区职业技能提升行动共完成培训7970人，其中，岗前培训2230人、技能培训3637人、创业培训1146人、以工代训957人，完成目标任务的112.25%，经培训人员就业率达95%以上。

【创业扶持】 激发自主创业人员的积极性，发挥部门服务职能，加大创业担保贷款支持力度，将个体创业贷款最高限额从15万元提高到 20 万元，大学生创业最高为 30 万元，合伙创业贷款从最高 90 万元提高到 200 万元，企业贴息贷款从最高 200 万元提高到 600 万元，提高其抗风险能力，带动更多人实现就业。2021 年，东乡区新增创业担保贷款 10272 万元，完成目标任务的 114.13%；区创业贷款支持个人创业发放 5742 万元，完成目标任务的 106.33%；创业担保贷款新增担保基金 50 万元，完成目标任务的 100%；直接和带动就业人数 800 余人。

（饶卓芬）

社会保险

【概况】 2021 年，根据东乡区深化事业单位改革，原区社会保险事业管理局和区农村社会养老保险管理局整合组建区社会保险服务中心，属区人力资源和社会保障局下属副科级事业单位，内设 8 个职能股：办公室、社会保险业务股、基金管理股、稽核内控股、社会保障卡管理股、档案室、职业年金股及工伤保险管理股。

【推动社保扩面征缴】 区社会保险服务中心利用各种网络媒体平台加强社会保险政策的宣传，提升群众、企业参保意识，帮助广大群众深入理解参保条件、参保手续、缴费档次等社保信息，调动群众参保积极性。东乡区企业职工养老保险参保 7.82 万人，完成目标任务的 100%；城乡居民基本养老保险参保 17.5 万人，完成目标任务的 100%；机关事业单位养老保险参保 1.28 万人，完成目标任务的 102%；工伤保险参保 3.9 万人，完成目标任务的 100%。

【保障基金安全】 对 3587 名死亡及重复参保人员进行待遇终止支付，对 197 名死亡及重复参保人员进行待遇暂停支付。不断加强待遇领取人员资格认定，切实用好比对查询系统，准确梳理出不符合领取条件的待遇人员，及时完成基金追缴，保障基金运行安全。开展暂停领取待遇人员专项清理工作，东乡区暂停领取待遇人员合计 2757 人，完成清理总人数 2600 人（其中，完成待遇资格认证恢复发放 82 人，注销参保登记 2518 人）。未完成清理总人数 157 人。其中，已封存 54 人，暂时不符合清理条件 58 人（包括：参社保未退休人员、死亡前待遇发放失败人员、暂时无法确认生存状态且不满足封存条件人员），剩余 45 人。乡镇、村（社区）工作人员多次通知本人或者其继承人及时前往办理注销参保登记手续。

【困难群体帮扶】 区社保中心为解决特困群众无力续缴基本养老保险的问题，协调财政、农商银行等部门，拓展帮扶方式，打造绿色通道，推进“助保贷”业务。特困人员在享受城镇居民低保等情况下，无力续缴基本养老保险的，在离退休年龄 8 年（含）以内，可采取政府担保、财政贴息的方式，贷款额度不超过 5 万元。为符合申报条件的 10 名特困群众办理银行贷款，让他们享受到政府 74.19 万元免息贷款。扎实做好困难群体参保工作，为 7046 名致贫返贫人口、低保特困对象、重度残疾人等困难群体由政府代缴每人 100 元保费，实现困难群体应保尽保。

【转移接续“不见面”办理】 依据“放管服”要求，应用转移接续网上平台、掌上 App 加快实现养老保险跨省转移接续网上办理、顺畅衔接。参保人可通过网上国家社会保险公共服务平台、掌上“12333”申请养老保险跨省转移接续，无须参保人前往参保地打印参保缴费凭证、申请表，转移时限压缩 2/3，极大提高办事便捷性及转移效率。实现网上办理、掌上办理，一键操作，完成申请，实现“不进门、不跑腿”“零材料、秒审核”。运用“网上办事”“手机办事”等手段，开展城乡居民养老保险待遇资格线上认证工作，对长年居住在外不能到场进行农保认证的待遇人员，通过微信或电话在线告知办理流程；组织干部进村入户，利用“江西人社”App 客户端的人脸识别功能，帮助不能到现场办理的特殊人群完成认证。

（李诚桂）

社会就业

【概况】 2021 年，东乡区就业创业服务中心围绕稳定和扩大就业，调动一切积极因素，切实谋划，选好突破方向，实现城镇新增就业 6203 人，新增转移农村劳动力 8210 人，其中省内新增转移 3552 人；“4050”就业困难人员新增就业 602 人，城镇登记失业率控制在 2.15% 以内，同比上年降低

0.1%，就业态势保持平稳。2021年，东乡区就业创业服务中心人才服务股共接收流动人员档案1950份，调出512份，机要邮寄108份。

【就业援助】 通过职业介绍、专场招聘、技能培训、重点帮扶等形式，加大对农村脱贫劳动力、城镇失业人员、未就业的高校毕业生、退伍军人等就业困难人群就业援助力度。重点帮扶零就业家庭实现就业，组织各乡镇（街道）劳动保障所对零就业家庭进行排查摸底，建立就业援助台账，并实行动态管理，做到发现一户，解决一户，稳定一户。出台《鼓励农民工进城务工实施意见》，建立农村劳动力就地就近转移就业工作挂点联系制度。组织开展农村劳动力转移督查，与有关部门配合组成督查组，深入乡镇、工业园区对农村富余劳动力转移就业工作进行督查。开展岗位对接工作，帮助农村劳动者实现就地就近转移就业，各乡镇与工业园区多家企业开展用工对接。2021年，零就业家庭安置率为100%。

【提供创业资金扶持】 为调动自主创业人员的积极性，将个体创业贷款最高限额从15万元提高到20万元，大学生创业最高为30万元，合伙创业贷款从最高90万元提高到200万元，企业贴息贷款从最高200万元提高到600万元，全年发放创业担保贷款10272万元。对271户个人发放创业贷款5742万元，对11家小微企业发放贷款4530万元，带动就业人数800余人，安排担保基金50万元，到期贷款回收率为99.99%。

【重点群体创业扶持】 向脱贫户、返乡农民工、毕业5年内的高校毕业生创办企业或从事个体经营且稳定经营满6个月或一年以上的，给予每人2500～5000元的一次性创业补贴。2021年对12名符合条件的人员（高校毕业生2人，贫困脱贫户1人，就业困难人员2人，返乡创业者7人）发放补贴资金6万元。对8名符合本年度创业满6个月可享受50%创业补贴的创业者每人发放2500元的补贴，合计2万元。全年发放创业补贴20人次，共计8万元。

【失业保险稳定民生】 吸纳20512人参加失业保险，征缴失业金852万元，发放失业保险金122万元928人次；为领取失业金人员代缴职工医保24.6万元，发放失业补助金341.7万元3417人次；积极落实企业稳岗返还补贴政策，全年发放企业稳岗返还补贴71.67万元，惠及177家企业6492名职工；为7名企业参保职工发放技能提升补贴1.1万元。

【免费培训岗位技能】 提高东乡区劳动者技能、创业能力，更好地契合东乡区企业用工需求，区就业创业服务中心积极开展职业技能提升行动，实施有企业岗前培训、电商创业培训等多种形式的免费培训；对培训机构开展的培训实行现场检查监督和远程监控，确保培训质量。2021年，完成各项培训7970人，其中，完成岗前培训2230人，以工代训957人，创业培训1146人，就业技能培训3637人。

【招聘就业信息宣传】 拓宽东乡区群众就业信息接收渠道，能够实时接收招聘信息，东乡区就业创业服务中心加大宣传力度，把传统招聘与新媒体相结合，扩大信息覆盖面和受众群体，采用多种形式开展招聘就业信息宣传。在借助民间人力资源中介机构开展点对点服务的传统媒介基础上，通过“东乡谷锦人才市场”“东乡发布”等微信公众号发布全区企业招聘信息；在人流量大的小区门口布设“村头宝”自助招聘终端机发布就业信息；在东信广场、街心花园两地的LED全彩电子显示屏以及抚州东站高铁站出口，设立通道内墙体灯箱，常年投放广告，及时发布就业创业有关政策类信息和企业招聘信息，让百姓第一时间接收创业的优惠政策信息及就业最新招聘信息。

【脱贫劳动力就业调查】 有脱贫劳动力（含边缘户）5638人，其中有就业能力的脱贫劳动力3045人，实现就业人数为2589人，其他未就业劳动力多为照顾家庭或因病无法实现就业的，也包含一部分没有就业意愿的脱贫劳动力。为促进脱贫劳动力稳岗就业，东乡区就业创业服务中心积极落实就业补贴政策，向符合交通补贴条件的脱贫户809人发放补贴金额37.25万元。

（杨柳青）

政务服务

【概况】 2021年，东乡区行政审批局持续深化“放管服”改革，围绕打造“四最”营商环境这一主线，进一步优化政务服务流程，深入推进审批制度改革。获评第二批抚州市先进集体和2021年度抚州市政务服务工作先进集体，惠企政策兑现“一门式”服务改革案例当选为抚州市二十佳改革典型案例、2016—2021年度东乡区十大改革典型案例之一。

【“拿地即开工”】 积极探索工业项目“拿地即开工”，对已确定建设内容的社会投资工业类项目，通过政企联动、并联办理等措施，打破传统工程建设项目的分阶段审批方式，将项目拿地前的“等地期”转化为项目推进“加速期”，全面提高项目审批速度，保障工业企业拿地即可开工建设。金光高科年产11.2万吨锂电池材料建设项目已通过“拿地即开工”模式办理施工许可证。

【提速惠企政策】 梳理东乡区本级出台的惠企政策54条，按标准化要求编制办事指南，提升审批兑现时效，开发惠企政策兑现线上审批平台，企业可以在线上提出申请，职能部门线下进行审批，进一步提高审批效率，加快兑现时效。截至2021年12月，惠企政策兑现代办中心受理企业政策兑现申请业务3653件，兑现2929家企业，兑现资金196835.77万元。

【企业服务专区】 设立营商环境企业服务专区，整合企业开办、惠企政策兑现、普惠金融服务中心，将11家金融保险机构纳入中心集中提供服务，改变过去多部门办理、多窗口跑动的传统办理模式。为企业提供集企业设立、税务申报、社保缴纳、印章刻制、惠企政策申报及信贷融资、保险服务、担保征信为一体的“一站式”服务。通过政府购买服务的方式，实行对新开办企业免费送一套公章（含一枚光敏行政公章、一枚牛角财务章、一枚牛角法人章），通过邮递的方式送达上门，实现新办企业刻制首套印章零成本。截至2021年12月末，免费提供印章982套，为企业节省成本87780元。

【互联网+政务服务】 打造“赣服通”4.0版东乡分厅，梳理本地特色服务事项，154个高频事项、本地特色事项实现“掌上办”。加强电子签名、电子印章和电子证照的推广应用，支持申请人提交电子证照作为申报材料，通过“刷脸”“扫码”“亮码”等方式进行核验，提升“网上办”“掌上办”便利度。

【政务服务向基层延伸】 在马圩、圩上桥两个试点乡镇试行成功的基础上，全面推进乡镇（场）便民服务中心标准化、规范化建设，将与群众生产生活相关的办事功能，统一进驻到乡镇便民服务中心，形成“一个大厅”对外、“一条龙”服务、“一站式”办结的工作格局，同时将2台自助政务服务终端延伸到社区（东糖社区），采购1台自助服务机放置到城市驿站，让群众在家门口就能办成事。在小璜镇试行“免证”办理试点的基础上，其他5个乡镇（场）软硬件设施部署到位，实现23项事项“免证”办理。

【中介超市】 根据《江西省人民政府办公厅关于印发江西省网上中介服务超市管理暂行办法的通知》，出台《东乡区网上中介超市运行管理实施细则（试行）》，启动行政审批中介服务事项清单编制工作，梳理14个部门涉及行政审批的中介服务事项50项，全面推行中介服务“一网选取”。2021年共入驻本地中介机构6家，项目业主187家，采购服务项目600单。

【相对集中行政许可权改革试点】 2021年4月19日，东乡区行政审批局按照新的运行机制颁发第一张盖有行政审批局印章的营业执照，标志着东乡区相对集中行政许可权改革工作“一枚印章管审批”正式开启。截至2021年末，办理业务14793件。

【“好差评”提升群众满意率】 梳理区本级“跨省通办”“省内通办”事项73项。拓展“好差评”方式，在现场评价的基础上增设短信评价、二维码评价，打造“三合一”评价模式，让群众的真实意愿得到体现，让服务评价变得更加客观、真实，进一步提高评价的针对性和精准度。建立差评整改机制，从差评复核、转办、承办、督办、反馈全环节进行跟踪。截至2021年12月，收到锦旗14面、表扬信90封，满意度为99.99%。常态化开展延时错时预约服务，通过多渠道宣传，提高群众知晓率。推行“12345”热线“一号咨询预约”服务，即可咨询办事指南，预约节假日、周末办事，全年延时错时服务期间办理业务60206件。

【“办不成事”反映窗口】 在区政务服务中心窗口设立“办不成事”反映窗口，成立“办不成事”协调处理工作专班，制定“办不成事”反映窗口运行规范管理机制，对未能办成的事情协调入驻部门主动解决，确保群众诉求“件件有着落，事事有回音”。全年，协调解决难题10件。

（陈　志）

政府网站、网络建设与管理

【概况】 东乡区大数据中心于2021年4月23日由中共抚州市东乡区委机构编制委员会正式批复，整合原区信息中心等单位相关职能，为政府直属的正科级公益一类事业单位，归口政府办公室管理，并承担跨部门信息应用系统建设，区本级政务领域大数据基础设施和安全体系建设、区人民政府网站的运维等相关职责。

【政务外网】 保障网络安全通畅，东乡区政务外网使用单位113个、2000多个用户，通过网管软件运维管理乡乡通政务网络93次，重点解决部分区直单位视频会议丢包、业务网络设备故障及网络访问异常行为86起；打通东乡区纪检监察机关与其他机关之间的信息共享和业务协同需求；完成依托电子政务外网构建全省医疗保障纵向业务网，满足省、市、县（区）医疗保障局，乡镇、街道办（基层）医保经办网点，人社、卫健、民政、税务等信息资源共享，为部门业务系统运行、跨部门跨区域应用和信息资源共享提供基础保障。

【门户网站建设】 通过东乡区人民政府网站、东乡区人民政府公众号平台，做好财政预决算、住房保障、食品药品安全、安全生产、环境保护、重大建设项目等信息集中公开等工作。将重点领域政府信息公开纳入政府主动公开信息基本目录，及时公开；新建包括“基层人员培训及监督保障”政策法规的“其他有关文件”“土地征收”等5个栏目，新建“优化营商环境”专题专栏。完成网站整改26次，清理敏感词、错误词信息798条，清理网站链接错误6596条。

【政务信息公开】 制定《东乡区政务公开工作要点》文件，按照国家、省、市政务公开工作要点，完成网站各栏目的新建、撤销工作；修改编辑完成《东乡区26个领域政务公开目录》。督促包括行政审批大厅在内的政务公开查询点建设，完成2021年抚州市东乡区政务公开问题明细台账、2021年东乡区政务公开责任分工及存在问题、2021年东乡区关于政务公开工作要点等工作布置并监督各单位充实政务公开内容。组织召开东乡区政务公开培训会议2次，线上完成各类指导1053次。

（黄晶晶）

公共资源交易

【概况】 2021年，抚州市公共资源交易中心东乡分中心（区农村综合产权交易中心）不断创新服务方式，努力打造阳光高效便捷招投标服务平台，全力部署做好重大项目招标采购工作，规范业务流程，优化信息系统，加强党风廉政建设，稳步推进各项工作扎实开展。

【招投标工作】 完成公共资源交易项目288项，其中未入系统工程项目4项，采购项目7项，总金额36.34亿元。除未入系统项目外，交易总金额31.59亿元，其中政府投资建设工程招标项目79项，预算金额4.13亿元，中标金额4.05亿元，节约资金0.08亿元，节约率1.87%；政府采购项目127项，预算金额2.69亿元，中标金额2.65亿元，节约资金0.04亿元，节约率1.52%；土地交易项目64项，起拍价14.55亿元，成交价24.63亿元，增值资金10.08亿元，增值率69.23%；产权交易项目7项，起拍价0.16亿元，成交价0.21亿元，增值资金0.05亿元，增值率30.36%。

【生态资产交易】 推进生态资产交易平台良性运行，实现资源资产化、资产资金化、资金绿色化，助力乡村振兴；推进生态产品价值实现机制国家试点，发挥生态资产交易平台资产流通和贷款抵押处置作用，深化涉农类综合产权交易工作，2021年生态资产交易总任务金额4.7亿元，实际完成交易总任务金额5.91亿元，完成比例125.74%。

【保证金管理】 严格执行《江西省公共资源交易保证金管理办法（暂行）》和《市投标保证金自动退付操作办法》等规定，利用江西省公管办开发的投标保证金网上管理系统，实行保证金网上收退、网上管理，确保账户上不再出现投标企业滞留保证金。为进一步加强投标保证金管理，确保保证金的及时退付，切实减轻企业负担，公共资源交易中心每年对上年度的投标保证金进行统计后，以电话的形式通知投标人，在网站发出通知，但仍有部分投标保证金无法退回，对于逾期未办理或无法清退的保证金将按规定上缴财政国库。

【“不见面开标”系统】 针对疫情防控常态化形势，通过“不见面开标”系统实时进行开标现场直播，在开标主持人的引导下，投标人在线完成签到、解密投标文件、上传相关资料等操作，轻松参与交易活动。投标企业无须到开标现场，而是实现各主体线下不见面、线上面对面，让企业不跑路，让数据多跑路，不断降低企业成本。全面提升招投标电子化水平，实现公共资源交易全流程电子化、信息化、智能化。

（杨新华）

机关事务管理

【概况】 2021年5月，整合区委、区政府接待办，区机关事务管理局，区接待服务中心，组建区机关事务管理中心，为区委、区政府直属正科级公益一类事业单位，主要承担为全区及区行政中心提供支持保障职责。

【公务用车】 以区公务用车制度改革领导小组办公室的名义转发市公车改革领导小组下发的《关于进一步加强公务用车管理使用和监督检查工作的通知》，进一步规范各单位公务用车管理使用。对平台上的51辆公务用车实行定点维修、定点加油、定点保险、定点洗车的“四定”管理，公务用车实行网上派车，派车手续规范有序，做到一车一档，加油一车一卡，专人保管，对公务用车实时定位监管。更新（配备）公务用车和执法执勤车辆23辆，进一步缓解用车难的问题。12月，区机关事务管理中心通过竞争性谈判的方式，确定两家定点公务用车租赁公司，各用车单位向平台申请租赁车辆，与租赁公司签订用车协议后使用车辆，加强公务用车集中保障机构保障能力，延伸公务出行保障功能，完善公务用车保障体系。

【公务接待】 印发《关于开展机关食堂等内部接待场所专项整治实施方案》，明确整治工作内容及目标，并联合区商务局、区财政局在3月和9月，两次对全区有关单位贯彻落实情况进行督查，要求各机关单位从严从紧规范公务和商务接待活动，加强内部食堂管理。实行公务接待“N—1”制度，减少陪客人员，使接待经费递减5%左右。为杜绝餐饮浪费行为，机关大食堂所有物品由供销社下属配送公司配送，5月开始实行新的指纹（人脸识别）打卡就餐制度，有效防止外来人员“吃白食”，教育引导机关工作人员从我做起，倡导节约粮食、实践光盘行动，树立浪费可耻、节约为荣的意识。

【公务用房】 区事业单位机构改革期间，对有关单位闲置腾退的办公用房进行调查摸底，对涉改单位的办公用房进行调配，最大限度地盘活全区闲置办公用房资源。完成办公用房的摸底调查，登记全区党政机关拥有的房屋所有权及相应的土地使用权情况。

【人防地下停车场试运行】 为缓解行政中心机关干部停车难，为外单位人员来行政中心办事提供停车方便，2021年6月中旬，人防工程地下停车场开始实行试运行，行政中心各入驻单位工作人员及各单位副科级以上干部（含各单位办公室主任）的车辆信息全部录入行政中心车辆识别系统，可进入机关大院停车。同时为重要客商提供停车方便，在重大活动之时，人防地下停车场对外开放。为加强管理，地下人防工程停车场招聘保安、保洁和水电工11名。

（徐水生）

政协东乡区委员会

综 述

2021年，区政协以庆祝中国共产党成立100周年为契机，弘扬伟大建党精神，增强政协机关干部和政协委员的历史自信；扎实开展党史学习教育，从党的百年奋斗历史经验中汲取智慧和力量，在新的赶考路上更加意气风发，勇毅前行；圆满完成换届工作，接过历史的接力棒，以新定位新思路开启政协工作新征程；紧紧围绕全区工作大局，坚持发扬民主和合作共事相互增进、建言资政和凝聚共识双向发力，充分发挥人民政协专门协商机构作用，为东乡高质量跨越式发展作出新的贡献。获2021年全区高质量发展综合绩效考评综合先进单位三等奖、招商引资工作先进单位三等奖、服务重大工业项目建设先进单位一等奖，获《江西政协报》读报用报先进单位称号。

协商议政。组织政协委员围绕全区政治、经济、文化、社会和生态文明建设等方面深入协商交流，积极建言献策，提出许多具有参考价值的意见和建议，展现区政协委员昂扬向上、奋发有为的履职风貌。在区政协一届五次会议上，政协委员就支持退役军人就业创业、数字经济高质量发展、加快医养融合发展、加快生猪复养增产、推进残疾人事业高质量发展、发展电商产业等经济社会发展中的热点、难点问题进行大会发言，引起区党政领导及有关部门的高度重视。

民主监督。不断丰富和拓展政协民主监督工作的渠道和方式，积极参与政法队伍教育整顿，聘请区政协委员担任执法、执纪部门特邀监督员。指派26名政协委员参加区委政法委、公安局、法院、检察院、司法局等单位的听证会、座谈会、协商会，切实履行监督职责，深入体察社情民意，认真反映群众的意愿和呼声，对加强东乡区行政执法队伍建设，确保依法行政、公正司法，提出不少好的意见和建议。

视察调研。制定《2021年区政协协商计划》《2021年区政协常委会工作要点》，增强协商工作的针对性和实效性，使协商活动更加贴近党政关注、社会关切，使协商方式更加科学合理、规范有序。围绕融入大南昌都市圈、工业三年倍增行动、乡村基层治理、推进北港河流域生态保护、规范城区停车管理、打造医改“新引擎”等课题，深入开展调研视察活动20余次，形成一批有分析、有建议的建言资政成果，有效促进有关问题的解决。

对外宣传工作。12月，以庆祝东乡政协成立40周年为契机，组织开展纪念东乡政协成立40周年主题征文活动，全面呈现区政协和广大政协委员履职成果。启动《东乡政协志》编撰工作，开展反映区政协成立、发展、变迁的资料、图片的整理收集工作。开展优秀政协委员评选活动，大力宣传优秀政协委员先进事迹，有力宣传区政协履职的各项工作。

重要会议

【政协一届五次会议】 中国人民政治协商会议抚州市东乡区第一届委员会第五次会议，于3月22日至3月24日在东乡区行政中心召开。区委书记曾春出席会议并讲话。会议审议批准区政协主席杨卫国代表政协抚州市东乡区第一届委员会常务委员会所作的工作报告，审议批准区政协副主席邱树华代表政协抚州市东乡区第一届委员会常务委员会所作的提案工作情况报告。政协委员列席抚州市东乡区第一届人民代表大会第五次会议，听取并讨论区长彭敏群所作的政府工作报告，讨论东乡区国民经济和社会发展第十四个五年规划和二〇三五年远景目标纲要草案。

【政协二届一次会议】 中国人民政治协商会议抚州市东乡区第二届委员会第一次会议，于10月14日至10月16日在区行政中心举行。会议听取并讨论区委书记彭敏群的讲话；协商讨论区人民政府代区长李建泉所作的《政府工作报告》；审议通过区政协主席杨卫国代表政协抚州市东乡区第一届委员会常务委员会所作的工作报告和政协副主席候选人曾玲代表政协抚州市东乡区第一届委员会常务委员会所作的提案工作情况的报告；选举产生政协抚州市东乡区第二届委员会主席、副主席、秘书长和常务委员。

【政协一届十二次常委会会议】 3月10日，中国人民政治协商会议抚州市东乡区第一届委员会常务委员会第十二次会议在区政协常委会会议室召开。会议协商《政府工作报告（征求意见稿）》《关于抚州市东乡区2020年国民经济和社会发展计划执行情况及2021年国民经济和社会发展计划的报告（草案）》《关于抚州市东乡区2020年财政执行情况及2021年财政预算的报告（草案）》；审议召开区政协一届五次会议的有关事项；审议人事事项。

调查研究

【聚焦工业发展调研】 深入诚安新能源、爱索轻合金、联坤电子、台德智慧科技、亚力亚新材料、亿友药业等企业深入了解东乡区工业企业发展现状，邀请经济开发区、发展和改革委员会、工信局、招商局、统计局、科技局等相关部门及部分企业代表负责人参加座谈。形成《顺势而为、精准发力，打好工业强攻战》专题调研报告。

【聚焦民生保障调研】 组织医疗卫生界委员深入圩上桥、红星等乡镇卫生院和区卫健委、医疗健康集团、人民医院、中医院等成员单位实地察看、座谈交流、集思广益，形成《关于东乡区惠民医疗健康集团运行情况的调查与思考》调研报告。

【聚焦乡村治理调研】 针对农村基层治理弱点、农村基层对人才的需求，以及队伍建设不健全、基层法治意识氛围尚未真正形成等问题集中开展调研，形成《创新完善治理机制提升乡村基层治理水平的调研报告》。

【聚焦生态环境调研】 组织政协委员与区水利局、农业农村局、园林绿化中心、城投集团相关部门及北港河治理项目委托运营方进行座谈，形成《关于打好碧水保卫战，推进北港河流域生态保护的调查与思考》调研报告，为维护东乡区水域可持续利用与绿色发展，进而强化东乡区北港河流域综合治理建设献计献策。

专门委员会工作

【经济和农业农村委员会工作】

走访委员企业10余次，了解委员企业在生产经营过程中遇到的实际困难。就园区企业物流成本过高的问题，联合经济开发区在赤岸东方甩挂物流园召开专题座谈会，发放调查问卷40余份，收回意见建议10余条。组织委员参与“政协委员走访民营企业活动”，为企业解决“招工难”等方面的实际问题。积极配合市政协开展“推进工业三年倍增，发展壮大县域经济”“蔬菜产业发展情况”等专题调研；精心安排永丰县政协、安徽省铜陵市郊区政协、安徽省池州市政协、南丰县政协、临川区政协等到东乡区就“放管服”改革、“链长制”招商、改善农村人居环境、工业创新发展等方面工作的调研视察、考察活动，确保市政协和兄弟县（市、区）政协来东乡区调研视察活动顺利开展，取得预期效果。

【教科文卫体和学习委员会工作】 4月，结合党史学习教育，组织卫生界委员深入杨桥殿镇开展“送医送药义诊下乡为群众办实事”活动，深受群众好评。12月组织教育界委员就“区教育资源均衡优质化情况”开展协商座谈。11月创建文化界别活动室，文化界别活动取得初步成效。先后接待云南大理州政协、新余市渝水区政协、抚州市政协、宜黄县政协领导来东乡区调研，通过实地察看、听取汇报、座谈交流等方式，深入了解东乡区的乡镇医养融合、生态示范农业、乡村振兴以及发挥委员主体作用等工作，通过政协间横向联系，交流经验、加深感情、增进友谊，更好地发挥政协桥梁纽带作用。

【社会法制港澳台侨民族宗教委员会工作】 4月27日，联合区工商联和东乡浙江商会举办“学党史·办实事”非公经济人士“做法律明白人”法律讲座，取得良好效果。6月，配合省政协到东乡区开展社区养老服务调研，充分展现东乡在社区养老方面的创新工作和亮点。7月，配合市政协到东乡发展乡村移风易俗和精神文明建设调研，围绕新时代乡村精神文明建设情况开展调研。组织政协委员参加政法队伍教育整顿座谈会，参加区委政法委、区公安局、区人民法院、区人民检察院、区司法局的座谈会，委员们就政法系统教育整顿工作进行认真座谈讨论，提出许多意见和建议，为政法队伍教育整顿贡献政协力量。接待宜黄县政协工作考察团，与考察团成员座谈研讨，宣传东乡，交流工作，密切联系。

【人口资源环境委员会工作】 2月18日，协调市政协副主席章克敏到东乡区调研东乡花猪种质资源情况的对接保障工作；4月27日，协调农工党市委专职副主委赵卫平一行三人到东乡区开展“加快拓展两山转化通道，推动抚州生态文明试验区建设”专项调研活动的保障工作；5月11日至12日，协调省政协农业和农村委员会谢茂林率专题调研组一行10人到东乡区开展“发展壮大新型农村集体经济”专题调研活动的保障工作；5月26日，协调对接市政协人资环委主任魏志中率专题视察组一行5人到东乡区开展“稳步提升抚州市残疾儿童抢救性康复救助标准”第165重点提案专项视察活动；6月9日，市人资环委主任魏志中率专项视察组一行8人到东乡区开展“加强抚州市生猪定点屠宰加工标准化确保‘舌尖上安全’”专项视察活动，通过与区农业农村局、畜牧水产局、商务局、畜牧屠宰场和金新农公司协调对接，完成相关协调保障工作。

【提案委员会工作】 完成区政协一届五次会议期间的提案收集、审理、分类、立案等工作。自政协一届五次会议以来，共收到提案84件，经审查立案73件，其中合并同类提案10件，1件作为委员来信转送有关部门办理。截至年末，73件立案提案全部办复完毕，办复率100%，建议得到落实或基本落实的A类提案28件，占立案总数的38.4%；建议正在落实或列入计划逐步落实的B类提案26件，占立案总数的35.6%；建议受到条件限制，暂时难以落实的C类提案19件，占立案总数的26%。

（张　平）

纪检监察

综述

2021年，在市纪委监委和区委的坚强领导下，东乡区各级纪检监察机关不断增强“四个意识”、坚定“四个自信”、做到“两个维护”，坚决捍卫“两个确立”。深入推进党风廉政建设和反腐败斗争，充分发挥监督保障执行，促进完善发展作用，纪检监察工作高质量发展取得新进展、新成效。牢牢把握政治监督要求，围绕统筹疫情防控和经济社会发展、“三新一高”、教育“双减”、粮食安全等“国之大者”，推进政治监督具体化、常态化。创新推行“日读周学月讲”专题读书班活动，强化理论武装；强化政治谈话，加强对“一把手”和领导班子的监督；牢牢把握“三不”一体推进的方针方略，提升反腐败斗争成效；集中整治群众身边腐败和不正之风，解决群众“急难愁盼”问题；坚守政治巡察定位，充分发挥利剑作用；严格“十项制度”要求，纠“四风”、树新风；深化纪检监察体制改革，促进制度优势转化为治理效能；坚持政治过硬本领高强，办精品案件、带精品队伍。2021年，区纪委监委被评为“全省扫黑除恶专项斗争先进集体”“全市扫黑除恶专项斗争先进单位”。案件办理、同级监督和巡察整改等多项工作作为典型经验受到市纪委监委的表彰，创新“四色”监督改革被评为“2016—2021年度东乡区十大改革典型案例”，2021年度纪检监察工作绩效评估列全市第1。

区纪委监委内设11个科室，分别为办公室、组宣部、信访室、案件审理室、纪检监察干部监督室、党风政风监督室、案件监督管理室、第一至第四纪检监察室，设1个下属事业单位（抚州市东乡区党风廉政教育中心），设10个派驻纪检监察组。区委巡察办、巡察组设在区纪委，由区纪委管理。

16个乡镇（街道、场）均设立纪检监察机构，配有专职书记、副书记、纪检专干和兼职纪委委员，配备村级纪检员146名。3个区属国企分别设立纪委，区经济开发区设立纪检监察工委，区税务局、区人民医院、区中医院、区供电公司、区人民银行设立纪委（纪检组）。

重要会议

【中共抚州市东乡区纪委一届五次全会】 2月19日，区纪委一届五次全会在区行政中心千人会场召开。会议传达学习省纪委十四届六次全会、市纪委四届六次全会精神，区委书记曾春出席会议并讲话，区委常委、区纪委书记、区监委主任郑军代表区纪委常委会作题为《牢记新时代职责使命　推动工作高质量发展　以优异成绩庆祝中国共产党成立100周年》工作报告。区四套班子领导、区委各部门、区直各单位党政主要负责人、各乡镇（街道、场）党政主要负责人、纪（工）委书记、区纪委监委等副科级以上干部277人参加会议。

【中共抚州市东乡区纪委二届一次全会】 8月31日，区纪委二届一次全会在区行政中心六楼召开。会议应到会纪委委员27名，实到会委员27名。全会差额选举产生纪委常委，从当选的纪委常委中等额选举产生纪委书记、副书记。黄初江当选区纪委书记，艾小文、王圣、胡志刚当选区纪委副书记，陈志高、舒利光、陈燕娥、周胜华、杨明当选区纪委常委。

纪检监察工作

【聚焦“国之大者”】 扎实推进

粮食购销领域腐败问题专项整治，围绕监管部门履职尽责、企业职能发挥等问题，坚持“问题导向、目标导向、效果导向”，突出“责任落实、问责处置、建章立制”三条主线，不断提升专项整治工作实效。收到粮食领域问题线索13件，立案9件9人，1名基层粮管所负责人主动携款投案，3名负责人主动向组织说明问题，推动区发展和改革委员会、区市监局等职能部门围绕粮食收购、储存、销售等环节制定完善相关管理制度8项。深化脱贫攻坚领域腐败和作风问题专项治理，加强对脱贫摘帽后“四个不摘”落实情况的监督检查，查处脱贫攻坚领域腐败和作风问题13个，处理23人，给予党纪政务处分12人。常态化开展扫黑除恶“惩腐打伞”工作，对重点行业领域扫黑除恶专项斗争工作进行督导，监督推动建立健全打击整治、防范管理长效机制。

【严格“十项制度”】 从会风会纪、上下班制度、值班值守、乡镇干部管理、请假和外出报备、限时办结、重大事项报告、最优服务、纠治“四风”“八小时之外”管理等作风建设“小切口”入手，出台《关于严格十项制度锻造过硬作风的通知》，细化重申纪律要求，推动作风建设化风成俗，以作风建设“小切口”做实管党治党这篇大文章。2021年开展监督检查11次，发现问题113个。对督查中发现的问题线索，第一时间向相关派驻机构、乡镇纪委下发督办单，督促其对相关问题线索及时有效处置，并将处置情况反馈至党风政风监督室，形成发现问题、督促整改、落实整改的工作闭环。下发督办单51份，运用第一种形态处理105人，给予党纪政务处分1人。

【纵深推进“三不一体”】 保持惩治腐败的政治定力。区纪检监察机关处置问题线索615件次，立案196件，结案196件，给予党纪政务处分190人，依法办理留置案4件4人。紧盯“关键少数”和重点领域腐败案件，运用第三种、第四种形态处置问题线索35人次，强化不敢腐的震慑。发送节前廉政提醒信息14万余条，“廉洁东乡”微信公众号推送295期、网站更新信息500余条，家风家训教育馆接待党员干部400余人次，举办“廉内助”专修班，对100余名单位“一把手”配偶开展廉政教育，夯实“不想腐”的思想自觉。做实同级同类党员干部警示教育，在杨桥殿镇、邓家乡、珀玕乡、区公安局、区医疗保障局等单位召开警示教育大会，达到警示一批、教育一片的良好政治效果。深入组织开展教育系统违反中央八项规定精神专项整治，教育系统179名党员干部、公职人员主动交代问题，收缴违规违纪资金185.2万元。把查办案件与建章立制结合起来，发放《纪律检查建议书》12份，《监察建议书》15份，筑牢“不能腐”的堤坝。

【加强对“一把手”和领导班子监督】 制定《关于开展政治谈话加强对“一把手”和领导班子监督的实施方案》，建立区纪委监委班子成员对口联系区委常委、区人大、区政协主要领导常态化联系机制。向27名区领导发送政治监督《工作提示》，压实区领导开展政治谈话政治责任。制定下发《关于进一步规范政治谈话相关要求的通知》，提升谈话的针对性和实效性。压实下级党组织“一把手”第一责任人的责任，7名乡镇、区直单位党组织主要负责人专题报告落实主体责任情况，4名区委常委和区政府班子成员专题报告履行“一岗双责”情况，其他31名区四套班子成员作书面专题报告。约谈乡镇和区直单位“一把手”32人次，问责党组织4个、党员干部35人。

【锻造精品队伍】 深入贯彻落实习近平总书记关于新时代纪检监察队伍建设的重要论述，不断增强机关党组织的凝聚力、战斗力和创造力，营造“以学促思、以学提能、以学促行”的良好氛围，区纪委监委开设“日读周学月讲”专题读书班，锻造精品队伍。采取领导带头学、支部引领学、个人自主学、专题辅导学、研讨交流学等方式进行。“日读”即每个工作日上午8：00开展集中学习，安排1名领读者领学，学习时长为45分钟左右，机关党总支按照“一周一主题”安排好每日的主要学习内容；“周学”即每周五上午8：00，由各党小组组织所在小组党员干部开展集中学习，完成指定内容学习，并根据各小组特点自主安排好相关业务知识学习；“月讲”即每月最后一个工作日上午8：00，安排业务骨干讲授专业知识，组织若干党员干部作交流发言，谈体会、谈认识。

典型案例选介

【邱某某违纪违法案】 邱某某，男，1971年10月出生，汉族，江西东乡人，大学文化，1994年7月参加工作，1998年2月加入中国共产党，曾任区公安局经济犯罪侦查大队教导员、二级警长。经查，2020年7月，邱某某因违反组织纪律、工作纪律受到党内严重警告处分。2021年4月，其违反国家法律法规，在政法队伍教育整顿及打牌赌博问题专项整治期间，工作日参与赌博活动，被公安机关作出拘留十三日的行政处罚。鉴于其违纪受处分后又因故意违纪，依据《中国共产党纪律处分条例》之规定，给予邱某某开除党籍、政务撤职处分，撤销其东乡区公安局经济犯罪侦查大队教导员职务，由二级警长降为二级警员，调离公安系统。

【黄某某违纪违法案】 黄某某，男，汉族，1964年9月出生，江西黎川人，大学本科文化，1984年1月参加工作，1996年6月加入中国共产党，曾任江西新华发行集团有限公司东乡区分公司副经理。经查，黄某某无视中央八项规定精神，提供可能影响公正执行公务的宴请及违规送给他人红包礼金；违反国家法律法规，利用职务上的便利，采取制作虚假减免清单方式非法占有公款；利用职务上的便利，挪用公款进行盈利活动，涉嫌挪用公款罪。依据《中国共产党纪律处分条例》《中华人民共和国监察法》《中华人民共和国公职人员政务处分法》之规定，给予黄某某开除党籍处分，收缴违纪款项，涉嫌挪用公款犯罪问题移送东乡区人民检察院依法审查、提起公诉，江西新华发行集团有限公司抚州市分公司对黄某某作出解除劳动合同的处分。

【游某某违纪违法案】 游某某，男，1965年9月出生，汉族，江西东乡人，高中文化，1987年3月参加工作，1996年6月加入中国共产党，曾任东乡区杨桥殿粮管所所长。经查，游某某违反中央八项规定精神，对杨桥殿粮管所公务接待过程中违规提供烟酒的行为负有直接责任；违反国家法律法规，利用职务上的便利，指使员工虚开入库码单，非法占有粮款；违反国家法律法规，对杨桥殿粮管所将溢余粮款私分给个人的行为负有直接责任，涉嫌私分国有资产罪。依据《中国共产党纪律处分条例》《中华人民共和国公职人员政务处分法》之规定，给予游某某开除党籍处分，责令主管部门解除其聘用关系。

（艾小文　程日泉）

巡察工作

【概况】 深入学习领会习近平总书记关于巡视巡察工作的重要论述，贯彻落实全国巡视工作会议、全省巡视巡察工作会议精神，坚守政治巡察定位，高质量推进巡察全覆盖，进一步巩固和发展东乡风清气正、健康向上的政治生态。全年开展3轮巡察，巡察党组织12个，圆满完成一届区委任期内全覆盖任务。

《中国纪检监察报》、中央纪委国家监委网站等中央媒体刊登东乡区巡察工作信息3篇，江西省巡视办网站等省级媒体刊登东乡区巡察工作信息4篇，抚州巡察等市级媒体刊登东乡区巡察工作信息2篇。2021年全市巡察工作考核，东乡区名列第4。

【政治巡察】 区委巡察坚持把“两个维护”作为根本任务，坚持实事求是、依规依纪，坚持“发现问题、形成震慑，推动改革、促进发展”的巡视巡察工作方针。研究制定《2021年度区委巡察工作计划》，先后对孝岗、杨桥殿、小璜3个镇党委组织开展落实信访责任专项巡察，对区残联、区城投集团、区农业农村局、区工创投集团、区市场监督管理局、区应急管理局等6个单位党组织开展巡察“回头看”。组织召开区委书记专题会3次、区委巡察工作领导小组会议8次，听取第十轮巡察、落实信访工作责任专项巡察及巡察“回头看”情况汇报。巡察发现并反馈问题321个，移交干部问题线索15件。根据巡察移交的问题线索，纪检监察机关提醒谈话7人，诫勉谈话15人，党内警告1人。

【巡察整改督查】 组织开展3轮巡察整改督查，对一届区委第九轮、第十轮、第十一轮巡察反馈问题整改情况进行实地督查，发现未整改到位问题34个，下发整改督办单12份。11月推动区纪委制定《关于加强执纪监督与巡察监督协作配合的工作提示》，明确相关科室、派驻纪检监察组要将巡察反馈问题整改作为监督的重要内容，及时办理巡察移交问题线索，落实巡察整改监督责任。

【涉粮问题专项巡察】 按照省、市统一部署，9—11月区委巡察机构与区纪委监委组建专项组，集中开展涉粮领域专项巡察和监督检查，并配合市委涉粮领域专项巡察监督检查组开展下沉调研工作。

（梁　晨）

DONGXIANG YEARBOOK 2022

群众团体

总工会

【概况】 深入贯彻落实习近平总书记关于工人阶级和工会工作的重要论述，认真履行工会职能，各项工作取得新进展新成效。以党的政治建设为统领，推动党建工作和业务工作的深度融合，推进基层工会组织建设夯基提质，增强工会活力。以职工为中心，发挥工会组织服务职工群众作用，推动工会组织向新兴领域新兴群体延伸，迎难而上，顺势而为，进一步提升工会服务的层次和水平。

【基层工会组织建设】 加强基层工会规范化建设，以“6＋N”为基准，集中力量高标准打造区自然资源局、消防大队、江西太升实业、东晟源绿家居有限公司等10家有特色、有亮点的基层工会规范化建设示范点。全区工会基层组织数529个，会员数8.8万人，工会组建率和职工入会率90%以上。加强产业工会协调联动，推动货车司机、快递小哥、创客等“九大员”入会，工会组织的覆盖面不断扩大。健全民主管理工作制度，推动企业积极开展职工代表大会规范化、厂务公开标准化建设。开发东乡区总工会小程序，加强会员会籍管理，推动会员实名制数据录入和动态管理，逐步实现会员会籍管理制度化、信息化。

【维权维稳】 发挥“三师一室”团队作用，协调解决劳动纠纷10余起，开展职工维权100余人次，与136个企事业单位签订女职工特殊权益保护专项集体合同，与53家企业签订集体合同。召开维护劳动领域政治安全会议，保障劳动领域政治安全。推动回音必集团江西东亚制药有限公司和恒安（江西）家庭用品有限公司2家企业积极开展职工代表大会规范化、厂务公开标准化建设，依法推进职工董事、职工监事制度建设。深入推进“八五”普法规划落实，开展“送宪法进园区、进企业”等普法宣传工作，组织一线职工普法答题6次，增强职工法治维权意识。

【改革创新】 履行产业工人队伍建设改革责任，制定实施产业工人队伍改革方案，打造回音必集

2021年，抚州市东乡区劳动模范协会成立暨第一次会员大会（区总工会　供）

团江西东亚制药有限公司、江西书源科技有限公司两个示范点。在恒安（江西）家庭用品有限公司、回音必集团江西东亚制药有限公司、江西舒乐佳家庭用品有限公司开展3场次劳动技能竞赛活动，通过“以赛代练，以赛促训”的方式，提高一线员工的整体技能水平和操作水平。推进职工创新创业服务站建设，开展送技能进企业、“订单式”免费培训，推动行业、企业积极探索建立创新工作室联盟，搭建起劳模、职业技术交流、思想创新的平台，促进技能提升，提高业务水平。

【劳模管理】 大力弘扬劳模精神、劳动精神和工匠精神，东乡区获全国五一劳动奖章1名、江西省工人先锋号1名、抚州市五一劳动奖章7名，完成回音必集团江西东亚制药有限公司市级劳模创新工作室建设。在回音必集团江西东亚制药有限公司、江西舒乐佳家庭用品有限公司开展劳模宣讲2场，引起职工热烈反响。发挥劳模和工匠人才示范引领作用，完善乐和青省级劳模创新工作室和乐小全市级劳模创新工作室建设，完成市、区两级劳模体检，发放各级困难劳模的帮扶资金5.4万元。

【帮扶济困】 唱响“四送”品牌，慰问各类群体和人员3000余人，发放慰问款物67万余元；全面做好困难职工脱困解困工作，临时救助11人，新建档案6户，脱困1户，发放帮扶资金1.1万元；组织30家企业举办“春风送岗位，就业暖人心”主题现场招聘会，提供数千个就业岗位；联合馨佳怡技术培训学校为40多名女职工进行技能培训。为11627名职工购买意外大病团体综合保障、团体意外险、女职工幸福险，保费102.11万元，职工赔付39人次23.36万元，为35名零工经济就业群体会员代表购买互助保障金4200元。为45名一线女职工代表和587名边远山区乡村教师提供高质量免费体检服务，联合东乡区第一小学，开设爱心托管班7个，托管351名职工子女，有效缓解部分职工子女暑期无人照顾的实际困难。

【区总工会一届七次全委扩大会议召开】 6月11日，东乡区总工会一届七次全委（扩大）会议在区工人文化宫一楼多媒体会议厅召开。会议传达省总工会十四届四次全委会、市总工会四届六次全委（扩大）会议精神，总结2020年工会工作，部署2021年工作任务。区人大常委会副主任、区总工会党组书记、主席黄炳辉出席会议并讲话。区总工会党组成员、常务副主席周伟娜作工作报告，区总工会党组成员、副主席、经审会主任邹文辉作经审工作报告，省总工会职工保障互助会副秘书长王根泉、省总工会保障互助会业务发展部部长夏建炜到会授课。会议由区总工会党组成员、副主席胡丽芳主持，全区分管工会工作的领导、工会主席等200余人出席会议。

【工人文化宫】 高标准推进区工人文化宫建设，“一站一馆四中心”（新时代文明实践站、安全教育体验馆，职工服务中心、职工维权中心、职工教育培训中心、职工文化活动中心）全面对外开放，开办丰富多彩的公益课32场次，惠及职工及子女600余人次。12月30日在工人文化宫举办劳模观摩交流会，区各级劳模60余人现场观摩。

【服务中心工作】 筹集资金1.52万元，配合区委、区政府主要领导走访慰问疫情一线医护人员76人，组织9名一线职工到庐山疗休养。做好“双城同创”工作，完成片区“棚改”拆迁任务。作为牵头单位在幸福城小区建立“党建引领、小区治理”行动挂点包片试点小区制度，给予帮扶资金3万元帮助幸福城小区建立党支部，落实“一包五帮”制度。继续派驻1人组成“连心”小分队助力乡村振兴，拨付挂点帮扶的詹圩镇荫岭村乡村振兴资金10万元。

（胡丽芳　陈　鹏）

工商业联合会

【概况】 东乡区工商联落实省、市工商联及区委、区政府的工作部署，制定《东乡区关于开展营商环境企业评价工作实施方案》，明确分工职责、目标任务，组织召开工作调度会，细化责任主体，加强上户指导、督导问卷填写力度，每日统计更新问卷填报情况，东乡区营商环境企业评价取得全省县级层面综合排名第17的成绩。制定《东乡区2021年度商会目标管理评选细则》，通过活动开展、信息联络报送、服务东乡经济发展、商会建设、加分项五个方面进行评价，进一步规范对商会的规范化建设，形成“鼓励先进，鞭策后进”的良好氛围。充分发挥桥梁纽带作用，围绕促进“两个健康”工作主题，认真履行职能，提升服务水平，各项工作取得新进展。东乡区工商联获2020—2021年度全国“五好”县级工商联称号、2021年全市县（区）工商联目标管理考评综合先进单位称号。

【商会建设】 区工商联（总商会）下辖24个基层（行业）商会。其中，乡镇商会4个、行业商会（协会）13个、异地商会2个、外埠商会5个。东乡区有工商联会员1413名。其中，企业会员895名、个人会员518名。工商联非公经济人士会员中有市人大代表5人、市政协委员3人、区人大代表8人、区政协委员50人。

【服务非公经济】 制定走访企业计划安排表，形成每周走访联系机制。除本地企业、商会外，先后赴北京、安徽、福建、南昌等驻地商会和企业开展疫情防控、安全生产、招商引资、经营管理、项目考察、党建工作等，送政策、服务上门。梳理合同、生产管理等存在的问题，详细记录企业税收、生产总值、产品类型等情况；完善企业资料，建立电子档案库，帮助企业防范生产经营风险，转变经营管理理念，优化产业结构。扎实开展调查研究。成立民营企业调研小组，深入生产一线，下企业、进车间、看产品。对20余家企业进行针对性专题调研，行业范围覆盖农业、纺织、制造业、医药、科技等方面。调研小组深入调研民营企业发展存在的信贷融资难、扩大经营难、惠企政策落地难、经营管理理念落后、法律意识淡薄等问题。加强政企座谈交流。举办各类政企座谈、交流会30余次。通过和会员企业座谈交流，鼓励企业找症结、谈问题、提建议，及时研究对策，解决企业发展难题，分享先进经营管理理念，进一步发挥好桥梁纽带作用。

2021年7月14日，东乡区2021年非公有制经济人士“走进圣地·践行复兴”井冈山党史学习教育培训班（区工商联　供）

【开展教育培训】 组织非公经济人士开展一系列理想信念教育实践活动，如“走进圣地　践行复兴”井冈山党史学习教育培训班，学习党的十九届六中全会精神培训班等，不断增强非公有制经济人士对中国共产党和中国特色社会主义的政治认同、思想认同、情感认同，引导非公有制经济人士争做“四个典范”。组织开展业务技术培训。针对当前经济发展形势，结合民营企业家培训需求、热点和难点问题，开展各类专项业务技能培训10余场，非公经济人士参与学习培训累计500人次，如“学党史·办实事”、非公经济人士“做法律明白人”法律讲座等，切实提升企业经营者防范风险、辨识风险、抵抗风险的能力和增强可持续发展经营理念。

【非公企业维权】 联合区人民法院客商协会调解中心、经济开发区矛盾纠纷调解中心调解企业纠纷8件，联合司法局调解企业纠纷1件，调解成功涉及总标的额50余万元。开展法律服务，破解维权难题，促进维权服务工作提质增效。联合司法局开展“宪法进商会、进企业”法治体检活动，联合税务局开展助力小微企业发展“春雨润苗”专项活动等；推进“万所联万会”活动，聘请法律顾问，搭建律师服务民营企业新平台；深化“法治体检”和“法律三进”活动，推动设立商（协）会非公维权服务工作站，促进维权服务工作商会全覆盖，助力法治民企建设，提高企业合法经营意识，持续优化法治化营商环境。

【担当社会责任】 组织动员商会、企业、会员开展捐资助学、走访慰问、扶贫济困等光彩事业活动。当地商会及会员企业主动参与疫情防控、抗洪救灾、精准扶贫等各类公益慈善活动，捐赠物资100余万元。组织东乡区浙江商会、东乡经济开发区企业商会、福州市东乡商会开展“扶贫帮困，捐资助学”活动；东乡区浙江商会、福州市东乡商会重点落实企业家一对一结对帮扶贫困学生；北京东乡商会赴马圩镇开展爱心捐赠活动，南昌市东乡商会走进王桥镇、红星垦殖场开展“献爱心、送温暖”活动；东乡区福建商会开展为环卫工人送清凉活动；东乡经济开发区企业商会开展“八一”走访慰问活动等。有13家企业与13个村委会签订结对帮扶协议；指导经济开发区企业商会（工商联分会）、东乡区浙江商会开展“万企兴万村·企业在行动”活动，推动乡村振兴工作落到实处；强化消费帮扶专项活动，充分发挥外埠商会作用，多形式助力促销农副产品。深圳市东乡商会专门设立东乡农副产品展厅，打开东乡农副产品销售渠道，巩固拓展脱贫攻坚成果。

（马　鹏）

共青团东乡区委员会

【概况】 共青团东乡区委持续纵深推进共青团改革，加强青少年思想引导，切实服务党政中心大局，服务青少年成长发展，落实全面从严治团责任，履行好引领青年、组织青年、服务青年的职责，凝心聚力、勇于担当、改革实干，团结带领广大团员青年，为奋力书写新时代东乡高质量发展的精彩篇章奉献青春力量。

【团建工作】 结合村“两委”换届，团区委如期完成全区146个村（社区）团组织换届选举工作，选举村（社区）组织团干部438人。其中，党员277人、女干部187人、28周岁以下干部161人、大专及以上学历291人、团支部书记平均年龄29周岁、女书记64人。合理制定东乡区2021年发展团员计划，控制毕业班团员比例，严格按照入团“十程序、三公示、九环节”要求，规范入团，发展团员870名。其中，初中领域450名、高中领域300名、中职领域80名、社会领域40名。全面规范建立少先队组织，实现全区中小学校少先队组织全覆盖，推进少先队社会化，拓展校外少先队组织。试点成立金峰街道芙蓉社区、东景社区、东糖社区少工委，构建资源有效整合、队伍有效动员、阵地有效利用、队员广泛参与的少先队社会化工作体系，提升少先队为党育人、为国育才的能力和实效。

【团组织活动】 结合党史学习教育，4月在东乡三中举办“传承红色基因”党史故事进校园活动；清明节期间组织开展“学党史祭英烈　守初心铸忠魂”烈士公祭活动，东乡区各级团组织、少先队组织到王震纪念馆、珀玕烈士陵园等地积极开展“学党史祭英烈做新人”主题活动。“五四”青年节举办“第三期青年政治理论大学习暨党史专题培训班”；“六一”儿童节后，各级少先队组织开展新队员集中入队仪式、“童心向党”教育实践活动。8月，联合区委组织部等部门开展“才子归巢　智汇家乡”实践活动，实践活动参与单位31个、大学生78人。9月，在东乡区六所学校开展“请党放心　强国有我”主题巡回宣讲，各学校辅导员、少先队员600余人参加活动。国庆节期间，联合虎圩乡党委在虎圩乡中学开展庆国庆主题活动。各级团组织、少先队组织开展活动100余场次。

【青年志愿者行动】 3月，联合多部门开展“关爱城镇困难群体，传承践行雷锋精神”新时代文明实践活动。活动以“困难群众点单、志愿者服务上门”的模式，为东乡区城镇贫困户提供理发、家电维修、家政服务等“上门”志愿服务。组织青年志愿者到田头帮助村民进行春管作业，助力春耕生产，积极协助新冠疫苗接种工作。6月和12月，分别在虎圩小学和珀玕中学开展“圆梦微心愿”活动，为400余名留守儿童送去礼物。高考期间开展爱心送考活动，组织30余辆小车无偿接送考生。重阳节，在珀玕乡开展关爱老年人庆重阳活动，组织理发、体检、交谈、唱歌、共餐等。

【典型示范引领】 2021年五四青年节开展第一届“东乡青年五四奖章”表彰活动，表彰先进个人10人、先进集体8个。区司法局汪诚荣获“抚州青年五四奖章”，区青年志愿服务联合会获评抚州市青年文明号，东乡区青年志愿者协会团支部荣获“全省五四红旗团支部”称号。

【疫情防控】 各级共青团组织助力疫情防控工作。1月25日至2月20日春运期间，为继续做好疫情常态防控工作，展现青年担当，团区委、区青年志愿服务联合会通过组建东乡区疫情防控青年志愿者预备队，组织发动志愿者在高铁站、火车站开展新时代文明实践“疫情防控你我同行”活动，引导帮助出入站乘客扫码登记、交通分流，协助医务人员进行核酸检测，参加人数700余人次。8月，团区委组织20余名青年志愿者开展疫情防控志愿服务。在农贸市场、商场超市、居民小区等重点公共场所，安排专人对进入人员进行健康码和新冠疫苗接种记录“二码”联查，全力保障人民群众生命安全和身体健康。

（周夏文峰）

妇女联合会

【概况】 东乡区妇联认真学习贯彻习近平总书记关于妇女和妇女工作的重要指示精神，围绕中心、服务大局，深入基层、服务妇女，加强引领联系妇女群众，讲好巾帼故事，传承家风家教，助力乡村振兴，筑牢护童防线，牢记初心使命，深化破难行动，全面推进妇女儿童事业，各项工作取得良好成效，获评抚州市文明单位。

全区有乡镇（街道、场）妇联组织16个，选举产生144名执委。其中，主席16名、专职副主席16名、兼职副主席48名、委员64名。村（社区）妇联组织149个，村（社区）妇联主席149名、副主席175名、执委1527名，实现妇联主席100%进入村（社区）“两委”班子。

【维护妇女儿童权益】 联合区司法局在全市率先成立东乡区妇女儿童司法鉴定援助中心、东乡区妇女儿童维权服务站，健全和完善妇联维权制度建设，提升妇女儿童维权工作的专业化水平，确保维权服务取得实效。“3·8”维权周、“6·26”禁毒日、国际消除对妇女暴力日、“12·1”世界艾滋病日、“12·4”国家宪法日等重要节点，积极开展法律宣传活动，通过发放资料、现场咨询、摆设海报等方式，向群众宣传普及《中华人民共和国民法典》（婚姻家庭篇）、《中华人民共和国反家庭暴力法》，谨防网络诈骗等法律知识，发放宣传单2万余份。

2021年，东乡区妇女联合会、东乡区妇女儿童活动中心庆国庆活动（区妇女联合会 供）

【提升妇女素质】 与人社局、就业局联合开展“春风行动”网络招聘会，为女性求职者及用人单位搭建供求平台。联合江西红月亮教育咨询服务有限公司、抚州市馨佳怡职业技能培训学校开设“妇女家政培训课堂”，组织志愿者前往黎圩镇、小璜镇开展母婴护理、月嫂技能培训40期，培训1267人次，成功推荐就业400余人。在区妇女儿童活动中心开设“魅力女性”培养计划，免费开设妇女公益课堂、公益讲座，满足妇女发展多样化需求，激发妇女群众自立自强内生动力。在区妇女儿童活动中心免费提供舞蹈、瑜伽、剪纸、形体礼仪、葫芦丝等公益课程，开课136节，服务2000余人次。

【基层妇联队伍建设】 东乡区选举产生村（社区）妇联主席149名、副主席175名、执委1527名，实现妇联主席100%进入村（社区）“两委”班子，配备1293名村妇女小组长。新一届基层妇联班子呈现年轻化、政治素质高、学历层次高等特点，为村（社区）妇女儿童工作的开展提供坚强的组织保障。

【强化妇女思想政治引领】 组织“赣鄱红色娘子军”宣讲团成员前往东乡三中、东塘社区、圩上桥镇上黄村等地开展20余次宣讲，覆盖群众1000余人，让党的政策理论进社区农村，飞入寻常百姓家。在妇女群众中开展“向党说句心里话”视频征集并展播，召集广大妇女干部和群众立足岗位实际，讲述身边变化，展望未来发展，为党送祝福。开展“巧手剪纸寄深情　巾帼向党迎华诞”妇女剪纸、“展国风韵姿　献礼中国共产党成立100周年”快闪表演等群众性文娱活动，引导广大妇女姐妹进一步加强对党史的认识，厚植爱国爱党情怀。

【关爱贫困妇女和留守儿童】 开展65场“亲情连线”行动，动员150余名巾帼志愿者，走访慰问76名留守儿童，结对帮扶留守孤困儿童52名。开展“巾帼健康东乡行”活动，为城镇贫困妇女和农村贫困妇女“两癌”免费筛查，做好农村“两癌”妇女的信息录入工作。2021年农村宫颈癌科目检查6025人，乳腺癌科目检查4749人，城镇困难家庭妇女乳腺癌科目检查285人。争取到35万元全国妇联“低收入妇女两癌救助”中央专项彩票公益金，为35位患有宫颈癌2B及以上、浸润性乳腺癌的低收入困难妇女发放每人1万元的救助金。

（梁晓聪）

文学艺术界联合会

【概况】 东乡区文学艺术界联合会的团体会员有东乡区作家协会、东乡区书法家协会、东乡区美术家协会、东乡区摄影家协会、东乡区音乐家协会、东乡区戏剧曲艺家协会、东乡区舞蹈家协会等。2021年，区文联始终坚持“二为”方向和“双百”方针，充分发挥文联团结引导、联络协调、服务管理、自律维权职能，群策群力繁荣发展东乡文艺事业，为描绘新时代东乡高质量发展新画卷提供强大价值引导力、文化凝聚力和精神推动力。

【精品创作】 本着“出精品、出人才”的宗旨，涌现出一批优秀文艺精品，文艺创作水平得到提升。文学创作方面：散文《独秀园的哀思》《有许多的美好不能忘记》分别获第四届中国当代散文精选300篇全国大赛二等奖、三等奖，《黑板的故事》获九三学社江西省委庆祝中国共产党成立100周年征文比赛一等奖、《故乡的瑶河》获第四届中国当代散文征文大赛三等奖。小小说《旗帜》获全省老年大学庆祝中国共产党成立100周年征文一等奖，《鱼》入选《微型小说选刊》杂志，《累整》入选《中外文学典范描写辞海·爱情篇》图书，《半夏花开》《海归珍宝》《秋月》等入选《青年文学家》杂志。

2021年，庆祝中国共产党成立100周年——秀美东乡（区文联　供）

艺术创作方面：美术作品《查平坦的春天》获省文化和旅游厅主办的“追梦春天里　共绘新画卷——庆祝中国共产党成立100周年婺源之春写生作品展”一等奖；音乐作品《心中的旗帜》获中国石化庆祝中国共产党成立100周年优秀文艺作品奖；摄影作品《声音的样子》获第四届全国青年摄影大展潜力新人作品奖，《风云》获首届“军民聚力融汇江西”三等奖；书法作品《一生只为主义真》入展中国文联主办的“伟业：庆祝中国共产党成立100周年书法大展”，《吴德旋书论》获省第二届黄庭坚奖二等奖。

【文艺活动】　举办东乡区“党的光辉照我心”主题征文活动。获奖作品通过回顾党的光辉历程，抒发对党和祖国的热爱，唱响主旋律、传递正能量，生动描述东乡经济社会发展取得的巨大成就。评出一等奖1篇，二等奖2篇、三等奖3篇、优秀奖10篇。组织区戏剧曲艺家协会开展红色戏曲进校园巡演活动，在东乡三中、实验小学等学校开展红色戏曲巡演活动，让孩子们近距离接触红色戏剧，把红色种子种进校园。积极组织区书协参加市书法展览活动。在市委宣传部、市文联主办的中国共产党成立100周年书法精品展中，全市100件作品，其中东乡区入展19件。东乡区“风展红旗如画”庆祝中国共产党成立100周年书法作品展中，征集全国各地舒体书法作品40余件和本土书法作品38件进行展览。组织区书协、美协围绕“喜庆祥和”这一主题，共展出书法、美术作品70余幅，丰富广大市民的业余文化生活。组织部分音协会员开展送戏下乡演出30余场，受到当地群众的广泛好评。开展“到人民中去——东乡摄影家协会志愿者公益服务活动”，组织20多名会员到王桥、红光等乡镇（场），为村民和贫困户免费拍摄全家福，开展摄影知识讲座进村活动。组织区舞蹈家协会到圩上桥、邓家等乡镇开展送文艺下基层活动。

【队伍建设】　文艺队伍不断发展壮大。2021年，新增省级会员12名，新增市级会员39名。召开东乡区作家协会和东乡区美术家协会换届选举大会，选举产生协会新一届主席团成员，不断强化协会队伍建设，推动协会各项工作有效开展。

（吴　仪）

哲学社会科学学会联合会

【概况】　东乡区哲学社会科学学会联合会（以下简称东乡区社联）的团体会员有东乡区汤汉汤显祖祖根地文史研究会、东乡区红星精神研究会、东乡区舒同书法研究会、东乡区荆公文化研究会、抚州市东乡区义门陈文化研究会等。2021年，东乡区社联全面落实中央、省、市关于哲学社会科学工作的决策部署，围绕东乡区工作大局，积极发挥“联”的作用，为奋力书写新时代东乡高质量发展的精彩篇章贡献社科力量。2021年被省社联表彰为优秀组织单位。

【社科宣讲】　2021年正值中国共产党成立100周年之际，东乡区

2021年，社会科学知识普及“一条街”活动（区社科联　供）

社联充分发挥百人宣讲团和“五老”宣讲团的作用，到乡村、社区、学校等地开展宣讲218场，增进群众对党的认识和了解，强化对党的科学理论及党委、政府重大决策部署的理解和支持，引导群众听党话、感党恩、跟党走。

【社科活动】 联合东乡区妇女联合会举办“幸福家庭 魅力女性”口语表达技巧、家庭教育、手机摄影等系列知识讲座及庆祝中国共产党成立100周年和习近平总书记“七一”重要讲话精神专题宣讲活动。联合共青团东乡区委举办第三期青年政治理论大学习暨党史专题培训班，东乡区红星文化研究会策划并召开红星精神助力红星发展座谈会活动。

【挖掘文化资源】 积极挖掘东乡区历史名人文化资源，努力形成文化品牌，对历史名人进行系统、深入地挖掘研究并作好搜集、整理、登记、保护。区委党史和地方志研究室副主任付施蓓通过多方搜集资料，确认土地革命时期在东乡珀玕乡牺牲的祝应龙烈士的真实身份，祝应龙乃音译，真名叫祝荫隆，1900年前后出生，四川省宜宾市屏山县人。

【“科普周”活动】 组织协调各相关单位、学校、社科类社会组织等10多个单位，开展2021年东乡区社科普及宣传周主题系列活动。“科普周”活动共开展社科普及活动7场，发放社会科学类图书700余本，发放各类社科知识手册1000余份，受益群众2500余人次。“科普周”期间，区社联还积极组织、广泛发动干部群众参与省社联举办的学习宣传贯彻党的十九届六中全会精神和习近平总书记“七一”重要讲话精神网上有奖竞答活动，参与答题5万余人，为推动党的创新理论“飞入寻常百姓家”作出贡献，被省社联表彰为优秀组织单位。

【阵地管理】 严格按照东乡区《关于加强对哲学社会科学论坛、报告会、研讨会、讲座管理的意见》《关于哲学社会科学类论坛、讲座、研讨会的管理办法》，加强对哲学社会科学论坛、研讨会、报告会、讲座等宣传阵地的管理。

（熊丽娟）

科学技术协会

【概况】 东乡区科协坚持以习近平新时代中国特色社会主义思想为指引，坚持履行“四服务”职能，团结带领全区广大科技工作者积极进军科技创新和经济建设主战场，为东乡高质量跨越式发展汇聚强有力的科技力量。

【科普宣传】 开展科普活动，重点围绕青少年、农民、社区居民、领导干部和公务员等四大人群，提升科普精准化服务能力。开展“科普之春暨学雷锋科普志愿者活动月”“全国科技工作者日”“全国科普日”等活动。组织医疗、法律和农林业专家到乡镇村落、田间地头，开展“科技六送”活动，助力乡村振兴。面向全体中小学生免费开设编程入门课程，引导和培养学生们的创新意识和计算思维。推动“校园科普联播网”载体建设，号召全区中小学、幼儿园校园广播站加入，覆盖学生8万余人。推动“抚州乡村振兴科普联播网”载体建设，各乡镇覆盖率为90%。开展各类科普活动60余场，服务群众1.2万余人，发放各类宣传资料3.6万余册。

2021年，全国科普日活动（区科协 供）

【提升全民科学素质】 将全民科学素质工作纳入东乡区综合考评指标体系。发挥各成员单位、各乡镇（街道、场）职能，形成工作合力，做好科学普及和科学素质建设工作，提升公民科学素质水平。积极汇报请示，沟通协调，将“科普和科学素质建设”纳入区高质量发展综合绩效考核评价指标中“社会建设”考核项。江西省2021年度科普和科学素质建设考评中，东乡区取得100分满分，进入全省第一方阵。

【新建全市首家国家级“海智计划”工作基地】 2021年11月获中国科协批准设立，为抚州市首个国家级“海智计划”工作基地，是中国科协开展“海外智力为国服务行动计划”的抓手，海外高层次人才引进、项目合作、学术交流、决策咨询的平台。2022年1月11日江西省科协党组书记曾萍，抚州市政府原副市长徐国义，东乡区委副书记、区长李建泉，江西省科协国际部部长邱翃共同为工作基地揭牌。

（李国荣　乐　员）

东乡区残疾人联合会

【概况】 东乡区残联坚持“服务于残疾人，为残疾人办实事”的原则，履行“代表、服务、管理”职能，代表残疾人共同利益，维护残疾人合法权益，团结教育残疾人，为残疾人服务；履行法律赋予的职责，承担政府委托的任务，管理和发展残疾人事业。日常业务由办公室办理。下设肢残人协会、聋人协会、盲人协会、智力残疾人亲友协会、精神残疾人亲友协会。

【康复服务】 为3000名残疾人提供康复救助与服务；为4名初次装配助听器的聋儿给予3000元/只补助，资助2名符合条件的聋儿装配人工耳蜗；对贫困残疾人住院费用在3万元以上给予个人自付部分10%左右救助（4000元封顶）。救助贫困残疾人140余人，救助资金32万余元；为20名下肢截肢者免费安装普及型假肢，帮助他们恢复失去的下肢功能，获得生活自理和工作能力，重新回归家庭、社会生活；投入18万元购买残疾人辅助器具，结合“助残日”“爱耳日”“爱眼日”“国际盲人节”等残疾人节日，为有康复需求的贫困残疾人免费发放1100余件辅助器具，使广大残疾人走出家门、融入社会。

【教育帮扶】 资助6名残疾人大学生，每人补助3000元，共计1.8万元，帮助其顺利完成学业。拨付19.25万元经费资助特殊教育学校教育，帮助残疾学生，提供学习用品和食宿费，改善残疾儿童的生活，提高学习质量；鼓励、推动学校开展残疾儿童学前教育、送教上门，按照每人每年400元至800元的标准资助随班就读的残疾学生，资助160人次在校残疾学生，共计9.62万元。

【就业帮扶】 贯彻《江西省残疾人就业办法》，完善按比例就业、集中就业、个体就业和自主创业政策措施。购买53个公益性岗位安排残疾人就业，残联给予残疾人每人每月800元岗位补助，安排就业的单位每人每月给予100元至500元不等的补助。与区文体广电新闻出版旅游局协商安排120名残疾人担任农村农家书屋管理员，月补助300元/人。积极搭建创业平台，协同城管、市监等部门扶持残疾人个体创业150人。对安排残疾人就业未达到规定比例的单位，加大执法收取残疾人就业保障金。2021年6家福利企业，安排960名残疾人就业。恒吉集团集中安排残疾人660人，解决大部分残疾人就业的问题。帮助建立盲人保健按摩机构11个，输送3名盲人参加省、市残联举办的盲人按摩培训，全区有21名盲人实现就业。

【生活帮扶】 在“全国助残日”、春节、中秋节等节假日累计走访慰问1085户贫困城乡残疾人。筹措资金实施贫困重度残疾人家庭环境无障碍改造工程全覆盖，帮助贫困户改善生活条件。91户城乡贫困重度残疾人家庭环境进一步开展无障碍改造，平均每户补贴资金6000元，投入资金53.46万元。对肢体残疾人代步车发放燃油补贴260元/年，发放残疾人机动车燃油补贴528人。

【信访维权】 接待和办理残疾人来电和来信230余件，来访260余人次，面对来访者，工作人员都能认真给予解答，做到件件有回复、事事有结果，办复率100%。

（揭清龙）

红十字会

【概况】 东乡区红十字会忠实践行“人道、博爱、奉献”新时代红十字精神，加强全面从严治党、完善应急救援体系、提高应急救护能力、提升人道救助实力、夯实基层组织建设，持续推进志愿服务。积极开展重病贫困家庭帮扶活动，帮助4名贫困白血病儿童申请中国红十字基金会“小天使基金”公益金资助。

【“三献”活动】 第十八个“世界献血者日”，区红十字会联合区卫健委、区南丁格尔志愿服务队志愿者在好又多广场开展“献血让世界继续跳动”主题宣传活动，发放宣传册100余份，现场献血2000余毫升。9月17日，区红十字会在红星中学组织开展“世界骨髓捐献者日”宣传活动，传播“人道、博爱、奉献”的红十字精神，增加师生对造血干细胞捐献知识的了解，发放无偿献血、造血干细胞捐献、器官（遗体）捐献等相关宣传册。省、市、区主流媒体分别登载24篇、2篇、20余篇报道。

【应急救护】 区红十字会把应急救护“五进”（进机关、进企业、进学校、进社区、进乡村）活动作为重点工作推进，2021年开展17期培训，持证人数841人、普及人数7250人。通过培训，极大地提高广大群众面对意外伤害时的自救互救意识和能力。

【走访慰问】 2月2日，副区长黄思明率区红十字会工作人员一行4人，对贫困志愿者和遗体捐献者家属进行“博爱送万家”走访慰问活动，为他们送去慰问金和大米、食用油等慰问品。2月5日，区红十字会组织志愿者到虎圩乡阳光村，对建档立卡贫困户进行“博爱送万家”走访慰问活动，为他们发放慰问金、夹克衫、“温暖箱”等礼物，并送上新年的祝福。2月中旬，区红十字会积极开展“2021年博爱送万家——春风行动”，将680份抗疫急救包发放到基层社区、城管、医院、蓝天救援队等抗疫一线工作人员的手中，以实际行动助力疫情防控。3月9日，区红十字会志愿者与区孝岗镇卫生院医务人员一行10余人，到孝岗镇张坊村卫生健康服务室开展“3·5”学雷锋日新时代文明实践志愿服务活动，为该村老年人开展免费体检活动并发放健康教育宣传围裙和老年人健康知识手册。2021年中秋、国庆双节来临之际的9月17日，区红十字会到区红星中学开展中秋慰问助学活动，20名学生接受物资捐助。

（张蓓蓓　李亚婷）

DONGXIANG YEARBOOK 2022

军 事

人民武装

【概况】 2021年，东乡区人民武装部（以下简称区人武部）以习近平强军思想为指导，统思想、强备战、搞建设、抓作风、保稳定、抓党建，圆满完成年度各项工作任务，区人武部被省军区表彰为“全面建设先进单位”“民兵工作先进单位”，被抚州市表彰为“征兵工作先进单位”。

【党管武装】 2021年，东乡区坚持把党管武装作为践行强军目标的政治责任、完善国防动员体系的根本保证和推动武装工作落实的重要抓手，将武装工作列入各级领导干部的履职范畴、纳入经济社会发展考核评价体系，与经济发展、社会进步通盘考虑、同步筹划。各级党组织始终把武装工作摆上突出位置，党政主要领导对兵员征集、民兵整组等重大任务、重要工作亲自决策、亲自部署，推动武装工作有效落实。坚持落实常委议军、武委会、军事日、党管武装述职、第一书记任职大会、颁发基层人武部教导员任职通知书等制度，表彰党管武装先进单位和个人，营造浓厚爱武尚武氛围。

【思想政治建设】 2021年，区人武部始终把思想政治工作放在首位，统思想、聚人心、抓落实，不断在打牢思想基础、激发干事创业动力上下功夫。采取集中学习引领、个人自学悟透、参观交流配套、办好实事践行相结合的方式，突出抓好党史学习教育。认真抓好《中国共产党简史》等9本书的研读，深入抓实习近平总书记在中国共产党成立100周年庆祝大会上讲话精神和十九届六中全会精神的学习贯彻。集中观看《中共党史100讲》《征途如虹》《守岛人》等红色影片，组织瞻仰珀玕烈士陵园、重温入党誓词，开展讲红色故事、慰问优秀共产党员等活动。

【战备训练】 2021年，区人武部紧贴当前形势任务，坚持抓转型升级补能力短板，抓实战训练求质量效益，持续推动练兵备战深化拓展。补充战备物资器材，组织作战室和值班室网络线路改造，展开智慧动员信息系统运行，提升战备设施和物资保障水平。坚持每日对音视频系统、通信线路进行测试，每季度及重大节日前组织战备拉动演练，确保指挥通联处于良好状态，确保值班分队随时拉得出。及时与地方相关部门建立情报共享机制，落实每月至少上报1条民事信息，不断提高民事情报工作质量。

2021年，组织基干民兵防汛演练（区人民武装部　供）

【基层武装建设】 2021年，区人武部对照《规范完善基层人民武装部建设的相关规定》要求，规范软硬件设施建设，强化日常工作落实，提升专武干部能力素质。大力推进基层人武部规范化建设，结合征兵督导、民兵整组点验等时机，指导各乡镇（场）按照“两室一库”“四图七表十三册”标准完善建设，补充战备物资器材。加强专武干部培训，严格落实大纲要求，采取个人自学、本级组训与参加上级集训相结合的方式，组织新任职专武干部落实训练任务。结合乡镇村换届，抓好乡镇专武干部和村（社区）民兵连长调整配备，按照营建党委、连建支部、排建小组的要求及时建立完善各级党组织，同步指导各级抓好民兵党组织活动的开展。

【民兵整组】 2021年，区人武部加强民兵整组潜力调查工作，对9个企事业单位进行走访调研，摸清编兵底数，深挖专业技术人员潜力。区分应急、专业、特殊三类力量编实基干民兵队伍，按照检查验收全覆盖要求，5月上旬对乡镇（街道、场）民兵整组情况进行集中检查点验，6月上旬完成对区属基干民兵的集中点验。

【兵员征集】 2021年，区人武部依据“五率”考评新标准，突出大学毕业生征集，提前展开征兵宣传，对东乡籍在抚大学生进行逐个电话沟通宣传政策、登记信息，同步发动基层人武部对乡镇（街道、场）适龄青年进行摸排，掌握兵源整体情况。全国征兵网开通后，全面展开网上兵役登记、应征报名和政策咨询工作，全程严把“五个”关口（指标关、体检关、政治考核关、定兵关、廉洁关），同步做好档案整理、服装保障工作，圆满完成新兵征集任务。

【双拥共建】 2021年，东乡区以“创建双拥模范城”为目标，坚持军地合力、军民同心，推动双拥工作高质量发展。较好地安置转业干部、转业士官，落实新兵入营有欢送、退役军人返乡有喜迎；按照《立功受奖军人家庭送喜报工作办法》要求，第一时间敲锣打鼓将喜报、慰问金送至军属手中；积极为军属实施法律援助，组织现役军人家属免费体检，全力营造“一人当兵、全家光荣”浓厚氛围。区政府及有关部门全力帮助驻区部队解决训练和生活中的困难，及时召开军地联席会议协调解决部队演训活动中的电力、交通保障及疫情防控。广大官兵和民兵积极参与地方乡村振兴和“双城同创”工作，区人武部每周派出人员负责相关片区环境整治、卫生维护、文明宣传、疫情防控等工作；资助杨桥殿镇港西村5万元用于机耕桥建设。军地联合开展植树、捐赠鱼苗、送书法进军营、军地相亲联谊会、“双拥杯”篮球赛、双拥晚会等活动，丰富军地文化生活，深植军民鱼水情。

（张　植）

人民防空

【概况】 2021年是中国共产党成立100周年，东乡区人民防空办公室（以下简称区人防办）认真学习贯彻党的十九届五中、六中全会精神，深入贯彻落实习近平总书记关于人民防空的重要指示精神，改革创新、攻坚克难、锐意进取，认真做好人防工程维护管理、人防指挥通信建设、紧急状态下管辖人防设施人员的疏散保障服务、人防工程建设技术服务、人防专家库建设和人防宣传教育等任务。2021年，区人防办获全省县级人防高质量发展优秀单位、全市人防高质量发展目标管理考核先进单位。

【人防宣传教育】 2021年，区人防办利用“3·1”国际民防日、“5·12”防灾减灾日和“9·18”防空警报试鸣日主题宣传活动，发放人防知识宣传单，宣传人防知识；走进东乡五中、东乡二中宣讲人防知识；联合区城管局、消防救援大队、应急管理局、教体局等单位在区龙山小学开展防震应急疏散演练；在东乡二中初一新生中开展防空防灾疏散演练活动，增强师生防灾减灾意识。

【人防指挥通信建设】 2021年，区人防办在市人防办指导下，先行先试，完成“两室两库”建设。完成区人防应战应急指挥所信息系统集成建设，该系统战时是以指挥辅助决策为中心的空情接收、警报报知、指挥控制、通信传输、目标监视、数据共享的指挥信息平台，平时担负召开各类会议、实施专业集训与培训，开展防空袭演练和指挥模拟训练的平台责任。指挥所建成投入使用逐渐发挥作用，推进各平台系统融合集成，确保各系统兼容共享和互通互联。

（王小娟）

DONGXIANG YEARBOOK 2022

法　治

综　述

2021年，东乡区平安建设年度考评居抚州市第2名；公众安全感综合测评指数98.96%，为江西省第30名、抚州市第1名；公众安全感测评指数99.30%，为江西省第26名、抚州市第1名。区纪委监委、区人民检察院“10·26”涉黑案检察专班等3个单位获评全省扫黑除恶专项斗争先进集体，区人民法院在全省扫黑除恶专项斗争总结表彰大会上作典型发言，区扫黑除恶专项斗争领导小组、区委组织部、区公安局等18个单位获评全市扫黑除恶专项斗争先进单位。9名政法干警（干部）获得省级及以上荣誉，21名政法干警（干部）获得市级荣誉，其中，区人民法院何任国获评全国人民法院扫黑除恶专项斗争先进个人，区公安局饶德荣荣立省级个人二等功。

政法委和综治工作

【政法队伍教育整顿】 东乡区政法队伍教育整顿期间，认真贯彻落实中央第八督导组督导意见和省第十一驻点指导组的要求，坚持把教育整顿工作当作政法战线刮骨疗毒式的自我革命、激浊扬清式的“延安整风”、铸魂扬威式的主题教育，牢牢抓在手上、扛在肩上、落实在行动上。突出筑牢政治忠诚、清除害群之马、整治顽瘴痼疾、弘扬英模精神“四项任务”，抓好学习教育、查纠整改、总结提升“三个环节”。对照“三看”“五看”“六评”评估验收要求，把政治建设作为首要任务，把查纠整改作为中心环节，把统筹兼顾作为基本方法，把从严从实要求贯穿全过程，高标准严要求开展好政法队伍教育整顿各项工作。以零容忍的态度惩治腐败，以壮士断腕的勇气刮骨疗毒，以猛药去疴的决心整治顽瘴痼疾，教育整顿取得了预期效果。区政法机关政治建设明显加强、政治生态持续优化、司法公信力显著提高、干事创业氛围更加浓厚、群众满意度有效提升，为建设更高水平的平安东乡、法治东乡提供坚强保障。

【社会稳定工作】 以庆祝中国共

2021年，全区政法队伍教育整顿动员部署会（区委政法委　供）

产党成立100周年安全稳定为主线，圆满完成“两节”和全国、省、市、区“两会”以及清明节、端午节、国庆、中秋、高考、中考、中国共产党成立100周年及十九届六中全会、省十五届党代会等重大安保任务。

【信访工作】 建立健全东乡区重点人员信访调解十项工作机制。排查各类矛盾纠纷797件，化解成功率达100%，无重大刑事治安案件和“民转刑”案件。推动稳定风险评估，完成社会稳定风险评估项目34个。

【社会治安】 紧紧围绕群众反映强烈的突出问题，通过强力推进“瑞雪”“昆仑”“断卡”“断流”等专项行动及常态化打击整治，治安大局进一步稳定。刑事受案1792起，立刑事案件1696起，刑事拘留410人，取保候审210人，逮捕229人，移送起诉115人。打击传统盗抢骗侵财类犯罪，破案376起，抓获犯罪嫌疑人88人，破获电信网络诈骗案件150起，抓获犯罪嫌疑人176人，止付账户4158个，止付金额12080余万元；冻结账户1955个，冻结金额6700余万元。

【平安东乡建设】 始终坚持党的领导、人民至上，以市域社会治理现代化试点为抓手，立足东乡实际，紧扣民生抓平安，坚持重点突破、持续推动、久久为功，积“小安”为“大安”，人民群众的获得感成色更足、幸福感更可持续、安全感更有保障。2021年获全省平安校园建设先进县（区）称号。东乡区平安建设考评实现抚州市县（区）“五连优”，扫黑除恶专项斗争实现抚州市“三连优”，公众安全感测评指数4次跻身全省县（区）“第一方阵”，3次排名全市第1，“智慧党建十三社联动”、东乡三中“校中建家”“新航驿站”“城市驿站”“青少年法治教育基地”等经验做法作为典型在省市推广。

【法治东乡建设】 完善公共法律服务体系，实现公共法律服务工作中心（站、室）在区、乡镇（街道、场）、村（社区）三级层面“全覆盖”。在校园、乡村、公园等地域深耕法治热土，创建“法治文化阵地＋”建设模式，潜移默化提升法治教育效果。东乡区有全国民主法治示范村（社区）1家、省级民主法治示范村（社区）4家。推进多元调解工作体系建设，成功筹建区人民调解协会，形成覆盖医患纠纷、交通事故、婚姻家庭、涉校涉教、环境纠纷等专业调解组织，调解案件159起，调解成功156起，调解成功率为98%。2021年，区司法局获批为全省公共法律服务中心示范点，区司法局杨春蓉获评全国法律“法援惠民生扶贫奔小康”品牌活动表现突出先进个人，何莹莹获评“全国模范司法所长”。

【市域社会治理现代化试点】 区委、区政府全力保障试点建设运行经费，投入资金2000万元。其中，网格员服务管理专项资金185万元，乡镇综治中心人员工资168万元，综治中心建设640万元。坚持以“五治”促“共治”，逐步激活市域社会治理“神经末梢”，切实打通基层治理“最后一米”，为东乡区高质量跨越式发展营造良好的社会环境。2021年市域社会治理现代化试点工作成功入选东乡区2016—2021年度十大改革典型案例之一。2021年6月，圩上桥镇李建东成为中国好人候选人。开展政策宣讲、送戏下乡、文艺演出等文明实践活动2000余场，成功培育“家长大学”、留守儿童“星语心愿计划”、东乡三中“校中建家”等一批示范标杆品牌。新一届村（居）民委员会书记主任“一肩挑”比例达100%，区132个行政村全部建立红白理事会，制订村规民约。围绕服务“一老一小”困难群众，制定16项服务对象清单、14项服务项目清单、14项工作事项清单“三张”清单，统一下放至村（居）委会审批办理，切实提升社区民政服务能力和水平。

【政法信访工作会议】 2月26日，区委召开政法信访工作会议。会议强调，要着力加强党的政治建设，坚定正确政治方向。提高斗争意识能力，确保全区政治社会大局稳定。发挥法治保障作用，积极服务经济社会发展。大力推进市域社会治理现代化试点，常态化开展扫黑除恶专项斗争，全面夯实基层基础，建设更高水平的平安东乡。深入推进执法司法制约监督体系改革、办案运行机制改革和诉讼制度改革，提升执法司法公信力。深入开展政法队伍教育整顿，确保广大政法干警绝对忠诚、绝对纯洁、绝对可靠。

【平安东乡建设推进会】 4月15日，平安东乡建设、区委全面依法治区暨市域社会治理现代化试点工作推进会在区行政中心9楼中间会议室召开。区委书记曾春出席会议并讲话。曾春对平安东乡建设、区委全面依法治区暨市域社会治理现代化试点工作取得的阶段性成绩给予肯定。区委常委、政法委书记王繁凡部署2021年平安东乡建设、全面依法治区、市域社会治理现代化试点具体工作。

【庆祝中国共产党成立100周年安保维稳工作】 在庆祝中国共产党成立100周年安保维稳工作期间，区各级党组织紧紧围绕维护国家安全和社会稳定的目标，坚决贯彻落实中央和省、市委相关部署和要求，始终坚持“人民至上、安全第一”的安保理念和“细致、精致、极致”的工作标准，立足本区工作实际，坚持最强使命担当、最严措施部署、最实作风要求，周密细致安排部署，严格落实工作举措，尽心尽力、履职尽责，克服诸多困难、战胜各种挑战，集中化解一批矛盾纠纷和安全生产隐患，圆满完成安保维稳任务，实现“五个严防、两个确保”工作目标。

【保障经济高质量发展】 充分发挥法治的经济增长助推器、社会运行调节器的作用，为新时代经济社会高质量发展创造良好环境。区公安局设立涉企专门窗口18个，及时解决企业遇到的各类“急难愁盼”问题120余起；强化对企业的利益维护，加强对企业周边的巡逻防控力度，严厉打击假冒伪劣、侵犯企业知识产权、扰乱企业单位秩序、盗窃诈骗企业财物等违法犯罪行为，侦办涉企业案件26起，扣押冻结涉案资产2000余万元，出台惠企政策12条。区人民法院全年受理各类民商事案件3587件（含旧存75件），审结3179件，结案率为86.81%；建立落实企业破产处置工作府院联动机制，压实破产处置“责任链”，提升破产处置“正效应”，构建破产处置“一盘棋”的局面，助推东乡社会经济发展。区人民检察院充分发挥非公企业维权工作办及非公企业维权工作检察联系点的作用，与区工商联密切合作、研究对策，共同维护非公企业合法权益。区司法局全面深化“双随机、一公开”监管，在保证全覆盖情况下减少行政检查，优化对企业的综合监管，下发《关于梳理并公布本系统首违轻微违法行为不予处罚清单的函》，激励市场主体自我纠错内生动力。对以“打假”“维权”为名发起的恶意影响企业正常生产经营秩序的行为，创新办案思路，从程序资格上否定申请人（举报人）的复议权，保证企业的合法权益。受理行政复议案件17件，办理行政应诉案件5件。

【运用科技设备辅助公安工作】 东乡区运用科技设备科学设计地面、空中、静态、动态四张治安防控网，完成布控监控点位建设。自上线运行以来，科技设备的安全系统、存储系统、解析系统、平台软件均运行正常，上线率和联网质量均达到要求，在服务社会治安管理、疫情防控、人民群众等方面发挥重要作用。区公安局侦查部门利用设备辅助破获刑事案件80余起，抓获犯罪嫌疑人60余人；派出所利用辅助设备帮助群众找回走失老人、小孩；区公安局疫情防控信息核查小组充分利用辅助设备开展人、车轨迹核查，协助区疫情防控指挥部有针对性地开展疫情防控工作。

【智能安防小区建设】 制定《东乡区智能安防小区建设三年规划》《东乡区2021年度智能安防小区建设应用的实施方案》，利用3年时间将51个新建小区、既有小区建成标准、规范的智能安防小区，建设资金3600万元，完成10个智能安防小区建设。

【智慧政法】 建设“政法网”和政法机关跨部门大数据办案平台，逐步构建“智慧法院”“智慧检务”“智慧公安”“智慧司法”，其中建成并启用抚州首家“24小时法院”，实现司法服务24小时不打烊。将东乡区划分为453个单元网格，配备453名网格员，区网格员上报有效事件总数102779件，办结102778件，办结率99.99%。

【城市驿站】 在城区筹建17个“城市驿站”，由公安（交警、巡警、派出所社区民警）与相关部门联合办公，按照“政府主导、管理协同，服务群众、不断完善”的原则，在城区实行网格化管理，接受群众求助、报警等，做到群防群治。将工作重点放在为群众排忧解难，凝聚民心民力，使群众的困难在第一时间得到解决，群众的事情在第一时间落到实处。全年通过“城市驿站”向市民开展反诈骗宣传12次，调解民间纠纷200余起，帮扶群众360余人次。

（张云标　张华生）

公　安

【概况】　2021年，东乡区公安局坚持以习近平新时代中国特色社会主义思想为指导，全面贯彻党的十九大和十九届二中、三中、四中、五中、六中全会会议精神，牢牢把握“对党忠诚、服务人民、执法公正、纪律严明”总要求，以服务保障高质量发展为主题，以防范化解影响安全稳定的重大风险为主线，以深入开展队伍教育整顿、锻造“四个铁一般”公安铁军为保障，忠实履行好“三安”使命，确保全区政治安全和社会大局持续稳定。全区公众安全感在上、下半年测评中均位列全市第一。先后获得全市公安机关瑞雪行动先进单位、全市公安机关扫黑除恶专项斗争先进集体、全市公安机关全警实战大练兵比武团体二等奖等多项荣誉表彰。

【打击违法犯罪】　强力推进“瑞雪”“昆仑”“云剑”“断卡”等专项行动，始终保持对各类违法犯罪的高压严打态势。2021年破获电信网络诈骗案件147起，抓获犯罪嫌疑人184人，抓获数同比上升35%，挽回群众损失400余万元。破获侵财案件617起，抓获违法犯罪嫌疑人289人，追回赃物合计85万元。对黄、赌、毒犯罪始终保持零容忍。立办涉黄赌毒刑事案件12起，刑事拘留42人，办理涉黄赌毒行政案件139起，处理606人。

【治安整治】　对“九小场所”、养老院、学校等人员密集场所开展常态化检查，排查并整改火灾隐患60余处（次）；强化对危爆物品的管理，检查危爆物品生产和使用单位12家，整改各类安全隐患20余处；做实“新型警力护校园行动”，城区校园安防“四个一”工程建设全部到位；结合“双创”工作，对道路交通设施开展大排查、大整治。改造城区道口8个，增设道路交通标识300余块，为城区道路新划标线，利用城市场地增设20余个停车场，有效缓解城区停车难的问题；到社区、学校、企事业单位开展道路安全宣传60余场次，纠正、查处各类交通违法行为11万余起。

【维稳护航】　出色完成中国共产党成立100周年、十九届六中全会期间重大敏感节点安保任务，多措并举力保东乡区政治大局持续稳定；搜集涉及国家政治安全、社会稳定、风险隐患等各类情报信息455条，同比上升11%，为处置和化解赢得先机和主动；破获宗教领域案件3起，抓获邪教组织成员2人；坚持压实初信初访首办责任和积案化解并重责任，受理群众来信来访154件，办结率为100%，信访存案下降75%。

【基层基础建设】　高标准部署推进“万警千车下基层”，轮换安排下基层民警120余人次、车辆13台，全面参与派出所一线执法、执勤，有效破解当前基层一线警力不足的问题。在城区2个派出所试行“三（二）队一室”警务运行机制改革，14个农村派出所“一村一辅警”全面推进，实现警务工作前移、信息触角延伸、服务距离贴近、专群工作更深入的目标。

【优化营商环境】　敞开大门接

2021年，常态化清查（区公安局　供）

受监督评议，坚持问政于民、问需于民、问计于民。政协委员、人大代表提案答复满意率100%；设立涉企专门窗口8个，及时解决企业遇到的各类“急难愁盼”问题3100余起；强化对企业的利益维护，侦办涉企案件17起，为企业挽回经济损失810余万元。

【扫黑除恶专项斗争】　先后召开6次会议研究推进扫黑除恶专项斗争，有力推动全局上下“一盘棋”工作格局；对村“两委”参选对象进行全员涉黑涉恶排查，政治审查3000余名“两委”候选人，有力地纯洁基层干部队伍；出台东乡区大行业领域整治工作方案，推动全区扫黑除恶工作提质增效。区公安局获评全市公安机关扫黑除恶专项斗争先进单位，5名民警获得省市扫黑除恶专项斗争先进个人称号。

【疫情防控】　严格落实“外防输入、内防反弹”的总策略，积极组织党员民警下沉社区、高速卡口开展稳控工作，保障全区疫苗接种秩序，从严控制民警前往中高风险地区，率先完成全警疫苗接种任务。发挥公安大数据专业优势，成立工作专班，强化信息核查，加强对重点地区人员动态分析研判，精准实施基层查控，严打涉疫违法犯罪。处理疫情信息1600余条，协助区防控疫情指挥部核查涉疫人员19万余人次，查处涉疫案件6起，抓获违法犯罪嫌疑人14人。

（黄宇锋　徐金良）

检　察

【概况】　东乡区人民检察院紧扣东乡新格局和高质量发展，着眼长治久安，充分履行“四大检察”职能，强化法律监督，维护公平正义，为东乡区高质量发展建设提供更加有力的司法保障和服务。60项业务综合绩效考评位居全省检察机关第八，办理的桂某某涉黑案检察专班被授予“全省扫黑除恶专项斗争先进集体”称号，获“第十六届江西省文明单位”称号，第一检察部被评为“抚州市三八红旗集体”，1名干警被最高检、公安部、生态环境部评为“打击危险废物环境违法犯罪行为活动表现突出个人”。

【刑事检察】　加强刑事诉讼监督，监督立案2件，监督撤案2件，纠正遗漏7件；加强刑事审判监督，抗诉2件，审判违法监督1件；加强刑罚执行和监管活动监督，对1990年以来减假暂案件开展排查，督促为被剥夺政治权利的罪犯建档18人次，开展财产刑执行监督和暂予监外执行审查，发出纠正违法通知书5份；协同公安、法院深化落实“少捕慎诉慎押”“认罪认罚”刑事司法政策，依法不批捕129人，不起诉92人，诉前羁押率48.57%，认罪认罚适用率94.93%，从司法办案的第一关口化解社会矛盾，减少社会对立面，提升社会治理效能。

【民事检察】　办理民事行政诉讼监督案件19件。其中，民事生效裁判监督案件3件，发出再审检察建议1件，民事支持起诉案件6件，民事执行监督案件5件，审判程序违法行为监督案件4件。与法院建立加强执行监督协作配合机制，共同解决执行难的问题，民事执行监督案件数量提高到100%，有效防范化解执行中的社会风险。

【行政检察】　扎实开展“促进行政争议实质性化解”专项活动，通过督促纠正违法、促进和解等方式，化解行政争议案件1件。与司法局联合签署《关于共同推进行政争议实质性化解的实施意见》，以多元化的方式搭建“检察＋司法”合力解决行政争议的桥梁。

【公益诉讼】　排查全区建筑施工安全隐患，督促区住房和城乡建设局等部门加强安全生产监管；紧盯食药安全和环境保护两大领域开展监督，切实答好保护国家利益和社会公共利益的“必答题”；持续开展“非法渔具”专项监督，主动开展“一次性塑料吸管”“农药包装”“飞线充电”等整治活动。办理公益诉讼案件47件，其中，刑事附带民事公益诉讼案件5件、发出诉前检察建议42件。

【护航社会稳定】　批准逮捕刑事犯罪案件191件、嫌疑人254人，同比上升24.4%；提起公诉240件356人，同比上升13%。常态化开展扫黑除恶工作，成立检察专班持续打击涉黑涉恶犯罪，起诉涉黑案件嫌疑人1人；从严打击暴力犯罪，起诉黄赌毒犯罪嫌疑人16人，同比下降46.67%；加强对网络犯罪全链条打击，积极参与“断卡”行动，还网络空间清朗；起诉网络诈骗犯罪嫌疑人25人，起诉帮助信用卡诈骗犯罪嫌疑人86人，同比上升334.62%；防范化解经济金融风险，起诉非法集资、洗钱等破坏金融管理秩序犯罪嫌疑人4人，协同公安、法院做好追赃挽损工作。

【保障营商环境】 落实“六稳”“六保”，加大对非公经济主体的司法保护力度。着重解决涉企司法保障的短板弱项，到非公企业开展法治专题讲座、座谈会20余次，提供法律咨询服务百余次；审慎办理涉企案件，对16件19人涉企案件作出不起诉决定，对2件涉企刑事诉讼“挂案”清零；打击违法犯罪与促进企业守法经营并重，对涉嫌虚开增值税专用发票罪的3名企业主，在认罪认罚、补缴税款作出合规承诺综合考量后作出不起诉处理。

【化解信访积案】 坚持和发展新时代检察“枫桥经验”，积极落实“群众来信件件有回复”工作要求，对群众反映的52件问题全部回复。开展重复信访专项治理，开展信访案件评查28件，办结信访积案4件，成功化解1件长达29年重复信访案。对信访积案和群众关注的民生民利案件依法开展公开听证40次，做到让当事人把事实说清楚、让听证员把道理辩明白、让检察官把法律讲透彻。

【加强内外监督】 主动接受外部监督，坚定对人大负责、受人大监督的宪法自觉，向区人大及其常委会报告工作2次，认真落实决议、审议意见；自觉接受政协民主监督，主动向政协通报检察工作；主动邀请人大代表、政协委员、人民监督员等参与座谈、检察开放日、公开听证等活动49人次，增进社会各界和人民群众对检察工作的了解和支持；对于代表和委员提出的意见和建议，指定专人负责，限期办结，及时答复，切实把接受人大、政协监督，吸纳代表和委员的意见和建议作为加强和改进检察工作的重要途径；深化检务公开，定期公布核心业务数据，在“两微一端”发布案件程序性、重要案件、公开法律文书等信息711条。自觉加强内部监督。坚持刀刃向内，突出整治“形式主义官僚主义”等自身顽瘴痼疾，建立健全《抚州市东乡区人民检察院检察业务监督管理办法》等22项执法办案制度和工作机制。常态化落实“三个规定”，记录过问或干预、插手检察办案等重大事项85件，同比上升193%。

【办好民生事业】 走访责任片区316户，收集意见建议35条，为民办实事215件；以法治课堂、普法讲座、宪法日集中宣传、发放宣传手册等方式，组织开展“五进”普法宣传活动300余人次；检力下沉积极参与疫情联防联控，联合社区共同把牢疫情防控线；巩固脱贫攻坚和助力乡村振兴，落实国家司法救助制度，办理18件司法救助案件，发放救助金18万元。

【呵护未成年人】 严厉打击侵害未成年人权益犯罪，批准逮捕20人，提起公诉案件20人；加强对涉案未成年人的教育感化挽救，不批准逮捕15人，附条件不起诉16人，相对不诉7人。联合社会力量为26名未成年犯罪嫌疑人及被害人进行疏导感化帮教；针对涉案未成年人家庭监护中存在的监管缺位、关爱缺失、监护不力等问题，向36个家庭制发督促监护令；开展法治进校园活动，16名法治副校长法治宣讲对全区43所学校全覆盖；联合区公安局、区教体局开展对教职工性侵违法犯罪记录查询，排查出教职工性侵犯罪记录2条，切实把预防工作做在前沿。

【加强队伍建设】 将检察队伍教育整顿与党史学习教育相结合，开展9期检察队伍教育整顿政治轮训，召开警示教育大会10次。举办中国共产党成立100周年党史知识竞赛，组织全体干警赴金溪后龚等地开展红色教育，举办“颂祖国 检察情”国庆文艺会演，为从检30年人员颁发检察荣誉章等活动，坚持抓党建促队建，激发全体干警爱党敬业之情，争做忠诚干净有担当的检察铁军。

【培育科技赋能检察新模式】 运用大数据法律监督体系，着眼破解监督线索发现难题，推进法律监督模式从个案办理向类案监督、系统治理转变；就未成年人入住宾馆、道路安全管理等领域发出7条类案监督意见。线上运行检察云提审、云开庭，检察云听证、律师云阅卷，运用数据技术支撑检察能力建设；突出业务数据指标，补短板、促均衡、争进位，应用检察业绩动态评价系统，提高工作质效；坚持文化育警，运用新媒体传播检察形象，让东乡检察故事“飞入寻常百姓家”。

（严熠豪）

法　院

【概况】 抚州市东乡区人民法院，以党史学习教育铸魂，以政法队伍教育整顿砺剑，以高质效审判执行笃行，忠实履行宪法法律赋予的职责，紧紧围绕“努力让人民群众在每一个司法案件中感受到公平正义”的工作目标，坚持抓好执法办案第一要务，找准找实司法精准发力的切入点、结合点，受理各类案件6016件（含旧存106件），同比增长40.59%；结案5645件，同比增长35.27%，结案率93.83%。

【依法惩治犯罪】 受理刑事案件248件（含旧存16件），审结233件，判处罪犯346人。充分发挥刑事审判“刀把子”的作用，审结“两抢一盗”、故意伤害等犯罪案件45件，审结交通肇事、危险驾驶犯罪案件49件，审结诈骗犯罪案件18件，审结破坏环境资源犯罪案件10件21人，有力维护全区社会政治稳定。依法惩治利用信息网络实施新型违法犯罪活动，审结帮助信息网络犯罪活动罪案件36件69人，营造网络法治“清朗天空”。扎实推进“黑财清底”工作，充分运用追缴、没收违法所得和赃款赃物、判处财产刑等手段，涉黑涉恶案件执行到位金额2.15亿元。

【践行司法为民】 受理各类民商事案件3821件（含旧存59件），审结3543件，诉讼标的额8.75亿元。贯彻实施《中华人民共和国民法典》，妥善审理劳动争议、消费者权益保护、建筑工地工人劳务工资等涉民生纠纷155件，为劳动者追回劳动报酬293.23万元。贯彻柔性司法理念，维护婚姻家庭和谐稳定，妥善化解离婚、继承等家事纠纷648件。为经济困难当事人依法缓、减、免缴诉讼费61.58万元，发放司法救助款49.99万元。

【兑现胜诉权益】 巩固基本解决执行难成果，重拳开展“猎狐—2021”专项行动，受理执行案件1865件（含旧存31件），执结1787件，执行到位金额4.64亿元。以信息化手段提升财产变现效率，网络司法拍卖成交总金额2599.27万元，平均溢价率10.42%。构建“一处失信，处处受限”联合惩戒机制，纳入失信被执行人名单1022人次，限制高消费1113人次。深化执行联动机制，综合运用各类强制措施，运用打击拒执罪的刑罚手段，出动警力433人次，拘传57人次，拘留21人，向公安机关移送拒执罪犯罪线索6件。

【创新法治服务】 建成并启用抚州首家“24小时法院”，为当事人提供诉讼引导、诉状生成、自助立案、文书送达等全天候全流程服务，将一站式司法服务延伸到八小时外，实现司法服务24小时不打烊。在抚州市基层法院中率先启动“档案e管理”试点工作，逐步健全电子卷宗随案生成运行机制，探索全流程无纸化办案模式，为法官办案增效赋能。及时发布疫情防控期间诉讼服务工作指引，引导群众网上立案、收转材料、指尖办事，确保群众生命健康安全。推进“云审判”“云调解”“云执行”“云送达”，实现刑事、民事、行政三大类诉讼案件网上开庭全覆盖，网上立案1046件、跨域立案71件，远程调解166件、在线开庭181件、线上执行1865件，确保审判执行“不打烊”，公平正义“不迟到”。

【多元化解纠纷】 在诉讼服务中心设立诉前调解中心，聘请2名调解人员、2名辅助人员开展日常调解工作，调处1189起案件，成功调解402件，调解成功率33.81%。吸纳商会等行业协会参与涉企矛盾纠纷化解，客商调解中心受理案件35件，成功调解案件28件，为纠纷当事人追回标的款338万元。强化专业化人民法庭建设，加大巡回审判力度，采用定点巡回审判和流动巡回审判相结合的方式，打通司法为民的“最后一公里”。健全完善“法官便民工作站”制度，所有法官全部下沉至乡镇（街道、场），在6个乡镇聘任144名熟悉乡村情况、懂得乡土人情，具有一定法律知识功底和丰富调解经验的村党支部书记、综治专干作为特邀调解员，共同参与调解工作。18个法官便民工作站下沉乡镇520余人次，走访群众400余人次，接受群众咨询100余人次。

【推进公正司法】 开展庭审直

播1013件，录播2047件，自觉接受人大监督，走访人大代表56人次，主动向区人大及其常委会专题报告客商调解中心、多元化解、人事任免等工作，抓好审议意见整改落实。广泛接受社会各界监督，组织开展法院开放日活动，向工商联和无党派人士通报法院工作情况，走访政协委员45人次，邀请检察长列席审委会2次，聘请人民陪审员参审案件397件。建立新闻发布会制度，举行新闻发布会5场次，及时公开法院工作相关信息。

【积极创新提能】 创新法治人才培养机制，与江西财经大学法学院签署院校合作协议，共建“卓越法律人才培养教育基地”“大学生校外法学实践教育基地”，推动形成全方位、多领域、高效益的“院”“校”合作新格局。创办信息周刊22期，期内信息分别被中办、省委办、省高院、市委办、市中院采用。

（姜　莎）

法治政府建设

【概况】 区委、区政府积极贯彻落实《党政主要负责人履行推进法治建设第一责任人职责规定》，列为法治政府建设工作的重中之重，区委、区政府主要领导对重要工作亲自部署、重大问题亲自过问、重点环节亲自协调，自觉运用法治思维和法治方式深化改革、推动发展，使各项工作纳入法治化轨道。区委常委会、区政府常务会听取2020年度法治政府建设工作汇报并全面安排部署2021年依法治区和法治政府建设工作，印发《2021年度法治政府建设工作要点》。抓住关键少数，提高法治能力。坚持把领导干部带头学法用法作为法治政府建设的关键，提升领导干部运用法治思维、法治方式推进工作的意识和能力，2021年共组织开展政府常务会议学法6次，组织东乡区领导干部法律知识考试和依法行政能力测试，提高领导干部法治思维和法治能力。

【深化“放管服”改革】 开展相对集中行政许可权改革。组建行政审批局，实现“一枚印章管审批”。衔接落实上级政府取消下放的行政审批事项。动态调整行政审批事项110项。其中，取消行政审批事项69项，承接审批事项15项，合并行政审批事项18项，调整规范行政审批事项4项，增加行政审批事项4项。推进“一链办理”改革，构建协同联办服务模式。将民生领域高频事项按链条优化整合，逐项编制办事指南，全面梳理各事项链条中的实施要素。按照“一窗受理、内部流转、统一出件”的方式，由牵头部门窗口牵头、受理整改链条涉及的审批事项，避免群众多头跑，多次重复填写和提交材料，实现不动产登记、企业开办、公积金等32项业务“一链办理”。推行“容缺审批＋承诺”制，助力“最多跑一次”。将上门服务、邮递办理、网上办理、容缺办理相结合，推行“容缺审批＋承诺”制，梳理出可容缺办理事项148项，企业和群众办事在必要件齐全的情况下采取容缺后补的方式办理，让群众办事“最多跑一次”。截至2021年11月末，办理只跑一次409654件，一次不跑730751件。

【规范重大行政决策】 区政府常务会议审议《抚州市东乡区人民政府重大行政决策程序操作规程（试行）》，将12项重大行政决策事项纳入目录管理，编制2021年度重大行政决策目录并报市政府。严格重大行政决策公众参与、合法性审查、集体讨论决定、公开发布程序。严把法制审核关，切实提高科学决策水平。

【公正文明执法】 积极落实轻微违法行为不予处罚制度。市场监管、交通运输、交警三个部门梳理并公布首违轻微违法行为不予处罚清单1.0版，涉及124种违法行为，激励市场主体及时自我纠错、主动消除、减轻社会危害后果，提升行政执法效能。监管平台使用率较2020年进一步提升。检查事项与实施检查比率为100%，联合抽查率为22.78%，比省里规定的10%的联合抽查率翻一番，各项指标在抚州市遥遥领先。区各行政执法单位制定年度检查计划250条，年度专项计划5条，年度检查任务110条，录入日常巡查961条，制定联合抽查任务46条，未出现黄灯、红灯预警。

【综合行政执法体制改革】 成立市场监管、生态环境保护、文化市场、交通运输、农业等领域综合执法队伍。明确机构体制、主要职责、内设机构及人员编制，核定事业编制数135个（不含生态环境），实行“局队合一”体制，由部门管理并以部门名义统一执法。4支综合行政执法队伍合计转隶128人。结合乡镇机构改革，在13个乡镇成立13支综合行政执法队，核定编制156个，完成转隶人员142人。

（张磊磊　李剑波）

司法行政

【概况】 东乡区司法局以法治护航经济社会建设，实现队伍作风建设进一步好转、法律服务触角进一步拓展、全民法律素养进一步提高、群众满意度进一步提升。全面依法治省及全市司法行政业务目标考评工作连续4年获评全市先进单位，2021年荣立集体三等功一次。区司法局公共法律服务股股长杨春蓉获评全国法律“法援惠民生　扶贫奔小康”品牌活动表现突出先进个人。王桥、珀玕司法所分别被评为“全省五好司法所”“全省党建示范型特色司法所”，何莹莹等4名司法所所长先后荣获“全国模范司法所长”称号。

【全面依法治区】 全面推行行政执法“三项制度”，调整行政执法主体43个，组织719名行政执法人员完成“三项制度”及行政处罚法线上考试，提高司法执法水平。完善“双随机、一公开”监管，依托“互联网＋监管”系统实施检查清单全覆盖监管。全面推进告知承诺制，实现“只跑一次”。探索“首违不罚”，灵活运用免罚、减免处罚权，激发市场活力。深化行政复议体制改革。在乡镇建立行政复议代办点14个，实现案件审理建议零出错率。强化惠企政策服务，促进企业创新发展。做好惠企政策兑现“一门式”服务，梳理涉企政策54条，东乡区354家企业注册惠企线上平台，兑现受理企业申请3309件，兑现金额167487.03万元。推进“一次不跑”“只跑一次”。梳理区本级“跨省通办”“省内通办”政务服务事项，推行“容缺审批＋承诺”制，梳理出可容缺办理事项148项，让群众办事“最多跑一次”。办理“只跑一次”409654件，“一次不跑”730751件。

【全民普法宣传】 城区建成区青少年法治教育基地、百米法治长廊、法治文化主题公园等法治文化宣传点，各乡镇结合民主法治示范村创建，因地制宜建成小璜镇孙圳村法治小游园、邓家乡花果山乡村旅游＋普法宣传模式等一批具有鲜明东乡特色的省级法治文化村。形成城区＋农村、线上＋线下，以点带面，辐射带动全方位的普法宣传格局。组织开展“防范电信诈骗争做法律明白人”“喜迎建党百年　共筑国家安全”等主题宣传活动。组织全区24个“谁执法谁普法”普法责任制单位开展“12·4”国家宪法日集中宣传活动，39名区直机关新提任科级领导干部在法治文化公园进行宪法宣誓。加强“法律明白人”培养管理。共遴选培育“法律明白人”骨干7003名，一般“法律明白人”71508名。参与法治宣传9576人次、化解矛盾纠纷3894件次、参与社会事务管理4104件次、引导法律服务3708件次。为进一步扩大宣传教育效果，制作拍摄一批普法“三微”作品，其中法律明白人题材普法微电影《三十一》获评司法部微视频大赛一等奖，并在中央电视台法治频道巡回播出。

【公共法律服务】 建立区、乡、村三级实体平台，为群众提供高效、优质、舒适的“一站式”法律服务。设立“12348”法律服务热线，引进“无人律所”互联网服务终端，实现电话、视频“7×24小时”不打烊法律咨询和全国4万名律师代理线上服务，掌上公共法律服务平台随时随地回答群众疑问，让群众足不出户就能享受到高效便捷的法律服务。办理法援案件521件，办件量位列全市第1。法律服务窗口、“12348”热线及掌上平台共解答群众咨询7943人次。为农民工讨回工资薪金、工伤赔偿等共计281.5万元。

【矛盾纠纷调解】 开展“喜迎建党百年　维护和谐稳定”矛盾纠纷排查化解专项行动。积极拓展调解领域，组建人民调解协会，调解矛盾纠纷615件，调解成功600件。开展边际联谊联调，邓家乡与进贤县衙前乡连续27年开展边际联谊活动，实现边际线上持续平安。

【“两类”特殊人群管控】 率先在全市成立区社区矫正委员会、区社区矫正管理局，建立健全常态化运行机制。加快智慧矫正中心建设，充分利用信息化提供远程定位、预警预判功能，实现社区矫正对象无脱管漏管。建成省级社区矫正安置帮教双示范基地——新航驿站，规范两类特殊人群安置帮教管理。东乡区现有在矫人员168名。其中，缓刑160名、假释5名、监外执行2名、管制1名。接收刑满释放人员146名，发放两项经费33.5万元。

（李后泉　董小敏）

交通警察

【概况】　东乡区公安局交警大队有民警48人，职工7人。设有办公室、指挥中心、车辆管理所、宣传科、交秩科、事故中队、园区中队、孝岗中队、王桥中队、小璜中队、邓家中队、圩上桥中队、岗上积中队、铁骑中队、金峰中队等15个内设科室。以深化信息化警务（勤务）为引擎，坚持强基固本、改革创新并重，注重系统治理、综合治理相结合，在推动队伍素质提升的同时带动交管业务、科技建设应用提档，实现“三个持续减少、一个坚决防止”的目标，全力促进全区道路交通安全形势持续平稳向好。2021年东乡交警大队获评全市公安交通管理绩效考评工作成绩突出单位奖，区公共节能优秀单位奖。

【创新服务】　东乡交警大队深入践行“我为群众办实事”实践活动。在城区部分路段（五星商业街、府前路新龙花苑北侧路段），施划增设限时段停车泊位；深入推进“放管服”便民改革措施，在车管服务大厅设置全市县级车管所唯一的双人导办台；落实四个减免、一证办、一窗式办理、自助办理和互联网预约等；开展警保合作、警邮合作和交管业务进派出所、“三所合一”试点等工作。开展业务预警业务短信告知和电话提醒，开动流动车管所。

【交通事故处理】　处理交通事故6331起，死亡51人，受伤1194人，财产损失303.8万余元。与2020年同期相比事故总起数上升1607起，上升34%；死亡人数上升12人，上升30.8%；受伤人数上升146人，上升13.9%；财产损失上升77.1万余元，上升34%。

【交通违法查处】　查处各类交通违法行为96052起。其中，现场查处30243起，违停18778起，酒驾688起（含醉驾10起），超员1598起，超载647起，无证驾驶150起，未戴头盔4663起，未系安全带3011起，不按规定车道行驶3846起。利用集成指挥平台开展缉查布控，出警拦截查扣车辆处罚3161起，其中预警布控拦截查扣逾期未年检车辆1538辆。

【交通安全宣传】　充分发挥线上线下相结合的模式作用，多层次多角度全方位宣传道路交通安全法以及各项专项整治行动工作部署、推进情况和具体成效。结合“千名党员进万家、我为群众办实事”实践活动，立足实际、加大资金投入、完善设施，深入开展“一村一标语”农村宣传阵地建设和“美丽乡村行”交通安全巡回宣讲活动，开展各类宣传宣讲153场次，发放各类宣传资料7万余份；在辖区全面开展“一盔一带”活动，潜移默化提升交通参与者的法治意识、规则意识和安全意识。

【驾驶证及机动车监管】　办理摩托车驾驶证5534个；补换证11992个，满分学习574人（232批次）；驾驶证审验5636起；上牌及转入14316次，过户变更2017笔，抵押6470笔；年检6470辆（6年内免检），检测站年检小车11638辆，大车6376辆。

（徐　凌　张建志）

森林公安

【概况】　东乡区公安局森林分局为正科级行政单位。内设办公室、政工督察室（副科级）、法制大队、刑事侦查大队（副科级）和治安巡逻大队（副科级）。单位核定的政法专项编制为13个，工勤事业编2个。有正式人员20名，聘请协警16名。2021年，区公安局森林分局在单位机构改革之后，继续狠抓严打生态犯罪、护航美丽东乡，先后开展“破坏越冬候鸟资源违法犯罪”、打击破坏森林和野生动植物资源犯罪暨“昆仑2021”等专项整治行动，获2020—2021年“鄱阳湖越冬候鸟和湿地保护专项行动”先进单位称号。

【护航生态安全】　持续保持对破坏生态安全违法犯罪的严打态势，做到以严打保稳定、以规范促提升，以“零容忍”的态度，发现一起，查处一起，绝不手软，先后查处刑事案件37件（其中涉林案件14件、涉野生动物案件23件），治安行政案件22起，充分发挥保护辖区生态资源安全的主力军作用。

【森林防灭火】 紧盯春耕、清明两个重要时间段，到百姓家中加大防火安全宣传，组织民警对各乡镇的森林防灭火工作进行明察暗访，指导各乡镇派出所开展森林防灭火相关工作及协助办理森林火灾刑事、行政案件，严厉打击森林火灾违法行为，最大限度地减少森林火灾的发生，未发生一起森林火灾刑事案件，年度考核满分。

【越冬候鸟保护】 将候鸟栖息、迁飞保护工作当作重中之重来抓，制定长期的鄱阳湖候鸟保护巡查值班制度，为候鸟营造一个更加安全的栖息环境，辖区内未发生捕杀候鸟案件。

（汪　丹）

消防管理

【概况】 东乡区消防救援大队完成全国“两会”消防安全保卫工作，成功处置“6·22”东乡区豪宇五金制品公司2号仓库火灾和“11·26”东乡区仕博园小区高层住宅火灾。通过第十五届省级文明单位复查。全年接警359起，出动消防车

2021年，消防人员进行消防演练（区消防大队　供）

727辆次、消防人员4406人次，营救和疏散被困人员186人，抢救财产价值625.7万元。

【消防安全】 大队开展消防安全专项整治“三年行动”、物流园区和物流仓储企业场所消防安全专项整治、危险化学品消防安全专项整治和“九小场所”消防安全专项整治“回头看”等整治行动。联合区交警大队在20个高层住宅小区试点安装违规占用消防车通道抓拍系统，打造区人民医院、区第六中学两个消防安全标准化管理达标创建示范点。

【消防练兵】 开展作战训练安全考试36次，每周对车载装备开展一次大检查，切实打牢安全基础。积极开展熟悉演练，对辖区“高、大、化、下”重点单位、场所开展实地熟悉演练160次，开展联训演练10次，修订灭火救援类型预案48份、重点单位数字化预案24份，排查市政消火栓325个。

【党史学习教育】 大队制作党史学习教育主题展板4块、文化标识和横幅12处，“学党史、感党恩、跟党走”主题板报2块。依托舒同博物馆和王震纪念馆等红色教育资源挂牌成立红色教育基地，分批次开展“缅怀英烈学党史　红色基因永流传”“共过政治生日　铭记初心使命”等主题党日，把“学党史”与“学雷锋”活动相结合。到敬老院开展“弘扬雷锋精神　争做党员先锋”活动。“六一”前夕，大队积极邀请民德学校90名留守儿童开展“学党史践初心　情暖稚子迎六一”共建活动；在端午节前夕，大队与东乡区妇女儿童活动中心联合开展“迎端午送温暖”志愿活动，筑牢队伍“为民助民”思想根基，推动党史学习教育走心、走深、走实。

（邹　鹏）

DONGXIANG YEARBOOK 2022

农业·农村

综　述

按照“产业兴旺、生态宜居、乡风文明、治理有效、生活富裕”的总要求，紧紧围绕“稳粮、优供、增效”，大力实施乡村振兴战略，以“绿色生态、高产高效、特色精品”为目标，东乡区农业呈现出集约现代化和绿色可持续发展的良好态势。着力抓好东乡“蓝之美”蓝莓、中铁中基猕猴桃、润邦农业、花果山生态农业、竹海农业等一批现代农业示范园建设，创建华绿神蛋、美尔丝瓜络、东乡白花蛇舌草、东乡花果芋、东乡葛根等一批地方特色农产品品牌，提高全区农业综合效益和竞争力，推动社会主义新农村建设和农村全面小康建设的步伐。

水稻种植面积 5.07 万公顷，粮食总产量 32.35 万吨；持续推进生猪复产增养，生猪存栏、出栏分别达 54.2 万头、85.2 万头，能繁母猪 6.9 万头；牛存栏 1.7 万头，出栏 9759 头；羊存栏 4300 头，出栏 6100 头；家禽存栏 307.23 万羽；养殖水域面积 3462.87 公顷，其中池塘 950.21 公顷，大水面放养 2512.67 公顷；水产品总产量 1.8 万吨，渔业经济总产值实现 2.2 亿元，特种水产总量 5363 吨。永久基本农田保护面积 3.2 万公顷，粮食生产功能区和重要农产品生产保护区划定面积 24466.67 公顷，其中，划定水稻生产功能区 23453.33 公顷，划定水稻和油菜复种区面积 1013.33 公顷。粮食产量保持稳定增长，油料、蔬菜、水产品总量稳中有增。受市场经济影响，农业产业结构出现重大调整，木薯、蚕桑面积大幅减少，油茶树、中药材、果树等面积增加。种植油茶树 3666.67 公顷、油菜 2200 公顷、中药材 1333.33 公顷、蔬菜 5333.33 公顷（含复种）、西甜瓜 1000 公顷、果树 1866.67 公顷、甘蔗 166.67 公顷。木薯种植与加工、种桑养蚕产业衰退；白花蛇舌草等中药材种植与加工、山茶种植与山茶油加工、特色水果休闲观光与采摘、稻田综合种养等产业则异军突起。

农业龙头企业 129 家。其中，国家级龙头企业 1 家、省级龙头企业 15 家、市级龙头企业 113 家。龙头企业当年销售收入 62.9 亿元，涉及类别有粮食、养殖、饲料加工、蔬菜、园林花卉、果业、中药材、休闲农业等。辐射和联结农户 8 万余户，带动农民增产增收。大力推行农业标准化生产和“两品一标”（绿色、有机、地标）认证，健全农产品质量安全可追溯体系，做大做响绿色生态农产品品牌。截至 2021 年，东乡区有绿色有机地理标志认证农产品 32 个。其中，绿色食品认证 11 个、有机食品认证 14 个、地理标志产品 7 个。

【保障粮食生产安全】　严格落实粮食生产安全责任制要求，实施藏粮于地、藏粮于技战略，突出抓好早稻生产，稳住双季稻面积，大力推广良种良法。完成粮食播种 52360 公顷，粮食总产量 37.8 万吨。加强粮食生产功能区建设，发展粮食适度规模经营，2021 年种粮 50 亩以上的有 1403 户，种植面积达 11733.33 公顷。开展耕地抛荒治理专项行动，增加粮食种植面积。不折不扣落实耕地保护补贴、稻谷补贴、产粮大县奖补、保险、金融支持等政策。因地制宜推进农业技术应用，示范推广优质高产品种，提高粮食单产、品质和效益。全面落实国家粮食最低收购价政策，稳妥做好粮食收购。推进粮食仓储设施功能提升，推广应用绿色生态和低温储粮技术。

【做大做强农业产业】 结合东乡区农业生产实际情况，发挥生猪产业优势，依托抚州市东乡区九鼎牧业有限公司等经营主体完善生猪产业链集群，在饲料生产、种猪培育、生猪养殖、屠宰、加工、冷链物流全产业链领域实现生产经营集约化、标准化、自动化、智能化。围绕蔬菜产业发展，重点打造花果芋产业名片，按照“保供给、增效益、创品牌”的思路，做强做优蔬菜产业。积极开展稻菜轮作，利用冬闲田发展冬春蔬菜。大力推进林果产业升级。以“党建＋蓝莓”扩大蓝莓种植面积733.33公顷，重点建设以东腾新村为中心，辐射带动蓝莓产业发展，大力推广规范化、标准化种植。依托浙江蓝美技术股份有限公司，打造一个集蓝莓科技研发、新品种展示与繁育、规模种植、产品交易、加工贮藏冷链物流和产业化服务于一体的产业中心。以甘坑生态林场千亩薄壳山核桃种植示范基地为样板，大力推广规范化、标准化种植，因地制宜，利用林地发展林果经济。

【保障主要农产品供给】 生猪出栏、生猪存栏、能繁母猪存栏分别达85.2万头、54.2万头、6.9万头。发挥龙头企业和专业合作社的带动作用，严格落实非洲猪瘟等重大疫病防控措施，加快推进生猪产业转型发展，培育一批集饲料生产、繁殖、养殖、屠宰加工于一体的现代化龙头企业，推动生猪养殖体系由“小散弱”向规模化、生态化转变。区委、区政府对发展蔬菜产业高度重视，狠抓大棚等设施蔬菜、规模蔬菜基地建设，新增钢架蔬菜大棚面积100公顷，安排大棚设施蔬菜建设奖补资金1300万元。

【加强农业科技支撑与推广】 加强与企业、科研院校协同创新，成功引进国家农机装备创新中心江西研发基地，举办智能农机装备高峰论坛，积极研制服务东乡区农业产业化的新型农机装备。深入实施现代种业提升工程，完成提交国家农作物种质资源库21个，重点培育东乡绿壳蛋鸡、蓝莓种业资源，从源头上加强东乡区农业产业化能力。开展技术培训和宣传活动。举办各种农作物病虫害防治培训班15期。其中，在城区举办培训班2期，在各乡镇、村举办培训班13期。受训人群包括统防统治组织、种田大户以及广大农户，主要以绿色防控技术、安全使用农药、植保先进技术、先进植保防控器械宣传等为主。参训人员共300余人次，发放技术资料300余份。各乡镇、垦殖场开展送科技下乡活动，散发科技宣传资料30000余份，接受现场咨询3200余人次。开展高素质农民培训工作，培训高素质农民200人。其中，经营管理型带头人100人、专业生产型50人、技能服务型50人。推进各类农业新技术的应用，坚持测土配方施肥技术的宣传与推广，指导绿肥作物田间管理。加大绿色防控技术的推广力度，区农业农村局免费发放频振式杀虫灯90台、二化螟诱捕器1700套、二化螟诱芯1700条，推进植保无人机防治，有效减少病虫防治次数，降低农药使用量，提高农药利用率。

【农田基础设施建设】 省高标办下达东乡区高标准农田建设任务2666.67公顷。按项目要求，制定完善的项目实施方案，按技术规范开展实地勘测，科学编制项目设计方案。高标准农田建设安排圩上桥镇、甘坑林场、黎圩镇、詹圩镇、马圩镇、红星垦殖场、虎圩乡7个乡镇（场）42个行政村。主要建设内容为土地平整工程、土壤改良工程、灌溉与排水工程、田间道路工程、农田输配电工程、农田防护与生态保护工程等。高标准农田建设取得显著的经济效益和生态效益，亩均粮食单产提高25～50千克。

【农村集体产权制度改革】 继续稳步推进农村集体产权制度改革，发展壮大农村集体经济，各乡镇（场）全部完成成员身份确认工作，全面完成农村集体产权制度改革工作，村级集体经济组织完成成员身份确认132个；组级集体经济组织完成成员身份确认1438个，确认成员身份327482人。产权制度改革完成折股量化132个村集体，改革时点量化资产总额1261万元，确认股东数327482个，登记赋码132个村集体、3个组集体，完成赋码登记、挂牌、银行开户，完成率达100%。印制股权证书83982份，各乡镇农村集体产权股权证书100%发放。2021年实现所有行政村村级集体经济收入超10万元，村级集体经济年收入超50万元行政村6个，村级集体经济收入超100万元3个。

【农业执法】 开展农资打假法

律法规宣传，制定2021年农资打假各项实施方案，出动执法人员278人次，排查农资经营门店176个次，立案6起、结案6起。开展打击私屠滥宰各项整治行动，规范生猪屠宰行业管理。查处违法案件4起，无害化处理600余千克非法猪肉。开展打击非法捕捞专项整治行动，保障渔业生产正常秩序和生态平衡。落实“中国渔政亮剑2021”专项执法行动。张贴散发《“渔政亮剑2021”专项执法行动宣传通告》宣传材料900余份，实施打击非法捕捞常态化巡查巡逻，收缴违规渔具760余件，集中销毁违规渔具5次，放生非法捕捞渔获物70余千克，放生水生野生动物娃娃鱼2次2条；立案查处非法捕捞渔政案件3起，案件处罚金额1300元。

【乡村环境整治】 围绕“五大专项提升行动”高质高效推进新农村建设、努力建设新时代“五美”乡村，全面实施乡村建设行动。农村人居环境整治及新农村建设取得显著成效，农村面貌焕然一新。2021年，投入3874万元，安排106个新农村建设点，涵盖15个乡镇（场）的85个村小组，惠及7890户28961人。实现1312个自然村宜居村庄新农村建设全覆盖，全面完成省委、省政府新农村建设“扫一遍”任务。认真落实并切实抓好村点其他“七改三网”基础设施建设，改路放在优先建设内容，主路、支路、入户路100%。积极配合实施“东乡区农村粪污综合治理一体化”PPP项目，动员农户支持配合参与改厕工作，启动集镇改造提升二期工程，投入3000万元，选择杨桥殿镇、王桥镇、虎圩乡开展以街道立面改造、道路“白加黑”、管网建设、市政设施、亮化、绿化等为主要内容的集镇改造提升建设。

【村庄长效管护】 按照“干净、整洁、有序”的要求，以治脏、治乱、治差、治污为重点，继续在全区深入推进农村环境综合治理工作。通过定管护范围、定管护人员、定管护标准，明确第三方企业的管护责任，依托智慧环卫管理中心，实时监控人员作业、车辆运行、设备状况，推动生活垃圾实现管护范围全域化、管护方式科学化、管护标准专业化。在此基础上，借鉴城市小区物业管理经验，采取“1＋N”模式，将单一生活垃圾处理拓展为涵盖环卫作业、公厕管理、绿化管养、路灯维护、污水处理、公共设施维护等管护服务，实现管理共通、人员共用、设施共享。

根据实际情况将村庄分为三类，对每一类村庄在管护内容、管护层级上都制定不同的标准，根据服务内容支付服务费用。企业依托智慧平台，村民可通过微信扫码将村庄内环境及公共设施存在的问题上报于企业，企业接到消息后及时派遣人员进行处理。村庄生活垃圾治理、乱搭乱建整治初步实现“两个全覆盖”，污水治理得到有效推进，农户庭院整洁美观，村庄环境干净整洁，村民清洁文明意识普遍增强，村庄环境长效管护机制逐步健全，村容村貌得到巩固提升。

（李细林　李　斌）

畜　牧

【概况】 2021年，东乡区生猪存栏54.15万头，其中，能繁母猪存栏6.62万头，完成省下达出栏任务数，生猪生产稳居全省前列；牛羊存栏2.18万头，家禽存笼307.23万羽。

【重大动物疫病防控】 超额完成家禽交易市场、屠宰场、规模养殖场、候鸟栖息地300份禽流感病原学的监测任务。自主完成牛节结性皮肤病样品监测200份、小反刍兽疫50份、牛（奶牛）羊布病检测样品150份。36家年出栏5000头以上的生

2021年，工作人员进行动物防疫工作（区农业农村产业发展服务中心　供）

猪养殖户和一家生猪屠宰场、一家无害化处理中心、十多家洗消中心开展非洲猪瘟病毒核酸检测，检测样品3000余份，配合省市完成抽样检测任务120份。6家年出笼万羽以上家禽养殖户外调家禽开展H5、H7高致病性禽流感、新城疫等免疫抗体检测，检测样品720份，超额完成计划任务。配合市农业农村局完成春防免疫效果评估（家畜口蹄疫、高致病性禽流感）检测，两项抗体水平90%以上，居抚州市首位。

【生猪屠宰监管】 区屠宰厂屠宰生猪49990头，屠宰环节检出病害生猪34头，摘除不可食用“三腺”产品及病害产品26095.5千克（折合289.95头）。加大对屠宰企业的日常监督检查，药物残留检测480个样品，“瘦肉精”抽检量3450份，均未检出阳性。

【实施贷款贴息补助】 对在直联直报信息平台上备案年出栏500头以上的规模猪场开展摸底调查，给予短期贷款贴息支持。会同财政部门对企业申报的贷款贴息相关资料进行认真审核，上报养殖场44家。其中，种猪场5家、规模猪场39家。贷款金额33948万元。

【花猪种质资源保护】 在原有东乡花猪保种场的基础上新筹建1家东乡花猪保种基地，与省农业科学院畜牧兽医研究所签订东乡花猪保种《科技合作协议》，该项目于2021年立项备案，办理项目用地租赁流转手续，落实林地指标，完成进场公路拓宽改造设计方案。

【第三方社会化服务试点工作】 由小璜镇、圩上桥镇、红星垦殖场承担试点工作。5月，原畜牧水产局联合财政局、属地乡镇（场）对第三方社会化服务春防工作进行验收，11月联合财政局、属地乡镇（场）再次对第三方社会化服务秋防工作进行验收。组织招聘16名特聘动物防疫专员，充实到基层各乡镇（场）从事动物防疫服务工作。

水　产

【概况】 东乡区各养殖区水量充足，水质清新，为恢复经济鱼类资源，发展水产养殖，提高水产品产量和促进生态渔业的发展创造良好的条件。2021年养殖水域面积3462.84公顷。其中，池塘950.02公顷、大水面放养2512.67公顷。水产品总产量1.7609万吨，渔业经济总产值2.18亿元，同比2020年增长3.01%。特种水产总量5363吨，同比2020年增长3.51%。长江及鄱阳湖流域禁捕后，捕捞量大幅下降直至零捕捞，影响市场鱼虾价格。水产养殖户扩大生产规模，水产品养殖大幅增长。养殖技术的提高，水产养殖产量不断增长、产品质量安全水平总体稳定向好。东乡区12月29日被评为首批国家级水产健康养殖和生态养殖示范区。

【创建省级水产养殖示范区】 积极扶持龙头企业、合作社优先在标准化生产、科学化管理、规模化经营等方面起辐射带动作用，引领全区水产健康养殖绿色发展。推广工厂化、循环水养殖等新技术、新模式，提高资源利用和劳动生产率，全面提升东乡区渔业现代化健康养殖水平。推进稻鱼综合种养建设，结合农业田园综合体项目，建设一批规模化、标准化、生态化和品牌化的稻鱼综合种养示范基地，实现“一水两用、一田双收”，达到亩均“百斤鱼、千斤粮、万元田”的目标。大力增强水产养殖市场竞争力和可持续发展能力，使健康养殖示范从点上创建向整区创建推进，实现全区范围内的水产养殖逐步达到健康养殖和生态养殖的要求，形成健康养殖和生态养殖长效机制。经各主体自愿申请，县、市、省逐级审核，部级复核确认，有65个申报主体符合标准。

【渔业项目建设】 东乡区国家级泥鳅原种场建设，国家发展和改革委员会续建项目，资金1000万元，建设规模13.33公顷，建设地点江西恒佳水产养殖有限公司基地，坐落于东乡区幸福水库，项目正在建设中。尾水治理建设项目。区政府使用生态修复资金，由东乡区蓝农农业开发有限公司实施，项目地址位于红星垦殖场深坑分场，项目资金100万元，项目建设完成，予以验收。水产品加工流通设施建设项目。2021年上报市水产品加工流通设施建设项目获得批复，项目资金40万元，建设3座冷库、4个暂养池及加工包装运输设备，建设地点为江西恒佳水产养殖有限公司基地，坐落于东乡区幸福水库，项目已验收。

农　机

【概况】 东乡区农机装备总量持

续增加，农机总动力407728千瓦，同比增长4%。大、中、小型拖拉机保有量9165台，插秧机保有量92台，联合收割机保有量1385台，粮食烘干机保有量290台，无人植保飞机保有量58架。农机化作业水平保持稳定，主要农作物农机作业综合水平达到78.15%；机耕面积5.61万公顷，机耕水平97.05%；机插面积2.25万公顷，机插水平38.87%；机收面积达到5.33万公顷，机收水平92.23%。

2021年东乡区农机功力一览表

表3　单位：千瓦

年度	农机总功力	其中		
		柴油	汽油	电动机
2021	407728	337572	11308	58848

2021年东乡区主要农业机械化拥有量一览表

表4　单位：台（套）

年度	大中小型拖拉机	插秧机	收割机	畜牧机械	渔业机械	农产品加工机械
2021	9165	92	1385	589	927	3241

【保障农业生产】　春耕备耕期间，充分发挥党建引领作用，组成以党员为骨干的农机维修小分队6个，提供机具检修服务70余次，开展“送维修下乡”活动13次，帮助和指导农机手保养、调试和检修各类农机具1000余套。发放安全生产宣传材料1300余份，培训农机操作人员300余人次；下乡开展育秧培训指导活动4次，完成机插533.33公顷。“双抢”期间，为保障农机及零配件供应充足，督促农机补贴经销商调入储备各类农机具1800台（套）、维修零配件160万元，确保“双抢”所需农机物资供应不“断档”。开展志愿服务检修农机具，及时组织专业技术人员进村入户开展维修服务，确保农业机械投入“双抢”有序高效运作。加强督导检查，加强农机生产安全监管，排查事故隐患，确保农机平安作业，无农机安全生产事故。

【落实农机购置补贴政策】　东乡区申请中央补贴资金715万元，省补分配资金20万元；农户使用农机购置补贴资金739.45万元，其中中央补贴额700.456万元；报废机具补贴额19.17万元，省补贴额19.82万元。资金使用率100.64%，补贴机具560台（套），受益农户359户。

2021年东乡区农机补贴一览表

表5

年度	申请中央资金（万元）	使用中央资金（万元）	资金使用率（%）	补贴台(套)	补贴农户(户)
2021	715	719.626	100.64	560	359

【农机社会化服务】　充分发挥农机合作服务组织和农机大户的示范带动作用，继续开展农机“一条龙”作业，合同订单作业服务，积极引导农民，特别是农机大户自主创新各种类型的农机服务组织。春耕、“双抢”等重要农时积极与农户沟通，根据不同的需求及时与农机合作社联系、调配农机，开启“共享农机”新模式，解决农忙期间农机不足的问题。东乡区与洛阳智能农业装备研究院有限公司签订协议，共同创建国家农机装备创新中心江西研发基地，加快“智慧农业”发展进程。

（王　琪　熊荷蓓）

现代农业

【概况】　按照“一园两带四区”总体布局，快速推进现代农业示范园建设，进一步优化农业产业布局，立足项目质量，抓规划提升、抓建设关键、抓重点突破，帮助农业供给侧结构性改革调整持续发力，坚持工业化、信息化、城镇化、农业现代化与绿色化“五化协同”的指导方针，坚持“产出高效、产品安全、资源节约、环境友好”现代农业可持续发展方向，发挥东乡区独特的区域资源优势和产业特色比较优势。夯实农业基础，强化物质装备，完善支撑体系，提升科技水平，创新经营方式，培养新型农民，改善农村环境，为示范推广先进农业技术、促进农业发展方式转变开辟新途径，为构建现代农业产业体系、推进现代农业建设树立新样板。

有省、市、区各级现代农业示范园区17家。其中，省级现代农业示范园4家，数量位居抚州市第2；市级现代农业示范园区4家；区级现代农业示范园区9家。各级现代农业园区总面积4666.67公顷，核心园区面积1333.33公顷，年产值10亿元。

【蓝莓产业】　完成栽种蓝莓773.33公顷。其中，乡镇（场）种植360公顷，区工创投集团种植413.33公顷。每月对各蓝莓基地管护情况进行评比通报，以提高各蓝莓基地管护质量，按照《东乡区乡镇（场）蓝莓基地建设验收及管护等次考核实施细则》展开评比。各乡镇（场）蓝莓基地的管护水平达到争先创优的标准。“五方联动”（农户+村集体+公司+社会+政府）合作机制试点正在积极推进，有19户农户报名参与蓝莓产业，上报面积为24.13公顷。

【润邦省级现代农业示范园】 园区规划面积1323.47公顷，完成418.67公顷农田高标准改造、300公顷标准养殖示范基地改造。园区内有员工380余人。其中，管理人员30多名、技术人员30多名、科研人员10多名。园区累计吸纳农民就业35597人，“三品一标”农产品数量达到14个，园区内带动建档立卡贫困户648人就业。园区内已建设成集生态循环农业种植、养殖、畜禽、水产、林牧业、设施农业、农产品精加工于一体的现代农业综合示范基地。随着“种植”“养殖”“新能源”以及“农副产品加工”等四大板块布局的完善，示范园区进入持续稳健的发展轨道，主导产业白花蛇舌草种植、水产养殖以及粮食种植产销量稳步增长。

【东乡邓家花果山省级现代农业园】 园区以生态农业和花卉为主题，以绿色生态循环农业为核心，总体规划面积866.67公顷。项目的总体布局分为四大块，即乡村旅游核心区、养生养老示范园、苗木种植产业园区和水果采摘示范区。

【东乡区红星现代农业示范园】 2017年抚州猕猴桃产业发展有限公司与东乡区签订总投资额为35亿元的合作合同，总规划占地面积1333.33公顷，从猕猴桃特色产业基地入手，积极建设“现代农业生态小镇”“现代农业科教小镇”，构架农业科教中心、冷链物流中心、国际交易中心、金融创新中心、农村青年创业中心及农旅文化中心等六个中心平台，致力打造现代新型农业示范园。建成200公顷高效节水喷滴灌溉园区，含8000平方米的连栋大棚和800平方米的组培车间及大数据控制中心。

【江西竹海省级现代农业示范园】 园区核心企业江西竹海农业发展有限公司是一家专业从事雷竹种植、竹笋加工和鲜笋销售的科技型绿色生态农业企业，园区拥有基地6个，面积253.33公顷。出产的临玉牌雷竹获得农业农村部“绿色食品”认证和“无公害产品”认证，是农业部“农产品质量可追溯”产品，公司注册资金1000万元，是江西省农业产业化龙头企业、江西省林业产业化龙头企业和“江西省林下经济示范基地”“江西省森林食品基地”。

（赵中华　查霁轩）

2021年，蓝莓鲜果丰收采摘（区农业示范园　供）

乡村振兴

【概况】 东乡区有脱贫户2349户5443人，无脱贫不稳定户。经多次全面排查，脱贫户“两不愁三保障”和饮水安全均有保障，无大规模返贫问题。共有边缘易致贫户63户174人，通过采取有效帮扶措施，所有边缘易致贫户已全部消除致贫风险；有突发严重困难户10户31人，均未消除风险。2021年省脱贫攻坚工作成效考核中，东乡区乡村振兴局被评为“好”等次，进入全省“第一方阵”；2021年省资金绩效评价结果为“优秀”。

【项目资金助力乡村振兴】 投入巩固拓展脱贫攻坚成果同乡村振兴衔接补助资金7596.95万元。其中，中央和省、市下达资金3320万元，区本级安排资金4276.95万元。截至2021年末，东乡区批复的107个项目全部开工，完工项目105个；拨付资金7377.26万元，拨付率97%。

【防返贫监测和帮扶】 把防止返贫致贫监测和帮扶作为重要民生工程。在做到对帮扶对象落实系列扶持政策“不漏一户、不落一人”的基础上，制定《东乡区防止返贫监测和帮扶工作实施办法》《东乡区健全防止返贫动态监测和帮扶机制的实施意见》，全面规范工作流程，明确责任和要求。为做到防返贫监测帮扶家喻户晓，全力开展防止返贫动态监测宣传，将“两类人员”申报二维码张贴在各村、组宣传栏，制发宣传单送至监测对象家中，让老百姓和各级帮扶干部都熟悉申报流程和操作方法。截至年末，制作宣传牌1500余幅，发放宣传单20000余张，入户调查580户疑似对象，经乡村干部调查核实并通过部门大数据比对，10户符合纳入突发严重困难户条件，按程序及时纳入监测帮扶范围并采取针对性措施进行帮扶。区乡村振兴局采取日常监测和定期全面监测相结合的方式，对监测对象进行全面监测、定期“体检”，监测结果暂无返贫致贫现象。

【保险助力防返贫】 3月，东乡区依规与商业保险机构签订2021年防返贫保险合同。9月下旬，全面启动2021年农村帮扶对象疾病医疗商业补充保险工作，为防止返贫致贫再增加一道防线。2021年有24人申请理赔，涉及理赔总金额43.68万元。

【就业帮扶】 组织乡村干部反复上户做思想工作，及时将园区企业招聘信息推送至脱贫户，督促他们外出务工。加大公益性岗位开发和就业技能培训力度，帮助他们尽快实现就业。截至2021年末，东乡区“三类人员”及脱贫户劳动力实现务工2584人。其中，省外务工688人、省内区外务工190人、区内务工1706人。

【消费帮扶】 对提出申请且符合条件的16家扶贫经营主体，99个产品进行认定，推荐到各地线下扶贫生活专馆和江西馆、赣抚农品等线上平台销售。区乡村振兴局与区总工会联合印发相关通知，积极动员各单位优先购买扶贫产品。截至2021年，帮扶产品销售金额12352.47万元，其中机关事业单位采购476.68万元。

【产业帮扶】 落实“光伏、瓜蒌、城投物资”等三大产业，产业收益实行差异化扶持补助，扶持所有脱贫户和监测对象，每年户均可得到分红扶持约2000元；各乡镇（场）发展中小规模产业扶贫项目118个、产业基地66个，惠及的脱贫户和监测对象每年可得到600～2000元不等的分红扶持。2021年，东乡区继续进一步加大产业发展力度，投入产业发展资金2390.08万元，安排产业项目37个。全面强化信贷支持政策，协助扶贫龙头企业和合作社申请产业贷款11361.50万元，助推20家扶贫龙头企业和234家扶贫合作社健康稳定发展，带动脱贫户和监测对象收益，向424户脱贫户和监测对象发放小额信贷1695.4万元。

【教育帮扶】 坚持“一个不漏”的原则，多次开展“雨露计划”政策落实核查工作，向258名接受中高等职业教育的脱贫家庭学生发放2021年春季“雨露计划”补助38.7万元。向274名接受中高等职业教育的脱贫家庭学生发放2021年秋季“雨露计划”补助41.1万元。

【脱贫攻坚成果排查整改】 聚焦“两不愁三保障”及饮水安全，组织包村领导及包村干部、第一书记及驻村工作队员、村“两委”干部和村小组干部3000余名一线扶贫干部，严格按照边查边改、立行立改的工作原则，对辖区内93174户农村籍人员（不含岗上积镇、红亮垦殖场）进行全面排查，对排查发现的问题，乡镇（场）立即进行整改。2021年8月，组织一线干部开展全面排查“回头看”，发现巩固拓展脱贫攻坚成果工作方面存在34个具体问题，其中，省定排查范围内问题1个、其他方面问题33个；涉及农户300余户。经各乡镇（场）和行业部门通力协作，所有问题均整改到位。

【农村“厕所革命”】 配合区农业农村局扎实开展户厕信息录入培训和问题数据整改，组织乡村相关工作人员开展两期系统录入培训工作。截至2021年末，东乡区农村户厕录入系统81624户，录入完成100.2%；已摸排问题户厕总数26186户；区级复核问题户厕26186户，复核率100%。

（周　翠）

林　业

【概况】 东乡区林地面积60240公顷，森林覆盖率47.2%，活立木总蓄积287万立方米；湿地保有量4200公顷，湿地保护率75.8%。2021年，林业总产值33.59亿元。以林木种植、花卉苗木、油茶、蓝莓、林下经济为主的第一产业产值9.7亿元；以木竹加工、森林药材、油茶、森林食品等加工制造为主的第二产业产值5.23亿元；以森林康养旅游与休闲服务、林业生态服务、湿地资源发电、林地湿地资源交易为主的第三产业产值18.66亿元。2021年度东乡林业工作成效显著，省委高质量发展考评森林资源状况（含森林覆盖率、森林蓄积量）排名前三，林长制工作和林地（湿地）保有量排名前三；获2021年全省春季森林防火平安县（市、区）、全省松材线虫病防控目标考核优胜县（市、区）、鄱阳湖区越冬候鸟和湿地保护工作先进县（市、区）、赣抚片联防工作二等奖、市林长制工作考核（林业高质量发展）三等奖。

【植树造林】 完成人工造林面积570.8公顷，占计划任务的117%；退化林修复1221.6公顷，占计划任务的100%；封山育林完成817.67公顷，占计划任务的101%。在沪昆高速、沪昆高铁等重点区域森林“四化”建设中，栽种乡土树种及彩叶珍贵树种，完成人工造林19.33公顷，退化林修复（补植）完成20.60公顷，森林抚育完成20.27公顷。完成高产油茶新造280公顷，更新改造40公顷，抚育低改油茶133.33公顷，提升未达产油茶66.67公顷。

【森林资源管理】 国家林草局督导反馈东乡区卫片督查图斑289个，经林业部门初步核查筛选和聘请第三方公司现场核查，确定图斑变化原因和面积，排查出存在问题的卫片督查图斑有71个。289个图斑有关数据按要求上传至国家森林督查暨林政执法综合管理系统，查处结案15起问题图斑。野生动物保护方面，区林业局、森林公安局、市场监督管理局组织联合执法组对湖区、餐馆、集贸市场等场所，开展为期11个月的候鸟保护专项行动。联合巡查20次，出动人员160人次，检查驯养繁殖场所6处，经营利用场所86处（农贸市场、餐饮、酒店等），野生动物活动区域48处。收缴非法猎具2具，拆除销毁天网林网8张（24米），查获野生动物34只，其中，活体12只、死体22只。2021年区森林公安局查处违法刑事案件11起。

【森林病虫害防治】 通过强力有效的松材线虫3年绩效防控工作，东乡区基本做到“三高两线”及主要景区可视范围内基本无疫情，其他纵深区域疫情得到有效控制。2021年全区各类病死、枯死、濒死松树27126株，与2020年同期相比，死亡松树株数下降63%，实现死亡松树在第一年的基础数上下降66%的预期。

【林业执法】 查处涉林行政案件54起。其中，林木案件10起，采伐、毁坏林木125.26立方米；林地案件44起，占用林地10.82公顷，罚没款97.8万元。移送森林公安局7起。

（罗建群　梅海燕）

水　务

【概况】 2021年，实施东乡区107座小（2）型水库除险加固攻坚行动，完成投资5559.3万元。幸福中型水库除险加固工程初步设计批复资金4413万元。横山中型灌区2021—2022年续建配套与节水改造工作批复总投资3089.58万元。万亩圩堤（马圩圩堤、南北港圩堤）除险加固工程、井山水库工程建设、城乡供水一体化项目有序推进。

【小型水库除险加固】 根据省厅要求，2012—2015年度计划中未按照批复全面完成除险加固任务的107座小（2）型水库必须在2022年3月底以前完成竣工验收。由区政府配套工程建设资金5559.3万元。工程施工采取代建制管理，由项目法人委托抚州市东乡城投集团有限公司作为代建单位，负责水库施工质量、进度、安全管理。2021年3月开工，经各参建单位共同努力，工程施工全部完成，12月底完成竣工验收。

【幸福水库除险加固】 幸福水库始建于1957年，于1958年基本建成。2019年3月4日鉴定为三类坝，2021年5月25日批复投资4413万元。12月开工，主要建设内容有大坝防渗处理、大坝右侧坝肩防渗处理、大坝上游坝坡护坡翻建、坝顶公路翻建、下游坝坡加固、坝脚排水体修整，白蚁防治，溢洪道加固，下游渠道加固处理，新建管理房，库区景观美化等。项目完成后，水库工程安全性能得到进一步改善，城镇居民生活用水及下游农田灌溉保证率将大为提高。

【横山中型灌区2021—2022续建配套与节水改造工程】 横山中型水库灌区于1958年动工兴建，1959年基本建成并投入运行。横山中型水库灌区设计灌溉面积2133.33公顷，有效灌溉面积1866.67公顷，实际灌溉面积1266.67公顷。2021年3月23日抚州市水利局对实施方案进行批复，批复总投资3089.28万元。主要建设内容有横山灌区东、西干渠渠段实施衬砌护坡、护底处理15.017千米；拆除重建分水闸5座，拆除重建机耕桥6座，拆除重建人行桥8座；在东、西干渠分水口处增设用水计量设施，共计27处。项目完成后，可恢复灌溉面积666.67公顷，改善灌溉面积1026.67公顷。灌溉水利用系数由0.44提高到0.62，农业供水保证率得到大幅提高，每亩可节约灌溉用水315.77立方米/年，通过渠道整治、护砌、绿化、田间机耕道整修等工程措施，渠道顺直、坡面平整、断面规范，美化灌区自然环境。

【万亩圩堤除险加固】 完成马圩圩堤土方填筑约85万立方米、抛石40136.22立方米、自锁式预制块30405.04平方米、预制六方块32000平方米、草皮护坡106217.54平方米。南北港圩堤完成清基170132.17立方米、土方填筑152.7万立方米、抛石70751立方米（含新增抛石工程量29926立方米）、自锁式预制块护坡47590.90平方米、预制六方块护坡55000平方米、草皮护坡119572.6平方米。

【井山水库工程】 2020年开工建设的井山水库，2021年完成水库的通行、通水、通电及通信工程，移民登记、土地征收、树木清点等工作。上下游围堰均填筑至设计顶高程，导流涵管铺设完成；大坝土石方开挖施工已完成，大坝混凝土浇筑至67米高程，主体完成40%。

【城乡供水一体化】 2020年8月5日省水务集团与东乡区人民政府签订《东乡区城乡供水一体化补充协议》，协议内容为东乡区15个乡镇（场）农村供水管网覆盖率80%以上，预算总投资3.23亿元，2021年管网延伸完成。

【水旱灾害防御】 落实以行政首长负责制为核心的防汛责任制，制定各项防汛责任和各类水库、圩堤度汛方案和防汛抗旱应急预案，落实水库安全管理员、发放明白卡。开展防汛安全大检查，组织4次防汛安全大检查，对检查中发现的问题及时提出整改要求。做好防汛值班。从4月1日起启动防汛值班制度，严格监视天气变化，及时掌握雨情、水情、险情、灾情。积极储备各类防汛抢险物资。区级防汛物料购置防汛草袋1万条、编织袋3万条、橡皮艇2只。对乡镇分管领导及水管站长开展防汛抢险知识培训工作。

【河长制工作】 根据《东乡区全面推进河长制工作方案》《2021年东乡区河长制工作要点及考核方案》的要求，进一步完善区、乡、村三级河长组织体系，压实各级河长责任，强化巡河督导和依法履行河流管理、治理及保护的职责；持续推进“清河行动”工作，梳理各类涉水问题清单，切实督促整改落实，推进河库水环境治理，确保河库水质持续向好转变态势。组织各区级责任单位制定并推进实施空间规划引领行动、入河排污防控行动、最美岸线建设行动及流域管理创新行动等“十大行动”工作计划，助推本区域生态文明建设；区河长办联系区人民检察院开展联合巡查督导，发挥检察监督职能与行政执法管理职能的合力作用，加强水生态环境治理与保护，推进依法治水、依法管理河库、提升河库法治化管理水平。

【水行政执法】 开展打击非法采沙专项行动，安排专人值班并到相关乡镇（场）沿线河道，特别是易盗采河段，开展巡查70余次，出动执法人员281人次、执法车辆74台次。其中，水政监察大队与辖区乡镇开展联合执法行动10余次，巡查流域面积1000平方千米，有效打击非法采运沙行为，维护辖区内河流良好的水生态环境。

【水资源管理】 完成水资源综合年报、水资源管理年报及节水管理年报的填报工作。区气象局开展节水型公共机构创建，编制申报资料，获得市级命名；科伦药业、科态新材料进行节水型企业创建，科态新材料获得市级命名，科伦药业获得“江西省节水标杆企业”称号；英伦城邦进行节水型小区创建，获得省级“节水型小区”称号。通过讲解法规条例、下达责令改正通知书等方式，与江西雄峰天然矿泉水有限公司进行沟通，追收其2017年欠缴的1万元水资源费。足额征收各取水户水资源费，2021年收取91万余元。2021年12月31日，区幸福水库工程管理局与江西省东乡润泉供水有限公司的水权交易在江西省公共资源交易平台完成，成为东乡区首例水权交易。

【水保监督】 2021年审批水土保持方案报告书（表）76个，征收水土保持补偿费304万元。持续开展违规建设项目。

整改与核查工作，完成水利部核查整改项目37个、省水利厅核查整改项目10个。开展全省矿山大排查大整治专项行动，完成持证矿山水土保持问题整改销号15个。开展水土流失治理，治理面积6平方千米。

【水库移民工作】 做好库区移民后扶人口动态管理工作，移民后扶人口由2020年的9064人，减少到2021年的9018人，核减48人。移民后扶人口的直补资金按季度发放。按要求全部落实2021年移民后扶项目资金1349.92万元。安排移民项目28个，完工27个项目，完工率96.42%；实行项目决算22个，拨付资金1089.92万元，拨付率80.74%。

【水法宣传】 积极响应“节水优先、空间均衡、系统治理、两手发力”的治水方针，在第二十九届“世界水日”和第三十四届“中国水周”暨第三届“江西省河湖保护周”宣传活动日之际，河长办组织开展“河小青”志愿者宣传活动，东乡区河长办联合孝岗镇政府志愿者到村组开展“河小青”志愿者巡河、护河志愿服务活动，同时组织志愿者上户向群众发放宣传单，讲解节约用水小知识，宣传垃圾、污水不入河等环保理念。开展河库水生态保护、践行节约用水宣传，通过进社区、农贸市场等形式发放各类宣传手册、画册等宣传资料1000余份，增强群众的水法制、水忧患意识，围绕水资源节约与水环境保护讲解节约用水小知识，宣传垃圾、污水不入河，提升普通群众爱水、护水意识。

（陈　伟）

廖坊灌区工程管理

【概况】 抚州市东乡区廖坊灌区和水库管护中心（以下简称区灌区中心），成立于2021年11月，由原廖坊灌区管理局、幸福水库工程管理局、横山水库工程管理局、蛮桥水库工程管理局、何坊水库工程管理局、佛岭水库工程管理局合并组建而成。属区政府管理的全额拨款正科级事业单位。有主任1人、副主任6人、副科干部1人、在编干部职工14人。内设8个职能股：办公室、幸福水库管护站、横山水库管护站、蛮桥水库管护站、何坊水库管护站、佛岭水库管护站、廖坊灌区管护股、工程管护股。主要承担灌区工程规划建设、水库工程管护工作及水资源的保护利用等职责。

【灌区工程】 廖坊灌区位于江西省东南部抚河流域，廖坊水利枢纽坝址下游，属国家大（二）型灌区。工程涉及临川、东乡、金溪三县（区）和抚州高新区，25个乡（镇）场。灌区总控制灌溉面积为33520公顷，工程分两期实施。一期工程建设内容包括东干渠及其配套支斗渠工程，东乡区境内途经黎圩、岗上积、虎圩、红亮、孝岗五个乡（镇）场，总灌溉面积约为6666.67公顷，干渠长37.2千米、支斗渠长22.5千米，设计流量19立方米/秒。工程于2007年12月正式开工，主体工程2011年完工。工程于2013年7月全面完建，正式全线通水，开始发挥工程效益。二期工程总投资12.98亿元，涉及东乡、临川、金溪、高新区四县区。二期工程（东乡段）牵涉东乡区邓家、红星、圩上桥、詹圩、马圩、红亮6个乡镇（场），23个村委会，90个村小组。东乡区境内全长28.89千米，设计流量11.47立方米/秒，控灌面积达8000公顷。工程于2016年9月开工兴建，主干渠全面通水，支斗渠基本完建。

【工程效益】 为东乡新增、改善灌溉农业面积5993.33公顷，为工业和城镇居民生活用水提供大量优质水源。灌区农作物灌溉，每年从7月中下旬到10月中下旬，灌水时间约100天。通过引水灌溉，改善东乡区农业用水条件，促进区农业的丰产丰收，其中黎圩镇4个村委会、岗上积镇5个村委会、红亮垦殖场1个村委会、虎圩乡5个村委会、孝岗镇6个村委会、邓家乡3个村委会、圩上桥镇7个村委会、红星垦殖场1个村委会直接从灌区中获益。改善居民生活用水。通过实施引水入城工程，灌区每天可置换1立方米/秒的城区居民生活和工业用水，减少对幸福水库、佛岭水库两个饮用水水源的灌溉用水需求，增加居民生活用水量。改善区域人居环境。通过引水补源，有效缓解地下水位下降的趋势，改善区域生态环境，特别是枯水期从幸福水库泄水闸、南边泄水闸、河山村叶家科泄水闸放水向北港河供水，美化北港河水域，改善水质及周边环境，社会及环境效益不断凸显。提高抗旱能力。灌区作为确保东乡农业丰产增收的重要基础设施，有效缓解旱灾时期给农业带来的严重困难，提高粮食生产能力，保障粮食安全。2013—2021年，灌区累计引水2亿立方米，年均增产效益达1000多万元。

（徐　辉）

工业·信息

综　述

东乡区紧扣省委、市委的决策部署，以推动工业创新三年倍增行动为主线，以扩大总量和提升质量为导向，以项目带动和科技创新为主攻方向，工业实现稳中有进、稳中提质的良好发展态势，主要工业经济指标保持平稳较快增长，总量稳居全市前三名，增速普遍位于中上水平，工业效益大幅改善，重点产业和重点企业发展继续保持优势地位。141户规模以上工业实现营业收入332.15亿元，同比增收73.32亿元，同比增长28.33%；完成三年倍增任务321亿元的103.47%，总量列全市第2位，增幅列全市第4位。工业税收超额完成目标任务。工业税收实际入库15.5亿元，同比增收4.65亿元，同比增长42.89%；完成三年倍增任务13.67亿元的113.4%，总量列全市第1位。其中，工业增值税12.46亿元，同比增长44.71%，总量列全市第1位。工业用电平稳增长，累计用电82979万千瓦时，同比增长12.88%，总量列全市第3位。工业经济效益大幅改善，规模以上工业实现利润总额16.6亿元，同比增长55.86%；营业收入利润率5%，同比提高0.9%。

产业布局。招大引强：组建“6+2+N”招商队伍，即6个招商团队、2个专业招商队和N个招商小分队，以“5020”项目为重点，同时建立重大项目快速落地研制机制，明确落地时间不超过5个工作日。技改升级：全区在库工业项目103个，其中技改项目47个，完成投资同比增幅33.7%，技改投资占工业固定投资比重48%。平台打造：按照“市场化运作、企业化运营”思路，着力推进“2+4+N”产业平台建设，推动园区土地集约、产业集聚、资金集中发展，加速打造国科科技产业园、科技孵化园、荣华人工智能产业园、中基恒光（抚州）产业园、科技产业园PPP项目、永冠新材料产业园等主题产业平台，优化产业空间布局，形成产城融合、集约紧凑、要素齐备的产业发展单元。

科技创新。深入实施科技创新能力提升工程，重点抓研发强能、抓揭榜提能、抓高企增能、抓平台聚能，抓人才促能，高标准搭建企业创新平台。深入实施政产学研战略，与江西财经大学签订战略合作协议，大力推动规模以上企业与省内外知名高等院所合作，实现规模以上企业与高等院所科技合作全覆盖。鼓励企业建立健全科创体系，搭建申报各类创新平台，拥有国家高新技术企业69家、省级工程技术研究中心5家、省级工程研究中心2家、省级企业技术中心8家、院士工作站2家、“海智计划”工作站1家、省级众创空间1家，专利授权数2432项。4户企业荣获省优秀新产品，荣获二等奖和三等奖各2个。

提升服务。深化“放管服”改革：细化政策依据、申报条件、奖励扶持标准、申报时间、申报资料清单、申报程序，提交行政服务中心，实现惠企政策兑现“一门式服务、一窗式受理”。运用“互联网+政务”，在行政服务事项实现“最多跑一次”的基础上，推行技改项目备案事项、技改项目节能评估“全程网办”。创新帮扶机制：调整区领导挂点规模以上企业帮扶办法，确保一个企业有一个区领导、一个部门、一个干部进行一对一的帮扶服务，实行“园区吹哨、部门报到”服务联动机制、人才政策兑现“一窗代办”，设立“惠企政策专窗”等措施。加大企业家培训力度：实施人才强区战略行动计划，设立企业家培训基金100万元，通过“走出去、引进来”的方式，开阔企业家投资眼界、提升管理水平。引导企业申报项目：围绕研发创新、新兴产业倍增、技术改造、融合发展、中小企业发展等8个专题18项重点领域，向上推荐工业企业项目。组织企业参加各类会议：组织企业参加开展“送知识送技能进企业”技术辅导活动、江西省互联网大会、全市工业倍增计划推进会暨开放型经济工作调度会，召开东乡区三年倍增动员大会、东乡区全力打好工业强攻战暨工业创新发展表彰大会、重点企业座谈会。

信息化建设

【概况】 东乡区认真贯彻落实省、市有关信息化建设工作精神和要求，深入实施创新驱动发展战略，围绕“智慧园区”建设，确定新能源新材料、生物医药、电子信息三大主导产业，大力发展以大数据、物联网、人工智能和“互联网＋”为核心业态的数字经济，培育新经济增长点，实现产业转型升级，助推工业企业两化深度融合发展。坚持把数字经济作为信息化建设的主动力，把智能制造作为主攻方向，全面推进数字产业化和产业数字化，数字化赋能成效进一步显现。2021年有数字经济企业58家，其中省两化融合示范企业7家；实现上云企业380家，规模以上工业企业上云率达100%。

【数字经济】 将数字经济作为换道超车、跨越发展的核心竞争力来抓，凝聚力量推进数字经济发展，提前布局、抢抓机遇，积极抢占数字经济发展的制高点；持续加快培育壮大VR、物联网、大数据和云计算、人工智能等新兴产业，引进中科智汇、索辰科技、国家农机装备制造创新中心南方研发基地、农信互联、江西终极知世、紫晶存储等一大批紧缺型、关键型数字经济企业，筑牢东乡区数字经济发展基础。现有数字经济企业58家，其中省两化融合示范企业7家。

【企业上云】 推动企业加快数字化、网络化、智能化转型，实施企业深度“上云上平台”行动计划，分类实施企业信息基础设施、平台系统、业务应用、设备资源上云，由区财政出资50%推动企业深度上云。2021年东乡区被列为抚州市首批上云试点县区，实现上云企业380家，规模以上工业企业上云率达73%。

【企业智造】 落实省智能制造“万千百十”工程，推动互联网、大数据、人工智能同各产业深度融合，通过服务指导、试点示范、政策支持等方式普及工业互联网应用。推动优势企业和传统产业的智能制造、智能产品的开发；每年优选2～3家企业进行工业4.0改造，遴选10家企业进行数字化改造升级，对获得市智能制造标杆企业的，区财政同步给予不低于市财政的配套奖励（100万～150万元）；支持企业利用数字化手段进行技术改造，企业数字化智能化水平进一步提升。

【企业“两化”融合】 发挥企业“两化”融合示范作用，鼓励支持企业工业化和信息化深度融合发展，制定出台《关于加快推进智能制造促进两化融合的若干政策措施》，明确“数字经济产业服务体系扶持相关奖项”的支持领域，设立智能制造、两化融合发展类资金500万元，科技成果及创新奖（工业）类资金1500万元。涌现亿友药业、回音必、华宇科技、书源科技、唯妮尔家居等一批信息化程度较高的两化融合示范企业，成功创建“省级两化融合示范园区”。

【基础设施建设】 搭建数字产业发展平台。实施创新驱动发展战略，加快推进荣华人工智能制造产业园、中基恒光产业园等新一代信息技术平台，建立以企业为主体、市场为导向、产学研相结合的协同创新体系，支持企业与国内外科研院所和高校开展研发合作，建立或引进有影响力的数字经济创新平台，为东乡区企业在技术创新、成果转化、检验检测、质量认证、人才培养等方面提供平台支撑。高水平建设数字基础设施。着力推动“5G＋工业互联网”新基建，通过平台融资、

PPP等模式调动社会资本积极参与东乡区工业互联网、人工智能、区块链等新基建项目建设，着力搭建基础数据平台，有序推进东乡区传统基础设施的数字化、智能化升级改造，加快形成与数字经济发展需求相适应的新型融合基础设施体系，加快建成数据中心。

支柱产业及骨干企业

【新材料产业】 以恒吉集团、永冠科技、长裕合金、高信化工等企业为龙头，以新型铜材、化工新材料、纳米合金为主要产品的产业格局，现有29户规模以上工业企业，实现营业收入72.01亿元，实现利润4.21亿元，上缴税金1.4亿元。

骨干企业：恒吉集团。现有员工1100名，建有红冲车间、阳极板车间、精加工车间，主要产品为各类铜材（铜棒、铜锭）、水暖洁具器材、阀门龙头、建筑五金、空调制冷、厨具等铜制品，2021年实现营业收入79.1亿元。江西长裕硬质新材料有限公司。坐落于东乡经济开发区科技孵化园片区，由昆山长鹰硬质合金有限公司投资兴办，公司主要制作生产100～300纳米的超细晶碳化钨粉末及微米级硬质合金，其产品硬度、密度、强度均达到国际标准，广泛应用于精密模具、矿山工程、金属加工等高精尖端领域。2021年，实现营业收入5.21亿元。

发展企业：江西爱索轻合金有限公司的年产15万吨锻造铝及轻质铝合金型材深加工项目，总投资20亿元。抚州市路威轮毂制造有限公司投资兴办轻量化锻造轮毂绿色智造中心项目，总投资60亿元，分三期建设10条现代化智能化轮毂生产线，达到年产1600万个轻量化锻造轮毂。永冠新材料产业园。该项目由上市公司永冠新材料通过二级市场募集资金投资建设，是经省商务厅认定的“5020”项目。项目总投资20亿元，总建筑面积20万平方米，在被认定的“5020”基础上，永冠2021年再上一个“20”项目，一期投资8.855亿元，兴建环保可降解新材料生产基地建设项目。2021年，永冠完成营业收入30亿元，净增10亿元。

【生物医药产业】 有规模以上工业企业16户，实现营业收入11.4亿元，实现利润1.7亿元，上缴税金7397万元。形成以科伦药业、回音必、施美药业为龙头，以红星药业、亿友药业、科达动物药业为支点，以手性药业、大容量注射剂、滴剂、化学及中药片剂为主要品种的产业格局，产业发展的基础较好。

骨干企业：该产业有2家企业营业收入超2亿元，分别为回音必东亚药业和江西科伦药业。回音必药业，是江西省大输液生产企业之一，首家拥有PVC瓶和非PVC软袋输液生产线企业，公司生产的1%100毫升葡萄糖酸钙氯化钠注射液是全国独家品种，正在向省、市卫健委申请纳入《国家医保目录》《国家基本药物目录》。江西科伦药业由四川科伦实业集团收购原泰丰药业组建而成。四川科伦集团创立于1996年，是拥有海内外90余家企业的现代化药业集团，是全球最大的大输液专业制造商和运营商，能够同时生产四种包装形式大输液的企业集团的产业板块。科伦药业在深圳证券交易所成功上市。

发展企业：回音必公司新上1%葡萄糖酸钙氯化钠注射液产业化升级项目，项目完成投资8900万元，达产后预计年新增1.3亿袋葡酸钙，新增营业收入18亿元。江西科伦药业有限公司大容量注射剂生产线技术升级改造，总投资5080万元，采用ERP企业资源管理系统和自动洗灌封、自动灯检机实现输液产品的智能生产，预计年新增营业收入5000万元。

【电子信息产业】 以台德智慧、智合科技、联坤智能、鑫泰宏声、书源科技等企业为代表，以智能音响、蓝牙耳机、电子数据线、净水机等为主要产品的产业格局。2021年实现营业收入20.11亿元，实现利润5899万元，上缴税金2778万元。东乡区电子信息虽然产业起步晚，但该产业受台德智慧拉动呈现快速增长的势头，增长后劲强劲。

骨干企业：江西台德智慧科技有限公司。该企业主营电子计算机外部设备、家用视听音箱设备、LED照明器具、移动电话机、智能手机通信设备的研发生产和销售，主要产品有蓝牙音箱、蓝牙耳机、无线网络监控摄像机，与科大讯飞、小米等公司建立供销关系，产品远销美国、欧洲、中东、澳大利亚、南美、非洲、东南亚、日本、韩国等和中国台湾地区，2021 年实现营业收入 11.31 亿元。江西智合科技有限公司。该企业为江西省高新技术企业，从事研制、开发、生产各类通信用电缆、电脑连接线、模板、面板、电脑配件产品的创新型企业，产品适用于电子、电脑、通信、家电、机电、办公设备，主要为日本索尼、松下、三星、富士康、韩国 LG 等国际大公司做配套产品，2021 年实现营业收入 1.45 亿元。江西书源科技有限公司。该企业为集研发、生产、销售净水机等健康电器为主的高科技企业集团，主营净水机生产销售，现建有 9 条现代化的净水设备生产线，年产 10 万台，配备国际领先的产品检验和水质检测系统，拥有国家授权专利 24 项。其中，发明型专利 1 项、实用新型专利 19 项、外观专利 4 项。2021 年实现营业收入 2902.5 万元。江西联坤智能科技有限公司。该企业主要生产手机摄像头模组，项目于 2020 年年底投产，2021 年实现营业收入 5.28 亿元。江西鑫泰宏声智能科技有限公司。该企业主要生产耳机、扩音器、数据线等电子产品，项目于 2021 年 2 月投产，2021 年实现营业收入 8100 万元。

发展企业：新建荣华人工智能产业园，项目位于东乡区产城融合工业新城，是在东乡区建设产城融合工业新城及“腾笼换鸟”背景下催生的。项目占地面积约 20 公顷，总投资 30 亿元，建设 30 万平方米标准厂房，厂房全部采用 90%玻璃幕墙+10%陶土结构。项目建设周期 2 年。引进 11 家国内知名电子信息企业，包括小米科技、科大讯飞、百度、台德智慧、华冠赋音电子等，其中台德智慧是东乡本土上市辅导期企业。

特色产业及重点企业

【有色金属产业】 2021 年有有色金属产业骨干企业 12 家、项目 8 个、规模以上企业 12 家。其中，铜加工企业 7 家、铝加工企业 3 家、钨合金加工 1 家、铜矿开采 1 家。产业链涵盖上游金属矿采选，中游铜管、铜棒、轻质合金深加工，下游电线电缆、五金配件等领域。有色金属产业完成营业收入 181.31 亿元，同比增长 34.8%；入库税收 11.4 亿元，同比增长 81.8%。营业收入和税收贡献度，对东乡工业经济的拉动作用非常强，占据着东乡工业经济的半壁江山。

骨干企业：江西华昶金属有限公司。主要以废旧铜为原料，专业生产铜杆、铜丝等铜产品，凭借尖端的技术、先进的设备、宏大的生产规模，产品畅销全国各地。实现营业收入 49.27 亿元。恒吉集团金属有限公司。以废旧物资为原料，通过拆解、分拣、熔炼、压延、红冲、机加等生产工艺，生产出可直接利用的工业原料、半成品及终端产品，并将逐步实现全终端产品供应。集团主营产品为低氧铜丝铜杆、无氧铜丝铜杆、T2 铜杆、T3 铜杆、铜棒、铜锭、消防产品、水暖器材、电线电缆、阳极板等铜产品及铝锭、铝棒和铝杆等铝产品，实现营业收入 47.86 亿元。江西华中铜材有限公司。主要以废旧铜、铝等为原料，专业生产各类规格铜棒、铜锭、阳极板、铝棒、铝锭等铜、铝产品，实现营业收入 43.79 亿元。

发展企业：主力建设项目有 2 个。江西爱索轻合金有限公司的年产 15 万吨轻质合金材料项目，总投资 20 亿元。抚州市路威轮毂制造有限公司的投资兴办轻量化锻造轮毂绿色智造中心项目，总投资 60 亿元，分三期建设 10 条现代化智能化轮毂生产线，年产 1600 万个轻量化锻造轮毂，实现年主营业务 144 亿元以上，税收 8 亿元。

【变性淀粉产业】 变性淀粉是东乡区的特色优势产业。2021 年，变性淀粉产业实现营业收入 3.69 亿元，同比下降 42.3%；实现利润 0.08 亿元，同比下降 40.3%；上缴税金 0.07 亿元，同比增长 3.8%。

骨干企业：江西博大化工有限公司。主要经营变性淀粉深加工及其他精细化工生产、销售，始终致力于变性淀粉在造纸、纺织、食品等诸多领域的研发、生产、应用、推广，设立独立的研发部门，拥有国内领先设备、完整的检测手段，独特的生产工艺，成功开发具有性能环保、作用高效、质量稳定的十大系列，产品有 30 余个品种。该企业生产的阳离子淀粉（增强型助留助滤剂）及涂布黏合剂已达到国内领先水平。2021 年实现营业收入 1.08

亿元。江西远宏实业有限公司。该公司主要生产喷雾淀粉、纺织浆料、纸箱黏合剂、除臭剂、阳离子淀粉、干燥剂、稳定剂、高效固体表施胶剂等系列产品，2021年实现营业收入6300万元。江西红星变性淀粉有限公司。该公司是中国淀粉工业协会、中国变性淀粉专业委员会常务理事单位，在国内变性淀粉行业中率先通过ISO 900：2008质量管理体系认证。作为变性淀粉专业生产企业，拥有全套引进瑞士Blattann+Co专有技术和Bertams+Co的先进设备生产线1条、国产变性淀粉生产线3条，年产各类变性淀粉6万余吨。拥有30多个产品，主要产品有阳离子淀粉、涂布淀粉、表面施胶淀粉、磷酸酯淀粉、喷淋淀粉、两性淀粉、纺织浆料、纸箱黏结剂、食品添加剂、陶瓷黏合剂等。产品广泛应用于造纸、纺织、包装、食品、医药、陶瓷、铸造、黏胶等行业，真空干法生产能力居国内同行业之首。2021年，实现营业收入6100万元。

发展企业：形成一批拥有自主知识产权的专利技术。变性淀粉技术是产业发展的核心，企业先后申请并获授权专利量达91个，其中，江西宏大化工有限公司的“一种复合改性淀粉浆料的制备方法”、东乡区华天化工有限公司的“一种单桶无载体制胶工艺及其黏合剂”、江西博大化工有限公司的“一种纳米接枝淀粉的制备方法”“一种改性植物胶浆料及制备工艺”分别荣获国家知识产权局颁发的发明专利证书。科技成果转化形成一批新产品。江西红星变性淀粉有限公司生产的“HX200—氨基甲酸酯磷酸淀粉”获国家重点新产品证书；江西博大化工公司“干法改性瓜尔胶纺织浆料”、江西远宏实业公司“YH812表面施胶淀粉替代剂”被省工信厅认定为江西省省级新产品，江西长盛化工有限公司“PVT—18F涂布纸专用黏合剂”、江西宏大化工有限公司“JF—999多元酯化淀粉”被省科技厅授予“江西省自主创新产品证书”。产品市场稳固发展。东乡区变性淀粉年产销量占江西总量的95%以上，位列山东、吉林、广东、广西之后，名次与江苏、浙江相当，变性淀粉在全国的市场占有率达1/10强，使东乡区发展成长为江南变性淀粉生产基地。

【纺织产业】 2021年有19家规模以上企业，形成以天达纺织、大森服饰、恒星纺织、鲍斯高服饰为龙头企业，以棉纺、织布、织绸、服装、服饰等门类为主要产品的产业格局。2021年实现营业收入8.6亿元，同比增长6.5%；实现税金1365.09万元，同比增长61.2%。

骨干企业：江西天达纺织有限公司。采用国际先进的气流纺技术和印度进口棉花，生产高中端纯细棉纱产品，在行业走低的形势下保持较好的发展势头，2021年实现营业收入1.04亿元。江西大森服饰有限公司。该公司主营业务为服装、鞋帽及销售，主导产品各式全棉休闲服装、真丝服装等，最新建成一条加拿大进口智能化制衣吊挂生产流水线，主要销售方式是内销，实现营业收入2000万元。江西恒星纺织有限公司。该公司主要生产棉纱、布匹服装、鞋帽织造及销售，年产5000吨棉纱5000吨布，带动东乡区就业100余人，2021年营业收入2000万元。江西鲍斯高服饰有限公司。该企业是一家集服装研发、设计、生产、加工、销售于一体的专业制造西服企业，公司引进美国、德国、意大利等具有国际先进科技水平的智能设备生产流水线，项目全部建成投产后，依靠精湛的技术、先进的设备、严格的标准，全框架多层厂房可形成年产正装高档西服约300万套（件）。2021年营业收入5000万元。

发展企业：江西省蒙恩纺织有限公司的年产40000吨清梳联生产线技术改造项目，总投资3.3亿元，对原有厂房和生产线进行技术改造，并购置相关生产设备形成年产40000吨的生产能力。江西恒星纺织有限公司的年产5000吨棉纱生产线技术改造项目，总投资3亿元，对原有厂房进行改造，并购置相关配套生产设施对生产线进行扩建，建成后可形成年产5000吨棉纱的生产力，满足项目生产需要。江西金丝燕纺织有限公司的年产4万吨棉纱1万吨布100万件服装生产线技术改造项目，项目总投资3.3亿元，对原有厂房和生产线进行改造，新建生产厂房，购置新生产设备，建成后可形成年产4万吨棉纱1万吨布100万件服装的生产能力。江西宇通纺织有限公司的年产1万吨棉纱生产线技术改造项目，总投资

1.55亿元，对原有车间进行改造，购置相关生产设备，搭建5条棉纱生产线，建成后可形成年产1万吨棉纱的生产力。

矿　业

【概况】　江西铜业集团东同矿业有限责任公司（以下简称东同矿业）前身为东乡铜矿，是一座以铜为主、铜硫铁钨共生的多金属中型矿山企业，隶属江西铜业集团公司。主要产品为铜精矿、硫精矿。原下属单位东铜医院、东乡博尔铸造公司因企业改制于2020年剥离转出。因井下矿产资源枯竭，2020年8月东同矿业宣布关闭停产。

【安全环保】　始终抓住安全环保这一企业的生命线不放松，逐层签订安全环保目标责任书，严格落实“党政同责、一岗双责、齐抓共管”安全环保责任制度，形成公司上下齐抓共管、人人有责的安全环保管理网络。制定年度安全环保积分考核和月度安全环保奖惩制度，向购买东同矿业资产的江西众一铜业公司实行移交项目清单式安全管理服务，协助开展新员工的岗位技能培训，做到资产移交与安全管理两不误。

【员工安置】　针对东同矿业关停形势，及时适应变化、调整绩效考核方向，考核重点由原生产经营转向平安建设。实施关停，人员安置是核心，在人员处置方面始终把维护员工的根本利益摆在首要位置，按一次性清退原则平稳清退外委单位及外包工，多途径累计减员分流员工368人。

【资产处置】　东同矿业与江西众一铜业公司签订资产交易合同后，成立资产移交实施领导小组，具体负责资产移交工作的实施、跟进、对接、协调、督导等工作。制定下发《东同矿业资产移交工作考核方案》，把握依法依规的原则，妥善处置债权债务相关问题，积极协调配合完成资产“清审评”“招拍挂”工作，东同矿业改革任务顺利完成。

（郑湘华）

2021年，“唱响红歌”采选车间主题党日活动（江铜　供）

电力工业

【概况】　东乡供电公司紧紧围绕“切实提升履行三大责任能力和水平”，凝心聚力、务本争先，各项工作平稳推进。完成固定资产投资6154.97万元，投运10千伏及以上线路45.67千米、变电容量10000千伏安；售电量11.82亿千瓦时，同比增长12.06%；售电均价（到户含税均价）684.03元/千瓦时，增幅5.50%；综合线损率2.99%，同比降低0.54个百分点；主营业务收入7.18亿元，同比增长17.98%；概念收益2.64亿元，其中其他概念收益1130.24万元，同比增长32.91%。

【电网建设】　投资5773.45万元，完成5个批次电网建设任务，提前3个月完成常规农网建设。积极争取省市公司支持，将10千伏岗上积线新建工程，10千伏纺织五、六线新建工程纳入2021年提前建设。大力推进配网标准化工艺落地执行，10千伏虎形山线改造工程、10千伏湖岭线湖岭加油站26号改造工程获评省公司配电网百佳优质工程。

【保障电力】　依托政府电缆入地工程、配网常规项目、自主实施等，新增10千伏线路17条，城区配电网“N—1”通过

2021 年，新建投运 35 千伏简易变电站（区供电公司　供）

率提升 26.19 个百分点。利用运维检修、项目安排等手段，集中资金和力量完成 14 条频停线路综合整治。通过新建瑶圩简易变，彻底解决两个乡镇单条 10 千伏线路供电问题，完成 431 户现存低电压治理。

【安全生产】 加强作业现场安全管控，认真勘查作业现场，预判现场作业，严格落实“五防”措施。安全稽查队全时段开展安全稽查工作，查处违章 50 起，违章考核金额 2.7 万元。重新修订各层级、覆盖各岗位的安全责任清单，涉及组织机构 12 个、岗位 126 个。修订完善公司《安全生产奖惩办法》，奖额分配向一线倾斜，奖励 78.34 万元，扣罚 1.96 万元。认真组织“三种人”培训、考核、认定，两个批次培训考核 123 人，将“三种人”履职情况纳入安全奖惩考核。加大基层班组安全生产投入。投入 33.2 万元，为基层班组、供电所配置安全帽、安全带、工具包、工作服等个人劳保用品和安全工器具。

【提质增效】 全力配合园区规划布局，提高业扩报装效率。110 千伏、35 千伏专变用户分别提前 35 个和 30 个工作日投运，实现增收 134.28 万元。新增 10 千伏用户 141 户，报装容量 13.018 万千伏安，投产 10.16 万千伏安。开展带电作业 464 次、零点工程 32 次，将停电影响减少到最小。完成城区老旧电缆分支箱更换，消除城区设备隐患 59 处（其中，老旧环网柜隐患 44 处、电缆中间接头隐患 15 处）。2021 年城区电缆分支箱、电缆中间头“零故障”。根治园区油浸式计量隐患 46 处，消除农村风险隐患 15 处，确保少停多供。持续强化同期线损管理，狠抓 10 千伏及以下有损线损。严堵跑冒滴漏，116 个高负损台区、6 条高损线路，存量全部清零。开展全业务、全链条、全资源、全方位依法经营，完成其他概念收益 1130.24 万元。

【多元化服务】 一企一策指导 26 家企业合理选择需量、容量计费方式，仅一家企业一年节省用电成本 40.7 万元。推行企业基建变压器利旧“零费用租赁”、增容免设计费等优惠政策，为 6 家企业减免 23 万元用电成本。

（危　伟　张海鸿）

邮　政

【概况】 东乡邮政分公司（以下简称区分公司）坚持“质量第一、效益优先”的原则，踔厉奋发、笃行不怠，各项业务稳中有升。2021 年实现收入 4759.18 万元。

【普惠金融】 区分公司全年总资产净增 3.73 亿元，余额年增 2.88 亿元，理财年增 0.15 亿元，手机银行年新增 5228 户，线上业务替代率 93.96%，三方绑卡年新增 6648 户。

【普遍服务】 全面落实“258”工程，守住安全底线，做好疫情工作的常态化管理，严格落实实名收寄和收寄验视制度，机要通信安全万无一失，做到有日查、周查、月查。扫黄打非工作严禁违禁物从邮政发出，守住服务底线，确保两条红线不触碰，东乡区普遍服务网点实现乡镇全覆盖，建制村通邮率 100%，投递频次达标率 100%，县以上党报党刊当日见报率 100%，普服网点营业时间达标率 100%，投递外勤关键节点扫描达标率 99%以上。

【惠农项目】 高度重视惠农项目，建立以市场部为牵头部门，以邮行信贷部、区公司各部门、各网点为成员的惠农项目专班。2021 年惠农的各项指标完成如下：农合作社走访目标 828 个，完成计划的100.12%；个体会员发展7802个，完成计划的156.04%；一级白名单推荐目标182个，完成计划的151%；合作社信息完整率88.34%，达到市公司85%的目标；“融资E”新增贷款完成386万元，完成计划的96.5%；农产品销售额完成69.9万元，完成计划的69.9%；邮乐优鲜平台推广完成1.66万元，完成计划的2.09%；农产品寄递收入80.88万元，完成计划的337%；中邮保险简易险完成0.75万元，完成计划的10.73%；极速鲜完成3.8万元，完成计划的96%。

（万中捷）

电 信

【概况】 中国电信股份有限公司东乡分公司（以下简称东乡电信）坚持可持续发展理念，以党建为统领，以转型升级为目标，企业紧紧围绕发展是第一要务，积极开拓市场。机构设置有行政机构设办公室、市场经营部、网络部、政企客户分部。经营单元设行业客户中心、商业客户中心、校园客户中心、城区支局2个、农村支局8个、行销中心、自有营业厅。其中，市场经营部下设渠道运营管理中心、客户服务中心；网络部下设设备维护中心、客端装维中心、综合机房；政企客户分部下设大客户支撑中心。企业现有干部、职工52人。2021年，宽带用户数63454户、固话用户25101户、移动手机用户112808户，主营收入6261万元。

【渠道建设】 继续加大社会渠道建设力度，不断完善引入机制，通过招商、合作等方式，加强渠道运营能力。在店面装修、政策扶持、业绩导向等多方面给予扶持。为更好地服务广大小区居民，将服务向小区延伸，采取集业务受理、装、维服务一体化的店包区运营模式，提升综合服务能力。2021年有合作厅、店98家，店包区38家，渠道运营步入良性发展轨道。

【网络建设】 新建5G基站124个点，5G室分49个点，4G复建14个点，新增千兆端口888个；完成智慧公路工程、平安乡村设备布点、宽带百兆升级千兆改造万户，光缆下地30千米。截至2021年，占有移动市场份额的29.17%，电信5G基站数137个。

（马卫国　吴　伟）

移动通信

【概况】 东乡移动通信业务发展成为集语音业务、长途电话业务、数据业务、移动宽带互联网业务、手机终端、流量业务、综合业务等于一身的种类繁多的移动业务通信。2021年，用户突破22万人，解决就业1000余人。

【网络建设】 持续推进4G网络深度覆盖，投资300余万元完成网络优化升级，黑点攻坚工程和室分工程。4G基站达到1043个，基站小区数达3897个，新增汇聚节点机房建设3个，实现4G网络在城区、乡镇、高速高铁重要交通干线、景区等全区99.9%的网络覆盖。致力打造双千兆高带宽、低时延的优质网络，优先在区内开通307个5G基站，建设5G基站占5G基站任务数的62%；城区5G信号覆盖率98.3%；升级全东乡宽带承载能力，实现区内千兆宽带接入能力100%。实施“宽带中国”战略，投资354万元开展光纤宽带建设，完成160处区域光纤覆盖、1.25万户家庭用户宽带覆盖，实现区内网络全光纤覆盖。

【线上线下服务】 按照上级公司营业厅建设标准，开设委托经营厅2家、社会合作营业厅72家，覆盖所有乡镇（场），基本满足老百姓通信业务线下办理需求。按照营业厅规范服务要求，设5G体验专区及老年人专区，为用户提供更好的服务及产品体验。为提升客户服务，打造宽带代维入格体系，实现营、装、维一体化服务，实现用户随时随地都能方便快捷地办理各种业务。

【移动5G】 中国移动5G是第五代移动通信技术，是最新一代蜂窝移动通信技术，也是继4G（LTE—A、WiMax）、3G（UMTS、LTE）和2G（GSM）系统之后的技术延伸。5G的性能目标是高数据速率、减少延迟、节省能源、降低成本、提高系统容量和大规模设备连接。Release—15中的5G规范的第一阶段是为了适应早期的商业部署。Release—16的第二阶段于2020年4月完成，作为IMT—2020技术的候选技术提交给国际电信联盟（ITU）。ITU IMT—2020规范要求速度高达20 Gbit/s，可实现宽信道带宽和大容量

MIMO。开通5G基站307个，实现城区基本全覆盖、乡镇主干街道5G网络连片覆盖。

【信息化应用】 参与东乡区行政中心西侧地下及地面智能停车场地建设、政务服务中心广场防撞路桩建设、教育体育局高质量班班通建设及东乡区第一中学的教育教学设施建设，搭建东乡区智慧养老服务信息平台和东乡区公共信用信息平台建设工作，以专业的信息化业务建设能力为东乡区政府数字化转型提供强有力的支撑。

（陈建琴）

联合通信

【概况】 中国联通东乡区分公司锚定数字经济主航道，推进区政府战略合作，落地新战略，深化数字化转型，创新引领、厚植能力、进位赶超，塑造“五高”发展新优势。东乡联通第一党支部被评为江西联通“先进基层党组织”。

【网络建设】 着力推进东乡数据中心规划建设，加快构建云网融合能力底座，聚焦重点行业规划云池部署；聚焦“2＋1”重点场景，即数字乡村、智慧社区和重点口碑场景需求，固移融合推动基础网络能力进一步提升。“匠心网络新基建”总体进度排名抚州市第3，4G整体覆盖率85%；5G开通204站；完成区双优小区千兆部署，10个新国标小区及部分重点乡镇等区域1000个端口建设，实现城区10GPON预覆盖。

【品质服务】 围绕高品质服务四大提升行动，行业满意度持续提升。聚焦客户体验四类场景，开展专项服务攻坚，实现行业满意度82.75分，移网满意度提升17.2，宽带满意度提升17.7。健全服务监督闭环管理体系，提升问题解决能力，有效申诉率年内有3个月连续实现反转行业第1，同比压降62.8%。以“五大承诺十十项服务行动”为抓手，深入开展“爱心助残”“智慧助老”“匠心网络贴心服务”“18客户日”等活动，服务品牌知晓率达60%。强化线上便捷服务能力，通过线上线下协同、多元化服务唤醒，实现自助服务占比77.87%。

【公益活动】 深入开展“我为群众办实事”实践活动，2021年开展残疾人畅享数字生活公益活动30场次，发展用户600余户。持续为民提供便捷服务、创新服务、星级服务。

（谷珍珍　危美琴）

铁塔办事处

【概况】 东乡铁塔办事处攻坚克难、恪尽职守，扎实完成全年任务及工作目标。围绕区委确立的“加快建设创新创业、富裕美丽、和谐幸福的品质新东乡”奋斗目标，努力践行“求真务实，开拓创新，利益客户，成就员工”的企业核心价值观，使各项工作进入常态化，取得优异成果。

【5G基站建设】 充分利用铁塔既有的存量站址资源和社会杆塔资源，能共享不新建，协同电信企业圆满完成5G基础设施建设，既满足5G发展需要，又兼顾资源节约、环境友好的目标。保障区内通信网络的基本覆盖、在满足高速发展的通信行业的需求的同时，从源头上避免重复建设，提升公共资源配置效率。

【稳健运营】 东乡铁塔办事处勇于承担社会责任，直面恶劣的天气和灾难，在第一时间挺身而出，确保通信正常，降低资源耗损率。围绕提高基站维护质量的目标，高质量完成基站维护任务，圆满完成保障基站通信任务。完成1700人次基站机房巡检、13000站次停电应急发电以及全量700站次基站铁架巡检。及时调度人员检修设施，对老旧和已损坏设施进行更换清理。合理设置安排基站点的地理位置，考察地形地貌、了解人口数量以及基站与基站的距离。进行科学的规划，避免资源浪费。

（王俊戎）

园区经济

综　述

2021年，东乡经开区积极融入大南昌都市圈，围绕创建国家级开发区、打造全市改革创新引领区，打好“工业倍增强攻战、项目建设大会战”，以高质量跨越式发展为主线，以园区主要经济指标“三年翻番”为目标，聚焦改革创新、招商引资、平台建设、项目推动、土地清理等中心工作，持续深入推进各项事业发展。园区141户规模以上工业实现营业收入332.15亿元，同比增长28.3%；全区工业税收完成15.5亿元，同比增长42.9%，其中工业增值税12.46亿元，同比增长44.7%。首位产业新材料新能源产业是省级重点产业集群，现有重点企业58户，其中规模以上企业52户。2021年新材料新能源产业实现营业收入72.01亿元，同比增长59.31%；实现利润4.21亿元，同比增长104.25%；上缴税金1.4亿元，同比增长59.3%。主导产业生物医药产业现有重点企业12户，其中规模以上工业企业11户。生物医药产业实现营业收入11.4亿元，同比下降5.7%；实现利润1.7亿元，同比增长23.5%；上缴税金7397万元，同比下降2.8%。园区建设面积11.47平方千米，其中渊山岗工业园8平方千米、东山工业园1.6平方千米、科技孵化园0.87平方千米、浅水湾板块0.4平方千米、原大富工业园0.6平方千米。现有进园企业350余家，规模以上企业141家，总用工19000余人。

园区产业

【概况】 经开区大力发展新能源新材料、生物医药、电子信息三大产业，其中新能源新材料是东乡区首位产业，生物医药是东乡区主导产业。园区落户香港恒安集团、上海永冠科技、四川科伦集团、中国南方集团、上海永久自行车、联创电子等上市公司，另有回音必集团、联创宏声、荣成集团、书源科技等一批知名企业投资落户。2021年有主营业务收入过亿元企业40家，有税收过千万元企业23家。141户规模以上工业实现营业收入332.15亿元，同比增长28.3%。工业税收完成15.5亿元，同比增长42.9%，其中工业增值税12.46亿元，同比增长44.7%。

【新材料新能源产业】 新材料新能源产业是省级重点产业集群，形成以永冠科技、恒吉金属、荣成机械、高信化工等企业为龙头，新型铜材、化工新材料、纳米合金、光伏电力为主要产品的产业格局，现有重点企业58户，其中规模以上企业52户。2021年，新材料新能源产业实现营业收入72.01亿元，同比增长59.31%；实现利润4.21亿元，同比增长104.25%；上缴税金1.4亿元，同比增长59.3%。

【生物医药产业】 生物医药产业现有重点企业12户，其中规模以上工业企业11户。形成以科伦药业、回音必制药、施美药业为龙头，以红星药业、亿友药业、科达药业为支点，以手性药业、大容量注射剂、滴剂、化学及中药片剂为主要品种的产业格局。2021年，生物医药产业实现营业收入11.4亿元，同比下降5.7%；实现利润1.7亿元，同比增长23.5%；上缴税金7397万元，同比下降2.8%。

【电子信息产业】 电子信息产业现有重点企业8家，其中规模以上工业企业6家。形成以台德电子、智合科技、联坤电子、书源科技等企业为代表，以电子数据线、净水机、蓝牙、音响等为主要产品的产业格局。电子信息产业起步晚，产业已呈现快速增长的势头，增长后劲强而有力。2021年，实现营业收入20.11亿元，同比增长147.8%；实现利润5899万元，同比增长125.3%；上缴税金2778万元，同比增长20.7%。

工业创新发展

【概况】 以落实"东乡在打好工业强攻战中走前列"为目标，围绕"新能源新材料首位产业+生物医药主导产业"布局，实施工业创新发展三年倍增行动，瞄准江浙、广深等发达地区，开展主题产业园招商、驻点招商、以商招商，成果丰硕。签约入驻企业59家，合同总额160亿元，已落地开工建设项目17个，5亿元以上项目8个，落户投资60亿元的路威轮毂等4个"5020"项目。重要的项目有宁波路威汽车轮业有限公司投资60亿元的轻量化锻造铝轮毂绿色智造中心项目、傲得（深圳）科技有限公司投资55亿元的傲得通航航空飞行器产业项目、广东金光高科技股份有限公司投资50亿元的年产11.2万吨锂电池材料及5万吨高端电解铜箔生产建设项目、无锡发那特机械科技有限公司投资30亿元的年产400万台汽车涡轮增压器零部件生产制造项目、上海永冠众诚新材料科技股份有限公司投资20亿元的环保可降解新材料生产基地项目。路威轮毂、劳斯克食品、发那特科技、新世讯科技等一批重大项目陆续开工建设。

【"管委会+平台公司"改革】 2020年6月组建工创投集团，通过资产注入及运营，集团公司总资产超过88亿元，成功实现AA主体信用评级，2021年完成融资目标15亿元。设立四个产业基金、产业引导资金，具有供应链金融、融资租赁、委托贷款及股权直投等多种方式，为29个项目提供扶持资金14.76亿元。全面推进蓝莓产业项目建设，落实东腾蓝莓产业园、圩上桥何家村蓝莓产业园用地面积533.33公顷，完成土方平整433.33公顷，种植面积为330公顷。对园区基础设施进行改造和修缮，2021年区工创投集团完成项目21个，总投资额1000万元。优化资源配置，强化运营管理，收储原江西省创林实业发展有限公司，林权面积2573.33公顷，取得林权证面积2529.71公顷。

【规划建设有序开展】 基础设施建设方面：大富工业园和渊山岗工业园破损道路维护300米。新建城投建材、昌九水泥出入便道750米。新建完成博大化工893米污水专管铺设工程、恒运丰铜业80米污水专管工程、广州路兄达纺织段40米污水管网堵塞工程和宇通纺织46米雨水管网铺设等工程。新建渊山岗杭州路口、广州路公租房门口等各主要路口共享电动车停车位。实施浅水湾工业园路灯、指引牌及绿化工程。企业项目建设方面：出具规划方案初审意见13份，审核通过国科产业园一期、荣华人工智能产业园、永冠年产9万吨水性胶水和10万吨橡胶型胶水项目，审核永冠年产20万吨OPP胶带生产线项目等规划方案8份。对接审核金光高科、膜法新材料2个项目规划方案设计。核查审批企业改扩建申请50余次，审批通过30余项。出具土地规划条件通知书36则，涉及土地面积92.33公顷。完成7宗用地的红线现场测绘，完成26宗用地的土地挂牌，完成10宗用地范围测量和可行性研究报告初稿编制。安全生产方面：联合区应急管理局开展涉危化品企业联合检查；联合区市场监管局开展企业特种设备检查；联合区消防救援大队开展岁末年初消防专项检查，参与人数300人次，查出安全隐患836个，当场责令整改290余条，提出安全生产合理化建议160余条。环境保护方面：联合区生态环境局开展"散乱污"企业专项整治，检查企业130余家，联合对渊山岗、毛莲山大气污染检测、泽天耐磨铝灰进行执法处理。

【土地清理稳步推进】 将亩产效益综合评价工作与低效土地清理工作相结合，探索适合园区当前发展的亩产效应评价体系。以政府征收的形式清理10家"僵尸低效企业"，共计腾出33.33公顷工业用地。对渊山岗工业园、东山工业园等规划范围内的项目用地情况进行摸底，对未报批的31宗44.27公顷用地进行摸底测量。对批而未用的闲置用地进行摸底，对2宗闲置用地进行督促，要求企业尽快完成项目建设施工。联合区自然资源局对经开区用地范围的违规违法用地进行调查，对未批先用的违法用地进行跟踪处罚，对2宗违法用地进行拆除复耕等整改，对2宗违法用地协助处罚，对4家企业水土保持补偿费追缴，对4家企业土地滞纳金进行追缴。联合区自然资源局、珀玕乡政府对东腾洪家牛场进行拆除整改。共征收和清理企业49家，腾出工业用地近233.33公顷。

【创新驱动持续发力】 开展工业创新发展三年倍增行动，聚焦“专精特新”培育方向，制订科技“小巨人”企业培育行动计划，通过要素倾斜、政策扶持等措施，力争每年新增省级“小巨人”企业2家以上、“专精特新”企业10家以上。每年设立不低于200万元的研发投入后补助资金，对研发投入总额和增幅较高的企业进行奖补，引导和鼓励企业加大自身研发投入，强化科技创新能力。组织实施“揭榜挂帅行动”，梳理经开区产业重大瓶颈技术、产业短缺技术、企业急需技术三张技术需求清单，每年设立“揭榜挂帅”专项配套经费400万元，用于支持全区揭榜项目研发攻关。发挥区财政资金奖励扶持，引导企业大力创建省级以上科创平台。2021年，园区建成省级以上科技创新平台22个。其中，国家级工程研究中心1家、省级工程研究中心2家、省级工程研究技术中心5家、省级企业技术中心10家、院士工作站2家、省级众创空间1个、省级星创天地1个。

【营商环境不断优化】 推进“放管服”改革，成立专门的企业服务机构：企业服务局。优化内部审核流程，实现经开区与财政、工信、商务、发改、税务等部门协调联动，实现企业申请惠企政策只进“一扇门”，契合企业办事需求，提升政策兑现效能。2021年，企业服务局受理企业申请219次，兑现资金4.8亿余元。落实惠企政策，组织企业服务局对照政策标准，摸排园区内符合政策要求的企业。上户宣传惠企政策，增加企业对政策的知晓率，指派业务骨干入驻区政务中心进行惠企政策“一门式”办理，简化企业办事流程。引进第三方众简招聘平台，保障企业用工。打造线上招聘就业平台，汇总求职者就业信息和企业岗位需求，利用岗位推进算法引擎，智能匹配，提高企业招工效率。2021年“东乡助聘就业平台”企业注册量150家，发布325个工作岗位、6623名用工需求。平台注册适龄劳动人才总数49002名，占东乡区适龄劳动人口的17%，其中含自注册量7765名、政府导入量41237名。6483名求职者发起工作申请，为企业完成招工人数642名。

（闵宏波）

交通运输

综 述

东乡区交通运输局持续推进交通运输，全面协调可持续发展，以突出“交通振兴”、完善“交通大区”、创建“交通强区”为目标，坚持发展新理念，加快交通基础设施建设，着力提高综合交通运输网络效率，全力提高交通运输行业治理水平，着力维护行业安全稳定，推动全区交通运输高质量发展。围绕“建好、管好、护好、运营好”农村公路奋斗目标，促进“四好农村路”“建、管、养”协调发展。农村公路建设总体完成151千米，危桥改造16座。对全区农村公路危桥进行排查、建制村未通双车道路线进行调查摸底、对农村公路路网全区较大自然村未通水泥路展开摸底。落实“预防为主，防治结合、全面养护、保障畅通”的工作方针，按照“县道县养、乡道乡养、村道村养”的原则，强化区、乡两级养护管理责任体系。成立农村公路建管养办公室，乡镇建立养护管理站，配备1名专职人员，每个村委会公路所设立管养员1人，形成比较完备的农村公路建管养格局。农村公路养护总里程1422.64千米。其中，县道158.68千米、乡道196.54千米、村道1067.42千米。投入农村公路养护资金126万元，其中区财政拨付126万元。

运输生产平稳发展。公路长途运输有城际公交线路1条、农村镇村公交线路25条、客运车辆80部、城市公交运营线路9条、运营车辆111台、出租车122辆。公路客运量353万人，旅客周转量14689万人千米，春运运输旅客62.3万人次，春运工作平稳、安全、有序。农村客运车辆全年载客量265.43万人次，平均载客量20人/次。

货运物流发展迅速。有货运物流企业215家，拥有货车9115辆，总吨位186884吨，货运量5163万吨，货运周转量1487843万吨千米。一批货运企业如深圳南山集团、江西赤湾东方、三丰、赣众、聚财等发展势头强劲。危险货物运输企业也有相应发展，旺达危货、深港危货都在倾力打造企业品牌。东乡区货运物流业整体步入稳中求质的发展轨道。农村公路建设方面，通过省“四好农村路”检查验收。

连续荣获江西省“四好农村路”示范县（区）称号，荣获抚州市委、市政府、市军分区“国防动员工作先进办公室”称号，东乡区交通运输连续六年荣获全市交通运输综合目标考评第1。2021年区交通运输局被东乡区委、区政府年终绩效考核评为先进单位。

地方交通管理

【交通基础设施建设】 农村公路建设总体完成150.96千米。其中，县道升级改造1条12.11千米，乡道拓宽改造完成21条95.1千米，建制村优选通达路线完成8条31.05千米，旅游公路完成12.7千米。完成美丽生态文明示范路勘头铺至西岗11.9千米建设。完成安全生命防护工程县道完成105.09千米、乡97.1千米、村道7千米。完成危桥改造16座。

【公路养护与管理】 成立农村公路建管养办公室，每个站聘请1名工作人员承担所属辖区的农村公路建设养护管理日常工作，每个村委会成立公路所并设立管养员1名，形成县、乡、村三级网络化公路管养体系。养护大中修路面换板1.86万平方米，建设挡土墙357立方米。农村公路EPC项目安全生命防护119.23千米。其中，县道64.72千米、乡道47.5千米、村道7.01千米。老路面生命安全防护96.7千米。其中，县道51.3千米、乡道45.4千米。农村公路养护总里程1422.94千米。其中，县道158.68千米、乡道196.54千米、村道1067.72千米。区财政共投入农村公路养护资金126万元。修补翻浆坑槽3.5千米，桥梁护栏维修8座，新增标线1.62千米、标识标牌52块、警示桩206根，安装减速带363米、挡墙防护4处。整修路肩35.5千米，完成路肩除草14402千米，清理边沟3905千米，拆除公路控制范围内非法广告牌17块，开展公路巡查1406千米、路况调查2160千米，对境内县道平交口、弯道、坡道、临水临崖等重点路段进行安全防护，对所有桥梁进行定期检查。

【严格治超治限】 重点围绕打击非法营运、整治出租车、客运车辆的违法违规行为、严查货车非法改装和治理车辆超限超载等开展专项工作，2021年，治超检测货运车辆1374辆、查处车辆115辆、卸载各种货物1528.33吨、切割2辆、行政处罚16.51万元。货运车辆超限超载率由治超前的50%以上，下降到0.33%。公路基础设施得到有效保护，好路率持续上升，区辖公路好路率达92.5%。交通运输安全事故大幅下降，同比下降37%。加强春运、国庆等重要节日期间道路旅客运输管理，服务旅客68.9万人次，开展重要节假日专项检查公交、出租、客运企业及客运站7家次，出动工作人员130人次，下达责令整改通知书71份，督促企业限期进行整改。协调处理政务诉求68起及电话诉求139余起，办理业务137余起。依法严厉查处8起恶意闯卡、暴力抗法案件，刑事拘留4人，治安拘留7人。货运车辆超限超载率由治超前的50%以上下降至0.46%，重大交通事故同比下降30%。交通运输局连续四年被评为“全省治超先进单位”。

【开展“六车”整治】 “六车”整治采取轮流值班与集中整治相结合的方式，每天安排交通、城管、交警、运管等部门执法人员对“六车”各类违规违法行为进行查处，突出重点时段、路段和城区主干道的重点监控。对堵点、乱点开展区域性专项整治，联合执法进行整治。“六车”整治全面遏制非法营运满街跑的局面，有效控制摩的以及三轮、四轮电动车违规安装遮阳伞行驶的现象，市容市貌、交通秩序得到明显的改善。2021年，东乡区“六车”整治，查处各类乱停乱放车辆近2400辆，非法营运摩的352余辆、黑（车）的14辆，收缴遮阳伞数万把，集中整治期间暂扣摩托车、电动车安装遮阳伞车辆3428余把，拆除非法安装遮阳伞杆698把。

公路运输与安全管理

【公路客运平稳有序】 有从事公路长途运输客运企业两家，即江西抚州长运有限公司东乡分公司、抚州长运公共交通有限公司抚州市东乡区营业部。有出租车公司2家，分别是东乡区捷安出租车有限公司及东乡区光明出租车有限公司。有市内公交企业1家，即抚州市东乡区公共交通集团有限公司有191辆客车。有城际公交线路1条、城乡客运公交线路34条、城市公交9条、镇村公交25条。从事长途运输客运企业1家，有班线8条、车辆36辆（含城际公交）。从事公交运营企业1家，即抚州市东乡区公共交通集团有限公司。有镇村公交线路25条、车辆80台。有城市公交运营线路9条、车辆111辆、备用11辆。公司负责经营并提供政策宣传，业务办理、安全监管等服务。两家出租车车辆为经营人所有，经营从业人员约500人，出租车公司共有公租车122辆，全部属于挂靠经营。

【汽车维修持续增长】 2021年末，全区共有汽车维修企业36家，其中一类1家、二类15家、三类20家。形成以二类、三类汽车维修企业为主导，一类企业为补充的维修市场格局。众多的维修企业、先进的维修设备、专业的维修队伍，保证了区内所有车辆的维护、修理质量。

【交通安全管理】 以强化安全责任为重点、以预防事故为主攻方向、以规范管理为重要保障，加强责任落实、加强依法监管，预防重特大事故发生。制定东乡区交通运输局《道路运输安全生产工作计划（2020—2023）》《2021年安全生产专项整治行动方案》《道路运输安全应急预案》《安全生产大排查方案》等。召开安全生产专题会议12次，局机关安全生产工作会议19次。利用宣传栏、横幅、标语、发放宣传单等形式大力宣传交通运输安全生产知识，预防事故方法和自我保障知识，组织观看安全生产宣传专题片。悬挂横幅47条，张贴标语185条，发放宣传单2650余份。制作展板9块，免费发放环保宣传袋2000个、交通安全宣传资料6000份。组织道路安全检查，消除事故隐患。对公路和桥梁进行巡查，及时发现"病害"路面及违章占道行为，对临水临崖路段、校园周边路段和校车安全隐患进行集中排查，设置安全警示、隔离线、标识标线、减速带等安全设施。对有损坏或存在安全隐患的公路设施及时进行整改，增设警示标志，设置限速标志、减速标志与警示桩。对2021年排查的较大道路安全隐患点86处、轻微安全隐患点435处进行整改。

【城乡公交一体化】 公交有正常运营9条线路、运行里程约189千米、营运车辆近191部，城市每万千米拥有公交车6标台。巩固城乡公交一体化改革进程，推进政府惠民落实。简化公交卡办理程序，让百姓窗口"只跑一次"就能快速办理公交卡，为符合条件的老人办理免费公交卡4.5万余张，拨付公交卡财政补贴118万元。

（李剑文　王全龙）

公路建设与管理

【概况】 抚州市公路事业发展中心东乡分中心（以下简称东乡分中心）属抚州市公路事业发展中心下属部门。现有职工126人。其中，在职职工63人、机关干部19人、机修站2人、一线养护工42人。有退休人员68人。东乡分中心下设寺前、石渣厂、小璜、虎圩、王桥、青井、红星等7个养路队，负责辖区普通国省道建设、公路养护和路政管理工作。普通国省道管养总里程为115.91千米，其中国道55.224千米（G236芜汕线、G320上瑞线）、省道60.686千米（S208谢岗线、S312黎欧线、S424孝秀线）。

【保障应急安全】 冬雨季期间应急出动9次，投入劳力380个工日，使用冷补沥青料35吨、砂石约150立方米，有各种机械36台班，保障公路的安全与畅通。开展"防灾减灾宣传""安全生产月活动"，制作悬挂横幅12条、宣传册600份，开展安全定期检查6次、不定期检查15次，排查安全隐患12处，整改12处，整改率为100%。

【升级改造项目】 加快推进升级改造项目实施进度，S208东乡寨上至岗上积段公路改建工程全长23.53千米，路基及结构物完成60%。S424东乡孝岗至安全村段公路改建工程全长20.51千米，除跨沪昆铁路段、涉王桥绕镇段及虎形山绕镇段4.7千米未施工外，其余路段已通车。工程建设管理中，严格按照规定建设程序，认真履行企业主责，抽调专业力量成立项目管理部。对工程质量、进度、环境、安全等开展全面监管。

【养护工程项目】 完成养护工程项目18个。其中，路面大修工程2个、路面中修工程1个、预防性养护工程1个、路面保通项目2个、科技示范路建设工程2个、危桥改造及加固工程4个、安防工程1个、专项整治工程1个、服务设施4个。400万元以下的养护项目全部完成交竣工结算评审，400万元以上的养护项目交竣工结算评审报告已出初稿。积极申请省级补助资金，通过区委、区政府大力支持，成功将9个养护项目列入区重点工程，同意采取EPC总承包模式公开招标，给予2000万元配套资金支持项目建设，使项目建设资金缺口得以解决。

【路域环境整治】 清除非公路标志牌12块，清理路障堆积物123立方米，取缔占道经营3处，到公路沿线乡镇、治超站（点）、采石场发放相关宣传资料2000余份。

【打造省级星级服务区】 东乡分中心着重打造G320石渣厂服务区，服务区设置综合大楼、公厕、室外休息廊架，有大小停车区24个、汽车充电站4座、生活污水处理设施、垃圾集中收集等设施，为过往的司乘人员提供停车、如厕、休息、信息服务、无障碍服务、热水、购物、车辆加水等服务。满足公众安全出行，促进国省道干线服务设施的服务质量和运营管理水平的提升。被江西省综合交通运输事业发展中心授予“星级服务区”称号。

（曹　昆）

铁路交通

东乡火车站位于东乡区孝岗镇境内，中心里程位于沪昆线703km＋412m处，为三等站。车站设有1978平方米候车室，可容纳1600人候车。设有5500平方米及5600平方米两处站台和雨棚。货场设有1100平方米和5385平方米两处站台。有2000平方米仓库和480平方米雨棚。东乡车站按作业性质分为行车、货运、客运3个班组，有职工70余人，主要办理旅客、货物运输、到达和发送作业。2021年，发送旅客486483人次，其中春运期间到达旅客7.69万人次、发送旅客7.53万人次。完成货运装车1857辆，发送3.81万吨；卸车10241辆，到达62.17万吨。

（李剑文　王全龙）

高铁运输

【概况】 高铁抚州东站位于江西省抚州市东乡区境内，中心里程位于沪昆高铁线自上海虹桥站起644km＋442m处，隶属南昌铁路局南昌车务段管辖，有职工25人。高铁抚州东站按技术性质为中间站，按业务性质为客运站，车站为四等站。

车站始终把安全运行放在第1位，督促落实各项安全运行机制，始发客运量稳步增长。2021年，高铁抚州东站发送旅客65万人次，运输进款10115.53万元（到补1216人，进款12.98万元），其中春运送旅客7.14万人次，运输进款1141.77余万元。1—3月高铁抚州东站发送旅客14.25万人次，运输进款2256.66余万元。

【春运工作】 制定科学的春运组织方案，明确春运目标任务，成立春运组织，细化春运措施。站长为春运总指挥，副站长负责行车室、保控与现场的联系，事务员负责后勤保障，安全副站长负责验证。要求春运人员必须学懂春运文件和春运列车运行图，经考试合格方准春运上岗。根据“预告组织，提前放客，列队候车，统一引导，排队上车”的组织方法，对重点车区别对待，对旅客量不是很多的列车预告后组织检票，由检票员在闸机位置宣传红、蓝票分开排队，等候闸机开检进站；对重点车及时掌握售票情况，超过200人的热门票，客运值班员与检票人员联系，列车到达前25分钟组织旅客在检票闸机前排队预检，当广播预告检票作业时人工打开所有闸机，让旅客快速进站，站台客运人员引导进站。站台降乘，原则上上海方向由正班客运值班员和站台客运员组织乘降，广州方向由副班加班人员组织乘降，组织旅客到相应车厢上车标位置排队上车。严格春运纪律和考核方法，服从分配、听从指挥，严格按春运位置图做到定人、定岗、定责，严禁脱岗、串岗。

（李剑文　王全龙）

DONGXIANG YEARBOOK 2022

商贸服务

综　述

东乡区商务局组织指导东乡区开放型经济工作，牵头负责省、市对东乡区开放型经济工作的考评考核。负责区内外资项目的洽谈、评审、合同拟订与跟踪服务工作，协调做好区内招商引资工作统计、调度和考核工作。负责对外联络的日常管理工作，参与境内外各种招商活动和重大引资项目协调推进工作。负责东乡区电子商务行业的管理和指导，电子商务发展态势监测、分析和统计工作。推进流通产业发展，整顿和规范市场秩序，促进城乡市场发展和重要消费品市场调控和重要生产资料流通管理等。

2021 年，新引进招商项目 45 个，实际进资 62.90 亿元，引进宁波路威轻量化锻造轮毂绿色智造中心、无锡发那特汽车涡轮增压器零部件生产制造 2 个“5020”项目。外贸出口 28.92 亿元，较 2020 年提升 55.2%，全市排名第 1。重点培育永冠科技及永冠胶黏，实现外贸出口额 2.88 亿美元，同比增长 126.23%。全区社会消费品零售总额 77.80 亿元，总量排名全市第 2，同比增长 17.7%，增速排名全市第 1。全区限额以上社会消费品零售额增速排名全市第 1，同比增长 28.30%。

聚焦工业创新发展三年倍增行动，围绕高质量跨越式发展目标，确保东乡区开放型经济工作发展稳中向好。获东乡区先进基层党组织称号，东乡区电商创业园获江西省电子商务示范基地、抚州市创业孵化示范基地等称号。

【招商引资】 以优化产业布局、壮大产业规模、促进产业升级、提升核心竞争力为方向，将工业发展与商业服务、环境保护及可持续发展有机融合，实现各大产业总体规模持续扩张。发挥省市招商活动平台、东乡区驻外商会平台，精心组织举办“双返双创”“三请三回”等各类招商活动，开展宣传推介和项目洽谈，塑造东乡招商品牌，扩大东乡招商影响力。先后组织参加中国中部投资贸易博览会、世界 VR 产业大会、世界赣商大会、江西省对接粤港澳大湾区投资合作推介会等 10 余场省市重大招商活动，签约项目 9 个，合同金额 141 亿元。坚持企业需求导向，拓展企业在用工用地、人才引进、股改上市等方面的制度供给，深度聚合服务要素。园区建设方面，升级改造智慧园区、地下管廊、园区路网、配套生活服务等功能性平台；平台建设方面，实施“腾笼换鸟”，快速推进“2+4+N”主题产业园，利用平台社会资本资源，针对各自产业园的特点，拉长产业链条，瞄准入园企业的上下游企业进行跟踪招商，满足企业多样化需求，直接“拎包入住”，推动尽快实现满园扩园、产业集聚的效果；创新平台方面，北京中科、上海交大、洛阳农机等国家级研发中心相继落户东乡，为东乡企业持续提供低成本、全方位、专业化的服务，增强实体经济发展新动能。

先后引进宁波路威汽车轮业有限公司投资 60 亿元的轻量化锻造轮毂绿色智造中心项目、广东金光高科股份有限公司投资 50 亿元的年产 11.2 万吨锂电池材料及 5 万吨高端电解铜箔生产建设项目、无锡发那特机械科技有限公司投资 30 亿元的年产 400 万台汽车涡轮增压器零部件生产制造项目、上海永冠众诚新材料科技（集团）股份有限公司投资20亿元的环保可降解新材料生产基地建设项目等一批好项目、强项目。

组建由区领导带队，36个区直单位和16个乡镇（街道、场）组成的6个招商团队。从各招商团队成员单位中选拔一批熟悉经济工作、综合素质较高的干部，专门从事招商工作，全天候、全方位、全过程服务本招商团队项目落地、开工、建设和投产。经开区、商务局牵头各组建一支产业招商小分队，进行产业链招商。推进简政放权和商事制度改革，为企业建立一站式并联审批、限时办结审批制度，提供惠企政策兑现“一门式”服务，审批效率大幅提升。开展“马上就办、主动服务”活动，深入推进“放管服”改革和降成本优环境专项行动，打造“四最”营商环境，营造便捷高效服务环境。推进社会信用体系建设，健全“政府承诺＋社会监督＋失信问责”机制，落实减税降费等支持民营经济健康发展政策措施，依法依规兑现招商引资奖励政策，引导企业用好用足国家和省、市产业扶持政策，营造依法依规政务环境。

【电子商务】 依靠春节期间东乡籍电商企业家返乡有利时机，开展电商创业园招商工作，共招募6家电商企业入驻园区。2021年4月、5月、11月，先后多次组织专业人士赴广州、深圳等地开展电商招商活动，洽谈在东乡建立“云电商产业园”，吸引一批在外优秀电商企业将注册地变更到东乡，做大做强东乡电商交易数据。积极推动东乡区家居家饰家纺有关企业通过网络渠道开拓网络市场。开展家具家饰家纺企业调查摸底，对全区规模以上工业企业进行详细调研，经统计，规模以上工业企业产品适合网络销售的企业共有36家。举办18期免费电商专题培训，通过网络培训的方式，开展网上开店、网络直播、美工等电商基础培训，参与人数540人；邀请抖音官方人员开展抖音带货专题培训，培训人次117人；开展电商沙龙活动3次，参与人员220余人。

举办“2021江西（东乡）网上年货节”，精心筹划网上年货促销活动，引导30余家电商企业开展年货促销活动20多场次，年货直播100余场，销售额3700余万元。开展“双品网购节”活动，实现交易额352.6万元。举办“赣品网上行”电商助农直播活动，在京东直播间、淘宝直播间同时开播，通过限时秒杀、抽奖免单等方式，推动东乡优质农产品“走出去”。此次活动参与直播间销售的产品有37种，两个半小时的直播累计观看量26.6万人次，卖出江西米粉、辣椒酱、花果酒等产品，销售额9.2万余元。举办“百日百县”江西文旅直播大赛东乡分会场系列活动，累计促成电商销售额62.8万元。

【对外贸易】 创新机制体制，加大扶持力度，深挖“两转”潜力，培养重点企业，危机中育先机、变局中开新局，培育壮大外贸出口主体，实现东乡区外贸出口新一年的快速发展。2021年，实现外贸出口总额4.47亿美元，同比增长55.2%，增长率全市第1，其中永冠科技及其子公司全年外贸出口总额2.88亿美元，同比增长126.8%，超出年初出口计划任务的一倍，为抚州市出口额最大的生产企业。外贸出口生产企业占比75%，与2021年相比提升17.89个百分点，新增有出口实绩的外资企业8家，实际利用外资4568万美元。

出台《东乡区2021年开放型经济工作实施意见》，通过奖励政策有效刺激外贸出口力度。为东乡区外资企业申请落实出口创汇、中小企业开拓市场项目、信用保险项目等扶持及奖励资金；联合市口岸办、抚州海关、中集凯通等单位共同开展口岸“三同”政策推介座谈会，引导企业利用“三同”政策，协助企业申请2021年度“三同”政策奖励资金。加强重点帮扶，提升服务质量。对企业需要解决的问题列出清单、挂图作业，进行协调解决。开拓多元化国际市场，组织企业参加广交会、华交会等线上线下重要展会，发挥第四届中国国际进口博览会平台作用，扩大投资贸易合作，组织永冠科技、高信前沿等多家企业参加第四届进博会。积极扩大进口，鼓励资源性进口，促进进口与出口均衡发展，对于企业引进先进技术设备、关键零部件进口，争取国家进口贴息资金支持。培育跨境电商等外贸新业态新模式，打造跨境电子商务综合试验区，培育全区跨境电子商务龙头企业，吸引跨境电子商务产业集聚发展。培育壮大外贸经营主体，重点培育外贸“两转”企业，实现“两转”金额1.58亿美元。

【国内贸易】 加快新增限额以上商贸企业入统。联合统计、税务等部门主动上企服务，互通信息，全程协助符合条件的企业由规下及时转为规模以上，便于办理入统手续。共计新增规模以上商贸企业29家，涵盖餐饮、批发、住宿、零售、重点服务业等流通领域。商贸促消费能级提速。举办2021东乡春夏、金秋消费季系列活动。组织商超、餐饮、汽车、房产、文娱、夜市等各大行业推出多样化的惠民让利举措，通过“电子消费券派送＋商超折扣立减＋房产直减补送＋夜购一条街＋创意玫瑰花海文化节”等多种形式，让老百姓切实感受最接地气、丰富多彩的惠民活动。消费季期间，直接撬动全区各行业消费共计3.1亿元。

（余思远　万江昆　万　仟）

供销合作

【概况】 东乡区供销社内设机构有人秘股、财审股、业务股、综合股，在职人员17人。现有三大公司（电子商务公司、社有资产经营管理有限公司、供销开发公司），2个中心社，1个农副产品配送中心，18个农业专业合作社。业务涉及农业社会化服务、禽畜水产养殖、蔬菜和水果种植与销售、中药材种植等。

【保障春耕农资供应】 春耕时节，区供销社要求农资经营企业紧急调运5600吨储备化肥，以略低于市场价出售，平抑化肥价格，做好春耕化肥保供稳价工作。利用电话订购、微信预约、线上销售与物流配送合作的创新经营方式，为农户提供免费配送服务，降低农户购买成本。鼓励农资经营企业延长1～3个月的还款周期，减轻农户的还款负担，累计供应各类化肥5920吨。

【开展“三社共建”试点】 借鉴兄弟县区的成功经验，与瑶圩乡政府、东乡区恒荣综合农业专业合作社共同推进供销合作社、村集体经济合作社和农民专业合作社“三社共建”试点工作，为农户提供土地托管、农资农机农技服务、农产品收售、信用合作、日常生活用品供应、农村电子商务等服务，打造为农服务综合平台。在瑶圩乡瑶圩村、锁山村、河渡村先行成立3个示范点。以略低于市场价的价格为150余户农户供应复合肥675吨、尿素221吨，为农户提供免费配送服务，每吨化肥为农户节省成本120元。依托“供销惠民同城购”电商平台，帮助26户农户销售红薯、芋头等农产品4.8吨，带动农户户均增收1300元。在瑶圩乡锁山村、龚家港村开展6.87公顷生态大米种植试验，收割生态大米43吨。以农民专业合作社为载体，逐步开展大田托管服务，全托管面积64公顷、半托管面积290.53公顷。指导农民专业合作社与农户签订购销合同，2021年上半年收购水稻1525吨，下半年收购水稻1600吨。

【夯实为农服务实体】 破解农户“种地难”问题，区供销社依托各基层社（惠农服务中心）、农民专业合作社、农村综合服务社等为农服务实体，围绕农业生产的“耕、种、管、收、加、贮”等产前、产中、产后环节，采取托管式、订单式、合作式等多种形式，为农户提供测土配方、智能配肥、病虫害统防统治、农机作业、代贮藏代加工、农民培训等服务。全系统土地托管面积共计2391.33公顷，半托管土地面积共计2458公顷，配方施肥面积有7246公顷，统防统治面积有7044公顷，农机作业面积有9742公顷。

【网上惠农服务】 冷链物流及“互联网＋第四方物流”供销集配体系建设持续推进。依托各乡镇物流集配站及村级物流集配点，提供物流集中配送，为广大农户提供农产品收购及消费品网上代购服务，打通农户农产品上行的“最初一公里”及消费品进村的“最后一公里”。物流上下行件数突破17200件，帮助农户销售各类农产品2.6吨，形成区、乡、村三级物流集中配送体系。

（陈立东）

烟草专卖

【概况】 东乡区共有经营持证零售户1485户、新办证259户。东乡区烟草专卖局（分公司）全年卷烟销售10195.4箱，同比增长44.2箱，增幅0.44%；金圣销售3260.8箱，同比增长159.6箱，同比增长5.15%；重点品牌9549.4箱，同比增长200箱，同比增长2.14%；低焦油卷烟销售1097.7箱，同比增长409.3箱，同比增长 59.45%。东乡区有经营持证零售户 1485 户、新办证 259 户。商务局获 2021 年度全市烟草系统纪检监察工作、行政执法责任制、卷烟营销网建工作、安全生产工作先进单位，获东乡区“七五”普法依法治理创建活动先进单位称号。

【夯实卷烟营销网建】 商务局以“1345”营销体系建设为契机，以诚信互助小组建设为主线，建设诚信互助小组 157 个。有城网 122 个，占小组总数的 77.7%；农网 35 个，占小组总数的 22.3%。商务局坚持每月召开小组主任共商共建会，小组活跃度达 80.25%，“四要”知晓率 100%，“五亮”改善提升 70 户。成立社区“三化”联络小组 14 个；开展“三化”建设活动 41 场，参与活动的零售客户志愿者达 500 余人次，制作宣传美篇 41 篇、微视频 3 个，阅读量 1.1 万余次。

【加大市场监管力度】 联合公安、市监部门开展检查 16 次。查获各类案件 182 起，其中真烟案件 144 起、假烟案件 37 起、走私烟案 1 起。查处五万元大要案 13 起，查处快递物流案件 29 起。查获各类违法卷烟 64430.7 条，其中真烟 4485.2 条、假烟 55895.5 条、走私烟 4050 条；本地卷烟查处 7768.7 条。责令停业整顿 25 户，取缔经营资格 3 户，排查出违法大户 9 户，刑拘 7 人。取缔经营资格的 3 户违法大户纳入系统黑名单进行管理。

【电子烟市场监管】 排查出电子烟实体店 15 户，其中，6 户电子烟专卖店终止电子烟经营业务、9 户正常经营户建档登记在册。联合区市监局严厉查处向未成年人销售卷烟、电子烟的行为。依据相关法律规定，对一位当事人作出没收违法所得 287 元、处以 2000 元罚款的行政处罚。开出抚州市首张向未成年人销售电子烟的罚单。

【终端转型升级】 向有先进经营理念、有装修意向的客户，宣传“商商盟”流通品牌建设理念、价值内涵，筛选目标客户 7 个。学习“春天便利”“香溢零售”“金丝利零售”“湘汇 636”等行业先进流通品牌经验。实现建设核心终端 45 户，建设现代终端 397 户，占总数比例的 27.3%，位居抚州市第 1。开展零售终端星级评定，东乡区 4 星、5 星终端客户实现小组建设、地柜陈列、背柜陈列、现代终端等必备软硬件建设达标，零售终端转型升级。

（刘务成）

石油经营

【概况】 中石化东乡石油分公司以江西石油“组织力提升年”为抓手，以为群众办实事为成果检验，围绕企业中心工作，协同奋进、攻难克坚，克服疫情及市场环境带来的不利因素，主动打好市场营销攻坚战。夯实安全基础，巩固销售工作，取得良好业绩，成品油销售量达 4.36 万吨。东昌高速加油站 2021 年获得市级先进加油站称号，并获得市级优秀中层干部、优秀站长及优秀员工等个人称号。

【经营管理】 本着效益优先、员工收入优先的原则，持续推进“三项制度”改革与薪酬绩效考核制度，提高人均劳效。在减员增效改革的基础上优化用工形式，在定员定编增效所带动的人均劳效达到 806 吨。结合东乡实际，做好任务分解，制定 2021 年的工作目标，与各加油站签订经营目标责任状，对工作进行全面布置，加强对加油站的督查。班子成员分别对加油站的设备设施隐患排查、安全数质量、站容站貌等方面进行详细的督查，加以督导整改。“我为群众办实事”“主题党日”活动组织党员参与加油站帮扶整改，加油站的基础工作、经营工作等得到提升。结合开展的礼仪培训，把礼仪与加油“六步法”、文明用语相结合，将礼仪服务全面推广并加以标准化提升，日常工作中严格落实礼仪打卡制度，员工时刻保持良好的精神面貌。

【网点建设】 辖区有加油站 15 座。其中，城区 6 座、国道 1 座、省道 3 座、高速公路 2 座、高速公路下线口 2 座、乡镇加油站 1 座。另有在建加油站 1 座。重要网点部位占有率 92.6%。圩上桥加油站新建项目开展施工建设，继续加大与政府协调力度，尽快完成第二加油站的征地工作，完善空白区域的网点规划，争取取得建设用地。

【落实责任】 公司以区安监部门及抚州上级部门 HSE 安全生产相关要求抓落实，推动 2021 年新修《中华人民共和国安全生产法》的实施。坚持人民至上、生命至上，坚持安全第一、预防为主、综合治理，坚持管行业必须管安全、管业务必须管安全、管生产经营必须管安全。结合6月安全生产月，对加油站主要设备设施、消防器材及日常电气设备进行专项检查，对相关设备的维护保养及使用规范进行全方位督导整改。2021年，有计划针对性地开展专项检查12次72站次，基层开展全面自查8次120站次。

【整治市场】 持续开展“打非治违”成品油专项整治活动，围绕省公司“一二三四”工作方略，坚持“六突出六提升”工程，做大做强零售、直分销经营总量。积极配合相关执法部门开展联合执法，开展成品油市场整顿工作，净化辖区内成品油市场环境。加大对自流黑的打击力度，加大与职能部门的协调沟通力度，净化成品油市场。2021年，查扣非法改装配送车17辆、非法储油窝点1处，查扣非法油品80余吨。

（王　臣）

土地市场

【概况】 东乡区自然资源局秉承“保发展、护资源、优空间、惠民生”的工作理念，围绕社会经济发展大局，切实做好耕地保护、矿政管理、用地报批、不动产登记及地质灾害防治等自然资源管理工作，为东乡区高质量发展提供坚实的自然资源保障。耕地保有量稳定在36263.05公顷，基本农田保护面积32040公顷、收储土地163.79公顷、出让土地125.25公顷，土地出让收益25.81亿元。实施耕地占补平衡土地开发及“旱改水”项目144.29公顷。矿政管理不断优化，地质灾害防治实现“零伤亡”。不动产登记工作稳步推进，农民合法权益得到保护。

【用地保障】 申报实施土地开发、“旱改水”、城乡增减挂钩项目、包装重大项目等，争取省、市用地指标，2021年共报批土地11批次，面积109.76公顷，其中耕地44.11公顷，保障全区各类用地需求。实施土地开发、“旱改水”、城乡增减挂钩项目，保障建设用地占用耕地实现占补平衡。2021年实施土地开发及“旱改水”土地整治项目32个，新增耕地面积144.29公顷。对2017—2019年的增减挂项目进行清查，2017年完成拆旧区57个，复垦面积50.20公顷；2018年完成拆旧区40个，面积30.20公顷；2019年实施拆旧39个，面积62.41公顷。

【土地收储】 坚持依法依规、按程序征收土地并保证补偿到位，着眼存量挖掘，盘活存量土地，为园区工业项目、城市建设及土地招拍挂提供用地保障。收储土地92宗163.79公顷。其中，征收集体土地78宗102.86公顷；收回国有土地14宗60.93公顷。审核失地农民资料申请56户75人，上报区被征地农民社会保障工作领导小组办公室审核通过，维护失地农民的合法权益。

【土地交易】 精心打造土地交易“阳光工程”。国有土地使用权公开出让统一进入江西省土地使用权和矿业权网上交易系统，网上交易，扩大土地资源招拍挂参与者范围，深化市场“杠杆”调节功能。出让土地71宗，面积125.25公顷，成交价25.81亿元。

（张　荣）

房地产交易

【概况】 坚持“房住不炒”定位，落实房地产监管主体责任，紧紧围绕“稳地价、稳房价、稳预期”目标，支持刚性需求，按照住建部等八部门《关于持续整治规范房地产市场秩序的通知》要求，对房地产运行情况进行分析研判，做好住房市场运行情况的动态监测、分析和预警，聚焦解决房地产开发、房屋交易、延期交房、工程质量、地下车位权属和物业服务等领域突出问题。2021年，完成商品房销售面积为50.16万平方米，同比下降36%。其中，住宅销售面积44.80万平方米，同比下降34%；住宅均价6134元/平方米，同比下降0.49%。申请商品房预售面积29.40万平方米，商品房库存总面积92.31万平方米，商品房去化时间为14个月，其中住宅46.24万平方米，住宅去化时间为8个月，房地产市场基本保持平稳态势。

【商品房预售管理】 规定未取得商品房预售许可证的房地产开发项目，房地产开发企业和经纪机构不得预售商品房，不得进行任何展销活动，不得以认购、预订、排号、发放VIP卡、存抵活动等方式，向买受人收取或通过借款等形式变相收取定（订）金、诚意金等预订款性质的费用，不得由电商或其他中介机构针对特定项目、特定楼栋、在特定时间以入会等形式收取会费或其他任何费用；取得预售许可的商品房项目，房地产开发企业必须在取得许可后，10日内一次性公开全部准售房源，在售楼现场醒目位置公示预售房源的位置、面积、单价、总价等信息，以书面方式向买受人明示项目开发进度、竣工交付时间、付款方式等法定事项，不得捂盘惜售、囤积房源。取得预（现）售许可（备案）的商品房项目，应认真做好楼盘销售台账；房地产开发企业不得直接收取商品房预收款，预收款［含定（订）金、首付款等］应由买受人自行直接存入商品房预收款监管指定专户。

【商品房预售资金监管】 按照东乡区新建商品房预售资金管理办法，在颁发商品房预售许可的同时，由住房保障中心、开发企业及银行三方共同签署商品房预售资金监管协议，对本行政区全域范围内的房地产项目，实行商品房预售所得款项实行统一监管并全部纳入监管账户。实行专户专存，依照工程建设进度和清单，严格落实申请、审批和划转程序，加大预售资金的监管力度，确保预售资金用于工程建设，严防房地产隐患风险，杜绝“烂尾楼”的发生。对没有认真执行“三方”协议规定的个别房地产开发项目，及时下达整改通知单，暂停其商品房销售合同的网签备案登记，记入信用档案；对在限定时间内拒不整改的，按照相关法规条例予以惩戒。

【整治房地产市场秩序】 持续推进房地产市场秩序专项整治行动，对所有在建在售商品房项目开展拉网式排查，严肃查处在标价之外加价、收取任何未予标明的费用、使用虚假或不规范的价格标示误导消费者、捏造散布虚假信息、哄抬价格和串通涨价等违法违规行为。对存在问题的房地产开发企业，依法依规采取暂停网签、停业整顿直至暂停资质年审、升级等，将违法违规行为公开曝光，纳入房地产行业诚信管理予以惩戒。查处中介市场各类违法违规行为，加强房地产中介机构及从业人员备案管理，严格执行商品房销售代理机构及销售人员备案制度，禁止房地产企业利用无证经营、未备案中介机构进行商品房销售。房地产经纪代理机构不得炒卖房号，不得在代理过程中赚取差价，不得采取内部认购、不得雇人排队，不得用安排从业人员到售楼部拉客源、抢客源等手段制造购房恐慌，扰乱房地产市场秩序。

【二手房交易信息公开】 及时了解二手房合理成交价格，引导市场理性交易，中介机构应及时、准确向房管部门报送二手房挂牌和成交等相关信息，对上报数据的真实性和准确性负责，对不报、漏报、瞒报的中介机构，依法暂停其网签权限，纳入房地产行业诚信管理予以惩戒。

【房地产市场舆论引导】 做好房地产市场的正面宣传报道，及时发布权威数据，让社会全面、准确、客观地了解市场走势和政策动向，对媒体报道的热点、群众反映的焦点及时回应，稳定市场预测，防止不实信息误导舆论。依法依规严肃查处编造谣言、散布不实信息、扰乱市场秩序行为，积极营造有利于房地产市场稳定发展的良好氛围。

（杨俊彦）

财政税收

综 述

2021年，东乡区一般公共预算收入180111万元，完成预算106.8%，一般公共预算收入加上级补助收入、债务转贷收入、调入资金、动用预算稳定调节基金、上年结余，减上解上级支出、债务还本支出后，一般公共预算综合财力收入执行数664298万元。2021年东乡区公共财政收入主要项目执行情况是：税收收入128258万元，完成预算的108.2%。其中增值税62481万元，完成预算的112.1%；企业所得税（28%部分）7523万元，完成预算的104.9%；个人所得税（28%部分）3875万元，完成预算的321%；资源税1319万元，完成预算的81.9%；城市维护建设税16931万元，完成预算的147.2%；房产税1137万元，完成预算的102.4%；印花税2716万元，完成预算的164.6%；城镇土地使用税1535万元，完成预算的78.7%；土地增值税7671万元，完成预算的57.7%；车船税1978万元，完成预算的38.8%；契税19880万元，完成预算的116.9%；环境保护税133万元，完成预算的105.6%。非税收入51853万元，完成预算的103.6%。其中专项收入9390万元，完成预算的161.9%；行政事业性收费收入13136万元，完成预算的252.9%；罚没收入13871万元，完成预算的42.6%；国有资源（资产）有偿使用收入14655万元，完成预算的370.3%。

（徐贵高　黄凯华）

财政管理

【概况】 东乡区财政局面对新冠肺炎疫情反复、经济下行压力和减税降费等诸多不利因素，进一步深化预算改革，推动高质量跨越式发展取得新成效，圆满完成各项目标任务，实现“十四五”良好开局。财政总收入完成33.07亿元，比上年增长19.33%，蝉联全市县（区）第十二冠。税收完成27.88亿元，占财政总收入的84.32%，较上年提高6.07个百分点。一般公共预算收入18.01亿元，上级财力性转移支付收入10.37亿元（含返还性收入3.63亿元），政府性基金收入31.23亿元，国有资本经营预算收益0.12亿元，调入资金13.73亿元，政府债券收入14.92亿元，上级专项补助及指定用途一般性转移支付8.06亿元，上年上级专项结余1.12亿元，减去结算上解1.95亿元，财政收入共计95.61亿元。一般公共预算支出56.17亿元，政府性基金支出27.92亿元，债务还本支出1.18亿元，安排预算稳定调节基金9.09亿元，财政支出共计94.36亿元。

【财政收入量质齐升】 减税降费落到实处。2021年新增减税降费约1.34亿元，其中新出台优惠政策减税降费0.74亿元、2021年展期实施政策减税降费0.55亿元、2020年减税政策在2021年翘尾减收479万元。2021年财政总收入完成33.07亿元，抚州市县（区）排名连续12年第1。收入结构不断优化。2021年税收收入完成27.88亿元，税占比84.32%，同比提高6.07个百分点。

【努力夯实财源建设】 财力性转移支付增加。结算补充耕地指标统筹交易资金1.35亿元，同比增加0.39亿元；收到县级基本财力保障奖补资金0.6亿元，同比增加0.52亿元。工业税收稳步增长。工业税收连续三年超10亿元，达到15.47亿元，增长42.58%，工业税收占全口径税收收入的55.494%，纳税过千万的企业15家。房地产业税收保持稳定。在房地产业总体下滑的形势下，通过加强税收征管，房地产及建筑业税收完成6.56亿元，增长2.7%，实现逆势上升。争取债券资金再创新高。2021年争取债券资金13.96亿元，是抚州市争取债券资金最多的县（区），比上年增收1.2亿元，其中新增专项债券资金11.21亿元、一般债券资金2.75亿元。

【持续优化支出结构】 兜牢“三保”底线。保重点、压一般的特征明显，机关事业单位工资按时足额发放，保运转支出即时支付，基本民生支出足额保障到位。突出重点领域保障。拨付重点工程资金超6亿元，做好东乡区项目建设的资金“稳定器”；消化政府隐性债务5.83亿元，保证政府化债计划如期完成；支持园区产业发展支出达8.42亿元，累计撬动银行财园信贷通发放贷款6.74亿元，解决企业融资难、融资贵问题，降低企业经营成本，持续优化营商环境；全力支持疫情常态化防控，安排财政资金1100万元用于采购防疫物资，兜底新冠肺炎病毒治疗费用；整合1816万元资金支持基层党建“三化”建设。持续加大民生投入。落实落细《东乡区2021年民生实事工程安排方案》，集中办好涉及群众切身利益的52件实事，教育、科技、文体和传媒、社保和就业、卫生健康、节能环保、城乡社区、农林水、住房保障等13项民生支出总量累计47.88亿元，占一般公共预算支出的88.24%。

【推进预算管理改革】 推进预算管理一体化改革。按照财政部和省财政厅的统一部署，2021年6月1日，东乡区为抚州市县、区第一个上线预算管理一体化系统，部门资金支付由财政部门审核支付，变为部门单位自行审核、支付；工资统发由财政审核统发，变为财政审核部门单位自行发放；通过信息技术提高项目储备、预算编审、预算调整和调剂、资金支付、会计核算、决算和报告等工作的标准化、自动化水平，实现对预算管理全流程的动态反映和有效控制，推动预算管理规范高效，规范预算管理和硬化预算约束。加强行政事业性国有资产监管。按照“建制度、抓管理、重效率”的要求，东乡区在健全完善资产管理制度建设方面取得重大进展，制定《东乡区行政事业单位资产配置管理暂行办法》，印发《东乡区进一步规范行政事业单位国有资产处置工作的通知》。完善财政评审规章制度。为明确各方责任，确保评审行为公正规范，制定《东乡区财政投资评审中介机构管理办法（试行）》《东乡区财政投资评审管理实施办法（试行）》《东乡区财政投资项目评审内部操作管理规定》及《评审业务廉政内控制度》，在中介超市选取审核操作流程、审核时限办结、内控制度建设等方面做出明确规定，在评审工作中严格落实到位，填补制度漏洞，大幅提高评审工作效率。

（黄凯华）

政府财政预决算

【概况】 东乡区一般公共预算收入180111万元，完成预算106.8%，一般公共预算收入加上级补助收入、债务转贷收入、调入资金、动用预算稳定调节基金、上年结余，减上解上级支出、债务还本支出后，一般公共预算综合财力收入执行数为664298万元。

【财政收入】 2021年东乡区公共财政收入主要项目执行情况是：税收收入128258万元，完成预算的108.2%。其中，增值税62481万元，完成预算的112.1%；企业所得税（28%部分）7523万元，完成预算的104.9%；个人所得税（28%部分）3875万元，完成预算的321%；资源税1319万元，完成预算的81.9%；城市维护建设税16931万元，完成预算的147.2%；房产税1137万元，完成预算的102.4%；印花税2716万元，完成预算的164.6%；城镇土地使用税1535万元，完成预算的78.7%；土地增值税7671万元，完成预算的57.7%；车船税1978万元，完成预算的38.8%；契税19880万元，完成预算的116.9%；环境保护税133万元，完成预算的105.6%。非税收入51853万元，完成预算的103.6%。其中，专项收入9390万元，完成预算的161.9%；行政事业性收费收入13136万元，完成预算的252.9%；罚没收入13871万元，完成预算的42.6%；国有资源（资产）有偿使用收入14655万元，完成预算的370.3%。

【预算支出】 东乡区一般公共预算支出执行数561718万元，完成预算的116.7%。主要支出项目执行情况是：一般公共服务支出38188万元，完成预算的96.3%；公共安全支出20419万元，完成预算的114.4%；教育支出114018万元，完成预算的146.1%；科学技术支出19447万元，完成预算的187.2%；文化体育与传媒支出4708万元，完成预算的124.3%；社会保障和就业支出71469万元，完成预算的194.4%；医疗卫生支出58879万元，完成预算的120.3%；节能环保支出27272万元，完成预算的239.6%；城乡社区事务支出82456万元，完成预算的346.7%；农林水事务支出78947万元，完成预算的112.3%；交通运输支出4546万元，完成预算的133.9%；资源勘探电力信息等事务支出

15550万元，完成预算的15%；商业服务业等事务2952万元，完成预算的136.5%；金融监管等事务支出151万元；国土资源气象等事务支出3586万元，完成预算的37%；住房保障支出9515万元，完成预算的182.7%；粮油物资管理事务支出662万元，完成预算的106.3%；其他支出等377万元，完成预算的11.7%。

（徐贵高　黄凯华）

税　收

【概况】 国家税务总局抚州市东乡区税务局内设办公室、法制股、税政股、社会保险费和非税收入股、收入核算股、纳税服务股、征收管理股、税收风险管理股、税源管理股、财务管理股、组织人事股、党建工作股、纪检组，设有2个事业单位信息中心和机关服务中心，下设第一税务分局、第二税务分局、孝岗税务分局、红星税务分局、王桥税务分局。担负着东乡区32923户工商业户税收征管，其中单位纳税人6061户、个体纳税人26862户。2021年东乡区入库财政口径税收27.89亿元，同比增收6.2亿元，增长28.5%，增幅列全市第2，特别是工业增值税增长较快，完成入库12.46亿元，同比增收3.85亿元，增长44.71%，税收收入质量有效提升，为历年来最好。

【税费收入量优质稳】 上、下半年各开展一次税源调查测算工作，认真分析影响收入的经济发展、减税政策及一次性因素，掌握税源变化情况。在充分调查税源的基础上，积极与市局、区财政局联系协调，及时调整税收计划。加强税收预测，增强组织收入工作的前瞻性，密切关注房地产业及制造业税源情况，准确测算减税影响，实施收入目标动态管理，"一把手"亲自调度重要税款入库情况。深入挖潜增收，加强重点税源监控，紧盯房地产行业、资产转让、重点工程项目等重点税源，逐个项目排查，确保应收尽收。全区财政口径入库税收27.89亿元，同比增收6.2亿元，增长28.5%，增幅列全市第2，税收收入质量有效提升。社保非税收入方面，区局社保非税股立足税费同征同管，稳妥承接划转的各项非税收入。按照"政府主导、分工协作、平稳有序、征缴高效、服务便民"的方针开展城乡居民"两险"征缴工作，城乡居民两险入库17839.76万元，其中，城乡居民基本养老保险入库3372.94万元、城乡居民基本医疗保险费入库14466.82万元；单位社会保险费累计入库93451.19万元，同比增长75.77%；划转的水土保持补偿费累计征收289.36万元，防控地下室易地建设费征收1025.47万元。减税降费方面，累计新增减税降费15595万元，惠及纳税人、缴费人6300户次，其中新增减税14191万元，惠及纳税人5250户次；新增降费1404万元，惠及缴费人1046户次，政策效应明显，有效助力企业发展。

【共治平台初步搭建】 深化改革顺利起跑。根据区局实情部署重点改革，组建《关于进一步深化税收征管体制改革的意见》落实领导小组，将税务系统征管改革事项提呈区政府常务会学习并专题调度，与25个区政府部门建立税收征管信息交换渠道，实现点对点信息采集，区局《关于进一步深化税收征管体制改革的意见》落实工作得到区政府主要领导肯定性的批示，智慧微厅及不动产交易登记区块链应用试点工作获得好评，其中智慧微厅建设参评全省税务系统改革创新项目。以税资政效应充分。结合区局重点工作，累计向区委、区政府领导呈报《税收专报》4篇。行业管理精准有力。接收风险应对任务39批次、风险任务212条，准期完成率100%，入库税款428.49万元、入库滞纳金37.29万元。全年共完成税收违法案件发票协查19起，协查各类发票共计26份，有效防范税款流失风险。落实"首违不罚"事项清单，出具不予行政处罚决定书52份，充分保护纳税人应有权益。

【营商环境对标对表】 减税红利精准落地。落实上级发布的各项减税降费政策措施，第一时间将税费优惠送到纳税人、缴费人手中，激发市场主体活力。纳税缴费便捷舒心。大厅所有窗口实现全业务办理，做到"窗口受理、内部流转、限时办结、窗口出件"，所有税费业务一厅通办。实现"一次不跑"事项53项，"最多跑一次"事项132项，电子税务局办税、网上申领发票等"非接触式"办税手段更加多元。规范"好差评"管理，纳税人主动对每笔业务的评价率99%以上，好评率100%。服务团队优质高效。严格落实首问责任制、一次性告知等办税服务制度，推行"不打烊"服务，推进预约办、错峰办、容缺办，不断丰富办税方式，提升办税效率。业务平均办理时长缩短至3.22分钟，平均等候时长1.67分钟，位居全市前列。公开招募10名"税务体验师"，现场体验"专票便捷开"服务。

（彭婷婷）

DONGXIANG YEARBOOK 2022

金融·保险

综　述

区金融工作服务中心紧紧围绕区委、区政府各项决策部署，坚持把服务实体经济、防范化解金融风险为重要抓手，积极帮助企业上市融资、增加信贷供给、创新金融服务、化解经营风险、落实惠企政策，打出金融服务“组合拳”。

主要指标稳定增长。金融机构存贷款余额排名全市第1，金融机构各项存款余额为270.74亿元，较年初增加29.72亿元，同比增长12.33%，各项贷款余额为282.76亿元，较年初增加35.45亿元，同比增长14.08%，各项存贷比为104.44%。生态产品权益类贷款余额43.12亿元，完成总任务数的109.16%；新增贷款余额15.06亿元，完成新增任务数的198.22%，完成总任务数位列全市第2、新增贷款余额位列全市第1。

多种措施服务实体。常态化开展政银企融资对接会，为企业提供授信43.5亿元。通过政府融资担保平台共发放贷款金额9.4亿元。中小企业担保公司在保企业199家，在保余额31068万元。牵头各大金融机构对中小微企业提供信用贷款支持，特别是对有发展前景但暂时金融受困的中小微企业，通过减免利息、延长还款期限、降低贷款利率，提高无还本续贷比例，加大LPR利率转换（目前LPR利率转换100%）等政策手段，引导银行让利实体，确保不盲目抽贷、断贷、压贷，保障辖区内企业得到金融“输血”，尽最大力度释放金融政策红利。

走好改革“先行棋”。2021年9月，东乡区率先在全市组建绿色普惠金融中心，主要包括信贷融资、保险服务及政策解读，首贷续贷产品、流程介绍和业务受理与分办，推动小微企业贷款实现“增量、扩面、提质、降本”目标，为广大群众、民营和小微企业等重点群体提供一站式、多样化绿色普惠金融服务。自中心试运行以来，首批进驻10家银行、2家保险和1家担保公司等金融机构，累计发放贷款户数94户，发放贷款16515万元，其中续贷户72户，续贷金额11185万元。

助力企业上市。全面梳理区有上市意愿的企业纳入后备企业资源库，积极做好年度全省重点拟上市企业申报，6家企业纳入省重点上市企业后备资源库。近两年有望成功上市的重点后备企业有施美药业、江西台德2家企业。针对这两家重点拟上市企业，定期召开推进会，协调解决上市过程中遇到的困难和问题。2021年，两家公司正在有条不紊地做好上市前期准备工作，力争2022年实现本土企业上市“零的突破”。

防控金融风险。全面落实《江西省地方金融监督管理条例》，加强地方性金融机构日常监管，规范地方金融机构经营行为。深入推进金融行业专项整治工作，加大《防范和处置非法集资条例》宣传，开展“七进”宣传活动，全面排查重点领域金融机构。多渠道开展警示教育工作，先后在村（社区）、校园、企业等进行多次防范非法集资知识专题讲座，提升宣传的传播力、覆盖面和社会影响力，增强居民非法集资防范意识。建立健全防范和处置非法集资工作机制，明确专门机构和专职人员，落实职责分工，优化工作程序，提升工作质效。不定期开展涉嫌非法集资广告资讯信息排查清理活动，常态化开展非法集资、金融领域涉黑涉恶线索、互联网资产管理及跨界金融业务等领域排查，坚决遏制和打击逃废金融债务行为，坚决维护金融和社会秩序稳定。

（吴　薇）

人民银行

【概况】 东乡区银行业运行总体呈现“存贷款平稳增长，金融创新有序推进，银行效益持续提升”的良好态势。截至12月末，银行存款余额270.74亿元，比年初净增29.72亿元，增速为12.33%，高出抚州市平均增速3.2个百分点，增量全市第1，增速居抚州市第2。银行贷款余额282.76亿元，比年初净增35.45亿元，增速13.34%，增量居抚州市第2，增速居抚州市第3。

【执行稳健货币政策】 认真贯彻落实人民银行总行稳健的货币政策，指导金融机构落实再贷款再贴现等政策，扎实推进中小微企业贷款延期还本付息和小微企业信用贷款两项工具落实；引导辖内金融机构切实发挥金融服务实体经济责任，优化信贷投放，为小微企业持续输送金融“血液”，保持辖内流动性合理充裕，为东乡区经济增长营造了适宜的货币金融环境。截至2021年12月末，东乡区各项贷款余额282.76亿元，较年初新增35.45亿元，较年初增长13.34%，其中支持小微企业贷款122.14亿元，占贷款总量的43.19%；支持工业企业贷款50.57亿元，占贷款总量的17.88%，较年初增加7.34亿元。支行发放央行再贷款余额6.28亿元。其中，农商行支小再贷款4.13亿元，扶贫再贷款5800万元；富民村镇银行支小再贷款1.2亿元，扶贫再贷款2900万元，支农再贷款800万元，累计撬动16.93亿元支持企业发展。

【推动金融产品创新】 推动辖内金融机构紧随市场需求创新金融产品，为小微企业提供贴身的金融服务，推进应收账款融资、订单融资、融资租赁等弱化抵押的信贷产品，推出循环贷款、助保贷等产品。推动金融机构与工创投合作，在园区开展供应链金融业务。协调东乡农业银行推出企业厂房装修经营性物业贷款，发放贷款2000万元，厂房按揭贷款正在推动。推动辖区“两权抵押”壮大，以新型农业经营主体为贷款对象的“公司＋土地股份合作社＋承包土地的经营权”“家庭农场＋承包土地的经营权＋绿色食品”等贷款授信方式。推出以普通农户为贷款对象的“农户土地抵押小额贷款”“土地经营权直接抵押”“土地经营权抵押＋保证人”等贷款产品。2021年，两权抵押贷款18.03亿元，较年初新增7.88亿元。其中，农地经营权贷款余额16.05亿元，较年初新增7.13亿元；林权贷款余额1.97亿元，较年初新增0.75亿元。推动东乡区金融科技赋能乡村振兴示范工程项目建设，推动江西东乡农村商业银行股份有限公司与北京农信互联数据科技有限公司开展合作，对养殖企业、养殖户开展授信，共享优势资源。

【提升基础金融服务】 督促商业银行按上级行要求提升老年人支付服务便利化程度，对25户特约商户进行走访。协助区政府在便民服务大厅设立绿色普惠金融服务中心，通过线上线下相结合，提高金融服务供给的效率和质量，为中小微企业和居民提供一站式综合性金融服务模式。选择农村地区位置优、业务多、效益好的服务站点升级为普惠金融服务全功能站，打造集宣传、展示、培训、体验、应用“五位一体”的农村移动支付综合服务平台。2021年，升级移动支付农村普惠金融服务站50家。

【金融消费者权益保护】 会同辖内金融机构及其他相关部门组织开展“3·15”金融消费者权益日、“6·14”信用记录关爱日、“普及金融知识　守住钱袋子”、“星海计划——金融宣教进百县”、反假、反洗钱等宣传教育活动，引导群众提高风险防范意识，树立正确的理财观念，远离非法集资。2021年，受理有关结算、人民币收付、征信等咨询3起，上级行转办投诉3起，均处理调解完成。

【强化金融综合管理】 加强金融机构管理、重大事项报告、综合评价和综合执法，采取多项措施探索开展金融管理与服务工作，提高对金融机构管理的针对性和有效性，基层央行在地方经济金融中的主动性和履职能力得到提高。全年收到金融机构报送的报告27次，内容涉及机构迁址、主要负责人变更、银行类金融机构主要负责人外出报告、领导班子分工调整、增设24小时自助服务点、系统升级等方面，确保人民银行能及时充分掌握金融机构的经营动态，规范东乡区银行业金融机构的业务行为。

履行好央行国库监管职能，加强对国库资金收支情况核查，严禁出现违法政策法规情况的发生。完成各项预算收入183928笔，金额82.33亿元。其中，中央收入10.29亿元、省级收入3.83亿元、市一级收入0.26亿元、区级收入67.95亿元。办理财政拨款645笔，金额100.53亿元，办理国库直接支付25327笔、授权支付52336笔，直接支付及授权支付金额共计8.77亿元；办理各项退库8217笔，金额10.6亿元；办理更正94笔，金额2.49亿元，无一笔违反政策法规，较好地发挥国库的监管职能。

【维护辖内金融稳定】 开展防范、治理电信网络和反洗钱犯罪工作，配合相关部门做好防范、治理电信网络新型违法犯罪工作，筑牢金融业支付结算安全防线。主动到公安、检察机关沟通协调，开展反洗钱合作。支行联合公安、检察机关和金融机构开展反假人民币、反洗钱、防范电信网络新型违法犯罪、打击治理电信网络诈骗及跨境赌博、全民禁毒等宣传，推动金融机构在加强窗口柜台传统宣传，广泛运用微信、微博、门户网站等新媒体、新渠道大力宣传洗钱、诈骗等危害性，累计开展各类宣传8次，发放宣传资料3600余份，受益群众2000余人。加强“一人多户、一址多户、高低龄人开户”等账户风险排查，对上级行下发的565户开展账户影像风险排查，清理辖内22户逾期临时账户，对东乡辖内15个涉赌账户开展账户核查，上报2个重点可疑交易材料，公安经侦部门已立案。加强征信业务自查，建立健全征信信息安全管理体系，强化日核查、月核查和季核查，进行月度安全报告、季度自查自纠，杜绝征信维权发生，根据上级行工作要求，结合辖内接入机构实际情况开展征信业务现场核查，完善创新监管方式，守住征信信息安全底线。9月对富民村镇银行36笔同一人异常查询情况进行现场排查，并将核查结果及时上报。

【加强金融风险管控】 对辖内两家法人金融机构（东乡农商行、东乡富民村镇银行）进行风险情况排查工作，对两家法人金融机构关键性综合指标进行实地了解，推动法人金融机构强化审慎合规经营理念，持续加强对地方融资平台、小额贷款公司、房地产行业等重点领域和行业的风险监测与排查，开展对重点企业经营状况的日常监测，关注实体经济存在的风险隐患，实现重点企业金融风险早期识别工作常态化。同时，探索更为有效的风险联动和防控机制，推动金融机构回归支持实体经济的本源，守住不发生系统性、区域性金融风险的底线。

【畅通金融政策传送】 组织志愿者与建行东乡支行、东乡富民村镇银行携手走进支行定点帮扶村进行金融知识宣传，推动扶贫与乡村振兴的金融对接，让村民了解惠民惠企帮扶政策、特色金融产品，有效缓解村民融资难题。引导东乡建行发放振兴贷小额信用贷款300万元。引导东乡富民村镇银行入户走访村居25个，建档数8000余户，授信户数50%以上，金额4.55亿元。截至2021年12月末，支行发放央行再贷款余额6.28亿元。其中，农商行支小再贷款4.13亿元、扶贫再贷款5800万元，富民村镇银行支小再贷款1.2亿元、扶贫再贷款2900万元、支农再贷款800万元。累计撬动16.93亿元支持企业发展。

【增加小微企业支持力度】 发挥央行窗口指导作用，向辖内金融机构传导新政策，推进金融机构认真落实再贷款、再贴现等政策，引导辖内金融机构切实发挥金融服务实体经济责任，优化信贷投放，为小微企业持续输送金融“血液”。要求金融机构准确把握数据报送口径，推进中小微企业贷款延期还本付息和小微企业信用贷款两项工具落实。截至2021年12月末，东乡区各项贷款余额282.76亿元，较年初新增35.45亿元，较年初增长13.34%，其中非金融企业及机关团体贷款余额133.01亿元，占贷款总量的47.04%，较年初增加25.36亿元，占新增贷款总量的71.54%。支持小微企业贷款122.14亿元，占贷款总量的43.19%；支持工业企业贷款50.57亿元，占贷款总量的17.88%，较年初增加7.34亿元。

（杨坚强）

工商银行

【概况】 东乡工行始终坚持“立足东乡、服务东乡、建设东乡”的理念，发挥国有大银行在信贷保障和服务主渠道的作用，加大信贷投放力度，支持地方经济的高速发展。2021年，各项存款余额41.03亿元，同业占比39.98%，同业排名第1，较年初新增1.75亿元，增幅4.47%；其中，储蓄存款余额29.79亿元，余额占比38.86%，同业排名第1，较年初新增1.13亿元。各项贷款余额45.56元，新增5.7亿元，同业排名第1，其中普惠贷款新增1.56亿元，完成计划任务的208%。实现净利润1.09亿元，增幅17.24%。

【普惠金融服务实体】 发展普惠金融，服务实体经济。以做深做透民营小微企业客户为重点，细分为存量客户、潜在客户和目标客户，成立营销团队，走出行门，走进市场、走近客户，深入走访民营小微企业了解企业需求，制定个性化的具有特色和竞争力的融资方案，推介各种产品。针对民营小微企业融资难的问题，从创新融资渠道、优化产品组合等方面着手，加大特色金融产品“经营快贷”“e抵快贷”“商户快易贷”等产品的宣传力度，不断提升产品供给力。开辟民营小微企业金融服务“绿色通道”，实行评级、授信、押品、融资业务“四合一”流程，满足民营小微企业“短、频、急”的融资需求。

【减费让利支持企业】 支持企业发展，主动减费让利，共取消收费项目187项，整合精简收费项目64项，降低收费标准171项，减少企业转账结算、账户管理等环节的支出。主动承担尽职调查、押品评估等环节的成本，减少企业负担。主动减轻企业特别是小微企业还款压力，通过借新还旧还款方式，缩减融资中间环节，降低资金周转费用。普惠口径贷款全部执行LPR基础利率，不加点，客户融资成本迅速下降至4.05%，较2020年下降20%以上。

【优质服务提升实力】 作为全市唯一一家金融机构的千佳示范单位，秉承服务是立行之本，发展之基，树立金融企业良好的窗口形象。营业网点设置“公众教育区”“现金清点区”“便民服务区”等服务专区，设置“爱心窗口”“绿色通道”“母婴室”等，从细节处为客户提供便利。坚持网点“四化”管理，在网点日常运营中做到网点标准化、网点效率优化、网点电子化、网点管理规范化，为客户提供赏心悦目的温馨服务。

【合规经营持续发展】 严格按照人民银行、银保监局的监管要求和本行内部管理办法开展经营活动，定期开展员工异常行为排查、案件风险排查、信贷领域风险排查等自查自纠工作，完善“三重一大”议事决策制度，日常工作中防微杜渐、抓细抓小，及时将风险遏制在萌芽之中，保证完成全年无经济刑事案件、无重大责任事故、无重大违规违纪问题、无重大监管处罚目标任务。

（肖　凡）

建设银行

【概况】 中国建设银行东乡支行坚持以建行总行“三大战役”和建行江西省分行“48524”工程为主线，开展“案防专项治理”活动和“平安建行”创建等活动。建立和完善内部管理规章制度，强化内部管理、防范和化解金融风险，严格执行金融政策和法规。以创建“平安建行”活动和“创先争优”活动为契机，提高服务水平和竞争能力，确保建行业务稳健发展。4月建行东乡支行被抚州市总工会授予“2020年度五一劳动奖状”。

【业务发展】 截至年末，全口径存款240483万元，较年初新增14550万元，四行中排位第2，其中对公存款余额46687万元，较年初新增-16892万元，新增当地四行中排位第4；个人存款余额163669万元，较年初新增28137万元，新增当地四行中排位第1，在新增四行中占比43.15%。对公开户新增369户（抚州市县级支行第1），净新增260户，完成计划任务的101.15%，其中基本账户189户，净新增130户。截至年末，全口径贷款264079万元，较年初新增54万元，其中对公贷款余额56324万元，较年初新增3612万元；工业贷款余额4921万元，较年初新增1761万元，新增当地四行中排位第3；个人贷款余额206854万元，较年初新增-4458万元，其中涉农贷款余额55634万元，较年初新增-16038万元；新增当地四行中排位第4。实现中间业务收入1004万元，实现净利润8429万元、人均利润227.81万元。资产业务、结算业务、个人客户发卡量、代理特色产品的销售等都形成一个成熟综合型支行的规模，中间业务收入来源渠道也有所拓宽。电子银行新增有效户的各个指标一直系统内排名靠前，信用卡全年进件2052张，净新增1869张，办理交通龙卡656张；累计活跃客户11806户；手机银行活跃客户增长3183户，完成客户总量13634户，增幅30.46%；新签约手机银行用户7831户，其中活跃客户1261户。信用卡分期实现10661万元，全市建行中排名第3位，县级支行中排名第1位，完成计划任务12187万元的87.5%。裕农通双达标完成107户，完成率79.26%，位居全市建行第1位；完成裕农通五星级服务点10个，完成率100%，排名全市第1；全量龙e付商户1638户，活跃商户622户，活跃率38%。2021年新增龙e付商户304户，完成计划任务504户的60.7%，完成率排名全市第1；完成对公商户50户，完成计划79户的63.3%，全市排名第1，完成对公高贡献商户12户，完成计划20户的58.7%；个人高贡献商户完成3818户，完成计划6665户的57.3%。按时完成不良资产清收任务，年末不良资产余额270.16万元，占比为0.1%，不良贷款呈现“双降”趋势，不良贷款余额较上年末上升143.06万元。

【资产业务】 主动向省、市分行要信贷规模，加快普惠金融业务拓展，支持地方经济发展。严格执行国家金融政策，响应国家号召，积极支持“中小或小微企业的发展”和房地产市场。在高端客户的发掘上，采取“一户一策”的方法，依靠政府机构提供的相关资讯和建行工会龙卡的全面发行，建立银政、银企良好的合作关系。截至2021年11月底，发工会龙卡16800多张，行政事业单位办理工会龙卡覆盖率90%，工会服务卡代发福利费368.77万元。2021年，上线54家优惠商户，实现大型超市全覆盖、大型餐饮全覆盖、大型商场以及服饰全覆盖、连锁蛋糕店全覆盖、连锁水果行业全覆盖。2021年，发放城投集团贷款4.6亿元，发放医院贷款1.3亿元。依靠财政系统的支付拨款职能，沉淀其下游资金，营销下游机构开户，实现资金和客户的归集。

【强势营销负债业务】 立足于增存增效、早增实增的工作思路，把“迎新春”优质文明服务活动与首季“开门红”有机结合起来，突出以“用心服务，春到万家”为主题的活动，全面展开营销攻势，实现“开门红”，一季度各项存款比年初净增2.6亿元。以工会龙卡发放为突破口，创新服务手段，提高服务质量，为客户提供人情化、贴心化、细心化服务，帮助客户理财，使客户的收益达到最大化，存款快速增长。建立大客户档案，推行差别化服务，培养忠诚客户。突出建行品牌优势，实现规模效应。2021年东乡支行存款净增1.7亿元，占全行净增额的92%。抓优质服务，开展上街咨询宣传、拜访客户送春联等形式，形成以孝岗镇为中心，以周边邓家、虎圩等乡镇为辐射圈的服务范围。

【适度营销资产业务】 逐步退出“散小差”等劣质客户，抢占优良客户市场。面对宏观调控和信贷总量控制的政策，结合区经济环境现状，稳健发展个人信贷市场，加快结构性调整，继续支持个体私营经济中的优质客户。截至年末，私营企业及个人生产经营贷款仅55634万元，比年初下降16038万元，逐步淘汰一批资金流量小、经营效益差、信用度不高的客户。以寻求信贷管理制度要求和企业经营发展需要的切合点为突破口，继续大力支持有一定规模的民营企业。对管理区的江西欣盛集装箱综合物流有限公司发放贷款1300万元，贷款给中电建（北港）投资建设有限公司5000万元；建立中小企业金融服务项目库途径，解决制约信贷业务发展困境，谋求适合实际的资产业务发展之路。加强到逾期贷款的监控管理，建立预警催收、不良贷款台账等制度，根据风险情况试行分期偿还办法，严防死守不良贷款发生，确保不良贷款零纪录。强化贷后管理，每发放一笔贷款，落实专人实施贷后跟踪管理，提高贷后管理质量，落实管户责任人，建立责任追究制度。

【服务国家级大型项目建设】 重视与东乡区政府的沟通协作，抢在同业前面，开立几个重点工程项目的账户。2021年度建行东乡支行发放乡村振兴贷款0.56亿元，发放生态价值贷款（光伏发电）1.2亿元。向江西欣盛集装箱综合物流有限公司发放贷款1300万元，向城投集团发放贷款4.6亿元，向医院发放贷款1.3亿元，向中电建（北港）投资建设有限公司发放贷款5000万元。发放小企业线下贷款2550万元，发放普惠金融贷款0.8亿元，大力支持地方经济和企业发展，对公业务快速发展。

（上官小平）

中国银行

【概况】 中国银行股份有限公司东乡支行现有在职员工35人。支行本部内设3个部门，分别为综合管理部、营业部、业务发展部，下辖一家经营性支行——龙山支行。2021年度支行获得的集体荣誉有存款发展先进单位、“开门红”公司贷款新增先进单位、代发薪先进单位、综合绩效先进单位、中银优秀集体等。

【主要业务】 人民币各项存款余额为15.85亿元，较上年末新增3600万元。其中，人民币个人存款余额13.19亿元，较上年末新增1.59亿元；公司存款余额2.66亿元，较上年末负增长1.23亿元。人民币贷款余额27.48亿元，较上年末新增3.97亿元。其中，个人贷款余额11.46亿元，较上年末新增1.54亿元；公司贷款余额14.9亿元，较上年末新增2.5亿元；票据融资余额1.12亿元，较上年末负增长664万元。成功投放南方新材料1.8亿元和江西省蓝之美农业科技有限公司1.15亿元的固定资产贷款业务，共计投放金额2.95亿元。各项贷款余额创1989年建行以来历史新高。

【做实数字转型】 深刻认识服务数字经济发展的重要意义，积极推广新版企业网银和企业手机银行，依托线上渠道做好对公客户的结算服务。持续推动网点转型和智慧运营，2021年投入8台智能化业务柜台，提升网点精细化管理水平，为东乡区的企业和百姓提供便利。

【做大普惠金融】 持续加大信贷投放，以优势产品经营快贷、税贷通、财园信贷通、工创通、科贷通、企E贷等产品为中小企业抢抓政策机遇、开拓融资渠道搭建新平台、提供新路径。对私普惠户数182户，较上年净增37户；中小普惠企业授信客户48户，较上年净增14户，对公对私贷款余额近2亿元。

【落实减费让利】 响应总行关于减费让利工作的一系列重要部署和指示要求，通过降低服务收费标准、免费提供金融服务、精简整合服务收费项目等行之有效措施，切实服务实体经济发展、减轻企业负担。

【深化“放管服”改革】 落实优化营商环境的决策部署，到社区、街道、企业开展宣讲，在政策“透明化”上下功夫，确保惠企纾困政策最快速度直达基层、直接惠及市场主体。全面提升服务效能，网点建立“中小微企业开户绿色通道”，优化开户流程，在柜面结算、办贷管贷过程中，加强与客户沟通交流，及时了解客户需求并提供精准优质服务。深化“一件事一次办”改革，避免客户来回跑，优化客户服务体验，提高服务质效。

（付海彪）

农业银行

【概况】 中国农业银行股份有限公司抚州东乡支行现有在职员工60人。内设综合管理部、业务管理部。下辖营业部、青井、龙山和红星4个经营网点。围绕经营目标和当地政府三年倍增计划，积极服务东乡区重大项目建设，坚守服务“三农”阵地不动摇，全力做好乡村振兴和绿色金融服务，加大贷款投放，优化信贷结构，开辟新的业务发展空间。截至年末，各项贷款余额18.5亿元，较年初净增2.4亿元。其中，对公贷款余额7.3亿元，较年初净增2亿元；个人贷款余额11.2亿元，较年初净增0.4亿元。各项存款余额17.9亿元，较年初净增1.2亿元。其中，对公存款余额3.3亿元，较年初净增0.1亿元；个人存款余额14.6亿元，较年初净增1.1亿元。经营利润3788万元。

【风险管理】 提升信用风险管控水平，严格风险分类，加强拨备管理，夯实信贷基础。2021年，不良贷款余额372万元，不良贷款占比0.2%，不良贷款劣变率和发生率均控制在上级行计划之内。持续强化双线责任管理、基础管理和员工网格化管理等案防体系建设，筑牢风控案防的坚实堤坝，防范各类风险案件的发生。

【社会责任】 派出驻村扶贫干部3人、城镇帮扶干部3人，发动全体员工的力量，捐献爱心款、送去爱心床、暖心开学礼等，助力24户精准贫困户和城镇贫困户成功脱贫，完成脱贫攻坚任务。连续三年荣获“先进扶贫小分队”称号。扎实做好信访调解工作，始终把做好信访调解工作摆在突出位置，连续七年进京上访户息访，有效地维护社会稳定和谐。严格落实疫情防控责任，抓好疫情联防联控，定期、定点组织员工参与社区摸排登记和宣传引导工作，共筑群防群控和联防联控的严密防线。

（鲁凤鸣）

农业发展银行

【概况】 中国农业发展银行抚

州市东乡区支行是东乡区唯一一家农业政策性银行，支行内设两个部门，分别为综合部和客户部，在职员工20人。2021年，围绕打造“全国城乡融合发展实验区、大南昌都市圈高质量发展示范区、全市改革创新引领区”等区域的战略目标，聚焦服务国家粮食安全、城乡融合发展、农业产业现代化等重点领域，主动担当、持续发力，累放各类贷款8.97亿元，贷款余额36.08亿元，贷款余额居东乡区金融系统排名第3，抚州市农发行系统排名第2。

【保障国家粮食安全】 投放信贷资金0.53亿元用于中央和地方政策性粮食收储轮换，向粮食经营企业发放0.65亿元用于开展市场化收购，进一步巩固“粮食银行”品牌形象。

【服务重点建设项目】 投放贷款金额7.6亿元，进入评审项目金额8.2亿元，重点支持东乡区老城区棚户区改造、井山嘉苑安置小区、东乡中基返乡创业园等建设项目。支持农业产业发展和实体经济，支持民营和小微企业6家，累计投放贷款1.13亿元，涵盖清洁能源、生猪产业、粮食流通等领域，贷款余额2.83亿元，占抚州市农发行系统同类贷款的50.77%。

【合规经营严防风险】 依法合规经营，明确“合规为先、风控为要、全面主动、审慎稳健”风险合规理念。紧盯重点业务、重要环节、关键人员，及时消除风险隐患，筑牢业务发展根基。巩固提升精细化管理水平，促进各项业务“标准化、流程化、规范化”。组成贷后检查团队定期开展风险排查，按月组织召开贷后管理例会，帮助企业分析生产经营情况，持续关注项目建设进展，监测项目收入实现及收入归行情况，保持不良贷款零余额、风险事件零发生。

【巩固脱贫攻坚成果】 投放产业扶贫贷款1.01亿元，推进服务乡村振兴帮扶工作，选派3名党员干部驻点帮扶辖内2个乡镇村委会，帮助困难群众脱贫解困，支持当地村委会多项产业建设，带动村民增收致富。

（吴梦婕）

农商银行

【概况】 东乡农村商业银行共有内设部门12个，下辖21个营业网点，员工211名，布放“村村通”助农服务站70个，设立6个脱贫服务站，实现贫困村全覆盖。负债总额87.65亿元、资产总额81.81亿元，其中各项存款余额74.45亿元、各项贷款余额69.14亿元。2021年度实缴各项税费0.22亿元。该行是东乡区金融机构网点最多、客户资源最广、业务规模和纳税贡献最大的金融机构。业务规模自2008年起连续14年列东乡区首位。

【服务实体经济】 各项贷款92.33亿元，为东乡经济社会发展提供有力支持。突出支农支小主责主业，涉农贷款实现持续增长，小微企业贷款实现“两个不低于”“两增两控”目标。“乡村振兴”类贷款近20.11亿元，农村网点存贷比、农村网点授信面持续提升。

【履行社会责任】 在发展普惠金融、助力公益事业以及提升民生福祉等方面作出新的贡献。强化对小微企业、个体工商户的支持力度，开展小微企业金融服务能力提升工程，全年累放小微企业贷款33.38亿元。加大生态产品价值实现金融支持，全面促进小微企业融资增量、扩面、降价。重点支持辖内生态养殖、绿色种植产业，累计发放助力生态产品价值实现类贷款2.97亿元，大力发展绿色金融。加强农村普惠金融综合服务站建设和管理，完善优化服务站金融服务功能，提升服务站普惠效能。开展普惠金融宣传，加大防范电信诈骗、网络诈骗、反假币、征信等知识宣传力度，全年累计开展普惠金融知识宣传20余次，受众面超过5万人次。

【助力乡村振兴】 加大信贷投放，继续做好脱贫人口小额信贷投放工作，在支持对象、利率、期限等方面，严格执行脱贫人口小额信贷政策要点，满足脱贫人口小额信贷需求，以强有力的金融力量，实现巩固拓展脱贫攻坚成果同乡村振兴有效衔接。全面做好乡村振兴领域金融服务，主动融入服务“三农”工作大局，立足本地特色产业，充分用好“百福农权贷”“畜禽智能洁养贷”等特色信贷产品，重点加大现代农业生产、美丽乡村建设、环保养殖等乡村振兴领域信贷投放力度。截至年末，成功完成22户养殖企业授信“畜禽洁养贷”6460万元，审批发放22户，贷款余额6364万元，成功向东乡区14个乡镇130家村级集体经济公司授信1.3亿元，发放百福农权贷1.29亿元。

（王高中）

邮政储蓄银行

【概况】 中国邮政储蓄银行股份有限公司抚州市东乡区支行，是六大国有大型商业银行之一，现有在职职工 53 人，其中党员 12 人。内设部门 4 个：综合管理部、风险合规部、公司金融部和零售金融部。有 18 个营业网点，其中，自营网点 4 个、邮政代理网点 14 个。

【各项业务快速发展】 个人储蓄和公司存款对标江西省十强县和 20 个重点县，个人存款提前 30 多天完成储蓄跨赛计划，跨赛储蓄年日均余额增量 1.17 亿元，全省排名第 3，储蓄年净增 1.08 亿元，全市各县区支行排名第 1。公司存款以“三走四进”大走访活动为抓手，引入公存年日均超过 1000 万元。截至 2021 年年底，公司存款结余 504 亿元，全市排名第 2；年增 243 亿元，日均净增 5167 万元，全市排名第 1，全省排名第十一位。负债业务抓好名单客户营销，对名单客户精准营销，意向客户上门营销，目标客户持续营销。截至 2021 年末，各项贷款余额 24.38 亿元，全市排名第 2，年净增 1.63 亿元，累计为东乡投放信贷资金 71.36 亿元；“三农”贷款年新增 8270 万元，全市排名第 1，小企业贷款年净增 2321 万元，全市排名第 2；“极速贷”年净增 1.1 亿元，全市排名第 1，线上小微易贷年净增 1269 万元，全市排名第 2。年新增信用村 47 个，新增信用户 1321 户，投放贷款 3296 万元。中间业务加大保险销售力度，2021 年元旦“开门红”新单保费全省排名第 1，2020—2021 跨赛销售保险全省排名第 2，全年累计销售代理保险 4352 万元，全市排名第 1。积极开展全员营销和联动营销，销售理财 4531 万元，全市排名第 1；新增信用卡新客 1745 户，全市排名第 2；个人 VIP 客户数新增 959 户，全省排名第 4；财富客户新增 97 户，全省排名第 5；年净增借记卡快捷支付绑卡 5601 户，全省排名第 2；手机银行月活客户规模 6715 户，全省排名第 9。

【风险防控扎实有效】 强化信用风险限额管理，高效推进不良资产核销和保全诉讼。贷款逾期率和不良贷款率牢牢控制在红线内。案防、物防、人防三防落实到位，年初组织层层签订《案件防控责任书》《安全保卫责任书》，未发现重大违规事件。开展“平安邮行”创建工作，统筹抓好疫情防控和安全生产工作。开展消防安全隐患专项整治，安排专人进行支行网点线路巡检，确保安全生产，实现无安全事故、无资金案件、无重大风险事件、无大额不良、无大额罚款、无重大负面舆情“六无”的管理目标。

【综合管理平稳运行】 加强成本费用管控，优化季度、专项考核办法，将成本和资源打包到一线网点，与业绩和计划完成比例挂钩考核。加强利率管控，通过差异化利率管理实现量收提升。加强领导履职待遇支出预算执行，落实“过紧日子”要求。重点建设好信贷员、理财经理和支行长三支队伍，盘活人力资源，组建以年轻大学生为主力的第二理财经理梯队，引领全行员工执行力，转化为推动企业发展的生产力、竞争力和向心力。加强员工人文关怀，组织全行员工健康体检，为全行员工购买综治安全险。行领导对员工喜事或生病住院，都会第一时间看望慰问。为员工发放防暑降温药品、蛋糕卡和电影卡，开展双节慰问活动，对困难职工、优秀员工进行慰问。多次邀请退休职工回支行交流谈心、联络感情，了解退休职工生活难题，为他们排忧解难，真正做到以人为本。

（万丽颖）

江西银行

【概况】 江西银行是江西省首家省级上市法人银行，秉承“服务地方经济，服务小微企业，服务社区居民”的市场定位，在江西省金融领域中率先实现多项创新，较好地服务江西经济、社会的发展。江西银行东乡支行下设 1 个经营网点，内设办公室、客户部、营业室三个部门，成立党支部、团支部、工会组织。

【加大信贷投放】 立足当地，开展各项金融服务工作，支持重点项目建设，重点支持区市政基础项目建设，5 亿元振兴基金用于支持区 320 国道改道，4.9 亿元城投债，响应“绿色崛起”战略部署，围绕江西“十四五”规划重点任务，全面推进乡村振兴。2021 年成功发放 7 年期 3 亿元项目贷款，主要用于支持东乡区蓝莓产业发展。为区公交公司发放 1000 万元贷款，优化调整东乡区现有城乡客运资源，实现城乡公交一体化，为居民提供便利的客运服务。积极跟进城投污水管网4亿元的项目贷款。

【服务小微企业】 全面实施“普惠进千企”走访活动，对区内企业、个体工商户开展针对性的走访，真正了解、解决客户金融需求和资金缺口。推出信用类的“流水贷”、担保类的“融易贷”及“高新科技贷”，陆续投入5000余万元信贷资金用于支持各类企业经营发展，惠及10余家实体企业，涵盖机械制造、商业贸易、物流运输、食品生产等多个行业。对普惠小微企业（含个体工商户、小微企业主）执行优惠贷款利率定价，降低融资成本，免除企业抵押评估费、抵押登记费等，通过畅通服务渠道、简化业务流程、用活信贷政策，破解“融资难”“融资慢”“融资贵”问题，全力支持民营经济发展。

【履行社会责任】 坚持以党团、工会为依托，节假日开展形式多样、丰富精彩的文娱活动。每周在支行VIP客户微信群开展趣味群活动，联合富德生命人寿开展“三月女神节生日会”“VIP客户财富规划”活动，与中国人寿合作开展“母亲节亲子插花”专场活动。针对节假日开展“欢喜闹元宵”、“趣味运动会之走进财富小区”、“牛转乾坤红包拆不停”、“‘6·1’之博物馆的奇妙之夜”、“礼遇端午，清凉一夏”、“‘7·7’爱在七夕，爱在江银”七夕专场等多项活动，开展教师节观影活动，提升知名度及客户满意度。履行企业社会责任，投身社会公益事业，践行扎根东乡、服务东乡的宗旨；履行定点扶贫责任，落实帮扶措施，推动脱贫攻坚成果同乡村振兴衔接，开展慰问扶贫活动、下乡送清凉活动、疫情防控、各类金融知识公益宣传活动，体现承担社会责任的精神。

【坚持从严治行】 组织开展《防范非法集资、普及金融知识、维护金融稳定》《防范电信诈骗》《守住钱袋子》等宣传活动，发放宣传单1000余份，普及公众金融安全知识。内部开展员工行为排查、交易资产往来排查、员工征信排查，加强网点安全检查工作，压降柜面差错率及拒绝率，遏制各类案件和重大风险事项的发生，确保零案件零事故。通过消费者保护、营运条线内控合规、案防等专项排查，查出问题及时整改。

（李　蕾）

九江银行

【概况】 九江银行东乡支行始终秉承着“客户第一，服务至上”的服务理念，将客户摆在第1位。截至2021年末，支行各项存款余额4.9亿元，较2020年降幅为6.22%。其中，对公存款1.0亿元，较年初降幅为23.75%；定期存款余额为3015.75万元，较年初的2895.49万元增长120.26万元，增幅为4.14%。

【业务发展】 以当地实体经济为依托，服务新“三农”产业，做强区域，通过建立金融服务站，走进乡镇，宣传金融产品、普及金融知识，成效显著。着力丰富贷款产品，提高放款速度，推出零花钱、税金贷、商超贷、经营快贷、易农贷等六款线上快活贷产品。客户可方便快捷地在线上办理信用贷款零花钱、随用金，商户可在线上申请商超贷、经营快贷，创新推出线上房抵贷，工作日8小时审批，一星期放款，大大提高信贷客户体验感。为服务“三农”，特别设立普惠客户经理，落实扶贫小额授信政策。改善智慧牧场贷、智慧仓储贷、智慧物流贷产品，为牛羊产业链提供全方面金融服务，创新活体抵押业务模式，为新“三农”助力。

【运营管理】 运营管理轻型化，响应勤俭节约政策，加大网点转型步伐。网点设立发卡机、综合业务一体机、理财专用机、零钱兑换机、网点叫号机，创新业务受理模式，优化业务操作流程，帮助客户实行预先叫号、预先填单等预处理操作，减少客户等待时间。推广“柜外清”“柜内清”设备，建设电子登记簿系统，全面推进无纸化操作。组织开展服务礼仪风采大赛，夯实前台服务水平，展示优质服务形象，获服务之星网点称号。

【风险管控】 风险管理更加全面。组建风险管理委员会及下设专业委员会，甄选外派风险经理，选调系统建设专岗，提升风险管理的专业性。制度体系基本建立，新建剪刀差、常态化信用风险排查、常态化授信后管理机制。智能风控系统和押品管理系统成功上线，统一额度系统、风险预警系统和催收系统即将上线。制定《九江银行呆账核销管理办法》《九江银行抵债资产管理实施细则》，通过建立台账、网格化管理、加强现场检查等优化资产保全管理。支行特设办公室部门，为分行与支行之间风险管控建立沟通桥梁，将上级行风险管理政策第一时间传达到支行并执行到位。将反洗钱工作作为重中之重，对客户开户，审慎开立电子渠道，从源头阻断利用银行卡电子渠道进行违法犯罪的途径。加大定期重评频率和针对性重评，对明显可疑客户进行多方尽职调查工作，对明显可疑交易做到与客户本人核实，谨防电信诈骗损害公众利益。配合相关执法部门工作，不因任何内部因素违抗有权机关工作，对有权机关下发通知书第一时间响应处理。

（艾飘静）

上饶银行

【概况】 上饶银行东乡支行紧紧围绕总行、分行提出的工作指导思想，坚持稳中求进的工作总基调，坚持以发展质量和效益为中心，坚持把防范经营风险放在更加重要的位置，着力提升服务实体经济的质效，着力提高改革转型层次，着力加强从严治行，全行员工拼搏进取、奋勇争先，各项业务保持平稳发展。

【金融业务】 各项存款时点数19.54亿元，较年初新增7.67亿元，增幅64.62%；各项存款日均数15.69亿元，较年初新增5.49亿元，增幅为53.82%。其中，个人存款余额12.94亿元，较年初新增2.54亿元，增幅为24.42%，个人存款余额占比66.22%；对公存款余额6.6亿元，较年初新增5.13亿元，增幅为348.98%，对公存款余额占比33.78%。

【资产规模】 表内贷款余额13.04亿元，较年初新增7.66亿元，增幅为142.38%；银行承兑汇票余额2.06亿元，较年初新增2.01亿元；表外债券投资2.2亿元，较年初新增1亿元。其中，表内个人贷款余额3.14亿元，个人类贷款占比24%；表内公司贷款余额9.89亿元，公司类贷款占比76%；表内不良贷款余额292万元，不良率为0.22%。

【中间业务】 新增银行卡1380张，完成全年任务数的27.22%；“佟掌柜”总有效商户数231户，完成率103.13%；“佟掌柜”2021年新增商户数195户，完成率103.17%。

【建章立制夯实基础】 规范支行业务操作流程，完善管理制度体系，全面梳理历年来总行、分行以及相关监管部门下发的有关规章制度，形成《上饶银行东乡支行星级柜员管理办法》《上饶银行东乡支行客户经理管理办法》《上饶银行东乡支行食堂管理暂行办法》《上饶银行东乡支行会计业务管理办法》等新制度，支行业务操作统一化、规范化，推进“两个标准化”建设步伐。

【规范安保增强意识】 成立支行安全保卫小组，每季度进行安全保卫排查，把好人防、技防、物防关，及时消除案件事故隐患，防患于未然。按时更换消防器材，开展消防演练，提高员工安防意识。做好综治台账，进行综治宣传教育，部室每季度开展全面的风险排查，对于排查出的问题做到及时整改。多次开展消防演练，安排好节假日值班工作，为各营业厅的运行提供安防和科技保障，确保支行在节假日期间的安全和正常运营。

【严抓防控加强管理】 做好各项安全保卫工作，定期召开内部管理风险防控专题研讨会，针对支行各个条线面临的风险点逐条排查，对易出现风险点出台具体防范措施。提高案防意识，强化反洗钱工作。根据人民银行及总行下发的反洗钱文件要求，组织人员对客户证件到期、重复电话号码、不同单位法人代表相同等各类客户进行持续身份识别和重新识别，通过短信通知、上门核实、留存电话录音、建立台账等措施，做好金融机构的反洗钱重新识别、持续识别整改工作。全面开展业务自查，配合分行开展信贷业务、会计业务检查，针对检查的问题进行差错整改，确保支行能安全、稳健运营，防范案件的发生。定期开展员工行为排查活动，按月签订从业人员行为规范承诺书，密切关注员工8小时以外的思想行为异常情况。

【消保宣传普及知识】 坚持以服务地方经济、服务中小企业、服务市民为市场定位，秉承“建设国内一流的区域型银行”的愿景，努力提升服务。3月，为更好地普及金融知识，提升社会大众的金融素养，推进诚信文化建设，构建和谐的金融环境，开展“金融消费者权益日”活动。6月，为提升社会公众的信用水平，宣传和普及征信知识，推进社会诚信文化建设，开展各类征信宣传活动，提供更优质的征信宣传服务及相关知识咨询。9月，为确保金融知识普及活动有针对性、有序地推进取得实效，组织开展“普及金融知识，守住钱袋子”主题活动，针对低净值人群的金融需求，进行金融知识普及，引导其正确运用金融知识，合理选择金融产品和服务，维护金融安全。

（乐　婷）

人寿保险

【概况】　人寿保险东乡支公司坚持以改革创新为动力、以加快发展为主线、以效益为统领、以依法合规为基础的工作方针，管理与服务同步推进，全公司上下同心协力，抢抓发展机遇，保持经营大局稳定，公司建设取得新成绩。实现保费收入8367万元，同2020年比增长13.01%。其中，首年保费1681.22万元，同2020年比增长15.46%；长险首年保费1081.02万元，同2020年比增长19.23%；短险保费623.78万元，同2020年比增长14.58%。绝对值全市第1，综合考核全市第2。

【队伍建设】　坚持队伍驱动业务发展战略，在队伍整体放量的同时，去虚向实，铁血双率和黄金十率等质态指标均保持在较好的状态，队伍驱动战略有效落地。2021年，系统人力114人、主管人数21人。月均长人数50人，绝对数居全市第1；季均有效人力达到64人，绝对数居全市第2；月均星级人力22人，绝对数居全市第1。

【提升服务】　充分应用科技国寿，提升运营服务效率。公司无纸化投保的推广率100%。保全作业件数3135件，可E化3200件，E化率达98.73%。全年保全件数15947件，自动审核15741件，自动审核率98.71%。保费继续率全市排名第3。保全业务管理质量做到完整、准确、合规、真实。给付业务给付方式全部实现行批量代付转账，保全业务做到日清日结。

【理赔服务】　加强时效控制，强化服务意识，实现“重疾一日赔，温暖拒付”等理赔服务，理赔智能替代率达标值80%，理赔E化服务率95%，及时受理上传，合规操作。2021年受理上传各类长短险案件1270件，赔付金额399.93万元，短险赔付率70.28%。受理的理赔案件转账率100%。强化报案管理制度，柜面接到报案后，主动、及时开展理赔调查。缩短理赔时效，3000元以下赔案秒到，提升理赔质量。

【风险防控】　落实监管机构和上级公司要求，坚持底线思维，把风险防范、合规经营放在与业务发展同等地位。开展打击非法集资与洗钱活动，加大对非法集资行为的查处力度，完善非法集资风险排查机制和监测预警机制，密切关注保险从业人员兼职、代销第三方理财等重点领域和新的风险点，有效履行反洗钱义务，公司未发生非法集资和洗钱行为。开展打击损害保险消费者合法权益行为的专项行动，综合治理欺骗及隐瞒保险消费者、夸大保险责任或产品收益，以其他金融产品名义宣传销售保险产品等销售误导问题得到有效遏制。全面开展防范化解重大风险攻坚战、打击非法商业保险活动、关键岗位现场检查等一系列风险防范措施，为公司高质量发展提供坚强保证，公司系统未发生系统性、区域性风险。

（陈　凤）

人保财险

【概况】　公司提出“做有温度的人民保险”，积极推动保险业供给侧结构性改革，全面发展保险新逻辑、新技术、新作风，建设以人民为中心的新保险，坚持“加大改革创新力度、确保发展对标市场、更加注重价值创新力度、强化案件风险防范”工作基调，以市场为导向、以客户为中心，履行保障经济、稳定社会、服务人民的职责与社会责任感。主营保险业务有车险、农险、财产损失险、责任险、短期健康险、意外伤害险等。

【队伍建设】　加大队伍建设，组建专职对接服务团队与车商团队，及时了解市场信息，大力发展商业非车险业务，公司前置续保团队发展较好，增员进展迅速，各项数据位列抚州市前列，获2021年度全省“标杆前置团队”。

【警保联动】　完善“警保联动服务民生”活动内容，为广大车主办理私家车、摩托车及电动车新车上牌、车购税缴纳等业务提供便利服务，发挥“交警”与“保险”双方专业优势，配合交警巡逻查酒驾等勤务，协助处理交通事故案件提升公司品牌及服务能力，为群众提供交通事故便民服务。“警保联动服务站”荣获由抚州市交警支队评选的全市先进单位称号。

【主体责任】 支部书记担负第一责任人，领导班子成员落实"一岗双责"。不定期到修理厂、养殖户等合作单位进行走访，了解员工廉洁自律情况。以鲜明的用人导向选好人，坚持德才兼备、以德为先，注重实绩的用人标准，突破身份界限把工作能力强、业绩突出、执行力强、群众信任度高的员工用起来。强化培训，激发干部队伍活力。每季度初制定好学习计划组织所有员工集中学习，围绕学习型组织的理念，将学员转化为教员轮流进行上台授课，培养一支经验足、热情高、能力强、业务精的高素质队伍。

（艾　芬）

人保寿险

【概况】 人保寿险东乡支公司落实集团公司"卓越保险战略"整体布局，推进"大个险"战略，围绕省市公司战略目标，强基础、练内功、铸品牌、增规模、扩市场、谋发展。完成新单保费 1511 万元，保费主要来自渠道销售，银保渠道趸交 982.42 万元，银保期交完成 177.83 万元，团险渠道短险完成 188.13 万元，学平险完成 155.8 万元，个人业务完成 9.25 万元，自步入转型发展后保费质量有所提升。

【提升服务】 公司推出的人保寿险管家、人民人寿 E 服务两款 App 极大方便了广大人民群众的保单后期服务工作。公司无纸化投保的推广率 100%，位居全市前列。积极推广人保寿险管家，让业务人员开通人保微店，做到一对一服务。人民人寿 E 服务 App，让客户足不出户就能办理保全业务，给付业务给付方式全部实现行批量代付转账，保全业务做到日清日结。

【风险防控】 落实监管机构和上级公司要求，坚持底线思维，把风险防范和合规经营放在与业务发展同等的地位。开展打击非法集资与洗钱活动，通过加大对非法集资行为的查处力度，完善非法集资风险排查机制和监测预警机制，密切关注保险从业人员兼职、代销第三方理财等重点领域和新的风险点，有效履行反洗钱义务，公司未发生非法集资和洗钱行为。按照监管要求开展打击损害保险消费者合法权益行为的专项行动，综合治理欺骗及隐瞒保险消费者、夸大保险责任或产品收益等行为，以其他金融产品名义宣传销售保险产品等销售误导问题得到有效遏制。开展防范化解重大风险攻坚战、打击非法商业保险活动、关键岗位现场检查等一系列风险防范措施，为公司高质量发展提供坚强保障，公司系统未发生系统性、区域性风险。

【理赔服务】 理赔方面加强时效控制，强化服务意识，及时受理上传，合规操作。理赔服务及时高效。受理案件多为意外伤害事故、疾病住院赔付，结案率 100%，严格按照公司的理赔流程处理保险赔款。

（张　敏）

中小企业融资担保

【担保业务】 2021 年，为 942 户中小企业提供担保贷款 24.08 亿元；在保企业 201 户，在保金额 3.15 亿元。积极开展业务创新，开设授信担保贷款业务，授信担保 39 户、金额 8915 万元；加大追偿力度，清收到账 756.6 万元；努力协调降低企业融资成本，促成合作银行担保贷款利率由上年度的 8.28% 降至 7.8%，新合作的银行担保贷款利率为银行的基准利率，百福农权贷的村级集体企业，免收担保费，通过与农商行协商，将贷款利率由 7.8% 下调至 7.56%；其他银行年利率控制在 5.64%。代偿风险逐步降低，累计代偿率 3.58%，较上年度下降 0.28%，年度代偿率 3.3%，步入稳健发展轨道。

【追偿清收】 采取"行政措施收缴一批、法律诉讼执行一批、公安介入震慑一批、资产处置盘活一批、网示失信促进一批"等措施，有序开展清收追偿工作。诉讼企业及个人 8 起，涉及标的金额 1254.8 万元。其中，诉前调解 4 家，涉及金额 918.04 万元。调解还款到账 26.09 万元。申请执行判决生效案件 3 起，涉及金额 1160.21 万元；清收到账金额 756.6 万元。通过加大清收工作力度，追偿合力不断显现，社会影响不断扩大，融资环境得到优化。

【降低业务风险】 与合作银行开展六个"联合"业务模式，按应登尽登、应押尽押、应保尽保的工作原则，坚持逐年增强反担保抵押措施与逐步还贷相结合的工作方式，优化存量业务。解保 74 户，解保金额 17920 万元；全额还贷 6 家，金额 1570 万元；落实减贷企业 37 家，减贷金额 859 万元。对一些资产负债高、市场前景弱、运营情况差的企业，严格做到还贷5%～20%，有效降低潜在业务风险，使续贷担保业务有效抵押登记率高达90%，有效降低续保业务的风险；公司严把新业务准入关，筛选申请担保企业，严格准入条件，做实反担保措施，有效反担保抵押率达到100%，实现新增业务“零风险”的目标。

【业务创新】 开展“授信担保贷款”业务，授信担保两年期限，采取一次授信、两年使用的模式。开办授信担保业务39户，授信担保贷款金额8915万元；联合农商行开设“百福农权贷”业务，为137家村级集体经济企业提供贷款担保；对乡村振兴涉农担保100万元以下的业务，采取一次授信担保、分期使用，免抵押、免收费。

【内控管理】 定期讨论内部控制的有效性和工作成效，及时进行修订和调整，规避工作制度风险。担保业务实行统一的业务管理，建立健全企业信用及风险评级、受保业务跟踪检查、在保业务质量分类、资产质量定期评级等业务运行和风险防控工作制度，在深入企业实地调查的基础上，先召开分析会做出风险评估、提出意见建议，再召开担审会审查企业概况、明确担保结论，提交局党组会研究，较好地规避了业务办理风险。划分各部门、各岗位的任务、职责和权限，建立职责分离、横向纵向相互监督的机制，建立关键岗位人员定期轮岗制，按规定进行会计核算和业务记录，建立完整的会计、统计和业务档案并妥善保管，确保原始记录、企业资料、银行资料和各种报告资料的真实、完整，较好地规避了人员风险。

（李官祥　胡海建　邹爱平）

公积金

【概况】 抚州市住房公积金管理中心东乡办事处紧紧围绕全年工作目标，结合东乡区房地产发展现状，加强住房公积金资金的合理使用。各项业务保持良好的运行态势，为广大公积金缴存职工持续提供有力的住房保障支持。各项业务稳中求进，取得良好成效，持续加强住房公积金政策宣传工作，让群众及时了解住房公积金缴存、使用等方面的政策。加大公积金催缴力度，办事处进一步梳理提取流程，制作公积金办事指南，推动公积金业务网上办理，落实贷款政策，防范资金风险。2021年，发放住房公积金贷款1.54亿元，贷款余额达10.11亿元，无个贷逾期。

【开展“我为群众办实事”活动】 党员干部职工积极开展“我为群众办实事”实践活动，提高服务水平和服务效能，到闽鸿千子湖等楼盘宣传公积金新政策，分发《公积金办事指南》小册子，做好贷款咨询解释工作。发挥党员先锋模范和示范带头作用，积极参与创建文明卫生城市活动。落实简化办理提取业务政策。5月6日始，凡抚州市住房公积金个人账户余额5万元以下已故缴存人的配偶、子女、父母在申请一次性销户提取其公积金时，无须提供公证部门出具的确认继承权或遗赠权的公证书，或人民法院作出的判决书、裁定书或调解书。

【扩大保障范围】 为扩大公积金制度覆盖面，保障维护非公企业职工的合法权益，办事处开展走访调研，推动非公企业建制建缴，围绕缴存标准、职工需求等问题，全面了解非公企业情况，帮助20家非公企业建立住房公积金缴交制度。推行新市民缴存公积金政策，争取让更多群众享受公积金政策红利，发挥住房公积金的保障作用，帮助更多社会群体解决住房困难，实现安居梦。

（乐志慧）

经济管理与监督

计划与宏观调控

【概况】 2021年，实现生产总值213.86亿元，完成计划的106.93%，增长8.4%；财政总收入33.07亿元，完成计划的105.72%，增长19.33%；一般公共预算收入完成18.01亿元，增长1%；社会消费品零售总额增长17.7%；固定资产投资增长8.1%；规模以上工业增加值增长10%；出口总额28.9亿元，完成计划的145.23%，增长55.2%；实际利用外资5100万美元，完成计划的102%，增长11.84%；城镇和农村居民人均可支配收入43566元、22180元，增长8%和9.3%；研发经费支出占GDP比重的1.59%；城镇登记失业率控制在2.0%；万元GDP能耗下降、主要污染物减排、水环境质量改善，完成市下达目标。

【项目建设】 列入省重点项目4个，项目总投资34.5亿元，2021年计划投资13.9亿元，累计完成投资16.58亿元，占计划投资的119.28%；列入省、市、县三级联动推进重大项目11个，项目总投资145.71亿元，2021年计划投资33亿元，累计完成投资50.13亿元，占计划投资的151.9%；列入省大中型调度项目22个，项目总投资239.45亿元，2021年计划投资62.23亿元，累计完成投资83.11亿元，占计划投资的133.56%；列入市重点调度项目33个，项目总投资274.23亿元，2021年计划投资84.89亿元，累计完成投资108.1亿元，占计划投资的127.33%。

【跑项争资】 争取上级各类资金17.52亿元，债券资金13.96亿元。通过发改系统争取国家及省投资项目11个，获国家及省项目资金4519万元。具体项目：东乡区2021年中央预算内投资高标准农田建设项目1585万元，2021年度武夷山森林和生物多样性保护项目（东乡区）580万元，东乡区幸福水库除险加固工程1145万元，东乡区美林阁、东亚制药厂宿舍等10个老旧小区改造项目824万元，江西爱索轻合金技术有限公司年产80000吨轻质合金材料生产线建设项目90万元，江西省电解质平衡药物工程研究中心创新能力建设项目40万元，江西东华种畜禽有限公司企业技术中心创新能力建设项目30万元，东乡区小璜镇洋湖村水利设施建设项目32万元，东乡区粮油收储公司城郊粮管所维修改造137万元，东乡区粮油收储公司小璜粮管所智能充氮气调储粮仓容增容改造16万元，东乡区粮油收储公司岗上积粮管所维修改造40万元。江西荣成机械制造有限公司汽车配件制造业和现代物流业融合发展项目获批江西省第二批先进制造业和现代服务业融合发展试点企业。

产业升级

【概况】 实施工业创新发展三年倍增行动，明确首位产业新材料新能源、主导产业生物医药，设立20亿元产业引导基金，助推企业转型升级。推进东乡经开区体制机制改革，推动工创投集团市场化转型，成功实现AA主体信用评级。加速推进“2+4+N”主题产业园建设，建成高标准厂房50万平方米，清理低效、闲置土地70公顷。组建六大服务专班，实行“园区吹哨、部门报到”、人才政策兑现“一窗代办”等服务联动机制，破解项目建设要素难题。开展“降成本优环境”活动，为1280家企业减税降费1.34亿元。优选20家重点企业培优育强，5家企业纳入市智能制造标杆企业培育计划，全年完成规模以上工业营业收入332.15亿元、增长28.3%，工业税收15.5亿元，位列全市县（区）第1。

【现代农业扬优成势】 粮食种植面积和总产量实现双增长，建成高标准农田2000公顷，新增中药材、设施蔬菜、蓝莓种植面积1333.33公顷，新增“两品一标”农产品22个。生猪存出栏分别达54.2万头、85.2万头，超额完成生产任务。东乡花果芋、东乡葛粉、东乡花猪肉、东乡绿壳蛋入选2021年第一批全国名特优新农产品名录。

【现代服务蓬勃发展】 服务业增加值增长8%。电子商务发展迅猛，东乡电商创业园获评江西省电子商务示范基地，为全市唯一获此荣誉的县（区）。房地产价格保持平稳，均价控制在合理区间。金融形势持续向好，各类金融机构存贷款余额分别达到270.07亿元、282.76亿元，均列全市第1。文旅消费日益活跃，荣获江西省“百县百日”文旅消费季直播带货大赛全省第3名，王桥清湖景区被评为省AAAA级乡村旅游点，丝瓜络工艺列入市级非物质文化遗产保护名录，4个建制村入选第二批省级传统村落，全年规模以上文化企业总产值16.15亿元，位居抚州市第1。

城乡融合

【概况】 以改善民生为核心，开展城市更新行动，重点推进总投资22.35亿元的38个城市功能与品质提升项目；建成城区支路及老旧住宅小区雨污分流一期改造工程；基本完成德政街北延伸新建、雄岚大道提升改造等工程；建成城区小游园1个，新增停车位2080个；积极推动老旧小区改造，完成东亚制药厂宿舍、美林阁小区等9个老旧小区改造，改造面积约10.68万平方米，受益群众941户。

【农村环境大幅改善】 持续推进农村人居环境整治，15个乡镇（场）“村收、镇运、区处理”的城乡垃圾收运处理体系100%覆盖，农村生活垃圾无害化处理率达100%；深入实施推进“厕所革命”，投入6.68亿元高位推进农村粪污一体化综合治理工作，完成农村改厕户56199户，改厕率97.53%，无害化厕所普及率92.73%；农村公路建设总体完成151千米，危桥改造16座；投入3874万元安排106个新农村建设点，惠及85个村组、7890户、28961人。

【乡村振兴更具活力】 加大“乡村振兴”资金投入保障力度，在财力增长不足的情况下，投入资金约13亿元，用于区乡村振兴建设；大力发展现代农业，落实早稻面积21980公顷，东乡花果芋、东乡葛粉、东乡花猪肉、东乡绿壳蛋入选2021年第一批全国名特优新农产品名录；生猪复产增养全面提速，稳居江西省前列；加快推进生猪、粮食、蔬菜、丝瓜络、休闲农业等特色产业为主的省级农业产业化示范区，有省、市、区各级现代农业示范园区16家，总面积4666.67公顷，核心园区面积1333.33公顷，年产值10亿元以上。

物价管理

【价格认证】 坚持独立、客观、公正的原则，秉承严谨的工作作风和操作规程，依法做好行政、司法领域涉案财物价格鉴定工作。2021年，受理涉嫌刑事案件130起，涉案金额650万元左右；涉及行政处置事项、国有资产处置等价格鉴定26件，涉及金额6000万元。完成认证、评估的案件中，无提起复议或被司法机关退回重新鉴定的情况，做到了评估程序合法、评估结果公正、评估过程高效，为司法和行政执法机关办理案件提供了科学客观的价值依据。

【市场监测】 按照国家颁布的《价格监测规定》和省价格监测管理局的要求，对东乡区农业生产资料价格三类32种、农村居民服务价格三类16种、农产品批发市场饲料价格一类2种、主要畜禽产品及饲料价格三类21种共十类71种商品和服务价格进行监测，为政府宏观调控决策提供依据。

粮食储备与粮油贸易

【概况】 中央储备粮抚州直属库有限公司东乡分公司，位于东乡区境内，拥有专用铁路线1.19千米，区位优越、交通便利、粮源充裕。公司库区占地面积9.27公顷。现有在岗干部员工42人（含派遣人员1人），退休移交社会化管理12人。公司内设综合科、业务科、质量监管科3个职能科室。

【粮食收储】 2021年，发挥中储粮集团公司创新研发的“惠三农”售粮预约App，提高为农服务质量，让农民在售粮过程中少跑路、少排队、快售粮，收购全程兼顾作业防疫，在检验、称重、卸粮等环节多开口、快接卸，避免人员聚集、减少人员接触，开展扫码测温，有效落实佩戴口罩，严格人车清洁消毒，开辟外来人员专用卫生间，做到全员零感染。执行国家粮食收购政策，扩展粮食收购和经营创收渠道，发挥产粮地区区位优势，搞活粮食流通。最大限度收购农民手中余粮，实现社会效益和经济效益“双赢”。

【库外监管】 公司肩负东乡区2个、宜黄县7个基层粮管所政策性粮食监管任务，为确保库外储粮安全，修订驻库监管办法，明确监管目标责任和任务，要求监管人员定时定点手机打卡上岗，加大巡查力度，坚持定期检查、突击巡查，指导和督促检查情况整改落实到位。汛季坚持24小时值班制，加强巡查，及时通报汛情；对委托收储库点，利用视频远程监控系统和库外储粮远程监管系统，实现远程监控全覆盖。在政策性粮食收购和出库过程中全面运用“一卡通”系统，实现全环节管控，全过程可追溯，使政策性粮处于严密的监管之中，确保政策性粮的安全。配合库存检查，针对中央事权粮油库存检查“范围广、要求严、时间紧、任务重”等特点，精心准备、周密安排，按照检查清单自查问题及时整改到位。省、市复查组和分公司检查组到库后，经过检查认为：辖区粮情稳定，账账相符、账实相符，粮食色泽、气味正常，整个粮食处于安全状态，管理制度健全规范，科学保粮技术应用合理，仓内库内环境洁净。

【科技保粮】 硬件上加大对仓房储粮条件的改造力度，购买谷物冷却机，更换先进的入库机械设备，所有高大平房仓都安装大功率空调，实现储粮“冬春降温、夏秋控温”。粮仓普遍采用电子测温、机械通风、氮气气调、内环流控温等先进绿色储粮技术，科技储粮覆盖率达到100%以上，质量达标率、宜存率稳定在100%。外粮仓实现智能化管理全覆盖，粮堆中架设56.8米5层距离的网格，建设300个测温点，粮情传感器可随时监测粮温变化，每个粮仓都设有能放大23倍、360度旋转的高清监控摄像头，可全天候、无盲点远程监控任何仓内外实况，实现对企业购销调存活动全方位在线监控。软件上应用集团公司与浪潮公司合作开发的中央储备粮业务管理信息系统、智能化粮库系统、政策性粮食收购“一卡通”系统、“惠三农”售粮预约App等多个信息化平台，在业务流程管理、仓储监管、粮食收购、资金管控等方面提升了公司的信息化水平。

【安全生产】 坚持“安全第一、预防为主”，公司设立微型消防站，配备专职安全员；每星期开展安全生产大排查，对排查中存在的安全隐患问题，做到有记录、有处理措施和方法；为应对突发性事件发生，制定各种安全突发性事故预案，开展突发事故应急演练，做到有备无患；规范填写机械通风、空调控温、熏蒸杀虫、登高、动火等作业申请单，落实痕迹管理，严格流程操作；外包作业做到有领导带班、有安全员巡查、有巡查记录和有外包人员作业安全告知书；为增进员工的安全责任意识，强化安全规范操作，将安全管理奖纳入业绩考核范畴，层层签订安全生产管理责任状，安全生产责任落实到岗、落实到人、落实到仓。

【粮食工程】 东乡区获得全省粮食仓储设施建设改造提升专项资金支持建设项目3个，共获193万元，主要用于粮食仓储设施改造和提升。地方国有粮食企业自筹17.5万元，对现有危仓老库进行维修与改造。东乡区国有粮仓“退城进郊”工作申报项目资金6000万元，建设虎圩、杨桥、詹圩、瑶圩4个库点。申请地方政府一般性债券4800万元到账。2021年，虎圩收纳库完成可研、立项、地勘、设计、招投标等工作。

【安全储粮】 贯彻实施藏粮于地、藏粮于技战略，争取中央补助资金223.4万元，政府配套93.8万元、企业自筹24.80万元，率先在小璜中心库实施绿色、低碳（氮气）储粮技术。以“落实责任、强化监管、突出预防、保障安全”为核心，加强粮食安全督查工作，层层签订安全生产及储粮安全责任状。3月，全面进行粮食系统内部安全隐患大排查，发现问题及时整改；开展粮情普查，确保梅雨季节各收购储存点粮食安全。6月，针对全国政策性粮食数量和质量大清查所反馈的问题，逐一督查并督促区粮油购销公司进行全面整改。

【应急保障】 落实粮食安全省长责任制工作要求，牢固树立粮食安全观，加强粮食政策执行力度，健全粮情监测预警，完善区域粮食市场调控机制。东乡区承担省级储备粮650万千克、区级（地方）储备粮1200万千克收购和存储任务。区级食用油储备10万千克，成品粮储备52万千克。建立粮油应急配送中心，打造群众满意的“放心粮油”。设有粮油配送中心1家、应急加工网点3家，设有销售网点19家（城区5家、乡镇14家），实现粮油应急保障网点在区域范围内全覆盖。与应急加工网点、食用油供应商签订供应协议，确保全区粮油市场的正常供应及市场价格的稳定。

【监督检查】 对辖区从事粮食收购、储存、运输和政策性粮食收购活动及执行国家粮食统计制度等进行全面监督检查，在夏、秋两季粮食收购之前，组织相关人员对粮食收购、经营行为进行检查，对违规企业依法处理，为个体收购、加工企业申报规模以上企业进行服务和指导，对辖区内超期存储粮及定向销售粮的出库、入库进行依法监管，确保口粮安全。加强自身建设，完善工作制度，健全工作体系，提高行政执法人员监管水平及综合素质，确保辖区内粮食生产、收购、储存、销售等工作安全有序。

【调控统计】 指导粮食行业做好统计工作，开展粮食流通统计制度执行情况专项检查，对纳入统计报表的粮食经营企业，严格执行国家粮食统计报表制度，对粮食行业进行严格监督。举办统计报表培训班，规范粮油加工报表上报工作。定期开展粮食流通统计调查、统计分析、统计信息发布和咨询。做好军供粮和救灾粮供应，落实好政策性粮食收购和供应工作。

（谢林泉　程志江）

国有资产管理

【概况】 截至年末，纳入区财政资产系统管理的行政事业单位有197个，资产42.45亿元。其中，固定资产原值总额10.31亿元，较2021年的14.84亿元减少4.53亿元，下降30.5%；流动资产8.83亿元，较2021年的18.83亿元减少10亿元，下降53.11%；无形资产7.27亿元，较2021年6.99亿元增加0.28亿元，增长4%；在建工程1.43亿元，较2021年的1.82亿元减少0.39亿元，下降21.43%；政府储备物资169.54万元；公共基础设施11.35亿元，较2021年的0.32亿元增加11.03亿元，较2021年增长3446.88%。

【资产处置】 处置原则：处置资产符合法律法规和相关规章制度规定、厉行勤俭节约、公平公开公正，统一政策，分级管理。对医疗卫生系统的智慧医疗资产、城管局的智慧城管无偿划转区城投集团、赣东农贸市场交易大厅摊位、赣东商城、物流园农贸市场、农贸市场活禽宰杀间、广汉幸福城农贸市场等国有资产权益进行公开拍租，所得收益全部上缴区财政国库。推动东乡区国有资产电子化监管平台的建设，实现对国有资产自购置、使用、变动、处置的动态管理，做到全程留痕。现有的国有资产管理系统存在很多缺陷，运行多年仍只有资产录入、报表和统计功能，无法满足管理工作的需要。在出台行政事业单位国有资产配置管理办法的同时，对现有资产管理系统进行全面升级，实现对国有资产自购置、使用、变动、处置的动态管理。

【处置办法】 规范资产处置范围和方式，将无偿调拨、置换、捐赠纳入处置方式管理，强调资产盘亏、呆账损失、非正常损失等需纳入资产处置范围；明确资产处置权限，单项固定资产5000元以下或批量固定资产3万元以下的，须经主管部门审核、报经财政国资管理部门备案后自行处置，单项固定资产5000元以上或批量固定资产3万元以上的，须经主管部门审核、报经财政国资管理部门审批后处置，其中涉及大宗资产及单项账面金额20万元以上的，还须报政府审批；明确处置流程和处置价款的管理，资产处置需要评估的，由产权单位委托中介机构进行评估，将评估结果报财政国资管理部门备案，公开处置价格上下浮动不超过评估价款的10%；涉及大宗资产、账面金额在20万元以上（含20万元）的资产处置事项，必须由财政国资部门审核后上报区政府审批。取得的资产处置收入上缴国家金库纳入政府预算收支管理。

【制度建设】 按照“建制度、抓管理、重效率”的要求，制定《东乡区行政事业单位资产配置管理暂行办法》，印发《东乡区进一步规范行政事业单位国有资产处置工作的通知》等规范性文件。制定行政事业单位固定资产配置标准。从制度上规范行政事业单位资产的配置品目、配置数量上限、价格上限、最低使用年限和性能要求等内容。统一行政事业单位办公设备配置标准，如台式电脑，价格不得突破5000元/台，使用年限不得低于6年；统一行政事业单位通用办公家具配置标准，如办公桌椅，处级以下价格不得突破800元，最低使用年限不得低于15年。建立健全行政事业单位固定资产配置审批流程。按照先预算后配置的原则，要求行政事业单位编制部门预算时，编制年度资产购置计划，报经主管部门审核，经财政部门审查其资金来源后，列入行政事业单位资产增量计划，与部门预算一并批复。

【管理创新】 将原分散在各行政事业单位管理的国有经营性店面123间确权到区城投集团，店铺向社会公开拍卖成功23间，拍卖金额1700万元；其余店面全年租金291万元；对市场中心监管的幸福城、赣东、物流园、三小4个农贸市场及农民街赣东商城206个固定摊位，采取公开拍租的方式出租，年租金156万元。

（高　峰）

自然资源管理

【概况】 东乡区自然资源局秉承“保发展、护资源、优空间、惠民生”的工作理念，围绕社会经济发展大局，切实做好耕地保护、矿政管理、用地报批、不动产登记及地质灾害防治等自然资源管理工作，为东乡区高质量发展提供坚实的自然资源保障。耕地保有量稳定在36263.05公顷，基本农田保护面积32040公顷，收储土地163.79公顷，出让土地125.25公顷，土地出让收益25.81亿元。实施耕地占补平衡土地开发及“旱改水”项目144.29公顷。矿政管理不断优化，地质灾害防治实现“零伤亡”。不动产登记工作稳步推进，农民合法权益得到保护。

【耕地保护】 坚守耕地红线，履行地方政府作为耕地保护第一责任人的责任。根据全国国土三调成果，2021年全区有耕地面积36263.05公顷，园地3384.45公顷，林地58217.38公顷，草地372.59公顷，城镇村及工矿用地12186.89公顷，交通运输用地3653.72公顷，湿地、水域及水利设施用地11579.73公顷。区、乡、村三级建立基本农田保护牌，永久基本农田保护面积32040公顷，连续16年实现耕地保有量和基本农田保护面积达标。

【执法检查】 按照国家自然资源督察南京局要求做好土地、矿产卫片执法检查工作，展开自然资源动态巡查，巡查成效明显。采取和各乡镇自然资源所进行联动与卫片执法相结合等方式展开动态巡查。2021年，东乡区累计开展动态巡查约560人次，发现土地违法行为21宗，现场制止及拆除恢复土地原貌19宗，立案2宗，涉及违法用地面积0.43公顷。发现矿产违法行为5起，现场制止2起，立案3起。土地违法共计罚款8.1万元，矿产违法共计罚款4.51万元。将农村乱占耕地建房摸排同季度卫片相结合，坚决遏制新增违法。

【矿政管理】 完成上年度采矿权区内矿山企业网上公示工作，全部通过网上检查，区内矿山企业没有列入黑名单。新立2家中型砖瓦用页岩矿的前期上市交易准备工作完成，委托市交易中心，重新对东乡区孝岗镇南边砖瓦用页岩矿采矿权实施网上有底价挂牌出让，正在走相关程序。“十四五”矿规全面启动，第四轮矿产资源规划文本初步完成，编制单位江西省有色局一队正在自审。全区矿山整治工作已全面完成。

【灾害防治】 开展地质灾害防治工作，确保人民群众生命财产安全。层层签订地灾防治工作责任状，区政府分管领导与各乡（镇）场分管领导签订地质灾害防治工作责任状，区自然资源局主要领导与各乡（镇）自然资源所负责人签订责任状。自3月始实施24小时值班和领导带班制度，严格按照地质灾害应急预案及省市灾害防治工作要求，及时准确上报灾险情信息。准确做好地质灾害情况统计，按时上报市自然资源局。东乡区1/5万地质灾害风险调查与区划项目、王桥镇集镇地质灾害治理工程、江西东乡经济开发区地质灾害危险性区域评估、江西省山地丘陵区宅基地和集体建设用地切坡建房调查项目等均在稳步推进，抚州市东乡区地质灾害防治“十四五”规划项目有序编制。

【不动产登记】 指导监督土地、房屋、草原、林地、海域等不动产统一登记职责，基本做到登记机构、登记簿册、登记依据和信息平台“四统一”。2021年，受理各类不动产登记28839件，发放不动产证书12298本，开具证明12536份。

（张　荣）

市场和质量监管

【概况】 东乡区市场监督管理局在坚持做好常态化疫情防控工作的基础上，认真履行市场监管职责，以“六保”“六稳”为根本出发点，深化“放管服”制度改革，推行“局队合一”执法改革新模式，强化法治化监管队伍建设，着力打造法制化营商环境，全力营造安全放心消费环境。组建检验检测认证中心、区市场监管事务服务中心、区知识产权和消费者协会服务站，完成区市场监督管理执法稽查局队伍整合，努力构建现代化市场监管体系。在自身机构改革融合的过程中，实现工作区域内食品药品、产品质量、特种设备“三大安全”零事故的目标。2021年，区市场监督管理局被抚州市扫黑除恶专项斗争领导小组评为“全市扫黑除恶专项斗争先进单位”，被抚州市市场监督管理局评为“全市计量员职业技能竞赛优胜单位”“全市特种设备业务知识竞赛优胜单位”。

【企业信用监管】 推进信用监管与“双随机、一公开”监管有机结合，抓好企业信息公示、公示信息抽查、“僵尸企业”吊销等工作。积极落实市场主体登记注册、食品经营许可等职能划转，完善“一网通办”“全区通办”服务功能，提升市场主体开办效率，激发市场活力。完成13批次双随机抽查检查任务，抽查各类市场主体239户，其中开展跨部门联合抽查企业11户。发送年报提醒短信4批次近6万条，企业年报公示率89.91%，农专社年报公示率94.95%，个体工商户年报公示率100%。依法将未及时年报的727户企业、39户农专、9户个体工商户列入（标记）经营异常名录，将履行补报年报公示义务并提出申请的39户企业、17户个体工商户移出经营异常名录。新增各类市场主体5472户。

【价格市场监管】 优化营商环境更好服务市场主体，切实维护消费者合法权益和市场秩序，履行监管职能，加强社会信用体系建设，开展“红盾护农”行动，结合元旦、春节、国庆等重大节日，围绕民生物资和防疫重点物资开展价格专项检查，严厉打击哄抬物价、囤积居奇、误导消费者等价格欺诈行为。开展“守合同重信用”公示评选活动。其中，10家企业被评为省级“守合同重信用”单位，7家企业被评为市级“守合同重信用”单位。开展保春耕农资市场专项检查，共检查农资户86户，抽检化肥品种50批次，对7个不合格产品进行立案查处。开展成品油市场专项检查，对7个私营油站进行抽样检查，抽检14个品种，对1个不合格产品进行立案查处。开展为期3个月的“市场价格专项整治”工作，共检查相关企业136家，责令31家价格标注不规范企业进行整改。指导规范物业行业价格行为，检查物业公司32家、物业小区82个，落实物业收费价格公示。

【知识产权监管】 实施知识产权战略，推进国家强县工程示范区建设，率先在全市成立生物医药产业知识产权联盟，提高知识产权创造、运用、保护和管理水平，提升发明专利申请和授权质量，发挥知识产权在辖区创新驱动发展和经济转型升级中的作用。2021年，东乡区发明专利授权63件，同比增长12.5%，有效发明专利217件；万人有效发明专利拥有量5.29件，同比提升1.53件；商标申请数1017件，注册数866件，有效注册量4466件；有地理标志商标2个、中国驰名商标1件、省著名商标18件、市知名商标19件，打造江西科伦药业等国家知识产权优势企业8家。

【标准计量监管】 深化标准体系建设，强化民生领域计量监管。结合世界标准日活动，到企业、学校、社区开展“标准促进可持续发展，共建更加美好的世界”宣传活动，发放宣传资料600余份，接受企业咨询20余次，增强全民标准化意识，扩大标准化工作的社会影响。加强对企业标准自我声明公开的事后监管，开展企业标准自我声明“双随机”抽查工作，抽查3家企业6项标准，对2项不合格标准已责令企业注销和重新修订公示，同时帮助指导江西美尔丝瓜络有限公司制定企业标准1项。加强有机产品认证规范管理，促进有机产业健康发展，对区内6家获得有机产品认证证书的企业进行专项监督检查，被检查企业均按照认证要求实施生产加工。围绕政府、社会和消费者关注的热点，广泛开展计量服务进农贸市场、计量保春耕、计量保障疫情防控和“5·20”世界计量日宣传咨询服务等惠民活动，检定计量器具、收粮用的电子汽车衡45台。

【网络交易监管】 按照国家市场监管总局关于“依法管网、以网管网、信用管网、协同管网”的要求，以建立网络经营主体档案为切入点，多措并举，探索网络商品交易监管的新方法、新经验，扎实推进网络商品交易监管工作。开展整治电商领域借庆祝名义从事商业牟利活动的专项监测监管、清理整治网络违法销售纪念章工作、“七一”前后专项监测监管、2021网络市场监管专项行动(网剑行动)、“双十一”网络集中促销活动监管等工作，出动执法人员129人次，审核网络经营主体信息1546户，受理涉网投诉236件，向社会发布网购消费警示和典型案例，增强广大消费者网络交易安全意识，警示网络交易平台及各类网络经营主体严格自律、依法经营。

【市场监管执法】 推进法治化营商环境建设，护航经济高质量发展。以市场监管综合行政执法改革为契机，更新执法理念，创新执法方式，探索推进综合行政执法工作新监管模式。3月，区市场监督管理执法稽查局全面组建完成，核定全额拨款事业编制45个，内设综合股、案件审核股、智慧监管平台、执法监督股等4个股和食品安全、餐饮安全、药品安全、特种设备安全、应急综合、产品质量安全等6个中队。整合工商、质监、食药、商务、价格、知识产权、盐业等部门执法职能。自综合行政执法改革以来，区市场监督管理执法稽查局围绕创新执法机制、打造执法铁军、改进办案模式，放大改革效应、提升执法效能，维护公平竞争的市场环境。强化知识产权保护，从严从重打击侵权假冒违法行为。持续加大医疗美容、校外培训等热点重点广告监管的执法力度。加强价格监督检查，维护市场价格秩序，严惩价格违法行为。推进常态化扫黑除恶专项斗争和“禁捕退捕　打非断链”专项行动。深入开展食品、药品、产品质量、特种设备、医疗器械等民生领域案件查办“铁拳”行动，查办一批重点案件，保护消费者合法权益。真正做到“让监管长出牙齿，让违法者付出代价”。受理、转派投诉案件1026件，办结率98%；下达责令整改通知书245份；立案查处商标侵权、价格欺诈、无证经营、生产销售不合格产品等违法行为案件128件，案值45.5万元，罚没款147.8万元。

【产品质量安全监管】 推进质量品牌建设，开展产品质量专项整治。组织4家企业申报、复评“江西名牌”，其中江西美尔丝瓜络有限公司荣获“江西名牌”称号；组织2家企业申报“抚州市市长质量奖”，其中江西荣成机械有限公司获得“抚州市市长质量奖”。开展“质量月”系列活动，对化肥、钢材、混凝土等产品进行抽检。其中，抽检化肥6批次，合格5批次；抽检钢材22批次，合格17批次；抽检混凝土生产企业5家，合格5家。每月联合区供电局、区经济开发区等单位开展一次“地条钢”督查工作，未发现违规生产情况。配合市市场监督管理局开展制造业质量竞争力指数数据调查工作，组织辖区内的31家企业参加调查，超额完成目标任务。

【特种设备安全监管】 围绕全区安全生产管理目标，加强特种设备监管及隐患整治力度。结合安全生产工作，在春节、“五一”、国庆等节前开展对企业特种设备安全大检查，对商场、医院、游乐场等重点领域、重点部位加强隐患闭环管理。检查、指导辖区内特种设备使用单位128家，下达特种设备安全监察指令书123份；通过“3·15”、安全月活动、电梯安全宣传周等活动发放宣传资料800余份；开展气瓶充装站安全专项整治，对辖区内8个液化石油气充装站、2个工业气体充装站、1个移动式压力容器充装单位进行专项检查和指导，规范充装行为，完善质保体系；开展大型游乐设施专项整治回头看，对辖区内2家大型游乐设施使用单位进行专项检查，消除安全隐患。

（冯　晨　张军华）

食品药品监督管理

【概况】 东乡区市场监管局牢牢把握“守住安全底线、聚焦民生关切、服务发展大局”三大目标，着力防范化解流通环节食品药品安全风险，加大对民生健康安全类重点产品的质量管控，开展食品药品质量抽检和专项整治，健全“监测、预警、处置、反馈”风险闭环管控机制，保障全区人民群众“舌尖上的安全”，实现工作区域内全年无影响较大的食品药品安全事故发生。

在全市食品安全工作评议考核中被评为优秀，以97.33分位居全市第3。

【食品安全监管】 开展食品安全专项整治、校园及周边食品安全治理、农村市场食品安全治理、特殊食品生产经营环节专项治理、酒类小作坊集中整治、豆制品米粉湿面专项整治、桶（瓶）装水专项整治、禁捕退捕斩断市场销售产业链专项行动、生产经营“三无”食品专项治理等行动。推进“赣溯源”运用样板项目食品风险分级管理，对辖区内2420家食品经营户进行分级评定，完成评定1146户。其中，A级251户、B级775户、C级106户、D级14户。加强“四小”行业中“小食杂店”的监管，全面清理整治无证生产经营、随意乱添加食品添加剂等违法行为，加大对“四小”食品的专项抽检整治工作，对抽检不合格产品处置率做到100%；加强城区、农村市场假冒伪劣食品的监管，以米粉、酒类、肉制品、乳制品、调味面制品、现制现售食品、婴幼儿配方乳粉及儿童辅助食品、农产品、水产品等为重点，出动执法人员9012人次，出动执法车辆2360余车次，检查食品经营户2976户次，发现生产经营不符合食品安全标准食品8起、过期食品5起、标签不符合规定（包含无中文标签食品）4起、劣质食品及其他类型案件23起；下达责令改正通知书4份，立案查处各类食品销售环节违法案件40件，收缴违法食品41.4千克，没收违法所得0.09万元，罚款22.47万元。

结合“我为群众办实事”实践活动，开展“你点我检”和“你送我检”食品抽检工作，完成抽检任务1895批次，不合格40批次，合格率97.9%，对不合格产品依法进行查处；大力开展特殊食品专项治理，检查各大中型超市16家、药店18家、母婴店46家，发现违法违规经营行为19起，下达责令改正通知书15份，立案查处4起；开展“禁捕退捕　打非断链”专项行动，出动市场监管执法人员2043人次，发放公告及宣传单3210余份，悬挂“禁渔”横幅20幅，对辖区内17个农贸市场、782户中小型餐饮经营单位、19家特大型及集体用餐配送单位、7家大型超市进行拉网式排查，发现牌匾不符合规定的18家、菜单不符合规定的32家，全部责令整改到位。

【餐饮安全监管】 规范餐饮服务领域市场秩序，保障全区餐饮服务食品安全。加大力度宣传《中华人民共和国食品安全法》及《餐饮服务食品安全监管办法》，坚持集中整治与日常监管相结合，开展餐饮服务食品安全专项整治，实施餐饮服务单位量化分级管理，推进“互联网＋明厨亮灶”工程，开展校园及校园周边餐饮食品安全整治，加大网络餐饮监管检查力度，组织从业人员食品安全线上培训，开展“倡导使用公勺公筷公夹”和“制止餐饮浪费”等主题宣传活动。联合区教体局对区内114个学校食堂（含教职工食堂、学生食堂和民办幼儿园）及周边餐饮单位进行现场检查，出动执法人员240余人次，出动车辆120余车次，下达责令整改书61份，现场笔录30余份，排查安全隐患70个；制定《抚州市东乡区餐饮服务食品安全监督量化分级管理实施方案》，按照每季度评定一次、每年综合评定一次的要求，对区内1189户餐饮服务单位进行量化分级评定，评出A级单位2户、B级单位270户、C级单位894户，另有23家餐饮服务单位新办证未满三个月不符合评定条件而未予评定，应评定单位动态等级评定率100%。

集中力量开展元旦春节食品安全专项整治、打击市场销售长江流域非法捕捞渔获物专项行动、制止餐饮服务环节浪费行为专项检查，开展对咖啡店、奶茶店、蛋糕店等餐饮服务单位食品添加剂使用的专项整治，对“汉堡”餐饮服务单位开展食品专项整治，开展餐饮具消毒专项整治、节假日期间全市旅游景区食品安全风险隐患排查、“餐饮安全你我同查”活动，开展餐饮服务环节违法添加罂粟壳等非食用物质专项整治等行动。确保重大活动期间餐饮服务食品安全，圆满完成“2021年东乡区高、中考”“政协抚州市东乡区第一届委员会第五次会议”“2021年抚州市东乡区第一届人民代表大会第五次会议”“江西省体育传统项目学校篮球比赛”“抚州市游泳邀请赛”“智能农机装备高峰论坛会议”“中共抚州市东乡区第二次党代会”“政协抚州市东乡区第二届委员会第一次会议”“人大抚州市东乡区第二届委员会第一次会议”等系列活动期间的餐饮服务食品安全保障任务。

【药品安全监管】 在新冠肺炎疫情防控常态化的背景下，扎实做好药品安全风险监测、疫苗安全监管、疫情防控重点防疫物资供应、打击药品违法犯罪等方面的工作，有效地维护辖区药品市场秩序和质量安全。开展新冠疫苗流通专项检查工作，重点对东乡区疾病防疫控制中心、22家疫苗接种单位以及各临时接种点的新冠疫苗购进、接收、储存等环节进行检查，按照每周一次全覆盖的频次，出动检查人数1531人次，检查接种单位800家次，纠正不规范的疫苗储存保管方式20余次。开展药品抽检工作，突出重点，增强抽检靶向性，将农村基层医疗机构、个体诊所、单体零售药店列为重点抽检对象，将老百姓较常使用的基本药物列为重点抽检品种，抽检60个品种，合格率100%。加强药品不良反应和医疗器械不良事件监测，覆盖27所区直医院和乡镇卫生院，上报药品不良反应792条，有效防范群体性危害事件的发生。

【医疗器械化妆品监管】 紧盯人民群众关切的难点热点问题，以问题为导向，强化药品医疗器械和化妆品安全监管，落实网格化监管和日常监管责任，严厉打击违法违规行为，确保全区人民群众在医疗器械及化妆品领域的使用安全。结合“医疗器械安全宣传周”“化妆品安全科普宣传周”，组织监管和从业人员参加网络公益培训和法规知识学习，开展“两品一械”知识进基层、进企业、进社区等活动，现场发放宣传资料400余份，重点宣传新版《中华人民共和国药品管理法》《医疗器械监督管理条例》《化妆品监督管理条例》等法律法规，提高药械妆安全知识的社会知晓率和监管工作的社会关注度，推进社会共治；加大医疗器械及化妆品行业专项行动力度，对防疫重点物资、植入性医疗器械、儿童化妆品等产品开展重点监管，开展新冠病毒检测试剂专项检查、医疗器械质量安全风险隐患排查治理、医疗器械经营许可（备案）专项清理整治、化妆品“线上净网线下清源”专项行动、婴幼儿化妆品专项检查和不合格产品专项清查等行动，有效地规范市场秩序。

（冯　晨　张军华）

消费者权益与保护

【概况】 为营造安全放心的消费环境，落实经营者消费维权主体责任，推进消费维权社会协同共治，区市场监督管理局与五家大型超市、电信、移动、联通、有线网络电视等企业建立联合协同消费投诉处理机制，建立互联网平台在线消费纠纷解决（ODR）企业联盟，提高消费维权效率，及时化解消费纠纷。2021年，“12315”投诉举报平台受理、转派投诉1026件，办结率98%以上；接收“12345”平台、问政抚州、区信访局分派投诉361起，全部按时办结。

【“3·15”活动】 结合“3·15”国际消费者权益保护日，围绕“守护安全，畅通消费”的主题，联合区文广新闻旅局、区住房建设和城乡管理局、区农业农村局等单位开展“3·15”国际消费者权益日宣传活动。引导消费者依法理性消费，提高维护自身合法权益的意识和自我防范能力。活动现场设置宣传点，摆放宣传展板，悬挂横幅，设立咨询台，向现场群众赠送维权资料2000余份，介绍常见消费侵权行为和表现形式，讲解维权知识，解答群众的疑问，呼吁消费者拿起法律武器维护自己的合法权益，引导广大消费者科学、合理、健康、理性的消费，营造全社会良好的消费环境。

【放心消费创建活动】 通过召开座谈会、发放宣传册、发布消费提示等方式，提升社会各界对放心消费创建工作的关注度、参与度和认同度，提升健康安全消费水平，打造“魅力东乡、放心消费”的城市新形象。按政府主导、企业主体、群众参与、社会监督的原则，推进“放心消费示范店”创建活动，通过多种形式向社会广泛宣传和介绍“放心消费示范店”，提升社会影响力和社会认可度，加强对“放心消费示范店”的监管力度，建立“自愿创建、优胜劣汰”退出机制，实行动态管理。截至年末，创建放心消费示范单位96个，创建放心消费示范街区2个，在醒目位置悬挂市场主体信用二维码标识牌，接受社会监督。

【“护老”公益活动】 开展“守护安全、适老先行，畅通消费、便民为要”社会公益活动，联合各大商场餐饮等消费场所发布“理性消费、避免上当”的消费警示语，严格查处虚假宣传、夸大产品功能功效的导购行为，严厉打击各种侵害老年消费者权益的行径。连续开展清查“洗脑”类会销专项行动，现场制止通过送鸡蛋、抽奖等方式诱导老年人购买其产品的行为，通过科普保健食品鉴别知识、讲解保健品选购指南、揭露保健品常见夸大宣传形式和医疗广告中常见虚假宣传形式等多种方式，为参加人员普及老年人防消费欺诈知识，构建老年群体放心消费环境。

（冯　晨　徐慧飘）

统计管理

【概况】　东乡区统计局紧紧围绕区委、区政府中心工作，用数据说话，为决策服务，全面深化统计改革，切实加强统计法制建设、队伍建设、信息化建设，全面推行依法治统，为东乡经济发展提供优质的统计服务保障。

【第七次全国人口数据发布工作】　第七次全国人口普查是在中国特色社会主义进入新时代开展的重大国情国力调查。统计局按照上级普查机构要求，快速整理第七次全国人口普查数据，通过“东乡发布”微信公众号、政务网等渠道及时向社会公布数据，为各地各单位提供数据支撑，并做好舆论引导工作。

【企业入统项目入库工作】　积极主动与相关部门沟通，实现信息共享，及时发现新增企业和退库企业，做到该入即入、应出尽出，使被统计企业不重不漏。2021 年，东乡区新增企业入统 53 家。其中，工业 16 家、贸易业 22 家、房地产业 4 家、服务业 7 家、建筑业 4 家；新增项目入库 71 个，其中工业类 46 个。

【提升统计服务水平】　致力于服务方式的改进、服务领域的拓宽、服务内容的深入、服务质量的提高。整理《2020 年全区国民经济和社会发展统计公报》；围绕领导关注的问题、社会经济热点、难点问题开展专题调研，坚持每月对东乡区经济运行情况作出分析研判，为党政决策提供有效依据和优质统计服务。2021 年，撰写统计信息 150 余篇、统计分析 40 余篇，统计专报 5 篇，整理编印《2020 年东乡统计年鉴》。

【推进事业单位改革】　在区委编办的指导下，有序开展局事业单位改革事项。按照区委编办的要求，组建东乡区高质量发展评价中心，整合组建区统计普查中心。制定《抚州市东乡区统计局深化事业单位改革工作方案》，制定事业单位机构职能编制规定，按要求做好人员安置和在编人员转隶等各项工作。

（俞梦静）

统计调查

【概况】　国家统计局东乡调查队是国家统计局的派出机构，为正科级单位，实行垂直管理，受国家统计局江西调查总队直接管理。人员编制 8 个，现有在职干部职工 8 人，队领导职数 3 人，正副队长、纪检员各 1 人。围绕“立足新发展阶段、贯彻新发展理念、构建新发展格局”，以“作示范、勇争先”的昂扬斗志，深入基层开展调查研究，狠抓统计调查基础建设，改革创新，圆满完成全年各项工作任务，荣获“2021 年度全省统计调查工作先进集体”称号。

【常规调查】　根据《劳动力开展城乡居民收支调查方案》要求，使用全新的问卷，每月入户完成 5 个调查点 80 户，月度劳动力调查 110 户居民，准确了解东乡区居民人均收入、消费水平及其他生活状况。开展农民工监测调查工作。进行数字质量统计，每月调查 70 户农村居民，反映当地农民工发展变化趋势。开展禽畜监测调查，通过加强基层走访、严格，及时、准确地反映畜牧业生产情况，提高生猪大县调查数据审核评估的准确性。开展数字质量大检查，圆满完成统计粮食产量调查和对地遥感调查，真实、准确、及时反映全区粮食产量数据。开展生猪月度劳动力调查样本核查工作，对每月调查样本框进行维护，提高生猪大县 80 户居民的信息维护，动态反映居民就业质量和生活保障情况。开展粮食产量统计调查，取得粮食播种面积、单位面积产量、粮食总产量等数据的准确性，客观反映粮食生产的实际。开展畜禽业全面统计工作，准确反映全区猪牛羊禽及其他小品种的存栏、出栏、产品产量等情况。完成其他常规调查工作。

【依法治统】　充分认识统计法治对保障统计调查数据质量的重要作用，将抓好统计法治工作作为践行“两个维护”的重要体现。贯彻执行国家统计局《关于统计机构负责人和统计人员防范和惩治统计造假弄虚作假责任制规定》，建立完善防惩责任制，严密压实防惩责任。做好统计调查对象普查宣传工作。在统计开放日、国家宪法日向群众发放宣传手册，普及统计知识，发放宣传品，提高调查对象对基层统计调查工作的配合度。锤炼专业执法队伍，加强执法骨干能力建设。重点培养年轻执法骨干，补齐执法检查业务短板。加大执法检查力度，加强法治工作的经验总结。

【城乡居民收入和消费】 东乡区城镇居民人均可支配收入43566元，增长8.0%，绝对值全市排名第2，增幅排名第5；农村居民人均可支配收入22180元，增长9.3%，绝对值全市排名第4，增幅排名第8。2021年，城镇居民人均生活消费23926元，同比增幅8.8%；农村居民人均消费16272元，同比增幅16.7%。

【推进现代信息技术应用】 加强统计信息化建设，加快现代信息技术在住户调查中的应用，东乡调查队努力推广住户调查电子记账。2021年，住户电子记账比例达70%以上；全面使用无人机技术对粮食播种面积开展对地遥感抽样调查，对飞行获取的第一手调查影像资料进行数据处理、拼接、提取、分析。

【及时上报动态信息】 加强与地方有关部门沟通，结合专业调查数据，深入开展经济形势分析并撰写专业信息及进度分析。撰写信息动态22篇、专题信息15条、进度分析6篇。参与总队处室和市队的专题调研，调研成果引起上级主管部门重视。

【开展第三方评估工作】 按照江西调查总队统一部署，开展全面从严治党民意调查、组织工作调查、文明城市测评、文明指数测评和脱贫攻坚普查等第三方评估工作。

（何志欢）

审计监督

【概况】 区审计局紧扣区委、区政府中心工作和社会关注热点，求真务实，依法履行审计监督职责，不断提升审计工作质量和效果。实施36个审计项目。其中，区本级预算执行1个、专项审计（调查）项目5个、自然资源资产审计项目1个、财政收支审计项目6个，经济责任审计项目21个、国有企业审计项目2个。查出管理不规范资金77897.27万元、违规资金64373.98万元，向被审计单位提出整改意见和建议144条。

【财政审计】 重点关注预算执行和决算草案编制的真实性、完整性和合规性，关注专项资金管理使用，关注财税政策执行，关注优惠政策、奖励资金、返还资金的使用，关注“三公”经费管理使用、中央八项规定及其实施细则精神的贯彻落实，落实过“紧日子”的要求等情况。开展2020年度区本级预算执行和决算草案编制情况审计，孝岗镇人民政府2019—2020年度财政收支管理情况审计，开展区民政局、区市场监督管理局及区林业局3个部门（单位）2020年度预算执行及决算草案情况审计。通过审计，揭示违反规定开设和管理财政资金专户、挤占挪用专项资金、超范围超标准支出财政资金、固定资产账实不符、原始凭证不合规、重复发放津补贴、多支付工程价款等问题。

【专项资金审计】 牢固树立“民本审计”理念，关注政府在保障和改善民生、优化营商环境方面的工作，对涉及人民群众切身利益的医疗、社会保障、涉企资金等公共领域专项资金进行审计调查。开展东乡区2020年至2021年度困难群众救助补助专项资金管理使用情况审计、国外贷援项目（世界银行贷款江西省城乡供水一体化及农村污水处理工程）审计、赴抚州市临川区开展社会保险基金审计、赴宜黄县开展招商引资优惠及奖励政策兑现专项审计。通过审计，揭示向服刑人员发放低保、项目管理不规范、向已死亡人员支付养老保险待遇、医疗机构重复收费、违规使用财政资金、未遵守落实招商引资协议中的相关条款等问题。

【国有企业审计】 重点关注企业法人治理结构建立、健全及运行情况，关注内部控制制度制定及执行情况，关注财务收支真实合法效益、风险管控情况。对抚州市东乡区祥明照明安装工程有限公司、抚州市东乡区市政工程有限责任公司2018—2020年度资产负债损益情况进行审计。通过审计，揭示工程项目未办理施工许可证、工程材料采购询价程序不到位、劳务工程转包给没有相应资质条件的个人、财务入账手续不齐全、部分原始凭证不符合规定等问题。

【经济责任审计】 重点关注领导干部贯彻执行国家重大决策部署和经济工作方针政策的情况，关注政府性债务、财政管理和预算执行情况，关注重大投资项目、自然资源资产管理及生态环境保护、重要经济事项管理制度建立和执行情况，关注遵守有关法律法规及有关廉政规定的情况。受组织部门委托，对区第一中学原校长黄文龙、区卫生健康委员会原主任胡韬、区公共资源交易中心原主任陈永仁等17个部门（单位）21名领导干部任职期间履行经济责任情况审计。通过审计，揭示部分单位内部控制制度不完善、不健全，原始凭证不符合规定、入账手续不全，扩大范围支出，固定资产未及时进行登记，违规出借财政资金，自立项目收费等问题。

【政府投资项目审计】 对东乡区2021年前完成的项目结算审核、投资额30万元（含）以上政府投资项目进行审计抽查。通过审计，发现部分建设项目实际投资远超预算投资；部分建设单位在项目竣工结算后项目资料归档不完善、有缺失；部分建设项目未进行项目竣工财务决算；部分建设项目未进行消防验收备案便投入使用等问题。

【国家重大政策措施落实跟踪审计】 以促进高质量发展、构建新发展格局，促进政令畅通、维护中央权威，促进经济持续健康发展为目标，围绕“六稳”“六保”，重点关注“十四五”规划建议确定的重点任务、党中央和省、市、区党委、政府有关重大决策部署贯彻落实情况，重点关注经济社会发展、乡村振兴、防范化解重大风险、优化营商环境等方面政策措施的落实情况。

【领导干部自然资源资产离任审计】 重点关注领导干部贯彻执行中央和省生态文明建设方针政策部署、遵守自然资源资产管理和生态环境保护法律法规、重大决策、任务完成、监督责任、资金征管用和项目建设运行等情况。对甘坑生态林场原书记陈耀平、场长饶金高及林场的自然资源资产进行审计。通过审计，揭示河库巡查频次未达要求，养猪场氧化塘漫溢、硬化面氧化膜破损长植物，水库水质不达标等问题。

（乐东辉）

DONGXIANG YEARBOOK 2022

城乡建设与管理

综 述

东乡区城乡建设与管理紧扣“全国城乡融合发展试验区、大南昌都市圈高质量发展示范区、全市改革创新引领区、沪昆高铁新城样板区”战略定位，以“全市带头作示范、全省奋力勇争先”为目标，以开展党史学习教育为契机，深化作风建设，提高行政执行力。结合实际，发挥职能，抓住重点，依法行政，加强管理，积极服务区委、区政府的中心工作。重点推进实施城市功能与品质提升三年行动，推进城市体检、城中村改造、乡镇污水处理厂二期支管网建设、农村房屋安全隐患排查（农村危房改造）、海绵城市建设、乡村振兴等工作，使东乡区的住房和城乡建设事业稳步和谐发展。2020—2021年城市功能与品质提升工作在全市考核中取得名列全市前列的好成绩。

【城区建设】 实施城市功能与品质提升项目38个，涵盖民生、公共服务设施、水利设施、道路等多个领域，总投资金额22.35亿元。装配式建筑建设项目。新开工装配式建筑面积4.19万平方米，完工装配式建筑面积17.3万平方米。海绵城市建设项目。新开工海绵城市建设项目20个，建设海绵城市面积0.65平方千米，投资总额0.72亿元。绿色建筑建设项目。新开工绿色建筑项目5个，建筑面积48.6万平方米，其中当代城、行政中心片区建设工程项目获得绿色建筑标识，总建筑面积30万平方米。城中村改造工程。在原有城中村改造方案的基础上，修改完善《东乡区中心城区城中村改造工作方案》，全面完成城北崇仁头村、张坊龙岗村等城中村改造的摸排工作，总计需征收房屋98栋，涉及建筑面积2.75万平方米。

【村镇建设】 农村危房改造项目。2021年省住建厅下达东乡区农村危房改造总任务数35户，应保尽保2户，全部完成验收、资金拨付工作，其中新建21户、维修16户；分散供养特困人员6户、低保户30户、农村易返贫致贫户1户，完成拨付危房改造补助资金59.5万元。农村房屋安全隐患排查工作。摸排及录入农村房屋75909户，其中存在安全风险户数990户，已整治607户，其余383户在2022年6月底完成。乡镇污水管网二期支管网建设。出台《东乡区乡镇污水管网二期支管网建设实施方案》，组织专家、乡镇及区直有关部门对乡镇污水管网二期支管网施工设计方案进行评审。传统村落保护工作。2021年黎圩镇上池里阳村、上池源里村、潭江村珠山组、梧坊村候桥组等4个村被省住建厅、省文化和旅游厅、省财政厅、省自然资源厅、省农业农村厅批准为第二批省级传统村落。

【建筑业】 建筑业产值17.5亿元，增长27.8%，全市排位第3。建筑业税收12505万元，同比减少2797万元，下降18.28%。招投标管理。2021年度核准房屋建筑和市政工程招标项目87个，中标价13.8亿元。其中，公开招投标项目8个，中标价11.18亿元；邀请招标项目79个，中标价2.62亿元。房地产开发直接发包项目7个，投资总金额9.7亿元，建筑总面积72万平方米。工程质量监督。累计受监工程21个，总建筑面积116万平方米；完成工程质量竣工验收25个，竣工面积107万平方米；下发质量监督整改通知书25份；受理各项工程质量投诉28起，处理完毕28起。建筑工地安全。对18个在建工地开展各类大检查4次，涉及建筑面积171万余平方米、涉及施工企业11家，发现安全隐患171余项，发出安全整改通知书67份，指定专人负责、限期整改，发现的隐患全部整改到位；申报“江西省标准化文明工地”2个。燃气安全检查。全年开展4次燃气安全大检查大整治行动，对燃气生产企业、经营场站设备、燃气运输及单位燃气使用等进行全面检查，发现安全隐患22个，下达整改通知书22份。消防审核验收。完成消防验收项目34个，备案项目52个；对未经消防验收或验收不合格擅自投入使用的项目，下达限期整改通知书10份。

（张东和）

住房保障

【概况】 东乡区住房保障中心坚持“房子是用来住的，不是用来炒的”定位，实现稳房价、稳预期目标，支持合理需求，统筹各方资源和力量，强化协作配合，围绕房地产开发、公共租赁住房实物配租、棚户区和老旧小区改造、安置房建设、物业行业监管、房屋拆迁征收及房屋维修基金的收取和使用等方面，全面落实长效管理机制成效显著。引导开发企业合理定价、建立规范的新建商品房拟售价格会商议事机制，做好商品房买卖合同网签备案工作。全年办理商品房预售合同备案4401套，同比下降38%。其中，住宅3593套，同比下降34%；非住宅808套，同比下降52%。商品房销售备案面积48.08万平方米，同比下降36%。商品房住宅面积42.97万平方米，同比下降34%；非住宅面积5.11万平方米，同比下降50%。住宅均价约0.61万元，同比下降0.7%。存量房（二手房）网签备案总套数961户，成交面积12.92万平方米，成交金额59138.69万元。其中，住宅901户，成交面积12.24万平方米，成交金额55074.93万元。审核施测单位出具的开发楼盘商品房预测成果（面积）20.76万平方米，实测成果（面积）60.23万平方米。

【住房保障】 全年收缴租金800.98万元，完成发放公共租赁住房补贴家庭1000户，其中低保户175户，涉及1772人，实际补贴金额127.58万元。对住房困难的城镇帮扶贫困家庭以及享受抚恤补贴的参战退役军人家庭优先配租公租房。全年清退公租房186户，通过司法途径起诉35户。新聘引入社会信誉较好、服务质量较优的区城投物业管理公司进驻祥和、仁和、佳和三大保障房住宅小区，集中对化粪池污水管网、屋顶渗漏、园林绿化、充电桩建设和楼道清理等群众反映强烈的问题进行整治和改造。

【棚户区改造】 棚户区改造工作始终坚持以人民为中心，持续高位推进，各职能单位各尽其责，全面完成上级下达的棚户区改造任务。完成棚户区改造1000户。其中，货币安置156户，安置新房844套（东润华城安置房400套和东糖佳苑安置房444套）。截至2021年12月末，全区累计改造各类棚户区11481套（户），真正使棚户区居民“出棚进楼”，住房条件和居住环境得到改善。

【老旧小区改造】 重点对城区2000年前建成的居民楼普遍存在年久失修、设施不全、道路不平、雨天积水等问题进行调查摸底，根据居民意愿和需求，确定改造小区和内容清单。将小区生活功能改造和区域形象有效结合起来，在改造水电气及无障碍设施等配套建设方面，注重将建筑、文化等元素融入设计规划中，对具备改造增建条件的小区，配套建设社区工作站和物业管理用房，统筹建立养老、托幼、医疗等配套设施服务。老旧小区改造开工率100%，完成东亚制药厂宿舍、汽车配件厂宿舍、美林阁小区等10个老旧小区的改造，涉及66栋1157户，总改造面积10.68万平方米，实际投资额3500万元。

【房屋拆迁征收】 贯彻落实《房屋征收与补偿条例》，遵循决策民主、程序正当、结果公开的原则，严格按照相关法律、法规和条例规定，做到依法征收、和谐征收、阳光征收。完成房屋拆迁征收580户，总建筑面积12.99万平方米。其中，佛岭小镇7户、城北幼儿园2户、产城融合产业园3户、东金路延伸5户、自然资源部门征地项目1户、S208道路工程2户、大富变电站工程6户、王桥地质灾害点搬迁项目5户、东临环城高速40户、井山水库移民搬迁509户。

【物业服务管理】 完成《东乡

区物业专项维修基金管理信息系统》建设，东乡区70%的住宅小区实现物业服务全覆盖，由专业化物业企业提供服务的住宅小区过半。2021年，4594户套商品房业主在物业维修基金管理专户缴存3610.18万元，年度维修基金使用支出390.44万元，监督使用住宅质保金13.72万元，期满退回开发企业质保金667.87万元。及时处理"12345"、区长信箱、区委信访中心三大平台的信访投诉案件，回复满意率93%。在城市社区分批次、有计划地开展"党建引领·小区治理"行动，首批确定台湾花园小区等17个居民小区为"党建引领·小区治理"行动试点小区。完善"小区党支部+业主委员会+物业服务企业"三位一体协商议事联席会议制度，建立"社区—网格—楼栋—单元"四级党建网络工作体系和"网格长—楼栋长—单元长"三长党建管理体系。

【白蚁预防灭治】 区白蚁防治所针对当代城、祥生小镇、状元台、成功玖珺、御泷湾、君悦湾、景柱中心商务广场等开发楼盘，完成白蚁预防施药21.82万平方米。对区域范围内的单位用房、工业厂房、私建房及农民房等发生蚁害的建筑物进行白蚁灭治，灭治总面积3.18万平方米。

（杨俊彦）

城乡用地规划

【概况】 突出规划引领，积极配合市局做好《抚州市国土空间规划》（东乡区）编制工作，启动2020—2035年东乡区分区规划及城区周边4个乡镇（场）——邓家乡、虎圩乡、圩上桥镇、红星垦殖场联合单元国土空间总体规划编制工作。严格保护耕地和基本农田，节约集约利用土地资源，优化土地利用结构和布局，改善土地生态环境，统筹协调区域之间、城乡之间近远期之间的各业用地需求，对土地利用实行规划管控和用途加以管制，充分发挥土地资源最佳社会、经济和生态效益，为国民经济发展提供土地保障。编制土地整治专项规划，整合协调东乡区农用地整理、农村建设用地整理、土地开发复垦及耕地后备资源调查等，耕地质量显著提高。

【规划审批消化存量】 2021年，办理选址意见书12件，总面积13.24万平方米。其中，单位选址8件，面积10.41万平方米；乡镇选址4件，面积2.83万平方米。办理建设用地规划许可证149件，总面积58.11万平方米。其中，单位用地26件，面积53.37万平方米；乡镇用地11件，面积3万平方米；个人用地142件，面积1.75万平方米；个人建设工程（副本）121件，面积3.97万平方米。办理建设工程规划许可证236件，总面积125.91万平方米。其中，单位工程26件，面积108.91万平方米；乡镇工程5件，面积9.44万平方米；个人工程205件，面积7.55万平方米。办理建设工程竣工规划核实合格意见单26件，面积101.87万平方米，"两违"查处工作有序进行。办理个人用地规划许可证149件，面积2.78万平方米；个人工程（副本）规划许可证49件，面积1.91万平方米；个人工程115件，面积5.55万平方米。2008年以来计入2021年度新增批次批而未用总面积504.2公顷，消化周期4.2年。市局下达任务数173.33公顷，举证消化面积86.71公顷，消化周期下降至3.5年。批而未供土地任务数162.47公顷，消化142.33公顷。闲置土地任务数80公顷，正在处置闲置土地80.01公顷。

【城乡增减挂钩项目实施】 对2010年已验收的增减挂项目地块进行清查，涉及7个批次287个地块，对验收的地块进行影像套合，完成清查数据库建库和汇交工作。2018年增减挂项目拆旧区涉及13个乡镇（场）的67个拆旧点，面积65.09公顷。各乡镇（场）对项目区进行拆迁复垦工作基本完成，经竣工测量完成40个拆旧点，面积30.20公顷，10月份通过市局组织的专家评审，对照专家提出的意见及建议进行修改。2019年增减挂项目实施地块39个，面积62.41公顷，正在对项目进行财政结算及收集其他验收资料，待资料收集好后报市局验收。

（张　荣）

重点工程建设

【概况】 2021年，东乡区安排重点项目65个，其中新建项目38个、续建项目27个。计划总投资151.415亿元，政府投资87.056亿元（含上级配套资金及专项债券），带动社会投资约64.359亿元。新建项目38个，项目总投资62.96亿元，政府投资36.41亿元（含上级配套资金及专项债券）；续建项目27个，项目总投资88.455亿元，政府投资 50.646 亿元（含上级配套资金）。项目覆盖市政交通、医疗保健、文化教育、园区建设、乡村振兴、休闲旅游、农田水利等领域。

【项目管理】 组织领导：成立区重点工程建设领导小组，领导小组下设办公室，办公室设在区重点工程服务中心。领导小组按照“统一指挥、两个防止、三项协调、四个统一、五个及时”的工作要求，科学有效地开展工作。工作职责：由区重点工程服务中心负责监督和检查重点建设项目计划执行情况，协调解决建设中的问题；配合有关部门对重点工程项目的工程质量、工作进度和资金使用情况进行监督检查，组织重点项目建设调度统计和信息工作。项目督查：采取明察暗访、查看资料、实地察看等方式，对全区域重点工程推进情况进行定期与不定期督查，每月末将督查情况以书面简报形式予以通报，工程进度督查简报及工程质量督查简报共印发 10 次。工程变更签证：由指挥部组织参建五方主体，住建局、财政局、审计局、重点工程服务中心等相关单位现场进行论证，形成调研意见后提交重点工程领导小组会议研究予以通过，方可进行工程量的调整。严把资金拨付关：工程建设资金实行拨付审批一支笔制度，并严格按照重点工程管理办法的资金拨付流程执行。考核评比：2021 年评选项目先进指挥部 6 个、先进服务单位 6 个、先进个人 24 名。

2021 年重点工程建设一览表

表 6

年度	续建项目	新建项目
2021	东润华城小区	老旧小区改造工程
	东糖佳苑小区(含道路畅通工程)建设工程	学前教育建设工程
	城中村改造工程	教育体育事业发展中心建设项目以及东乡八小(大富小学)异地新建工程
	井山嘉园小区(含东乡区第七幼儿园)建设工程	东乡区乡镇中小学幼儿园改扩建以及重建工程
	东乡一中改扩建工程	东乡区水系连通工程
	东乡区技工学校新校区建设工程	东乡区小型水库除险加固工程
	城北学校建设工程	城区小游园＋停车场建设工程
	城北公园建设工程	城南农贸市场及停车场工程
	城南学校建设工程	城区主干道沿街立面改造工程
	城南公园建设工程	城区支路及部分老旧住宅小区雨污水分流改造工程(二期)
	新中医院改造提升工程	雄岚大道以西道路以及邓家集镇改造提升工程
	新妇幼保健院建设工程	集镇改造提升二期工程
	井山水库建设工程	城市道路网完善及提升工程
	圩堤加固工程	东乡区国有粮食仓库“退城进郊”工程
	高标准农田建设工程	区人民医院感染科改扩建建设项目
	抚州市东乡区沿沪昆铁路下穿道路及江家路建设项目	区第二人民医院医养结合型老年康养中心建设项目
	208 省道东乡段改建工程	东临环城高速对接艾兴大道连接线工程
	424 省道东乡段改建工程	建设路南延伸对接金峰北路工程
	城市道路建设及提升工程	城区道路改造提升项目
	县道升级改造，乡道双车道，建制村优选通达路线、旅游公路拓宽工程	南英大道沿线景观改造提升工程
	城区主干道改造提升工程	区废弃矿山生态修复治理项目
	道路景观及城市出入口节点建设及改造提升工程	东乡三中改扩建工程
	党建＋城市大脑(智慧城市)工程	东乡区疾病预防控制中心以及集中医学留观中心建设工程
	东乡区城乡供水一体化工程	110kV 大富岗变电站迁改、城投业务用房以及科技孵化园变电站建设工程

续表 6

年度	续建项目	新建项目
2021	东乡区粪污一体化整合推进项目	朝阳大道北延伸建设工程
	玫瑰特色小镇项目	艾兴大道东延伸建设工程
	东乡区畜禽粪污资源化利用整合推进项目	公共交通枢纽中心建设工程
	—	东乡区幸福水库省级湿地公园建设工程
	—	花果山生态园提升工程
	—	智慧文商旅夜市街工程
	—	东乡区智慧停车系统、社会停车场以及城区路灯改造建设工程
	—	区餐厨垃圾无害化处理场建设项目
	—	经开区科技产业园
	—	东乡区工业科技综合及城投服务大楼工程
	—	城市公交枢纽建设工程
	—	科技孵化园排洪渠建设工程
	—	东腾工业园东腾大道北延伸段建设工程
	—	渊山岗工业园提升改造工程

【老旧小区改造工程】 对美林阁、东亚制药厂宿舍等10个老旧小区进行改造，总建筑面积10.68万平方米，涉及66栋1157户。其中，老木竹市场集资楼（共3栋93户）因2020年已完成改造，现该小区置换为水果批发市场小区，共4栋119户，总建筑面积1.42万平方米。供电局宿舍楼、珍妮公司宿舍、财保宿舍楼等老旧宿舍（共7栋112户）因区政府将其纳入棚户区改造范围，现该小区置换为铜矿小区西二区，共7栋168户，总建筑面积0.939万平方米，项目总投资5亿元。

【新中医院改造提升工程】 新中医院进行改造提升，包括医养结合大楼及庭院装修工程，中医文化、廉政文化、党建文化宣传工程，门诊大楼装修改造工程，门楼建设工程。项目总投资2000万元。

【城区主干道沿街立面改造工程】 对龙山大道（雄岚大道交叉口至环城路交叉口）进行立面改造提升和道路景观改造，全长1.5千米，改造范围主要包括道路两侧西街面22处街巷出入口、东街面16处街巷出入口、雄岚大道交叉口、环城路交叉口等，项目建成后将有效塑造“风情东乡”特色文化商业氛围，美化片区居住环境，引领城镇文化商业整体品质与城镇形象。项目总投资3000万元。

【党建＋城市大脑（智慧城市）工程】 项目主要建设内容包括：“1个大脑”，即东乡区城市大脑。城市大脑位于区行政服务大厅三楼，包括城市运行管理指挥中心、党建＋展示中心、会商决策中心和数据中心，建筑面积675平方米。“1张地图”，即全区一张图。在城市三维地图中管理党建、人、地、事、物、民情等基础数据，整合现有智慧城管、智慧环卫、智慧医疗、智慧农业、智慧园区、智慧公交等信息系统数据。在一张地图上汇聚展示各类信息，建成虚拟城市。“3大平台”，即基层治理平台、管理监督平台和指挥决策平台。项目总投资5000万元。

【粪污一体化整合推进工程】 项目涉及孝岗镇、小璜镇、珀玕乡、杨桥殿镇、圩上桥镇、虎圩乡、黎圩镇、王桥镇、瑶圩乡、甘坑林场、红星垦殖场、红光垦殖场、邓家乡、詹圩镇、马圩镇15个乡镇场、1417个村小组的生活污水进行收集与处理。分集中式和分散式两种设计形式：集中式涉及污水管网工程、混凝土路面修复、污水处理终端设备基础工程，污水终端设备基础（分为5立方米/天、10立方米/天、20立方米/天、30立方米/天、50立方米/天五种处理能力）；分散式主要由三格式化粪池、四格式化粪池及净化槽、生态花池组成。污水终端设备基础的污水池底板及池体为钢筋混凝土结构（C30P6 抗渗混凝土），污水经过处理后达标排放，就近排入水体。项目总投资 7.8 亿元。

【畜禽粪污资源化利用整合推进工程】 项目总投资 9996.04 万元，其中圩上桥镇和甘坑林场两个处理中心建设投资 4330.77 万元。圩上桥处理中心总占地面积 10130 平方米，总建筑面积 4317 平方米，主要建设内容包括沼液池、有机肥厂房、CSTR 一体化设备及沼气净化装置等。每年可处理畜禽粪 13 万吨，年产沼气 50 万立方米、有机肥 9000 吨、沼液肥 10 万吨。总投资 947.29 万元。甘坑无害化处理中心总占地面积 26080 平方米，总建筑面积 12345 平方米，主要建设内容包括沼液池、有机肥厂房、CSTR 一体化设备及沼气净化装置、存储装置及燃烧装置、消防装置、综合用房、办公用房及门卫室等。每年可处理畜禽粪 20 万吨，年产沼气 350 万立方米、有机肥 3 万吨、沼液肥 27 万吨。总投资 3383.48 万元。

【小型水库除险加固工程】 107 座一般小（2）型水库继续完成除险加固任务。其中，圩上桥镇 8 座、小璜镇 9 座、詹圩镇 10 座、孝岗镇 11 座、珀玕乡 3 座、黎圩镇 9 座、王桥镇 3 座、杨桥殿镇 17 座、邓家乡 10 座、瑶圩乡 10 座、虎圩乡 8 座、马圩镇 2 座、红星垦殖场 4 座、红光垦殖场 3 座。建设内容主要为新建溢洪道加固、新建贴坡排水、新建坝顶道路、新建上下游草皮护坡、完善工程运行、管理及防汛设施，项目总投资 6000 万元。

（李志鹏）

城市管理

【概况】 坚持以人民为中心的发展思想，紧扣城市管理中心工作和年度目标任务，全面提升市政设施、环境卫生、夜景亮化、城市市容、公共服务等方面的形象。积极利用共治、精治、法治、慧治、情治等城市管理新思路、新举措，履行城市管理职能，推动城市管理各项工作保持良好发展态势。2021 年获评第十六届江西省文明单位、江西省生态文明建设先进集体、抚州市信访工作先进单位等。

【构建立体网络】 积极实践“共谋、共建、共管、共评、共享”的城市治理理念，最大限度激发市民参与城市管理，初步实现城市管理良好共治局面。凝聚文明力量，弘扬服务精神，城管志愿者协会开展志愿活动 20 次，组织志愿者长期坚守在实验小学、东乡三中等 12 所学校门口维护上下学交通秩序，进行文明劝导。通过设置展板、举办文艺演出等形式先后走进 12 个社区开展丰富多彩的“城管进社区，服务面对面”主题活动，参与市民累计 6000 多人次。拉近城管与市民的沟通距离，建成使用的 17 个城市驿站共为市民提供学习、休息等服务 3000 多人次。

【细化管理措施】 探索城市精细化管理机制，从点滴处入手、由细微处着眼，完善城市服务功能。细化管理措施。通过点对点的网格化精细化管理机制，共劝导、摆正乱停放非机动车 10 万余辆，整治占道经营、劝导流动摊点 2.2 万余起，清理建筑垃圾 2.4 万余立方米，查处违规渣土运输行为 100 余起。完善城市功能。加快排水设施维修改造力度，累计新建、改造污水管网长度 25.4 千米，新建、改建雨水管网长度约 19.5 千米，新建公共停车泊位 2000 余个，新增城区环保公厕 13 座。提升城市品位。打造集外立面统一、人行道彩色、路灯智能化的龙山路示范街，集中拆除乱搭乱建 9.5 万余平方米，拆除大型违规广告 4 处，处理破损违规户外广告 1600 余处，清理破损条幅 1000 余幅，规范店牌店招 68 家，制止流动宣传车辆、老年腰鼓队及商家各种队伍上街宣传活动 40 余次，铲除“牛皮癣”小广告 21800 余处。

【依托智能技术】 发挥“智慧城管”平台作用，增强城市治理的主动性、精准性，提升城市管理数字化、智能化、精细化水平。通过智能设备监控，让城市乱象无处遁形，在原有视频基础上引进多功能安全保障设备，对城区监控死角开展全覆盖。依托智慧城管指挥调度平台和城市管理网格服务“7912319”热线电话，快速处理市民反映的城市管理问题，全年共计受理问题 3052 件。其中，本单位问题 2171 件，处置率 100%；外单位问题 881 件，均向市民指引方向并提供渠道，或帮其向相关部门反映问题。受理“12345”政务服务热线平台信访件 627 件，全部处理完成，处置率 100%。

【聚焦群众关切】 紧盯难点、痛点、堵点发力，倾听群众呼声，聚焦群众关切。按照“创卫”标准，对城区7个农贸市场实施提升改造，营造便利的交易购物环境。加强广场舞、商业经营高音广播喇叭等噪声源头管控，减少环境噪声污染，制止各类噪声问题2300多起。加大禁止燃放烟花爆竹工作力度，持续做好劝退禁售、宣传巡查工作。加强建筑工地夜间施工监督检查，严格要求施工工地控制施工时间。加强餐饮油烟整治，督促城区433家餐饮店安装使用油烟净化设备，处理市民投诉案件165起，日常排查发现并整改问题432件。加大工地施工扬尘治理力度，拆迁工地严格落实100%湿法作业。

【保障城市运行】 做好重点区域、重要节日、重大活动各项保障工作，强化高考、春节及大型庆典活动期间管理与保障力度，确保市容市貌整洁有序、各类设施安全运行。要求一线执法人员主动为市民提供出行协助、失散人员寻找、矛盾纠纷化解等优质服务。一线执法人员为市民提供乘客行李提带、落单儿童安抚、交通事故救助等服务200多人次。积极参与新冠肺炎疫情防控工作，组织执法人员认真做好防控知识宣传、人员排查、病媒生物消杀等工作。坚持问题导向，严格风险管控，加强市政基础设施、市容环卫设施、户外广告设施、建设施工维护和作业、城市照明灯饰、排水设施、市场消防等方面的安全监督管理。巩固城市运行安全，先后对城区道路、桥梁加装波形护栏704米、防撞护栏778米、混凝土护栏99米、三波护栏400米、喷涂反光漆1330平方米，巡查维护管网39千米，更换破损雨水箅子和井盖850个。

（程思粤）

市场管理

【强化管理】 加强秩序管理。对各市场各区域采取定目标、定岗位、定人员、定责任，加强日常巡查，规范各类摊点摆放，对市场内进行划行归市、划线管理，整治乱停乱放6.8万余辆，整治出店经营3.2万余起，整治占道经营0.68万余起。加强卫生管理。由专人每日负责市场环境巡查，督促劲旅公司加大市场保洁力度，对市场清扫保洁不到位的情况及时通知整改，督促劲旅公司每日完成8个市场保洁6万余平方米，2021年清理陈年垃圾10余万吨。开展专项整治。城区市场每月定期开展环境卫生专项整治行动，共开展24次，出动480人次，出动车辆24辆，每次取缔占道经营、场外交易等各类违章现象200余起，清理卫生死角240余处。重大节日开展全民清扫，每周五开展“每周一清洗”行动，开展市场内外卫生大扫除，清理各种垃圾杂物和蚊蝇滋生物，增设垃圾容器，保持下水道通畅，完善各类防蚊防蝇设施，组织除害专业队伍集中消杀；整治农贸市场7家，发动人员2800人次，治理脏乱道路760条56万余平方米，清除卫生死角2400余处，清除垃圾10余吨；处理乱停乱放车辆1.2万余辆，清理占道经营4000余处，清除乱张贴1500余张。市场病媒防制。注重科学用药，按技术规范执行，抓好除“四害”工作措施的落实，结合疫情防控工作，城区市场每日彻底擦洗市场摊位台面700余个次，重点对城区市场116个灭鼠盒鼠饵进行补填，补填鼠饵25千克。在城区市场大厅每天2次进行病媒消杀，投入84消毒液500千克，消杀面积500万余平方米。开展集中式消杀工作，联系疾控中心委托的专业消杀公司针对城区市场内的垃圾池（桶）、排水沟、农贸市场周边环境等进行集中消杀40余次，先后喷雾消杀面积约1.2万余平方米，投放灭鼠、蟑药60余份。

【疫情防控】 加强组织领导，强化责任意识。市场中心成立新型冠状病毒感染肺炎疫情防控工作领导小组，制定《新型冠状病毒感染肺炎疫情防控工作实施方案》《新型冠状病毒感染肺炎应急防控处置备案》，要求各市场做好防范，落实封控管理，城区市场只设一出一进两个口子，专人把控，严格落实“四查一戴”。对进出市场人员查询赣通码、行程码和疫苗接种码，禁止未佩戴口罩人员进入市场，让中高风险地区返回人员向社区报备，每日排查2万余人。加大宣传力度，引导群众做好防控。在城区农贸市场等人员密集场所利用LED电子显示屏显示防控小知识，发放宣传单3600余份，张贴各类防疫宣传画报260余张。开展新型冠状病毒感染健康教育宣传，加强消杀防疫，全力阻断病毒传播。落实对城区各市场防疫消毒，按照要求严格实施，消毒人员必须规范穿戴白大褂、帽子、手套及口罩，利用84消毒液每日两次对城区市场进行全面消毒，每日消毒覆盖面积1.4万余平方米，84消毒液用量8千克，营造洁净、卫生、健康的市场环境。

（程思粤）

城市绿化

【概况】 区园林绿化中心以“三年绿化品质提升”为抓手，做好园林绿化工作。建成区绿地面积1380.54万余平方米，绿地率47.72%，其中公园绿地面积为328.71万平方米，人均公园绿地面积25.76平方米，位居全市前列。

【绿化品质提升工程】 人民公园、城南公园、道路景观及城市出入口节点等5处重点工程建设工作取得成效。城南公园(EPC)、环城绿苑工程基本结束。人民公园改造工程市政部分已结束，绿化部分正在启动。道路景观、城市出入口节点建设及改造提升工程有序推进，在对子山路、艾兴大道市政工程进行改造。快速推进区技工学校改扩建、新妇幼保健二期绿化项目建设，合计栽种大小乔木1300余株，铺设草皮1万平方米。为了营造中国共产党成立100周年、中秋、国庆等节日气氛，集中安排时间与人员在城区主要道路节点栽种36万盆夏堇、孔雀草、矮牵牛等时令花草。从规划设计、苗木土源、施工细节等方面严格把关，提升种植苗木的景观效果。

【提升绿化养护水平】 做好苗木病虫害防治工作，及时剪除病虫枝，抓住喷药时机，完成公园绿地的喷药工作。对城区绿化实行精细化、分类养护管理机制，高标准做好城区的草坪、树木、绿篱整形修剪、死树枯枝清理、垃圾清运及路缘石、护栏维修工作。抓好20公顷坪基地建设工作，按照技术服务公司的要求，做好草坪基地日常种植、养护工作，销售草坪5万平方米。

【服务中心工作】 为重点绿化工程提供技术支撑，开展方案评审，确定苗木采购清单及控制价，参与绿化验收评审等；抽调专业技术人员专门从事涉征苗木的清点评估，实行随叫随到工作机制，确保苗木评估工作及时、客观、公正；做好公园绿地的创文创卫工作，帮助社区、小区开展绿地环境创建工作，做好管护绿地的环境营造工作。加班加点配合区委、区政府做好各类迎检项目的绿地环境整治，较好地完成国科、孵化园、东润华城、蔓兰酒店等6处迎检项目的绿化种植工作，提升迎检项目的绿化景观效果，展现东乡的良好形象。

（于松华）

城区投资发展

【概况】 2021年是城投集团加快市场化转型的关键一年，公司积极创新发展模式，完善管理体制和运作机制，培育核心业务和新的增长点，增强投融资能力，发挥融资功能和经营职能。集团公司从原来的纯粹政府融资性平台向经营性企业转变，管理从原来的行政化管理向公司化管理转变。集团公司完善现代企业制度，建立健全组织架构，完善班子建设。集团公司以转型升级为目标，以提升资产质量、增大资产效益为抓手，主动适应新常态，奋发有为、开拓创新，各项工作稳步推进。集团公司2021年度报表资产239亿元。集团公司、城市开发公司主体评级均为AA。

【运营】 科学布局业务板块，积极拓展市场化业务。基于区域城市综合发展运营商定位，充分挖掘、包装、利用城市资源，服务城市建设和促进地方经济发展。城投集团在物资资源、建设管理、地产开发、城市服务、国资运营、创融与创新六大板块进行各项业务的开拓和开展，根据业务需要整合成立全资子公司23家，控股公司1家，参股公司4家，共28家子（股份）公司。集团实行多元化运营，全年实现市场化业务营业收入18376万元，实现税收1187万元。

【工程】 城投集团子公司区房地产开发公司开发的区重点工程东糖佳苑和井山嘉园两个安置小区，总建筑面积约35万平方米，EPC总承包合同价10.7亿元。市政工程公司实施中基恒光（抚州）产业园、全区粪污一体化PPP项目、畜禽粪污资源化利用整区推进等项目。子公司江西建晟水利工程公司实施全区107座小（2）型水库除险加固工程。

【融资】 全年新增融资到账32.289亿元，其中通过国家政策性银行项目贷款融资8.2亿元，成功发行公司债券9亿元，其他各类金融机构融资合计15.089亿元。

（程祎青）

环境保护

综　述

2021 年是实施生态环境保护“十四五”规划开局之年，东乡区生态环境保护工作坚持以生态文明思想为引领、以改善生态环境质量为目标，严守生态环境质量只能变好、不能变坏底线，以解决人民群众突出生态环境问题为重点，加大生态环境保护工作组织调度，严密压实相关部门问题整改责任。东乡生态环境局组织召开区环委会 2021 年全体会议 3 次，大气、水、土壤等 10 个专委会先后组织召开全体会议 2 次。中央第二轮环保督察组进驻江西 1 个月期间，组织召开环保督察问题整改专题调度会 8 次，高效推动东乡区生态环境保护工作落地见效。

2016—2021 年，中央等各级环保督察反馈东乡区突出生态环境整改问题 258 个。2021 年，在生态环境局组织下，完成整改 206 个、尚未达期限未完成整改 21 个、长期坚持整改 31 个，以实际完成整改数和未完成整改数为计算基数，整改完成率 90.7%。东乡生态环境局承办“12345”平台转办和区信访交办环境污染信访件 118 件，办结 113 件，办结率 95.76%。为提高各级环保督察问题整改销号率和各类环保问题限时办结完成，生态环境局全年下达专攻问题整改通报 4 次、整改督办单 19 份，统筹组织召开专题问题整改会 8 次，完成中央等各类环保督察反馈问题和交办信访件问题整改 258 个，整改完成率 90.7%。

东乡区生态环境质量基本实现稳定达标。2021 年 4—5 月顺利通过中央第二轮环保督察组下沉督察，督察期间交办东乡区环境信访件问题 19 件，完成整改并申请上报销号 14 件，其他 5 件正在整改落实中；顺利通过 2020 年全市污染防治攻坚战成效考核，取得全市污染防治攻坚战成效考核第 1 的好成绩，东乡生态环境局荣获全国 2020 年度打击危险环境违法犯罪行为活动表现突出集体称号。

生态环境局出动环境执法力量 860 多人次，关停整治企业 6 家，实施各类环境违法行政处罚 185.2 万元，办理移送公安机关环境违法案件 3 起，实施行政拘留 2 人、刑事拘留 5 人。

（李荣华）

环境保护

【概况】 为了促进东乡区的环境质量，生态环境局坚持减污降碳协同，按照精准治污、科学治污、依法治污的要求，全面统筹协调推进打好污染防治攻坚战，用生态环境高水平发展来保障全区经济社会高质量发展。2021 年，东乡区获批全国 APEC 绿色低碳示范县（区）、全省生态文明试点县（区），获得江西省政府 2020 年至 2021 年鄱阳湖区越冬候鸟和湿地保护工作考核通报表扬。江西润溪渔业有限公司荣获省级生态文明示范基地称号。

【环境监测】 生态环境局开展北港河、瑶河断面水质监测 12 次、幸福水库水质监测 4 次、266 座小（2）型及以上水库水质监测 1 次，城区饮用水水源地水质稳定在地表水Ⅲ类标准及以上，主要河流省考断面瑶河瑶圩桥水质稳定在地表水Ⅲ类标准、北港河罗溪桥水质达到地表水Ⅲ类标准，同时加强幸福水库水质自动监测站和瑶河瑶圩桥水质自动监测站的运行监管。2021 年东乡区城市空气环境质量 $PM_{2.5}$ 平均浓度为 19 微克/立方米，全年优良天数为 364 天，优良天数比例为 99.7%，这一监测结果为全区生态环境保护和环境监管执法提供了数据支撑。

【污染防治】 打赢蓝天保卫战。生态环境局强化工业大气污染防治，引导企业使用管道天然气清洁能源，实施废气治理，加大环境执法巡查力度，严厉打击违法排污行为。投入170万元安装涉VOCs废气监测设施1套，督促5家企业完成VOCs重点行业绩效评级。开展农作物秸秆综合利用与禁烧专项行动，2020年农村秸秆禁烧事权下放各乡镇（场），东乡生态环境局在重点季节派出人员开展专项检查。2021年，东乡区得到省反馈火点黑斑2个、市反馈火点黑斑3个。打好碧水保卫战。对1个百吨千人以上农村饮用水水源地情况进行摸底，建立和完善集中式饮用水水源地“一源一档”档案，完成水环境保护区标识划分，不定期开展饮用水水源地专项整治行动，确保饮用水安全。加强入河排污口摸排管理，东乡生态环境局与区水利局继续对辖区北港河月均值超标断面的上游5千米范围内开展入河排污口排查，建立相关台账，落实整治单位和措施，定期开展水质监测。打好净土保卫战。完成7个村庄环境整治任务，初步编制3个国家地下水点位考核达标或改善方案，上报矿山开采环保整改问题20个，全面完成整改任务，完成化工园区41个点位地下水环境污染状况调查。

【生态保护】 注重生态环境保护规划引领，完成东乡区生态环境保护“十四五”规划编制，高起点谋划“十四五”生态环境保护建设项目12个，根据《抚州市“三线一单”分线管控实施意见》要求，将东乡区划定优先保护单位1个、重点管控单元3个、一般管控单元3个，制定出台《东乡区构建现代生态环境治理体系实施意见》，积极开展全国工业园区清洁化生产审核创新试点申报。

（李荣华）

气象工作

【概况】 2021年，东乡区气候特征总体表现为气温略高，降水量偏少，日照偏多。年平均气温19.0℃，较常年偏高1.0℃，全年大部分时段以气温偏高为主，其中2月平均气温偏高4.1℃，9月平均气温偏高3.1℃，4月平均气温明显偏低，日最高气温38.9℃（7月15日）。

城区年降水量1357.7毫米，较常年偏少433.5毫米。2021年降水明显偏少，除5月、8月降水偏多，1月、2月、3月、4月、6月、7月、9月、10月、11月、12月较常年呈整体偏少的趋势，5月降水421.8毫米，比常年同期偏多181.2毫米，其余月份均有不同程度偏少，其中6月降水145.4毫米，较常年偏少186.7毫米；主汛期降水也明显偏少，主汛期降水较常年同期偏少13.7%。日最大降水为5月22日降水74.0毫米；日降水大于50毫米有3天，分别为5月11日、5月22日、8月12日；降水日数142天。最长连续降水日数12天，时间段为5月16日至27日，累计降水量254.9毫米；最长无降水日数23天，时间段为9月21日至10月13日。

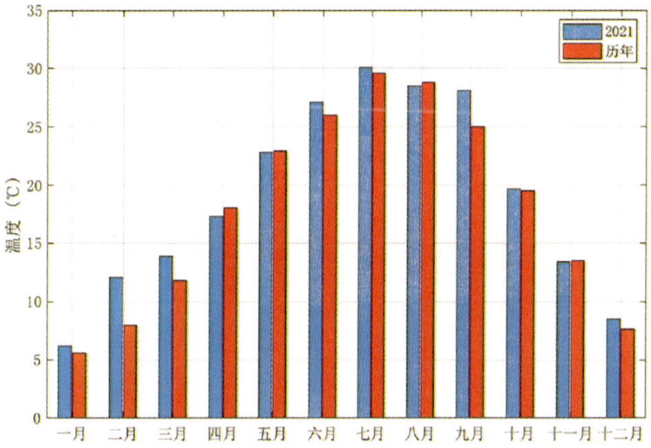

图4 东乡区2021年各月温度及常年平均值柱状图

年日照时数1738.3小时，较常年偏多68.3小时，7月、8月、10月日照时数偏少；下半年因为连晴天气较多，导致日照总体偏多，1月偏多84.4小时，9月偏多103.8小时。

【气象灾害】 受厄尔尼诺和拉尼娜现象影响，东乡区的强对流、暴雨洪涝、高温、低温阴雨、寒潮等灾害性天气多发、重发。2021年，东乡区出现1次造成经济损失较大的暴雨洪涝灾害，此灾造成群众紧急转移、住房损毁、农作物受灾减产，给灾区群众财产造成巨大损失，生产生活造成困难。受高空低槽和中低层切变线影响，5月19日8时至22日16时，全区平均降水量为156毫米，15个站点雨量超过100毫米，其中以王桥村284.3毫米为最大。据统计，19日开始的降水过程，据统计，造成农作物受灾面积390公顷，直接经济损失172.5万元，受灾3223人，无因灾死亡、无倒塌房屋。

（黄　伟）

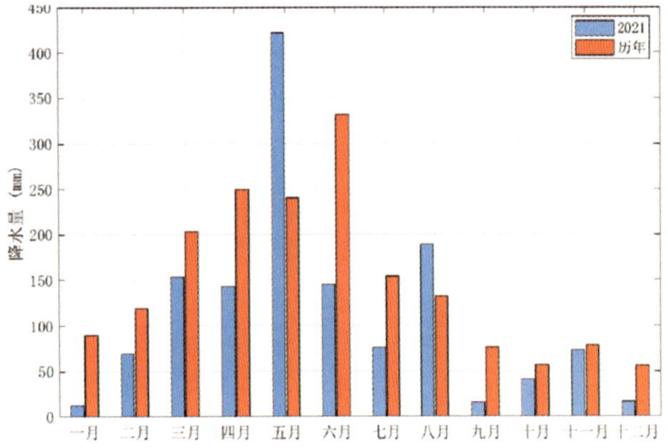

图5 东乡区2021年各月降水量及常年平均值柱状图

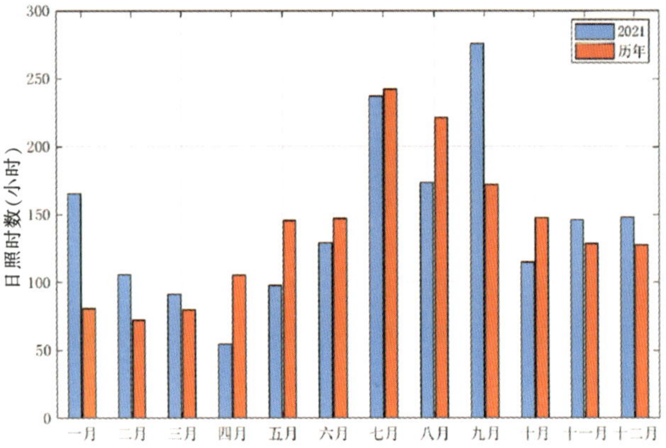

图6 东乡区2021年各月日照时数及常年平均值柱状图

水文工作

【概况】 马圩水文站位于东乡区马圩镇上车村，北纬28°08′、东经116°27′，属抚河水系延桥水，集水面积583平方千米，为区域代表站，属临川水文水资源监测大队管辖。辖区有国家重要水文站2个（临川廖家湾站、娄家村站），区域代表站3个（东乡马圩水文站、资溪柏泉水文站、金溪琅琚水文站），国家基本水位站1个（临川解放桥水位站），中小河流水文站2个（东乡南坪水文站、临川嵩湖水文站）。南坪水文站坐落于东乡区马圩镇马圩村委会马圩老街村，属抚河水系北港水，集水面积386平方千米，为中小河流新建站。2015年10月由省水文局设立，2016年9月试运行，2017年1月正式运行，观测项目有水位、雨量、流量监测等。水文站承担北港水文调查与勘测、水文水利计算、河道地形测量等水文业务。南坪水文站主要任务为向地方政府主汛期提供防汛决策资料。

【雨水监测】 2021年，流域平均降雨1662.5毫米，比多年平均降雨减少6.7%，比上年平均降雨减少15.6%。2021年，马圩站年平均水位29.89米，出现年最高水位34.10米（5月23日），超警戒0.1米（警戒水位为34米），出现年最低水位为29.27米（7月16日），属中水年份。

【水文防汛】 南坪站年平均水位29.79米，出现年最高水位33.51米（5月23日），出现年最低水位29.02米（7月13日）。从时间分布看，3月至8月降雨量偏多，1月、2月、9月、10月、11月、12月降雨量偏少，汛期共出现2次较强的降雨过程，主要分布在5月下旬、6月上旬。从空间分布看，降雨主要集中在小璜镇、圩上桥镇、王桥镇，年平均降水量以王桥镇1850毫米为最大，圩上桥镇1830.5毫米次之。单次过程降雨量较大，短历时暴雨集中，境内马圩水文站超警戒线。2021年，马圩水文站共发出水情预报8份，预报合格率99.0%以上，同时为各级领导和有关部门发出雨水情报20余份。

（杨　溢）

DONGXIANG YEARBOOK 2022

教育・体育

教　育

【概况】 东乡区共有各级各类公办学校 109 所。其中，小学 89 所（完全小学 23 所、村小及教学点 66 个），初中 16 所（含九年一贯制学校 8 所），完全中学 1 所，高级中学 1 所，特教学校 1 所，职业学校 1 所。在校学生 65333 人。其中，小学 35242 人、初中 18069 人、高中 8893 人、职教 3056 人、特教学校 73 人。小学阶段适龄儿童入学率、初中阶段适龄少年入学率均达 100%，初中三年保留率 99.5%。有各级各类幼儿园 86 所（城区公办幼儿园 5 所、乡镇公办园 16 所、民办幼儿园 65 所），省级示范性幼儿园 2 所，市级示范园 12 所；在园幼儿 14270 人；学前三年毛入园率 95.14%。在职教师 4224 人（高中 515 人、初中 1143 人、小学 2172 人、特教 20 人、幼儿园 247 人、职教 127 人），退休教师 1918 人。

东乡区教体局坚持教育优先发展战略，以办好人民满意的教育为宗旨，不断加大教育投入，教育事业稳步发展，各项工作顺利推进。先后获评全国群众体育先进单位、江西省平安校园建设优秀县（区）、江西省“中小学幼儿园教师国家级培训计划”示范县（区），抚州市扫黑除恶专项斗争先进单位、抚州市 2016—2020 普法先进单位等荣誉。东乡区教体局在抚州市教体系统庆祝中国共产党成立 100 周年“红心向党”大合唱比赛中荣获一等奖，获得抚州市第六届运动会竞技体育贡献奖一等奖等 10 多个市级以上奖励。东乡区教体局被评为抚州市第十一届文明单位。

【基础教育】 东乡区教体局推进义务教育优质均衡发展。全面落实义务教育经费“三个增长”，严格执行政府定期议教、政府领导联系教育、教育督导等制度，严格落实挂点乡镇学校制度，做到四套班子领导每人定点联系 1 所以上学校，每年为联系学校办 1～2 件实事，解决一批教育发展瓶颈问题。积极推进教师交流轮岗改革工作，将省特级教师、省市学科带头人和骨干教师、区优秀教师等一大批“名师”送到农村学校交流，严格执行小学就近、初中划片招生政策，严格控制班额并保持每班人数逐年下降，有效破解义务教育“择校”难题。推行高中指标到校，严格落实普通高中“均衡生”政策，保障学生公平享有优质教育资源的权利。破解“大班额”“大校额”难题。积极推行建新校、改旧校、扩班级、增学位、分学生等举措，有效破解城区学校“大班额”“大校额”难题，中小学起始年级成班率得到有效控制，小学一年级均在 45 人以内，初一年级均在 50 人以内，各学段学校学生总人数逐步达到优质均衡发展的要求水平。破解“读不起”难题。通过减、免、捐、垫、补等措施，确保全区没有一个学生因贫失学。严格保障各类人员公平入学就读，对随迁子女不歧视，特别是为进城务工就业农民子女入学专门开设绿色通道，依法依规“阳光”招生，杜绝“择校”现象，促进教育公平。在全区学校范围推动第二课堂的活动，积极推进素质教育，积极实施“一校一品”，创建特色学校。开展课后延时看护服务工作，有效解决下午“三点半”难题。实施依法治教，全面推行教育收费报告、公示、督查、问责制度，保障义务教育均衡发展。

【成人教育】 成人教育主要由电大、自学考试、电化教育和成人技能培训4个部门组织承担。电大函授由教师进修学校承担主办，成人高校招生与自学考试由教体局招生办承担主办，电化教学由教体局仪器电教站承担主办，成人技能培训由职教中心主办。区委党校也承办过一部分成年函授学习，函授结束，也发给学员结业证书。区成人教育工作主要是区招考办承担的成人高校招生与自学考试工作，其他业务部门开展的工作不多。成人学历提升招生考试工作，区报名点报名各类成人高考总报名数2522人，其中，专升本1247人、高达专971人、高达本258人，录取总人数2010人。针对自学考试工作，区教体局招生办及时制定对策和调整工作方法，增强服务意识，积极满足广大考生的教育需求，为考生提供全方位服务，扬长避短，促进自考事业的健康发展。

【民办教育】 根据抚州市委教育工作领导小组下发的《关于印发〈抚州市规范民办义务教育发展专项工作方案〉的通知》精神，东乡区采取多项措施，核减民办义务教育学校的招生规模，增加公办学校学位，满足人民群众对优质教育资源的需求。自2021年春开始，不再审批新的民办义务阶段学校。东乡区民办义务阶段学校现有1所普通小学、1所九年一贯制学校和1所完全中学（含初中部），义务阶段在校学生1571人，教职工191人；民办幼儿园65所，在园幼儿14270人，教职工1122人。

完善政府主导、社会参与、公办民办并举的学前教育办园体制，加强对普惠性民办幼儿园的扶持和管理，提高保育和教育质量，扩大全区学前教育学位供给，科学规范学前教育管理，努力建成广覆盖、保基本、有质量的学前教育公共服务体系，促进学前教育事业健康发展，东乡区坚持“公民办并举，两条腿走路”的方针，积极创设条件，鼓励和扶持民办学前教育做强做优，区政府及时出台《关于扶持社会资金创办普惠性民办幼儿园的实施办法》，通过不断完善配套政策，落实民办学前教育享受税收、教育用地、园舍建设等优惠政策。继续加大普惠性民办幼儿园扶持力度，认定普惠性民办园40所，区财政安排专项资金360万元用于补助扶持普惠性民办园。区教体局把民办幼儿园教师纳入统一管理，保证落实“六同”待遇，促进全区学前教育整体水平的全面提升。

【学前教育】 出台《东乡区乡镇公办幼儿园达标建实施方案》，完成“一乡一园”建设任务。东乡区安排乡镇中心幼儿园建设项目16个，现有乡镇公办幼儿园均开园招生，做到乡镇公办中心幼儿园全覆盖。2021年安排专项资金188万元，用于乡镇中心幼儿园保教设备实施采购，提升乡镇公办园办园水平。争创省市级示范性幼儿园，2所幼儿园被评为江西省级示范性幼儿园，12所幼儿园被评为抚州市一级一类幼儿园。截至2021年末，城西、城北、井山幼儿园建设工程，开工前相关手续、土地征收、图纸设计等已经完成，星港湾、当代城、壹号院等3所小区配套幼儿园项目已经建成，利用发行地方政府债券为契机规划新建第三、第四幼儿园，投资900万元用于扩建孝岗镇幼儿园和改扩建区第五幼儿园，进一步提高公办幼儿园占比。坚持“公民办并举，两条腿走路”的方针，积极创设条件，鼓励和扶持民办学前教育做强做优。进一步推进小区配套幼儿园建设，建成已投入使用的公办园3所，主体建设竣工的幼儿园4所，转办普惠性民办幼儿园5所。

【特殊教育】 把特殊教育作为“两基”的一个重要指标来抓，坚持“补偿缺陷，全面成长，学会生存，适应社会”的办学目标，紧扣“为每一个孩子的幸福人生奠基”的办学理念，育人环境不断优化，逐步构建起以特殊教育学校为骨干、以“随班就读”为主体的特殊教育体系。东乡区财政严格按生均公用经费6000元标准拨付到校，同时每年安排5%残疾人就业保证金用于开展学校的职业教育与培训。学校所有在校生学杂费全免并享有政策规定的各项补助。特殊教育学校涵盖听力、智力残疾以及自闭症的补偿教育，义务教育阶段特殊教育的办学功能基本完善，“三残”儿童少年入学率100%。特殊教育尝试向学前教育和职业教育两头延伸，开设学前教育自闭症康复课程、高年段职业教育课程，实施行为、语言、认知、心理等方面的训练，注重他们的生活自理、语言发展、劳动安全及劳动技能教育。创新研发送教上门培训材料，做好送教上门工作。

【高考出彩】 坚持教改提质、突出多元模式，促进普通高中优质发展。东乡一中高考再续辉煌、再创新高：理科考生学生程晟679分，江西省第86名，被北京大学录取；理科考生学生危思越675分，江西省第127名；文科第1名学生杨鑫642分，被武汉大学录取；全校600分以上96人、理科660分以上7人，一本上线人数和上线率保持抚州市县级中学前列。实验中学艺体高考成绩再创新高，261名艺体高考生录取二本以上186人。

【学生风采】 在江西省第十届“艺德杯”大、中、小学师生艺术作品征集活动中，东乡二中一学生获初中书法组省一等奖，其他奖项共10人次。江西省教育系统庆祝中国共产党成立100周年师生合唱展示选拔活动中获一等奖1个、三等奖2个；在庆祝中国共产党成立100周年诗词大赛中获中学生古体诗词组一等奖3个、二等奖4个，中学生现代诗组优秀奖3个；2021年江西省青少年机器人竞赛小学组三等奖1个；第36届江西省青少年科技创新大赛少年儿童科学幻想绘画二等奖1个；在2021年抚州市中小学“三色文化”教育活动中获得一等奖3个、二等奖4个、三等奖9个。全区70%以上的学校定期举办艺术节活动，100%的学校开展歌咏比赛、美术书法比赛等不同形式和规模的艺术活动。东乡区教育体育局、东乡区荆公小学、东乡区杨桥小学获抚州市“三色文化”教育活动优秀组织奖。

【教育资助】 2021年度东乡区资助脱贫户等贫困家庭学生11186人次，发放资金609.55万元，免义务教育“零收费”68.57万元；学前教育资助596人次，资助金额27.45万元；义务教育资助5697人次，资助金额184.42万元；普高资助1041人次，资助金额104.22万元；中职资助2130人次，资助金额224.89万元。受助比例100%。

【教师录用与培训】 采取“三定”办法，即教师定期补充、定期培训、定期交流。2021年引进、招考录用教师补充教师300人，其中，面向社会公开招聘中小学教师155人，安排免费师范生和“三定向”毕业生84人，安置“三支一扶”转正人员3人，从外地引进教师24人，招聘编外合同制教师34人，比2019年净增教师222人。通过制度的形式明确城乡干部教师交流方式，明确“上挂下派”时限，发挥优秀干部教师示范带动作用。作为江西省首批改革试点县，按照省市要求，制定《东乡县推进义务教育学校校长教师交流轮岗工作意见（试行）》《东乡县义务教育中小学校长教师交流轮岗工作实施细则》等文件，297名校长和教师参与交流轮岗，有效地盘活教育资源。

体　育

【概况】 东乡区体育工作坚持以人民为中心的发展思想，做好疫情防控工作，完善体育基础设施，积极推进项目建设。着力推进“体教结合”，积极组织参加各类省、市竞技体育比赛，稳步有序开展丰富多彩的群众体育活动，加强教练员培训，全力培养体育后备人才，开展体育彩票销售工作，较好地完成年度计划，荣获全国群众体育先进单位称号。

【体育设施】 完成城市公共体育服务设施建设规划编制，建成城市公益性篮球场、羽毛球场及红星、城北体育公园、龙山公园、体育馆西北等7块社会足球场，实现城市80%街道设有1处篮球场或羽毛球场公益性健身场所，人均体育设施面积1.8平方米以上。城乡公共体育设施不断增加，各类体育设施的开放率和利用率有较大提高，形成各级各类体育设施布局合理、互为补充、覆盖面广的网络化格局，人均体育设施面积2平方米以上。

【群众体育】 完善国民体质监测制度，建立健全区国民体质监测体系，完成新一轮的国民体质监测工作。举办安塞腰鼓社会体育指导员培训、体育舞蹈协会舞蹈培训；开展“跟着党旗向前奔跑”长跑活动、全区羽毛球、乒乓球、篮球、足球联赛、东乡区第六届“体彩杯”全民健身气排球联赛、国家体育锻炼达标赛和太极拳、围棋、广场舞等多项赛事，打造一批有影响力的群众体育品牌赛事和活动。全区经常参加体育锻炼人数提高25%，各类体育设施的开放率和利用率提高31%。

【竞技体育】 组织和参加百县足球、篮球、田径项目的比赛，抚州市第六届运动会足球、田径、举重、羽毛球、乒乓球等项目的比赛。在百县篮球比赛中，获得女子团体二等奖、优秀组织奖；在抚州市中学生运动会暨羽毛球锦标赛中，获

U16男子冠军，U14男子亚军，U12女子第3等、第4等成绩；获得“抚州市第六届运动会竞技体育贡献奖”“抚州市第六届运动会优秀组织奖”。成功举办“维妮尔杯”贺岁足球赛、“携手庆华诞 谱写新篇章”2021年东乡区教体系统篮球联赛、全区“老叶记”杯篮球联赛和足球联赛、区教体系统2021—2022年度篮球联赛，丰富群众体育生活。

【足球运动】 积极开展校园阳光体育运动，把足球列入体育课教学内容，把校园足球活动充实到阳光体育活动当中，以扶持特色带动普及，实验中学、东乡五中、龙山小学成功申报中小学校园足球特色学校，全区各级各类学校有条件地先后成立足球队。

【体育产业】 围绕体育产业的开发，打造全区以三馆一中心为标志的体育品牌（体育馆、游泳馆、综合训练馆、体育中心），开拓思路发挥其最大社会价值和经济价值。在体育场馆运营方面，继续加大场馆的开发面，完善和规范会员制，吸引更多人来参与体育锻炼。

【体育彩票】 东乡区有门店50家、体彩专营20家、彩票专营5家、兼营便利25家。全年完成体彩销量4021.13万元，整体销量有所提升。区体彩中心开展两次超级大乐透（“大乐透1200万买就送”“大乐透十亿派奖”）即开“翻倍赢家”活动促销、欧洲杯、排列3欢乐GO1000万大赠送等一系列的宣传。截至2021年12月末，电彩累计完成销量3830.92余万元，相比于上年销量增长10%，即开销量112.96万元，超全年销量任务13%，相比于上年即开销量增长22%。

（俞小华）

东乡区教育发展研究中心

【概况】 东乡区教育发展研究中心的前身是东乡区教师进修学校。东乡区教师进修学校创办于1984年秋，是一个集教师干部培训、电大教育、教学研究等于一体的教师培训中心。根据《关于印发〈东乡区深化事业单位改革试点实施方案〉的通知》《关于区教育体育局深化事业单位改革有关事项的批复》等文件精神，东乡区整合区教师进修学校、区教研室、区电教仪器站等单位及相关职能，组建东乡区教育发展研究中心。区教育发展研究中心为区教育体育局所属的副科级公益一类事业单位，经费渠道为财政全额拨款，主要承担全区教育宏观战略和政策研究，教师发展、培训和技能提升，交流合作，教育质量评估监测，教育信息化建设和教学仪器设备配置等职责。核定内设机构有办公室、教学研究股、电化教育股、教育装备股、教师发展股、教育质量监测与评价股、财务后勤股等7个股室。核定全额拨款事业编制38个，设主任1名（副科级）、副主任3名，股级职数10名，内设机构职数7名。现有包括教师进修学校、教研室及电教站59人，其中在职49人、退休10人。

【六大工程】 2016—2021年，实施各级各类培训286期，培训校长、教师36182人次。其中，实施国培计划示范性项目、“信息技术提升项目”、教师工作坊培训、国培送教下乡、“国培计划整合培训”等41期，培训教师13259人次，参训率、合格率达98%以上；组织全员远程培训、培训者培训、安全教育及师德师风等培训127期，培训教师13169人次，参训率、合格率98.6%；举办新教师培训、校长培训、骨干教师培训、信息技术培训及送培到校等本级集中培训118期，培训教师、校长9754人次。

教师远程培训（国培计划）工程。充分利用省远程教育培训网络，组织全区中小学（幼儿园）专任教师参加省远程培训，要求五年累计完成360学时（新任教师410学时）学习任务，全方位转变教育理念，提升教师素质。“国培计划”实施后，东乡区共参加75个国培子项目，培训4564人次，信息技术能力提升项目培训5813人次，合格率99%以上。

教师特色培训工程。重点举办新教师上岗培训、班主任培训、思政课教师培训、书法教师培训、中小学教师心理咨询师培训、学校培训者培训、中小学培训团队置换脱产研修、小学教导主任培训、骨干教师培训、薄弱学科教师培训、学历提升等特色培训。2016—2021年，组织新教师岗前适应性培训10期，培训考核新教师1509人。组织骨干教师赴南昌、杭州、上海、山东参加新高考改革、跟岗实践、综合素质能力提升、高端研修等11期培训，培训人数496人；组织班主任培训13期，培训人数1215

人；书法培训4期，培训教师300人。

校长尚德提质工程。通过"走出去、请进来"的方式，促进校长崇尚师德，紧跟时代脉搏，不断更新教育思想、办学理念，增强改革意识、创新意识，全面提升履职能力。增加校长培训的数量和质量，把以往5年一轮对小学正、副校长的培训缩短为每年进行一次培训，培训人数300余人。

培训模式创新工程。有效利用江西省中小学教师远程教育网，建立网络学习共同体；与江西师大、东华理工、南昌大学合作办学，为教师学历达标和提高研修开辟崭新途径；开展"请进来"工程，采取主题式集中培训，把名师名家请进来授课，开阔眼界、转变观念、提升素质；先后邀请全国著名教育思想家李镇西，上海市督学、特级校长金哲民，国家督学、深圳云顶集团校长杨坚到东乡区阐述办学思想，1600余名校长、教师参加讲座。挑选60多名各科骨干教师组成培训团队，到东乡区各校开展培训，采用实战演练与理论学习相结合、专家点评与讨论交流相结合的形式实施培训。

继续教育评估考核工程。为表彰先进，激励后进，针对中小学对培训工作的重视情况，把教师远程培训的注册率、上网率、合格率，列入各学校教育目标评估，把各校培训方案、参训学员、合格率、校本培训等指标列入校长年度工作目标考评内容，促进教师培训工作向常态化、规范化发展。

培训机构示范创建工程。按照"小实体、多功能、大服务"的理念进行规划，以实现"学校管理高层次、校园文化高品位、教师素养高提升、培训方式高手段"为目标，2015年被省教育厅评为"国培计划"项目县，2020年、2021年连续两年被评为江西省"国培计划"示范区。

【八大体系】 中心在更新培训理念，提高培训工作实效、精心设置培训项目、加强培训管理上下功夫，形成干部培训、班主任培训、骨干教师培训、培训者培训、新教师培训、特色学科教师培训、分段分层分科专任教师培训、送课下乡培训八大培训体系和校长、班主任两大论坛系列，优化培训项目，完善培训体系，提高培训品质。

干部培训体系。校长、副校长任职资格培训、能力提升培训、高级研修班、名校长跟岗培训、分管校长专业能力培训、校长论坛等项目的校长培训体系。举办校长论坛、"新时代基础教育的愿景与使命"培训、公办幼儿园园长赴杭州跟岗培训、公办幼儿园业务园长赴杭州高级研修班培训、中小学校长赴深圳"领导力"专题培训、学校分管安全副校长赴南昌专项培训，培训878人次，校园长的办学理念、办学思想、课程领导力和管理能力得到拓展和提升。

班主任培训体系。形成班主任轮训、班主任论坛、班主任技能大赛等的班主任培训体系。举办4期初中、小学骨干班主任培训、2期班主任论坛，共培训1220人次，推进班主任队伍专业化建设，促进班主任成长、成熟、成名。

骨干教师培训体系。形成高中、初中、小学、幼儿园骨干教师专业能力培训、跟岗培训、示范展示、优质课竞赛等项目的骨干教师培训体系。举办高中骨干教师赴杭州参加"新高考改革"培训、小学骨干教师及学科带头人分别赴杭州培训，初中骨干教师及学科带头人赴厦门培训、幼儿园骨干教师赴杭州跟岗培训，培训骨干教师380人次，加快骨干教师的培养和成长，带动教师教学整体水平的提高。

培训者培训体系。形成培训师、教研员、名师团队、备课组长、教育督导人员等培训者培训体系。组织全区教科研人员赴宁波培训、组织专兼职督学赴长沙第一师范进行"教育督导和综合评价改革"专题培训、组织全区小学教研组长赴南昌培训，共培训180人次。

新教师培训体系。中心对新招聘的中小学教师、"三定向"新教师及"三支一扶"特岗教师进行岗前培训，按照集中培训、在岗自学、校本研修、训后反思、结业考核五个阶段进行一学年培训。已举办新教师培训班19期，培训考核2562人次，调整岗位13人。

特色学科教师培训体系。通过省、市、区三级培训，形成思政课、音乐、体育、美术、书法等特色学科的教师培训体系。先后举办4期全区初中、小学思政教师赴南昌培训，共培训256人次；3期小学音乐、体育、美术专任教师赴南昌师范学院培训，共培训150人次；4期书法教师培训，培训300人次。

专任教师培训体系。为增强专任教师培训的针对性，根据教师类别、教师专业和学科特点开展分层分类、分科分段教师培训，逐步构建分级负责、层次分明、相互衔接的具有学科特色的精准培训体系。培训公办、民办幼儿园园长、教师350人次，覆盖全区公、民办幼儿园；举办小学语文高段和小学数学低段教师专题培训，分别培训128人、100人；举办初中语文、数学、物理专任教师培训，共170人；针对非师范类专业教师，基础薄弱环节，中心有针对性地培训小学非师范类教师110人、初中非师范类教师79人。

"送培下乡"培训体系。根据基层学校的要求和薄弱学科教师情况，遴选骨干培训专家团队分片进学校开展培训。中心制定"送培下乡"培训计划，做好前期调研，了解学校需求，精心设置课程，聘请一线专家，落实按需施训。在虎圩小学、黎圩中学、珀玕中学等校开展师德师风、同课异构、校本课程建设培训；11月"送培下乡"活动周，活动涉及东乡一小、邓家小学、小璜小学、东乡二中、王桥中学等17所中小学，受益教师600余人。

【培训成果】 实施各级各类培训60期，培训校长、教师7550人次。其中，组织"互联网+"教师全员培训3671人次、信息化素养提升培训680人次；国培项目集中培训150人次，国培项目招生组班共15期，89人次。举办新教师培训、校长培训、骨干教师培训、信息技术培训及送培到校等本级集中培训29期，培训教师、校长2570人次。组织送培下乡活动14次，培训教师390人次，1600余师生参加，加快促进教师的专业成长。加强资料建设，编印《东乡师训》简报21期，留存影像资料900多小时，保存学员培训资料1000多份。编印外出培训反思《足迹》16期、校长论坛文集1本，印发培训文件汇编，编印师训情况的画册，制作中心工作宣传片。

（邵　欢）

东乡高级技工学校（东乡机电中等专业学校）

【概况】 东乡高级技工学校（机电中专）是一所培养实用型技术人才的全日制公办示范学校，是抚州市职业教育的重要阵地。学校创办于1958年，前身是"江西省共产主义劳动大学红星分校"。后来陆续更名为"东乡县职业技术学校"和"东乡县食品技工学校"。2007年，东乡县委、县政府立足打造职教强县，整合优势资源，在东乡铜矿中学的基础上，将东乡技工学校和东乡职业学校并入组建成立东乡县职业教育中心（东乡技工学校）。2019年7月东乡县职业教育中心升格为东乡机电中等专业学校，2020年7月东乡技工学校升格为东乡高级技工学校，学校一校两牌，学校为市政府直属公益二类事业单位，委托区委、区政府代管。东乡高级技工学校（东乡机电中等专业学校）占地14.53万平方米，建筑面积8.01万平方米。根据抚州市、东乡区的"十四五"规划，在"十四五"规划末期将升格为技师学院。学校一期校建工程完成并投入使用，预计投资9000万元的二期校建工程已经启动，列入东乡区2021年重点建设工程。

东乡高级技工学校（东乡机电中等专业学校）现有在校全日制学生2846人，开设数控技术应用、汽车运用与维修、工业机器人技术应用、增材制造技术应用、计算机应用、计算机与数码设备维修、幼儿保育、电子商务、铁道运输服务等专业。教学设施齐全，实训室均按国家标准匹配，设备先进、自成体系，拥有建筑面积2万多平方米的校内实训基地2个，抚州市技能大师工作室2个，建有9个实训中心，每个专业均配套建有实训中心，校内实训设备总值近3000万元，学生实训实习工位数1456个，实训工位数和实训条件在江西省同类学校中处于领先地位。

【教学业绩】 在2021年抚州市中等职业学校教师教学能力比赛决赛中，机电中专派出7个参赛队，分别获一等奖2个、二等奖3个、三等奖2个；一等奖、二等奖前6名中占5名；获得抚州市优秀团队组织奖。其中，马志武、张丹丹、杨铭、杨珊珊老师团队获抚州市中职学校教师教学能力大赛第1名，夏敏霞老师获中职组最美班主任评选第1名，毛颜麟老师获中职组班主任业务能力大赛第1名。在江西省比赛中，马志武、张丹丹、杨铭、杨珊珊老师团队获江西省中职学校教师教学能力大赛二等奖，实现突破。

【师资建设】 引进各专业新教师24名，外聘教师10人，在编在岗教师126人。其中，高级教师42人、江西省技术技能教学名师1人、专业教师82人、"双师型"教师47人、江西省首席技师1人、高级技师6人、江西省技术能手2人、省级学科带头人 1 名。学校结合职业学校特点，开展多种形式的教学技能及培训活动，提高教师的业务水平。开展推门听课活动，邀请专家到校授课，开展教师教学能力提升比赛，教师外出培训学习。

【学生培养】 围绕“培养什么人、怎样培养人、为谁培养人”，制定《东乡高级技工学校（东乡机电中专）学生学业成绩考核实施方案》。抓教学不放松，注重教师在传道、授业和解惑中，按照各专业实施性教学计划、课程标准、课程内容、教学评价等主要教学环节，提高学生的专业水平。教育教学质量稳步提高，文化课合格率100%，专业技能合格率100%。2021 年，承办抚州市中职学校十二届技能大赛，在汽车营销、平面设计、学前教育、机器人、计算机速录、CAD 测绘七个比赛项目中取得一等奖，获得团体总分第 1 名，实现机电中专在抚州市技能大赛上团体四连冠，创造抚州市技能大赛新的历史。

【校园建设】 东乡高级技工学校（东乡机电中专）按照技师学院的标准进行规划设计，分期实施建设，投资 1.8 亿元的一期校建工程已经竣工投入使用，投资 9000 万元的二期校建工程正在启动。创办高级技工学校的目标已经实现，下一目标是在“十四五”规划期内，将学校升格为抚州市首个技师学院。2021 年，教学仪器设备淘汰更新，同比增加 446 万元，总价值达 2927 万元，新增“1＋X”考试教室、智能制造实训室、保育实训室。改建数控、汽修实训室。搬迁钳工、汽修实训室。

【招生培训】 学校招生实现招生和在校学生双突破，秋季招收学生创历史新高，首次突破1000 人，达到 1148 人，在校学生首次超过 2800 人，达到 2846人。对江西高信前沿科技有限公司和江西荣成机械制造有限公司企业新型学徒制员工进行每月一次的面授培训工作，全年完成各类培训 7309 人次。

【合作交流】 推进校校合作。分别与江西工业贸易职业技术学院、抚州职业技术学院、江西科技师范大学三所高职院校合作，联办工业机器人技术应用专业、铁路运输服务、电子商务等 6 个大专专业，增开“3＋2”模式大专班，为中职生升级读大专读本科铺平道路。推动校企合作。实施“校企合作、联合办学、订单就业、新型学徒制培训”等办学新举措，分别与武汉华中数控股份有限公司、江西艾克实业有限公司等 7 家企业开展校企合作办学。助力企业落地。协助校企合作企业昆山长鹰、杭州喜马拉雅落户东乡经济开发区。拓展技能认定。获批江西省首批技工教育学生职业技能等级认定试点院校，可开展 12 个工种的学生职业技能等级认定；获批江西省第二批职业技能等级认定社会培训评价组织，可对 6 个工种进行等级认定社会培训评价。完善工学结合。选派 19 名老师到合作企业挂职锻炼，学习企业先进的技术，根据专业需求组织 413 名学生到合作企业参加工学结合，并建立完善的工学结合工作体系，先后 3 次邀请合作企业的企业家为学生讲课，与学生座谈，加强合作企业与学生的联系。

【资助困难学生】 贯彻落实国家和江西省对学校家庭经济困难学生的各项资助政策，通过奖、助、勤、补等形式开展资助困难学生，确保每一位家庭经济困难学生都能够顺利完成学业。2021 年春季，享受国家免学费 2061 人，免学费资金202.9705 万元；享受国家助学金人数 185 人，国家助学金资金 18.5 万元；农村建档立卡的贫困生 91 人，其中普高学籍 3 人、中专学籍 28 人、技工学籍60 人。6 名外县户籍学生，均享受国家助学金政策，按照“中职雨露计划”进行资助。

（李　斌）

东乡一中

【概况】 东乡区第一中学（以下简称东乡一中）是江西省首批重点中学之一，也是一所在抚州市享有较高声誉的百年老校。学校坐落于东乡城区汝河之畔、龙山之首，素有“龙山师水”之美誉。东乡一中前身为 1823 年创建的汝东书院，积淀了丰厚的文化底蕴，形成优良的教学传统。著名革命家、书法家舒同曾先后两次为母校题写校名，并挥毫寄情：“龙山师水总难忘”。中国工程院院士、著名金属切削专家艾兴为母校题词：“祝母校人才辈出”！

东乡一中占地 16 公顷，整个校园分为教学区、办公区、学生运动区、学生生活区、教师家属区。区政府对校园进行全面改扩建，新建实验大楼、行政大楼、师生食堂、学生公寓、图书馆、体育场、室内篮球场、户外篮球场，兴建学术交流中心、初中部教学楼、汝东书院及景观建筑。

有在职教职工 318 人。其中，特级教师 2 人、正高级教师 2 人、高级教师 122 人，全国、省级优秀教师 16 人，国家级、省级骨干教师 17 人，市县拔尖人才、学科带头人 30 多人。现有教学班 95 个，在校学生 5640 人。

【治校理念】 学校秉承“为母亲的微笑”办学理念，遵循“传承、规范、提升”的办学思想和“严谨、求实、勤奋、进取”的校训，贯彻立德树人的教育方针，牢牢抓住德育为先的办学宗旨，努力培养“胸怀祖国、肩挑责任、健全人格、拥抱时代”的新时代中学生。

【办学业绩】 先后获评“21 世纪优质教育与素质个性化发展实验项目学校”“江西省体育传统项目学校”“江西省现代教育技术示范学校”“江西省师德建设先进单位”“江西省学校阳光体育先进单位”“江西省规范管理先进单位”。5 月，获评“江西省离退休干部示范党支部”。12 月，获评“江西省第二届文明校园”。

【打造文化校园】 重视校园文化建设。着眼于班级文化建设。教室门前统一悬挂班牌，统一设置班级名片，展示班级基本信息、班主任带班理念和对学生寄语，在教室后方设置“学习园地”“荣誉时刻”“星星乐园”“生态角”等。加强宿舍文化建设。以优良的室风和寝室文化带动学风建设，营造出“安全、文明、和谐”的学生宿舍文化氛围，把学生寝室建成安全文明和谐的学生心灵之家。食堂文化建设。在食堂饮食文化理念上，坚持“规范行为、文明就餐”的管理思路，提高学生的就餐质量，培养学生良好的文明饮食习惯。

【健全机制提升效能】 推行校长办公会制度。每周召开校班子会议，民主商议学校重大事项决策；校长主持召开全校管理人员行政例会，听取各分管领导工作汇报，落实各部门一周的工作；各分管领导召开所属部门会议，形成相关议题，上报班子会研究。实行扁平化年级管理。实行“双轨制”，明确各职能部门与年级部之间的权责，形成教育管理合力，增强行政管理效能；推进、落实年级化管理制，以年级主任为管理核心，统管年级工作；以学科备课组为核心，开展教研工作；以班主任为核心，推进班级工作。建立健全管理制度。修订、规范、完善各层级、各部类的管理制度，力求制度制定的硬度、温度与适度的有机统一，让制度成为教育行为的准则、学校评价的依据、教师维权的手册；制度的执行公平公正，有纠错机制；全体教职员工特别是行政管理人员自觉争做制度坚定的执行者、维护者。加强干部队伍建设。强化干部队伍建设，“把刀尖插向自身”，以“抓干部培养、转工作作风、提管理效能”为目标，每学期召开中层干部暨管理人员述职报告会，进行自我总结和相互交流借鉴；统一教师思想，凝聚发展一中的蓬勃力量。

【党建“五个一”特色品牌】 东乡一中党总支下设文科、理科、老年三个党支部。有党员 102 人，其中在职党员 76 人、退休党员 26 人。党总支部以“抓党建、促教学、走正道、出实绩”为主题构建党建品牌。通过“党建+”规范办学、“党建+”教师培养、“党建+”教改创新、“党建+”优质服务、“党建+”师水社团、“党建+”德育等形式，推进党建品牌标准化、规范化及特色化建设。

2021 年，东乡一中党史学习教育“学党史 · 正青春”国旗下讲话活动（东乡一中　供）

“五个一”特色党建品牌：建立一个阵地。为夯实党建的阵地建设基础工作，创办一系列组织阵地、活动阵地以及学习阵地，增强党员的归属感、认同感，激发号召力、凝聚力、战斗力和创造力。利用“东乡一中新时代文明实践中心”阵地，成立宣讲队伍，设立学习菜单，对党员教师开展党史学习教育宣讲，开展“新民主主义革命”“光辉的历程”“改革开放史”等专题党课。联系一个年级。为细化党建管理，派总支委员蹲点各年级负责监督和开展工作，实现支部工作与年级工作有机结合。以年级为单位，分别开展庆祝中国共产党成立100周年主题征文、传唱革命歌曲、朗读红色家书、手抄报等系列比赛活动。树立一面旗帜。在评选出的29位名师中，党员教师有全国优秀教师、抚州市名师胡素珍老师，江西省优秀班主任、抚州市名师李胜生老师，教坛新秀向汉西老师等。评选出8位最具正能量的老师，党员教师中有周龙标、夏志斌老师等。紧扣一个中心。通过“党建＋教研”“党建＋德育”“党建＋服务”等“党建＋”模式，调度各部门、各群体推动学校工作的落实，形成促进发展的强大推动力。“党建＋德育”方面，组织开展成人礼活动；“党建＋政教”方面，举办“学党史·正青春”国旗下的讲话活动；“党建＋教研”方面，举行“无奋斗·不青春”大型励志报告活动，举办“毕业虽有期，青春不散场”高三毕业典礼活动等。帮扶一个对象。将“帮扶一个对象”活动渗透到党建工作的全过程。多措并举推动“我为群众办实事”党史学习教育，切实解决群众的“烦心事”“揪心事”。5月，学校组织全体师生向学生于佩佩爱心捐款56733.5元。

【老年党支部被评为江西省离退休干部“示范党支部”】 坚持以老年工作为中心，全心全意服务老同志。定期召开组织生活会、联谊会，送温暖；组织老同志开展旅游活动，饱览祖国大好河山；为80岁的老同志举行祝寿会，给有困难的老同志送去慰问金。为老年党支部配置400平方米的办公场所。5月，东乡一中老年党支部被中共江西省委组织部评为江西省离退休干部“示范党支部”。

（李淑芬）

东乡二中

【概况】 东乡区第二中学（以下简称东乡二中）创建于1976年3月，原为一所完全中学，2001年剥离高中部，现为一所纯初中学校。有在职教师278人，学生4778人。东乡二中新校区于2014年秋季正式投入使用，占地面积14万平方米，总建筑面积7.8万平方米。校园分为教学、运动、生活、休闲四大功能区。教学有1栋图书馆、5栋教学楼、2栋电教实验楼、1栋多功能学术报告厅。运动区域由400米塑胶跑道的体育场、1个足球场、10个排球场、10个篮球场、1个室内体育馆组成，体育用地面积30059平方米。学校电教、实验等各功能室齐全，装备完善，图书馆藏书丰富，各班教室安装“班班通”及云课堂视频录制设备。

东乡二中全面贯彻党的教育方针，推进素质教育，学校各项工作扎实推进，教育教学质量迅速提升，学校呈现风清气正、蒸蒸日上的良好局面。荣获“创建全省文明校园先进学校”“抚州市第二届文明校园”“全市先进基层党组织”“全市五四红旗团委”“东乡区首届文明校园”“2020—2021学年度综合考评先进单位”“2020—2021学年度教学效益先进单位”“庆祝中国共产党成立100周年大合唱比赛优秀组织单位”等多项荣誉。

【教学教研】 与广昌一中、南丰二中结成三校联合体，开展校际公开课、教师代表座谈会；组织三校联考和质量分析；开展学科竞赛系列活动。联合片区五所学校开展5次校际交流活动。12月15日，全市初中“联动教研”暨名师视导活动在东乡二中举行。东乡二中组织教师参加网上晒课、优质课活动，派出部分教师参加上级部门举办的各类教研比赛活动，获省级奖项15人次、市级奖项30人次、区级奖项78人次；完成省级课题2项、市级课题3项、区级课题4项；教师指导学生参加各类比赛获省级奖项2人次、市级奖项16人次、区级奖项21人次；教师在省级以上刊物发表论文15篇。

【学生竞赛】 学生参加各类竞赛获省级奖项2人次、市级奖项28人次、区级奖项52人次。学生乐余美仁参加2021年江西省第七届百县青少年“三人制”篮球运动会获第4名，参加2021年江西省传统项目学校篮球比赛荣获“优秀运动员”称号。学生何佳宜参加抚州市第六届运动会获得羽毛球比赛女子组一等奖。学生乐梓伊、李瑞成参加全市中学生抗疫征文比赛获得一等奖。在“回望峥嵘读初心——抚州100个红色经典故事进校园”活动中，颜子轩等学生表演的作品《活捉陈实骥》《红军的小毛驴——军民鱼水情》均获初中组市二等奖。学生揭晨磊参加市汉字书写比赛获得第3名。学生何周诺参加全市艺术节比赛获得三等奖。王紫怡等14名学生获区少工委颁发的红领巾奖章二星章。

【中考再创辉煌】 在招生生源地东移、城郊农村生源占比不断扩大、城区初中严格实行划片招生、“2+4”掐尖招生的大背景下，东乡二中的中考成绩依然优势突显：录取东乡一中重点高中600人（另师范三定向13人），录取率在城区学校位居第1；600分以上276人，占全区的53%。

【锻造师德师风】 获评市以上学科带头人、骨干教师9人，市教坛新秀1人，区学科带头人2人，区骨干教师8人，区教坛新秀19人。坚持把师德师风建设放在首位，组织开展师德师风主题教育系列活动，引导教师当好“四个引路人”，做到“四个相统一”，争做“四有”好老师，设立举报电话和举报信箱，对教师“三违”问题严肃查处；坚持周周有教研、教研主题化的教研模式，以学科为单位全面开展推门听课、公开课、复习研讨课、优质课、解题大赛等活动；实施“青蓝工程”，用师徒结对的形式为学校青年教师的成长提供平台。采取“请进来、走出去”的方式，促进教师专业成长。邀请特级教师到校举办讲座，选送多名教师参加各种层次的培训。

【落实“双减”政策】 抓好学生手机、睡眠、读物、作业、体质“五项管理”，营造有利于学生健康成长的环境。发展素质教育，切实减轻学生课业负担。开展社团活动，开设书法课、阅读欣赏课，打造“书香校园”品牌；抓好大课间活动和阳光体育运动，组建足球队、篮球队、合唱团、舞蹈队等运动队或社团；开展“阳光体育”健身、跑操等丰富多彩的活动，丰富学生们的课余生活。东乡二中获评“全国青少年校园足球特色学校”。12月，东乡二中男子足球队参加东乡区青少年五人制足球比赛获得男子组冠军。

【打造“一园两示范三基地”特色】 坚持内涵发展，彰显办学特色，打造“一园两示范三基地”特色品牌。一园：书香校园。两示范：党建示范点、工会教职工之家示范点。三基地：全区青少年法治教育基地、消防教育基地、禁毒教育基地。东乡二中被授予“全国校园文化活动优秀单位”“江西省首批法治文化示范基地”“创建江西省文明校园先进学校”“全市基层党建示范点”“全市先进基层党组织”等称号。

【被授抚州市中小学基层党建三化建设示范点】 东乡二中党总支下设文综、理综、老年三个党支部，党总支把党支部建在学科教研组上，将党建紧贴教学第一线，实现学科建设、教学科研与党建工作同进共赢。文综党支部设立语文、英语、政史地3个党小组，理科党支部设立数学、物理、生化、综合4个党小组。实现党员学习有场所、活动有阵地、作用发挥有舞台。党员活动室有标准的入党誓词墙和制度牌。建立政策宣传栏、党务公开栏、先锋模范榜、好人好事牌、党员承诺墙等党建工作宣传阵地。东乡二中党总支被市委教育体育工委授予“全市中小学基层党建三化建设示范点”。

【打造“2345党建”品牌】 推行“党建+一园三基地”模式，积极打造“2345党建”特色品牌。“2345党建”即“双岗三比四创五帮”。具体内容：“2”即双岗，教书育人岗、党员先锋岗。“3”即“三比”，比学习、比技能、比业绩。“4”即“四创”，创“书香校园”、创全省青少年法治教育基地、创全区青少年禁毒教育基地、创全区消防教育基地。“5”即“五帮”，帮教后进生、帮爱留守儿童、帮助困难户、帮扶挂点村、帮扶农村薄弱学校。在实施过程中，学校突出科学设岗，设立创书香校园、法治教育、服务群众、心理咨询等18个党员示范岗。7月，东乡二中党总支被市委授予全市“先进基层党组织”荣誉；被市委组织部授予“全市基层党建示范点”称号。

【“党员新长征”等党史学习教育】 积极开展“党员新长征”活动，推行积分制管理，激发党员作示范、勇争先，奋力走好新时代的长征路。根据当年中央工农红军长征路线图设置

"党员新长征"活动路线，党员从"瑞金"出发，每积分8分，可前进一站；党员总积分96分以上，即可到达"延安"，完成"党员新长征"征程。组织党员到上饶集中营革命烈士纪念馆、方志敏纪念馆等处进行现场教学，接受革命传统教育；举办红色家书诵读、演讲比赛、党史知识竞赛、传唱革命歌曲等活动，传承红色基因；组织学校党员认领学生微心愿210人次；向困难学生捐款7.7万元。

（夏　松）

东乡三中

【概况】 抚州市东乡区第三中学（以下简称东乡三中），有教学班级114个，其中小学52个、中学62个；在校学生5700余人；在编教师241人，其中中小学高级教师52人、中小学一级教师78人。先后获得"平安江西建设先进集体""抚州市教体系统先进集体""抚州市五四红旗团委""东乡区教育管理先进单位""东乡区关心下一代工作先进集体"等称号。

【教学业绩】 中考成绩显著。学生王诗如总分位居全区第1，取得东乡三中建校26年来的最好成绩；学生乐俊秋总分位居全区第5。学生李嘉豪、王雨尧获得抚州市第四届中小学智能机器人技能提升活动《AI创意挑战赛》初中组一等奖；学生艾凌宇在"抚州市学生信息素养提升实践活动"中获得市一等奖及省三等奖；学生李嘉豪获第十九届江西省中小学机器人技能提升活动初中组AI创意挑战赛二等奖。学生余乐在江西省锦标赛42千克丙组比赛中获得第2名，在江西省搏击散打联赛42千克级比赛中荣获冠军；学生乐振涛在江西省锦标赛中获48千克级第5名。

合唱社团作品《清晨，我们踏上小道》《你笑起来真好看》在"庆祝中国共产党成立100周年师生合唱"展示选拔活动中获抚州市中学甲组一等奖。东乡三中足球队在东乡区第一届"中国体彩杯"青少年足球赛中取得小学男子队冠军、中学男子队亚军、小学女子队季军。

【五育并举】 德育摆在首位。注重德育的针对性、主动性和实效性，多形式、多途径开展德育工作，引领学生健康成长，走出抚州市一条独具特色而又系统科学的德育培育路子。提升智育水平。学校严格按照国家课程方案和课程标准实施教学，确保学生达到国家规定学业质量标准。加强科学教育和实验教学，开展多种形式的读书活动，不断提高教育教学质量。强化体育教育。督促教师上好室内理论课和室外活动课，确保课外体育活动时间，提高学生体质健康水平，全面落实课间体育活动制度，开展"阳光体育"、校园大课间活动，确保每天一小时体育活动时间，提高学生的运动水平和身体素质，构建健康校园。增强美育熏陶。学校实施美育提升行动，严格落实音乐、美术、书法等课程，结合地方文化设立艺术特色课程。按照各科教学计划进行授课，教会学生相应的基本技能，以优、良、中、差的等级做好等级评价。加强劳动教育。有目的、有计划地组织学生参加日常生活劳动、生产劳动和服务性劳动，让学生动手实践、出力流汗，接受锻炼、磨炼意志，培养学生正确劳动价值观和良好劳动品质。

【突出德育】 遵循"要好成绩更要好习惯，好习惯是一生的财富"的德育理念，形成抚州市以"分级习惯教育"为主线的德育工作体系，这套德育工作体系从"制定目标""星级评定""先进班级考核""渐进性评价"四个方面开展，具体将60个分级目标细化到每个年级的学生的行为规范中。学校德育工作领导小组，深入调查研究，制定德育工作目标，把爱国主义、集体主义、社会主义核心价值观、中华优秀传统文化和生态文明教育等内容融入习惯教育目标，取得良好的效果。

【改革创新】 遵循"因事而化、因时而进、因势而新"的原则，面对教育的堵点，勇于寻求突破口。教学模式逐步形成并不断优化，借鉴市内名校南城实验中学、临川二中等经验，结合学校的实际，创新抚州市初三教学的模式：实行周考、月考、联考，落实年级质量分析会、学科听诊会、班级会诊、初三中考研讨会及教学提醒机制，教学成绩日渐向好。"校中建家"留守儿童关爱模式被评为2016—2021年度东乡区十大典型案例，成为抚州市东乡区教育的名片，享誉赣鄱大地。留守儿童关爱中心成为集"托管中心""学科辅导中心""特长培训中心""生活技能培训中心""综合实践基地"于一体的学生学习之家、生活之家、心灵之家、快乐之家。

【校园文化】 以“立德树人，五育并举，培养德智体美劳全面发展的社会主义建设者和接班人”为办学思想，以“尊重学生、发展学生、成就学生”为办学理念，以“做一个讲文明、求上进、有责任的中国人”为校训，以“文明、和谐、团结、奋进”为校风，以“修德、敬业、博学、仁爱”为教风，以“勤学、善思、健康、快乐”为学风。

（乐小平）

实验中学

【概况】 抚州市东乡区实验中学（以下简称实验中学）创建于2002年7月，是一所完全中学，前身为创办于1977年的江西省东乡师范学校。现有教学班级117个，在校学生5800余人。教职工380人，其中，高级职称160人，江西省特级教师1人，省、市、县骨干教师60人，硕士学位17人。学校是江西省重点中学、江西省现代教育技术示范学校、江西省普通高中特色发展试验学校、全国青少年校园足球特色学校、全国青少年校园篮球特色学校、江西省艺术培训中心培训基地。2021年被评为“抚州市教育系统先进集体”。

【办学特色】 按照“办学三级跳、成才三目标、教学三模式”的发展思路，实验中学实行文化生与艺体特长生分流，文艺双向驱动，走出一条艺体特色办学创新之路。组建艺体特色专业特长班，让特长生学有所学；全面实行专业开放教学，把专家请进来、让学生走出去；走艺体特色教学模式，独创“4＋X”艺体教学，构建“课、班、团、组”教学网络，名师团队领航。在江西省高中年级率先开设抚州市书法教学课程，启动“书法教学、音体美特色高中发展实验建设”工程，学生学有所成、艺随人生。

【教学业绩】 采用多彩教育、多元评价和科学管理，中高考再创佳绩。中考取得佳绩，学生王铭浩以685分获全区第2名，学生叶梦瑶以667分获全区第9名；高考实现文化和艺体双丰收，本科录取201人，同比增长63%。其中，文化考生一本上线3人，本科上线15人；艺体考生一本上线50人，本科上线186人，本科录取率71%，多名考生被中国美术学院、武汉音乐学院等名校录取。实验中学被评为抚州市教育系统先进集体。

【校园文化】 学校以“多彩教育成就多彩人生”为理念，秉持“厚德、博学、健美、创新”的校训，学校校训被刊载在“学习强国”学习平台《每日校训》频道上，学校办学经验刊发在《江西日报》、《江南都市报》、抚州新闻网上。实施“优质初中、特色高中”的办学路径，以创建艺术特色学校和足球篮球特色学校为抓手，构建“一文一武”“一动一静”的多彩校园文化，从而成就学生的多彩人生。以“五色”文化为核心打造多彩文化。以红色文化为根基、绿色文化为主体、蓝色文化为未来、一文一武特色文化为两翼，助跑学生德智体美劳全面发展。

【学校建设】 以质量托举特色，以特色彰显质量，强特色，创一流，多措并举、多向纵深，致力打造东乡区优质校园。着力培育以文化建设引领教育教学和管理，多彩党建、双争双创、青蓝工程、艺体演出、干事竞聘等活动有序开展，在抚州市教育教学各类成果评比中，学校教师成绩斐然。投资近1.3亿元的校园改造项目于2021年全面竣工，该项目是东乡区的重点建设项目，建筑面积约为2.9万平方米。学校关注青少年心理健康，通过多种途径营造青少年心理健康防治环境，建立个体咨询室、心理放松室、情绪宣泄室，配置整套心理测评系统，心理咨询室的建设成为东乡区的样板，保障学生健康成长和全面发展。

【教师风采】 教师黄树华被评为全区唯一一个全省特级教师、正高级教师。在抚州市教育教学成果评比中，教师中有6人次获市一等奖、7人次获市二等奖、3人次获市三等奖。青年教师代表东乡区参加抚州市党史知识竞赛、微团课大赛分别获得市二等奖、三等奖。

【时代少年】 高三（8）班学生何奔获第五届抚州市十佳最美少年，创造抚州市实验中学连续四届获此荣誉的抚州传奇。八年级学生张馨见义勇为，勇敢发声，伸张正义；当事人王静、崔霄霄给学校和学生张馨赠送“教育有方、品德高尚”的锦旗，以示感谢。实验中学代表东乡区参加抚州市青少年“学党史、强信念、跟党走”党史知识竞赛，荣获二等奖。

【多彩艺体】 学校艺体特色办

学全面开花，艺体特色办学规模稳定在近千人，艺体特色高考再创新高，艺体特色办学影响不断扩大。在江西省第八届中小学幼儿园艺术展演活动中，在入选率极低的情况下，学校有四个节目参加展演，分别为快板《多彩教育创佳绩》、戏曲《牡丹亭游园》、书法《篆刻印章》和歌曲《毛委员和我们在一起》。在抚州市第六届运动会田径比赛中，学校派出9名同学代表东乡区参加抚州市第六届田径运动会，斩获5块金牌、6块银牌、1块铜牌，为东乡区夺取7块金牌、8块银牌、9块铜牌，学生所获得的成绩，为学校获抚州市一等奖奠定了基础。

【运动盛会】 为全面落实“双减”教改，抓好“五项管理”，检阅艺体特色办学成果，在新竣工的田径运动场上，实验中学举办建校以来规模最大、水平最高的一届田径运动会。在3天紧张激烈的比赛中，16个大项、117个班级、近2000名学生积极参与各类别的项目。在高中男子组比赛中，有1人次破市纪录、9人次破区纪录、45人次破校纪录；在高中女子组比赛中，有7人次破区纪录、15人次破校纪录。初中组竞赛共有31人次破区纪录、38人次破校纪录。

（李永其）

东乡四中

【概况】 江西省抚州市东乡区第四中学（以下简称东乡四中）是一所九年一贯制教育全日制公办学校，前身是“磷肥厂子弟学校”，2003年移交给东乡县政府管理，2006年更名为东磷中学，2018年更名为“抚州市东乡区第四中学”，有教学班43个、在校学生2000余人。有在编教职工91人，其中，高级职称10人、一级职称20人、骨干教师4人、本科及以上学历80人。

【办学特色】 “让校园弥散书香，书声琅琅；让师生共同阅读，共享阅读”是东乡四中不懈追求的目标。积极打造“书香校园”党建品牌，重视学生阅读培养，各班建立并完善“班级图书角”，引导学生热爱阅读的兴趣，坚持集体与个人相结合、定期与不定期相结合的方式。保证学生每天1小时的在校读书时间：早读30分钟自由朗读，中午30分钟的自由默读。要求学生每学期阅读课外书不少于2～3本，全体教师特别是语文教师辅导学生的阅读。

【教学工作】 学校以教育为先导，以提高办学水平为主线，以促进教育质量提升为重点，实施年级目标管理制，落实素质教育基本要求，既面向全体学生、全面育人，又适时分层教学、因材施教。立足学情，创新教学管理。结合生源状况，学校制定专项计划，推进课堂教学改革，强化落实“自学—交流—提升”的学案导学课堂教学模式。强化落实自制导学案，各学科举行各种课型示范课，发挥典型示范作用，加强过程监管，实施单元清单制度，激情早读制度，落实周清、月清和年级抽测制度，加强学生一日学习常规管理，强化培养学生良好的学习习惯。

【学校管理】 坚持依法治校、健全完善规章制度。实施级部管理，行政领导安全挂班。制定级部量化考评办法，完善教职工量化、党员量化评价办法。调动教职工的工作积极性。量化评价方案，实现优质优酬，激发教职工工作热情。加强学校信息宣传，推进特色办学与品牌创建。按照一次采集多元生成的模式，“讲好校园新故事，传播校园好声音”，通过微信公众平台、百家号、头条号及时发布信息。

【校园文化】 坚持以“学会做人，学会求知，学会生活”的办学理念和“让学生成长，让教师发展，让家长放心，让社会满意”的管理目标，狠抓学生养成教育，抓日常规范，实施校园精细化管理，注重学生行为的养成，规范学生良好的日常行为习惯。实行行政领导安全挂班，打造安全和谐校园，及时知晓学生所思所想。关心学生心理健康，培养学生良好的意志品质。

【校外实践】 10月14日，重阳节来临之际，结合党史学习教育之“我为群众办实事”活动，学校与区民政局、东磷社区、银河医院携手，开展“九九重阳节，浓浓敬老情”慰问活动，参与人员为社区老人、退休老教师表演节目，与他们共度重阳节。12月30日，在王安石一千周年诞辰之际，为全面贯彻落实国家“双减”政策，弘扬中华传统美食文化，彰显荆公故里美食精华，学校举办东乡特色美食糍粑、芋饺、灌香肠及彩色米果等制作实践活动。

【青蓝工程】 东乡四中党支部把党建融入教师业务素质提升中，围绕教育教学工作，开展“青蓝工程”活动。学校分管科教业务副校长、教导主任等22名学科带头人与新教师开展“师徒结对”活动。对于新入职的青年教师，在安排“老带新”的基础上，党支部另外安排一名有丰富教学经验的党员名师为其师傅，结对帮扶。通过“传、帮、带”青年教师的教学水平得以快速提高。

【“祭英烈，学党史，做新人”清明节烈士陵园祭扫】 4月1日，为弘扬中华民族传统文化，引导师生铭记革命历史，缅怀革命先烈，加强爱国主义教育，东乡四中党员代表及部分师生代表在校党支部、团委、少先队的精心组织下，前往解放军73866部队烈士陵园，开展“祭英烈，学党史，做新人”清明节烈士陵园祭扫活动。

（谢美珍）

东乡五中

【概况】 抚州市东乡区第五中学（以下简称东乡五中）有21个教学班、学生885人、在编教师63人。拥有现代化微机室2个、多功能多媒体报告厅1个、多媒体教室25间，建有儿童情趣和学科特色的音乐室、舞蹈室、美术室、劳技室、实验室、图书阅览室，学校现有图书1.2万余册。学校坚持“养习立人”的办学宗旨，崇尚“德润心灵、智赢未来”的校训。

【学校管理】 学校定期召开校务会，在研究重大事项、作出重要决策安排时，严格执行“三重一大”制度，发扬民主，广泛征求教师的意见建议，统筹兼顾，实现决策的民主化、科学化，增强领导班子的凝聚力、战斗力，不断推进领导班子建设。坚持用习近平新时代中国特色社会主义思想武装头脑，将党史学习教育与党风廉政教育有机结合，不断增强党性信仰；坚持廉洁从政，坚决落实好全面从严治党主体责任和政治责任，干好分内事，守好责任田，进行党风廉政教育，遵守廉洁纪律，始终坚持忠诚干净担当，推动学校工作的顺利开展。

【教学教研】 学校坚持抓好教学流程的各个环节，规范老师的教育教学行为。加强师德师风建设，严查吃空饷、小病大养的问题，增强教师爱岗敬业的意识。组织青年教师大练兵，开展“全员同课异构”“青蓝工程”活动，举办暑期教师、班主任培训，通过专家讲座、聘请校外优秀教师经验分享等方式对全校教师集中培训。坚持课改之路。以构建优质高效课堂为载体，开展推门听课、校内公开课、校际交流等各种教研活动，提高课堂教学效率，促进教育教学质量提高，中考成绩持续向好，小学成绩有所提升。全校教师指导学生参加各项征文竞赛活动获市级奖5次，老师参加各项优质课、说课、教学设计等活动获省、市级奖励2次。

【德育教育】 学校开展国旗下讲话、主题班会、电子屏宣传学雷锋活动；开展“入校即礼、入室即静、入座即学”专项教育活动；举行庆“六一”拔河、红色经典故事诵读比赛；开展瞻仰先烈、“党史”知识竞赛、庆祝中国共产党成立100周年文艺会演等活动。学校坚持丰富学习生活，张扬学生个性，锻炼学生能力，陶冶学生情操。

【素质教育】 学校以学生为主体，以活动为载体，打造校园走廊文化，优化美化育人环境，提升文化育人，环境育人效果；根据学生兴趣爱好，开设美术、合唱、气排球、篮球、乒乓球等10个独具特色的社团；举办秋季田径运动会，举办“六一”文艺会演、传唱革命歌曲比赛；坚持每天大课间操活动，打造“阳光体育运动”；建成首个劳动教育基地，加强学生的劳动观念教育。5月，江西省体育传统项目学校篮球赛，学校获女子篮球省级第4名的好成绩；6月，大课间展示活动获得市级二等奖；11月，参加江西省第六届百县青少年篮球运动会，获得女子篮球省级二等奖。

【平安校园】 学校做好各种校园安全应急预案，精心制订措施，仔细安排检查，实事求是上报。利用讲座、疏散演练、主题班会、黑板报、宣传栏、LED显示屏等多种途径，开展防溺水、交通安全、宗教和禁毒知识教育宣传，打造平安校园。

（黄美娟）

红星中学

【概况】 红星中学位于红星垦殖场优美的将军湖畔，创办于1968年；学校占地53亩，建筑面积6601平方米，体育用地6943平方米；有教学班12个，在校学生514人，配有计算机120台，图书1.6万册；教职工61人（在编教师57人），其中高级教师43人、一级教师11人、区骨干教师3人，教师本科学历44人，学历达标率100%。2021年，红星中学获得东乡区教育系统党建工作先进单位、素质教育先进单位、教学效益先进单位、江西省首批劳动教育特色省级示范学校等荣誉。魏风琴被评为抚州市优秀教师；胡荣生、胡芳琴被评为区优秀教师；杨春英被评为区优秀教育工作者；陈波琴获得区杰出育苗奖。

【教学业绩】 领导班子齐心协力，团结协作，以办好人民满意的学校为目标，加强精细管理，推进德育创新，教育质量不断提高。中考录取抚州幼儿师范高等专科学校10名，录取东乡一中51名，录取实验中学19名；220名学生参加中考，录取率36%，创本校历史纪录。

【特色办学】 在建特色、作示范、创品牌，整合教育资源，拓宽育人渠道，丰富课后服务，助力“双减”落地等方面锐意进取。每周组织志愿者到王震公园、红星社区开展公益劳动，推动学雷锋活动常态化；每月组织党员干部教师带领学生到敬老院看望、慰问老人，弘扬尊老、助老、敬老、爱老的中华民族传统美德，丰富德育工作内涵；开设劳动技术课，开辟劳动教育实践基地，将课堂搬到田间，以班级为单位，配套相关课程，由兼职老师讲解、指导，党员干部教师作示范引领，依据一年四季气候变化，学生们手拿农具参加劳动，种植白菜、萝卜、豆角、玉米、西瓜等农作物，充分利用围墙，整理农耕知识，打造农耕文化墙；每周两节的“劳动课”，让学生知农时、识农具，感受农耕文化魅力，该课程成为同学们最期待和喜欢的课程之一；秉承“尊重差异，呵护天性”的理念，根据学生的兴趣爱好、特长，精心组建篮球、乒乓球、舞蹈、合唱、素描、书法、象棋等10个艺术社团，社团活动以“释放青春活力、陶冶高尚情操”为目的，培养学生兴趣、锻炼能力、展示才华的舞台，帮助学生陶冶情操，发展特长，收获快乐，学生覆盖率100%。12月，经江西省教育厅实地评估，学校获评江西省首批劳动教育特色示范学校。

（曾东平）

DONGXIANG YEARBOOK 2022

文化·旅游

综　述

2021年，东乡区在加快构建现代公共文化服务体系、推进旅游强区、加强文化旅游事业管理、促进文化旅游产业发展上下狠功夫。通过搭建文艺创作平台、丰富文艺演出内容、挖掘和宣传文保项目、维护和传承“非遗”项目、开展“扫黄打非”净化文旅市场环境、加强旅游管理、加大文旅宣传、扩大招商引资、强化旅游扶持力度、发展文旅产业、促进文旅消费等方式，为实现“文化旅游强区”战略，提供有力支撑。文化惠民工程持续开展、文化旅游事业稳步发展、文化旅游产业增长迅速，实现资源共享、优势互补、协同并进，形成在困境中开新局的新业态。规模以上文化企业18家，营业收入22.16亿元，同比增长22.41%，居全市第1，旅游接待人数72万余人次，旅游收入2.5亿元。

完成小品《知恩图报》《献礼》《诈骗》，歌曲《不敢想》《吉和塔放歌》《东乡之恋》，情景诗剧《无悔的选择》，油画《查平坦的春天》《天亮之前》《但惜夏日长》，农民画《车马灯》《家园致富忙》等一批文艺作品的创作。在江西省文化和旅游厅主办的首届江西省现代地方小戏大赛暨第三届“华东六省一市现代地方小戏大赛”作品选拔活动中，小品《知恩图报》获三等奖；油画作品《查平坦的春天》入展江西省文化和旅游厅行业综合委员会主办的“追梦春天里、共绘新画卷——庆祝中国共产党成立100周年婺源之春写生作品展”并获得一等奖；在江西省文化馆主办的“2021年新生活新风尚新年画——我们的小康生活”美术作品征集活动中，《家园致富忙》《车马灯》均获得入围资格，其中《家园致富忙》获优秀作品提名；在东乡大剧院开展“永远跟党走”广场舞大赛暨东乡区庆祝中国共产党成立100周年文化志愿者活动中，区24支队伍代表同台演绎，以“舞”会友，为群众呈上一场精美的文化盛宴，经过比拼，师水公园舞动队脱颖而出，代表东乡区参加省、市展演；组织开展抚州市“百名读者讲百年党史”暨“读红色书籍讲红色故事”初赛工作，让选出的优秀选手代表东乡区参加抚州市比赛并获得成人组二等奖；组织东乡区庆祝中国共产党成立100周年“颂歌献给党”合唱大赛初赛和复赛，筛选出优秀队伍代表东乡区参加抚州市庆祝中国共产党成立100周年歌咏大赛并获得二等奖；文化馆组织国有、民间剧团，以“学党史，学文艺，担使命”为主题进行节目编排，开展红色主题文艺下乡共计百余场。

【社会文化】 2021—2023年度“江西省民间文化艺术之乡”申报和评审命名，东乡区以书法获“江西省民间文化艺术之乡”称号；第五次全国文化馆评估定级，东乡区文化馆被评为国家一级馆；完成送戏下乡96场，开展舞蹈培训班2期、美术培训班4期、书法培训班14期、妆容技巧培训7期、插花培训12期；东乡大剧院全年完成21场演出，通过集赞送票的方式，开展《国家京剧院名家名剧名段》、盱河高腔《牡丹亭》专场惠民演出；东乡区电影放映公司全年完成送电影下乡2348场，支持并指导全区各乡镇（场）自办文体活动92场，推进“我为群众办实事”实践活动向深向里走。

【文化市场】 开展“春节安全

生产大检查”“扫黄打非专项活动”，暑期文化市场专项整治行动等专项治理等文化旅游市场整治行动，有力净化文化旅游市场。检查文化经营单位800家次。出动执法人员1200人次，立案查处经营单位10家次，下达整改通知书19份，查处盗版图书4600余册、音像制品100余张，办理行政许可业务32件，满意率100%；联合区公安局、区市场监督管理局、区教育体育局、区人民检察院等部门开展校园周边出版物市场专项整治行动，对4家书店作出处以停业整顿15天的行政处罚，得到省市业务部门的高度肯定，被《抚州日报》、人民网、《光明日报》等媒体报道；区文化执法综合大队将全区文化市场分成4个片区，每个片区由2名执法人员常驻执法，对所辖文化市场进行督查和指导，不定期与公安、消防等相关单位开展专项整治行动，确保文化市场管理规范。

【文化执法】 2021年，开展“春节安全生产大检查”、“扫黄打非专项活动”、暑期文化市场专项整治行动、文化旅游市场整治行动等，有力净化文化旅游市场。检查文化经营单位800家次，出动执法人员1200人次，立案查处经营单位10家次，下达整改通知书19份，查处盗版图书4600余册、音像制品100余张，办理行政许可业务32件，满意率100%。区文化执法综合大队将东乡区文化市场分成4个片区，每个片区由2名执法人员常驻执法，对所辖区文化市场进行督查和指导，不定期与公安、消防等相关单位开展专项整治行动。为确保文化市场管理规范，区文广新旅局将文化执法的相关政策、法律法规纳入局中心组学习内容，通过定期专项学习，规范和提升审批程序、执法水平、服务水平。

【图书馆藏】 新图书馆大楼位于区文化休闲片区中心地段，美丽的千子湖畔，建筑面积4000余平方米，有藏书13万余册、电子书5万余册。新馆大楼宽敞明亮，馆内设有外借阅览室、少儿阅览室、报刊借阅室、电子阅览室、视听室、多功能报告厅等十多个对外服务窗口，集藏、借、阅于一体，为读者提供办证、图书外借、参考咨询等多种服务，除重大法定节庆日外实行全年免费开放。图书馆坚持“读者至上，服务至上”的宗旨，突出公益性、便利性、普惠性。在抚州市率先实行总分馆制，形成以区图书馆为总馆，以各乡镇、机关、学校为分馆的服务网络，所有图书资料实行全开架，所有服务项目全部实行免费。

【知识产权】 东乡区依法开展“清源”“秋风”“护苗”“净网”等专项行动，对3家涉嫌通过拼多多电商平台销售非法出版物的场所进行现场检查。此次联合行动出动执法人员32名，收缴涉嫌非法出版物4000余册，扣押3台用于电商平台销售的电脑；3月18日，组织全区书法、摄影、写作等协会会员召开作品版权登记座谈会，请市文广新旅局专家现场指导；作品版权登记工作有较大突破，作品登记156份，获得江西省版权局确认登记作品156份。

【宣传营销】 东乡区积极创新营销宣传模式，拓宽宣传渠道，采用以政府为主导，联动行业、媒体、公众等共同参与的整体营销模式，建立推广联盟等合作平台，形成上下结合、多方参与的营销格局。东乡区拨付过境短信费40万元用于过境短信文旅宣传，拨付美尔丝瓜络产品获得中国旅游商品大赛银奖奖励资金4万元。承办抚州市首届电商节活动，在花果山及佛岭书法艺术中心现场宣传推介和直播带货，观看人数超10万余人，成交额500余万元；到杭州、南昌开展旅游招商推介，在《中国国家旅游》杂志和抚州东高铁站投放宣传海报，提升东乡区旅游知名度，并带动地区经济发展。

开展江西百县百日东乡分会场活动，邀请佛岭景区、花果山景区、大剧院、天幕影院、量贩KTV等10多家文旅企业参与，入选直播文旅特色产品、农产品多达30余种，直播销售总额达1060万元，获江西“百县百日”直播带货全省第3名。

【文旅投资】 东乡区重视旅游项目建设，将精品旅游项目作为区重点项目落实、区领导挂点推进、责任单位跟踪服务，以精美项目建设支撑特色旅游发展。引进50亿元实施佛岭特色小镇项目建设，打造集佛禅文化、书法文化、名人文化于一体的综合性旅游度假区，加快佛岭景区旅游品牌提质升级。佛岭景区完成游客集散中心、欢乐沙滩、婚庆山庄、迎宾大道等公共服务及业态项目；深入推进杨桥润邦生态农业旅游区建设，着力打造集现代农业、养生宜居、文化娱乐、农旅休闲于一体的绿色农产品供应基地和田园康养生态休闲旅游目的地；花果山景区建设纳入区重点工程项目建设，已启动提升改造专项措施以推进工作。

【旅游规划编制】 重视全域旅游规划编制工作，以全域旅游规划统筹全域旅游发展，以全景理念指导旅游开发建设，以全时理念完善提升旅游要素，以全业理念推进产业融合发展。依托东乡自然生态和地方文化资源，先后完成《东乡区全域旅游规划》《花果山生态园创省AAAAA级乡村旅游点规划》《红光吴伯宗状元府旅游规划》等旅游规划编制，加快促进佛岭景区、花果山生态园等景区基础配套设施建设，以高规格、高标准的规划设计引领全区旅游高质量地发展。

【创新“旅游＋”理念】 主动跳出旅游看旅游，牢固树立“旅游＋”理念，挖掘新资源、丰富新内涵、发展新业态，着力构建全产业融合发展的大旅游格局。“旅游＋文化”行动。充分用好中国书法之乡金字招牌，坚持以书法为核心，以文化带动旅游、让旅游推广文化，高标准打造舒同博物馆、书法文化艺术中心等书法文化旅游设施，先后举办中国书法文化艺术节等一系列面向国内外、独具东乡特色的书法文化交流活动，为打造全国书法文化交流目的地打下坚实的基础。“旅游＋城建”行动。坚持“城市即景区、景区即城市”的发展理念，按照旅游城市的标准，启动实施城市功能与品质提升三年行动，深入开展国家卫生城市、全国文明城市“双城同创”工作，紧扣“吃、住、行、游、娱、购”六大旅游要素，加快完善城区旅游配套设施，提升旅游服务接待水平，着力打造宜居宜玩宜游的现代品质城市。“旅游＋农业”行动。抓住国家乡村旅游发展机遇，依托丰富的农业旅游资源，以农事体验、农业观光、农业生产、美食品尝、文化旅游为媒介，发展乡村旅游与休闲农业，按照“景村一体化”的思路，将旅游元素与特色小镇打造、秀美乡村建设有机结合、相互融合，先后启动建设佛岭特色小镇、花果山玫瑰小镇、虎圩乡何张村等一批有代表性的现代农业旅游示范点，彰显地域风貌，留住耕读记忆。

【非物质文化遗产】 在抚州市第六批市级非物质文化遗产项目申报工作中，东乡杨氏太极拳、舒同故事两个项目成功申报市级非物质文化遗产项目，同时开展东乡红糖技艺、酒糟食品技艺、红色资源等多项非物质文化遗产项目普查和拟申报工作；结合文化和自然遗产日开展以“保护人民非遗、共享美好生活”为主题的活动，中国非物质文化遗产日当天举办“非遗”项目展演，发放非物质文化遗产宣传资料600多份，吸引群众参与非物质文化遗产保护日活动；开展非物质文化遗产进校园、进社区、进景区活动，让更多群众知晓自己家乡地方特色，了解东乡区多种多样的非物质文化遗产保护名录和文化。

【机构人事变动】 根据《中共抚州市东乡区委机构编制委员会关于区文广新旅局深化事业单位改革有关事项的批复》规定，整合区佛岭国际公园管理局，组建区全域旅游发展中心，为区文广新旅局所属副科级公益一类事业单位，核定全额拨款事业编制13个。领导职数：主任1名（副科级），股级职数5名，副主任2名。区舒同书法院，机构规格由副科级调整为股级，为公益一类事业单位。核定股级数为1名：院长1名，陈凤鸣任院长。区图书馆，机构规格由副科级调整为股级，为公益一类事业单位。核定股级数为1名：馆长1名，邓靓靓任馆长。区文化馆，机构规格由副科级调整为股级，为公益一类事业单位，全额拨款事业编制12个。核定股级数为1名：馆长1名，王志阳任馆长。

（万建云）

图书发行

【概况】 江西新华发行集团有限公司抚州市东乡区分公司有在职正式员工13人、社会聘用员工7人。以稳健发展、创新发展、优质发展为核心，围绕提升管理水平和经营效率，提高发展质量，强化市场掌控能力，保持利润和销售的稳步增长。区连锁门店销售任务为250.97万元，实际完成一般图书销售码洋289.40万元，年末完成销售任务。

【教材征订发行】 秉持优化教育服务理念，以最大努力做细做好教材教辅发行工作，以灵活方式参与竞争，不断改善服务质量。所有员工保持着高度的政治责任感和高超的员工素质，保质保量完成疫情防控期间的开学前“课前到书、人手一册”的庄严承诺。

【社会捐赠】 推进社会效益活动，为区五中、瑶圩中学捐赠1万元图书，为红光中小学捐赠2万元图书；为实验中学捐赠口罩0.3万个；与一中联合举办高考冲刺动员大会活动作为协办方出资2万元；为关心下一代青少年委员会捐赠0.26万元；为东乡城市驿站捐赠图书400余本。为马圩镇南坪村捐赠4.5万元，为马圩镇港下村留守儿童之家捐赠2万元用于改善留守儿童的生活基础设施；为孝岗镇瑶上村捐赠3万元资金用于支持乡村振兴。

【送书下乡】 完成区132个农家书屋网点的补充更新图书的分发配送工作，配送品种10296种，共计27万余元，及时给广大农民朋友送上丰富的精神食粮。创新服务，组织开展农家书屋、送书下乡等活动，坚持每年春、秋两季的送书下乡活动，引导广大读者培养爱读书、爱学习的良好习惯。

（金格羽）

舒同书法院（东乡区博物馆）

2021年，送书法下乡（舒同书法院 供）

【概况】 东乡区博物馆又名舒同书法院，2021年事业单位改革从副科级单位降为股级单位，隶属于区文化广电新闻出版旅游局，有工作人员12人，其中编制人员4人、聘用人员8人。博物馆坐落于东乡区恒安路中心区街心花园的南侧。舒同书法院始建于1986年，占地10亩，为坐南朝北的仿古建筑，是一座集收藏、展览、研究、教育及弘扬舒同“毛驴子革命精神”于一体的博物馆。

东乡区博物馆（舒同书法院）是省、市、区开展爱国主义教育、中小学生德育基地和青少年科技教育基地，是国家AAA级旅游景区。自建馆以来，一直坚持免费对中小学生和社会各界人士开放，是东乡区清廉文化教育基地，也是东乡对外进行文化交流的重要窗口。

【文物管理】 库房面积200平方米，馆内收藏舒同书法作品和名人名家书画作品及其他文物1000余件，其中，等级文物近300件、精品文物500余件。有省级文物保护单位6处、市级文物保护单位3处、县区级文物保护单位26处，有中国传统村落1处（黎圩浯溪）、省级传统村落4处（瑶圩万石塘、排头，黎圩枫山、黎阳）。

【陈列展览】 馆内有基本陈列厅3个，面积达1500平方米，160米的名人名家书法碑廊。主馆一楼主要展示舒同“勤政为民、廉洁奉公”“革命书法两辉煌”的革命业绩和珍贵照片；二楼主要为舒同书法作品。东楼一楼展厅近200平方米，举办书画、科普等系列展览及交流活动。

【社会服务】 举办抚州市2021年“迎新春书画展览”，展出书法作品45件、美术作品28件；“5·18”世界博物馆日，馆内工作人员走进瑶圩万石塘红十军指挥部旧址（万石塘冠美公祠），馆（院）长陈凤鸣讲述红十军进驻万石塘的革命斗争经历；区博物馆与区文化馆联合举办抚州市非物质文化遗产宣传活动，与消防大队联合对辖区内省、市、区文物保护单位开展抚州市安全大检查和安全隐患排查；举办庆祝中国共产党成立100周年“风展红旗如画”全国舒体书法邀请展活动，展出书法作品71件，其中，舒同书法作品33件、本地书法作品38件，舒同之子舒安应邀出席活动；举办庆祝中国共产党成立100周年“书画展”活动，展览区美协会员创作的作品70件；拨付专款对珀玕乡“七星桥”进行保护维修。

（陈凤鸣）

佛岭公园

【概况】 佛岭国际公园位于东乡区东南2千米处，交通便利、环境优美。公园控制面积达1334万平方米，规划面积787.06万平方米，其中水域面积41.354万平方米。2011年9月动工建设，2015年10月开园，2018年成功被授予国家AAAA级旅游景区。佛岭国际公园依托山水自然元素，挖掘历史、名人、佛禅等文化元素，构造现代时尚元素，打造成集佛禅文化、书法文化、名人文化、生态观光、休闲度假于一体的高品质旅游综合体。

公园基础设施总投资10亿元，祥生集团完成投资6亿元按AAAAA级旅游景区标准提升打造。佛岭国际特色旅游小镇项目按AAAAA级标准重点打造八心一体的游客服务中心、多样文化艺术体验的书法文化中心、多元化健康养生体验的国际康养中心、休闲度假中心、房车营地、温泉会馆、帐篷酒店、水上乐园、西隐寺，打造多元文化休闲体验的八楼十六阁和天湖度假酒店，形成人文休憩区、生态颐养区、禅宗养心区、山水度假区四个特色鲜明的小镇主题。

佛岭国际特色小镇立足实现社会效益、解决“三农”问题、振兴当地产业为目标，加强基础设施、产业导入、文旅配套、环境风貌建设，实现生产生活生态“三生同步”，一、二、三产业“三产融合”，打造“宜居、宜业、宜游、宜养”四位一体理论模型精品示范小镇。

【工程建设】 佛岭景观大道改扩建从佛岭大道入口至佛岭公园入口1.5千米，路面宽70米，双向六车道，主路面25.5米，非机动车道、人行道绿化景观宽44.5米。大道集休闲、购物、赏景于一体，打造彩卷踏歌第一街。该项目于2021年1月底竣工。

婚庆山庄占地面积1万平方米，建筑面积6667平方米，以旅游服务综合体为目标加以量身设计。山庄融合抚州市时尚及自然元素的风格各异包间15间，拥有五大主题特色鲜明能容纳2000人的宴会大厅，有1个户外婚礼广场。山庄聚焦江西高端数字科技婚庆摄影基地，重点打造一站式、全景婚庆服务配套设施，拥有4大特色摄影场景、5大创意仪式场景。该项目于2021年4月中旬竣工并投入使用，能够承办喜宴5000余桌、接待人数8万余人。

沙滩草坪区域占地面积15.8万平方米，其中，水面占地面积7.9万平方米、沙滩占地面积2.3万平方米、景观及服务配套占地面积5.3万平方米。由滨水美食街、沙滩浴场、灯光水秀、湿地乐园组成四大主题功能区。花海草原占地面积3.3万平方米，由合地花海、艺术花园、爱情林、阳光大草坪、生态水岸组成。以花海、灯光、网红景观小品等手法打造成浪漫艺术的文化地标。沙滩草坪及花海草原项目5月初投入使用，接待游客10万余人。

【招商引资】 引进社会力量做大、做强、做优旅游产业，成功引进全国地产百强企业祥生实业集团有限公司加盟开发，祥生实业集团投资50亿元，按照国家AAAAA级旅游景区标准，打造祥生集团佛岭国际特色小镇。

【景区疫情防控】 严格落实区新冠肺炎疫情防控应急指挥部要求，制定疫情防控应急预案，落实各项防控措施。重点严查高风险地区和中风险地区来人，实行“日报告”和“零报告”制度。在景区LED屏、宣传栏、微信群及时转发疫情防控政策，发布风险地区信息，在景区发放警示学习手册5000余份，确保疫情防控宣传景区全覆盖、无死角。

（周　燕）

DONGXIANG YEARBOOK 2022

新闻媒体

融媒体

【概况】 东乡区融媒体中心主要宣传平台包括“东乡新闻”电视节目、“东乡发布”微信公众号、“品质东乡”手机客户端。全年开设《庆祝中国共产党成立100周年》《学党史 悟思想 办实事 开新局》《足迹》《工业三年倍增行动》《重点工程巡礼》《媒体进企业 聚焦新发展》《学习贯彻党的十九届六中全会》《“八扬八治”深化作风建设活动》等系列电视新闻专栏近20档。

【内宣工作】 借助微信、微博、客户端、抖音等新媒体平台，强化庆祝中国共产党成立100周年、党史学习教育、工业三年倍增等宣传报道。开设“工业创新三年倍增行动”电视访谈专栏，全区相关部门18名党政主要负责人和部分重点企业负责人亮相荧屏，谈认识、谈做法、谈发展，节目播出后反响良好。组织“重点项目巡礼”和“媒体进企业、聚焦新发展”重大主题宣传，全方位展现重点项目推进的经验、成就，激发广大干部群众干事创业的精气神，发挥强信心、暖人心、聚民心的作用。

【对外宣传】 加强与中央台、省台、市台以及新媒体、《江西日报》等媒体的沟通与合作，积极做好大报、大台及“学习强国”学习平台的上稿工作。中央电视台《新闻联播》上稿7篇、《江西新闻联播》22条、《抚州新闻联播》205条、《人民日报》《新华每日电讯》《经济日报》《光明日报》上稿共16篇；《江西日报》用稿116篇，《抚州日报》用稿310余篇；“学习强国”学习平台上稿230篇。

【媒体融合】 建立内容丰富、载体多样、覆盖广泛的现代媒体传播体系，按照“电视＋客户端＋新媒体”的基本构架，做到相互补充、层层影响，形成传播共振效应，力求影响力最大化。坚持“移动优先”“先网后台”，新媒体比电视早一步，电视等传统媒体与微信、手机客户端等新媒体并行发展，实现传统媒体与新媒体相融、本地媒体与上级媒体相融、主流媒体与自媒体相融、政务媒体与网民相融，初步形成纵向全贯穿、横向全覆盖、内部全打通的传播合力，拓宽传播渠道。在两会期间，做到“东乡发布”公众号第一时间发布，“东乡新闻”跟进深入报道，“品质东乡”客户端、“东乡新闻”公众号等平台多渠道推送，使每条新闻的传播效果达到最大化。

【安全播报】 制定出台《东乡区融媒体中心“三审三校”制度》，落实导向管理全覆盖，坚持新媒体与传统媒体同一个标准。弘扬主旋律，传播正能量，创新方法手段，有效引导社会舆论，自觉抵制各类有害和虚假信息的传播。建立科学规范的工作流程，明确初审、复审、终审和校对各个环节的工作任务和岗位职责，做到职责具体，责任明确。“品质东乡”手机客户端的文章，由三位当班编辑进行初审，客户端两位副主编担任二审，客户端主编担任三审。“东乡发布”微信公众号、微博、抖音等媒体账号，建立“三审三校”审核群，每一篇稿件都需要经过编辑、主编、分管领导以及融媒体中心主任层层审核通过后，才能发布。“东乡发布”微信公众号的文章，由编辑初审、分管领导二审、中心主任三审通过后发布。所有涉及重要内容（如重大事件发布、重要政策颁布、重大会议报道、重要领导活动等）的稿件，需由区委、区政府相关职能部门对稿件进行最终确认后播发，实现全年安全优质播出"零事故"。

【推进"媒体＋"服务】 围绕"新闻＋政务＋服务"，推动新闻宣传、政务服务、生活服务一体化发展，着力打造"主流舆论阵地、综合服务平台、社区信息枢纽"。"媒体＋政务"模式，以"服务人民"为宗旨，开设"问政东乡"专栏，及时对网友在"问政东乡"平台的提问进行处理和回复，着力解疑释惑、疏导情绪，发挥新闻媒体化解社会矛盾的功能。"媒体＋党务"模式，依托手机客户端，全面对接"学习强国"学习平台，将党的宣传思想推广到乡镇、村组，打通上下层级的党务信息沟通渠道，党员足不出户就可以观看党教视频，接受学习教育。"媒体＋文明实践"模式，与新时代文明实践中心建设有机结合，紧扣"成风化人、凝心聚力"的主题定位，开设新时代文明实践专栏，开展各类群众性文化、体育、科普、公益等活动。设立"红黑榜"，既弘扬传播好人好事，又揭露不文明行为。"媒体＋服务"模式，聚合多方资源，全面对接赣服通，打造一站式生活服务平台，为群众提供教育缴费、交通出行、天气预报、购物等生活服务。

【"东乡发布"创新创优】 "东乡发布"微信公众号全年发稿 960 篇，有 10 万多次浏览量的爆款新闻 7 篇，"粉丝"数达 13 万人；"东乡发布"抖音号"粉丝"数达 79.9 万人次，位居全市前列。在全省县级微信公众号排名中，6 次获得全省第 1，8 月至 11 月更是蝉联榜首。"东乡发布"抖音号排位也在全省前列。

【"问政东乡"向深向实】 各乡镇（街道、场）、职能部门入驻到问政平台，实现"问政"全覆盖，成为东乡区委、区政府走好网上群众路线的有效载体。"问政东乡"平台接收网友提问 1366 条，回复 1366 条，回复率 100%。平台体现了政府担当作为，提升了人民群众的满意度、获得感和幸福感。

【承办系列线上线下直播活动】 东乡区融媒体中心开展一系列线上线下直播互动活动，通过网络直播带货，举办电商网购节，吸引 100 多家商家主动参与。国庆节期间，融媒体中心与商务局一同推出消费券抢购活动，吸引参与人员达 50 万人次。融媒体中心与教育系统和城管系统等部门积极对接，参与各种热点活动的直播，比如，学号派位的直播参与人数达到 20 多万人次。"东乡发布"微信公众号还与东乡区的各商家定期推送最佳粉丝奖、幸运奖等奖项，提高"粉丝"与手机客户端、公众号的黏性。

（周　欢）

中国广电江西网络有限公司东乡区分公司

【概况】 中国广电江西网络有限公司东乡区分公司，坚持"党媒政网"的政治属性，以全国"一网整合"和"广电 5G"建设为契机，坚定不移地向互联网企业转型，努力成为服务百姓、服务政府的广电网络综合运营商。全区有线电视用户 60595 户、宽带 4980 户。公司内设有行政财务部、工程技术部、综合业务部、集团客服部、城网管理部、农网管理部。

【安全播出】 安全播出是广播电视的生命线。公司始终强化措施，落实责任，严格执行《安全播出应急预案》，确保广播电视网络安全运行，完成庆祝中国共产党成立 100 周年重要保障期安全播出的工作任务。

【转型升级】 按照"一云、二网、三平台、四大业务板块、五大努力方向、六项保障措施"的基本工作思路，促进公司转型升级。建设区、乡、村三级应急广播平台，实现省—市—县（区）—乡（镇）—村五级联动。配合上级广电部门做好清频工作，为广电 5G 开通提供必要条件，为实现广电固移融合发展提供技术保障。承接区"老旧小区"改造弱电下地及"四网"工程。彰显国企担当，积极推动东乡区经济社会和文化建设。

【公司更名】 2021 年，全国广电网络整合，6 月 15 日，公司名称由原来的"江西省广播电视网络传输有限公司东乡区分公司"更名为"中国广电江西网络有限公司东乡区分公司"。

（程淑飞）

科技·卫生

科　技

【概况】 东乡区科学技术局为区人民政府职能部门，内设人秘股、科技管理股，下设科技创新促进中心，因机构改革由科技情报所于2021年变更而来。全年东乡区综合科技创新水平指数69.07%，列江西省第17位。东乡区江西亿友药业有限公司获江西省技术发明专利三等奖，江西恒佳水产养殖有限公司获江西省科技进步三等奖，是抚州市唯一获奖的县（区）级企业。

【科技项目】 向上申报各类科技项目30余项，上级立项支持12项，获得项目资金385万元。推进创新攻关“揭榜挂帅”机制，制定《东乡区重大技术项目攻关“揭榜挂帅”实施方案》，支持东乡区企业进行技术攻关。东乡区江西亿友药业有限公司、回音必江西东亚制药有限公司与中国医学科学院药物研究所、北京诺康达医药科技股份有限公司签约，为区生物医药产业的高质量发展注入新的助推剂。

【科技投入】 建立健全企业研发投入后补助机制，出台《东乡区加大全区科研研发投入三年攻坚行动实施方案》等一系列文件，鼓励企业加大研发投入，对企业2020年取得的科技创新成果及时统计兑现，发放各项科技创新成果奖补资金1300余万元，其中研发投入后补助资金近300万元，有效降低企业科技创新成本，提高企业自主创新积极性、创造性。加强全社会研发投入入统工作，成立研发投入工作专班，加强业务培训，实行一对一入企指导，提高研发投入数据质量。东乡区R&D经费支出为4.83亿元（企业填报数），东乡区综合科技创新水平指数为69.07%，列江西省第17位。

【科技引智】 鼓励开展对外科技合作，与国内外高等院校、科研院所建立科技合作关系，柔性引进一批省内外的高素质科技人才为东乡区经济社会发展助力。据统计，2021年东乡区企业共引进北京林业机械研究所所长、博士生导师傅万四，南京林业大学食品科学院教授范龚建等各类高素质人才138位。

【科技特派员】 推进科技特派员富民强区工程，以科技特派员为抓手，充分发挥科技特派员在实施乡村振兴战略中的引领作用。在江西省科技厅向东乡区派驻24名科技特派员的基础上，联合区委组织部从东乡区涉农部门增选10名农村科技特派员充实到农业生产第一线，通过省、市科技特派员的引领，“东乡白花蛇舌草高产栽培技术的研究”“泥鳅良种规模化扩繁与绿色高效养殖技术研究与应用”等多项科技成果在东乡区得到应用推广，服务乡镇10个，服务村庄35个，培养基层技术骨干171人，带动农户1358户，指导新成立农民专业合作社和家庭农场6家，其中指导培育区级示范农民合作社5家；指导培育新型职业农民63人，培育农业科技示范主体75户；围绕特色产业发展推广优良品种12个，推广适用技术10项。

【高新技术企业】 东乡区国家高新技术企业62家（3年有效期）。其中，原有高新技术企业60家，新增高新技术企业2家。新增高企2家：江西瀚泰新材料科技有限公司、江西科态新材料科技有限公司。

（吴国庆）

医疗卫生与人口发展

【概况】 区卫健委坚持新时代卫生健康工作方针，围绕健康东乡建设主线，以常态化疫情防控为重点，以深入医药卫生体制改革为契机，优化资源配置，创新体制机制，统筹做好卫生健康各项工作。全区现有医疗卫生机构254家，其中，公立医院4家、公共卫生机构3家、乡镇卫生院17家、村卫健室139家、民营医院7家，社区卫生服务站、个体诊所、门诊部、诊所等84所。全区有执业（助理）医师835人、注册护士1514人、乡村医生241人。有编制床位2559张，每千人拥有床位6.96张，其中，公立医疗机构编制床位1721张、民营医疗机构床位838张。区卫健委先后获全市卫生健康综合工作第1名、全市疫情防控工作第1名、全市医改工作第1名、全市卫生健康系统政务信息和新闻宣传优秀单位第1名、健康抚州行动考核优秀，获得江西省文明单位、江西省实施妇女儿童发展纲要先进集体、全市妇幼健康服务能力先进单位、全市推动乡（镇、街道）落实卫生健康监督执法工作先进单位等荣誉。

【医药体制改革】 1月，东乡区卫健委在抚州市率先组建东乡区医疗健康集团正式挂牌办公，构建出以人民医院、中医院、第二人民医院为牵头医院的三个医共体建设。推动县级医院优质资源、人才、病种“三下沉”。持续推动公立医院上联省内、外三级医院建立医联体或专科联盟，下联乡镇（场）卫生院建立医共体。建好妇产科、新生儿、创伤、卒中、胸痛5个“中心”，有2个国家级名医传承工作室。抚州市骨科质控中心挂靠东乡区人民医院骨科，使其成为抚州市二级医院中唯一一家市级专业质控中心挂靠单位。6月，东乡区金峰街道社区卫生服务中心正式成立并运行。

东乡区卫健委进行药品集中采购，直接让利给老百姓，让利的药品品种36种，更换54个药品生产厂家，药品降价幅度39.52%。区、乡、村三级医疗机构建立远程医疗合作关系，开展远程视频会诊、教学查房、病理及医学影像诊断、专家门诊等活动。区人民医院、中医院、妇保院医生诊室打通医保系统实行诊间结算、住院一站式结算等智能服务，有效破解“排队1小时，看病2分钟”的困局。

【新冠肺炎疫情防控】 开展新冠疫苗集中接种工作。在全区各乡镇、体育馆、高铁站、东信百货等人流量较大的位置设立新冠疫苗接种点24个，并推出延时服务，上门服务为群众接种新冠疫苗。截至年底接种新冠疫苗709420剂次，其中，第一剂次接种310338人、第二剂次接种304897人、第三剂次接种94185人。推进疫情防控工作。落实“外防输入，内防反弹”的总体防控策略，制订疫情防控方案和应急预案，加强对重点地区返乡人员进行网格化排查登记，办理协查函200余次，迅速处理4起涉疫食品、物品事件（2起樱桃、1起奶枣、1起服装），处置河北石家庄、广东深圳机场、南京机场、张家界市、福建莆田市、上饶市、九江市等地新冠肺炎疫情重点人群的流调、协查，追踪排查600余人次。严格按照紧急风险提示中的管理措施落实人员管控，特别是对重点地区往返人员实施闭环管理，分类落实管控措施。区卫健委先后在体育场、高铁站和火车站等人员集中、人流量大的场所设置核酸检测点，免费为群众开展核酸检测。截至年底，累计采样298815份，检测结果均为阴性。组织23名医务人员驰援上饶核酸检测工作。

【健康东乡建设】 东乡区全年空气质量指数（AQI）优良率为99.7%，地表水质量达到或好于Ⅲ类水体比例达到100%，无烟党政机关建成率达63.93%，居民饮用水水质达标率达92.86%，农村卫生厕所普及率达92.77%。区卫健委举办第六届“万步有约”职业人群健走激励大赛，开展一次环绕健康主题公园——千子湖公园的实地健走活动；大力开展健康教育“六进”行动；积极拓展建设“健康东乡”视频联播平台；广泛普及健康知识、提升健康理念、倡导健康行为，实现对健康教育宣传的标准化、制度化、流程化、统一化。

【公共卫生服务】 区卫健委组织144个家庭医生团队，246名医务人员，下到139个村委会，开展185场家庭医生签约服务宣传活动，建立居民电子健康档案38.4589万份，电子建档率89.96%；全年为10474人进行两癌筛查，婚前检查人数1637人，婚检率97.55%，持续保障妇幼健康；举办8期全区免疫规划培训班、2期新冠肺炎等疾病防控技术培训班、1期全区医疗机构健康教育工作培训班、4期全区核酸检测技术培训；6月，对东乡区第一幼儿园和景泰幼儿园适龄儿童进行视力筛查，筛查170人；对荆公小学、东乡一小、东乡一中、东乡二中、东乡三中、实验中学、东乡高级技工学校等7所学校2668名学生进行常见病及健康影响因素监测；对孝岗一小和北港小学适龄儿童进行窝沟封闭，共做2414颗牙齿；2021年东乡区出生新生儿2804名，全区接种免疫规划疫苗66979剂次，接种非免疫规划疫苗59528剂次。

【卫生监督执法】 区卫健委开展非法行医专项行动109次，下达监督意见书85份，立案2起。对城区175家美容、231家美发、82家住宿行业、35家足浴等重点公共场所开展疫情防控督查，下达监督意见书523份。规范诊疗行为，改善服务态度，完善质控体系。对辖区内5家集中式供水单位进行水质抽样检验，采集水样83份，合格82份，合格率98.8%；对不合格的集中式供水单位下达卫生监督意见书，复检合格率100%，有效保障饮水安全。

【传染病防控】 区卫健委累计监测AFP、麻疹、流脑、乙脑、新生儿破伤风、15岁以下儿童乙肝36次，无漏报现象。AEFI发现后48小时内报告率≥100%，AEFI分类诊断率100%。东乡区卫健委报告10例疑似麻疹病例，排除10例，排除率2.23/10万。根据国家疾病监测信息报告管理系统数据统计，全区报告甲乙丙类传染病病例总数1110例（按报告地区），报告发病率244.33/10万，报告5例艾滋病死亡病例，无甲类传染病报告。发病数居前三位的病种为乙肝（436例）、肺结核（178例）、梅毒（114例）。全区传染病疫情报告网络正常运行率100%，及时审核率100%。累计报告手足口病例50例（按现住址），其中，本地报32例、外地报告18例。

6月，对瑶圩、王桥、詹圩、小璜、红星等5个乡镇的200名8～10周岁的儿童和100名孕妇进行尿碘和盐碘的监测，合格率94.67%，对200名8～10周岁的儿童进行甲状腺B超检测，其中1名儿童甲状腺异常。全区全人群HIV抗体筛查开展81980人次，全人群筛查率18.03%，筛查阳性15例，确诊阳性13例；自愿咨询点开展HIV、梅毒、丙肝抗体检测420人，结果全部为阴性。全区报告肺结核患者175人，涂阳93人、涂阴82人，新发涂阳率53.14%；分别调查处置实验中学（2起）、第七小学、第一中学、第三中学5起学校结核病预警，筛查肺结核密切接触者684余人并进行PPD筛查，结果均为阴性。全区报告新发肿瘤发病1082例，因恶性肿瘤死亡520例。

【应急事件处置】 迅速处置2起疑似食用野生蘑菇中毒事件，2起疑似食用自制葛粉、竹荪中毒事件，5起本地学校结核病预警，快速平息事件。

【人口发展】 推动人口监测各项工作任务落地见效，强化组织领导、督导落实、舆论宣传，积极为人口监测工作提供保障。2021年东乡区退出奖扶（卫健委对计划生育家庭进行奖励扶助）人数19人，新增奖扶人数147人，实际扶助总人数1018人，奖扶资金122.16万元正在拨付中。2021年关爱农村一女、二女户阳光助学在读高中93人，考取二本以上院校12人，奖励资金10.5万元，对全区所有失独及独生子女伤残父母均开展免费体检、建立联系人制度及落实家庭医生签约服务工作。5月11日，区卫健委会同区人社局召开东乡区照护服务机构从业人员职业技能培训工作部署会，对全区18家照护服务机构及托育一体化幼儿园开展培训，200余人报名参加第一期培训并已顺利结业。稳妥开展托育机构日常检查及备案工作，截至年末，7家托育机构成功备案。

（潘锡鑫）

医疗保障

【概况】 抚州市东乡区医疗保障局深入贯彻国家、省、市医疗保障部门决策，结合东乡实际，坚持保基本、惠民生、促改革、强监管，在便捷服务群众参保、报销、减轻群众就医负担、增进民生福祉、维护社会和谐稳定等方面取得明显成效，日常工作不走样，特色工作有亮点。截至年末，全区城镇职工参保37299人。城乡居民参保375239人，城乡居民参保率98%。为5452名农村脱贫人口及2323名城镇贫困人口做好免缴费参保，脱贫人口及城镇贫困人口参保率100%，确保脱贫人口等其他特殊人群应保尽保。获评抚州市医疗保障工作“综合先进县（区）”第1名、东乡区政务服务工作先进集体，1人获评抚州市“十大最美医保人”，1人获评抚州市“十大服务标兵”，3人获评东乡区政务服务先进个人。

【提升服务效能】 开辟绿色通道。在原有的窗口数基础上，新增老年人、教师、军人等绿色窗口，优化业务流程。通过优化审批流程，进一步缩短办结时限，加强人员培训。进一步加大对窗口工作人员政策理论、业务技能的培训，不断提高工作人员的经办服务水平，强化考核激励。通过强化工作人员的绩效考核，发挥以考促学作用，提升经办服务能力，完善管理制度。完善"一次性告知、首问负责、限时办结、同岗替代、责任追究"等制度，持续推进"一窗式"和"容缺受理"等便民措施，严格落实错时延时服务制度，优化医保服务。进一步简化办理手续，完善窗口、电话、掌上、网络等服务模式，做好帮办、代办、上门办等多元化服务。

【智慧医保建设】 为推进智慧医保建设，推进"互联网+医保"服务，东乡区实行"线上+线下"相结合缴费模式，方便居民参保缴费。推出手机微信、支付宝赣服通、银行 App 等引导居民自主缴费；通过缴费服务窗口设置人工现金收付通道、指定商业银行柜面收取现金、社区或村委会医保代办收取现金等方式，为留守儿童、老年人等特殊群体提供方便贴心的服务；建立"白名单"制度，及时划拨医保待遇确保参保人员及时享受医疗待遇。

【医药耗材"变革"】 医疗保障局严格落实医保预付政策，将首次预付比例提高到 50%，超量采购继续纳入医保预付实行按月全额结算，减轻企业、医疗机构垫支压力，改变"带金销售"模式，净化药品流通市场。积极筹备医保支付方式改革，5 月选派精干人员赴上海考察学习 DIP 按病种分值付费方式改革，征求区直各医药机构意见建议，收集整理二级医疗机构前三年门诊次均费用和人均住院费用数据，以更合理测算医疗机构等级系数，对一些常见病、二级医疗医院治疗成熟病种优先考虑，减少病人外流。严格中选药品使用情况监测考评，稳定医保基金总控和相关付费标准，支持医院高质量发展和医务人员绩效改革，推动营造良好行业政治生态。东乡区药品带量采购政策临床实际执行情况良好，显著降低患者的用药负担，群众就医获得感、幸福感持续增强。如糖尿病常用药阿卡波糖片，改革前价格 61.92 元/盒，带量采购改革后价格为 5.42 元/盒，降幅达 91.2%。

【医保服务"五代办"】 医疗保障局深化"我为群众办实事"，坚持为九旬二野老兵魏世英送药上门、送医上门。持续开展医保服务"五代办"，截至年末，全区设置 162 个医保服务"五代办点"，将医保服务延伸到社区和村组，让群众在家门口就能办理医保事。通过"五代办"服务，为参保群众代办参保缴费 563 人次，代办医保电子凭证申领 366 人次，代办慢性病申报 82 人次，代办医疗费用报销 45 人次，代办异地就医备案 72 人次，发放问卷调查 4000 余人次，发放宣传单 3 万余份。

【守护医保基金安全】 医疗保障局加强《医疗保障基金使用监督管理条例》宣传，深入医疗机构开展条例宣讲 5 场。多渠道、多方位要求区定点医药机构同步进行宣传活动；各乡镇（场）利用赶集日开展形式多样的宣传活动，确保宣传取得实效。全面推进医院智能自审系统建设，充分利用智能审核系统监管平台的监管作用，加强对各定点医药机构系统监管，有效提升基金监管水平和效率。全面推进依法监管，新增 9 名具有执法证人员，聘请人大代表和基层干部为医保基金监管社会监督员，定期组织业务培训和考试，对基金监管执法进行"双随机、一公开"，确保基金监管公开公平公正。保持打击欺诈骗保高压态势，坚持智能审核监控，发现问题必查，基金使用率异常必查，大额住院费用必查和住院人数速增必查，严厉打击挂床住院、冒名顶替住院以及伪造医疗病历等恶意骗取医保基金的行为。对 46 家定点医疗机构违法违规进行处理，追回违规款 273.06 万元，行政处罚 14.027 万元。

【破解学生参保难题】 为提高学生群体的医疗保障水平，创新思路、主动谋划，医疗保障局与教体部门密切沟通协作，争取支持，充分利用数据比对精准排查未参保学生（包括幼儿园、中小学），印制发放 3.8 万张《致学生家长一封信》，有针对性地进行参保宣传，力促在校学生医保全覆盖，助推东乡区参保率上台阶。该做法在抚州市被推广。

（王　安）

东乡区人民医院

【概况】 东乡区人民医院（以下简称人民医院）创建于 1949 年 5 月，是东乡区集医疗急救、教学科研、预防保健于一体的唯一的一所二级甲等综合性医院，是全区城镇职工和城乡居民基本医疗保险定点直报医院、“120急救中心”。现有在职干部职工895人，其中卫生专业技术人员770人。具备高级职称专业技术人员76人（其中正高级职称5人），有医学硕士5名。设有内、外、妇、儿、重症医学、急诊、五官、感染等19个临床科室和影像、特检、检验、内窥镜室等12个医技科室。荣获抚州市骨科质控中心挂靠医院、抚州市先进基层党组织、国家级“母婴友好医院”等荣誉。医院DRGs综合绩效考评在江西省二级医院中排名第11名。

2019年6月，人民医院整体搬迁至新院。新院按照三级综合医院标准建造，总规划用地10.4公顷，其中业务用地6.2公顷，建筑面积8.4万平方米。院内环境宽敞舒适，建有综合楼、住院部、感染楼、高压氧舱、后勤服务中心等大楼。医院设计床位800张，设有普通病房、优质病房、VIP病房。病房安装中心供氧、传呼、吸引及中央空调系统。配有一大批高精尖进口医疗仪器设备，如GE能谱CT、联影528CT、佳能DSA、西门子3.0T磁共振、高档彩超、胆道镜、钬激光、西门子全自动生化免疫流水线系统、流式细胞分析仪、腹腔镜系统、冷刀宫腔镜、肾镜、骨关节镜系统、进口手术显微镜、GE新生儿抢救台、儿童超声骨密度仪、核酸提取和检测设备、口腔超声骨刀等。

2019年8月，启动智慧医疗系统，实现社保卡、银行卡、微信、支付宝扫码进行门诊、住院缴费，开通诊间结算、自助挂号、网上预约挂号及检验报告查询打印等自助操作，极大缩短患者诊疗时间，改善患者的就医体验；积极开展重点学科建设，在做大做强市级重点专科——骨科的基础上，全力推出妇产科、普外、心血管内科、儿科、消化内科、重症医学科、眼科、影像科、检验科9个学科作为市级重点学科进行打造；医院启动“五大中心”建设，危重孕产妇及新生儿救治中心、卒中中心、创伤急救中心、胸痛中心先后通过市、省及国家级验收，五大中心的建设加强院前急救体系、院内多学科模式救治体系的建设，实现院前院内救治高效优质无缝对接、全覆盖。为进一步促进急诊医学的学科发展，完善急危重症患者救治体系，不断提升医院医疗水平，医院又着手打造介入室、急诊EICU、内镜中心、心电中心、影像中心等建设，计划未来五年创建三级甲等综合性医院，顺利通过国家评审。

【规范医疗行为】 6月，为规范门急诊电子病历的使用，规范医师门急诊病历书写，医院实行门诊病历正式上线，为医院电子三级应用评定奠定基础。医院每月开展病历检查，通报并进行奖罚，有重点地抓运行病历尤其是死亡病历的终末质控，全年终末病历的甲级率99.96%，同比增长0.06%；病案首页合格率96.14%，同比上升0.3%。临床路径病种数增至133种，完成临床路径管理病例18715例，临床路径入径率61.93%、完成率98.53%；单病种管理12个，管理病例640例。通过临床路径及单病种的管理，使诊疗行为更合理、更规范。

强化运用DRGs数据分析，推动科室精细化管理，将DRGs考评体系中重点数据融入绩效方案考核中，与各临床科室的绩效考核挂钩，使科室管理目标更明确、更科学、更专业。全年DRG总量23894.88，比上年同期增长11%；组数为526，比上年同期增长3%；平均住院日5.90天，比上年同期下降1.34%；费用指数为0.88，比上年同期下降11%；时间指数和CMI值与上年持平。手术总量全年为7467人次，居江西省二级医院第2，其中三、四级手术占比近29.49%，居江西省二级医院第1。

【科研建设成果】 医院的科研工作有质的飞跃，年度医务人员发表国家级、省级医学论文33篇，其中10个重点学科发表论文27篇，占比81.8%；完成市厅级课题结题21项，其中10个重点学科完成结题14项，占比66.7%，完成的课题数多于前五年的两倍。年度内新开展如左束支双向起搏器植入、左主干病变支架植入、室早射频消融、眼科超声生物显微镜、切开经肌间隙入路治疗胸腰椎骨折复位内固定、骨良恶性肿瘤的活检及切除、视窗消融、腹腔镜下肝脾破裂修补、乳腺活检与旋切等55项新技术，其中10个重点学科开展新技术45项，占比81.8%。

【信息系统改造】 医院不断加强信息化建设，完善、优化和改进系统，使系统更加适应医院工作需要和患者需求。成功对接全区医疗健康平台。完成心电中心、影像中心及医共体远程会诊中心的建设，使心电、影像及远程会诊实现医共体成员单位全覆盖；上线医保自审系统，与医院 HIS 系统对接，优化医疗费用审核流程，规范医疗行为，医保工作更为精细化、专业化；在院微信公众号上线核酸检测报告查询系统；建立 HIS 系统与新医保平台对接；护理信息化建设项目验收完成并在临床广泛使用，提高护理工作效率。

【医联体建设】 医院不断深化医联体建设，推进医联体信息平台扩大覆盖面。医院与东方肝胆医院、上海十院、红房子医院及南大一附院、南大二附院、省人民医院、省肿瘤医院、省胸科医院及南昌市第三医院等上级三甲医院建立医联体。实行影像、心电和远程会诊医共体成员单位全面对接，进一步促进医疗资源不断下沉，全年影像中心阅片帮扶 1582 人次，心电中心发报告帮扶 679 人次，下派专家坐诊帮扶 153 人次，远程会诊帮扶 32 人次。为乡镇群众就医提供便捷，向“小病不出村，常见病不出乡，大病不出区”的目标更进一步。

【科技兴院】 医院推行科技兴院，人才强院的发展战略。医务人员大多被选送到北京、广东、上海、南昌等国内知名三甲医院进修深造，医生系统培训率达 85%以上；与上海十院，上海东方肝胆医院，南大一、二附院，江西省人民医院建立医联体合作，并先后建立骨科、中晚期肝癌多学科联合诊治、新生儿学科、生殖内分泌专科等多个专科联盟；推动远程会诊，在全院各临床医技科室建立远程会诊室，为疑难病症患者提供最佳的诊断和治疗方案，尽力解决群众辗转外地看病难的问题。

【人才引进】 医院成立普外、妇产科、乳腺科、呼吸介入专科、呼吸内科、神经内科及心内科等多个紧密型专科医联体联盟，上级专家定期到院坐诊、查房、带教、手术。上级专家到人民医院坐诊 518 人次、查房 58 人次、手术 388 台次、讲课 38 人次，借助江西省三甲医院的技术力量，提升医院相应专科的专业水平，助力医务人员技术提升、科室建设及学科发展。为帮扶医院全面提高心血管介入技术水平，江西省人民医院派驻 1 名副主任医师到医院挂职任副院长。

【技术培养】 医院应用“江西省继续医学教育管理平台”，加强医务人员继续教育工作，组织申报市级继教项目 2 项、县级继教项目 5 项，组织单位级继教培训 56 次。选派人员外出进修学习，提升技术水平和工作能力，先后派出参加各类短期学习班、学术会议 80 余人次，选派 18 名业务骨干赴三甲医院分别进修显微外科、骨关节、妇产科等。选派护士参加 2021 年“天工杯”江西省护理技能竞赛，护士马志贤获得江西省第 1 名，护士代表队获得抚州赛区临床组团体二等奖。

【重点学科骨科建设】 骨科是医院重点科室，为江西省优秀骨科团队、抚州市医院重点学科，抚州市骨科专业质控中心挂靠单位，骨科主任李朝阳兼任抚州市骨科质控中心主任。骨科 DRGs 各项指标在抚州市同级医院排名第 1，在江西省同级医院排名前 3。骨科住院总人数 4226 人，完成手术近 3000 台，其中三、四级手术占比 58%。成功开展“应用脊柱显微技术成功实施颈椎手术”和“关节镜下施行坐骨结节囊肿切除术”，填补抚州市这两项技术的空白，成功完成医院首例特发性脊柱侧弯矫形手术。

【远程会诊】 医院充分应用“互联网+”技术手段，实行远程会诊。医院远程会诊在全院各临床医技科室基本得以全覆盖，全年完成远程会诊 111 例。在远程指导、协同诊疗方便患者就医的同时，提高医院医疗救治能力，持续落实分级诊疗工作，缓解群众“看病难、看病贵”的问题。省人民医院心血管病医院副院长盛国太与医院联合开展心血管远程专家门诊，9 月底开诊，完成远程专家门诊 40 人次，让老百姓足不出户就能享受到知名三甲医院专家的服务。

【推动省肿瘤医院对口支援帮扶】 医院推动江西省肿瘤医院开展对口支援帮扶，省肿瘤医院派驻骨肿瘤、消化肿瘤、胸外肿瘤、肿瘤介入 4 位专家在医院坐诊、查房，教学及手术，开展肝脏肿瘤介入治疗、消化道早癌筛查等一系列新技术，提升医院肿瘤学科的规范化诊疗水平，填补院内多项技术空白，方便这一类患者的诊疗。

（王民主　吴银燕　陈　朵）

东乡区中医院

【概况】 东乡区中医院（以下简称中医院）始建于 1982 年，

1985年正式开诊，2019年7月31日整体搬迁至现址（舒同东路121号）。中医院占地面积60亩，业务用房面积4万余平方米，现有门急诊部大楼、医技大楼、住院大楼、老住院大楼、感染楼、供应室等业务用房。中医院成为一所集医疗、教学、预防和保健于一体的“二级甲等”中医医院。为发挥中医特色，医院已打造5个特色专科：中医康复科、中医针灸科、中医肛肠科、中医骨伤科、中医肿瘤科。中医院是交通事故急救（“4288120”急救）、城乡居民医疗保险、高考体检、60岁以上老人免费健康体检定点医院，是国际爱婴医院，是江西省人民医院、江西省中医院、上海中医药大学附属普陀医院协作医院，是江西中医药高等专科学校的教学实习基地。

中医院设有门诊部、急诊科、住院部普外科、住院部骨科、住院部妇产科、住院部内科、中医肿瘤科、康复理疗科、治未病科、麻醉科手术室、医技科、放射科、检验科、门诊注射室、供应室、药剂科16个临床及辅助科室，以及院办、总务科、财务科、医务科、预防保健科、护理部、感染科、公卫均等化科、医共体办公室等13个行政后勤科室。医院常规开展腹腔镜检查、妇产科手术、颅脑血肿清除术、颅骨修补术、食管癌、肺癌切除术，胃肠道癌根治术，甲状腺、乳腺癌根治术；脊椎内固定术、人工全髋关节置换术、人工股骨头置换术；白内障、青光眼等眼科手术，功能性鼻内窥镜手术、鼻中隔偏曲矫正术、扁桃体摘除术等五官科手术；牙排列不齐的矫治术及部分颌面外科手术；肛肠科手术等。

【提升医疗质量】 中医院成立医疗质量安全与控制管理小组，下设病案质量管理小组，严格按照《病历书写基本规范》要求，规范医疗文书书写。严格执行《医疗纠纷、医疗事故处理及责任追究制度》，明确科室、分管院长、医务科、医院四方责任，提高医疗质量，保障医疗安全。护理部以改进护理质量为立足点，根据医院实际完善相关护理质量评价标准，每月召开护士长例会、每月进行护理查房并深入科室调研。按照培训计划组织全院护士每月进行至少一次集中学习，要求外出进修人员回中医院后进行授课。9月，抚州市首届中医护理技能大赛中医院荣获个人三等奖。

【助推学科发展】 7月1日，医院与中山大学孙逸仙纪念医院脊椎微创中心主任唐勇博士进行签约仪式，这一举措拉开医院柔性引进人才的先河，医院也借助这一难得的机会助力骨科发展，拓展治疗范围。2022年，医院将继续柔性引进浙江大学附属浙江医院老年医学科主任医师王国付博士，医院将借助王博士在老年学科的影响力，把医院的老年医学专科建设起来，并将中医康复、中医骨伤科和治未病科糅合起来，打造具有中医特色的市级老年医学重点专科。12月18日，血液透析室成立，按照二甲标准要求建设打造，拥有血透机20台、血滤机2台，科室能熟练开展血液透析、血液透析滤过等业务，随着血透业务的不断提高，科室将逐步开发更多血液净化的新项目。

【专业队伍建设】 医院通过人事代理考试的方式引进4位专业技术人员。通过中医院考试招聘到7位专业技术人员及14位规培护士。加大人员进修力度，提升自身专业素养，共派出7位医护人员赴抚州、南昌进修，发表及交流学术论文11篇。

【做好疫情防控】 面对新冠肺炎疫情，中医院严格落实国家对省、市、区疫情防控工作要求和部署，全院干部职工同心协力、团结一致，有序开展各项疫情防控工作。预防接种门诊完成接种新冠疫苗86559人次。于7月1日开始开展新冠核酸检测，共完成新冠核酸检测79315人次。临床医护人员共同承担医共体单位新冠疫苗保障工作1460人次。3位护师（黄丽、黄萍、张红）和1位检验人员（王勇强）驰援上饶铅山，完成铅山新冠肺炎疫情阻击战。根据国家卫健委关于疫情防控的相关文件，制定医院《新冠病毒肺炎感染消毒隔离制度》《医护人员防护用品穿脱流程》《常态化新冠防控预检分诊工作流程》等相关制度，完善医院感染管理的各项规章制度。医院感染科依据岗位量身定做培训内容，对防控工作相关知识、技能、个人防护等知识进行全方位、分层次的培训，全年共组织14次培训，培训500人次。其中，培训保洁人员3次、保安人员3次、全院规培生及实习生1次、医务人员8次，确保每位职工准确掌握新冠肺炎疫情防控相关知识。

（黄　维）

东乡区第二人民医院

【概况】 东乡区第二人民医院

（以下简称第二人民医院）前身为江铜集团东铜医院，2019年年底移交东乡区人民政府管理，为二级综合性非营利性医院。有职工169人、各类卫生专业人员147人，卫生专业技术人员占全院职工总数的比例为87%。其中，副高级职称9人、中级职称46人、初级职称80人；执业医师41人、护理人员81人、检验人员8人、药剂人员7人、大学本科60人、专科57人、中专44人。医院占地面积12000平方米，建筑面积约12000平方米，拥有病床300张，医院科室齐全。建有新住院大楼和标准层流手术室，拥有先进的检查检验设备。医院环境优美，服务能力较强，县级医院开展的诊疗项目基本都能开展，是抚州市东乡区城镇居民和职工医保定点医院、抚州市东乡区免费血透救治定点医院、江西省重性精神病患者免费救治定点医院、抚州市东乡区医养结合康复养老中心和东乡区安宁疗护示范医院。

【学科建设】 医院与江西省内多家医院组建联盟，包括：南昌大学第一附属医院心身医学专科联盟、甲状腺外科专科医联体、中国昏迷促醒康复联盟抚州市胸痛中心联盟。多联盟的发展形式，不仅为医院带来更精进的技术、更优质的医疗理念，更为医院的学科建设打下重要基础。第二人民医院新开设多项手术，包括ERCP、右肩关节镜检＋关节清理＋肩袖修补＋肩峰成形、腹腔镜胃癌根治术、腹腔镜左半结肠癌根治术、腹腔镜下左肝叶＋尾状叶切除＋胆管内取石＋胆道镜检查＋胆囊切除及保胆取石术。检验科新开展新冠核酸检测、血气分析检验项目，更好地为临床诊断与治疗提供服务，为百姓带去福音。

【人才培养】 医院多措并举地完善人才培养办法。推进全员职工培训。全面提高医院职工的学历层次，卫生技术人员全员培训率达到100%。加强住院医师的规范化培训工作，强化基础理论及基本技能的训练，充分发挥院内有临床经验医师的传、帮、带作用；开展科室内的小讲课，各科室每月都要组织1次科内小讲课，或坚持进行疑难病例讨论、临床经验讲座等多种形式的学习；采取“请进来”的方式，通过把知名专家请到医院开展讲座、会诊及手术指导等，拓宽医院诊疗范围，缩短与上级医院的差距，降低疑难手术的转院率，满足患者需求；实行优绩优酬，稳定骨干队伍，充分调动业务骨干的积极性。坚持多劳多得、优绩优酬，重点向关键岗位业务骨干和成绩突出工作人员倾斜的原则。建立以收入分配为核心的激励机制，使业务骨干的收入分配在单位始终处于领先、突出的地位，充分发挥优绩优酬的激励作用。

【医疗设施】 医院拥有相对齐全的诊疗设备，有核磁共振机、螺旋CT机、高端进口彩超机、数字化摄片机、进口电子胃镜肠镜、动态心电图系统、阴道镜、宫腔镜、膀胱镜、病理检查诊断仪、全自动血球计数仪、全自动生化分析仪、全自动尿液分析仪等主要检查、检验设备，配有腹腔镜、前列腺电切镜、钬激光、C形臂X光机、利普刀妇科治疗仪等微创手术治疗设备。

【医院业绩】 医院总诊疗43657人次、公共卫生服务3403人次、0～6岁儿童预防接种3470人次，为65岁及以上失能老年人提供健康评估与健康服务351人次。安宁疗护、精神科、内科是医院特色重点科室，安宁疗护全年收治患者32人次、精神科入院患者383人次、内科入院患者1743人次。

【疫情防控】 为做好疫情防控常态化工作，第二人民医院多次组织医务人员学习防疫知识，由公卫科、院感科作为牵头科室，不定期督察、整改。在上饶市暴发疫情时，第二人民医院根据组织安排、临危受命，外派三名优秀护士徐芸、艾粤琴、吴亚丽，驰援上饶市铅山县，为铅山疫情防控做出突出贡献。

（饶　斌）

妇幼保健计划服务中心

【概况】 东乡区妇幼保健院（以下简称妇幼保健院）成立于1958年，2017年4月与区计划生育服务中心合并为“东乡区妇幼保健计划生育服务中心”，保留“妇幼保健院”牌子，承担东乡区妇幼医疗、妇幼保健、优生优育指导、计划生育技术服务、教学与科研等社会职能。是全区唯一一所集医疗、预防、保健于一体的“二级甲等”妇幼专科医院，医院设19个职能科室，全院门急诊106074万人次，住院总人次为2661人。妇幼保健院获得2021年度“江西省妇幼健康工作先进单位”、抚州市卫生健康工作考核中获县（区级妇幼保健院）第1名；顺利通过“二甲”复评，是抚州市首家通过“二甲”复评的妇幼保健机构。

【品牌特色】 妇幼保健院坚持“母亲安全 儿童优先”的宗旨，秉持“做一个有温度的妇幼人，营造一个温暖的妇幼之家”的服务理念，突出妇幼保健特色发展优势。产、妇、儿科是全区专科品牌，技术力量雄厚。同时，妇幼保健院将传统中医技术融入妇幼保健工作当中，开展小儿推拿、热敏灸、督脉熏蒸、热罨包、刺络放血、中药穴位贴等多种中医特色治疗项目。

【公共卫生服务项目】 妇幼保健院承担中央和省重大妇幼公共卫生服务项目，如叶酸增补预防神经管缺陷、免费婚前医学检查、预防艾滋病病毒和乙肝母婴传播、地中海贫血预防控制、出生缺陷综合防控、妇女“两癌”免费筛查等项目。作为宫颈癌和乳腺癌项目管理机构，全面落实农村妇女“两癌”免费检查项目，为群众做到“早筛查、早诊治”。继续完善预防艾滋病、梅毒和乙肝母婴传播项目，为群众减轻医疗负担。

【人才强院】 妇幼保健院有在职干部职工167名，其中，硕士及以上学历3人、本科学历63人。医院采取“请进来，走出去”的形式培养专业技术人才。选派11名优秀业务骨干前往湖南、上海、南昌等上级医院进修学习；定期邀请省市专家到医院义诊、讲学和技术指导；每周五进行业务学习，强化医院内部培训和考核，开展岗位练兵竞赛活动，举办全院职工心肺复苏大比武等。

【新院建设】 新妇幼保健院是2021年区委、区政府续建重点工程，新院建设紧扣妇幼卫生工作方针，按照全生命周期和三级预防理念建设，包括孕产保健部、儿童保健部、妇女保健部等“三大部”用房，提供从出生到老年、内容涵盖生理和心理的主动、连续的医疗保健服务与健康管理，全方位、多层次为全区人民提供优质安全、便捷高效的医疗保健服务。院楼房整体采用医疗街、连廊等形式结合起来，形成一个功能齐全的综合体，充分体现“保健与临床相结合”的办院方针。

【疫情防控】 医院外派医护队伍赴各乡镇参加新冠肺炎疫苗接种救治保障工作100余次，派出救护车下乡240余次，安排医护人员参加核酸检测及疫情防控演练80余人次；上饶铅山县新冠肺炎疫情发生后，医院立即选派2名优秀护士支援铅山，积极深入一线，参加核酸检测及疫情防控工作，为打赢“铅山疫情防控阻击战”贡献力量；为实现新冠肺炎疫苗全民接种，医院迅速在新院规范化设置新冠疫苗接种点，设置信息登记区、排队等候区、留观区，三区分区合理、设施齐全，每区配备急救设备及药品。医院组织新冠疫苗接种知识及异常反应处置的专项工作培训，高效推进全区新冠疫苗接种工作平稳、有序、规范进行。自开设新冠疫苗接种点，共为全区群众接种新冠疫苗56868人次，派出医务人员轮流值守高速路口设置核酸检测卡点，为东乡区疫情防控作出贡献。

【文化建设】 高度重视文化建设。“5·12”护士节、“8·19”医师节，妇幼保健院积极为医护人员送上节日的祝福及慰问，举办三八妇女节赴金溪县后龚“踏寻先辈足迹，弘扬革命精神”以及赴井冈山“传承红色基因，缅怀革命先烈”的党史学习教育、“我运动我健康”工间操和登山活动，中国共产党成立100周年系列活动之“爱在妇幼 欢乐六一”大型公益活动。医院通过这些活动促进医院文化建设，营造和谐医院，增强医院职工的凝聚力、向心力和活力。

（陈淑梅）

疾病预防控制中心

【概况】 东乡区疾病预防控制中心（以下简称疾控中心）为副科级全额拨款事业单位，坐落于东乡区金峰街道舒同东路96号，业务用房总面积为2493.3平方米。疾控中心内设综合科、卫生监测科、健康教育科、疾病控制科、免疫规划科、性病艾滋病防制科、结核病（慢性病）防制科、检验科、计划财务科等科室。疾控中心紧紧围绕年初确定的工作目标，以新冠肺炎疫情防控、卫生应急、党史学习教育和疾控能力建设等为重点，立足实际、突出重点、强化措施、狠抓落实，各项工作稳步推进，成效明显。疾控中心在抚州市疾控工作综合目标管理考核中获评第1名，疾控中心陈飞宇被评为“东乡区第一届突出贡献人才”，另有2人被评为“抚州市优秀卫健工作者”，1人荣获“江西省生命英雄·免疫英雄”称号。

【重点传染病防控】 在新冠肺炎疫情背景下，为有效地落实“外防输入，内防扩散”措施，疾控中心将卫生应急处置综合能力摆在突出位置，紧扣“快、准、严、全”这一链条，突出疫情监测，快速处置，有效控制，2 支卫生应急队伍实行 24 小时 365 天值班，严阵以待，科学应对辖区内随时可能发生的传染病疫情。落实传染病防控监测、艾滋病防制、结核病防制、地方病和寄生虫病防治措施等，在有效防控疫情的同时，积极有序强化其他重点传染病防控工作。报告甲乙丙类传染病病例总数 1110 例（按报告地区），报告发病率 244.33/10 万，无甲类传染病报告，无其他重大突发公共卫生事件报告。

【免疫规划实施】 疾控中心推进新冠疫苗接种，以“镇不漏村，村不漏人，人不漏针”为总体目标，为实现目标，因地制宜，制定全区“1＋N＋X”接种模式，即定点接种＋临时点接种＋流动接种，以此来满足不同场所、不同区域、不同人群的接种需求。全年接种新冠疫苗 70.94 万剂次。落实常规预防接种工作。继续对基层预防接种工作人员的培训，在保障新冠疫苗有序接种的同时，按月召开免疫规划工作例会，以会代训，免疫规划工作人员综合素质持续提高。确保适龄儿童免疫规划疫苗接种率维持高水平，督促指导各预防接种单位通过系统查、电话追、上门访、信息发四条路径，显著地提高儿童疫苗接种率。全年出生新生儿 2804 名，接种免疫规划疫苗 6.70 万剂次，接种非免疫规划疫苗 5.95 万剂次，未发生疫苗可预防疾病疫情的扩散和流行。

【推进健康教育】 为推进“健康东乡”建设，疾控中心积极打造“健康东乡视频联播平台”，组建“点菜式”健康巡讲团，增加抖音、微信视频号等热门宣传模式，推进健康宣传新发展，健康教育宣传横向到边、纵向到底延伸至乡镇、社区的每一个角落。30 余家单位和社区安装“健康东乡”视频联播平台。建立健康教育专家库，成立“东乡区健康教育讲师团”，提供“巡讲菜单”，由各机关事业单位、社区、学校、企业、乡镇等选择，2018—2021 年，东乡区疾控中心每年举办约 400 期健康知识讲座。

【人才队伍建设】 疾控中心围绕东乡区疾控工作总体思路，紧扣工作重点和热点，有目的、有针对性地制定公共卫生人才发展规划和可行的人才培养计划，特别是对各类紧缺人才的培养，增强疾控中心的疾病预防控制能力。疾控中心抓住时机，增加编制 20 个，中心每年制定《东乡区疾控中心学习培训计划》，举办 35 期业务知识培训。

【提升核酸检测装备】 疾控中心做好常态化下的新冠肺炎疫情防控工作，全力推进核酸检测实验室建设，总投入 300 余万元完成核酸检测实验室改造、核酸检测设备的采购安装以及检测人员的培训等一系列工作。2020 年建成抚州市第一家验收合格的县（区）级疾控中心核酸检测实验室后，增添采购气象色谱仪等设备，在原检验检测能力认证的基础上申报扩项获得省级认证，实验室检验检测能力得到加强。

【办证智能化】 疾控中心增添 2 套健康检查信息管理系统及自助设备，实现从业人员预防性健康体检登记、办证智能化。从业人员只要刷下身份证就可以完成登记，进行下一步的体检，体检合格后，可通过自动取证机获“从业人员健康证”，通过“江西东乡疾控”微信平台查询电子健康证。这一便民举措，减少了办证人员的工作时间，提高了工作效率，为市民提供了高效、优质、便捷的便民服务。

（熊丽婷）

卫生健康综合监督执法

【概况】 抚州市东乡区卫生健康综合监督执法大队成立于 2021 年 6 月，由原东乡区卫生计生综合监督执法局直接更名，为抚州市东乡区卫生健康系统行政执法机构，坐落于东乡区金峰街道恒安西路 347 号，业务用房总面积为 1387 平方米。

围绕卫生监督执法和疫情防控工作，执法大队强化信息化监督手段，加大监督执法和督导稽查力度，规范监督执法行为，提高依法监督能力，保障东乡区人民健康权益。执法大队被评为抚州市卫生健康监督执法工作综合管理先进单位、抚州市推动乡（镇、街道）落实卫生健康监督执法工作先进单位、抚州市卫生监督执法办案工作先进单位、抚州市医疗卫生监督执法工作先进单位。

【专项整治疫情防控】 执法大队制定《东乡区卫生健康综合监督执法大队新型冠状病毒肺炎应急工作预案》，明确各科室工作任务和责任，形成一级对一级负责、层层抓落实的责任体系。规范开展疫情防控监督执法工作，做好辖区内医疗机构监督执法和发热病人诊疗监督。督促医疗机构严格落实新型冠状病毒肺炎疫情防控措施，规范做好预检分诊导诊，完善发热病人信息登记。对城区175家美容、231家美发、82家住宿行业、35家足浴等重点公共场所进行疫情防控督查，下达监督意见书523份，定期开展集中空调通风系统清洗消毒并做好记录。对全区生活饮用水集中式供水单位进行监督检查，下达疫情防控卫生监督意见书。

【公共卫生安全执法】 执法大队压实监督责任，对辖区内公共场所进行“一对一”的公共场所卫生知识宣讲，对经营现场进行卫生监督指导，发放监督意见书480余份，对存在问题的部分公共场所经营单位都下达限期整改意见书，完成国家公共场所“双随机”56家，受理公共场所投诉8起，立案74起（含警告、行政处罚案件），罚款13500元。强化生活饮用水水质监督检测，对全区5家集中式供水单位采集水样111份，经检测合格水样110份，合格率99%，通过政府网进行公告；对水样检测不合格的单位立案查处。对辖区内中小学进行卫生监督检查，共监督检查38所（其中国家“双随机”8所，立案查处10所），综合评价33所，对学校下达监督意见书。

【医疗卫生服务市场执法】 执法大队于春节期间、“五一”前夕及疫情防控期间开展打击非法行医专项行动3次，未发现非法行医现场。全年监督检查医疗机构238家，下达《卫生监督意见书》1082份，立案59起，罚款共计人民币8.4万元。完成医疗机构国家级“双随机”任务20家（有传染病、医疗卫生、放射、职业卫生四大块）。检查母婴保健和计划生育技术服务机构24家，下达监督意见书。严查医疗投诉举报件。完善医疗投诉举报制度，明确人员负责，做到“每起必登、举报必回”，接到非法行医投诉举报12起。

【职业卫生监督】 执法大队开展《中华人民共和国职业病防治法》宣传周活动，发放宣传资料180余份，张贴宣传画30余张，接待咨询人员50余人次。监督检查医用X光电离辐射单位19家，工作人员上岗资质75人次，对未取得“放射诊疗许可证”开展诊疗活动的6家乡镇卫生院进行立案查处，对其他检查过程中发现的问题下达卫生监督意见书，责令限期整改。对区内10家厂矿企业进行尘毒危害专项执法抽查，发现问题下达10份执法文书，作出2起职业卫生行政警告处分。

【“双随机”抽检任务】 执法大队完成国家抽检被监督单位121家，完结率100%，其中公共场所抽检56家、生活饮用水抽检11家、职业卫生抽检1家、放射卫生抽检4家、学校卫生抽检9家、医疗机构抽查8家、传染病防治抽检7家、餐饮具消毒产品抽查1家、妇幼健康抽检24家。

【提升卫生监督员业务素质】 执法大队完善业务提升管理制度，鼓励支持监督执法人员参加上级组织的各类业务培训。强化业务知识培训管理，明确专人担任网络培训管理员，负责网络培训工作，要求每名卫生监督员在完成必修课的基础上全年还要完成选修课时30学分。加强业务交流，定期组织开展案例分析讨论会，提升执法案件办理能力。

（周　龙）

DONGXIANG YEARBOOK 2022

民　政

综　述

2021年，东乡区民政事业坚持秉持“民政爱民　民政为民”工作理念，紧盯省、市、区决策部署，紧跟高质量发展步伐和节奏，落实“六稳”“六保”工作要求，统筹做好疫情防控和民政事业。构建以城乡低保、城乡特困供养人员为主体的社会救助体系；推进以居家养老为基础、社区服务为依托、机构养老为补充的社会养老服务体系建设；壮大社会组织、提升社区治理能力；扎实推进退役军人权益维护和保障工作，奋力推进东乡区民政事业高质量发展。全年救助城乡困难群众4114人次，发放金额273万元；城乡低保13613人，发放金额6549.34万元；城乡特困人员1098人，发放金额987.86万元；高龄补贴发放654.62万元；各类优抚对象人数2335名，发放资金1782.34万元；为退役士兵发放自主就业金150余万元。

关于区民政局的区划地名和边界管理工作，主要完成地名普查成果转化部分项目，完成东乡区地名志编纂第二稿初审、东乡区地名文化遗产保护名录第一稿初审、东乡区地名词典目录编纂等工作，配合完成进（贤）东（乡）线及5条乡镇边界联检工作，做好平安边界创建工作。东乡区设置红星镇区计划上报工作。

区民政局被市民政局评为“抚州市民政重点工作综合评估优秀单位”。

社会救助

【概况】 区民政局以法治化、规范化建设为目标，从解决困难群众实际问题出发，着力构建以城乡低保、城乡特困供养人员为主体，以支出型困难家庭、低保边缘家庭、临时救助为补充的社会救助体系，对遇困群体予以救助，为困难群体构筑一道基本生活保障线。下发《关于改革完善社会救助制度的实施意见若干措施的通知》《关于成立抚州市东乡区社会救助工作领导小组的通知》《关于做好2021年全区城乡困难群众基本生活提标提补工作的通知》《关于抚州市东乡区最低生活保障实施细则的通知》等文件。同乡村振兴有效衔接，做好民政脱贫攻坚兜底保障工作，筑牢兜底保障的坚固防线；开展城镇困难群众解困脱困工作，为城镇困难群众购买城镇“防贫保”，确保困难群众平稳渡过疫情风险期。“党建＋社会救助”试点成效显著。通过政府购买第三方服务，对全区分散供养全自理特困人员实行统一照料，让23名农村特困失能人员入住区普亲福利院接受集中供养，实现“安全有人关注、平日有人照应、生病有人看护”。

【城乡低保】 1月1日起区民政局将城乡低保审核确认权限下放至乡（镇、街道）。城乡低保标准再次提标。城市低保常补保障标准765元/人·月，月人均补差490元/人·月；农村低保常补保障标准515元/人·月，月人均补差355元/人·月；截至2021年12月末，城乡低保13613人，发放金额6549.34万元。

【临时救助】 临时救助稳步发展，进一步健全社会救助体系，充分发挥社会救助托底线、救急难作用，解决城乡困难群众突发性、紧迫性、临时性生活困难。截至年末，区民政局救助城乡困难群众4114人次，发放金额273万元。

【城乡特困人员供养】 城乡特困人员救助供养标准再次提标。城市特困人员救助供养标准995元/人·月；农村特困人员救助供养标准670元/人·月，农村失能、半失能特困人员救助供养标准995元/人·月。特困失能人员照料护理补助标准1200元/人·月，半失能人员照料护理补助标准300元/人·月，全自理人员照料护理补助标准70元/人·月。截至年末，城乡特困人员1098人，发放金额987.86万元。

社会福利

【概况】 江西省养老现场会议东乡参观点筹备工作，取得圆满成功。参观点展现品质东乡形象，呈现东乡养老特色。区民政局做好养老服务疫情防控工作。根据省、市、区有关疫情防控工作指示，区民政局针对各养老机构、各社区居家养老站点疫情防控情况，下发转发各类关于疫情防控文件9份，对全区养老机构疫情防控工作实施现场检查6次，发现各养老机构在疫情防控工作中存在的问题，明确整改措施，主动联系卫健委安排疫苗接种团队到各养老机构给院内老人接种疫苗。

【养老服务体系建设】 区民政局推进以居家养老为基础、社区服务为依托、机构养老为补充的社会养老服务体系建设。下发《关于印发东乡区深入推进居家和社区养老服务发展实施方案的通知》《关于印发东乡区推进农村养老服务高质量发展实施方案的通知》等规范性文件。成立“区乡两级养老服务中心”，加强养老服务工作队伍建设。印发《东乡区老年人家庭适老化改造实施方案》，完成140户困难老年人居家适老化改造。印发《关于进一步建立完善空巢、留守等老年人关爱服务三项制度的实施方案》，每月至少探视巡访留守老人1次。高标准完成东糖社区综合养老服务中心建设工作，东乡区嵌入式社区养老站点达3处，其中东糖综合养老服务中心嵌入式养老床位达到省规定的25张。完成江西省养老信息平台数据录入和对接使用，完成区养老服务信息网络平台招投标工作。印发《关于做好“七一”期间养老服务安全工作的通知》《抚州市东乡区养老服务领域非法集资涉稳矛盾问题集中摸排化解专项行动方案》《关于印发抚州市东乡区民政局养老机构疫情防控应急工作方案的通知》等文件，定期对全区养老服务机构开展安全生产和疫情防控情况检查。开展养老服务从业人员培训，组织人员参加2021年抚州市养老护理职业技能大赛、2021年江西省养老院院长培训班和江西省养老护理员失能失智照护技能培训班。

【高龄老人生活补贴】 区民政局为老年人办理人身意外险和发放补贴。为60周岁以上城乡特困老年人、重点优抚对象和70周岁以上所有老年人办理人身意外保险。对于80～89周岁的老年人，区政府每人每月补贴60元；90～99周岁的老年人，区政府每人每月补贴120元；100周岁以上的老年人，区政府每人每月补贴500元。2021年，为80岁以上老人97358人次发放高龄补贴654.62万元。

【福利彩票发行管理】 区民政局完成电脑票销售3417万元。其中，即开票销售2001万元、电脑票销售1416万元，销售总量及完成任务率均列抚州市前列。募集区本级福彩公益金285余万元，按照福彩公益金使用办法不少于55%用于资助“三院建设”、社区老年文体项目、流浪少年儿童保护等公益事业。设有福彩销售点32个，福彩营销网络更加科学，队伍管理、宣传、服务和技术保障方面都有新的进步和提高。

社会组织管理

【概况】 东乡区经济社会迅速发展，社会组织队伍不断壮大、民主意识不断增强、助力社区治理能力不断提升。全年登记社会组织190家。其中，社会团体81家、民办非企业单位109家。新增登记社会团体5家、民办非企业单位18家。

【社会组织执法监督】 区民政局印发《关于建立抚州市东乡区打击整治非法社会组织专项行动协调机制等三个机制的通知》，完善东乡区打击整治非法社会组织、社会组织联合执法以及社会组织资金监管机制。做好打击整治非法社会组织专项行动，牵头各成员单位召开本年度社会组织建设和管理联席会议，对社会组织执法监督、打击整治非法社会组织、整治“僵尸型”社会组织等监督管理工作进行专项部署。通过联合检查，东乡区未发现有非法社会组织活动。结合社会组织年度检查情况，对2018年后未按要求接受监督检查、未开展活动的社会组织负责人进行约谈，告知其主动办理注销程序，对拒不接受整改的按程序予以撤销。主动办理注销的社会组织11家，行政处罚撤销4家。

【开展“我为企业减负担”专项行动】 区民政局在社会组织领域开展“我为企业减负担”专项行动，印发《关于在全区行业协会商会中开展“我为企业减负担”专项行动的通知》，召开专项行动和专项清理整治工作部署会，对全区行业协会商会涉企收费情况进行专项检查，以“纠正一批、整顿一批、查处一批、表扬一批”为手段，引导和鼓励行业协会商会降低涉企收费规模，减轻企业负担。截至2021年末，推出减免收费举措协会1家，享受收费减免企业3家，减免收费减轻企业负担0.6万元；推出降低收费举措协会1家，降低收费标准的收费项目2个，通过降低收费标准减轻企业负担6.84万元；规范会费标准和程序协会4家，通过规范会费标准和程序减轻企业负担0.84万元；通过提升服务，为企业解难题18件，惠及企业21家。

2021年东乡区民政局社会团体登记基本情况汇总表

表7

编号	团体名称	成立时间	办公地址	团体领导人
1	东乡区钓鱼协会	1992.9	区体委	张新生
2	东乡区篮球协会	1999.9	孝岗镇	叶少强
3	东乡区台胞台属联谊会	2001.3	区委二楼	陈伟毛
4	东乡区花卉协会	2001.3	区林业局	艾园南
5	东乡区农村丝瓜络协会	2002.2	区康益实业公司	黄有水
6	抚州市道路交通安全协会东乡分会	2003.8	区交警大队	张新生
7	东乡区老同志诗词学会	2003.11	区老干局	张黄生
8	东乡区乒乓球协会	2005.7	老干部活动中心	辛象其
9	东乡区农业生产资料行业协会	2006.2	区供销社二楼	张明旺
10	东乡区副食品、百货供应商会	2007.3	万购商贸有限责任公司内	熊华明
11	东乡区养猪行业协会	2007.1	环城西路50号	叶鹏华
12	东乡区农业行业协会	2009.3	东乡区环城东路19号	艾小春
13	东乡区民办幼儿园教育协会	2009.9	孝岗集贸市场H栋2号	张重黎
14	东乡区慈善总会	2010.6	区民政局四楼	胡志珍
15	东乡区老年摄影协会	2010.7	区财政局九楼	陈金法
16	东乡区客商投资企业协会	2011.8	区行政中心234办公室	黄立漱
17	东乡摄影协会	2011.11	区邮政局办公楼内	李辉明
18	东乡老年书画协会	2012.6	老年大学二楼	张黄生
19	东乡区福建商会	2012.12	东乡区鼎丰大酒店901室	林文必
20	东乡区红歌协会	2013.1	文化馆三楼	林珊君
21	东乡区广场舞、秧歌、腰鼓协会	2013.3	恒安西路65号六楼	饶运龙
22	东乡区老年体育科学学会	2013.4	老干部活动中心	吴桂森
23	东乡区老年健身体育辅导协会	2013.4	老干部活动中心	李文荣
24	东乡区门球协会	2013.5	区老干部活动中心	徐爱玉
25	东乡区太极拳协会	2013.3	老干部活动中心	万满泉
26	东乡区公益志愿者协会	2013.6	大富社区服务大楼310室	丁晖
27	东乡区白花蛇舌草行业协会	2013.8	东乡区景泰二区	李立新

续表 7

编号	团体名称	成立时间	办公地址	团体领导人
28	东乡区美术家协会	2013.9	东乡区文化馆二楼	杨晓斌
29	东乡区游泳协会	2013.12	东乡区游泳馆1楼	何军
30	东乡区红星精神研究会	2014.9	东乡区圩上桥老政府二楼	裴洪武
31	东乡区浙江商会	2014.11	东乡区丰鑫大酒店一楼	朱绍明
32	东乡区建材装饰行业协会	2015.2	东乡区昌景西路169号	黄志斌
33	东乡区花果芋行业协会	2015.2	东乡区王桥镇大塘村里翁村小组	汤才正
34	东乡区社会体育指导员协会	2015.5	东乡区体育局一楼	严惠琛
35	东乡区长跑协会	2015.6	东乡区正德路	李辉金
36	东乡区足球协会	2015.10	东乡区南街巷1号501室	邓剑平
37	东乡区音乐家协会	2015.12	东乡区文化馆四楼	李国安
38	东乡区户外运动联盟	2015.12	进修学校二楼	王东明
39	东乡区肢体残疾人协会	2016.1	恒安西路536号	陈会安
40	东乡区电子商务协会	2016.3	城东物流城电商创业园242室	梁峰
41	东乡区红薯协会	2016.3	环城西路	李志浪
42	东乡区会计协会	2016.3	圩上桥红南区231号	徐赛球
43	东乡区荆公文化研究会	2016.4	东乡区老体育场东门口	王建平
44	东乡区体育舞蹈协会	2016.4	北门社区油榨下27号	乐华中
45	东乡区蔬菜协会	2016.10	东乡区龙山南路11号	刘晓珍
46	东乡区书法家协会	2017.1	东乡区舒同博物馆西楼三楼	周志林
47	东乡区演讲朗诵者协会	2017.1	水果批发市场36号	吴晓琴
48	东乡区甘蔗行业协会	2017.1	东乡区小璜镇孙圳村	孙文俊
49	东乡区萝卜行业协会	2017.2	王桥镇大塘村里翁组	汤明
50	东乡区雷竹种植协会	2017.5	红星红西区249号	胡宏龙
51	东乡区旗袍协会	2017.5	龙山北路111号	候云霞
52	东乡区作家协会	2017.6	行政中心618	何光梅
53	东乡区鄱阳湖候鸟保护协会	2017.9	红星垦殖场围墙东	艾小斌
54	东乡区葛根协会	2018.1	东乡区杨桥殿金坑村塘下组	周一帆
55	东乡区戏剧曲艺家协会	2018.1	东乡区文化馆四楼	曾辉华
56	东乡区特种水产养殖协会	2018.4	东乡区小璜镇下湖村大院地组39号	徐果旺
57	东乡区杏林春志愿者协会	2018.6	东乡区卫健委一楼	何宏波
58	东乡区跆拳道协会	2018.7	东乡区恒安东路118号(江东国际教育2楼)	周志刚
59	抚州市东乡区绿壳蛋鸡养殖协会	2018.8	东乡区小璜镇广昌村大众山农业开发区	徐建生
60	抚州市东乡区气排球协会	2018.10	昌景西路283号	毛瑞华
61	抚州市东乡区舒同书法研究会	2018.10	胜利街环城南路9号	陈龙明
62	东乡区水稻种植协会	2018.11	虎圩乡高坊村岗背组农友粮食烘干中心二楼	艾早有
63	东乡区体育健身舞协会	2019.1	东乡区老干部活动中心	宋芸
64	抚州市东乡区青年志愿服务联合会	2019.1	东乡区恒安西路155号	饶方其
65	抚州市东乡区健步走协会	2019.2	东乡区物流大道学府世家19号	金淑玲
66	抚州市东乡区城市管理志愿者协会	2019.2	东乡区建材市场F栋14号(城管大队二楼)	洪宇辉

续表 7

编号	团体名称	成立时间	办公地址	团体领导人
67	抚州市东乡区汤汉汤显祖祖根地文史研究会	2019.7	东乡区文化馆六楼圆角 601 室	殷国锋
68	抚州市东乡区职工志愿者协会	2019.9	东乡区美林阁 5 栋	黄国亮
69	抚州市东乡区瑜伽协会	2019.9	东乡区恒安东路 118 号(江东国际教育 2 楼)	万燕华
70	抚州市东乡区平安志愿者协会	2020.1.3	东乡区泰丰路 138 号电信大楼	俞小平
71	抚州市东乡区退役军人就业创业协会	2020.3.19	东乡区孝岗镇长林下市村 88 号	梁中平
72	抚州市东乡区物流与采购联合会	2020.4.13	东乡区大富大道 189 号	何云
73	抚州市东乡区劳动模范协会	2020.5.15	东乡区总工会大楼内	乐小全
74	抚州市东乡区女企业家协会	2020.11.4	东乡区妇女活动中心三楼	候云霞
75	抚州市东乡区健身健美协会	2020.12.21	东乡区龙城邻里三楼	李志水
76	抚州市东乡区烹饪餐饮饭店行业协会	2020.12.28	东乡区锦绣时代广场 12 栋 9301 铺	黄东义
77	抚州市东乡区退役军人志愿者协会	2021.3.11	东乡区富通城 3 号楼 114 商铺	饶亮华
78	抚州市东乡区生物医药产业知识产权联盟	2021.8.25	东乡区渊山岗工业区杭州路 1 号	吴文增
79	抚州市东乡区家庭农场联合会	2021.11.16	东乡区仁和小区 12 栋 3 号	付宏斌
80	抚州市东乡区人民调解协会	2021.12.2	东乡区司法局四楼	何小平
81	抚州市东乡区奶牛养殖协会	2021.12.7	东乡区南山前进站	陈益平

2021 年东乡区民政局民办非企业登记基本情况汇总表

表 8

编号	民办非企业名称	成立时间	办公地址	单位负责人
1	东乡区明德中英文学校	2010.11	邓家乡古圩村王家组	李毛龙
2	东乡区贵族学校	2011.4	萝卜岗北区 24 号	张重黎
3	东乡区景泰幼儿园	2011.4	景泰贵族城二期内	张志群
4	东乡区小璜新街民办幼儿园	2012.3	小璜镇新街上	洪来建
5	东乡区孝岗镇好时光民办幼儿园	2012.5	孝岗镇北门村新居上(东)6 号	乐小红
6	东乡区孝岗镇小哈佛民办幼儿园	2012.5	孝岗镇金三角 32 号	陈新中
7	东乡区孝岗镇聪明屋民办幼儿园	2012.5	北门岗南区 20 号	熊慧
8	东乡区北门中心幼儿园	2012.7	孝岗镇市场街万寿宫 34 号	乐军荣
9	东乡区孝岗镇安慧民办幼儿园	2012.12	孝岗镇东门桔园 1 号	吴慧英
10	东乡区翔云幼儿园	2013.3	孝岗镇西坪丛仁头组	吴晓霞
11	东乡区恒爱幼儿园	2013.3	大田安置区第二排第四栋	张卫华
12	东乡区博士娃幼儿园	2013.3	龙山北路北门社区旁	乐建平
13	东乡区孝岗镇快乐宝贝民办幼儿园	2013.4	萝卜岗北区 24 号	杨珍
14	东乡区幸福老年院	2013.5	小璜镇枫林西岗村	吕黄建
15	东乡区东南大成学校	2013.7	孝岗镇红岭村(乌岗岭)	李小明
16	东乡区博士园幼儿园	2013.8	孝岗镇毛莲山北区	何晓芳

续表 8

编号	民办非企业名称	成立时间	办公地址	单位负责人
17	东乡区珀玕乡红太阳幼儿园	2013.8	珀玕乡珀玕街	李华东
18	东乡区小璜双语幼儿园	2013.9	小璜街上	李园保
19	东乡区领航教育职业技能培训学校	2013.10	林业局五楼	祁得明
20	东乡区占圩镇民办幼儿园	2014.4	占圩镇街上	官慧芳
21	东乡区王桥镇民办幼儿园	2014.4	王桥镇中学旁	巫冬平
22	东乡区黎圩镇民办幼儿园	2014.4	黎圩镇黎圩街	宋黎菊
23	东乡区翠碧轩幼儿园	2014.11	翠碧轩小区	饶剑辉
24	东乡区小璜春燕民办幼儿园	2014.12	小璜新街府前路 60 号	魏春燕
25	东乡区瑶圩乡幼儿园	2014.12	东乡区瑶圩乡瑶圩街	黄志珍
26	东乡区杨桥贝贝幼儿园	2015.1	杨桥殿镇宋塘村	吴爱斌
27	东乡区文诚幸福院	2015.1	孝岗镇姜家村	姜斌
28	东乡区长林育苗幼儿园	2015.3	东乡到红岭村上何坊	张新红
29	东乡区一品老年公寓	2015.7	佛岭水库	鄢翠萍
30	东乡第三医院	2016.1	孝岗镇凤凰社区东红大道	吴永红
31	东乡区珀玕莲塘村才子幼儿园	2016.4	珀玕莲塘村	于蔚华
32	东乡区电子商务职业技能培训学校	2016.12	东乡区城东大道电子商务产业城电商创业园 236 室、237 室	王琦
33	东乡区如家老年公寓	2017.7	东景社区姜家 53 号	王春梅
34	东乡添和医院	2017.10	东乡区昌景西路 233 号	何云
35	东乡区安慧小学	2017.10	东乡区孝岗镇桔园 1 号	吴慧英
36	东乡区马圩董塘小精灵幼儿园	2018.1	东乡区马圩董塘新街横街	洪金霞
37	东乡区龙山阳光宝贝幼儿园	2018.1	东乡区龙山北路(原蔬菜农场)	李毛龙
38	东乡区邓家明日之星幼儿园	2018.1	东乡区邓家乡角上村 11 号	艾艳丽
39	东乡区亲子幼儿园	2018.1	东乡区恒安西路 462 号	陈秀萍
40	东乡区跨世纪幼儿园	2018.1	东乡区宏鑫商贸城中心广场 B 栋 1 号	徐铁平
41	东乡区孝岗新建中心幼儿园	2018.1	东乡区孝岗镇新建村巷口小组 22 号	裘美仙
42	东乡民防蓝天救援队	2018.2	东乡区正德路 99 号阳光嘉园小区	官向阳
43	东乡众博口腔医院	2018.3	东乡区昌景西路 274 号	黄艳萍
44	东乡区金色阳光雨帆幼儿园	2018.5	东乡区大富大道雨帆花园内	卞志宇
45	东乡区红月亮职业技能培训学校	2018.5	东乡区景泰凤凰城二期 17 栋	孙淑芬
46	东乡区卓越宝贝幼儿园	2018.5	东乡区新街昌景东路 235 号	徐小红
47	东乡区盼盼幼儿园	2018.5	东乡区宏鑫商贸城 16 栋 1 号	徐小红
48	东乡区神奇宝贝幼儿园	2018.5	东乡区恒安西路 379 号	李毅
49	东乡区阳光宝宝幼儿园	2018.7	东乡区第三农贸市场 D 区 3 号	吴早娥
50	东乡区仕途学苑幼儿园	2018.10	荆公路 76 号	陈宏斌
51	东乡区新安慧幼儿园	2018.10	北门岗东区 2 号	刘蓉
52	东乡区福娃幼儿园	2018.10	东红路	吴秋英

续表 8

编号	民办非企业名称	成立时间	办公地址	单位负责人
53	东乡区开心幼儿园	2018.10	大富社区赵家村	何细兰
54	东乡区哆来咪幼儿园	2018.10	正德路 252 号	陈阿玲
55	东乡区骨伤科医院	2018.11	老火车站广场内	甘琦
56	抚州市东乡区新东方幼儿园	2019.1	东乡区孝岗镇老火车站广场旁	陈龙明
57	东乡红星医院	2019.1	红星垦殖场红北区	黄丽娜
58	抚州市东乡区爱心幼儿园	2019.1	东乡区昌景西路 271 号	李员美
59	抚州市东乡区奥尔夫现代音乐幼儿园	2019.5	东乡区步行街北区商城	吴胜华
60	抚州市东乡区毛莲山幼儿园	2019.7	东乡区毛莲山南路(珠山开发小区)	乐露娟
61	抚州市东乡区行者社会工作发展中心	2019.8	东乡区孝岗镇大富社区一楼	丁晖
62	抚州市东乡区童之梦幼儿园	2019.8	东乡区东景社区姜家 56 号	王春梅
63	抚州市东乡区糖厂幼儿园	2019.9	东乡区环城东路 195 号	王淑芳
64	抚州市东乡区金色摇篮幼儿园	2019.9	东乡区城东物流园 F9 号	乐爱庆
65	抚州市东乡区启航幼儿园	2019.9	东乡区东景社区姜家村 55 号	张慧娟
66	抚州市东乡区东红幼教中心幼儿园	2019.10	东乡区毛莲山东红新城 10 号楼	黄燕华
67	东乡第二医院	2019.11	东乡区原江西磷肥厂职工医院	陈超宇
68	东乡区馨佳怡职业技能培训学校	2019.12	东乡区孝岗镇红岭村上何坊小组 94 号	何录梅
69	抚州市东乡区西隐书院	2020.1.8	东乡区佛岭西隐寺	释本智
70	东乡孝岗镇凤凰社区第一卫生服务站	2020.1.22	东乡区孝岗镇东红路 63 号	曾飞梅
71	抚州市东乡区蓝豹救援队	2020.2.4	东乡区佛岭水库武义山庄	徐波云
72	抚州市东乡区创新幼儿园	2020.5.25	东乡区布匹市场	杨继红
73	抚州市东乡区自然树幼儿园	2020.5.25	东乡区昌景西路 261 号	罗莉
74	抚州市东乡区生产街幼儿园	2020.5.25	东乡区冷井二巷 1 号	陈燕军
75	抚州市东乡区欣思维幼儿园	2020.7.3	东乡区城东物流园 C 栋 2 单元 301 房	刘海峰
76	抚州市东乡区汇佳幼儿园	2020.7.3	东乡区红星东山七队	刘海峰
77	东乡区银河家园健康养老服务中心	2020.7.10	东乡区孝岗镇东磷社区	陈燕刚
78	抚州市东乡区书画艺术研究院	2020.8.11	东乡区广汉幸福城 11 栋 K102～K103	赵清水
79	东乡区东旭职业技能培训学校	2020.8.11	东乡区毛莲山北 43 号二楼	谭金芬
80	东乡区蓝勤职业技能培训学校	2020.8.18	东乡区创业大道	乐琴凤
81	抚州市东乡区新爱婴蒙氏幼教幼儿园	2020.8.18	东乡区大田幸福新村	麻东园
82	抚州市东乡区思思职业技能培训学校	2020.9.11	东乡区景泰凤凰城二期 17 栋 9117 号	赖杏
83	抚州市东乡区杨桥童声幼儿园	2020.9.16	东乡区杨桥镇南街	吴美丽
84	东乡应急航空救援队	2020.9.25	东乡区机场东区 8 号	官向阳
85	东乡区菊兰家政职业技能培训学校	2020.9.25	东乡区恒安东路中河沟二巷	舒菊兰
86	抚州市东乡区佳晏职业技能培训学校	2020.9.25	东乡区孝岗镇前坊村	吴淑芳
87	抚州市东乡区仁和残疾人辅助性就业中心	2020.10.12	东乡区仁和小区三栋 A17	陈会安
88	抚州市东乡区艺贝乐幼儿园	2020.11.4	东乡区天集安石明珠一期	陈志芳

续表 8

编号	民办非企业名称	成立时间	办公地址	单位负责人
89	抚州市东乡区申浩实验学校	2020.11.10	东乡区小璜镇洋湖村	梅仁华
90	抚州市东乡区东景幼儿园	2020.12.16	东乡区东景花苑 0 号楼	胡旸
91	东乡孝岗镇芙蓉社区卫生服务站	2020.12.16	东乡区龙山国际公馆子山路 8 号	徐旭勇
92	抚州市东乡区大枫车幼儿园	2021.1.11	东乡区环城西路师范米厂社区 4 号	徐淑玲
93	抚州市东乡区官禄幼儿园	2021.1.11	东乡区西坪村官路组	饶若琴
94	抚州市东乡区瑶圩银福医养护理中心	2021.4.16	抚州市东乡区瑶圩乡	钟磊
95	抚州市东乡区马圩银福医养护理中心	2021.4.22	抚州市东乡区马圩镇	钟磊
96	抚州市东乡区孝岗银福医养护理中心	2021.4.22	抚州市东乡区孝岗镇	钟磊
97	抚州市东乡区小璜银福医养护理中心	2021.4.22	抚州市东乡区小璜镇	钟磊
98	抚州市东乡区城市宝贝幼儿园	2021.4.26	东乡区城市经典 12 栋 101、102、103、104、105、106、107 商铺	石晓娥
99	抚州市东乡区界溪国学书画院	2021.4.28	抚州市东乡区界溪寺	邹庆才
100	抚州市东乡区未来城幼儿园	2021.6.17	抚州市东乡区未来城 1 号楼	陈常超
101	抚州市东乡区长林日照幼儿园	2021.6.17	东乡区孝岗镇张坊村富仓组 28 号房	何雪强
102	抚州市东乡区智绘树幼儿园	2021.9.24	抚州市东乡区孝岗镇德政路 431～435 号	张丽珍
103	抚州市东乡区子鸣职业技能培训学校	2021.12.6	抚州市东乡区大富社区赵家小组	黄胜
104	抚州市东乡区新龙语数英培训中心	2021.12.13	抚州市东乡区东信财富广场 35 栋附楼 211～214 前部分	陈秋娇
105	抚州市东乡区博识教育培训中心	2021.12.13	抚州市东乡区油榨下 035 号	陈秋娇
106	抚州市东乡区前程英语数学培训学校	2021.12.13	抚州市东乡区东信广场三楼	张青梅
107	抚州市东乡区巨人智慧教育培训学校	2021.12.13	抚州市东乡区景泰新天地 69#(B2—02、B3—2)	魏峻升
108	抚州市东乡区小新星英语培训学校	2021.12.13	抚州市东乡区小天鹅商厦 A 座店铺 2 楼商场	万艳华
109	抚州市东乡区警公英语培训学校	2021.12.13	抚州市东乡区恒安西路街心花园南侧 2 楼	万艳华

殡葬管理

【概况】 关于东乡区殡葬改革工作，区民政局全面加强殡葬设施建设，提高丧葬礼俗服务，做好公墓管理，推进问题治理。继续保持巩固提高良好态势，全部按要求完成目标任务。

【殡葬改革】 区民政局稳步推进殡葬改革工作，实现丧者遗体火化率、城乡公墓覆盖率、城乡骨灰入墓（存放）率、城区丧事集中殡仪馆办理率 4 个“百分之百”。由区财政投入 400 万元，实行火化、接运、骨灰盒发放、冰棺及吊唁厅使用三天、骨灰存放 1 年等 6 项免费政策，直接为丧属减免基本殡葬费用 1800 元（全部按拣灰炉免费）；对安置在乡镇（场）公益性公墓的一律免费提供墓穴；对树葬、草坪葬等生态葬的每户丧属奖补 1200 元。要求做到“六个一”：一个生态停车场、一个焚烧点、一个洗手间、一个办公用房、一个吊唁厅、一个骨灰堂。江西省民政刊报及省殡葬改革领导小组简报刊登东乡区殡葬改革的经验和做法。

加强各乡镇（场）管理，区财政每年为各乡镇（场）安排 4 万元经费，用于聘用专门公墓管理人员，负责设施的日常维护，及时清理祭祀物品，搞好绿化美化环境。建立跟踪监管机制，落实节地生态安葬方式，出台从死亡、火化、入墓跟踪监管机制，建立人员火化到入墓台账，确保骨灰全部入公墓（骨灰堂）。

【清明祭扫疫情保障工作】 根据《关于统筹做好清明节期间疫情防控与祭扫服务保障工作的通知》的要求，结合当地实际，东乡区聚焦疫情防控这一核心内容，精心安排、周密部署、统筹兼顾，有计划有步骤地把限制性祭扫的分时、分批、限人、错峰各项具体措施抓紧抓实抓好，确保疫情防控“阻击战”各项要求落实到清明节祭扫各个环节。清明期间共接待祭扫人员4.6万人次、车辆1.2万辆，无一例违反疫情防控有关规定。公墓内6000多座墓无一人烧纸钱、放鞭炮、使用塑料祭祀品。

基层群众自治组织和社区建设

【概况】 东乡区基层群众自治组织和社区建设工作，紧紧围绕村（居）委会换届和城市社区标准化建设“绿色社区 美丽家园”有序展开，依法选举产生新一届村（居）委会班子，城乡社区治理体系和治理能力建设取得新成效。获得抚州市年终工作目标考评第1名。

【基层群众自治组织建设】 2月，在抚州市换届办的统一安排和部署下，东乡区开展第十一届村（居）委会换届选举工作完成。选举产生居民委员会成员99名、村民委员会成员513名，新一届村（居）民委员会书记、主任“一肩挑”100%；“两委”成员中，村委会中有1名35周岁以下且具有大专学历以上人员的有132个村委会，达到100%，有效地调整了村委会干部年龄和文化水平结构；新一届村民委员会成员平均年龄42.5岁，比上一届降低平均年龄5.5岁；确保每个村民委员会成员中至少有1名女性成员，女性比例占村民委员会成员的37.4%，实现“两升一降”的目标。推选产生新一届村（居）民代表、村（居）民小组长、村（居）务监督委员会和村（居）民委员会下属委员会；加强村（社区）团组织、妇女组织建设和人员配备。

【社区标准化建设】 实现城市社区标准化建设和“绿色社区 美丽家园”创建全覆盖。区民政局按照三年（2019—2021年）实施计划安排，推进17个城市社区标准化建设试点创建，创建活动按照“4＋X”（党群服务中心、便民服务中心、文体娱乐活动中心和居家养老服务中心＋X项目）建设标准打造；“绿色社区 美丽家园”创建整合城市社区标准化建设同步进行，在社区积极开展生态文明教育、绿色生活行动、绿色消费行动。形成“社区是我家 美化靠大家”的浓厚创建氛围，提升社区的美化度、和谐度、文明度。将民政服务元素融入政务中心信息平台，把民政服务事项清单，融入政务服务，通过放权赋能，服务权限直接延伸至155个村级服务站。将原来由区民政局相关部门行使的民政服务14项审批执法权下放到乡镇一级直接办理，按照“统一签订下放协议、统一规范操作流程、统一组织业务培训”的要求，进行放权赋能，打通服务群众“最后一公里”。

慈善事业

【概况】 抚州市东乡区慈善总会，继续开展“慈善一日捐”“农商银行·助你圆梦”等慈善募捐活动，对困难家庭定期进行救急救难，较好地发挥了慈善总会的慈善救助职能。

【慈善一日捐】 受疫情影响，贫困群众的生产生活异常艰难，为帮助贫困群众渡过难关，助力东乡区“六稳”“六保”工作，“慈善一日捐”活动自9月5日开始，共募集善款82335.18元。

【慈善困难救助】 针对患病、家庭遇突发状况、其他重病的困难对象，区慈善总会定期开展救急救难工作，全年共救助107人次，救助款88.2万元。

【农商银行·助你圆梦】 7月25日区慈善总会配合省慈善总会开展“农商银行·助你圆梦”慈善助学活动，帮助贫困地区品学兼优、家庭困难的准大学新生顺利入学，对建档立卡贫困户、低保户或孤儿中当年高考分数在一本线以上的贫困学子，给予部分资金救助，共救助14人次，救助款7万元。

婚姻登记

在婚姻登记过程中，婚姻登记员能耐心细致地对结婚登记当事人进行免费婚检宣传，引导其自愿参加免费婚检。登记处实行延时服务，双休日及节假日安排人员值班，为外出打工人员、工作忙碌人员及想选择在有结婚意义日子登记的人员，提供优质婚姻登记服务。东乡区2021年已办理结婚登记2327对、离婚登记568对，补发结婚证1088对，补发离婚证103本，婚姻登记合格率100%。

（陈世开）

退役军人事务

【概况】 2021年，东乡区退役军人事务局（以下简称区退役军人事务局）以退役军人服务保障体系建设为重点，提高防范化解风险能力，确保退役军人权益维护，释放利好政策，双拥共建氛围日益浓厚。优抚优待、移交安置、就业创业、褒扬纪念等工作实现无缝衔接、有序推进，取得新成效。全年未发生一起群体性涉军事件，各级转交件27件、涉及36人次，回复27件，及时受理率、按期答复率100%。

【移交安置】 2021年，区退役军人事务局完成退役士兵就业金核算及发放人数，发放自主就业金150余万元；为部分退役士兵办理社保接续，为退休人员核算办理职工医疗保险、办理缴费，其中，个人负担86236.48元、财政负担47086.978元，合计13.3万元。东乡区多名退役士官按照量化标准得分从高到低依次公开选岗，当场签字确认，每位转业士官都选到心仪的岗位，安置质量为历年最好。

【就业创业】 2021年，区退役军人事务局探索新形势下促进退役军人、军属就业创业的有效办法。打造退役军人创业园，园区位于东乡经济开发区东升工业园，总占地面积6.67公顷，第一批8家企业计划入驻，已有4家企业入驻，为退役军人和军属提供充足的就业岗位。根据退役军人就业需求和专业特长，2月28日和9月16日，分别举行两场退役军人专场招聘会，参加招聘会的企业有45家，精心筛选千余个适合退役军人的岗位，退役军人参加人数众多，达成就业意向24人。

【抚恤优待】 2021年，区退役军人事务局为东乡区优抚对象解决“三难”24.83万余元；发放重点优抚对象医疗补助资金47.97万元；按月发放各类优抚对象的资金1782.34万元；“春节”慰问优抚对象的资金49.77万元；慰问走访2019—2020年入伍义务兵发放慰问金29.7万元；慰问2019—2020年入伍义务兵家属、2018年西藏、2019年新疆、预备消防兵入伍义务兵家属，发放优待金701.85万元；为军休人员发放资金23.28万元。春节走访慰问困难退役人员、困难企业军转干部、1953年年底参军后在国有企业退休的士兵、荣立三等功以上退役军人、军休人员、省荣军医院休养退休士兵，共发放帮扶资金12万元，为以上人员解决困难18件，为重点优抚对象免费体检。

【双拥共建】 2021年，区退役军人事务局以创建“双拥模范城”为目标，多措并举，在全区广泛营造军拥民、民拥军、军民鱼水情的浓厚氛围。将送立功喜报常态化，与区人武部、乡镇退役军人服务站保持三级联动，高标准开展送喜报活动，为2020年度荣立三等功的东乡籍现役军人集中送喜报，为2021年度荣立三等功的东乡籍现役军人送上喜报。喜迎退役军人回家，一年一度的退伍季，为每位退役军人举行简单而热烈的欢迎仪式，制定返乡报到流程，囊括户籍落户、社保和医保接续等各个环节。履行拥军优属职责，派出3支专业作业队伍加班加点对驻地部队战备通道和营区内的树木进行修剪，成功排除安全隐患。多级联机，协调城管、交通、供电、卫健等相关部门，投入驻区部队大比武后勤保障分2批次为东乡区现役军人家属进行免费健康体检，体检人数达千余人次，投入资金83万元。举办2021年军地线上相亲联谊会，为驻区部队官兵、东乡籍现役军人及退役军人觅姻缘、寻幸福，举办主题“百里挑一、情定军旅”的线上相亲联谊会，13对青年牵手成功。举办中国人民解放军建军94周年文艺晚会，区四套领导班

2021年，东乡区开展“转身第一课”退役士兵适应性培训（区退役军人事务局 供）

子，驻区部队及武警部队官兵代表，军烈属、退役军人和各界群众代表500余人现场观看晚会，近18万名网友通过网络直播观看节目，线上线下反映强烈。7月，东乡区“爱心拥军团”迎来第五批6家新成员的加入，增强了社会化拥军力量，“爱心拥军团”有66名会员企业。

【褒扬纪念】 2021年，抚州市率先成立烈士纪念设施保护中心，将全区烈士纪念设施统一归口管理，为有效做好烈士纪念设施保护管理提供了保障。投资400万元对革命纪念塔及纪念广场进行提升改造。开展关爱烈士子女、感党恩送温暖活动。为5名烈士子女提供免费健康体检，按每户600元的标准，走访慰问10户烈士子女。精心组织“致敬·2021清明祭英烈”活动，向全区发起网上文明绿色祭扫倡议书，精心制作H5祭扫平台，引导社会各界传承和弘扬英烈精神。开展第二届东乡区“最美退役军人”“最美军嫂”评选活动，评选出乐和青等10人为东乡区第二届“最美退役军人”、徐悦等5人为“最美军嫂”。在全国第八个烈士纪念日来临之际，区四套班子领导，区委各部门、区直各单位、各人民团体主要负责人，各乡镇（街道、场）党政主要领导等代表共计300余人在区革命纪念公园举行公祭活动，深情缅怀革命先烈的丰功伟绩和崇高精神。

（辛扬辉　黄鑫峰）

应急管理

【概况】 东乡区应急管理工作紧紧围绕区委、区政府战略部署和总体要求，牢牢守住安全生产“基本盘”，致力于应急管理事业改革发展，狠抓安全生产、防灾减灾救灾和森林防灭火工作，全力做好防汛工作。2021年，发生各类安全生产事故5起，死亡5人，均为道路交通事故，其中一起为死亡3人的较大事故。未发生重大灾情和火情，未发生汛期亡人事故，未发生超警戒线洪水。东乡区在“全国自然灾害综合风险普查”工作中获国家通报表扬。金峰街道办事处东铜社区被评为全省综合减灾示范社区。

【安全生产】 检查企业2459家次，排查隐患9896条，整改9766处，整改率98.69%。行政处罚26次，罚款13.795万元。约谈警示企业158家次，对137家企业实施联合惩戒。对发生安全生产事故较多、隐患整改不力的行业主管部门下发督办单31份。加大安全生产公益宣传力度，大力推进安全文化“七进”活动，创新开展“防灾减灾日”“安全生产月”主题宣传活动，健全完善公民安全教育体系，加强灾害事故科普宣传教育，扎实开展全区防汛抢险应急救援联合演练，校园防震疏散演练，向社会群众发放各类宣传资料共计7万余份。

【防汛抗旱】 区应急管理局层层落实防汛责任制，制定各项防汛责任和水库、圩堤度汛方案，组织开展2次全区防汛检查，针对检查中发现的问题及时提出整改要求。开展1次防汛救援联合演练，区级防汛物料储备草袋8.2万条、麻袋8.2万条、土工布1万平方米、彩条布1.8万平方米、救生衣630件、铅丝3吨。区级防汛装备储备打桩机3套、应急照明设备4台套、冲锋舟橡皮艇14艘。开展2021年防汛抢险知识培训工作。圆满完成“水库无一垮坝、圩堤无一溃决、人员无一伤亡”目标。

【森林防灭火】 未发生重大灾情和火情，实现森林火灾发生次数、过火面积、受害面积、受灾损失“四下降”。加强森林防灭火宣传教育，在高风险时期利用微信公众号发布森林火险预报3条，各乡镇（街道、场）宣传32次，发放宣传册5000余份，宣传袋1000余个，张贴致农民朋友的一封信1000余份，张贴《东乡区人民政府禁火令》2000份。组织东乡区专业森林消防大队进入校园开展宣传活动16次。在各乡镇（街道、场）开展半专业队标准化建设、安全防范等培训活动32次500余人。加强区专业森林消防大队及17支半专业扑火队的建设，区专业队确保经费投入，机构编制、营房车辆、扑火装备、教育训练等得到保障。加强野外火源管理，组织区森防指成员单位及区专业森防队下乡巡查督查60余次，打击违法森林用火15起，督查疫木处置现场11次，严格落实“五个禁止”。

【防灾减灾救灾体系建设】 调整东乡区减灾委员会组成人员，明确职责分工，加强灾害信息员体系建设。东乡区16个乡镇（街道、场）及所有村委会均配备灾害信息员，建立完善区灾害信息报送队伍，对区灾害信息员组织1次培训。区农房参保率为100%。下达中央和区本级救灾资金407万元。开展“5

·12”防灾减灾日主题活动，活动范围覆盖整个辖区。

（胡　彬）

居民生活用水

【概况】　江西省东乡润泉供水有限公司，实现主营业务收入5900万元，产水量2670万吨，总产值达3.78亿元，新增用水户9314户，水质综合合格率100%。城区日综合供水能力达9万立方米，城区现有3座水厂供水。二水厂位于大富工业园区，始建成于1994年，占地面积36亩，供水设计能力2.5万吨/日，实际供水1.5万吨/日。吉星水厂始建于2005年，占地面积63亩，设计供水规模6万吨/日，实际供水5.2万吨/日。两厂水源地分别为幸福水库、横山水库。农村现有水厂3座，分别为杨桥殿镇水厂、黎圩美满水厂、瑶圩水厂。全区共有供水户为12万余户。

【机构队伍】　公司自负盈亏，隶属江西省水务集团有限公司的子公司，下设综合办公室、财务部、企管安监部、管网技术部、工程施工部、生产运行部、客户服务部、农村供水分公司、水质检测中心9个职能部门，有在册职工113人、中层干部23人。

【安全供水】　东乡润泉供水供水有限公司投资180万元配备原子吸收仪、色谱仪、纯水机等检测器材。水质每天进行9项常规指标检测，化验室人员每月进行24项检测，总公司水科检每季度进行46项水质检测，每年进行106项水质检测。区卫生监督局、疾病预防中心及第三方巴特力水质检测公司每季度进行水质抽检和不定期的水质采样抽检，水质合格率100%；每月对全区供水范围内进行10个末梢点采样，送往景德镇市水质检查科学院进行专项检测，水质合格率100%。公司投资1500万元对各水厂的监控系统及自控系统进行整合和升级改造，基本实现水厂自动化。

【管网建设】　东乡润泉供水有限公司投入1400余万元对开发区渊山岗工业园区400～600毫米供水管网进行升级改造，总长12千米。投入资金400余万元对珀玕北庄村、圩上桥富贵村农村供水。投入资金3500余万元，改造城区300～600毫米主管网45千米及城区部分老旧小区主支供水管网。

【供水设施建设】　世界银行贷款投资3.97亿元新建10万吨/日城东水厂建设工程，一期建设4万吨/日，计划2022年3月投入供水运行。总投资1100万元在城东水厂内购置1台1万吨/日的供水一体机增加供水量，购买500千瓦和600千瓦柴油自动发电机组，配置在幸福水库取水泵房和吉星水厂主水厂，解决停电供水带来的水质二次污染问题、新增湿式活性炭投加设备和高锰酸钾投加设备，解决水源地源水异味的问题。

【城乡供水一体化建设】　公司与东乡区人民政府签订《东乡县城乡供水一体化合作协议》后，公司先后新建5000吨/日的杨桥殿镇水厂、2500吨/日的黎圩美满水厂、5000吨/日的瑶圩水厂，农饮一期、农饮二期对城区周边的孝岗镇、圩上桥镇、邓家乡、虎圩乡、红星垦殖场进行供水全覆盖，完成供水管网覆盖率85%以上，截至年末，前期投入资金约2.6亿元（其中中央资金7379万元、自筹资金18638万元）。投资258万元正式收购珀玕水厂。

（范志芳）

乡镇·街道·场

金峰街道

【概况】 金峰街道办事处（以下简称街道）于2018年1月8日经东乡区人民政府批准设立，同年5月30日正式揭牌。街道办公大楼位于恒安西路479号，辖区面积22.4平方千米，下辖南门、东门、东磷、东化、东铜、东糖、凤凰、汝河、西门、幸福等15个社区，常住居民18万余人。有69个党支部、1个机关党支部，党员2119名。2021年，顺利完成15个社区换届选举，进一步优化社区基层干部队伍。坚持党建引领，积极探索“一社一品”治理新模式，推动社区治理创新发展，实现社区治理体系和治理能力现代化。隆重开展迎接中国共产党成立100周年“十个一”系列活动，颁发“光荣在党50年”勋章359枚；成功举办中国共产党成立100周年文艺晚会和街道“两优一先”“七一”表彰大会。

【社会治理】 街道深化网格精细化治理体系，加强网格员考核管理，积极组织群防群治，开展12次平安志愿服务活动，劝返缅北滞留人员16人，基层治理创新迈向纵深。以确保社会安定为首要任务，巩固扫黑除恶成果，进一步做好治安管理，辖区派出所深入实施“春风行动”“长安二号”“护苗行动”等一系列专项行动，接处警5708起，受理治安案件1131起，查处治安案件186起，行政拘留153人，罚款16人，受理刑事案件71起，侦破各类刑事案件29起，抓获犯罪嫌疑人员48人（含网上逃犯）。成立街道信访联席会，健全矛盾纠纷多元化调解机制和信访积案挂点班子包案化解稳控制度，及时掌握本地综治维稳工作情况，实行每日“零报告”制度，最大限度地把各类矛盾纠纷排查在初始、解决在社区、化解在萌芽状态，真正做到“小事不出社区、大事不出街道”。调解矛盾纠纷2600余起，化解信访积案8件。

【城区改造】 开展南门棚改百日攻坚行动，完成签约2192户；拓展区域基础设施建设，全力保障启动5个涵盖民生、公共服务设施、道路等领域的城市功能与品质提升项目，联动推进城区支路及老旧住宅小区雨污分流一期改造工程，加快开展东糖小区既有房屋电梯加装，投入30

2021年，省发展和改革委一行在金峰街道开展调研（金峰街道 供）

余万元完成龙山、凤凰社区下水道清淤工程；积极推进老旧小区改造，其中配件厂宿舍、金矿宿舍、美林阁小区等八个小区已全面竣工，完成实际投资3200万元。建立健全区、街道、社区三级联动的城市体检工作模式，持续深化治脏、治乱、治堵行动，常态化开展全民清扫，清理乱堆乱放、陈年垃圾清理200余车，清理菜地300平方米，硬化路面600平方米，劝阻占道经营260余处，清理病媒滋生地62处，有效规范准许流动小摊贩47人次。聚焦打好打赢污染防治攻坚战，协同推进建筑工地扬尘整治和北港河综合治理，启动开展垃圾分类，持续打好蓝天、碧水、净土保卫战，生态修复有序推进。

【社会救助】 在全域推进“党建＋社会救助”国家试点工作，设置社会救助服务暨“一门受理、协同办理”党员先锋岗窗口。建立健全党员干部帮扶制度，依托数字民政、上户调查、民主评审等手段，创新社会救助服务工作流程，加强低收入人口动态监测和常态化救助帮扶。截至2021年末，有城市低保在保对象895户1584人、分散特困供养83人，新增低保户52人，新增支出型困难家庭38人，开展临时救助150余人次，完成“五必到五必访”“六送”活动380人次，提供社会救助志愿服务96人次，实现从困难群众上门求助到党员干部主动发现、从“人找政策”到“政策找人”的大转变。

【民生保障】 开展“送岗到户、送工入企”专项行动，组织举办再就业招聘会8场，帮助1421名居民在家门口成功就业，实现零就业家庭援助率100%；加大社保医保征缴力度，完成新型城乡居民养老保险、医疗保险参保人数分别为5380人、49308人；简化保障住房办事流程，取消纸质材料复印等相关证明材料，配合完善住房保障系统平台建设，实现社区窗口“一站式”办理；巩固退役军人服务中心（站）“五有”“全覆盖”建设成果，采集退役军人信息4378人，悬挂光荣牌4378块，高标准推进双拥创建，对374名优待对象严格落实各项优抚政策，发放优抚金610万元，让“尊崇”服务深入人心。

【落实生育新政】 加强三孩家庭政策落地宣传，积极倡导育龄青年适龄婚育、优生优育，扎实做好妇女权益保障，重点推进妇女两癌免费筛查，把生育服务登记流程优化下沉至社区，营造生育友好型环境，街道常住人口新生儿1380人，落实计生“奖励、保障、救助、优惠”四项制度，兑现奖扶资金244.5万元。

【强化养老保障】 落实老年人生活保障措施，全覆盖发放高龄补贴1625人，针对生活困难、退役军人等40余户老年人群体，免费开展适老化无障碍改造，增加居家社区养老服务有效供给，通过新建、盘活、改造等方式，先后建成凤凰、东磷社区居家养老服务中心，启动推进探索以凤凰社区为试点的“社区党组织＋社区集体公司＋养老服务中心”模式，提升社区养老服务能力。

【探索运用“四步走”议事会商法】 探索党建引领基层治理有效途径，精准锚定“社情坐标”，运用“四步走”议事会商法，即“民意收集—分析研判—会商议事—跟进落实”，着力解决城市基层治理和服务群众的痛点、难点问题，不断提升“治”的效果。线上收集通过微信、电话等形式；线下“邻里会商室”每日开放接待，收集渠道则采用“1＋N”的灵活方式，在社区党群服务中心设置意见收集箱，建立社情民意台账，社区针对不同会商事项的实际特点和要求，因地制宜、因事制宜，积极拓展会商形式，开展灵活多样的会商活动。

【东糖社区获评全国示范性老年友好型社区】 11月，国家卫健委公布2021年全国示范性老年友好型社区名单，江西省30个社区上榜，其中东糖社区榜上有名。辖区3735户9116人，有60岁以上老同志1367人，辖区独居、空巢老人较多，大多数为在家带孙老人。社区从改善老年人的居住环境、方便老年人的日常出行、提升老年人服务的质量、扩大老年人的社会参与力、丰富老年人的精神文化生活、提高为老年人科技化服务水平6个方面下功夫。在提升为老年人服务的质量方面，利用社区老年人活动中心、同益卫生院等，定期为老年人提供生活方式和健康状况评估指导，为患病老年人提供基本医疗、康复护理、安宁疗护等服务；开展老年人群体健康状况监测和评价，制定满足不同老年人群体健康需求的措施；深入推进医养结合，支持社区卫生服务机构、同益卫生院内部建设医养结合中心；利用社区日间照料中心及社会化资源，为老年人提供生活照料、助餐服务、紧急救援、精神慰藉、康复指导等多样化养老服务。

【东糖社区、幸福社区、西门社区入选江西省“绿色社区、美丽家园”示范社区】 12月，东糖社区、幸福社区、西门社区入选江西省“绿色社区、美丽家园”示范社区。三个社区以贴心服务惠民生为服务宗旨，坚持绿色社区发展理念，力求营造宜居、和谐的社区环境，实行“统一规划、合理布局、综合开发、配套建设”的方针政策，增设小区绿化，配套健身场所，开建社区综合养老服务中心，引入专业机构运营提高社区养老服务水平；打造社区健康小屋，以“提升全民健康素质，增强健康宣传教育”为载体，解决社区居民健康管理“最后一公里”难题；开放社区新时代实践站，丰富居民的精神文化生活，提升社区居民文化素质。

（吴　婷）

孝岗镇

【概况】 孝岗镇是东乡区城关镇，东距鹰潭市40千米，南至抚州市42千米，西到南昌市100千米，浙赣铁路复线、沪昆高铁、梨温高速、320国道、东临一级公路贯穿境内，区位优势明显，交通十分便利。全镇下辖10个行政村，2个社区居委会，95个自然村，142个村民小组，总户数14726户，总人口5.5万余人，其中农业人口3.3万余人，居民2.2万余人。孝岗镇总面积115.85平方千米（国有土地面积29.8平方千米，集体所有面积86.05平方千米），耕地面积2046.7公顷（水田1600公顷，旱地433公顷）。林地面积4886.7公顷，森林覆盖率38.22%。

2021年镇财政总收入完成62587.89万元，同比增长6%，其中，税务收入62530万元，非税收入57.89万元。农民人均纯收入22180万元，比2020年增长9.3%；城镇居民可支配收入43566元，增长8%。2021年孝岗镇获评抚州市信访工作先进基层单位、抚州市大学毕业生征集先进单位，并获得全区高质量发展综合绩效考核二等奖。

【村级集体经济】 孝岗镇准确把握村级集体经济的目标和任务，创新实践“组织主导＋支部共建＋党群协力”新模式，破解发展村级集体经济难点和堵点问题，带动产业新发展。孝岗镇完成蓝莓种植20公顷，稻蛙鳅养殖20公顷，大棚蔬菜13.33公顷，7000平方米的冷库和仓储集体经济用房全面开工建设，预计2022年6月投入使用，计划3年内完成农业产业化发展面积133.33公顷，年均收入100万元以上。

【服务“两区”建设】 作为城关镇，孝岗镇承担着城区和园区两大主战场的绝大部分重点工程建设任务。为配合“两区”内的东临环城高速、南外环路、郊野公园、城西幼儿园、城北中小学、朝阳大道延伸、祥生特色小镇、北港河治理等20余个重点项目建设，征收土地94.14公顷，迁移坟墓718座，拆除房屋89栋总面积2.42万平方米，苗木移栽8.73公顷。

【农村人居环境】 投入新农村建设专项资金272万元，对新建港口组等7个新农村建设点进行提升改造，所有建设点均已全面竣工，村容村貌焕然一新。持续推进农村人居环境整治，健全完善“1＋N”长效管护考核机制，严格生态保护治理，实施山水林田河库生态修复，加强农业面源污染治理，深入推进农村和城镇垃圾无害化处理设施全覆盖，按照“厕所革命”工作要求，统筹推进农村改厕及粪污综合治理一体化工作，完成整改121户厕。

【社会综合治理】 强化分类归口处置，把矛盾防范化解工作落实到位。排查出各类不稳定因素13起，处理12起；受理信访案件13起，处理13起；摸排矛盾纠纷297起，处理289起，化解率达97.3%；化解陈年积案5起。统筹安全防范化解，紧盯重点行业企业不放松，对全镇9家重点企业、127家散小企业及其中的42家以服装加工业为主的散小企业进行全面大排查。严厉打击私自储存、倒灌液化气窝点2个，关闭非法私自加柴油点1处，对2家废品收购站实施限期整改，封闭危房作业场所1处，拆除无安检无操作证高空吊塔1处，整改与高压电塔近距离作业场地1处，消除无交通护栏、防溺水设施、交通信号灯等重点隐患5处，增设道路安防设施及消除交通安全隐患47处，社会安定有序，百姓和谐稳定。

【拓展脱贫攻坚成果】 扶贫工作站易名镇乡村振兴工作站，10个行政村扶贫工作室均易名乡村振兴工作室，向61名脱贫户、监测户学生发放教育资助25625元，向20名接受中高等职业教育的贫困学生发放“雨露计划”补助3万元。深入推进产业帮扶。落实“光伏、瓜蒌、城投物资”等三大产业，产业收益实行差异化扶持补助方式，对所有脱贫户和监测对象全覆盖扶持，每年户均可得到分红扶持约2000元。

【孝岗镇被评为“继续保留江西省文明村镇”】 坚持把精神文明建设作为社会创新管理的重要抓手，持续、广泛、深入地开展乡镇文明村镇创建活动，全镇先后开展新时代文明实践活动100余场次，参加人员4000余人次；投入20余万元用于镇、村举办中国共产党成立100周年、“粽情敬老院、情系夕阳红”、道德红榜和精神文明之家等大型活动。深入推进移风易俗工作，绿色殡葬改革全面落实，红白喜事帮办有序推进，“活雷锋”“身边好人”“最美东乡人”“孝满东乡”“道德红黑榜”“精神文明之家”等活动开展有声有色。11月，孝岗镇被江西省精神文明建设指导委员会评为“继续保留江西省文明村镇”。

【张坊村被评为第七届江西省文明村镇】 张坊村充分利用新时代文明实践站、百姓大舞台以及农家书屋等场所，开展政策宣讲、文艺演出、科学普及、法律服务等活动，为村民送戏曲进乡村、播放红色电影等各类活动22场。充分发挥农村道德评议优势，每年开展一次道德模范、身边好人、星级文明户选树活动，征集星级文明户、“好婆婆”、“好媳妇”、“最美保洁员”等信息30余条，有12名道德模范上榜。孝岗镇张坊村经征求村民意见重新修订《张坊村村规民约》，以提升治理效能为切入口，推动村规民约规范化、法治化。在村规民约的倡导下，村党支部始终坚持“征拆为民、文明征拆”理念，主动、有效化解拆迁矛盾，顺利完成朝阳大道延伸段、城北路、东京路拆迁征地等10余个重点工程征拆任务，未发生一起因拆迁而引发的责任事件。11月，张坊村被江西省精神文明建设指导委员会评为“第七届江西省文明村镇”。

【未来城、英伦城邦、财富广场3个小区党支部揭牌】 开展“党建引领、小区治理”行动，7月，先后成立未来城、英伦城邦、财富广场3个小区党支部，选好领头雁，配好班子，建立“社区—网格—楼栋—单元”四级党建网络工作体系和“网格长—楼栋长—单元长”“三长”党建管理体系。结合“我为群众办实事”系列活动，按照小区居民点题、小区党组织报题、社区党组织和挂点包片单位答题的方式，解决小区车辆乱停乱放、违规设施乱搭乱建、物业不合理收取停车费等群众“急难愁盼”问题30余起。

（周　玲）

小璜镇

【概况】 小璜镇距离城区13千米，北、南边分别与上饶市余干县、鹰潭市余江区交界，素有三府三县“赣抚名镇”之称，南张公路贯穿全境，梨温高速、沪昆高铁沿境而过。全镇早稻面积2814.13公顷，中稻面积441.23公顷，晚稻面积2844.50公顷。种粮大户50亩以上195户，其中50亩到100亩为85户。全镇有农民专业合作社65家。其中，国家级1家，省级2家，市级4家。建成投产蔬菜大棚3家，珊壁村樟源组50亩蔬菜大棚正在建设中。全镇共有生猪养殖户（场）50家。其中，养殖备案年出栏万头以上的7家，5000头的4家。全镇全年生猪出栏23.78万头，存栏10.55万头，完成任务的123%和163%。农民专业合作社65家。其中，国家级1家，省级2家，市级4家。2021年，小璜镇荣获江西省脱贫攻坚先进集体称号。

【村集体经济】 村集体经济收入10万元以上的村实现全覆盖。正邦、傲农、双胞胎集团等国内生猪养殖龙头企业进驻小璜镇，与养殖户进行合作。50头规模以上专业养牛户3户，存栏1800头；全镇有鹌鹑养殖户1户，存栏20万羽，年产蛋114吨；规模以上稻蛙养殖户5户。洋湖村蓝莓基地管护良好，小璜村蓝莓基地建设完成，“好味稻”稻谷烘干厂投产运营，广昌村土丰源旱蛙育种养殖技术取得突破性进展，为农益农业开发公司横山村优质稻大棚育种和千亩种植项目顺利落地。

【人居环境】 深入推进农村“厕所革命”和粪污综合治理一体化，完成终端基础68座，管网47条，人工湿地渗井136个，生态花池90个，净化槽389个。加快推进新农村建设工程和人居环境整治，全年9个建设点完工3个，进入工程扫尾阶段5个。G236国道集镇段实现白改黑，隆鑫大道新建工程投入使用，小璜至余家、肥泉、下湖农村现代化 EPC 公路工程顺利通车，整治“两高”沿线蓝绿铁皮屋 3980 余平方米，洋湖、岭上 2 个农村森林公园建设完成。落实“河长”制工作要求，健全区域与流域相结合的“河长”制组织体系，镇域 31 座小（2）型以上及 99 座山塘水库全面实现“人放天养”。

【民生福祉】 推进“全民参保”行动，全镇城乡居民基本养老保险和基本医疗保险参保率 100%。深入开展影响发展环境突出问题专项整治，建设市“免证办理”政务服务大厅试点单位，推进“只跑一次”改革，通过设立综合服务窗口、优化服务流程、提升服务质量，不断促进营商环境全方位提升；开展“党建＋社会救助”试点，完成救助 146 人，纳入低保 1401 人。完成孙圳村居家养老服务中心省级示范点创建，并做好运行前期准备，力争形成可复制可推广的居家养老服务“小璜模式”。

【社会治理】 成立镇接访调处中心，组建工作专班，建立信访联席会议制度，重点信访事项全部落实包案领导，信访量同比下降 52.3%。常态化开展安全生产专项整治，对全镇中小学、幼儿园、加油站、液化气站、网吧、超市、烟花爆竹零售点、建筑工地等场所存在的安全隐患及时督促整改；建设市级食品安全示范乡镇，提升群众食品安全保障水平。加快实施水库除险加固工程、水毁工程和水利设施整治工程建设，举办汛期安全和森林防火培训班，落实防汛、防火信息员，防汛、防火抢险救灾人员。全镇无重大治安事件、无重大灾害事故、无重大森林火灾、无水库溃坝，社会持续保持和谐稳定。

【执纪监督】 开展政治谈话、纪律约谈和履职约谈。聚焦疫情防控、环境整治、信访调解等重点工作，加大正风肃纪和腐败案件查处力度，开展监督检查 11 次，党纪处分 4 人，通报批评 4 人，诫勉及提醒谈话 15 人。深入开展“八扬八治”深化作风建设活动，严格落实东乡区委《关于严格十项制度锻造过硬作风的通知》文件精神，出台《干部作风整顿实施方案》，推行“日小结、周汇报、月总结”工作机制，开展“大调研、大走访”活动。注重强化廉政教育，组织全体干部职工到金溪县后龚廉政教育基地接受革命历史熏陶和廉政教育洗礼，集中观看《蝇贪之害》警示教育片，讲授《重温延安整风运动历史，进一步改进干部作风，推动小璜镇全面从严治党再上新台阶》专题党课，推动全镇党风政风改善。

【精神文明建设】 按照“学史明理、学史增信、学史崇德、学史力行”的要求，推动党史学习教育走深走实，坚持理论学习和教育实践相结合，开展举办一次党史专题读书班，建设一个党史学习教育主题公园，传颂一个身边革命烈士故事等“九个一”行动，深入开展“千名党员进万家，我为群众办实事”活动，解决群众“急难愁盼”事项 52 件。“文明赣鄱行动”示范活动在镇成功举办，志愿服务活动遍地开花，新时代文明实践活动深入人心，“最美小璜人”“道德红黑榜”“清洁家庭”等评选活动社会影响扩大，评选各类典型 50 余人，让文明新风在全镇落地生根。注重与主流媒体合作，积极弘扬正能量。开展“七一”重要讲话精神、十九届六中全会精神等宣讲 10 余场，在《江西日报》上稿 2 篇、《抚州日报》上稿 20 余篇。

【新修小璜革命烈士公园】 园内建设有人民英雄纪念石碑、小璜籍革命烈士英名录墙，俞远革命烈士生平简介，俞远烈士墓、瞻仰广场，广场周边有东乡县早期党组织简介、小璜革命斗争史、下湖战斗的简介等。新修建革命烈士纪念碑，碑高 19.28 米，并邀请舒同之子舒安为革命烈士纪念碑亲笔题字。纪念公园由东乡区退役军人事务局管理。该园一直是东乡区革命传统教育基地，东乡区党史学习教育基地，主要是面向全区党员干部、人民团体、群众、中小学生的红色教育基地。区直各单位、人民团体、社会各界群众、中小学生 158 场次、11000 多人次先后前来接受党史学习教育及缅怀革命先烈、传承红色基因的一系列活动。该园将依托江西省红色名村的资源优势，充分挖掘红色资源，丰富园内纪念设施，正在积极申报市级革命传统教育基地。

【孙圳村居家养老服务中心省级示范点】 孙圳村居家养老服务中心于 2020 年被中共江西省委组织部、江西省民政厅、江西省财政厅授予“党建＋农村互助养老服务”省级示范点称号，2021 年 6 月全面建成。围绕“着力打造具有江西特色的养老

2021 年，孙圳村重阳节敬老活动（小璜镇　供）

服务体系”工作目标，将农村养老服务建设成为一项得民心、暖民心、聚民心、利民心的惠民工程。为适应人口老龄化、高龄化的严峻形势，坚持“党政主导、社会参与、全民关怀”的老龄工作方针，打造面积达500平方米的孙圳村居家养老服务中心，一层设立厨房餐厅、文体娱乐室，二层设立医疗康复室休闲养生室、心理疏导室。中心根据60岁以上“六类”老人和80岁以上所有老人全覆盖原则，计划接纳满足条件的40位需要照料的老人，为他们提供完善的送餐、配物、助医等各项服务。

【“文明赣鄱行动”示范活动（东乡）成功举办】　12月30日，由江西省文明办主办的2021“文明赣鄱行动”第十四场示范活动走进区小璜镇新时代文明实践所，活动以“谨防电信诈骗、共建网络文明”为主题，现场开展咨询、文体活动、群众互动等。在文体演出现场，快板展现《全民反诈敲警钟》《学法用法意义大》，情景剧《温暖守护》《打击电信诈骗阵线联盟》等主题节目，向群众介绍常见的反诈骗技巧，真实感人的情景剧赢得台下观众的阵阵掌声。演出期间还设置互动环节，主持人来到现场观众身边，用互动问答送礼品的形式调动大家的积极性，观众们不仅收获知识，还收获快乐。除精彩的文艺节目和互动环节外，活动还对抚州市见义勇为好人刘谷生、孝满媳妇张小兰进行表彰。

【送戏下乡文化惠民演出】　为庆祝中国共产党成立100周年，弘扬爱国精神，积极推动党史学习教育和新时代文明实践融合，进一步丰富基层百姓精神文化生活，共享文化成果，11月16日晚，小璜镇横山村新时代文明实践站开展以“不忘初心、牢记使命，永远跟党走”为主题的送戏下乡文化惠民演出活动。

【古圳村家政母婴培训】　针对当前农村部分留守妇女就业难的问题，9月13日，区妇联联合馨佳怡家政公司在小璜镇古圳村新时代文明实践站，举办以“家政母婴培训　搭建就业桥梁”为主题的家政母婴培训文明实践活动。工作人员现场一边讲解一边演示，其中包括婴儿洗浴、婴儿各部位的按摩、婴儿的衣服穿着、尿片更换的要领及其注意事项。活动现场，有一位宝妈抱着出生2个多月的婴儿参加活动，征得同意后，工作人员再次用真人现场演示一遍，手把手地教学，进一步增强直观性和真实性。

（乐　斌　乐继雨）

圩上桥镇

【概况】　圩上桥镇辖12个村委会，1个红壤开发管委会，103个自然村，7761户23216人，人口自然增长率2.17‰，有畲族、壮族少数民族7人。总面积72.40平方千米，耕地面积2935.89公顷，其中：水田1936.59公顷，水浇地0.87公顷，旱地998.43公顷。林地面积2108.76公顷，森林覆盖率29%。主要农作物产量：稻谷24859吨，油菜籽94吨，果用瓜6671吨，红薯434吨，大豆184吨，花生1738吨，蔬菜（冬瓜）1828吨，水果353吨。主要畜牧水产品产量：生猪饲养总量18.3万头，当年出栏生猪11.93万头，能繁母猪年末存栏0.48万头，家禽饲养总量24.26万羽，当年出栏家禽11.88万羽。秋季，店前中小学初中部剥离。截至年底，全镇有小学两所、村小4所，共有学生86人，教师40人。有圩上桥镇中心幼儿园1所，学生120名，教职员工13人。

【产业发展】　发展大棚蔬菜。破解产业发展难题，引进寿光市绿巨人农业集团有限公司，

2021 年，莲子（圩上桥镇 供）

流转 26.67 公顷土地，在邮路头村发展大棚蔬菜种植产业，探索实施市、区、镇、村、脱贫户“五方联动”的形式参与入股分红，推动农村资源变资产、资金变股金、农民变股民，确保脱贫户受益、壮大集体经济、培育支柱产业。打造草坪基地。通过“镇村联动、抱团发展”的方式统筹内部闲置资金，打造集草坪生产、环境技术、高科技应用等多功能于一体的百亩优质草坪基地。圩上桥镇草坪基地为村集体增收 50 万元，吸纳周边 30 余位村民就业。发展蓝莓产业。坚持“产业调整党员领跑”，改变群众观望的局面，形成“党员带群众，群众助群众”的发展格局，发展壮大蓝莓产业，建成 83.38 公顷蓝莓基地。

【民生服务】 实施“党建＋社会救助”试点工作，救助困难群众 156 人，发放救助资金 12 万余元；开展就业援助月活动，派专车接送 80 余名劳动力到园区企业进行应聘岗位对接。积极开展“我为群众办实事”活动，推进“写好一本工作日志、两级干部率先垂范、调解矛盾纠纷三个到位、四类人员走访、化解五个一批”的“12345”工作法开花结果。2021 年 3 月，机关党员干部认领“我为群众办实事”实践清单共 41 条，对摸排出的“问题清单”进行公示，实行挂号、销号制度，解决一件销号一件。组建一支训练有素、战斗力强、24 小时综合应急的救援队伍，在抗洪抢险、疫情防控、征地拆迁等工作中发挥应急救援队“一专多能”“一队多用”的作用。

【生态治理】 抓环境整治美乡村。按照“拆得彻底、清得干净、改得美观、管得规范”的总体要求，全面推进农村环境综合治理。全年投入 320 余万元实施 9 个新农村建设点建设，拆除危旧房等 120 处 7800 平方米，平整土地 2 万余平方米。推进“门前三包”“厕所革命”，实现城乡环卫一体化全覆盖，完善农村人居环境“1＋N”长效管护模式。抓水污染整治河流。制定《圩上桥镇“河长制”“库长制”工作方案》，落实“河长制”“库长制”工作组织体系，加大河库巡查力度，对 18 座小（2）型及以上水库明确人员负责，实行“人放天养”，水质均达到国家地表水Ⅲ类标准。抓养殖污染整治净土壤。对 120 家大中型养殖户实行网格化管理，各村实行定人定岗定责管理动物防疫，责成 3 家不合格的养殖场进行整改。投资 986 万元建设畜禽粪污资源化利用项目，推进畜牧业绿色发展。

【治安管理】 基层治理。建立“三治、三心、三访”的“三个三”社会治理模式，全力破解信访难题，做到连续多年零群体上访、零积案，信访工作实现“三个零”。乡风文明。紧扣“凝聚群众、引导群众，以文化人、成风化俗”的目标定位，打造 12 个新时代文明实践站，聚焦资源平台整合、活动载体拓展和服务方式创新，涌现出一批新时代文明实践建设中的示范点和先锋模范，如陈揭村的“教堂”变“讲堂”，受到中宣部内参肯定，江美春家庭获 2020 年“全国文明家庭”，龙源村李建东见义勇为的事迹荣登 2021 年“中国好人榜”。

【基础设施建设】 服务好区南辽路提升改造、南外环路建设等重点工程建设，为园区完成征地 45 亩。投资 140 万元推进水毁工程建设，投资 500 万元对全镇 9 座小（2）型水库进行除险加固。

【探索建立“12345”工作法】 推进“12345”工作法开花结果：“1”就是写好一本工作日志，将群众的所盼所想记录下来；“2”就是镇村两级干部率先垂范，在疫情防控和疫苗接种上充分发挥党员先锋模范作用；“3”就是三到位，能解决的矛盾立即化解到位，一时不能解决的矛盾限时办结到位，无法解决的矛盾耐心解释到位；“4”就是四必访，对困难群体、信教群众、重点人群、困难党员等四类人员做到慰问到位；“5”就是五个一批，兑现落实化解一批矛盾纠纷、解决一批难事急事、转化一批信教群众、办结一批民生实事、选树一批先进典型。

【魏家村创建全国民主法治示范村（社区）】 魏家村积极探索党建引领法治乡村建设有效途径，以“红旗党支部”创评为契机，走出一条“一纲二化三服务”乡村法治建设之路。坚持把“党建+”贯彻到农村法治建设全过程中，遵循“依法治理”这个法治建设总纲领，成立“民主法治示范村”创建领导小组，形成法治建村的组织体系。村党支部针对村民法治意识淡薄的现状，多措并举，强化法治宣传教育。把“四议两公开”作为法治建设制度化的载体和重点，严格规范程序，根据具体情况随时和定时公开公示。组建村民理事会，制定完善村规民约，做到“红事省办”“白事简办”，村民礼仪相待，邻里团结友爱。

【入选“2021年度升级创建示范性殡葬服务设施”创建名单】 全力推进绿色殡改，做到宣传、沟通、政策三到位，不搞标准低、成本高的村村建设公墓，而是集中财力高标准兴建生态公墓，全镇实现杜绝土葬、火化率和安葬入公墓率三个100%。圩上桥镇入选“2021年度升级创建示范性殡葬服务设施”创建名单。

（陈　霖）

马圩镇

【概况】 马圩镇位于东乡区西南部，距城区25千米，境域东临岗上积镇，南连太阳镇，西接罗湖镇，西北连占圩镇，北靠圩上桥镇。总人口45337人，其中从事农业人员44842人13607户，辖16个行政村，134个自然村、152个村小组，总面积76平方千米，耕地面积3309.67公顷；林地面积1149.03公顷，林地面积中天然林面积447.38公顷，纳入天保工程面积209.83公顷，新分配天保任务42.07公顷，油茶林面积197.71公顷，脐橙面积44.96公顷，蓝莓种植面积12公顷，蔬菜大棚种植面积13.33公顷。马圩镇主要有南港、北港两条河流贯穿而过，大小水库共48座。其中，小（1）型6座，小（2）型4座，山塘水库38座。马圩镇有机关干部67名（其中班子成员19名，一般干部33名，聘用人员15人）；村干部78人，其中村支委48名。党支部21个，党员1147名，其中女性党员115名。

【村集体经济】 坚持以党建为引领，采取“党委统筹抓谋篇布局、‘三会’联动促民生福祉、‘两种模式’抓先锋示范”的方式，建成马圩镇现代农业示范基地——新溪村村集体经济蓝莓基地，以基地为中心辐射带动村集体经济发展、周边农民群众致富，让农民的“钱袋子”鼓起来、生活好起来。港下村成功引进雪花豆包装加工产业链，通过产业升级带动农民在“家门口”致富，就业比例增长15%，人均纯收入净增680元/月。全年16个村的村级集体经济收入均达到10万元以上。

【重点项目建设】 以重点项目带动全镇的经济社会蓬勃发展。总投入3.9亿元的万亩圩堤建设即将竣工，马圩人民水患灾害问题将得到彻底解决；投入350余万元，实施10个新农村建设点；投入200余万元开展农田水利设施建设；完成866.67公顷高标准农田建设和

2021年，区委书记彭敏群（中间）调研新溪村蓝莓基地建设（马圩镇　供）

土地整理，通过多方面宣传，发动群众积极参与。

【人居环境整治】 推进粪污一体化工程。全年完成39个终端建设、管网42千米、生态花池450个、人工湿地360个，完成率93%。攻坚环境治理。春、夏两季对港东碑池塘中的杂草、淤泥进行清理，清除池塘水面的水生植物。对邹塘村、上保村、港下村填埋的铝灰进行开挖、起土、装袋等工作，保护农村生态环境。推进“河长制”，严厉打击非法采砂和破坏水环境行为，确保地表水水质稳定达标、持续向好；加强农业面源污染防治，持续推进高标准农田建设项目实施；加强对秸秆露天焚烧的管控，引导农户秸秆还田肥沃土地，增强农户环保意识。

【“五型政府”建设】 弘扬“马上就办、主动服务”工作作风，积极为群众提供错时、延时和预约服务，确保工作件件有着落、事事有回音。组织政府工作人员带头尊法学法守法用法。深入推进政务公开，规范行政决策程序。镇领导带头落实全面从严治党政治责任，聚焦群众反映最强烈、市场主体最困扰、制约发展最突出的问题，深入开展财政资金、民生政策、营商环境专项治理行动，管好“微权力”，彻查“微腐败”，打通“中梗阻”。

【社会治理稳定】 推进平安马圩建设，加快预防和化解社会矛盾机制建设，扎实做好普法工作，纵深推进扫黑除恶专项斗争，社会大局持续和谐稳定。坚持用真情雪中送炭，用耐心解开心结，用合力化解矛盾；坚持新时代“枫桥经验”，用心用情用力为群众把事情办成，把事情办好。受理各类信访事项210起，其中江西信访网上服务中心受理26起，抚州“12345”政务服务热线服务平台受理174起（重复访58起），区长信箱2起，各类督办单8起，均已全部办结，办结满意率97%。

【“1+3456”解信访难题】 镇综治中心成立马圩镇平安建设志愿服务队，以“三心并用”为宗旨，以“四法并举”为运用，以“五个必须”为要求，以“六项制度”为规矩，营造亲民爱民的调解氛围。志愿服务队用热心接待当事人，倾听群众的诉求，感受群众的苦衷，体谅群众难处，让群众看到解决问题的希望。对待每项调处案件，不怕累、不嫌烦，耐心听取当事人真实诉求，引导群众通过法律手段或逐级反映手段，解决合理诉求。全年调处各类重大矛盾纠纷25起，调解成功率100%。相比上年同期，各类纠纷信访量下降46%。集体访、越级非访均保持“零纪录”。实现小事不出村，调解网格化，获评“2021年信访工作先进单位”。

【开展巾帼志愿者活动】 镇妇联组织开展巾帼志愿者活动13次，上户宣传《中华人民共和国反家庭暴力法》《中华人民共和国家庭教育促进法》，农村“两癌”妇女排查、走访，春节送“春联”；调处矛盾纠纷3起，维护妇女同志权益；开展“春蕾”行动，助学7名贫困女童；开展贫困儿童走访慰问活动，结对救助32名儿童，结对慰问金达3万元。组建马圩镇“赣鄱红色娘子军”宣讲团，宣讲团成员包括乡镇妇联干部、各村妇女主任、三八红旗手、巾帼建功标兵等各行各业20余名优秀女性代表，走进村庄、农户、田间地头、新时代文明实践站、中小学开展集中巡讲50多次。

（周沁之　赵修政）

詹圩镇

【概况】 詹圩镇人文景观丰富。闻名三县（区）民间四大古建筑占其三（荫岭祠堂、幕塘厅、同湖门楼）；卢峰寺（为纪念汉代名臣卢植而建）与临川金山寺隔岭相望；当代书法家、革命家舒同的启蒙老师——梁翘居住的余坊村。被列入全国重点镇建设名单。下辖10个村民委员会，1个居委会，119个村民小组，人口31125人，其中非农业人口1742人。工农业产值4.07亿元，工业产品有铝合金门窗20.9万件。农作物面积4344.33公顷。生猪存栏养殖户33户，生猪存栏49753头，牛存栏3206头，家禽418万羽，万羽养鸡大户27个，养殖鸡28万羽，上市肉鸡170万羽。财政收入368.25万元，年均增长5%。农村居民人均可支配收入18021元。

【农业产业】 结合全镇产业实际，进一步推进以葛根、红薯、油茶、脐橙、蓝莓为特色的产业化基地建设，提升村集体经济的“造血”功能，目前9个村集体经济收益达10万元，1

个村收益达 50 万元。蓝莓基地已落实种植面积 215 亩，东观村 140 亩，荫岭村 75 亩。依托红薯国家地理标志优势，在东观村、荫岭村引进大户推广种植红薯 300 亩，并与抚州半山园农业发展有限公司签订红薯销售合作协议，发展农村电商。幕塘村无花果基地占地面积 33.8 亩，前期投资 70 余万元，该基地与邓家老金果业达成战略合作。在铁山村创建梅仁莱牛养殖基地，“莱牛养殖”采取“党员＋协会（合作社）＋农户＋脱贫户”运作模式，铁山村莱牛养殖场现有优质杂交肉牛存栏 228 头，为村里的贫困户、残疾人提供 6 个就业岗位，创收 40 余万元。江西牧旺生态农业公司投资 5000 万元建设占地 6.67 公顷的鸡苗孵化基地，孵化鸡苗 30 万羽。荫岭村在区总工会、区林业局的帮扶下打造两个基地：一是以 50％资金入股兵哥农业发展有限公司打造一个 120 亩红薯示范基地；二是建立 50 亩油茶产业示范基地，与当地油茶种植大户合作，入股促进油茶一、二、三产业融合发展。打造全省最大的单一品种中药材产业基地，目前种植枳壳 400 亩。

【项目强镇】 实施 466.67 公顷高标准农田建设，完成 S208 线及寺詹线改造工程，投资 660.9 万元完成 10 座小（2）型水库除险加固续建工程。投资 50 余万元完成渠道清淤和衬砌，投资 120 万元的 2020 年水毁工程修复，投资 58 万元 6 座山塘水库除险加固。上报 2022 年度詹圩镇小型水库移民后期扶持项目资金 252 万元，申报 2022 年詹圩镇山水林田湖草生态保护和修复资金 4505 万元。

【营商环境】 完善激励容错纠错机制，促进“赣服通”便民服务平台“飞入寻常百姓家”；对接“12345”服务热线，便民服务中心设 6 个窗口，促进办理提质提效提速；全年综合性会议、文件简报同比下降，推动作风建设向深处发力、在实处见效；推进“放管服”改革，打造“四最”营商环境，区级赋权全镇 139 项；开展影响发展环境突出问题专项整治，组织党员干部接受廉政教育 6 次；开展监督检查 40 余次，化解矛盾纠纷 4 起，督促政策落实 13 件；“送访下乡”5 次，给予第一种形态处理 13 人次，解决问题 21 个，立案 3 件，党纪处分 3 人，处理违反中央八项规定 1 起。

【民生事业】 财政支出 3061.84 万元用于民生；完成新型农村社会养老保险征缴 294.64 万元，参保率 99.8％；医保完成 842 万元；农村低保 541 户 1042 人，城镇低保 9 户 10 人，特困分散 41 户 42 人，发放资金 527.32 万元；城镇就业率 99％。

【防返贫监测】 落实防返贫监测工作要求，按照“不落一户、不漏一人、不存盲区、不留死角”的要求，全面排查所有农户“两不愁三保障”及饮水安全实现情况和产业、就业、教育、医疗、住房安全等政策落实情况，每月通过国家大数据平台进行比对分析研判，排查农户 8716 户；强化帮扶措施，结合“我为群众办实事”活动，根据风险类别、发展需求等开展针对性帮扶；投入 544 万元实施扶贫项目 50 个，向贫困户分红 140.9 万元，开发扶贫岗位 39 个，贫困户在外就业人数 270 人，教育帮扶 169 人，就业帮扶 270 人，办理特惠贷款 8 人次 34 万元；投入 470.42 万元帮 152 户群众发展产业、改善人居环境，实施危房改造 84 户，招商引资项目 2 个。

【生态文明建设】 落实生猪养殖环保要求，实现粪污“减量化、无害化、生态化、资源化”，实行雨污分离、清污分离，粪污一体化终端管网全部完工；开展“智慧城管进詹圩”系列活动，实施集镇环境整治，

2021 年，詹圩镇李家村“学党史，感党恩”——党史宣讲面对面（詹圩镇　供）

同时安排专人采集集镇店面、住户信息，即将逐户设立智慧标识，实行“智慧门前三包”；强化畜禽养殖“三区”管理，对23家养殖场下发整改通知书36份，关闭1家村庄内养猪场，关停2家群众反映强烈的养殖场，依法依规处置1家不达标排放粪污水的规模养殖户；投资6000元维修农贸市场公厕；促进劲旅环卫一体化，对关停的三家“小散污”企业进行“回头看”。严格水域岸线水生态空间管控，加大非法捕捞打击力度。以建立红黑榜、红白理事会为抓手，以“夕阳红”艺术队、草根剧团为平台，开展“身边好人”等评选活动，提升村级新时代文明实践站10个。为农家书屋更新图书1万余册，送戏下乡20场，送电影下乡65场。54亩公益性公墓投入使用，厚养薄葬殡葬改革和文明祭祀已成常态化。

【探索“三治”融合】 结合党史学习教育，通过强化基层党组织“头雁”作用、推行“法律明白人”制度、开展“保姆式”服务等方式，促进自治、法治、德治的有机融合。以党建“三化”为契机，在10个行政村成立矛盾纠纷排查组和流动调解队等队伍。重视道德教化作用，请德高望重、公道正派的“三老”担任村里的法律义务宣传员、卫生监督员和垃圾清扫员，形成移风易俗、崇德向善的新风尚。以传承传统文化为契机，组织开展平安创建、志愿服务、参观家风家训馆和最美家庭评选等活动。

【乡贤会撬动人才】 坚持“以德为先、清正廉洁”“注重实绩、群众认可”的原则，用好“乡贤会”。把“土专家”、民间艺人、退伍军人作为实用人才和村后备干部培养对象，把“走出去”的成功人士“选回来”。更新乡贤人才资源数据库，加强与外地商会沟通，建立乡贤参事、对话、回馈和服务等机制，引导智力、项目、技术和资金回归。全镇实用人才300多名，招聘党建宣传员、退役军人专干等后备村干部16人。

【信访工作】 坚持以解决初信初访为关键，压实领导包案责任，综合运用民生政策、乡贤关怀、企业帮扶等形式，有效实现信访化解。对摸排的矛盾纠纷及时介入，积极化解，确保“小事不出村、大事不出镇”。每个村都配备2名政治素质强、有一定法律知识的调解员，紧紧围绕调解民事纠纷，防止矛盾激化，坚持最大限度把矛盾纠纷解决在基层。镇综治办每周对法院流转至本镇案件，进行分类归口处理，充分发挥村委会、派出所、司法所等部门联合作用化解矛盾纠纷，全年化解矛盾纠纷78次。

（王付阳）

杨桥殿镇

【概况】 杨桥殿镇位于东乡区最北端，距城区17千米，东与小璜镇和余干县社庚镇及九龙镇接壤，西接进贤县衙前乡和钟陵镇，北临润溪湖。镇内地形呈中间高、南北低的分水岭地势，南部多有丘陵山地分布，北部为滨湖冲积平原地貌，分属抚河、信江流域。杨桥殿镇下辖16个行政村213个村民小组。村“两委”换届后，共有村“两委”干部83名（其中女性干部20名，35周岁以下干部16名，大专及以上学历干部34名），总人口9799户41848人，其中农业人口38698人，年内人口自然增长率为3.5‰。矿产资源主要有烟煤、瓷土、石灰石等。地方特产主要有勺鸡、酒糟鱼、野生小鱼干等。全镇财政收入5915.6万元，支出（含上级转移支付）5457.23万元，同口径分别增长27.9%、32.6%。全年实现生猪出栏60万头、菜牛（羊）养殖5000头、家禽100万羽。

【中国共产党杨桥殿镇第五次党员代表大会召开】 7月25日，镇第五次党代会召开，会议听取和审查中共杨桥殿镇第四届委员会和纪律检查委员会的工作报告，选举产生中共杨桥殿镇第五届委员会、中共杨桥殿镇第五届纪律检查委员会和出席区第二次党代会代表。会议提出，新一届杨桥殿镇党委将坚决按照区委、区政府的决策部署，狠抓基层党的建设，持续推动镇村干部作风转变，全力保障和改善民生，补齐基础设施短板，强化基层综合治理，推动镇域经济又好又快发展，奋力实现建设“滨湖生态名镇、跨区工贸重镇、富强和谐新镇”的战略目标。

【信访“六项制度”】 杨桥殿镇党委政府突出目标效果导向，实施信访调解“六项制度”，减少信访存量、遏制增量，信访形势得到初步好转。处理来镇及以上来信来访108件（其中到镇访78件、到区访27件、到区以上访3件），化解101件，化解率93.5%；梳理信访积案32件，化解8件。开门接访。坚持镇班子成员每天上下午坐班接访、下村走访、主动约访等，畅通群众诉求反映渠道，同时严格落实首访负责、限时办理回复等制度，确保来访事事有人理、件件有落实。同时，创新设立“4412345”群众诉求热线，实施全天候零距离倾听群众呼声的措施。排查预警。压实网格责任，建立常态化矛盾纠纷排查预警机制，对苗头性涉稳信息做到早发现、早预警、早处置。研判会商。组建由4名科级干部、4名一般干部组成的工作专班，实行集中办公。坚持每日访情通报、每周两次访情会商，重要信访案件或积案由主要负责人调度，逐件分析原因、落实措施，直至息访息诉。矛盾化解。在镇、村两级分别组建矛盾纠纷调处队，村级小分队由村组干部、老党员、乡贤、德高望重老人等组成，负责初信初访和积案的调处；对32件信访积案落实“一案一档”管理，实行挂图作战，确保矛盾纠纷化解到位。依法打击。注重收集相关证据，严格依法打击，匡扶社会正气。

【村集体经济】 盘活现有资源，引进外来资源，积极培育新型富民产业，打造“一村一品”，蓝莓、大棚蔬菜、稻田养蛙、水产养殖、牛羊饲养、谷物烘干等各色种养业百花齐放。桂家咀村集体与抚州市东乡区一亩田养殖专业合作社合作发展、愉怡村集体与安徽瓜蒌公司合作发展、杨桥村集体与北京同仁堂江西分公司合作发展、文七位村集体与江西省林科院合作发展，产业项目建成稻蛙养殖3.3公顷、瓜蒌16公顷、蓝莓17.3公顷、大棚蔬菜3.3公顷、油茶40公顷、有机稻6.7公顷、菌菇2公顷，村集体经济收入均达到10万元以上。

【民生事业】 开展阵地、道路、水利、新农村、乡村振兴项目等建设，启动新建秋源村党支部大楼，完成EPC项目县、乡道50余千米，村道30余千米，实现组组通，重建港西桥、黄坊桥、演塘桥等6座桥梁，完成宋塘万李圩堤决口封堵、城上村水坝决口封堵和维修等11项水毁工程，新农村建设7个建设点全部完工，投资147万元的5个乡村振兴项目全面完工，促进镇基础设施、重点项目及乡村振兴建设工作稳步迈进。

【四川雅中至江西鄱阳湖特高压换流站（东乡）投入运营】 9月，坐落于杨桥殿镇（文七位村、礼坊村）境内的四川雅中—江西鄱阳湖±800千伏特高压直流输电工程“受端”换流站投入运营。换流站直流双极额定输入功率为8000兆瓦，直流额定电压±800千伏，直流额定电流5000安，直流双极线路1回，交流500千伏出线7回。线路起源于四川盐源雅中换流站，在江西设鄱阳湖（抚州市东乡区杨桥殿镇）换流站，输送容量800万千瓦。该工程是国家发展改革委于2019年8月核准开工建设的重大电网工程，静态投资237.86亿元，动态投资244.25亿元。项目于9月建成投运，其中直流配套500千伏线路在4月底投运。换流站总占地32.095公顷，动态投资54.73亿元。

【“永远跟党走”直播大型主题文艺晚会】 4月29日，杨桥殿镇为迎接中国共产党成立100周年，在镇中心的“望郡广场”举办以“永远跟党走”为主题的大型文艺晚会，并同步向全网直播，引起现场2000多名观众和线上数万受众热烈反响。晚会先后表演大合唱《没有共产党就没有新中国》《光荣啊！中国共青团》《中国少年先锋队队歌》，舞蹈《复兴的力量》《走进新时代》，以及独唱、器乐合奏、军体拳等节目。晚会还通过现场互动方式进行党史知识宣传教育。

（乐乐娟）

王桥镇

【概况】 王桥镇是东乡区的东南门户，素有“花果芋之乡”的美誉，东金线、东瑶线穿境而过，交通较为便利。全镇总面积75平方千米，下辖8个村委会，90个村民小组，72个自然村，1.7万余人。王桥镇有党委1个，党支部12个，党员440名，其中农村党支部8个，农村党员393名，女党员69名。全镇税收215.35万元，其中，物流税收165.17万元，常规税收50.17万元。村集体经济收入方面，1个村超过100万元，2个村超50万元，1个村超过20万元，其余4个村都超过10万元。

【农业产业】 积极探索花果芋产业与村集体经济共同融合发展的新路，推动产业发展、集体增收、农民致富，实现“1+1+1>3”的叠加效应。完成百万元强村1个，50万元强村2个，带动300余户村民人均增收5000余元。通过专业化育苗、机械化种植、精细化加工、多元化销售等举措，打造百亩花果芋现代农业示范园，让王桥花果芋成为全国芋头行业的新标准。发展蓝莓产业，将蓝莓产业发展作为中心工作推进，建成蓝莓种植基地8个，总种植面积22.8公顷，把蓝莓产业打造成全镇经济发展的新的引擎。

【工业产业】 发展本地工业产业园，在倪家村发挥乡贤带动经济发展作用，建设一条集来料加工、真空电镀、成品包装于一体的生产线，项目占地1200平方米，总投资700余万元，年销售额可达上千万元，可带动本地上百人解决就业。结合本地实际，发挥好本地特色资源优势，引进双陶科技有限公司，助力建材产业提档升级，项目占地1000平方米，总投资400余万元，年销售额可达600余万元；加强政企合作，引进江西视显高科技有限公司落户荣华人工智能产业园，项目占地20亩，建筑面积1.2万平方米，预计2022年可投产运营。

【社会安全】 坚持“打防结合，预防为主”的方针，加强矛盾纠纷排查调处工作，全力维护社会治安稳定，努力将矛盾纠纷化解在萌芽状态。全年排查出信访及矛盾纠纷47起，成功调处47起，有效化解周某某、张某某等信访积案；建立健全社会治安防控网络，提前做好预警防范工作，努力把各种苗头隐患消除在萌芽状态，维护社会大局和谐稳定，将反诈App下载和滞缅人员劝返作为一项重点工作；深入开展地质灾害治理，通过在辖区内深入摸排地质灾害隐患，发现地质灾害点15个，完成集镇重点区域地质灾害治理，有效保障人民群众的生命财产安全。

【人居环境建设】 始终致力打造“山更绿、水更清、天更蓝、地更净”的农村宜居环境，转变发展观念，提高发展质量。以改善农村生产生活环境为抓手，全力推进新农村建设，乡村面貌大为改观；探索城管＋志愿者服务，全面整合各方力量，加大人员投入，引领带动王桥实现快节奏、大步伐建设最美集镇街道；建立公司主导、全民参与、干群齐心的农村人居环境“1＋N”长效管护机制，不断优化农村人居环境；推进“厕所革命”，抓好农村粪污一体化工作，党员干部真抓实干、攻坚克难，引导广大群众主动参与到农村改厕行动中来，粪污一体化终端、管网完成率100％，粪污一体化人工湿地、生态花池完成率84.95％，“粪污一体化”一体机净化槽供电完成进度均排名前列。

【防返贫监测帮扶工作】 紧盯脱贫的117户建档立卡贫困人口家庭收入支出、“两不愁三保障”等方面进行常态化返贫监测，对普通农户开展常态化监测预警，对农村特困供养人员、低保对象和低保边缘家庭等低收入人群进行监测筛查，做到早发现、早干预、早帮扶。强化帮扶资金管理，落实扶贫资金资产监管机制，抓好上级乡村振兴衔接补助资金项目落地生根。抓好50万元的大塘村蔬菜大棚、20万元的大塘村花果芋基地、40万元的坑塘村山塘水库清泥改造养殖、10万元的獐峰村獐峰组门口港清淤改造、30万元的菱塘村水沟水泥硬化等项目建设，建立监管台账，完善管理制度，明确管护责任人。

【开展“党建＋社会救助”试点】 以强化党建引领、统筹救助资源为重点，在王桥村扎实开展“党建＋社会救助”试点工作，探索基层党建与社会救助业务有机融合，压实基层党组织社会救助责任，提升社会救助水平。王桥村设立“党建＋社会救助”办公室和党群通社会救助服务窗口，专门受理社会救助业务。将全村19个村小组划分为7个网格，吸纳村干部、片警、党员、律师、医生、志愿者等48名网格员，建立“行政村—网格（村小组）—党员联户”三级党建网络工作体系，开展“六送”活动，把党的政策延伸到基层每个角落，打通基层党组织联系服务群众“最后一公里”。

【引进江西视显高科技有限公司落户产业园】 引进江西视显高科技有限公司落户江西荣华人工智能产业园。通过转变政府职能，配合企业开展厂房建设、用工招聘，为企业提供优质的服务。落实好“第一专员”工作职责，经常性深入企业进行常态化走访，帮助企业解决实际困难，推动各项惠企政策落地见效。公司建设占地20亩、建筑面积1.2万平方米的高新技术产业用房，专业从事大尺寸触摸屏产品的研发、设计、生产和销售，将主要应用于传媒领域、智能教育、商务会议、医疗、军工、智能家居、智能新零售、公共交通等。

【清湖旅游景区获评省 AAAA 级乡村旅游示范点】 “禅韵清湖寺、醉美清湖村”。王桥镇清湖村四面环山，有着自然田园风光，是修身养性的世外桃源。村中拥有千年文化沉淀的清湖寺，集宗教文化、农业文化、民俗文化、耕读文化于一体。凭借天然的乡村旅游资源优势，镇政府加大对清湖村的投资力度，对清湖村进行整体规划和改建，以生态为基础，以乡村为依托，以文化为底蕴，以清湖村山水资源为主要载体，将清湖村开发为以自然田园风光为主体，兼顾观光农业、乡村景观、禅韵景观、休闲服务配套等多层次、多功能并具有独特魅力的乡村旅游胜地，获评江西省 AAAA 级乡村旅游示范点。

（辛　荣）

黎圩镇

【概况】 黎圩镇历史悠久，人杰地灵，素有宰相之府、诗人之裔美称。距城区 27 千米，南部与金溪县的双塘、合市、琉璃三镇交界，西南部与金溪县陈坊乡和东临新区岗上积镇毗邻。全镇面积 83.33 平方千米，耕地面积约 2066.67 公顷，其中：水田 1933.33 公顷，旱田 133.33 公顷。山林面积 4333.33 公顷，森林覆盖率 43%。

【产业发展】 做好各项强农措施的落实和惠农补贴资金的发放。全年完成粮食播种面积 3766 公顷，粮食产量 25498.5 吨，实现粮食增产丰收，超额完成粮食生产任务。发展现代农业，种植蓝莓 23.33 公顷，因地制宜种植蚕桑 33.33 公顷，木耳 45 亩；发挥浯溪村设施蔬菜种植优势，建设辣椒酱菜加工厂。9 个行政村集体经济收入全部通过 10 万元以上验收。因地制宜发展旅游产业。镇内有中国传统村落 1 个，省传统村落 3 个，省历史文化名村 1 个，省乡村旅游 AAA 级景区 2 个，全年累计接待游客达 2 万余人次。

【项目建设】 新建后畲村艾家二桥，打通后畲村至金溪县琉璃镇、陈坊积乡的交通“动脉”，彻底解决后畲和金溪 200 余户人家几十年来的出行困难；黎阳至潭江路段年久失修，道路坑坑洼洼，为方便群众出行，争取上级资金对黎阳至潭江 4.3 千米公路进行新建。积极调整规划新建黎圩镇卫生院，改善黎圩镇卫生院基础设施建设，完成征地等基础工作。实现东临环城客运枫山段征地工作，协调做好井山水库重点项目的准备工作。积极争取上级资金，将便民服务中心和新时代文明实践中心大楼整合建设，合理利用资源，发挥最大服务效能。结合黎圩镇古村特色优势，加快推进文旅深度融合，围绕打造文化旅游餐饮民宿，对 20 余栋明清古建筑进行抢救性修复，邀请武汉大学教授合作建立工作室，对旅游产业进行专业布局。

【民生实事】 团区委、区妇联帮助黎圩中学安装 23 台热水器，改善学生住宿条件。注重丰富群众业余文化生活，组织开展“文艺小分队”下乡巡演活动 4 场，参与 1400 余人；举办农家书屋管理员培训班 3 期，培训 40 人次，每周开放时长 20 小时以上，共计接待借阅人员 1000 余人次；全年开展送电影下乡活动 7 场。以养老、医疗、教育等改革为重点，深入推进“党建＋农村互助养老服务”等改革，聚焦重点领域、困难群众、弱势群体等方面，结合“我为群众办实事”实践活动，用心用情用力解决“就业岗位、托幼园位、上学座位、求医床位、养老点位、如厕厕位”等群众身边的民生实事 51 件。

2021 年，潭江村干部进行蚕桑养殖（饶方其　摄）

2021年，听红色故事（饶方其　摄）

【社会稳定】　构建镇村组三级党员联系服务群众和网格化管理体系，将全镇划为48个网格片区，确保4200户全覆盖。在集市设立“圩日接访点”，全年接待信访群众21批50余人次，化解信访事项10余件，未发生一起赴省访，真正把矛盾纠纷和信访隐患化解在萌芽状态。常态化抓好扫黑除恶工作，深入摸排线索，收集有关信息36条，上报信息7条。做好防汛和森林防火工作，抓好地质灾害点和水库等隐患排查，提高防灾减灾能力。加大安全生产监管力度，抓好学校、市场、企业等安全隐患排查，坚决打击非法取土、无证采砂等违法行为，全年保持安全事故“零发生”。

【网络发新春“福包”活动】　1月25日，黎圩镇黎阳村文化广场上，村民在进行舞龙表演。春节临近，为减少人员流动，让家人安心在工作地过年，黎圩镇黎阳村村民一改往年正月初一到家家户户上门舞龙的民俗，提前在春节前进行舞龙表演，区摄影协会摄影师进行摄影摄像。将精心制作的舞龙短视频和舞龙照片作为新春“福包”通过网络发给在外地过年的亲人朋友，给他们送去家人的春节祝福，寄托春节相思之情。

【田园采摘赤松茸游活动】　引导农民转变观念，鼓励创新，依托土地资源，因地制宜发展观光农业，推进农产品网络销售，把美丽风景变身美丽经济，促进当地农民增收致富。3月22日，在黎圩镇浯溪村50亩赤松茸产业扶贫示范基地内，游客正在采摘成熟的赤松茸。基地每天产出的500千克赤松茸大都通过田园采摘游和互联网销售等方式，将农产品的消费终端建在田间地头。

【新建后畲村艾家二桥】　后畲村艾家二桥工程于2020年10月开工，历时半年，2021年4月初竣工。该工程立项时，黎圩镇党委、政府积极跑项争资，各方筹资共计90余万元。该桥的竣工通车，打通黎圩镇后畲村至金溪县琉璃镇、陈坊积乡的交通线，解决后畲和金溪200余户人家几十年来的出行困难，极大地方便抚州市群众出行，消除出行的安全隐患。

（王　鑫）

珀玕乡

【概况】　珀玕乡距东乡城区21千米，东靠余江区春涛畔上湖家，北与余干县梅港乡相连，西与小璜镇接壤，南与余江区坞桥乡毗邻。总面积54.5平方千米，辖区7个行政村（不含东腾新村）、54个自然村、71个村小组，总人口19779人，总户数4809户。推进高产优质水稻、蓝莓、肉牛、大棚蔬菜及花果芋等重点农业产业项目建设。7个行政村村集体收入均完成10万元以上，其中2个村完成50万元以上村集体经济收入、1个村完成100万元以上村集体经济收入。

【民生保障】　全乡医保实际参保人数15881人，参合缴费率99.1%，完成城乡居民医保筹资508.192万元，人均缴费金额320元。低保新增28户52人，全乡发放低保金30.44万元，其中城市低保4户4人，发放金额2680元。临时救助115户，发放金额171476元。双拥优抚政策执行有力，发放伤残抚恤金4人11806元，农村籍年满60岁以上退役士兵生活补助费54人14100元。完成18周岁适龄青年兵役登记171人，登记率100%。开展农村房屋安全隐患排查整治工作，完成全乡4516户房屋排查录入工作，完成C级危房10户和D级危房2户的整改工作。

【社会治理】　健全人民调解体

系，从退职干部和“五老”人员中聘请专职人民调解员，全年成功调解矛盾纠纷76起，收到较好社会效果。开展综治防邪、国安、禁毒、高铁护路等专项宣传6场次，群众平安建设参与度和法治意识显著增强。坚持在重点防火期间组织林业站对辖区内重点区域展开拉网式隐患排查，加大森林防火宣传，加大对违规用火现象的处理力度。4月入汛，组织检查水库、山塘3次，召开有关防汛安全会议4次，部署汛期防汛安全工作，落实应急值班制度，安排值班人员，实行24小时值班。开展道路交通安全、食品安全、校园周边安全、烟花爆竹等安全整治专项行动20余次，消除安全隐患，保障群众生命安全。

【乡村生态环境】 继续实施粪污一体化项目建设。安装14台终端，完成12条管网铺设，其中10台终端和1条管网已投入使用；加强大气污染综合治理，加强秸秆禁烧宣传工作，实现卫星监测“零火点”；严格落实河长制、林长制各项工作要求，完成新造林178.57公顷。开展农村人居环境整治专项行动，动员乡村党员干部、志愿者和民工300余人次，清理各类垃圾20余吨，清理村内沟塘40处，清理小广告100余处。探索集镇管理执法体制建设，成立珀玕乡农贸市场管理办公室，对集镇范围内的环境卫生、经营秩序等实施规范化管理，充分保障整治工作成果；投入10万元对现有农贸市场进行整体维修改造，动员乡村干部近200人次开展专项整治活动，保障群众生活质量。组织开展省级卫生乡镇创建工作，党员干部对集镇范围进行3次卫生大整治，完成上级部门反馈的卫生问题整改，入户宣传共发放500余份创卫资料宣传单。

【振兴巩固脱贫攻坚成果】 成立巩固脱贫攻坚成果同乡村振兴有效衔接领导小组，统筹协调巩固脱贫攻坚成果同乡村振兴的各项工作。坚持“农户主动申请、部门信息比对、干部定期回访”相结合的“三位一体”监测网络，对重点对象定期检查、动态管理，持续跟踪收支、“两不愁三保障”及饮水安全变动状况，做到有问题及时发现。启动“两不愁三保障”举一反三排查整改，对全乡现有脱贫户和监测户扶贫政策落实享受情况进行“过筛子”式排查，排查发现问题34个，整改完结34个。按照“事事有人管，时时有联系”的原则，定期走访确保他们的基本生活得到保障。全乡106名脱贫户及边缘户子女均在读并享受教育扶贫，无一人因贫辍学；为激发脱贫户和监测户内生动力，为他们提供区级公益性岗位15个，村级光伏公益性岗位9个，为在外务工的90名脱贫户申请交通补贴。

【区蓝莓种植现场（培训）会议在珀玕乡召开】 10月29日，区蓝莓种植现场（培训）会议在珀玕乡召开，会议采用现场观摩和座谈会相结合的方式举行，相关区直单位及各乡镇（场）分管领导、各基地负责人80余人参会。发展蓝莓产业是区委、区政府的重大战略决策，是拓宽农民就业渠道、增加农民收入的有效途径，要凝聚共识着力抓基地建设，扩大种植规模，推进蓝莓产业发展，打造江西省蓝莓产业特色区。

【应急救护培训】 11月11日，为提高全乡广大干群紧急救护意识，提升应对突发灾难和意外伤害的自救与互救能力，强化紧急救护技能，珀玕乡邀请专业人员组织开展应急救护培训，全乡近百名干部群众参加此次培训。此次培训以理论讲解和实际操作相结合的方式，生动、幽默、接地气地详细讲解现场救护的原则、心肺复苏

2021年，烈士纪念塔（饶方其　摄）

(CPR）急救技能、止血包扎操作技术。通过培训，提高全乡应急救护员的防范风险意识和面对突发灾害、意外事件和危重病发生时的应急能力。

（梁俊文）

邓家乡

【概况】 素有东乡“西大门”之称，距城区3千米，东与东乡城区相融，西与进贤衙前相接，南与红星相连，北与杨桥相靠。邓家乡人民政府驻设在邓家自然村，全乡总面积85.76平方千米，兼有平原与丘陵地带，地势北高、西低，总人口23196人，总户数7162户。森林蓄积量17.12立方米，江西省级公益林636.45公顷，森林覆盖率50.87%。土地面积85.76平方千米，林地面积4093.83公顷，耕地总面积2026.67公顷，其中基本农田1690.94公顷。

【村集体经济】 招商引资增收。村集体将符合规划、依法取得的非农建设用地，以使用权入股、租赁、承包等形式流转，获得稳定的土地收益。通过招商引入老金果业、研学旅行社，发展精品民宿“农家乐”，盘活沉睡资源阿屋里农场等办法，助力村级集体经济。打造特色小镇。依托花果山生态园，占地面积66.67公顷，以玫瑰种植为核心产业，打造蝶岸玫瑰小镇项目，投资3600万元。玫瑰小镇负责技术、生产、销售、加工，聘用周边农民和有劳动力的贫困户负责种植，大大提高周边村组农民收入，助力脱贫攻坚。物业合作经营。村集体在开发花果山旅游资源过程中，投资入股建设经营民宿，增加村集体经济收入。在嵇坊村打造乡村民宿工程，旅游民宿建设总投资额近2000万元，建筑面积30亩。共有50间古民宿客房，精品民宿20间。

【生态文明建设】 在农村粪污一体化工作中完成2175个化粪池填埋，完成净化槽电箱基础323个，建成18个终端，完成管网铺设23725米。开展污染专项整治行动，对全乡各水库、山塘水质进行调查，乡村生态环境形势逐步好转。全乡24座小（2）型以上水库退出承包养殖，实施“人放天养”，各水库养殖设施全部拆除，通过区整改办验收。落实秸秆禁烧工作，建立乡、村两级网格化管理制度，指定专人负责，组织进村入户宣传秸秆禁烧政策，全天候24小时巡查，确保及时发现和制止焚烧现象，加强农业面源污染防治，推进土壤污染防治。

【服务两区发展建设】 征地拆迁。做好国科控股、赤湾东方、鲍士高、永久自行车、艾索科技孵化园等全区重点项目征地用地工作，及时化解企民矛盾，尽力满足当地群众合理诉求。土地管理工作。完成对全乡农户土地含经营土地及宅基地的确权登记工作，完成各村委会土地平整及增减挂项目。完成“两违”处置。做好“两违”打击及监察工作，积极同上级主管部门协调，协助做好农民建房审批工作。

【防返贫致贫监测】 教育扶贫方面，全面落实脱贫户教育“免补奖贷”四种资助政策，全乡脱贫户家庭学生资助全覆盖，义务教育阶段无辍学学生。危房改造方面，实施“危房清零行动”，对180户脱贫户住房进行安全性认定。健康扶贫方面，持续实施贫困群众“一站式服务”“四免两减”“先诊疗后付费”等措施。综合保障方面，狠抓农村“五保”、低保、残疾人、孤儿等特困人口动态管理，全面落实优抚保障政策。落实分散特困供养待遇21人、农村低保待遇368人、60名困难残疾人和44名重度残疾人的残疾人两项补贴。

2021年，老红军讲红军故事（邓家乡 供）

【打造老金果业示范基地】 开展科技建设，建立示范基地。按照区农业农村局要求和工作要点，积极开展农业示范基地建设，以示范基地为载体，建立老金果业示范基地，由专人负责，提供全程服务，面对面进行技术服务，带着农民一起干。强化技术培训，提高农民素质。为促进农业增效、农民增收，农技推广综合站发挥自身优势，在乡10个村创建科技示范户41名，推荐11名农民参加区农业农村局开办的高素质农民培训班，深入田间地头，进村入户提供技术咨询及宣传党的政策和方针。

【打造集观光旅游为一体的花果山生态农业示范园】 邓家乡花果山生态农业示范园，总面积约333.33公顷，涉3村9组，2017年被评为省AAAA级旅游景点，2019年被评为省级现代农业示范园，通过产品对接、形象塑造，积极开发和拓展抚州市、鹰潭市及南昌市等周边市场；利用生态园旅游的品牌影响力，积极拓展国内市场。以川森园林为龙头，出口植物特色造型年交易额3000万元，产品远销至东南亚、土耳其等地；老金果业、小英采摘园等现代农业示范园采摘年销售额1000万元。花果山生态园坐落在嵇坊村周家组，按照“四季有花、三季有果，常年有绿”的发展理念，发展苗木花卉、旅游服务等产业，带动群众增收致富。该村通过打造邓家乡花果山生态园，提升村民生活品质和游客体验感，积极推进房屋外立面改造、生活污水处理、公厕改革、美丽庭院、垃圾分类等，改善农村生态环境。

2021年，迎“三八”厨艺比拼（邓家乡 供）

【喜迎“三八”妇女节】 3月5日，在花果山生态园开展“厨艺比拼享美丽 欢乐三八妇女节”活动。来自该乡的20多名“厨娘”在柴火灶前大显身手，纷纷亮出自己的拿手绝活儿，一盘盘色香味俱全的精美菜肴一一亮相，争做该乡“最美厨娘”，欢乐迎“三八”妇女节。

（危 童）

虎圩乡

【概况】 虎圩乡位于东乡城区南端，距城区7千米，全乡总面积70.78平方千米，下辖10个村民委员会，86个自然村，107个村民小组，5267户，人口19960人。现有行政编制干部28人、事业编制干部25人，下设党支部15个，党员678人。境内有小（1）型水库4座，小（2）型水库12座，山塘水库36座。耕地面积1992.9公顷，山林面积3041公顷，森林覆盖率40.6%，矿产资源丰富，含铅锌金等有色金属。东临一级公路和东昌高速公路穿境而过，交通便捷，区位优势明显。

【村集体经济】 引导各村通过发展庭院经济、蓝莓种植、肉牛及稻蛙养殖等方式，逐步发展壮大村集体经济。庭院经济。采取“拆三房、变三园、定三包、促三化”的方式，将“三拆四清”平整出的29亩土地变为花园、果园，一年可节省环境整治费用1万～2万元，同时带来集体收入5000元。蓝莓产业。艾田村投入资金50余万元，打造200余亩的蓝莓种植基地，栽种蓝莓16650株，预计2023年将为村级集体经济收入增收24万元。规划在建的陈桥村100亩蓝莓基地已完成土地平整，确保年底幼苗栽种到位。肉牛养殖。坎头、阳光、陈桥、高坊四个村委会在陈桥村揭家组筹备占地10.46亩的肉牛养殖场，采取“党支部+公司+合作社+基地+农户”的模式，项目稳定后，预计能为村集体经济增收9万元。稻蛙养殖。东乡区虎圩乡陈塘农业发展有限公司，与江西恒佳水产养殖有限公司合作，在陈塘村何张组共同建立50亩的稻鳅蛙立体综合种养试验田，预计每亩每年创利0.6万～0.8万元。全乡共有8个行政村32户农户参与养殖，养殖面积达577.8亩。10个村村集体经济收入均超过10万元，其中2个村经营性收入突破50万元，帮助7个村摘掉“集体经济薄弱”的帽子。

【村“两委”换届】 严格落实书记、主任“一肩挑”，村“两委”换届后，有效实现了“两升一降”，村党组织书记平均年龄比上届整体降低3岁，村“两委”干部平均年龄比上届降低2岁，村干部中35岁以下及大专以上学历干部比上届增加8名，另外还有2名本科学历干部，强化了队伍建设，打造战斗力过硬队伍。

【党建＋社会救助】 依托村级组织精选“党建＋环境治理”“党建＋社会救助”“党建＋产业发展”等民生项目42个。开展“党建＋社会救助”工作，以村小组为网格单元，建立“行政村—网格—党员联户”三级党建网络工作体系，确保党员亮身份，带头参与社会救助工作；加大对老党员、困难党员的关爱力度，安排资金20.7万元，走访慰问困难党员246人；走访困难群众344人，发放慰问金及物资31.58万元。

【“五美”乡村建设试点】 按照“产业兴旺之美、自然生态之美、文明淳朴之美、共建共享之美、和谐有序之美”的总要求，坚定不移打造新时代“五美”乡村，努力走出一条具有虎圩特色的乡村振兴之路。率先在全乡20个村小组开展“五美”乡村建设试点工作，拆除危旧空心房、废旧猪牛栏13348平方米，拆除围墙7778米，清理水沟1043米，清运垃圾3000余吨，村庄环境美基本实现。

【乡村振兴】 成立巩固脱贫攻坚成果同乡村振兴有效衔接工作领导小组，严格落实习近平总书记关于脱贫“四不摘”的指示精神，对全乡155户脱贫户持续帮扶，确保每一个脱贫户继续享受脱贫前的所有政策。按照上级要求，每月定期对所有脱贫户的务工情况和收入情况进行监测，对“十类人员”的“两不愁三保障”和饮水安全等开展排查，确保应纳尽纳；每月不定期地对全乡乡村两级干部开展“巩固脱贫攻坚成果同乡村振兴有效衔接”业务培训；不定期地组织对各村巩固脱贫攻坚成果同乡村振兴有效衔接工作督查，及时发现问题，及时整改到位。

【“光荣在党50年”纪念章颁发仪式】 为热烈庆祝中国共产党成立100周年，进一步继承和弘扬老一辈共产党员的优良作风，激励年轻党员涵养为民情怀，强化为民担当，6月23日上午，隆重举行“光荣在党50年”纪念章集中颁发仪式。39名“光荣在党50年”纪念章拟颁发对象，各村党支部书记、部分党代表、预备党员代表、入党积极分子代表和全体机关党员干部，共计100余人参会。乡党委书记杨建华在仪式上殷切地对获得“光荣在党50年”纪念章的老党员表达了崇高的敬意，并鼓励年轻党员坚持向老党员学习，努力奋发有为。

【“庆重阳，话初心”主题活动座谈会】 10月14日上午，召开重阳节退休老干部座谈会，与退休老领导、老同志代表欢聚一堂，深入学习贯彻习近平总书记“七一”重要讲话精神，共庆重阳佳节、共谋发展大计。在座谈会上，乡党委副书记、乡长伍贻斌先后代表乡党委、政府向各位退休老干部致以节日的问候和诚挚的祝福，并带领大家学习习近平总书记“七一”重要讲话精神，汇报虎圩乡2021年的工作开展情况和今后努力的方向，希望老同志能保重身体，充分发挥见多识广、工作经验丰富的优势，一如既

2021年，陈塘村渔光互补（饶方其　摄）

往地对乡党委、政府的工作给予关心、指导和帮助，围绕全乡中心工作，敞开心扉提出有价值的宝贵建议，为加快虎圩发展做出新的贡献。

【“庆六一·圆梦微心愿”活动】 5月28日，结合党史学习教育“我为群众办实事”实践活动，联合团区委、区青年志愿服务联合会一行来到虎圩小学开展“庆六一·圆梦微心愿”活动，并邀请副区长黄思明莅临活动现场，为虎圩小学200余名学生送去“微心愿”礼物，帮助孩子们“圆梦微心愿”。此次活动不仅为孩子们带去礼物，圆了心愿，还带去党和政府的关怀，相信这份温暖一定会在孩子们的心田里生根发芽，从而引导小朋友们系好人生的第一粒扣子，使孩子们健康地成长、成才。

（李家伟）

瑶圩乡

【概况】 瑶圩乡位于东乡区东南部，距东乡城区30千米，地处东乡、金溪、余江三县（区）交界。总面积76平方千米，耕地面积1466.67公顷，林地面积3600公顷。辖瑶圩村、马岭村、河渡村、锁山村、吴塘村、文溪村等6个村委会，57个自然村，总人口13100人。有党支部13个，党员508名，其中女党员80人，占15.7%。

主要畜牧水产品产量：生猪饲养总量4.84万头，当年出栏生猪4.65万头，能繁母猪年末存栏0.63头，菜牛（羊）养殖3000头，家禽饲养总量14.76万羽，当年出栏家禽10.50万羽。完成粮食播种面积3269.8公顷，粮食产量20694吨。

全年财政收入1840.92万元，支出（含上级转移支付）2071.74万元。全乡6个村均已完成10万元以上收入，其中1个村完成50万元以上村集体经济收入。

【农业产业】 调整产业结构。形成蓝莓、油茶、中药材、杨梅、蔬菜、红糖、稻蛙等特色产业格局，新增蓝莓、油茶、粉防种植面积5.33公顷。与上海水产研究所合作，投资2000万元，在锁山村建设33.33公顷稻蛙养殖产业基地。红糖、茄子干、杨梅、板栗等特色农产品，更是成为瑶圩网红产品，销往全国各地。完善农业设施。投入200余万元对全乡农业灌溉沟渠和溢洪道进行清理，着力改善农村生产条件，助力农业优质高效生产。完成10座小(2)型以上水库除险加固续建工程，5座山塘水库除险加固工程。投资60余万元重修河渡溪田畈桥。夯实农业基础。坚决扛稳粮食安全重任，充分发挥农业科学技术平台作用，引进新品种、新技术进行良种培育。严格落实耕地保护制度，严禁违规占用耕地，深入推进农村乱占耕地建房专项整治行动。

【民生事业】 做好冬春救助、困难户、80周岁以上高龄老人、低保户、特困供养人员补贴发放工作，累计发放各类社会保障资金约316万元。全力抓好医保、农保缴费工作，全年医保缴费率100%，位居全区前列，农保收缴任务完成97%，居全区第1。保障低收入群体住房安全，调查核实419户脱贫户、边缘户、低保户、残疾人户、特困供养户等困难群体住房安全情况，发放危房改造资金7.4万元。做好巩固拓展脱贫攻坚成果同乡村振兴有效衔接工作，做好防返贫动态监测和帮扶工作，聚焦“两不愁三保障”及饮水安全，严格落实“四个不摘”工作要求，巩固拓展脱贫攻坚成果。开展树文明新风、道德“红黑榜”评比等活动，巩固移风易俗成果。全力做好疫情防控常态化管理，严格落实“外防输入、内防反弹”疫情防控政策，做好疫苗接种工作，做到“应接尽

2021年，瑶圩油茶（饶方其　摄）

接”，除患有禁忌证的人外，实现全部“清零”，接种率95%。

【综治维稳】 受理治安、盗窃等案件21起，治安案件同比下降56%，社会治安秩序持续向好。持续加强对危险化学品、道路交通、人员密集场所等领域的监管工作，严防违法行为和事故的发生。保障食品安全，积极开展野生毒蘑菇禁食等宣传，联合相关部门对集镇超市、饭店、卫生院、敬老院、中小学等地区食品安全开展专项检查。全力保障校园安全，开展校园周边食品安全常态化检查，加强隐患水域巡查，开展防溺水宣传教育。调处化解各类社会矛盾纠纷94起，畅通来访渠道，接待群众来访32起，答复、办理90起。加强社会治安管理，推动扫黑除恶常态化开展，强化线索摸排，突出重点精准打击，对重点行业加强管理。

【新农村建设】 乡村建设按照“精心规划、精致建设、精细管理、精美呈现”的要求，全面完成2020年7个新农村建设点任务，投资172万元，高质量完成锁山村四组、五组和文溪新庄上组新农村建设点。开展“厕所革命”工程，按照应改尽改的原则，完成农户家庭卫生改厕1383户，建成新型公厕24个。加大农村环境整治工作力度，落实“1+N”长效管护措施和“门前三包”制度，严格落实劲旅公司考核制度和保洁人员管理。

【生态文明建设】 落实“林长制”“河长制”工作制度，投入24万余元用于松材线虫病防治，240万元开展瑶河河道治理工程，走好生态优先绿色发展之路。获评江西省“2018—2020年度森林防灭火工作先进单位”。

【执纪监督新举措】 聚焦监督首责，按照“定位向监督聚焦、责任向监督压实、力量向监督倾斜”要求，做好日常监督。身边的典型案例，对党员干部警示教育触动最直接、感受更深刻。对乡村干部进行约谈提醒15人次，指出问题，批评告诫，责令整改。做好专项监督，对涉农资金发放使用、乡村振兴项目实施等情况进行“靶向”监督。落实“一单一表”（《监督工作提示单》《工作月报表》），出台最新请（休）假和外出报备制度，加强8小时内和8小时外监督。通过定期与不定期、明察与暗访相结合的方式对全乡干部作风建设情况进行常态化督查，设立举报信箱，畅通投诉举报渠道。

【开展“七个一”特色活动】 围绕疫情防控、乡村振兴、产业发展、服务群众等方面，为群众办理84件实事。围绕庆祝中国共产党成立100周年主题，结合“永远跟党走”群众性主题教育，开展“七个一”特色活动，即举办一次干部集中轮训、组织一次外出参观学习、举行一次演讲比赛、组织一次红色教育、举办一次党史知识竞赛、教授一次生动党课、开展一次工作大巡查，激励党员干部坚定信念、履职尽责，开创工作新局面。

（张燕锋）

甘坑生态林场

【概况】 甘坑生态林场位于东乡区东南部，距城区25千米，总面积67平方千米，耕地面积623.04公顷，国有林地面积3466.67公顷，是江西省第二大国有林场，东乡区唯一的国有林场，境内的金峰岭为东乡区海拔最高的山峰，海拔498.8米。全场总人口8848人，户数2390户。党委下设党支部6个，有中共党员220名，下辖3个村委会，1个分场，41个自然村，53个村民小组。境内的金峰岭为全区海拔最高的山峰，海拔498.8米。甘坑瀑布、珍稀古树、飞禽走兽、石锅、石笋、石灶、神仙脚印形成奇特一景。有板栗、杨梅、丝瓜络、猕猴桃、柑橘、九节兰、红糖等地域特产。

【生态林业】 国有林地面积3466.67公顷（流转林地面积2533.33公顷、纳入省级公益林面积646.67公顷），其中，林地3179.2公顷（乔木林地2561.8公顷、竹林93.2公顷、灌木林地136.8公顷、未成林地387.4公顷），金峰岭周围有栓皮栎、檫树树种66.67公顷，商品林面积2459.6公顷，公益林面积784.4公顷，其他林面积222.67公顷，木材产量15.08万立方米。严格落实防火责任，签订场领导包村（组）责任清单、村（组）干部包户责任清单。各村（分场）分别成立扑火队，打造场、村防火器材室，配齐防灭火装备，组织开展扑火队伍培训和练兵活动。开展防火宣传活动8场次，出动执法车宣传60余次，发放防火宣传单2600余册，将全场森林资源划分成4个管护责任区，落实护林员4名，三防信息员4名，村级监管员7名，聘用森林防火鸣锣员24名，随时掌控森林防火工作动态信息，年内未发生一起森林火灾事故。12月，甘坑生态林场完成江西省林业现场会在东乡的3个示范参观点的迎接工作。

【乡村振兴产业发展】 聚焦乡村振兴，增强农业农村新活力。在全场范围内组织各村开展一次大排查行动，按照要求将农户自主申报、残疾人员等七种可能发生易返贫和致贫情况的人员纳入监测范围。低保对象、低保残疾人、特困人员等有关社会救助政策均落实到位。救助对象均经过场村认证，并进行了第三方评估，对符合条件的脱贫户做到应纳尽纳，并健全社会救助家庭经济状况核对机制。坚持以党建引领村集体经济发展壮大，积极推广“党建+”的村集体经济发展模式，按照“支部牵头、合作社引领、产业资金扶持、农户受益”的方式，盘活农村集体资源、资产、资金，发展收益稳定可靠的多种特色种养殖产业助力乡村振兴，完成招商引资10.67公顷薄壳山核桃种植基地，26.67公顷的七天果辰种植、20公顷蓝莓产业种植、25亩大棚蔬菜种植基地。针对耕地抛荒及早稻生产工作，采取场级财政扶持、村级出资、村干部参与村集体的方式，增加村民收入。

【环境建设】 积极创建卫生乡镇清洁村庄，投入50余万元对辖区路域环境拓宽清理整治、村庄环境整治。发动460余人次推进农村环境整治工作，全力做好“五清”及房前屋后“门前三包”收费工作，场、村两级干部进村入户逐一摸排、逐户制定方案，定期召开专题会议进行调度，以挂点销号的形式倒排工期，整改一处、验收一处、销号一处，确保整改任务按质、按量、按期完成。投入16万元开展甘坑分场红旗岗渠道衬砌；为小（1）型、小（2）型水库、河道及农田沟渠进行清淤，清淤路段5千米。

【社会稳定】 每月召开信访联席会，按照“各司其职、各负其责、依法治访、齐抓共管”的原则建立和完善“主要领导负总责，分管领导具体抓，一级抓一级，层层抓落实”的信访工作领导责任制。高度重视初信初访问题处理，加大对具有苗头性、倾向性初信初访问题的研判处置力度，全面掌握信访群众动态，积极引导信访群众采取合法程序和理性方式反映诉求。完成江西信访网络平台、政务服务热线40余件，排查化解矛盾纠纷8余件。

【库区移民】 开展库区移民实物调查，将实物调查结果在涉及村组进行三榜公示；对库区移民安置意愿进行初步调查摸底工作；在区直有关部门主持下进行苗木清点，实物核实，库区内所有房屋及建筑物进行面积核实及编号，对库区田、地进行重新丈量登记，库区迁坟安置点的选址规划。做好移民搬迁房屋征收工作，自11月1日井山水库工程建设移民搬迁房屋征收签约工作正式启动，涉及9个村小组524户，截至年末，累计签约476户，完成签约进度90.9%，其中8个村小组完成整组签约。

【疫情防控】 根据疫情防控要求，对重点地区和重点人群全方位管控排查并将管控责任具体落实到人，实行属地包保原则。场纪委不定期对各村（分场）、卫生院、甘坑完小常态化疫情防控落实情况开展督查。动员广大群众积极参与疫苗接种，努力建立全民防御体系。加大外地返乡人员摸排工作力度，细化划分各阶段人群新冠疫苗接种工作时间，按照属地管理原则，明确各村（分场）联络人员，全力推进疫苗接种工作。接种疫苗6563针次，接种6529人，疫苗接种率98.56%。

【为流动党员寄送党史学习教育“红色包裹”】 6月16日，开展为流动党员寄送“红色包裹”活动，让党史学习教育“活”起来，开展“传承雷锋精神、传唱雷锋歌曲”“‘学党史·祭英烈’祭扫活动”“回顾百年党史传承红色基因——抗美援朝老战士讲红色故事”“党史百人宣讲”等系列活动12次。

统一订购《论中国共产党历史》《中国共产党简史》等4本党史学习教育必读书籍打包邮寄给40余名外出务工、经商创业的流动党员。为流动党员寄送“红色包裹”，不断增强流动党员的凝聚力和向心力，补齐流动党员学习教育短板。“为流动党员寄送‘红色包裹’让党史学习教育‘活’起来”，在中央党史学习教育简报上刊登。

【打造薄壳山核桃种植示范基地】 薄壳山核桃种植示范基地位于甘坑分场邓家组，是东乡区唯一的薄皮核桃集约化生产基地。项目由江西东硕农业发展有限公司建设，2020年3月开始建设，一期已投入800万元。是江西省2021年度中央财政林业科技推广示范项目，项目依托的技术成果为南京林业大学“薄壳山核桃育苗及品种配置关键技术”。薄壳山核桃基地现种植 13.33 公顷，项目引进适宜本土生长的核桃新品种，每亩达到 600 千克核桃丰产的目标。通过项目示范，带动本地核桃产业发展，实现品种改良，在核桃种植、采收等环节，带动周边 50 多位村民就业。

【服务群众】 坚持攻坚克难办实事，服务民生谋发展。完成低保提标工作农低户 147 户 257 人、城市低保 2 户 3 人、发放“五保”（特困）供养金 20 户 20 人、高龄老人补助 80～90 岁 124 人共发放 89200 元、99～100 岁 11 人共发放 15840 元。针对个别家庭因病或突发事故而造成困难的情况，有重点地帮助和扶持困难群众。常态化开展五型政府建设，以“放管服”改革为“刀刃”，提升政府服务效能。便民服务中心设置党员先锋岗，要求工作人员热心、耐心、全心全意做好便民服务工作。实际解决群众多头跑、多次跑的问题。开展“一中心、多窗口、一站式”的便民服务。实行“岗位大练兵”，让工作人员熟悉每个岗位的业务，达到“一人在、全能办”的工作要求。在全场各村打造便民服务代办点，提高干部队伍的业务素质和业务能力，切实顺应人民群众对保障和改善民生的新期待。

（刘　驰　饶思诚）

红光垦殖场

【概况】 红光素有“状元故里，诗佛之乡”之称。地处东乡区东南部，距城区 37 千米，与余江区、金溪县和东乡瑶圩乡相邻。垦殖场始建于 1957 年，现有农户 863 户，总人口 3373 人，下辖 2 个分场、1 个工业区，分别为：新田分场 343 户，人口数 1341 人；王港分场 350 户，人口数 1362 人；工业区分场 170 户，人口数 670 人。共有职工 1778 人，参加社会保障职工 1117 人（其中在职职工 337 人、退休职工 780 人）；总占地面积 1460 公顷，耕地 316.35 公顷，山林面积 695.5 公顷。

【农业产业】 按照“支部牵头、合作社引领、产业资金扶持、农户受益”的方式，发展收益稳定可靠的特色种养殖产业助力乡村振兴，发展 8 公顷稻蛙共养村级集体经济；积极推进蓝莓产业发展，新建蓝莓种植基地 2351 公顷；稳步推进生态农业发展，先后引进社会主体投资建设 20 公顷无公害有机稻田基地、10 公顷金樱子种植基地、30 亩竹荪菌种植基地、25 亩高标准大棚蔬菜基地。

【人居环境】 红光垦殖场始终以“三清四改”为主线，突出抓好“厕所革命”、农村垃圾治理、污水处理和农村面貌提升四项重点，聚焦人居环境抓整治，结合“粪污一体化”工作，解决脏乱差问题 50 余个。每月开展督查考核打分，确保垃圾日产日清，无暴露和积存垃圾就地焚烧现象。全年清除生活垃圾 700 余吨，清理村庄内部乱堆乱放 21 余处。不断改善环境卫生状况，群众生产生活质量有所提升。

【推进农田确权】 在坚持土地公有性质不改变、耕地红线不突破、经营好国有土地资源，农民利益不受损的前提下，场党委场部组织全体班子成员，推进农田确权工作，历时 2 个月，解决红光国有土地流失难题，全场农田均与农户签订租赁合同并收取相应田租。

【蓝莓产业基地】 以产业发展为主抓手，不断壮大村集体经济，在总结种植蓝莓经验的基础上，因地制宜，发挥优势，确定王港分场的 10.73 公顷蓝莓种植基地，积极对接浙江蓝美股份有限公司，加强技术学习，使蓝莓产业在红光落地生根，走出一条集生态农业、采摘观光、产品加工为一体的农业产业化新路子。实现乡村休闲旅游与产业发展的有机融合，依托红光良好的生态资源，创建红光生态农业品牌。蓝莓产业总投资 200 余万元，基地建成后两个分场村集体经济各增加 30 万元收入，带动 100 余名老百姓就业。

【状元故里文化旅游】 红光自然环境优美。美丽的瑶河由境南绕西而过，距国家 AAAAA 级旅游区龙虎山 15 千米，是龙虎山景区的后花园，现有建筑物保存完好。近 700 年的明开国状元吴伯宗状元府和近 300 年的“诗佛”故居状元故里文化旅游项目已列入东乡区“十四五”规划。6 月 6 日举办红光垦殖场首届状元吴伯宗文化交流活动，立足于深厚的文化底蕴、良好的生态环境以及毗邻龙虎山景区的区位优势，以打造“中国状元文化第一村”为目标定位，发展乡村生态文化旅游，对吴伯宗的状元文化、新田吴家的家风家史进行挖掘，对新田吴家乡村旅游基础设施进行打造和提升，努力将状元故里打造成为融家风家训教育、状元文化讲堂、休闲观光、研学拓展、农耕体验于一体的国家AAA级乡村旅游景点，实现与龙虎山景区、金溪古村游的融合与对接。

【举办红光垦殖场首届吴伯宗状元文化交流活动】 6月6日，红光垦殖场结合状元庙会举办首届吴伯宗状元文化交流活动，余江、金溪、东乡的商贩农户会集于此，进行物资交易，热闹非凡。这是一项集纪念先哲、交流文化、旅游观光、体验童真于一体的综合性文化交流活动，活动内容由行状元礼、骑状元马、过状元桥、外嫁女回娘家、状元宝贝开蒙礼、观非物质文化遗产文艺演出、微互动状元文化节、玩传统游戏等组成。纪念状元吴伯宗，让更多的人走进状元故里、了解状元文化、实现状元梦想，成功将"状元文化"这张名片在东乡周边地区推出。

【打造王港分场党支部"三化"建设示范点】 王港分场有农户522户1336人，党员70人。为解决王港分场村级党支部无活动场所的问题，2020年8月通过撤并王港小学教学点整合资金100余万元，在原王港小学基础上进行改扩建，打造王港分场党群活动服务中心。党群活动服务中心占地面积4800余平方米，包括支部大楼、百姓大舞台、篮球场、体育憩步道等。支部大楼占地约300平方米，内设"两委"办公室、党员活动室、新时代文明实践站、便民代办点、扶贫室、退役军人服务站、综治室、农家书屋等。坚持建管用并重，拓宽和延伸服务功能，把村级活动场所建设成为集分场议事、党群活动、便民服务、文体娱乐于一体的党群活动服务中心。注重拓展延伸服务，设立便民服务代办点，实行"定时坐班、当场办结、全程代办"服务模式，分场干部轮流坐班，及时提供服务。丰富群众文化生活，全面开放党员活动室、农家书屋，利用百姓大舞台组织各类文体宣讲活动。2021年成功获评东乡区党建"三化"示范点。

（艾玲芝）

2021年，状元故里、诗佛家乡、千古新田旅游景区（红光垦殖场　供）

红星垦殖场

【概况】 红星垦殖场位于东乡区境内，东邻东乡城区，南靠虎圩乡，西接圩上桥镇，北近邓家乡，距东乡城区8千米。总场机关设5个科室、1个保障所，下辖4个社区、2个分场，户籍人口1.3万人。红星垦殖场土地面积2618.34公顷，耕地面积882.35公顷（水田628.32公顷）。林地面积425.86公顷，森林覆盖率16.26%。红星垦殖场工业总产值53424万元。第一产业增加值6716万元，第二产业增加值11473万元，第三产业增加值1453万元。居民人均可支配收入21432元，增长5%。红星垦殖场人民武装部获评抚州市先进基层人民武装部。

【产业发展】 大棚蔬菜项目持续发展，完成草莓、火龙果、西瓜、西红柿、茄子、辣椒等作物种植33.33公顷，雷竹种植66.67公顷；发展生猪养殖和奶牛养殖业，生猪出栏4.38万头、存栏3.51万头、能繁母猪存栏0.39万头，阳光乳业奶牛养殖1000余头，日产奶量22吨。

【社会事业】 完善基础设施，推动小街小巷道路硬化、雨污分流等设施建设；全面落实林长制、河长制，加大对松材线虫病清除和防治力度，共除治枯死松木353棵，安装诱捕器5个；全面落实禁养区管控任务，关停农场生活区养猪场，9座小（2）型及以上水库已全部签订退养协议，实现水清库明。推进城镇居民脱贫解困，全场191户330名城镇贫困群众全部脱贫；城乡基本医疗保险参保率99.5%，基本养老保险覆盖率99%。改善人居环境，加大环境卫生整治力度，积极推进“厕所革命”，已完成改厕1619户，改厕率94.55%，其中三格式桶739个，四格式桶196个，共计935个，净化槽200个，管网10条，一体机10个，其他均为管网改厕。

【综合治理】 采取“领导接访、包案尽责、层层落实、走访排查”举措，排查各类治安矛盾和信访纠纷60余件，调解率98%以上；积极开展扫黑除恶专项斗争，发放扫黑除恶宣传资料400余份；依法对宗教活动场所合理布局，开展宗教日常巡查，未发现非法宗教活动；防火工作周密部署，抽调6名分场干部为专职防火员，在龙源农场深坑村一带加强巡逻，成立防灭火应急队，队员60名，发放防火宣传单500份，防火通告30余份。

【红色旅游】 红星有着丰厚的人文历史资源。红色旅游正成为新潮流，越来越多的人选择品味红色故事，传承红色文化。作为抚州市红色基因传承基地，为更好地弘扬红色文化，提升旅游服务水平，由场干部兼职组建一支高素质的讲解队伍。接待中小学生研学团队120余批，7500余人次；社会各界访客590余批，14000余人次。

【打造雷竹产业基地】 由江西竹海农业开发有限公司投资1000万元新建的雷竹产业基地项目，位于红星垦殖场南山社区，占地面积53.33公顷，主营雷竹笋种植及精深加工，兼营雷竹种苗培育、竹园休闲观光等，年产雷竹笋1200余吨。项目通过“公司＋合作社＋基地＋农户”的模式，带动周边农户种植雷竹，每年解决季节性用工900余人，户年均增收2万元。

【基层人民武装建设】 重视民兵政治教育工作，组织民兵党员到珀玕乡祝应龙烈士墓开展“学党史、悟党性”活动；充分发挥好民兵在森林防火、抗洪抢险、疫情防控、脱贫攻坚等方面作用，组织基干民兵在龙源社区丁家水库开展“红星垦殖场2021年度防汛抢险救灾应急演练”。两次活动均在东部战区报刊上报发表。超额完成150%征兵任务，做好拥军优属工作。召开“八一”建军节座谈会和新兵座谈会，对所有义务兵、优秀士官（兵）全部走访慰问到位；红星垦殖场民兵王融演讲的《学习王震将军崇高风范、发扬党的优良传统》红色故事经过层层筛选，代表抚州市参加省军区组织的第二届红色故事演讲比赛，取得江西省第10名的好成绩。

【举办“胡子爷爷的故事，我来讲”青少年红色故事演讲比赛】 5月8日，红星垦殖场党委在新时代文明实践大讲堂举办一场极具本地特色的“胡子爷爷的故事，我来讲”青少年红色故事演讲比赛。此次演讲比赛以“王震在红星”为主题，参赛选手将王震将军在红星带领大家改造红壤、研发生产农用粉碎机，反对不切实际的“大跃进”，兴办奶牛乳品厂、机械厂、巧克力厂等故事娓娓道来。通过这次比赛，各位选手及观众进一步理解王震将军带领老一辈开拓者“艰苦奋斗，勇于开拓”的农垦精神，传承红色基因，讲好红星故事。

【庆祝中国共产党成立100周年“七一”表彰大会暨文艺会演】 6月27日，红星垦殖场举行“七一”表彰大会，对优秀共产党员、优秀党务工作者、先进基层党组织进行表彰。红星垦殖场党政班子、党龄50年以上的老党员代表、受表彰的先进单位和先进个人、各基层党组织书记、新发展党员、入党积极分子、党员代表共计200余人参加。红星垦殖场31名优秀共产党员、10名优秀党务工作者和3个先进基层党组织受到表彰。之后，红星垦殖场机关党支部、离退休党员党支部、红星中学和红星小学选送的节目依次精彩上演。一曲曲舞蹈、一首首赞歌，吸引着现场观众重温党的百年奋斗历程，追忆党的峥嵘岁月。

（魏潇平）

组织机构负责人

【区委】

区委书记：曾　春（任至8月）
　　　　　彭敏群（8月任）

区委副书记、区长：
　彭敏群（任至8月）
　李建泉（8月任代区长，10月任区长）

区委副书记：
　李群彪（任至8月）
　郑　军（8月任）

区委常委、常务副区长：
　颜　萍（任至8月）
　周小剑（10月任）

区委常委、统战部部长：
　吴忠鸿（任至8月）
　卢碧兰（8月任）

区委常委、政法委书记：
　王繁凡（任至8月）
　李建平（8月任）

区委常委、区纪委书记、区监委主任：郑　军（任至8月）
　　　黄初江（8月任）

区委常委、宣传部部长：
　李建平（任至8月）
　饶大义（8月任）

区委常委、组织部部长：
　周小剑（任至8月）
　李星华（8月任）

区委常委、人武部政委：
　吴红杰

区委常委：黄新河（8月任）

【区人大常委会】

主　任：雷东水（任至10月）
　　　　高晓英（10月任）

副主任：黄炳辉
　　　　吴维权
　　　　张志辉
　　　　熊耀辉
　　　　饶爱良
　　　　李云书（10月任）
　　　　陈　艳（任至10月）

【区人民政府】

区　长：彭敏群（任至8月）
　　　　李建泉（8月任代区长，10月任区长）

区委常委、常务副区长：
　颜　萍（任至8月）
　周小剑（10月任）

副区长：黄新河（10月任）
　　　　赵坚铭（10月任）
　　　　邱树华（10月任）
　　　　黄思明
　　　　周志瑜（10月任）
　　　　黄　明（10月任）
　　　　付志军（任至10月）
　　　　蔡　钦（任至10月）
　　　　祝毅思（任至5月）
　　　　王春斐（任至10月）

【政协东乡区委员会】

主　席：杨卫国（任至10月）
　　　　吴忠鸿（10月任）

副主席：乐开华（10月任）
　　　　李彩梅
　　　　艾明华
　　　　乐　华（10月任）
　　　　曾　玲（10月任）
　　　　李　威（10月任）
　　　　宗理辉（任至3月）
　　　　饶迎风（任至10月）
　　　　邱树华（任至10月）

秘书长：李良印（任至10月）
　　　　李世锋（10月任）

【区委办公室】

主　任：胡　韬（任至12月）
　　　　陈秋荣（12月任）

副主任：焦民剑（任至8月）
　　　　张　伟
　　　　涂坚强（12月任）
　　　　曾金招（兼任，任至11月）
　　　　乐晓琴（兼任，任至11月）

区委保密委专职副主任：
　万志群（正科级，12月任）

正科级督查专员：郗丽娟

保密机要技术服务中心主任：
　李泽有（11月任）

【区委政策研究室】

主　任：陈秋荣（任至12月）
　　　　邹伏明（12月任）

副主任：徐　勇
　　　　李志祥（任至7月）

【区委组织部】
部　长：周小剑（任至8月）
　　　　李星华（8月任）
常务副部长：周　游（任至12月）
　　　　　　邹永辉（12月任）
副部长：邹永辉（任至12月）
　　　　陈永仁
　　　　吴象其（12月任）

【区委人才发展服务中心】
主　任：王裕宽（11月任）
副主任：王　倩（11月任）
　　　　熊　珊（11月任）

【区老干部服务中心（关心下一代工作事务中心）】
关工委办公室主任：
　徐　伟（11月任）

【区委机构编制委员会办公室】
主　任：陈光明
副主任：梅　毅
机构编制实名制中心主任：
　胡　云（11月任）

【区委宣传部】
部　长：李建平（任至8月）
　　　　饶大义（8月任）
常务副部长：李春霞
副部长：胡　泊（正科级）
副部长、社联主席：吴宇
新时代文明实践志愿服务中心
　主任：李　青

【区委网络安全和信息化中心】
主　任：何江华（11月任）
副主任：徐　静（11月任）
　　　　梁华勇（11月任）

【区委统战部】
部　长：吴忠鸿（任至8月）
　　　　卢碧兰（8月任）
常务副部长：周全武
副部长：陈　峥（4月任）
归国华侨联合会主席：
　乐志华（12月任）

【区委信访局】
局　长：吴恒助
正科级督查专员：艾文红
副局长：乐小锋（正科级）
群众来访接待中心主任：乐　毅

【区委党史和地方志研究室（档案馆）】
主　任：乐晓琴（11月任）
副主任：乐藕梅（11月任）
　　　　付施蓓（11月任）

【原东乡区委党史办公室（地方志办公室）】
主　任：陈思东（任至11月）
副主任：付施蓓（任至11月）

【原东乡区档案馆】
馆　长：乐晓琴（任至11月）
副馆长：吴　菁（任至11月）
　　　　乐藕梅（任至11月）

【区委党校（区行政学校）】
党校校长：李星华（8月任）
常务副校长：上官东辉
副校长：闻慧卿
　　　　刘　霏
　　　　王武平（11月任）
教育长：余卫卫（11月任）

【区人大常委会工作机构】
办公室主任：张冬华
副主任：方学圆（任至8月）
预算审查工委主任：徐翠梅
副主任：范　媛
科教文卫工委主任：王拥军
副主任：乐　炎（2月任）
选任联工委主任：
　乐　辉（10月任）
副主任：吴广萍
备案审查工委主任：陈志武
副主任：严爱平（2月任）
监察和司法工委主任：
　高　洁（2月任）
农环工委主任：陈耀平（10月任）
副主任：乐慧珍

【区政府办公室】
主　任：朱建忠（任至11月）
　　　　章少海（11月起负责工作）
副主任：吴恒助（兼）
　　　　马长琴

【区机关事务管理中心】
党组书记：曾金招（11月任）
主　任：欧阳满（11月任）
党组成员、副主任：
　艾耀华（11月任）
副主任：杨　扬（11月任）
党组成员、副主任：
　宗　思（11月任）

【原区接待办公室】
主　任：曾金招（任至11月）

【原区机关事务管理局】
负责人：曾金招（任至11月）
副局长：艾耀华（任至11月）
　　　　宗　思（任至11月）
　　　　倪　芦（任至11月）

【区人力资源和社会保障局】
局　长：危　勇
副局长：彭维高
　　　　段　鑫
原社会保险事务管理局局长：
　邱志伟（任至10月）
原区农村社会养老保险管理局局长：祝爱华（任至11月）
原区公共就业人才服务局局长：
　乐毛毛（任至11月）

【区社会保险服务中心】
主　任：陈兴高（11月任）

【区就业创业服务中心】
局　长：乐毛毛（任至11月）

主　　任：吴　震（11月任）
支部书记：李　娟（任至11月）

【区行政审批局】
局　长：邓　瑛（任至12月）
　　　　马奇峰（11月起负责工作）
副局长：黄志波　张　雄
政务服务中心主任：
　陈晓玲（11月任）

【抚州市公共资源交易中心东乡分中心】
副主任：黄小明

【政协东乡区委员会办公室】
主　任：李世锋（任至10月）
　　　　张　平（12月任）
经济和农业农村委员会主任：
　刘志玲（3月任）
副主任：徐志荣（3月任）
教科文卫体和学习委员会主任：
　周　景（任至1月）
　汪　蓉（3月任）
副主任：邓快荣（3月任）
人口资源环境委员会主任：
　文卫青
副主任：汪　蓉（任至1月）
　　　　何建平（3月任）
社会法制港澳台侨民族宗教委员会主任：黄光华（任至1月）
　　　　马荣标（3月任）
副主任：王　俊
提案委员会主任：徐唐林
副主任：马胜华（3月任）

【区纪律检查委员会　区监察委员会】
区委常委、区纪委书记、区监委主任：郑　军（任至8月）
　　　　黄初江（8月任）
区纪委副书记、区监委副主任：
　何梦婕
　艾小文
　王　圣
　胡志刚（8月任）
区纪委常委、区委巡察办主任：
　陈志高（8月任）
区纪委常委、区监委委员：
　舒利光
　周胜华
区纪委常委：陈燕娥
　　　　吴志伟（任至8月）
　　　　杨　明（8月任）
区监委委员：乐云根（任至12月）

【区委巡察工作办公室】
巡察办主任：陈志高
巡察办副主任：雷向廷
巡察组组长：汤志华
　　　　杨蓉玉
　　　　程燕萍（任至12月）
　　　　吴志伟（12月任）
巡察专员：周胜兰
　　　　张文峰
　　　　张金生
巡察组副组长：许俊林
　　　　周　斌
　　　　胡国民

【区总工会】
主　席：黄炳辉（区人大常委会副主任兼）
常务副主席：周伟娜
副主席：邹文辉
　　　　胡丽芳（2月任）

【区工商业联合会】
主　　席：李彩梅
党组书记：陈　峥（5月任）
副 主 席：陈晓东　郄丽明

【共青团东乡区委员会】
书　记：胡　鹏（任至7月）
　　　　饶文锋（11月任）
副书记：周夏文峰

【区妇女联合会】
主　席：熊晓春（任至12月）
　　　　程燕萍（12月任）
副主席：梁晓聪

【区文学艺术联合会】
主　席：刘辉华
副主席：吴雯婷（2月任）

【区哲学社会科学学会联合会】
宣传部副部长、社联主席：吴　宇
副主席：韩国涛（任至12月）
　　　　华　欣（12月任）

【区科学技术协会】
党组书记、主席：李国荣
副主席：陈　静

【区残疾人联合会】
理事长：刘　俊（12月任）
　　　　黄国昌（任至11月）
副理事长：邹小玲

【区红十字会】
会　长：黄思明（兼）
常务副会长：曾　玲（任至10月）
党组书记：马新荣（12月任）
副会长：张蓓蓓
副监事长：周　明

【区人民武装部】
部　长：姜庆峰
政　委：吴红杰

【区消防救援大队】
大队长：刘　强
教导员：殷兵华

【区人防保障服务中心（民防局）】
主任（局长）：上官再行
副主任（副局长）：周志遥
　　　　何发友

【区委政法委】
书　记：王繁凡（任至8月）
　　　　李建平（8月任）
副书记：张云标（任至11月）
　　　　熊强发
　　　　程细文
执法监督室主任：陈小平

扫黑办主任：魏旗海
综治督导室主任：乐慧倩
政工室主任：陈风英
维稳指导室主任：徐小星
办公室主任：张华生

【区公安局】
局　长：蔡　钦（任至9月）
　　　　赵坚铭（10月任）
政　委：帅　迎
副局长：余章超　李辉华
副政委：吴文华
　　　　元　辉
　　　　万有才

【区人民检察院】
党组书记、检察长：
　杨露萍（任至9月）
　揭　玫（9月任）
党组成员、副检察长：
　于接忠
　刘志荣
　胡立新（任至11月）
检委会专职委员：胡敏绮
　　　　　　　　李　波
政治部主任：李云生（任至11月）

【区人民法院】
党组书记、院长：李好生
党组副书记、副院长：艾凌波
副院长：吴维群
党组成员、副院长：王剑锋
审判委员会专职委员：黄　勇
党组成员、审判委员会专职委员：
　何任国
党组成员、执行局局长：艾洪仁
党组成员、政治部主任：吴　涛

【区司法局】
局　长：黄文辉
副局长：李剑波
　　　　乐建霖（任至12月）
　　　　陈　林

党组成员：闵星群
　　　　　李后泉
党组成员、政治部主任：汪　诚

【区公安局交警大队】
大队长：杨文云
教导员：李德泉
副大队长：张志辉　李成荣
副教导员：蔡高铭　徐　凌

【区公安局森林分局】
局　长：张智涛
政　委：李　敏
副局长：汤如平　陈　海
政工督查室主任：汪　丹
刑事侦查大队大队长：黄义盛
治安巡逻大队教导员：
　黄清香（任至12月）

【区应急管理局】
党委书记、局长：王志斌
党委副书记、副局长：雷雨虹
党委委员、副局长：陈德兴
党委委员：吴剑光（12月任）

【区农业农村局】
党组书记、局长、综合行政执法大队大队长：杨露露
党组成员、副局长：吴　斌
　　　　　　　　　王志高
　　　　　　　　　詹太标
　　　　　　　　　万会池
农业综合行政执法大队副大队长：饶忠平（11月任）

【区农业农村产业发展服务中心】
主　任：徐新华（11月任）
副主任：于义明（11月任）
　　　　乐　强（11月任）
　　　　黄春芳（11月任）
　　　　叶小明（11月任）

【原区畜牧水产局】
局　长：揭玉芳（任至11月）
副局长：于义明（任至11月）
　　　　乐　强（任至11月）
　　　　黄春芳（任至11月）

【原区农业机械化管理局】
局　长：徐新华（任至11月）
副局长：叶小明（任至11月）

【区现代农业示范园区管委会】
主　任：江义明
副主任：熊斌友
　　　　赵中华

【区乡村振兴局（原区扶贫办公室）】
党组书记、局　长：邓俊辉
党组成员、副局长：陈建辉
　　　　　　　　　刘志云
　　　　　　　　　宗亮亮
党组成员：乐武星（12月任）

【区林业局】
局　长：王小祥
副局长：饶树华　马国沐
党组成员：王望来
区林业资源保护中心主任：
　徐　谦（11月任）

【区水利局】
局　长：何志伟
副局长：何　峥　李国民
党组成员：高建阳（12月任）
河长办专职副主任：邓　峰

【区廖坊灌区和水库管护中心（原区廖坊灌区管理局）】
主　任：丁清华
副主任：何志坚　李小泉
　　　　黄国华　郑华兵
　　　　乐文波
　　　　徐员亮

【区工信局】
局　长：李官祥
副局长：胡海建
　　　　程友来
　　　　曾建平

【东同矿业】
党委书记、总经理：李朝晖
党委副书记、纪委书记、工会主席：李跃新（任至7月）
副总经理：傅新民
总会计师：俞忠志

【区大数据中心】
主　任：艾海清（11月任）
副主任：李斌旺（11月任）
　　　　卜忆人（11月任）

【原区信息中心】
主任：李斌旺（任至11月）

【供电公司】
经理、党委副书记：朱　凯
党委书记、副经理：李　曜
副经理：宁　涛
　　　　罗雪良
　　　　黄春彬
　　　　冯宝刚
纪委书记：许志勇

【邮政公司】
总经理：李　涛
副总经理：陈　勇　李宇珊
　　　　　吴东俊

【电信公司】
总经理：赵峻峰（11月任）
副总经理：吴　伟
总经理助理：李子健　黄凤龙

【移动公司】
总经理：何小明
总经理助理：江琼希

【区联通公司】
总经理：郭泳勇

【铁塔办事处】
主任：王俊戎

【区经开区】
党工委书记：黄新河（任至8月）
　　　　　　徐　越（8月任）
党工委副书记、管委会主任：
　徐　越（任至8月）
　徐武平（8月任）
党工委副书记：邓树华
党工委委员、管委会副主任：
　艾贵荣
　邓小峰
党工委委员、纪检监察工委书记：邹伏明
党工委委员、武装部长：王员良
管委会副主任：
　邱翠青
　刘　理（挂职，任至10月）
工会主席：乐忠萍（任至12月）
二级主任科员、社会事务局局长：
　喻　涛
党工委委员、国土环保局局长：
　李志华

【工创投】
党委书记、董事长：刘振球
党委副书记、总经理：乐响平
党委委员、纪委书记：陈金明
党委委员、副总经理：熊　彬
　　　　　　　　　　胡飞华
　　　　　　　　　　曹　扬

【区交通运输局】
局党组书记：胡　明（12月任）
局　长：冯志刚（任至12月）
　　　　乐必胜（12月任）
副局长：梁荣华（任至11月）
　　　　邓旭明
　　　　赵师辉（12月任）

【抚州市公路事业发展中心东乡分中心】
局　长：陈　宇
书　记：杨仁泉
副局长：黎满龙

【区火车站】
站　长：揭超华
书　记：张辉平
副站长：陈三良

【高铁抚州东站】
站　长：章利春
副站长：唐国东

【区商务局】
党组书记、局长：乐大干
党组成员、副局长：
　李来清（任至12月）
　徐小旺
　刘　侠（12月任）
原招商局副局长：
　陈华璋（任至11月）

【区供销社】
主　任：董　斌（任至11月）
　　　　马永山（12月任）
副主任：杨明盛
　　　　沈　娟（12月任）

【中储粮抚州直属库有限公司东乡分公司】
经　理：黄明祥
副经理：徐胜良　李祥国

【区烟草专卖局】
局　长（经理）：黄国华
副局长：于　斌
副经理：黄　瑛

【中石化东乡石油分公司】
经　理：赵宝剑（任至6月）
　　　　李　勇（6月任）
书　记：鄢武辉
副经理：付长飞（任至10月）
经理助理：宋沐婷（4月任）

【区财政局】
局长：乐　华（任至11月）
　　　朱建忠（11月任）
总会计师：徐胜华

副局长：嵇　晨
　　　　张　剑
乡镇财政服务中心主任：丁建明
非税收入管理局局长：乐小芳
财政监督检查局局长：艾江川
财政公共服务中心主任：徐开平
发展与改革办公室主任：乐田和

【区税务局】
党委书记、局长：高　斌
党委委员、副局长：李武华
　　　　　　　　　罗凤伪
　　　　　　　　　黄晓波
　　　　　　　　　吴爱华
　　　　　　　　　乐兴中
　　　　　　　　　黄春琪
　　　　　　　　　鄢建员

【区金融工作服务中心】
党组书记：邱志伟（11 月任）
党组成员：李瑜华（11 月任）
　　　　　张　瑶（11 月任）
　　　　　周卫林（11 月任）

【人民银行东乡支行】
行　长：黄爱萍（女）
副行长：饶建华　杨清华
　　　　冯志鹏
纪检组长：马国笋

【工商银行东乡支行】
行　长：赵希泉
副行长：江　涛
行长助理：陈　艳
纪检员：黄稚倩（10 月任）

【农业银行东乡支行】
行　长：姚年光
副行长：梅　勇（任至 5 月）
　　　　黄　怡（5 月任）
行长助理：乐勇斌
纪委书记：章竹庆

【农业发展银行东乡支行】
支部书记、行长：朱　平
支委、副行长：乐颖峰　曾　斌
支　委、风险合规专员：袁志娟

【中国银行东乡支行】
行　长：封志勇
副行长：赵长国
　　　　刘　助

【建设银行东乡支行】
行　长：杨　康
副行长：徐海清　李胜娇
　　　　乐益玲（挂职）

【东乡农村商业银行】
党委书记、董事长：邹长华
行长：余君明
纪委书记、监事长：李伟林
副行长：艾　音
　　　　蔡　斌

【邮政储蓄银行东乡支行】
行　长：雷　云
副行长：王紫娟（女）
　　　　朱　伟
　　　　孔晓龙

【江西银行东乡支行】
行　长：饶亚勤
副行长：彭　思

【九江银行东乡支行】
行　长：黎瑛娜
行长助理：徐亚兰

【上饶银行东乡支行】
行　长：邹志强
行长助理：沈宇升

【人寿保险东乡分公司】
经　理：徐光辉
副经理：吴　伟

【人保财险东乡分公司】
经　理：谭建勇
副经理：王晓红
经理助理：陈乃芳（任至 9 月）
　　　　　李　桥（4 月任）

【人保寿险东乡分公司】
经　理：汪晓雨
副经理：张　敏

【公积金管理中心东乡区办事处】
主　任：范秀平
大厅主管：乐志慧

【区发展改革委】
主　任：郑　琪（任至 12 月）
　　　　冯志刚（12 月任）
鄱湖办主任：欧阳满（任至 11 月）
党组成员、副主任：乐　姝
　　　　　　　　　刘腾云
　　　　　　　　　杨桂祥
副主任：何光梅
鄱湖办副主任：
　雷丽萍（任至 11 月）
　徐寿文（任至 12 月）

【区自然资源局】
党组书记、局长：胡少卿
党组成员：李小根
　　　　　陈小斌
　　　　　乐世民
　　　　　俞　涛
党组成员、副局长：熊　光
副局长：李昆奇

【区市场监督管理局】
局　长：周克卫（任至 11 月）
　　　　黄胜辉（11 月任）
副局长：徐　坚（任至 1 月）
　　　　艾小华（任至 1 月）
　　　　于接华（任至 1 月）
　　　　黄忠清
　　　　邓晓丽（任至 12 月）
党组成员：饶国平（12 月任）
党组成员、分局局长：
　李高明　缪志明（1 月任）
　张正贤（1 月任）
　陈　嵘（1 月任）

【区统计局】
局　长：乐才华
副局长：王道光　陈满波

【国家统计局东乡调查队】
队　长：梁少云
副队长：黄曹荣
纪检员：乐　帆

【区审计局】
局　长：韩志鹏
副局长：乐必胜（任至12月）
　　　　黄洪辉（12月任）
　　　　曾　琳
总审计师：徐思思

【区住房和城乡建设局】
局　长：徐小平
副局长：饶辉荣　陈功发
党组成员、总工程师：詹广平
区城镇发展服务中心主任：
　　鲁小明（11月任）

【区住房保障服务中心（原区房产管理局）】
党组书记：揭玉芳（11月任）
主　任：王路琳
副主任：陈　国
　　　　顾　江
　　　　乐凯华
　　　　黄　云
　　　　孙玉芳

【区重点工程服务中心（原区重点工程管理办公室）】
主　任：张　剑
副主任：陈华璋（11月任）
　　　　董圣忠
党组成员、副主任：
　王　瑜（11月任）
副主任：陈　峥（任至4月）

【区城市管理局】
局　长：徐武平（任至11月）
　　　　胡志和（11月任）
副局长：胡　琤
　　　　周英赣
　　　　黎　勇
党组成员：郑梅林

【区园林绿化中心（原区园林绿化管理局）】
主任：邱长林
支部书记：
　周耀华（副科级，11月任）

【区城投集团】
党委书记、董事长：陈志忠（1月任）
党委副书记、总经理：
　杨　磊（1月任）
党委委员、副总经理：
　曾熙平（1月任）
党委委员、纪委书记：
　吴志平（1月任）
副总经理：杨志和（1月任）
党委委员、副总经理：
　乐田和（1月任）
党委委员、财务总监：
　吴永亮（1月任）
党委委员、总工程师：
　乐智明（1月任）

【区生态环境局】
局　长：黄国培
副局长：李小强
　　　　李国平

【区气象局】
局　长：吴　刚
副局长：黄丽玲

【区教体局】
局　　长：黄光明
党委书记：王飞华
副 局 长：李细荣
　　　　　张　勇
　　　　　杨志武
　　　　　于凤池
　　　　　陈丽琴
工会主席：李建华

【教育发展研究中心】
主　任：罗　鹤（11月任）

【原区教师进修学校】
校　长：罗　鹤（任至11月）
副校长：黎冬兰（任至11月）
　　　　张志斌（任至11月）

【东乡高级技工学校（东乡机电中等专业学校）】
党委书记、校长：付志军（12月任）
职教中心主任：李伯平
职教中心副主任：郑丹平
　　　　　　　　王　海
　　　　　　　　郭建廉
　　　　　　　　黄平中
工会主席：雷敏（任至3月）

【一中】
党总支书记、校长：
　上官必忠（2月任）
副校长：李胜生　徐胜保
　　　　胡素珍（任至11月）

【二中】
党总支书记、校长：
　上官必忠（任至2月）
　李小明（2月任）
党总支委员、副校长：吴礼华
　　　　　　　　　　章武春
　　　　　　　　　　徐志新

【三中】
校　长：余　勇
党总支书记：饶运煌
副校长：李淑琴　陈志能
　　　　王朝阳　薛　思（11月任）

【实验中学】
党总支书记、校长：陈文辉
副校长：李　耿
　　　　曾熙麟
　　　　李　艳
　　　　李国兵

【四中】
校　长：李晓明（任至2月）
　　　洪　媛（2月任）
副校长：曹腾水　乐强新
　　　杨县群
工会主席：杨昌海

【五中】
校　长：梅锋科

【红星中学】
校　长：徐向荣

【区文广新旅局】
党组书记、局　长：何丽莉
党组成员、副局长：杨晓斌
　　　周丽琴
　　　缪　彦
文化市场综合执法大队副大队长：
　万莉娟（11月任）

【舒同书法院（博物馆）】
院（馆）长：陈凤鸣

【全域旅游发展中心（原区佛岭国际公园管理局）】
主　任：饶运文
副主任：陈胜辉
　　　卜賛子

【区融媒体中心（区广播电视台）】
主　任：殷伟柱
总编辑：万　芸（11月任）
副主任：冯　林（11月任）
　　　王路琳（任至11月）
　　　乐意琴（11月任）

【中国广电江西网络有限公司东乡区分公司】
总经理：罗云龙

【区新华书店】
党支部书记兼经理：陈　刚

【区科技局】
局　长：胡国新（任至11月）
　　　王建华（12月任）
副局长：周新华
　　　徐志刚

【区卫生健康委员会】
党组书记、主任：陈爱龙（1月任）
党组副书记、副主任：周志迁
党组成员、副主任：黄晓辉
　　　李建标
　　　邹发明
　　　罗长平
　　　叶建群
　　　李国祥（任至11月）

【区医疗保障局】
党组书记、局长：熊胜旺
党组成员、副局长：
　徐忠堂（任至5月）
　谢　波

【区人民医院】
党委书记：吴志群（任至11月）
　　　李兴辉（12月任）
院　长：李宇平
纪委书记：徐从容
副 院 长：陈　飞
　　　陈军华
　　　朱　瑜
　　　王琴凤（任至12月）
　　　夏新平（任至7月）

【区中医院】
党总支书记：李兴辉（任至12月）
　　　林　海（12月任）
院　长：林　海（任至12月）
　　　王琴凤（12月任）
副院长：陈小平（任至11月）
　　　周和平
　　　陈　超

【区第二医院】
党支部书记：徐寿文（12月任）
院　长：王立平（12月任）

【区妇幼保健计划生育服务中心】
院长：吴金茂

【区疾病预防控制中心】
主　任：陈飞宇（任至11月）
　　　乐世豪（11月任）

【区卫生健康综合监督执法大队】
大队长：张　俊

【区民政局】
局　长：胡志珍
副局长：于轶霄
　　　徐阿玲

【区退役军人事务局】
党组书记、局长：宗剑明
党组成员、副局长：何兴国
　　　梁银球
退役军人事务服务中心主任：
　孟　康

【区润泉供水公司】
执行董事、总经理：李向荣
常务副总经理：范志芳

【金峰街道办事处】
党工委书记：饶信兵
党工委副书记、办事处主任：
　刘　俊（任至11月）
　陈六毛（11月任）
人大工委主任：朱武军

【孝岗镇】
党委书记：李云书（任至7月）
　　　陈小华（7月任）
党委副书记、镇长：
　黎轶薮（任至7月）
　饶国强（7月为镇长候选人，9月任）
人大主席：官志贤（7月为候选人，9月任）

【小璜镇】
党委书记：艾胜群（任至7月）
副区长、党委书记：黄　明（7月任）

党委副书记、镇长：李官鑫
人大主席：李晓成

【杨桥殿镇】
党委书记：黄胜辉（任至7月）
　　　　　祝园国（7月任）
党委副书记、镇长：
　饶国强（任至7月）
　王华平（7月为候选人，9月任）
人大主席：饶国平（任至7月）
　　　　　周光辉（7月为候选人，9月任）

【圩上桥镇】
党委书记：王胜平
党委副书记、镇长：周　长
人大主席：高建阳（任至7月）
　　　　　程彩虹（7月为候选人，9月任）

【詹圩镇】
镇党委书记：胡　明（任至7月）
　　　　　　张志升（7月任）
镇党委副书记、镇长：
　王建华（任至7月）
　梁　鹏（7月为候选人，9月任）
镇人大主席：
　乐武星（任至7月）
　饶虎飞（7月为候选人，9月任）

【马圩镇】
党委书记：胡志和（任至7月）
　　　　　何小建（7月任）
党委副书记、镇长：
　何小建（任至7月）
　饶志坚（7月任）
人大主席：饶军锋

【黎圩镇】
党委书记：陈淑萍
党委副书记、镇长：
　徐　华（任至7月，2022年5月因严重违纪违法被开除党籍和公职，7月4日因行贿受贿罪被判处有期徒刑一年八个月。）
　吴泽云（7月任）
人大主席：饶虎飞（任至7月）
　　　　　邓　鹏（7月为候选人，9月任）

【王桥镇】
镇党委书记：王丽丽
党委副书记、镇长：黄煜博
镇人大主席：
　严爱平（任至1月）
　吴剑光（任至7月）
　罗建亮（7月为候选人，9月任）

【珀玕乡】
党委书记：于志云（任至7月）
　　　　　胡　鹏（7月任）
党委副书记、乡长：
　方励昌（2月任）
人大主席：邓快荣（任至1月）
　　　　　陈国华（7月任）

【邓家乡】
党委书记：饶丽娟
党委副书记、乡长：
　张志升（任至7月）
　李志祥（7月任）

人大主席：马胜华（任至2月）
　　　　　桂志斌（2月任）

【虎圩乡】
党委书记：杨建华
党委副书记、乡长：伍贻斌
人大主席：乐爱平

【瑶圩乡】
党委书记：饶伟波
乡　长：乐　愈
人大主席：陈国华（任至7月）
　　　　　于国帅（7月任）

【甘坑生态林场】
党委书记：马奇峰（任至11月）
　　　　　饶金高（11月任）
党委副书记、场长：
　饶金高（任至11月）
　周飞波（11月任）

【红光垦殖场】
党委书记：祝园国（任至7月）
　　　　　刘国平（11月任）
党委副书记、场长：
　章少海（任至11月）
　揭　克（11月任）

【红星垦殖场】
党委书记：陈小华（任至7月）
　　　　　黎轶薮（11月任）
党委副书记、场长：
　刘国平（任至11月）

机构改革

综 述

2021年，东乡区深入学习习近平总书记关于深化党和国家机构改革的重要论述，准确把握省委、省政府批准的《抚州市东乡区机构改革方案》要求，以调整优化区委、区政府机构和职能，统筹推进其他各项改革为目标开展事业单位改革。改革后，区级机构减少76个，精简比例为48.72%。其中，科级机构精简29个，精简比例为42.65%；股级机构精简47个，精简比例为53.41%。

【中共抚州市东乡区委机构编制委员会】 组建区机构编制实名制中心，为区委编办所属的副科级公益一类事业单位，核定全额拨款事业编制6个。领导职数：主任1名（副科级）。主要承担全区机构编制实名制管理系统建设、运行、维护及机构编制统计有关具体工作；承担乡镇（街道）、区直机关事业单位进人核编、人员进出上下编具体工作；承担乡镇（街道）、区直机关事业单位中文域名注册、网站开办审核、资格复核和网站标识管理等有关具体工作。股级职数1名：副主任1名。撤销事业单位区事业单位登记管理局。

【中共东乡区委宣传部】 设立区委网络安全和信息化中心，为区委宣传部所属的正科级公益一类事业单位。主要承担网上舆情监测、协调网上重大舆情事件处置、网络应急指挥服务保障、协调全区各部门和重点行业网络安全保障、协调处理网络安全重大突发事件与有关应急工作、网络新技术新应用安全评估服务、信息化发展服务、协调落实互联网数据管理有关政策和互联网信息传播技术标准、互联网信息研究和服务等职责。核定内设机构3个：网络应急股、网络安全协调股、信息化发展股。核定全额拨款事业编制12个。领导职数：主任1名（正科级）、副主任2名（副科级）。股级职数3名。重新核定区新时代文明实践志愿服务中心全额拨款事业编制7个。领导职数：主任1名（副科级）。股级职数2名：副主任2名。其他机构编制事项不变。

【东乡区政府办公室】 组建区大数据中心。整合区信息中心等单位及相关职能，组建区大数据中心，为区政府直属的正科级公益一类事业单位，归口区政府办公室管理。主要承担跨部门信息化应用系统建设、全区电子政务应用协同融合、区“城市大脑”项目运维和管理、区本级政务领域大数据基础设施和安全体系建设、区人民政府门户网站的运维和管理等相关职责。核定内设机构4个：综合股、城市大脑指挥调度股、网络管理股、政务公开办公室。核定全额拨款事业编制14个。领导职数：主任1名（正科级）、副主任2名（副科级）。股级职数4名。不再保留区信息中心。组建区金融工作服务中心，为区政府直属的正科级公益一类事业单位，归口区政府办公室（区金融工作办公室）管理。主要承担银企对接、协调有关部门防范化解地方金融风险、其他具有金融属性的地方金融组织的服务等相关职责。核定内设机构4个：综合股、资本市场股、银行保险股、地方金融组织服务股。

核定全额拨款事业编制16个。领导职数：主任1名（正科级）、副主任3名（副科级）。股级职数4名。撤销事业单位区金融工作办公室，区应急管理办公室、区无线电管理所。

【东乡区商务局】 组建区招商引资中心。在区招商局基础上，整合区对外联络办公室，组建区招商引资中心，为区商务局所属的副科级公益一类事业单位。主要承担负责全区投资项目的对外接待服务跟踪相关事宜、负责招商规划及政策起草制定、招商业务管理及拓展等职责。核定内设机构3个：国内投资促进股、国外投资促进股、企业服务股。核定全额拨款事业编制19个。领导职数：主任1名（副科级）。股级职数5名：副主任2名、内设机构职数3名。不再保留区招商局。组建区电子商务服务中心。整合区对外联络办公室（区电子商务管理办公室）的电子商务服务相关职能，组建区电子商务服务中心，为区商务局所属的股级公益一类事业单位。主要承担负责拟定全区电子商务的发展规划、服务全区电子商务行业、负责全区电子商务工作的监测推动和推广交流工作等职责。核定全额拨款事业编制9个。股级职数1名：主任1名。不再保留区对外联络办公室（区电子商务管理办公室）。

【东乡区文广新旅局】 组建区全域旅游发展中心。整合区佛岭国际公园管理局，组建区全域旅游发展中心，为区文广新旅局所属的副科级公益一类事业单位。主要承担指导全区各景区（景点）建设，统筹全区旅游景区（景点）管理；协调全区旅游商品项目开发，组织实施全区旅游人才规划等职责。核定内设机构3个：办公室、资源开发股、产业发展股。核定全额拨款事业编制13个。领导职数：主任1名（副科级）。股级职数5名：副主任2名、内设机构职数3名。不再保留区佛岭国际公园管理局。保留区舒同书法院，机构规格由副科级调整为股级，为区文广新旅局所属的公益一类事业单位。核定股级职数1名：院长1名。其他机构编制事项保持不变。保留区图书馆，机构规格由副科级调整为股级，为区文广新旅局所属的公益一类事业单位。核定股级职数1名：馆长1名。其他机构编制事项保持不变。保留区文化馆，机构规格由副科级调整为股级，为区文广新旅局所属的公益一类事业单位，加挂区非物质文化遗产保护中心牌子。主要承担艺术研究、创作、交流、培训、宣传和普及，艺术档案管理，数字文化信息服务，挖掘、保护、传承各类非物质的文化遗产和民间文化艺术等职责。重新核定全额拨款事业编制12个。股级职数1名：馆长1名。保留区文化市场综合执法大队，机构编制事项不变。撤销区旅游发展委员会，其承担的公益服务职能并入区全域旅游发展中心。

【东乡区卫生健康委员会】 区卫生计生综合监督执法局更名为区卫生健康综合监督执法大队，为区卫健委所属的副科级公益一类事业单位。主要承担卫生健康综合监督行政执法工作等职责。重新核定全额拨款事业编制22个。领导职数：大队长1名（副科级）。股级职数：副大队长3名。内设机构及其职数另行规定。保留区疾病预防控制中心，为区卫健委所属的副科级公益一类事业单位。主要承担疾病监测、预防与控制，疾病防治研究，卫生监测，突发卫生事件处理，重点疾病的卫生宣传与健康教育，疾病预防控制培训与技术指导等职责。重新核定全额拨款事业编制50个。领导职数：主任1名（副科级）。股级职数：副主任3名。内设机构及其职数另行规定。

【东乡区统计局】 设立区高质量发展评价中心，为区统计局所属的副科级公益一类事业单位。主要承担全区高质量发展综合绩效考评及其他考评等职责。核定全额拨款事业编制7个。领导职数：主任1名（副科级）。股级职数1名：副主任1名。重新组建区统计普查中心。整合区统计普查中心、区城市社会经济调查队，重新组建区统计普查中心，为区统计局所属的股级公益一类事业单位。主要承担全区经济普查工作、大型普查和经常性统计调查等职责。重新核定全额拨款事业编制13个。股级职数1名：主任1名。

【东乡区行政审批局】 组建区政务服务中心。在区行政服务中心管委会基础上，整合区“12345”政务热线服务中心，组建区政务服务中心，为区行政审批局所属的副科级公益一类事业单位。主要承担政务服务大厅管理、规范进驻部门政务服务工作、惠企政策帮办代办、江西省网上中介服务超市及“12345”政务服务热线的日常运营等职责。核定内设机构 5 个：办公室、监督股、业务股、“12345”政务热线股、企业服务股。核定全额拨款事业编制 42 个。领导职数：主任 1 名（副科级）。股级职数 8 名：副主任 3 名、内设机构职数 5 名。不再保留区行政服务中心管委会、区“12345”政务热线服务中心。

【区委办公室】 设立区保密机要技术服务中心，为区委办所属的副科级公益一类事业单位。主要承担全区电子政务内网建设和运维，全区党委系统信息化、电子文件和党政机关电子公文的安全可靠应用，全区涉密载体销毁，涉密信息系统和保密要害部门的保密技术检查等职责。核定内设机构 3 个：保密技术股、科技业务股、运维保障股。核定全额拨款事业编制 12 个。领导职数：主任 1 名（副科级）。股级职数 5 名：副主任 2 名、内设机构职数 3 名。撤销区电子政务内网管理中心。

【区纪委区监委】 组建区党风廉政教育中心。整合区纪检监察办案服务中心，组建区党风廉政教育中心，为区纪委监委所属的副科级公益一类事业单位。主要承担党员干部廉政教育、干部培训、会务等规范化服务保障工作，全区纪检监察大数据平台建设、电子数据勘验调查分析、纪检监察网络体系与基础设施建设、信息装备技术保障等职责。核定内设机构 3 个：办公室、宣教股、信息技术股。重新核定全额拨款事业编制 12 个。领导职数：主任 1 名（副科级）。股级职数 3 名。不再保留区纪检监察办案服务中心。

【东乡区退役军人事务局】 重新组建区退役军人服务中心。整合区退役军人服务中心、区革命纪念公园管理所，重新组建区退役军人服务中心，为所属的副科级公益一类事业单位，加挂区烈士纪念设施保护中心牌子。主要承担协助区退役军人事务局做好退役军人行政关系、组织关系、供给关系转接和档案移交，退役军人就业创业服务和政策咨询，自主就业退役军人招聘会、推介会、就业论坛的承办，烈士纪念设施保护以及烈士遗骸搜寻发掘迁移、烈士事迹和遗物收集整理等职责。核定内设机构 4 个：优抚军休股、安置就业股、思想政治和权益维护股、褒扬纪念股。重新核定全额拨款事业编制 22 个。领导职数：主任 1 名（副科级）。股级职数 6 名：副主任 2 名、内设机构职数 4 名。

【中共东乡区委政法委】 组建区社会治安综合治理中心，为区委政法委所属的副科级公益一类事业单位。主要承担矛盾纠纷对接、分流、督办和综合协调，协助推进社会治安防控体系建设，开展社会治理有关问题研究、研判、监测等职责。核定内设机构 2 个：综合协调室、指挥调度室。核定全额拨款事业编制 8 个。领导职数：主任 1 名（副科级）。股级职数 3 名：副主任 1 名、内设机构职数 2 名。撤销区综治中心。

【东乡区市场监督管理局】 组建区检验检测认证中心。整合区产品质量检验检测中心、区计量所、区粮油检验站、区农技推广中心的农产品质量安全检测职责，组建区检验检测认证中心，为区市场监督管理局所属的股级公益一类事业单位。主要承担计量检定、校准、测试和工业产品、建材产品、农产品、食品、药品等检验检测工作，组织抽检、行政许可事项的现场核查及专家评审等职责。在区农业科学技术研究中心内设机构挂区检验检测认证中心农产品检测分中心牌子，业务接受区检验检测认证中心指导。区检验检测认证中心核定全额拨款事业编制 29 个（不含区检验检测认证中心农产品检测分中心编制）。股级职数 1 名：主任 1 名。不再保留区产品质量检验检测中心、区计量所。组建区市场监管事务服务中心。整合区餐饮服务监督管理所等单位及相关职能，组建区市场监管事务服务中心，为区市场监督管理局所属的股级公益一类事业单位。主要承担机关教育培训、信息化建设、后勤保障、餐饮服务、个体私营经济发展等职责。核定全额拨款事业编制18个，股级职数1名：主任1名。不再保留区餐饮服务监督管理所。组建区知识产权和消费者协会服务站，为区市场监督管理局所属的股级公益一类事业单位。主要承担知识产权申报、维权和处理消费者维权等职责。核定全额拨款事业编制6个。股级职数1名：主任1名。保留区市场监督管理执法稽查局，机构编制事项保持不变。撤销区个体私营经济协会办公室、撤销区消费者协会办公室。

【中共东乡区委组织部】 设立区委人才发展服务中心，为区委组织部所属的正科级公益一类事业单位。主要承担落实人才规划和政策，招才引智，重大人才工程实施，人才工作信息化建设，人才“一站式”服务等职责。核定内设机构3个：综合股、招才引智股、人才服务股。核定全额拨款事业编制16个。领导职数：主任1名（正科级）、副主任3名（副科级）。股级职数3名。组建区老干部服务中心，为区委组织部所属的副科级公益一类事业单位，对外加挂区关心下一代工作事务中心牌子。主要承担服务老干部、关心下一代事务等职责。核定内设机构2个：综合股、关工委事务股。核定全额拨款事业编制7个。领导职数：主任1名（副科级）。股级职数2名。整合组建区党建综合服务中心。整合区农村党员干部现代远程教育办公室等单位及相关职能，组建区党建综合服务中心，为区委组织部所属的股级公益一类事业单位。主要承担党群服务等职责。核定全额拨款事业编制5个。股级职数1名：主任1名。不再保留区农村党员干部现代远程教育办公室。撤销区老干部活动中心、区关工委办公室。撤销区委农村基层组织建设领导小组办公室，其承担的相关职能并入区党建综合服务中心。

【东乡区教育体育局】 组建区教育发展研究中心。整合区教师进修学校、区教学研究室、区电教仪器站，组建区教育发展研究中心，为区教体局所属的副科级公益一类事业单位。主要承担全区教育宏观战略和政策研究，教师发展、培训和技能提升，交流合作，教育质量评估监测，教育信息化建设和教学仪器设备配置等职责。核定内设机构7个：办公室、教学研究股、电化教育股、教育装备股、教师发展股、教育质量监测与评价股、财务后勤股。核定全额拨款事业编制38个。领导职数：主任1名（副科级）。股级职数10名：副主任3名、内设机构职数7名。不再保留区教师进修学校、区教研室、区电教仪器站。设立区教育考试中心，为区教体局所属的股级公益一类事业单位。主要承担全区各类教育考试的组织、宣传，全区教育考试招生与评价研究，中高考信息发布，全区勤工俭学、学生资助等职责。核定全额拨款事业编制19个。股级职数1名：主任1名。重新组建区全民健身中心。整合区全民健身中心、区青少年活动中心，重新组建区全民健身中心，为区教体局所属的股级公益二类事业单位。主要承担组织全区各类体育项目、青少年体育及校外综合实践活动、老年人体育活动等职责。重新核定全额拨款事业编制13个。股级职数1名：主任1名。撤销区勤工俭学办公室、区学生资助中心、区老年体协。

【东乡区发展和改革委员会】 组建区重点工程服务中心。在区重点工程管理办公室基础上，组建区重点工程服务中心，为区政府直属的正科级公益一类事业单位，归口区发展改革委管理。主要承担重点工程组织服务和推进等职责。核定内设机构4个：人秘股、技术股、督查股、综合审查股。核定全额拨款事业编制18个。领导职数：主任1名（正科级）、副主任3名（副科级）。股级职数4名。不再保留区重点工程管理办公室。组建区生态文明建设服务中心，为区发展改革委所属的副科级公益一类事业单位。主要承担开展全区经济建设、生态文明建设与可持续发展的全局性、综合性、战略性问题研究等职责。核定内设机构3个：综合协调股、公共节能股、生态创建和社会信用股。核定全额拨款事业编制10个。领导职数：主任1名（副科级）。股级职数5名：副主任2名、内设机构职数3名。保留区价格认证中心，为区发展改革委所属的股级公益一类全额拨款事业单位，核定事业编制4个（原自收自支编制人员身份维持不变)，另核定超编控制数4名，超编控制数随人员只出不进，退一减一，逐步核销。股级职数1名：主任1名。撤销区鄱阳湖生态经济区建设办公室、区生态文明领导小组办公室。撤销区粮油检验站，其承担的相关职能并入区市场监督管理局所属事业单位区检验检测认证中心。

【东乡区水利局】 组建区廖坊灌区和水库管护中心。整合区廖坊灌区管理局、区幸福水库工程管理局、区横山水库工程管理局、区何坊水库工程管理局、区蛮桥水库工程管理局、区佛岭水库工程管理局，组建区廖坊灌区和水库管护中心，为区政府直属的正科级公益一类全额拨款事业单位，归口区水利局管理。主要承担灌区工程规划建设、水库工程管护工作及水资源的保护利用等职责。核定内设机构8个：办公室、幸福水库管护站、横山水库管护站、蛮桥水库管护站、何坊水库管护站、佛岭水库管护站、廖坊灌区管护股、工程管护股。核定事业编制30个(原五大水库企业化管理编制人员身份维持不变，其人员经费按照原渠道保障维持不变)。领导职数：主任1名(正科级)、副主任3名(副科级)。股级职数8名。不再保留区廖坊灌区管理局、区幸福水库工程管理局、区横山水库工程管理局、区何坊水库工程管理局、区蛮桥水库工程管理局、区佛岭水库工程管理局。保留区水政监察大队，为区水利局所属的股级公益一类全额拨款事业单位，主要承担保障水法的贯彻实施，加强全区水资源的统一管理和水政执法工作等职责。重新核定事业编制18个(原自收自支编制人员身份维持不变)。股级职数1名：大队长1名。

【东乡区住房和城乡建设局】 组建区住房保障中心。在区房产管理局基础上，组建区住房保障中心，为区政府直属的正科级公益一类事业单位，归口管理。主要承担保障性住房建设、分配与管理，房屋征收补偿，租赁市场培育，房屋租赁备案，物业维修资金归集使用等职责。核定内设机构8个：人秘股、财务股、住房保障股、房屋征收服务股、房产信息服务股、白蚁防治服务股、住宅专项维修基金服务股、棚改股。核定全额拨款事业编制35个。领导职数：主任1名(正科级)、副主任3名(副科级)。股级职数8名。不再保留区房产管理局。组建区城镇发展服务中心。整合区建设工程质量监督站、区建设工程造价管理站、区建筑安装工程管理站、区建筑安全监督管理站，组建区城镇发展服务中心，为所属的副科级公益一类全额拨款事业单位。主要承担建设工程质量、建筑安全生产、城镇燃气、造价、城建档案服务、招投标、消防设计审查验收服务，做好全区海绵城市建设工作，参与海绵城市建设有关技术标准的制定，负责海绵城市建设的日常管理，督促海绵设施运营主体(业主、项目责任单位)的维护运营等职责。核定内设机构7个：办公室(财务股)、建筑质量股、建筑安全股、造价咨询股(海绵城市建设股)、燃气服务股、消防审验服务股、工程验收备案和档案股。核定事业编制37个(原自收自支编制人员身份维持不变)。领导职数：主任1名(副科级)。股级职数11名：副主任4名、内设机构职数7名。不再保留区建设工程质量监督站、区建设工程造价管理站、区建筑安装工程管理站、区建筑安全监督管理站。设立区人防保障服务中心，为所属的股级公益一类事业单位。主要承担人防工程维护与开发利用、紧急状态下管辖人防设施人员的疏散保障服务、人防工程建设技术服务、人防专家库建设和人防宣传教育等职责。核定全额拨款事业编制6个。股级职数1名：主任1名。撤销区燃气管理站。撤销区房产交易中心，其承担的相关职能并入区自然资源局所属事业单位区国土空间规划研究中心。

【东乡区农业农村局】 2021年4月23日第一次改革(东编发〔2021〕22号)。组建区农业科学技术研究中心。在区农技推广中心的基础上，组建区农业科学技术研究中心，为区农业农村局所属的正科级公益一类全额拨款事业单位。主要承担农业科技发展研究，农业科学技术咨询和培训；农业设施化、机械化、信息化等农业机电一体化应用技术的引进、研究与应用；农业科技成果转化推广等职责。核定事业编制65个（原差额拨款编制人员身份维持不变）。领导职数：主任1名（正科级）、副主任3名（副科级）。内设机构及股级职数另行规定（其中一个内设机构挂“区检验检测认证中心农产品检测分中心”牌子，接受区检验检测认证中心业务指导）。不再保留区农技推广中心。组建区乡村振兴发展中心，为区农业农村局所属的副科级公益一类全额拨款事业单位。主要承担乡村振兴产业发展规划编制、乡村产业调查和项目组织实施，为新农村建设、乡村基础设施建设、田园综合体建设提供服务支撑等职责。核定事业编制20个（原差额拨款编制人员身份维持不变）。领导职数：主任1名（副科级）。股级职数：副主任3名。内设机构及其职数另行规定。保留区农业综合行政执法大队，机构编制事项保持不变。撤销区畜牧水产局、区农业机械化管理局，其承担的公益职能并入区农业科学技术研究中心。撤销区农业开发办、区种子管理局、区农垦事业管理中心、区新农村建设指导中心，其承担的相关职能并入区乡村振兴发展中心。2021年10月20日第二次改革（东编发〔2021〕59号）。东乡区农业农村产业发展服务中心由副科级调整为正科级，为区农业农村局所属的公益一类全额拨款事业单位。主要承担农业农村产业发展规划编制、乡村产业调查和项目组织实施，为新农村建设、乡村基础设施建设、田园综合体建设等提供服务支撑等职责。核定事业编制48个。领导职数：主任1名（正科级）、副主任3名（副科级）。内设机构及股级职数另行规定。原畜牧水产局、原农业机械化管理局承担的相关职能由划入区农业科学技术研究中心调整为划入区农业农村产业发展服务中心。东乡区农业科学技术研究中心由正科级调整为副科级，为区农业农村局所属的公益一类全额拨款事业单位。主要承担农业科技发展研究，技术咨询和培训；农业新技术、新品种的引进、试验、示范、成果转化和推广等职责。核定事业编制37个（原差额拨款编制人员身份维持不变）。领导职数：主任1名（副科级）。股级职数：副主任3名。内设机构及其职数另行规定（其中一个内设机构挂“区检验检测认证中心农产品检测分中心”牌子，接受区检验检测认证中心业务指导）。原新农村建设指导服务中心、原种子管理局、原农垦事业管理中心承担的相关职能由并入区农业农村产业发展服务中心调整为并入区农业科学技术研究中心。

【东乡区人力资源和社会保障局】 组建区社会保险服务中心。整合区社会保险事业管理局、区农村社会养老保险管理局，组建区社会保险服务中心，为区人社局所属的副科级公益一类全额拨款事业单位。主要承担全区养老、工伤、失业保险参保登记、缴费等职责。核定内设机构8个：办公室、养老服务股、工伤保险股、职业年金股、档案管理股、基金管理股、社会保障卡管理股、稽核内控股。核定事业编制32个（原差额拨款编制人员身份维持不变）。领导职数：主任1名（副科级）。股级职数11名：副主任3名、内设机构职数8名。不再保留区社会保险事业管理局、区农村社会养老保险管理局。区公共就业人才服务局更名为区就业创业服务中心，为区人社局所属的副科级公益一类全额拨款事业单位。主要承担就业创业指导、政策资金扶持、人才流动、职业技能培训鉴定、档案托管等职责。核定内设机构7个：综合股、基金管理股、人力资源市场股、创业金融服务股、人才服务股、技能开发股、失业保险股。重新核定事业编制20个（原差额拨款编制人员身份维持不变）。领导职数：主任1名（副科级）。股级职数10名：副主任3名、内设机构职数7名。组建区劳动监察仲裁维权中心。整合区劳动监察大队、区劳动人事争议仲裁院，组建区劳动监察仲裁维权中心，为区人社局所属的股级公益一类事业单位。主要承担全区劳动保障监察、劳动人事争议调解仲裁等职责。核定全额拨款事业编制14个。股级职数1名：主任1名。不再保留区劳动监察大队、区劳动人事争议仲裁院。

【东乡区财政局】 组建区财政公共服务中心。整合区国库集中支付中心、区房地产一体化征管中心、区财政投资评审中心，组建区财政公共服务中心，为区财政局所属的副科级公益一类事业单位。主要承担财政公共服务供给的综合保障等职责。核定内设机构8个：综合股、国库集中支付股、国库集中支付稽核股、工程预算评审股、工程结（决）算评审股、工程稽核股、非税收入征管服务股、政府采购服务股。核定全额拨款事业编制52个。领导职数：主任1名（副科级）。股级职数12名：副主任4名、内设机构职数8名。不再保留区国库集中支付中心、区房地产一体化征管中心、区财政投资评审中心。组建区乡镇财政服务中心。整合区乡镇财政管理局、区红星财政所，组建区乡镇财政服务中心，为区财政局所属的副科级公益一类事业单位。主要承担负责“乡财县管”涉及的事务性工作，承担代编乡镇预决算、乡镇预算执行、惠农补贴“一卡通”资金发放、村级资金集中收付管理事务性工作，指导乡镇和村级加强财务管理、做好会计核算事务性工作等职责。核定内设机构5个：综合股、乡镇预算管理股、农村综合改革股、惠农补贴管理股、乡村财务管理股。核定全额拨款事业编制17个。领导职数：主任1名（副科级）。股级职数7名：副主任2名、内设机构职数5名。不再保留区乡镇财政管理局、区红星财政所。区公务消费管理中心更名为区公务消费服务中心核定股级职数1名：主任1名。其他机构编制事项不变。

【东乡区城市管理局】 区园林绿化管理局更名为区园林绿化中心，由区政府直属调整为区城管局所属的公益一类事业单位，机构规格由正科级调整为副科级。主要承担全区园林绿化管养等职责。核定内设机构6个：办公室、财务室、公园管理室、绿地管护室、园林技术室、园林建设室。核定全额拨款事业编制28个。领导职数：主任1名（副科级）。股级职数9名：副主任3名、内设机构职数6名。不再保留区园林绿化管理局。组建区城市管理执法大队。整合区城市建设管理监察大队等单位及相关职能，组建区城市管理执法大队，为区城管局所属的副科级公益一类全额拨款事业单位。主要承担市容市貌、市政设施、城市公用、园林绿化管理等行政执法工作。核定内设机构6个：办公室（综合室）、案件审理室（法规室）、财务装备室、执法一中队、执法二中队、执法三中队。核定事业编制60个（原自收自支、差额拨款编制人员身份维持不变），另核定超编控制数20名，超编控制数随人员只出不进，退一减一，逐步核销。领导职数：大队长1名（副科级）。股级职数9名：副大队长3名、内设机构职数6名。不再保留区城市建设管理监察大队。组建区环卫和市场服务中心。整合区市场开发管理中心、区市容环境卫生管理所，组建区环卫和市场服务中心，为区城管局所属的股级公益一类全额拨款事业单位。主要承担市场和环卫的管理和服务等职责。核定事业编制60个（原自收自支编制人员身份维持不变），另核定超编控制数23名，超编控制数随人员只出不进，退一减一，逐步核销。股级职数1名：主任1名。不再保留区市场开发管理中心、区市容环境卫生管理所。组建区市政公用事业服务中心。整合区市政管理所、区污水处理所、区路灯管理所，组建区市政公用事业服务中心，为区城管局所属的股级公益一类全额拨款事业单位。主要承担城区市政公用事业管理和服务等职责。核定事业编制28个（原自收自支编制人员身份维持不变）。股级职数1名：主任1名。不再保留区市政管理所、区污水处理所、区路灯管理所。

【东乡区林业局】 组建区林业资源保护中心。整合区国外松基地管理站、区木材检查站，组建区林业资源保护中心，为区林业局所属的副科级公益一类全额拨款事业单位。主要承担天然林、公益林等森林资源保护的技术支撑和服务保障等职责。核定内设机构5个：野生动植物保护股、自然保护地规划股、天然林和公益林保护股、林业经济发展服务股、综合股。核定事业编制28个（原差额拨款编制人员身份维持不变）。领导职数：主任1名（副科级）。股级职数8名：副主任3名、内设机构职数5名。不再保留区国外松基地管理站、区木材检查站。区森林资源监测中心更名为区林业资源监测中心，为区林业局所属的股级公益一类全额拨款事业单位。主要承担森林资源、野生动植物资源、湿地资源、荒漠化土地资源及森林灾害、森林病虫害等有关的监测服务职责。核定事业编制22个（原差额拨款编制人员身份维持不变）。股级职数1名：主任1名。撤销区森林病虫害防治站。

【东乡区自然资源局】 组建区国土空间规划研究中心。在区规划局基础上，整合区不动产登记中心、区土地收购储备中心、区土地整理中心、区土地交易中心、区土地勘测队、区房产交易中心、区村镇规划管理站，组建区国土空间规划研究中心，为所属的副科级公益一类全额拨款事业单位，加挂区不动产登记中心牌子。主要承担全区国土空间规划发展策略和技术研究工作，为规划管理、行政审批提供技术服务与支撑；全区自然资源调查、山水林田湖草生态修复保护等技术服务与支撑，区本级不动产登记，房产交易，不动产档案管理，不动产权属争议调处的技术性、辅助性等工作，土地收购储备、土地开发整理、土地交易、土地勘测、村镇规划等相关服务职责。核定内设机构8个：综合股、预审股、初始登记股、转移登记股、抵押登记股、土地收储交易整理股、村镇规划（勘测与地质灾害）股、调处股。核定事业编制74个（原自收自支编制人员身份维持不变）。领导职数：主任1名（副科级）。股级职数12名：副主任4名、内设机构职数8名。不再保留区规划局、区不动产登记中心、区土地收购储备中心、区土地整理中心、区土地交易中心、区土地勘测队、区房产交易中心、区村镇规划管理站。组建区自然资源执法监察大队，在区国土执法监察大队的基础上，整合区城乡规划综合执法局、区城乡规划监察队，组建区自然资源执法监察大队，为所属的副科级公益一类事业单位。主要承担全区自然资源领域土地、矿产、测绘、规划行政执法监察工作等职责。核定内设机构7个：办公室、执法监督股、案件审理股、信访股、执法一股、执法二股、执法三股。核定全额拨款事业编制30个。领导职数：主任1名（副科级）。股级职数10名：副主任3名、内设机构职数7名。不再保留区国土执法监察大队、区城乡规划综合执法局、区城乡规划监察队。13个乡镇的“区国土资源局××国土资源所”统一更名为“区自然资源局××自然资源所”，机构级格统一由副科级调整为股级；区国土资源局经济开发区分局更名为区自然资源局经开区中心所，机构级格由副科级调整为股级。其他机构编制事项不变。撤销区地质灾害应急中心，其承担的相关职能并入区国土空间规划研究中心。

【东乡区民政局】 组建区民政事务服务中心。整合区家庭经济核对中心，组建区民政事务服务中心，为区民政局所属的股级公益一类全额拨款事业单位。主要承担民政事务服务等相关职责。核定事业编制7个（原自收自支编制人员身份维持不变）。股级职数1名：主任1名。保留区流浪乞讨人员救助站，为区民政局所属的股级公益一类事业单位，加挂区未成年人保护中心牌子。主要承担为城市生活无着流浪乞讨人员提供临时食宿、医疗救治、教育矫治及护送返乡等职责。核定全额拨款事业编制4个。股级职数1名：主任1名。区社会福利院更名为区社会福利服务中心，为区民政局所属的股级公益一类事业单位，加挂区养老服务中心牌子。主要承担社会福利服务、养老服务技术指导、养老服务从业人员培训等相关职责。重新核定全额拨款事业编制7个。股级职数1名：主任1名。各乡（镇）敬老院加挂乡（镇）养老服务中心牌子，其他机构编制事项保持不变。撤销区殡葬管理所，其承担的殡葬相关职能并入区民政事务服务中心。不再保留区家庭经济核对中心。

【东乡区应急管理局】 设立区应急管理综合行政执法大队，为区应急管理局所属的股级公益一类事业单位。主要承担有关危险化学品、烟花爆竹、矿山、工贸等行业领域安全生产监管及全区安全生产综合监督，地质灾害、水旱灾害、森林火灾等有关应急抢险和灾害救助、防灾减灾等方面的行政处罚、行政强制工作等职责。核定全额拨款事业编制10个。股级职数1名：大队长1名。区安全生产应急救援指挥中心更名为区应急救援保障中心，为区应急管理局所属的股级公益一类事业单位。主要承担安全生产、自然灾害等突发事件应急救援的综合保障服务等职责。核定全额拨款事业编制 7 个。股级职数 1 名：主任 1 名。

【东乡区工信局】 保留区中小企业服务中心，为区工信局所属的股级公益一类事业单位。主要承担全区中小企业监测分析、政策法规宣传、企业培育、对外交流、创业创新服务，以及为工业的能源节约和资源综合利用、清洁生产促进的管理服务工作等职责。核定全额拨款事业编制 12 个。股级职数 1 名：主任 1 名。撤销区节能管理中心。

【东乡区总工会】 重新组建区职工服务中心。整合区职工服务中心、区工人文化宫，重新组建区职工服务中心，为区总工会所属的股级公益一类事业单位，加挂区工人文化宫牌子。主要承担服务区本级职工，协助开展“四送”活动，对区本级困难职工建档和管理，开展各类体育文化艺术活动、教育培训，提供活动场所等职责。核定全额拨款事业编制 8 个。股级职数 1 名：主任 1 名。

【东乡区交通运输局】 设立区交通运输事务中心，为区交通运输局所属的股级公益一类事业单位。主要承担公路和道路运输事务服务等职责。核定全额拨款事业编制 10 个。股级职数 1 名：主任 1 名。保留区交通运输综合行政执法大队，机构编制事项保持不变。

【东乡区扶贫办公室】 设立区扶贫监测评估中心，为区扶贫办所属的股级公益一类事业单位。主要承担对全区贫困人口发展情况和扶持状况，脱贫户和“两类人员”致贫、返贫情况及精准帮扶进行统计服务；管理和维护贫困人口建档立卡大数据等职责。核定全额拨款事业编制 4 个。股级职数 1 名：主任 1 名。

【东乡区残疾人联合会】 设立区残疾人服务中心，为区残联所属的股级公益一类事业单位。主要承担残疾人就业、职业技能培训、职业能力评估、技能竞赛等服务，开展残疾人康复训练、康复服务指导、辅助器具适配工作等职责。核定全额拨款事业编制 4 个。股级职数 1 名：主任 1 名。

【东乡区人民代表大会常务委员会】 设立区人大预算联网服务中心，为区人大常委会机关所属的股级公益一类事业单位。主要承担承办区人大预算联网监督系统使用管理的具体工作；负责为区人大常委会预算工委开展预算决算审查监督、国有资产监督等工作提供服务等职责。核定全额拨款事业编制 4 个。股级职数 1 名：主任 1 名。

【政协抚州市东乡区委员会】 设立区政协委员联络服务中心，为政协抚州市东乡区委员会机关所属的股级公益一类事业单位。主要承担全区政协委员联络服务等职责。核定全额拨款事业编制 4 个。股级职数：主任 1 名。

【东乡区医疗保障局】 区医疗保险事业管理局更名为区医疗保险服务中心，为区医疗保障局所属的公益一类事业单位，机构规格由副科级调整为股级。主要承担负责医疗保障业务经办等职责。重新核定全额拨款事业编制 32 个。股级职数 1 名：主任 1 名。

【东乡区审计局】 区固定资产审计中心更名为区审计事务服务中心，为区审计局所属的股级公益一类事业单位。主要承担全区政府投资、以区政府投资为主的建设项目以及其他关系到国家利益和公共利益的重大公共工程项目的审计服务等职责。重新核定全额拨款事业编制 10 个。股级职数 1 名：主任 1 名。

【东乡区司法局】 组建区公共法律服务中心。在区公证处的基础上，组建区公共法律服务中心，为区司法局所属的股级公益二类事业单位，加挂区公证处牌子。主要承担公共法律服务、公证等职责。重新核定差额拨款事业编制 5 个。股级职数 1 名：主任 1 名。

【东乡区科技局】 区科技情报所更名为区科技创新促进中心，为区科技局所属的股级公益一类事业单位。主要承担科技项目服务及科技政策咨询等职责。核定全额拨款事业编制 6 个。股级职数 1 名：主任 1 名。

【中共东乡信访局】 保留区群众来访接待中心，机构规格由副科级调整为股级，其他机构编制事项保持不变。

【东乡区民兵训练基地】 保留区民兵教育训练基地，由区政府直属调整为区武装部管理的公益一类事业单位。机构规格由副科级调整为股级。股级职数1名：主任1名。其他机构编制事项保持不变。

【东乡区工商联】 保留区非公有制企业维权服务中心，为所属的股级公益一类事业单位。重新核定全额拨款事业编制4个. 股级职数1名：主任1名。其他机构编制事项保持不变。

【东乡区妇女联合会】 保留区妇女儿童活动中心，为区妇联所属的股级公益一类事业单位。主要承担儿童校外教育，妇女素质教育，指导和推进家庭教育等职责。重新核定全额拨款事业编制4个。股级职数1名：主任1名。

【中共东乡区委统战部】 保留区民族宗教文化交流服务中心，为区委统战部所属的股级公益一类事业单位。重新核定全额拨款事业编制4个。股级职数1名：主任1名。其他机构编制事项保持不变。

【东乡区气象局】 区人工影响天气领导小组办公室更名为区气象灾害防御中心，为区气象局所属的股级公益一类事业单位。主要承担气象灾害防御、人工影响天气和突发事件预警信息发布等相关职责。重新核定全额拨款事业编制6个。股级职数1名：主任1名。

【东乡区机关事务管理中心】 组建区机关事务管理中心。在区委、区政府接待办公室基础上，整合区机关事务管理局、区接待服务中心，组建区机关事务管理中心，为区委、区政府直属的正科级公益一类事业单位。主要承担为全区及区行政中心提供支持保障职责。核定全额拨款事业编制20个。核定内设机构5个：办公室、公车管理股、公房管理股、公务接待股、行政中心后勤保障股。领导职数：主任1名（正科级）、副主任3名（副科级）。股级职数5名。不再保留区委、区政府接待办公室，区机关事务管理局，区接待服务中心。

【东乡区融媒体中心】 保留区融媒体中心，由区政府直属调整为区委、区政府直属的公益一类事业单位，机构规格为正科级，归口区委宣传部领导。主要承担全区新闻宣传报道工作活动，做好全区对内对外宣传报道工作，编辑《品质东乡》杂志、报纸等职责。核定内设机构10个：办公室、总编室、新闻部、制作部、摄影部、新媒体部、中心报道组、报刊部、运营部、通联部。重新核定全额拨款事业编制40个。领导职数：主任1名（正科级）、总编辑1名（正科级）、副主任2名（副科级）。股级职数10名。撤销品质东乡编辑部，其承担的相关职能并入区融媒体中心。

【区委党史和地方志研究室】 组建区委党史和地方志研究室。整合区档案馆、区委党史办公室（区地方志办公室），组建区委党史和地方志研究室，为区委、区政府直属的正科级公益一类事业单位，加挂区档案馆牌子。主要承担全区党史和地方志、档案整理等职责。核定全额拨款事业编制13个。领导职数：主任1名（正科级）、副主任2名（副科级）。内设机构及股级职数另行规定。不再保留区档案馆、区委党史办公室（区地方志办公室）。

【中共江西东乡经济开发区工作委员会】 撤销经济开发区管理委员会服务中心，3名在编人员由经济开发区管理委员会代管，编制随人员只出不进，退一减一，逐步核销。

【东乡区委党校】 保留区委党校，挂东乡区行政学校牌子，为区委直属正科级公益一类事业单位。核定领导职数：校长1名、常务副校长1名（正科级）、副校长3名（副科级）、教育长1名（副科级）。其他机构编制事项不变。

附　录

东乡区委 2021 年发文目录

表 9

序号	发文字号	发布机关	文件标题	成文日期	印发日期	备注
1	东发 1 号	中共东乡区委 东乡区人民政府	关于印发《东乡区工业三年倍增行动实施方案》的通知	2021.4.7	2021.4.7	
2	东发 2 号	中共东乡区委 东乡区人民政府	关于印发《2021 年东乡区开放型经济工作实施意见》的通知	2021.4.7	2021.4.7	
3	东发 3 号	中共东乡区委 东乡区人民政府	关于印发《关于全面推进乡村振兴加快农业农村现代化的实施意见》的通知	2021.4.30	2021.4.30	
4	东发 6 号	中共东乡区委 东乡区人民政府	关于印发《东乡区贯彻落实〈新时代爱国主义教育实施纲要〉任务分工方案》的通知	2021.1.8	2021.1.8	
5	东发 7 号	中共东乡区委 东乡区人民政府	关于印发《东乡区贯彻落实〈新时代公民道德建设实施纲要〉任务分工方案》的通知	2021.1.8	2021.1.8	
6	东发 8 号	中共东乡区委 东乡区人民政府	关于印发《东乡区教师优待工作实施意见》的通知	2021.2.8	2021.2.8	
7	东发 10 号	中共东乡区委	关于印发《区委常委会 2021 年工作要点》的通知	2021.4.23	2021.4.23	
8	东发 12 号	中共东乡区委	印发《关于开展政治谈话加强对“一把手”和领导班子监督的实施方案》的通知	2021.9.23	2021.9.23	
9	东发 13 号	中共东乡区委 东乡区人民政府	关于印发《东乡区创建全国文明城市工作方案》的通知	2021.9.25	2021.9.25	
10	东发 14 号	中共东乡区委 东乡区人民政府	关于印发《东乡区贯彻落实〈关于江西在新时代推动中部地区高质量发展中加快崛起的实施意见〉重点任务分工方案》的通知	2021.8.10	2021.8.10	
11	东发 15 号	中共东乡区委 东乡区人民政府	关于印发《东乡区新时代产业工人队伍建设改革实施细则》的通知	2021.11.3	2021.11.3	
12	东字 1 号	中共东乡区委	关于在抚州市东乡区工业和信息化局等区直单位设立党组、撤销党委和在抚州市东乡城投集团有限公司等 3 家国企成立企业党委、纪委的通知	2021.1.18	2021.1.22	
13	东字 2 号	中共东乡区委 东乡区人民政府	关于 2020 年度平安建设先进乡镇(街道、场)的通报	2021.3.24	2021.3.24	

续表 9

序号	发文字号	发布机关	文件标题	成文日期	印发日期	备注
14	东字 3 号	中共东乡区委	关于成立中央巡视江西省反馈意见区委整改工作领导小组及省委巡视"回头看"反馈意见区委整改工作领导小组的通知	2021.3.24	2021.3.24	
15	东字 4 号	中共东乡区委	印发《关于在全区开展党史学习教育的实施方案》的通知	2021.3.16	2021.3.26	
16	东字 5 号	中共东乡区委	关于成立东乡区县乡领导班子换届工作领导小组的通知	2021.4.9	2021.4.9	
17	东字 6 号	中共东乡区委 东乡区人民政府	关于东乡区 2020 年度污染防治攻坚战成效考核自评情况的报告	2021.5.5	2021.5.5	
18	东字 7 号	中共东乡区委 东乡区人民政府	关于编制 2021 年度中央财政资金扶持壮大村级集体经济实施方案的报告	2021.5.18	2021.5.18	
19	东字 10 号	中共东乡区委	关于表彰全区优秀共产党员、优秀党务工作者和先进基层党组织的决定	2021.6.28	2021.6.28	
20	东字 11 号	中共东乡区委	关于同意孝岗镇等 12 个乡镇召开党代表大会的批复	2021.7.16	2021.7.16	
21	东字 12 号	中共东乡区委	关于召开中国共产党东乡区第二次代表大会的请示	2021.7.27	2021.7.27	
22	东字 13 号	中共东乡区委	关于区委书记、副书记和常委分工的通知	2021.8.17	2021.8.17	
23	东字 14 号	中共东乡区委	批转《中共抚州市东乡区人大常委会党组关于抚州市东乡区县乡两级人民代表大会换届选举工作方案》的通知	2021.8.23	2021.8.24	
24	东字 19 号	中共东乡区委	关于同意设立民革、民建、民进、农工党抚州市委员会东乡区支部的批复	2021.8.24	2021.8.24	
25	东字 20 号	中共东乡区委	关于调整相关单位党组设置的通知	2021.8.24	2021.10.13	
26	东字 21 号	中共东乡区委 东乡区人民政府	关于表彰突出贡献企业、优秀企业家、优秀商会的通知	2021.10.15	2021.10.15	
27	东字 22 号	中共东乡区委	关于调整抚州市东乡区人大常委会、政府、政协领导班子成员分工的请示	2021.10.18	2021.10.19	
28	东字 23 号	中共东乡区委	关于调整区领导挂点乡镇(街道、场)的通知	2021.8.28	2021.8.28	
29	东字 24 号	中共东乡区委	关于设立中国共产党抚州市东乡区妇女联合会等党组的通知	2021.12.10	2021.12.10	
30	东字 25 号	中共东乡区委 东乡区人民政府	关于 2021 年人口工作情况的报告	2021.10.20	2021.10.20	
31	东字 26 号	中共东乡区委 东乡区人民政府	关于东乡区 2021 年度食品安全工作情况的报告	2021.11.10	2021.11.10	
32	东字 27 号	中共东乡区委	关于 2021 年意识形态工作汇报	2021.12.28	2021.12.28	
33	东字 28 号	中共东乡区委 东乡区人民政府	关于东乡区 2021 年度污染防治攻坚战工作总结的报告	2021.12.30	2021.12.30	
34	东字 29 号	中共东乡区委 东乡区人民政府	关于我区 2021 年政府隐性债务化解情况的报告	2021.12.31	2021.12.31	
35	东字 30 号	中共东乡区委 东乡区人民政府 东乡区人民武装部	关于 2020—2021 年度全区党管武装、国防动员和民兵工作先进单位和个人的通报	2021.12.28	2021.12.28	
36	东字 31 号	中共东乡区委	关于做好配合中办开展中央八项规定精神书面督查有关事项的贯彻落实情况	2021.12.10	2021.12.10	

续表 9

序号	发文字号	发布机关	文件标题	成文日期	印发日期	备注
37	东字 32 号	中共东乡区委 东乡区人民政府	关于 2021 年度法治政府建设情况的报告	2021.12.10	2021.12.10	
38	东字 33 号	中共东乡区委	关于 2021 年工作总结和 2022 年工作计划的报告	2021.12.20	2021.12.20	
39	东字 34 号	中共东乡区委	东乡区关于贯彻落实十八大以来习近平总书记对江西工作作出的重要指示批示的报告	2021.12.31	2021.12.31	
40	东字 35 号	中共东乡区委	东乡区 2021 年基层党建工作总结	2021.12.31	2021.12.31	
41	东字 36 号	中共东乡区委 东乡区人民政府	东乡区 2021 年度乡村振兴工作情况的报告	2021.12.31	2021.12.31	
42	东字 37 号	中共东乡区委 东乡区人民政府	关于 2021 年度东乡区河长制工作情况的报告	2021.12.31	2021.12.31	
43	东字 38 号	中共东乡区委	关于学习宣传贯彻党的十九届六中全会精神情况的报告	2021.12.31	2021.12.31	
44	东字 39 号	中共东乡区委	关于学习贯彻习近平新时代中国特色社会主义思想,统筹推进“五位一体”总体布局和协调推进“四个全面”战略布局情况的报告	2021.12.31	2021.12.31	
45	东办发 1 号	中共东乡区委办公室	印发《关于在全区开展影响发展环境突出问题专项整治的实施方案》的通知	2021.1.15	2021.1.15	
46	东办发 2 号	中共东乡区委办公室 东乡区人民政府办公室	关于印发《东乡区关于深化新时代教育督导体制机制改革的实施意见》的通知	2021.1.29	2021.1.29	
47	东办发 3 号	中共东乡区委办公室 东乡区人民政府办公室	关于印发《东乡区“党建+社会救助”试点工作实施方案》的通知	2021.2.8	2021.2.8	
48	东办发 4 号	中共东乡区委办公室 东乡区人民政府办公室	关于印发《东乡区厉行节约制止餐饮浪费行为工作方案》的通知	2021.2.9	2021.2.9	
49	东办发 5 号	中共东乡区委办公室 东乡区人民政府办公室	关于印发《2020 年度东乡区高质量发展综合绩效考核评价工作方案》的通知	2021.2.8	2021.2.10	
50	东办发 6 号	中共东乡区委办公室 东乡区人民政府办公室	关于印发《东乡区维护社会稳定领导责任制实施意见》的通知	2021.2.10	2021.2.10	
51	东办发 7 号	中共东乡区委办公室 东乡区人民政府办公室	关于印发《东乡区深化事业单位改革试点实施方案》的通知	2021.2.24	2021.2.24	
52	东办发 8 号	中共东乡区委办公室 东乡区人民政府办公室	印发《关于建立红色基因传承长效机制工作的实施方案》的通知	2021.2.26	2021.2.26	
53	东办发 9 号	中共东乡区委办公室 东乡区人民政府办公室	关于印发《东乡区贯彻落实省生态环境保护督察“回头看”反馈意见整改方案》的通知	2021.3.29	2021.3.29	
54	东办发 10 号	中共东乡区委办公室	关于印发《区委文件审核工作细则》《区委文件质量控制体系》的通知	2021.4.8	2021.4.8	
55	东办发 11 号	中共东乡区委办公室	关于印发《东乡区开展“党建引领、小区治理”行动工作方案》的通知	2021.7.8	2021.7.8	
56	东办发 12 号	中共东乡区委办公室 东乡区人民政府办公室	关于印发《东乡区国资国企改革创新三年行动实施方案(2020—2022 年)》的通知	2021.7.19	2021.7.19	
57	东办发 13 号	中共东乡区委办公室 东乡区人民政府办公室	关于印发《贯彻落实〈关于改革完善社会救助制度的实施意见〉若干措施》的通知	2021.7.30	2021.7.30	
58	东办发 14 号	中共东乡区委办公室 东乡区人民政府办公室	关于严格十项制度锻造过硬作风的通知	2021.9.24	2021.9.24	

续表 9

序号	发文字号	发布机关	文件标题	成文日期	印发日期	备注
59	东办发 15 号	中共东乡区委办公室 东乡区人民政府办公室	关于印发《东乡区构建现代环境治理体系的实施意见》的通知	2021.9.26	2021.9.26	
60	东办发 16 号	中共东乡区委办公室 东乡区人民政府办公室	关于印发《东乡区信访工作责任制实施细则》的通知	2021.11.10	2021.11.12	
61	东办发 17 号	中共东乡区委办公室 东乡区人民政府办公室	关于建立健全东乡区重点人员信访维稳十项工作机制的通知	2021.11.10	2021.11.12	
62	东办发 18 号	中共东乡区委办公室 东乡区人民政府办公室	关于印发《东乡区政府投资建设重点项目管理办法(试行)》的通知	2021.11.15	2021.11.15	
63	东办发 19 号	中共东乡区委办公室	关于印发《东乡区基层党建信息化建设实施方案》的通知	2021.11.26	2021.11.26	
64	东办发 20 号	中共东乡区委办公室 东乡区人民政府办公室	关于印发《东乡区整治婚姻领域攀比浪费高额礼金等歪风陋习实施方案》的通知	2021.11.26	2021.11.26	
65	东办发 21 号	中共东乡区委办公室 东乡区人民政府办公室	印发《关于建立健全东乡区重点工程推进工作机制的意见(试行)》的通知	2021.12.8	2021.12.8	
66	东办字 1 号	中共东乡区委办公室 东乡区人民政府办公室	关于印发《东乡区村(社区)党组织和第十一届村(居)民委员会选举工作实施方案》的通知	2021.1.15	2021.1.19	
67	东办字 2 号	中共东乡区委办公室 东乡区人民政府办公室	关于印发《东乡区减轻中小学教师负担实施意见》的通知	2021.2.7	2021.2.7	
68	东办字 3 号	中共东乡区委办公室 东乡区人民政府办公室	关于印发《东乡区领导干部外出报备工作细则》的通知	2021.3.24	2021.3.24	
69	东办字 5 号	中共东乡区委办公室 东乡区人民政府办公室	关于印发《东乡区加大全区科研研发投入三年攻坚行动实施方案》的通知	2021.6.7	2021.6.7	
70	东办字 6 号	中共东乡区委办公室	关于印发《东乡区四套班子领导“党建引领、小区治理”行动联系点制度》的通知	2021.7.8	2021.7.8	
71	东办字 8 号	中共东乡区委办公室 东乡区人民政府办公室	关于印发《东乡区教育体育局职能配置、内设机构和人员编制规定》的通知	2021.7.15	2021.7.15	
72	东办字 9 号	中共东乡区委办公室 东乡区人民政府办公室	印发《关于进一步规范全区事业单位人事调配工作的暂行办法》的通知	2021.7.21	2021.7.21	
73	东办字 10 号	中共东乡区委办公室 东乡区人民政府办公室	关于印发《东乡区创建全省双拥模范城的实施意见》的通知	2021.7.29	2021.8.2	
74	东办字 11 号	中共东乡区委办公室	关于召开中国共产党东乡区第二次代表大会的通知	2021.8.2	2021.8.2	
75	东办字 12 号	中共东乡区委办公室	关于中国共产党东乡区第二次代表大会代表选举工作的通知	2021.8.2	2021.8.2	
76	东办字 13 号	中共东乡区委办公室	关于召开中国共产党抚州市东乡区第二次代表大会的补充通知	2021.8.25	2021.8.25	
77	东办字 14 号	中共东乡区委办公室 东乡区人民政府办公室	关于愉怡卫生院医护人员核酸检测涉阳转阴事件处理的通报	2021.8.25	2021.8.25	
78	东办字 15 号	中共东乡区委办公室	关于转发《区政协常委会 2021 年工作要点》的通知	2021.8.25	2021.8.31	
79	东办字 16 号	中共东乡区委办公室	关于印发《东乡区党委议军会议制度》的通知	2021.9.26	2021.9.26	
80	东办字 17 号	中共东乡区委办公室 东乡区人民政府办公室	关于印发《关于加快我区蓝莓产业持续健康发展的实施方案(暂行)》的通知	2021.10.14	2021.10.14	

续表 9

序号	发文字号	发布机关	文件标题	成文日期	印发日期	备注
81	东办字 18 号	中共东乡区委办公室	印发《关于进一步做好排查整顿农村发展党员违规违纪问题工作的实施方案》的通知	2021.11.1	2021.11.1	
82	东办字 19 号	中共东乡区委办公室 东乡区人民政府办公室	印发《关于深入开展部分在建重点工程"百日攻坚"活动的实施方案》的通知	2021.10.16	2021.10.18	
83	东办字 20 号	中共东乡区委办公室 东乡区人民政府办公室	关于印发《东乡区深入开展新建重点工程"百日提速"活动的实施方案》的通知	2021.10.16	2021.10.18	

2021 年东乡区人大发文目录

1. 区人大常委会办公室发文

表 10

序号	发文字号	文件标题
1	东常办发[2021]1 号	关于召开区一届人大常委会第三十一次会议的通知
2	东常办发[2021]2 号	关于对"一府一委两院"工作人员进行述职测评的通知
3	东常办发[2021]3 号	关于召开区一届人大常委会第三十二次会议的预告通知
4	东常办发[2021]4 号	关于召开区一届人大常委会第三十三次会议的预告通知
5	东常办发[2021]5 号	关于组织区人大代表及人大系统干部参加培训的通知
6	东常办发[2021]6 号	关于召开抚州市东乡区第一届人民代表大会第五次会议的通知
7	东常办发[2021]7 号	关于开展《江西省爱国卫生条例》执法检查的通知
8	东常办发[2021]8 号	关于召开区一届人大常委会第三十四次会议的通知
9	东常办发[2021]9 号	关于印发 2021 年《区人大常委会工作报告》任务分解安排的通知
10	东常办发[2021]10 号	关于听取和审议区人民政府城乡公交一体化工作情况报告的通知
11	东常办发[2021]11 号	关于召开区一届人大常委会第三十五次会议的预告通知
12	东常办发[2021]12 号	关于对抚州市东乡区第一届人民代表大会第五次会议代表建议、批评和意见进行督办的通知
13	东常办发[2021]13 号	关于召开区一届人大常委会第三十六次会议的预告通知
14	东常办发[2021]14 号	关于召开区一届人大常委会第三十七次会议的预告通知
15	东常办发[2021]15 号	关于印发《抚州市东乡区县乡人大换届选举督导工作方案》的通知
16	东常办发[2021]16 号	关于召开区一届人大常委会第三十八次会议的预告通知
17	东常办发[2021]17 号	关于印发《关于开展我区中小学生课后服务工作情况调研的方案》的通知
18	东常办发[2021]18 号	印发《关于开展多元解纷和诉讼服务体系建设情况专题视察工作方案》的通知
19	东常办发[2021]19 号	关于召开区一届人大常委会第三十九次会议的预告通知
20	东常办发[2021]20 号	关于召开抚州市东乡区第二届人民代表大会第一次会议的通知
21	东常办发[2021]21 号	关于开展我区水利工程建设与管理工作情况专题调研的通知
22	东常办发[2021]22 号	关于征求《抚州市东乡区人民代表大会常务委员会关于加强国有资产管理情况监督的决定(征求意见稿)》的意见函
23	东常办发[2021]23 号	关于开展企业国有资产管理情况专题调研的通知
24	东常办发[2021]24 号	关于听取和审议区人民政府医疗保障工作情况报告的通知

续表 10

序号	发文字号	文件标题
25	东常办发[2021]25 号	关于对区一届人大五次会议代表建议进行集中督办的通知
26	东常办发[2021]26 号	关于印发《关于开展 2020 年度区财政预算执行和其他财政收支审计查出问题整改督办工作的方案》的通知
27	东常办发[2021]27 号	关于印发《区民政局 2022 年部门预算草案及困难群众救助补助专项资金重点审查工作方案》的通知
28	东常办发[2021]28 号	关于推荐区人大常委会财经监督咨询专家候选人的函
29	东常办发[2021]29 号	关于召开区二届人大常委会第一次会议的预告通知
30	东常办发[2021]30 号	关于开展我区乡村振兴工作情况专题调研的通知
31	东常办发[2021]31 号	关于印发《抚州市东乡区第二届人民代表大会常务委员会财经监督咨询专家名单》的通知
32	东常办发[2021]32 号	印发《关于对"一府一委两院"工作人员进行述职测评的工作方案》的通知
33	东常办发[2021]33 号	关于召开创建"五星级"人大代表联络工作站现场观摩座谈会的通知
34	东常办发[2021]34 号	关于举办区二届人大代表履职培训的通知
35	东常办发[2021]35 号	关于对抚州市东乡区第二届人民代表大会第一次会议代表建议、批评和意见进行督办的通知

2. 区人大常委会发文

表 11

序号	发文字号	文件标题
1	东常发[2021]1 号	关于区一届人大四次会议人大代表建议办理情况满意度测评结果的通报
2	东常发[2021]2 号	关于决定任免高洁等同志职务的通知
3	东常发[2021]3 号	关于 2020 年度"一府一委两院"工作人员述职测评结果的报告
4	东常发[2021]4 号	关于表彰优秀建议和建议办理先进单位的通报
5	东常发[2021]5 号	关于抚州市东乡区 2020 年财政预算执行情况和 2021 年区财政预算的决议
6	东常发[2021]6 号	关于补选夏文勇为抚州市第四届任免代表大会代表的报告
7	东常发[2021]7 号	关于印发《抚州市东乡区人民代表大会常务委员会 2021 年工作要点》的通知
8	东常发[2021]8 号	印发《关于创建"五星级"人大代表联络工作站实施方案(试行)》的通知
9	东常发[2021]9 号	关于乡镇人民代表大会代表名额的决定
10	东常发[2021]10 号	关于印发《抚州市东乡区人民代表大会常务委员会 2021 年监督工作计划》的通知
11	东常发[2021]11 号	关于批准东乡区 2021 年第一批新增一般债券项目调整方案的决议
12	东常发[2021]12 号	关于设立抚州市东乡区选举委员会的决定
13	东常发[2021]13 号	关于抚州市东乡区第二届人民代表大会代表名额分配的决定
14	东常发[2021]14 号	关于决定免去祝毅思同志职务的通知
15	东常发[2021]15 号	关于决定任免乐大干同志职务的通知
16	东常发[2021]16 号	关于免去章和国同志法律职务的通知
17	东常发[2021]17 号	关于任命何媛红同志职务的通知
18	东常发[2021]18 号	关于决定任免李建泉、颜萍同志职务的通知
19	东常发[2021]19 号	关于决定免去方学圆同志职务的通知
20	东常发[2021]20 号	关于设立各乡镇选举委员会和街道选举指导组的决定
21	东常发[2021]21 号	关于决定任命黄初江同志职务的通知
22	东常发[2021]22 号	关于任命揭玫同志职务的通知
23	东常发[2021]23 号	关于批准 2020 年区财政决算的决议

续表 11

序号	发文字号	文件标题
24	东常发[2021]24 号	关于决定任命胡志刚、何梦婕同志职务的通知
25	东常发[2021]25 号	关于决定任免乐辉、朱小华同志职务的通知
26	东常发[2021]26 号	关于选举抚州市东乡区第二届人民代表大会常务委员会主任、副主任和委员结果的通知
27	东常发[2021]27 号	关于选举抚州市东乡区人民政府区长、副区长结果的通知
28	东常发[2021]28 号	关于选举抚州市东乡区监察委员会主任结果的通知
29	东常发[2021]29 号	关于选举抚州市东乡区人民法院院长的通知
30	东常发[2021]30 号	关于选举抚州市东乡区人民检察院检察长结果的通知
31	东常发[2021]31 号	关于表决通过抚州市东乡区第二届人民代表大会各专门委员会有关人选结果的通知
32	东常发[2021]32 号	关于抚州市东乡区第二届人民代表大会第一次会议各项选举结果的报告
33	东常发[2021]33 号	关于区人大常委会班子成员分工调整方案的通知
34	东常发[2021]34 号	关于 2021 年地方债务限额以及 2021 年政府预算调整方案的决议
35	东常发[2021]35 号	关于加强国有资产管理情况监督的决定
36	东常发[2021]36 号	关于决定任免冯志刚等同志职务的通知
37	东常发[2021]37 号	关于决定免去乐云根同志职务的通知
38	东常发[2021]38 号	关于决定免去胡立新同志职务的通知
39	东常发[2021]39 号	关于设立抚州市东乡区第二届人民代表大会常务委员会代表资格审查委员会的决定
40	东常发[2021]40 号	关于区一届人大五次会议人大代表建议办理情况满意度测评结果的通知
41	东常发[2021]41 号	关于《东乡区人民政府关于医疗保障工作情况的报告》的审议情况
42	东常发[2021]42 号	对《东乡区人民政府关于 2020 年度企业国有资产管理情况报告》的审议意见
43	东常发[2021]43 号	对《东乡区人民政府关于对我区水利工程建设与管理工作情况报告》的审议意见
44	东常发[2021]44 号	对《关于东乡区义务教育阶段学生课后服务工作情况报告》的审议意见
45	东常发[2021]45 号	对《抚州市东乡区人民法院关于多元解纷和诉讼服务体系建设情况报告》的审议意见

2021 年东乡区政府发文目录

表 12

序号	发文字号	发布机关	文件标题
1	东府发〔2021〕1 号	东乡区人民政府	关于印发东乡区贯彻落实赣中生态环境监察转办督导通报专项整治问题整改方案的通知
2	东府发〔2021〕2 号	东乡区人民政府	关于印发中央巡视江西反馈意见区政府党组整改工作方案的通知
3	东府发〔2021〕3 号	东乡区人民政府	关于印发省委巡视抚州“回头看”反馈意见区政府党组整改工作方案的通知
4	东府发〔2021〕4 号	东乡区人民政府	关于印发区政府贯彻落实“三重一大”事项集体决策制度的通知

续表 12

序号	发文字号	发布机关	文件标题
5	东府发〔2021〕5 号	东乡区人民政府	关于印发东乡区推进更高水平气象现代化助力东乡高质量跨越式发展实施意见的通知
6	东府发〔2021〕6 号	东乡区人民政府	关于印发东乡区人民政府重大行政决策程序操作规范(试行)的通知
7	东府发〔2021〕7 号	东乡区人民政府	关于表彰东乡区第五届“杰出育苗奖”获得者的决定
8	东府发〔2021〕8 号	东乡区人民政府	关于表彰 2021 年度教体系统先进集体和先进个人的决定
9	东府发〔2021〕9 号	东乡区人民政府	关于废止部分行政规范性文件的决定
10	东府发〔2021〕10 号	东乡区人民政府	关于印发东乡区国民经济和社会发展第十四个五年规划和二零三五年远景目标纲要的通知
11	东府发〔2021〕11 号	东乡区人民政府	关于印发东乡区推进职业教育创新发展高地建设实施方案的通知
12	东府字〔2021〕10 号	东乡区人民政府	关于表彰 2020 年度征兵工作先进单位和先进个人的通报
13	东府字〔2021〕19 号	东乡区人民政府	关于印发东乡区河湖圩堤管理范围内房屋问题整改工作方案的通知
14	东府字〔2021〕22 号	东乡区人民政府	关于印发 2021 年东乡区民兵整组工作方案的通知
15	东府字〔2021〕24 号	东乡区人民政府	关于表彰 2021 年度“优秀护士”的决定
16	东府字〔2021〕27 号	东乡区人民政府	关于部分区政府分工调整的通知
17	东府字〔2021〕34 号	东乡区人民政府	关于印发开展争创“民兵工作先进单位”和争当“民兵工作先进个人”活动实施意见的通知
18	东府字〔2021〕38 号	东乡区人民政府	关于印发东乡国家气象观测站气象探测环境保护专项规划(2021—2030)的通知
19	东府办发〔2021〕1 号	东乡区人民政府办公室	关于进一步健全义务教育教师工资待遇落实保障长效机制的意见的通知
20	东府办发〔2021〕2 号	东乡区人民政府办公室	关于印发抚州市东临环城高速公路(东乡段)征地拆迁工作方案的通知
21	东府办发〔2021〕3 号	东乡区人民政府办公室	关于印发东乡区自然资源统一确权登记工作方案的通知
22	东府办发〔2021〕4 号	东乡区人民政府办公室	关于印发东乡区 2021 年统筹整合资金推进高标准农田建设实施方案的通知
23	东府办发〔2021〕5 号	东乡区人民政府办公室	关于进一步规范行业协会商会收费的实施意见的通知
24	东府办发〔2021〕6 号	东乡区人民政府办公室	关于印发东乡区网上中介超市运行管理实施细则(试行)的通知
25	东府办发〔2021〕7 号	东乡区人民政府办公室	关于印发东乡区重大技术项目攻关“揭榜挂帅”实施方案的通知
26	东府办发〔2021〕8 号	东乡区人民政府办公室	关于印发中央巡视、省委巡视“回头看”反馈意见区政府办整改工作方案的通知
27	东府办发〔2021〕9 号	东乡区人民政府办公室	关于印发东乡区设立绿色普惠金融服务中心实施方案的通知
28	东府办发〔2021〕10 号	东乡区人民政府办公室	关于印发东乡区推动油茶产业高质量发展实施方案的通知
29	东府办发〔2021〕11 号	东乡区人民政府办公室	关于进一步规范重大项目决策程序的意见(暂行)的通知
30	东府办发〔2021〕12 号	东乡区人民政府办公室	关于印发东乡区 2021 年度土地整治补充耕地项目建设工作方案的通知
31	东府办发〔2021〕13 号	东乡区人民政府办公室	关于印发东乡区中小企业融资担保工作管理办法的通知
32	东府办发〔2021〕14 号	东乡区人民政府办公室	关于印发东乡花猪保种场建设工作方案的通知
33	东府办发〔2021〕15 号	东乡区人民政府办公室	关于印发东乡区“财政惠农信贷通”融资实施方案的通知

续表 12

序号	发文字号	发布机关	文件标题
34	东府办发〔2021〕16 号	东乡区人民政府办公室	关于印发东乡区推进农村养老服务高质量发展实施方案的通知
35	东府办发〔2021〕17 号	东乡区人民政府办公室	关于印发 2021 年度促进东乡经开区改革和创新发展工作要点的通知
36	东府办发〔2021〕18 号	东乡区人民政府办公室	关于印发东乡区“项目大会战”（2021—2023 年）实施方案的通知
37	东府办发〔2021〕19 号	东乡区人民政府办公室	关于印发东乡区电网大面积停电事故应急预案的通知
38	东府办发〔2021〕20 号	东乡区人民政府办公室	关于加快推进民宿经济发展的实施意见的通知
39	东府办发〔2021〕21 号	东乡区人民政府办公室	关于印发东乡区全域旅游发展奖补办法的通知
40	东府办发〔2021〕22 号	东乡区人民政府办公室	关于印发东乡区粮食保供应急预案的通知
41	东府办发〔2021〕23 号	东乡区人民政府办公室	关于印发东乡区防止耕地“非粮化”稳定粮食生产的工作方案的通知
42	东府办发〔2021〕24 号	东乡区人民政府办公室	关于印发东乡区深入推进居家和社区养老服务发展实施方案的通知
43	东府办发〔2021〕25 号	东乡区人民政府办公室	关于印发东乡区“九小”场所消防安全整治“回头看”实施方案的通知
44	东府办发〔2021〕26 号	东乡区人民政府办公室	关于印发东乡区 2021 年度第二批次城市建设用地土地征收工作方案的通知
45	东府办发〔2021〕27 号	东乡区人民政府办公室	关于印发东乡区 2021 年中央财政支持农业生产托管项目实施方案的通知
46	东府办发〔2021〕28 号	东乡区人民政府办公室	关于印发东乡区经济发展环境审计查出问题整改工作实施方案的通知
47	东府办发〔2021〕29 号	东乡区人民政府办公室	关于印发东乡区开展 2021 年城镇“防贫保”工作实施方案的通知
48	东府办发〔2021〕30 号	东乡区人民政府办公室	关于印发东乡区 2021 年农作物秸秆综合利用重点县（区）项目实施方案的通知
49	东府办发〔2021〕31 号	东乡区人民政府办公室	关于促进建筑业转型升级高质量发展若干政策措施的通知
50	东府办发〔2021〕32 号	东乡区人民政府办公室	关于印发东乡区疾病预防控制中心服务能力建设三年行动计划（2021—2023 年）的通知
51	东府办发〔2021〕33 号	东乡区人民政府办公室	关于印发 2021 年东乡区政务公开工作方案的通知
52	东府办发〔2021〕34 号	东乡区人民政府办公室	关于印发东乡区城区交通秩序集中整治工作方案的通知
53	东府办发〔2021〕35 号	东乡区人民政府办公室	关于印发东乡区 2021 年城市体检工作实施方案的通知
54	东府办发〔2021〕36 号	东乡区人民政府办公室	关于印发东乡区 2021 年农村危房改造实施方案的通知
55	东府办发〔2021〕37 号	东乡区人民政府办公室	关于印发东乡区农业水价综合改革整体推进实施方案的通知
56	东府办发〔2021〕38 号	东乡区人民政府办公室	关于印发东乡区乡村中小学首席教师选拔聘用工作实施办法的通知
57	东府办发〔2021〕39 号	东乡区人民政府办公室	关于印发 S208 省道东乡段改建工程土地征收工作方案的通知
58	东府办发〔2021〕40 号	东乡区人民政府办公室	关于印发东乡区进一步加强财园信贷通工作管理暂行办法的通知
59	东府办发〔2021〕41 号	东乡区人民政府办公室	关于印发东乡区重点建设项目模拟审批实施意见的通知
60	东府办发〔2021〕42 号	东乡区人民政府办公室	关于加快存量土地消化利用的工作方案的通知

续表 12

序号	发文字号	发布机关	文件标题
61	东府办发〔2021〕43 号	东乡区人民政府办公室	关于印发东乡区第一次森林火灾风险普查工作方案(试行)的通知
62	东府办发〔2021〕44 号	东乡区人民政府办公室	关于印发东乡区 2021 年公益林、天然林保护整改工作实施方案的通知
63	东府办发〔2021〕45 号	东乡区人民政府办公室	关于印发东乡区开展省级水产健康养殖和生态养殖示范区创建活动实施方案的通知
64	东府办发〔2021〕46 号	东乡区人民政府办公室	关于印发东乡区新农村建设审计发现问题整改工作方案的通知
65	东府办发〔2021〕47 号	东乡区人民政府办公室	关于印发东乡区人民政府内部层级监督制度的通知
66	东府办发〔2021〕48 号	东乡区人民政府办公室	关于印发东乡区铁路沿线安全环境管理“双段长”制实施方案的通知
67	东府办发〔2021〕49 号	东乡区人民政府办公室	关于印发东乡区深化农村公路管理养护体制改革实施方案的通知
68	东府办发〔2021〕50 号	东乡区人民政府办公室	关于印发东乡区 2021 年民生实事工程安排方案的通知
69	东府办发〔2021〕51 号	东乡区人民政府办公室	关于印发东乡区 2021—2023 年农业机械购置补贴实施方案的通知
70	东府办发〔2021〕52 号	东乡区人民政府办公室	关于印发东乡区北港河水质污染整治工作方案的通知
71	东府办发〔2021〕53 号	东乡区人民政府办公室	关于印发东乡区存量土地消化利用整改方案的通知
72	东府办发〔2021〕54 号	东乡区人民政府办公室	关于印发东乡区清理规范林权确权登记历史遗留问题试点工作实施方案的通知
73	东府办字〔2021〕6 号	东乡区人民政府办公室	关于做好 2021 年全区城乡困难群众基本生活提标提补工作的通知
74	东府办字〔2021〕8 号	东乡区人民政府办公室	关于建立东乡区经济形势分析联席会议制度的通知
75	东府办字〔2021〕10 号	东乡区人民政府办公室	关于印发 2021 年区《政府工作报告》工作任务责任分工的通知
76	东府办字〔2021〕12 号	东乡区人民政府办公室	关于转发《关于认真做好“赣抚农品”采购工作大力推进我市农产品区域公用品牌发展的通知》的通知
77	东府办字〔2021〕13 号	东乡区人民政府办公室	关于印发东乡区确权登记争议解决机制问题整改工作方案的通知
78	东府办字〔2021〕14 号	东乡区人民政府办公室	关于印发东乡区人防专项审计整改工作方案的通知
79	东府办字〔2021〕18 号	东乡区人民政府办公室	关于进一步建立全区报废机动车回收拆解行业管理长效机制的通知
80	东府办字〔2021〕19 号	东乡区人民政府办公室	关于成立东乡区未成年人保护工作委员会的通知
81	东府办字〔2021〕20 号	东乡区人民政府办公室	关于开展全区涉企保证金专项整治工作的通知
82	东府办字〔2021〕28 号	东乡区人民政府办公室	关于印发东乡区军地联席会议制度的通知
83	东府办字〔2021〕29 号	东乡区人民政府办公室	关于印发东乡区 2020 年度市级预算执行和其他财政收支审计查出问题的整改工作方案的通知

2021年东乡区政协办公室发文登记表（区政协）

表13

序号	发文时间	文件编号	文件名称	份数	发文单位	归档情况	备注
1	2021.3.4	东协党发[2021]2号	关于在政协抚州市东乡区一届五次会议期间成立临时党支部的请示	1	东乡区委员会党组		
2	2021.3.17	东协党发[2021]3号	关于在政协抚州市东乡区第一届委员会第五次会议期间成立临时党支部的通知	1	东乡区委员会党组		
3	2021.3.31	东协党发[2021]4号	全国政协抚州市东乡区委员会党组关于印发《关于在区政协开展党史学习教育的实施方案》的通知	1	东乡区委员会党组		
4	2021.3.31	东协党发[2021]5号	关于印发《区政协党史学习教育计划》的通知	1	东乡区委员会党组		
5	2021.4.30	东协党发[2021]6号	全国政协抚州市东乡区委员会党组关于印发《区政协党史学习教育重点工作安排(从中央动员大会到“七一”庆祝大会)》的通知	1	东乡区委员会党组		
6	2021.8.24	东协党发[2021]7号	全国政协抚州市东乡区委员会党组关于印发《区政协党组2021年全面从严治党主体责任清单》的通知	1	东乡区委员会党组		
7	2021.9.18	东协党发[2021]8号	全国政协抚州市东乡区委员会党组关于推荐政协东乡区第二届委员会委员人选的报告	1	东乡区委员会党组		
8	2021.10.8	东协党发[2021]9号	关于成立政协抚州东乡区第二届委员会第一次会议临时党组的请示	1	东乡区委员会党组		
9	2021.10.8	东协党发[2021]10号	关于在政协抚州市东乡区二届一次会议期间成立临时党支部	1	东乡区委员会党组		
10	2021.10.17	东协党发[2021]11号	全国政协抚州市东乡区委员会党组关于政协抚州市东乡区第二届委员会第一次会议主席、副主席、秘书长常务委员选举结果的报告	1	东乡区委员会党组		
11	2021.1.15	东协机党发[2021]1号	关于推荐汪蓉同志为近期可提拔(进一步使用)考察人选的报告	1	政协机关党组		
12	2021.3.17	东协机党发[2021]2号	全国政协抚州市东乡区委员会机关党组印发《关于在区政协机关开展党史学习教育的实施方案》的通知	1	政协机关党组		
13	2021.1.12	东协机党发[2021]3号	关于陈勤等同志的任职请示	1	政协机关党组		

续表 13

序号	发文时间	文件编号	文件名称	份数	发文单位	归档情况	备注
14	2021.9.26	东协机党发[2021]4号	关于推荐李世锋同志为近期可进一步使用考察人选的报告	1	政协机关党组		
15	2021.1.20	东协发[2021]1号	政协抚州市东乡区委员会印发《关于在区政协系统开展影响发展环境突出问题专项整治的实施方案》的通知	1	政协抚州市东乡区委员会		
16	2021.3.17	东协发[2021]2号	关于印发《关于同意宗理辉同志辞去政协抚州市东乡区第一届委员会副主席、委员职务的决定》的通知	1	政协抚州市东乡区委员会		
17	2021.3.17	东协发[2021]3号	关于马荣标等同志职务任免的通知	1	政协抚州市东乡区委员会		
18	2021.3.17	东协发[2021]4号	关于印发《关于同意王梅清等3名同志辞去政协抚州市东乡区第一届委员会常务委员会委员、委员职务的决定》的通知	1	政协抚州市东乡区委员会		
19	2021.3.17	东协发[2021]5号	关于印发《关于同意邹建明等同志辞去政协抚州市东乡区第一届委员会委员职务的决定》的通知	1	政协抚州市东乡区委员会		
20	2021.3.17	东协发[2021]6号	关于印发《关于增补政协抚州市东乡区第一届委员会委员的决定》的通知	1	政协抚州市东乡区委员会		
21	2021.3.17	东协发[2021]7号	关于召开中国人民政治协商会议抚州市东乡区第一届委员会第五次会议的决定	1	政协抚州市东乡区委员会		
22	2021.10.9	东协发[2021]8号	政协抚州市东乡区委员会关于表彰一届区政协优秀政协委员、优秀提案人和提案承办先进单位的决定	1	政协抚州市东乡区委员会		
23	2021.11.18	东协发[2021]9号	关于政协抚州市东乡区第二届委员会主席、副主席、秘书长工作分工的通知	1	政协抚州市东乡区委员会		
24	2021.11.29	东协字[2021]1号	关于邀请省政协办公厅领导对我区政协委员进行业务培训的请示	1	政协抚州市东乡区委员会		
25	2021.3.17	东协办发[2021]1号	关于区政协一届五次会议提案征集的通知	1	东乡区委员会办公室		
26	2021.3.17	东协办发[2021]2号	关于召开政协抚州市东乡区第一届委员会第五次会议的通知	1	东乡区委员会办公室		
27	2021.4.12	东协办发[2021]3号	关于区政协机关副科级以上领导班子成员分工的通知	1	东乡区委员会办公室		
28	2021.4.12	东协办发[2021]4号	关于区政协机关人员分工的通知	1	东乡区委员会办公室		
29	2021.9.6	东协办发[2021]5号	关于开展“整合资源，优化职能，推动惠民医疗健康集团高质量发展”专题调研的通知	1	东乡区委员会办公室		

续表 13

序号	发文时间	文件编号	文件名称	份数	发文单位	归档情况	备注
30	2021.10.9	东协办发[2021]6 号	政协抚州市东乡区委员会办公室关于召开政协抚州市东乡区第二届委员会第一次会议的通知	1	东乡区委员会办公室		
31	2021.10.25	东协办发[2021]9 号	政协抚州市东乡区委员会办公室关于政协抚州市东乡区第二届委员会第一次会议委员参会情况的通报	1	东乡区委员会办公室		
32	2021.10.28	东协办发[2021]10 号	关于开展我区“规范城区停车位管理，提升城市管理水平”专题调研的通知	1	东乡区委员会办公室		
33	2021.11.1	东协办发[2021]11 号	关于开展我区“打好碧水保卫战，推进北港河流域生态保护”专题调研的通知	1	东乡区委员会办公室		
34	2021.11.3	东协办发[2021]12 号	关于开展“推进工业三年倍增，发展壮大我区县域经济”专题调研工作的通知	—	东乡区委员会办公室		
35	2021.11.22	东协办发[2021]13 号	关于开展“我和人民政协”主题征文活动的通知	—	东乡区委员会办公室		
36	2021.12.3	东协办发[2021]14 号	关于举办二届区政协委员培训班的预备通知	—	东乡区委员会办公室		
37	2021.12.9	东协办发[2021]15 号	政协抚州市东乡区委员会办公室关于区政协二届二次会议提案征集的通知	—	东乡区委员会办公室		
38	2021.12.10	东协办发[2021]16 号	关于征集 2022 年度区政协协商议题的通知	—	东乡区委员会办公室		
39	2021.1.21	东协办字[2021]1 号	政协抚州市东乡区委员会办公室关于启用新印章的通知	1	东乡区委员会办公室		
40	2021.3.17	东协办字[2021]2 号	关于同意拨付红光垦殖场王港分场党群活动服务中心建设资金的批复	1	东乡区委员会办公室		
41	2021.9.27	东协办字[2021]3 号	关于同意拨付圩上桥镇后溪村委员会乡村振兴帮扶资金的批复	1	东乡区委员会办公室		
42	2021.10.20	东协办字[2021]4 号	关于请求增补区政协机关工作经费的报告	1	东乡区委员会办公室		
43	2021.10.25	东协办字[2021]5 号	关于请求将专委会调研经费和文史资料编撰工作经费纳入财政预算的报告	1	东乡区委员会办公室		
44	2021.10.29		关于开展推进大南昌都市圈建设联合调研的通知	1	东乡区委员会办公室		

2021年东乡区纪委发文目录

表14

序号	文件号	文件名称	备注
1	东纪发〔2021〕1号	关于征求对区委常委班子及其成员意见建议的通知	
2	东纪发〔2021〕2号	关于印发〈领导干部严重违纪违法典型案件警示教育材料汇编(2020年)〉学习传阅方案的通知	
3	东纪发〔2021〕3号	中央巡视江西、省委巡视抚州"回头看"反馈意见东乡区纪委区监委整改工作方案	
4	东纪发〔2021〕4号	关于调整区纪委区监委领导分工的通知	
5	东纪发〔2021〕5号	抚州市东乡区纪委区监委监督推动中央、省委巡视反馈意见整改落实工作方案	
6	东纪发〔2021〕6号	关于在区纪委区监委机关开展党史学习教育的实施方案	
7	东纪发〔2021〕7号	东乡区纪委区监委纪检监察干部廉政档案建设实施方案	
8	东纪发〔2021〕8号	关于王旭军等两名同志任职的批复	
9	东纪发〔2021〕9号	关于胡玉奇同志任职的批复	
10	东纪发〔2021〕10号	关于揭强波等两名同志任职的批复	
11	东纪发〔2021〕11号	关于举办"弘扬清廉家风　共建廉洁家庭"东乡区第一期领导干部"廉内助"专修班的通知	
12	东纪发〔2021〕12号	关于调整区纪委区监委领导分工的通知	
13	东纪发〔2021〕13号	关于印发抚州市纪委监委东乡党风廉政教育中心突发事件应急预案的通知	
14	东纪发〔2021〕14号	印发关于在全区教育系统开展违反中央八项规定精神等问题专项整治的工作方案的通知	
15	东纪发〔2021〕15号	关于调整东乡区纪委区监委领导分工的通知	
16	东纪发〔2021〕16号	关于2022年元旦、春节期间进一步严明纪律加强作风建设的通知	

人物荣誉

2021 年评定高级职称人员花名册

表 15

序号	推荐单位	姓名	单位	系列	申报资格	申报专业
1	抚州市东乡区卫生健康委员会	张璇	抚州市东乡区人民医院	卫生技术人员(护)	副主任护师(县区类)	儿科护理
2	抚州市东乡区卫生健康委员会	黄芳	抚州市东乡区人民医院	卫生技术人员(护)	副主任护师(县区类)	内科护理
3	抚州市东乡区卫生健康委员会	周翠	抚州市东乡区人民医院	卫生技术人员(医)	副主任医师(县区类)	眼科
4	抚州市东乡区卫生健康委员会	周敏	抚州市东乡区人民医院	卫生技术人员(医)—抗疫一线	副主任医师(县区类)	小儿内科
5	抚州市东乡区卫生健康委员会	辛辉文	抚州市东乡区人民医院	卫生技术人员(医)—抗疫一线	副主任医师(县区类)	内分泌
6	抚州市东乡区卫生健康委员会	刘云茂	抚州市东乡区人民医院	卫生技术人员(医)—抗疫一线	副主任医师(县区类)	内分泌
7	抚州市东乡区卫生健康委员会	洪燕	抚州市东乡区人民医院	卫生技术人员(护)—抗疫一线	副主任护师(县区类)	内科护理
8	抚州市东乡区卫生健康委员会	邓园	抚州市东乡区人民医院	卫生技术人员(护)—抗疫一线	副主任护师(县区类)	内科护理
9	抚州市东乡区卫生健康委员会	吴银燕	抚州市东乡区人民医院	卫生技术人员(护)	副主任护师(县区类)	儿科护理
10	抚州市东乡区卫生健康委员会	陈幼琴	抚州市东乡区人民医院	卫生技术人员(医)	副主任医师(县区类)	妇产科
11	抚州市东乡区卫生健康委员会	吴强	抚州市东乡区人民医院	卫生技术人员(医)	副主任医师(县区类)	心血管内科
12	抚州市东乡区卫生健康委员会	上官琴娥	抚州市东乡区人民医院	卫生技术人员(护)	副主任护师(县区类)	内科护理
13	抚州市东乡区卫生健康委员会	嵇志坚	抚州市东乡区人民医院	卫生技术人员(医)	副主任医师(县区类)	超声医学
14	抚州市东乡区卫生健康委员会	汪淑琴	抚州市东乡区人民医院	卫生技术人员(护)	副主任护师(县区类)	内科护理
15	抚州市东乡区卫生健康委员会	桂淑坤	抚州市东乡区人民医院	卫生技术人员(护)	副主任护师(县区类)	外科护理
16	抚州市东乡区卫生健康委员会	揭英	抚州市东乡区人民医院	卫生技术人员(护)	副主任护师(县区类)	内科护理
17	抚州市东乡区卫生健康委员会	周志亮	抚州市东乡区人民医院	卫生技术人员(医)——抗疫一线	副主任医师(县区类)	神经外科
18	抚州市东乡区卫生健康委员会	黄金龙	抚州市东乡区人民医院	卫生技术人员(医)	副主任医师(县区类)	放射医学

续表 15

序号	推荐单位	姓名	单位	系列	申报资格	申报专业
19	抚州市东乡区卫生健康委员会	王广霞	抚州市东乡区人民医院	卫生技术人员(技)—抗疫一线	副主任技师(县区类)	临床医学检验临床基础检验技术
20	抚州市东乡区卫生健康委员会	周冬英	抚州市东乡区人民医院	卫生技术人员(护)	副主任护师(县区类)	内科护理
21	抚州市东乡区卫生健康委员会	艾化龙	抚州市东乡区人民医院	卫生技术人员(医)	副主任医师(县区类)	普通外科
22	抚州市东乡区卫生健康委员会	梁云	抚州市东乡区人民医院	卫生技术人员(医)—抗疫一线	副主任医师(县区类)	心血管内科
23	抚州市东乡区卫生健康委员会	饶伟群	抚州市东乡区人民医院	卫生技术人员(医)	副主任医师(县区类)	骨外科
24	抚州市东乡区卫生健康委员会	危钟	抚州市东乡区人民医院	卫生技术人员(医)—抗疫一线	副主任医师(县区类)	普通内科
25	抚州市东乡区卫生健康委员会	缪青梅	抚州市东乡区妇幼保健计划生育服务中心	卫生技术人员(医)	副主任医师(县区类)	妇产科
26	抚州市东乡区卫生健康委员会	万细岚	抚州市东乡区疾病预防控制中心	卫生技术人员(药)	副主任药师(县区类)	医院药学
27	抚州市东乡区卫生健康委员会	周美云	抚州市东乡区杨桥殿镇中心卫生院	卫生技术人员(医)	副主任中医师(乡镇类)	中医妇科
28	抚州市东乡区卫生健康委员会	衷琼	抚州市东乡区第二人民医院	卫生技术人员(医)	副主任医师(县区类)	妇产科
29	抚州市东乡区卫生健康委员会	熊执波	抚州市东乡区中医院	卫生技术人员(医)	副主任中医师(县区类)	中医内科
30	抚州市东乡区卫生健康委员会	姜玲琴	东乡添和医院	卫生技术人员(医)	副主任中医师(县区类)	中医内科
31	抚州市东乡区教育体育局	吴国祥	抚州市东乡区圩上桥镇小学	中小学教师	中小学高级教师	数学(小学)
32	抚州市东乡区教育体育局	徐长贵	抚州市东乡区黎圩镇小学	中小学教师	乡村中小学高级教师	语文(小学)
33	抚州市东乡区教育体育局	张金昌	抚州市东乡区王桥镇小学	中小学教师(艰边)	乡村中小学高级教师	语文(小学)
34	抚州市东乡区教育体育局	胡惠勤	抚州市东乡区实验中学	中小学教师	中小学高级教师	语文(高中)
35	抚州市东乡区教育体育局	李强	抚州市东乡区马圩镇小学	中小学教师(艰边)	乡村中小学高级教师	语文(小学)
36	抚州市东乡区教育体育局	梁文林	抚州市东乡区马圩镇小学	中小学教师(艰边)	乡村中小学高级教师	数学(小学)
37	抚州市东乡区教育体育局	梁青梅	抚州市东乡区马圩镇小学	中小学教师(艰边)	乡村中小学高级教师	数学(小学)
38	抚州市东乡区教育体育局	李远玲	抚州市东乡区第一中学	中小学教师	中小学高级教师	语文(高中)
39	抚州市东乡区教育体育局	陈晖华	抚州市东乡区邓家乡中心完小	中小学教师(艰边)	乡村中小学高级教师	语文(小学)
40	抚州市东乡区教育体育局	吴四亮	抚州市东乡区珀玕小学	中小学教师(艰边)	乡村中小学高级教师	语文(小学)

续表 56

序号	推荐单位	姓名	单位	系列	申报资格	申报专业
41	抚州市东乡区教育体育局	章建华	抚州市东乡区杨桥殿镇中心小学	中小学教师	乡村中小学高级教师	数学（小学）
42	抚州市东乡区教育体育局	曾立新	抚州市东乡区杨桥殿镇中心小学	中小学教师（艰边）	乡村中小学高级教师	数学（小学）
43	抚州市东乡区教育体育局	周俊娜	抚州市东乡区小璜镇小学	中小学教师	中小学高级教师	数学（小学）
44	抚州市东乡区教育体育局	洪庆有	抚州市东乡区珀玕中学	中小学教师（艰边）	乡村中小学高级教师	语文（初中）
45	抚州市东乡区教育体育局	查雪莲	抚州市东乡区珀玕中学	中小学教师（艰边）	乡村中小学高级教师	语文（初中）
46	抚州市东乡区教育体育局	艾平华	抚州市东乡区珀玕中学	中小学教师（艰边）	乡村中小学高级教师	数学（初中）
47	抚州市东乡区教育体育局	史爱云	抚州市东乡区第一小学	中小学教师	中小学高级教师	语文（小学）
48	抚州市东乡区教育体育局	万志红	抚州市东乡区实验小学	中小学教师	中小学高级教师	数学（小学）
49	抚州市东乡区教育体育局	张旗龙	抚州市东乡区马圩镇中学	中小学教师	乡村中小学高级教师	物理
50	抚州市东乡区教育体育局	徐驰	抚州市东乡区马圩镇中学	中小学教师	乡村中小学高级教师	物理
51	抚州市东乡区教育体育局	艾剑敏	抚州市东乡区瑶圩中小学	中小学教师（艰边）	乡村中小学高级教师	生物
52	抚州市东乡区教育体育局	何清秀	抚州市东乡区实验中学	中小学教师	中小学高级教师	英语（初中）
53	抚州市东乡区教育体育局	揭铭锋	抚州市东乡区杨桥殿镇愉怡中小学	中小学教师	乡村中小学高级教师	英语（初中）
54	抚州市东乡区教育体育局	李光华	抚州市东乡区黎圩镇初级中学	中小学教师	乡村中小学高级教师	历史
55	抚州市东乡区教育体育局	杨兴文	抚州市东乡区第二中学	中小学教师	中小学高级教师	英语（初中）
56	抚州市东乡区教育体育局	梁小海	抚州市东乡区第一中学	中小学教师	中小学高级教师	物理
57	抚州市东乡区教育体育局	俞俊峰	抚州市东乡区第一中学	中小学教师	中小学高级教师	化学
58	抚州市东乡区教育体育局	赵斌	抚州市东乡区职教中心	中小学教师	中小学高级教师	计算机
59	东乡高级技工学校	李伯平	东乡高级技工学校	技校教师	技校高级讲师	电子技术应用
60	抚州市东乡区林业局	徐丽明	抚州市东乡区林业资源保护中心	工程系列	高级工程师	林业调查规划
61	抚州市东乡区交通运输局	饶会来	抚州市东乡区交通运输综合行政执法大队	会计	高级会计师	会计
62	抚州市东乡区卫生健康委员会	艾平波	抚州市东乡区人民医院	卫生技术人员（医）	主任医师（县区类）	呼吸内科

续表 15

序号	推荐单位	姓名	单位	系列	申报资格	申报专业
63	抚州市东乡区卫生健康委员会	刘保国	抚州市东乡区人民医院	卫生技术人员(医)	主任中医师(县区类)	中医骨伤科
64	抚州市东乡区卫生健康委员会	朱瑜	抚州市东乡区人民医院	卫生技术人员(医)	主任医师(县区类)	普通外科
65	抚州市东乡区卫生健康委员会	饶小玲	抚州市东乡区人民医院	卫生技术人员(医)	主任医师(县区类)	耳鼻喉(头颈外科)
66	抚州市东乡区卫生健康委员会	艾志伟	抚州市东乡区妇幼保健计划生育服务中心	卫生技术人员(医)	主任医师(县区类)	超声医学
67	抚州市东乡区卫生健康委员会	陈建国	抚州市东乡区孝岗镇卫生院	卫生技术人员(医)	主任医师(乡镇类)	超声医学
68	抚州市东乡区教育体育局	黄树华	抚州市东乡区实验中学	中小学教师	中小学正高级教师	数学(高中)

东乡区荣立二等功以上人员名录

表 16

序号	姓名	入伍时间	退役时间	立功受奖
1	全林亮	1959.12	1973.3	一等功
2	饶春风	1980.11	2017.5	一等功
3	乐广东	1977.1	1982.11	二等功
4	乐智乔	2010.12	2016.4	二等功
5	何广生	1969.11	2008.12	二等功
6	周优太	1970.12.1	1987.5.1	二等功
7	周欢辉	1999.12.1	2007.12.1	二等功
8	张建华	1978.2	2016.11	二等功
9	张志勇	1998.7	至今	二等功
10	张辉荣	1978.12	1992.10	二等功
11	徐建华	1978.2	2018.6	二等功
12	曹志敏	2004.12	2012.11	二等功
13	杨庆华	2000.7	2018.3	二等功
14	杨　超	2003.12	2008.12	二等功
15	王海文	1998.9	2019.4	二等功
16	王细国	2006.12.1	2018.10.14	二等功
17	许岩松	1986.9	至今	二等功
18	邓月亮	1972.12.1	1986.1.1	二等功

DONGXIANG YEARBOOK 2022

索　引

说　明

一、本索引把年鉴专题性条目的内容用主题分析的方法，按汉语拼音字母顺序排列，第一字相同，按第二字音序排列，以此类推。数字开头的标目则按数字 0～9 顺序排列。

二、标引词后的阿拉伯数字表示内容所在页码。

三、本年鉴“特载”“专记”“大事记”具体内容未作索引。

数字和字母

A

B

C

D

J

K

L

M

N

P

Q

R

S

T

W

Z